大学入試理詰め攻略本

【古文・和歌】
マスタリング
Mastering
ウェポン
Weapon

【weapon】武器・得物・対抗手段

…他者がそれを手にした時、丸腰の者に勝ち目なし。勝ちたくば、自ら求め修むべし。

authored by 之人冗悟（のと・じゃうご：Jaugo Noto）
essentially excerpt from 『扶桑語り』（ふさうがたり）
http://fusaugatari.com

Beneath
Umbrella of
ZUBARAIE LLC.   http://zubaraie.com

古文・和歌マスタリング・ウェポン http://fusaugatari.com

わかよには
　かくもむなしき
　　ことのはを
　　　ふみてかきわく
　　　　みやひへのみち

我が世には　斯くも空しき　古都の葉を　踏みて掻き分く　京日への道
　　我が世には　書くも虚しき　言の葉を　文で書き分く　雅びへの道

Words writ in vain today,
　Yesteryear's gracious ways,
　　Read with love, will make your day.

　・・・今の世の中、言葉は空疎。過去の文物、読む人いづこ。
分け入って、迷わぬための道しるべ、書けば再び開けるか・・・
かつて栄えた優雅な都、人もうらやむ高貴なる道・・・

　いさよはで、いで、いざよまむ―『古文・和歌 Mastering Weapon』

http://zubaraie.ccm　　　- 3 -　see also 古文単語千五百マスタリング・ウェポン

古文・和歌マスタリング・ウェポン http://fusaugatari.com

―目次―
＝古文の理＝

■章０１）『品詞概説』■

■０１）（００１）―クッシャロコ＝九品・三用・六非活（９つの品詞・３つの活用語・６つの非活用語に分かれる古語）―p.11
■０１）（００２）―古典的「品詞」区分の曖昧さ―p.11〜p.14
■０１）（００３）―本当にマークすべき古典文法学習事項は何か―p.14〜p.15
■０１）（００４）―けっこう大変な文法知識＆案外単純な入試問題―p.15

■章０２）『活用概説』■

■０２）（００１）―「動詞」・「形容詞」・「形容動詞」活用の見分け方―p.16
■０２）（００２）―＜未然形＞の見分け方―p.17
■０２）（００３）―＜連用形＞の見分け方―p.17
■０２）（００４）―＜終止形＞の見分け方―p.18
■０２）（００５）―＜連体形＞の見分け方―p.18〜p.19
■０２）（００６）―＜已然形＞の見分け方―p.19
■０２）（００７）―＜命令形＞の見分け方―p.20

■章０３）『形容詞』■

■０３）（００１）―「形容詞」の定義―p.21
■０３）（００２）―形容詞「ク活用」と「シク活用」―p.21〜p.22
■０３）（００３）―「カリ活用」の意味―p.22
■０３）（００４）―形容詞「ク活用」と「シク活用」の概括的特性―p.22〜p.23
■０３）（００５）―形容詞「ク活用」と「シク活用」の原初的語頭用法―p.23〜p.24
■０３）（００６）―形容詞「ク活用」語幹と「シク活用」終止形の連体修飾用法―p.24〜p.25
■０３）（００７）―形容詞「ク活用」語幹と「シク活用」終止形の文末詠嘆用法―p.25〜p.26
■０３）（００８）―体言＋形容詞「ク活用」・「シク活用」語幹＋「み」による「原因・理由」用法―p.26〜p.28
■０３）（００９）―体言＋形容詞「ク活用／シク活用」語幹＋「み」＋「す（為）／おもふ（思ふ）」の動詞用法―p.28

■章０４）『形容動詞』■

■０４）（００１）―「形容動詞」の定義―p.29
■０４）（００２）―形容動詞「ナリ活用」と「タリ活用」―p.29〜p.30
■０４）（００３）―形容動詞「ナリ活用」と「タリ活用」の概括的特性―p.30〜p.31
■０４）（００４）―形容動詞語幹の文末詠嘆用法―p.31〜p.32
■０４）（００５）―形容動詞語幹の連体修飾用法―p.32

■章０５）『活用形詳説』■

■０５）（００１）―「未然形」の用法―p.33〜p.36
■０５）（００２）―「連用形」という名称―p.36
■０５）（００２Ａ）― 連用形用法１）「連用法」（副詞法）―p.37

http://zubaraie.com   see also 古文単語千五百マスタリング・ウェポン

■０５）（００２Ｂ）― 連用形用法２）「中止法」その１―p.37～p.38
■０５）（００２Ｃ）― 連用形用法２）「中止法」その２＝「対偶中止法」―p.38
■０５）（００２Ｄ）― 連用形用法２）「中止法」その３＝「対偶否定法」―p.38
■０５）（００２Ｅ）― 連用形用法３）「動詞の名詞化」―p.39
■０５）（００２Ｆ）― 連用形用法４）「助動詞」・「助詞」への接続―p.39～p.42
■０５）（００３Ａ）― 終止形用法１）文章の終止―p.42
■０５）（００３Ｂ）― 終止形用法２）「助動詞」への接続―p.43～p.44
■０５）（００３Ｃ）― 終止形用法３）「助詞」への接続―p.44～p.47
■０５）（００４）―「連体形」の定義・「連用形」の定義―p.47～p.48
■０５）（００４Ａ）― 連体形による「連体法」―p.48
■０５）（００４Ｂ）― 連体形による「準体法」１）―p.48
■０５）（００４Ｃ）― 連体形による「準体法」２）「同格」用法―p.49
■０５）（００４Ｄ）― 連体形による「準体法」３）「詠嘆」用法―p.50
■０５）（００４Ｅ）―「連体形係り結び」１）係助詞「ぞ」・「なむ」呼応型―p.50～p.51
■０５）（００４Ｆ）―「連体形係り結び」２）係助詞「ぞ」・「なむ」終止型―p.51～p.52
■０５）（００４Ｇ）―「連体形係り結び」３）係助詞「か」・「や」呼応型―p.52～p.55
■０５）（００４Ｈ）―「連体形係り結び」４）係助詞「にか」・「にや」終止型―p.56
■０５）（００４Ｉ）―「連体形係り結び」５）疑問語呼応型―p.56～p.57
■０５）（００４Ｊ）―「連体形」に接続する「助動詞」―p.57～p.59
■０５）（００４Ｋ）―「連体形」に接続する「助詞」―p.59～p.60
■０５）（００５）―「已然形」の用法―p.60～p.61
■０５）（００５Ａ）― 已然形用法１）「こそ＋已然形係り結び」―p.61～p.62
■０５）（００５Ｂ）― 已然形用法２）「已然形＋ど」・「已然形＋ども」の「逆接確定条件」―p.62～p.63
■０５）（００５Ｃ）― 已然形用法３）「已然形＋ば」の「順接確定条件」―p.63～p.65
■０５）（００５Ｄ）―「已然形」から「仮定形」へ―p.65～p.67
■０５）（００５Ｅ）―「係り結び」の「係り捨て」―p.67～p.68
■０５）（００６）―「命令形」の用法―p.68～p.69

■章０６）『動詞』■

■０６）（００１）―「動詞」の概括的特性―p.70
■０６）（００２）― 動詞活用形―p.70～p.74
■０６）（００３）― 四段活用―p.75
■０６）（００４）― 上一段活用―p.75～p.76
■０６）（００５）― 下一段活用―p.76
■０６）（００６）― 上二段活用―p.76
■０６）（００７）― 下二段活用―p.76
■０６）（００８）―「カ行変格活用」―p.77
■０６）（００９）―「サ行変格活用」―p.77

■０６）（０１０）―「ナ行変格活用」―p.78
■０６）（０１１）―「ラ行変格活用」―p.78〜p.79
■０６）（０１２）―補助動詞―p.79〜p.80

■章０７）『音便』■

■０７）（００１）―音便概説―p.80〜p.81
■０７）（００２）―イ音便―p.81〜p.82
■０７）（００３）―ウ音便―p.83
■０７）（００４）―促音便―p.84
■０７）（００５）―撥音便―p.85〜p.88

■章０８）『仮名遣い』■

■０８）（００１）―「いろはにほへと」と「あいうえお」―p.88〜p.90
■０８）（００２）―歴史的仮名遣い―p.90〜p.98

■章０９）『助動詞概説』■

■０９）（００１）―助動詞・補助動詞の定義―p.99〜p.100
■０９）（００２）―助動詞の三分類―p.100〜p.101
■０９）（００３）―文中に於ける助動詞及び補助動詞の登場位置の序列―p.102〜p.105
■０９）（００４）―『未然形接続助動詞』―p.106〜p.109
■０９）（００５）―『連用形接続助動詞』―p.110〜p.112
■０９）（００６）―『終止形接続助動詞』―p.112〜p.115
■０９）（００７）―『連体形接続助動詞』―p.115〜p.116

■章１０）『助動詞接続・用法詳説』■
―未然形接続助動詞群―

■１０）（００１）―「自発」の「る・らる」／「使役」の「す・さす」が「尊敬」の意になるのは何故？（未然形接続）―p.117〜p.118
■１０）（００２）―「尊敬」の「す・さす」は独立した助動詞か？（未然形接続）―p.118〜p.119
■１０）（００３）―「す・さす」の「使役」が「受身」になる場合（未然形接続）―p.119〜p.120
■１０）（００４）―「す・さす」の「使役」が「謙譲」になるのは何故？（未然形接続）―p.120〜p.121
■１０）（００５）―平安末期までの「可能」の「る・らる」は疑否専表現（未然形接続）―p.122
■１０）（００６）―ジンマシンムズムズン（「じ」・「む」・「まじ」・「むず」＋「べし」）の関係（未然形・終止形接続）―p.122〜p.126
■１０）（００７）―有意志／無意志の「じ」・「む」・「まじ」・「むず」＋「べし」（未然形・終止形接続）―p.126
■１０）（００８）―「む」「むず」の「おねだり型命令文」（未然形接続）―p.126〜p.129
■１０）（００９）―「む」・「むず」の「婉曲」（未然形接続）―p.130
■１０）（０１０）―否定命令文「な〜そ」と否定助動詞「ず」の関係（未然形接続）―p.130〜p.140
■１０）（０１１）―「まほし」と「まうし」と「あらまほし」（未然形接続）―p.140〜p.141
■１０）（０１２）―「ましかば〜まし」の「反実仮想」（未然形接続）―p.141〜p.148

- ■１０）（０１３）―「願望」の「まし」（未然形接続）―p.148〜p.149
　　　　　　　　　　－連用形接続助動詞群－
- ■１０）（０１４）―「き」・「けり」は「過去」？（連用形接続）―p.149〜p.153
- ■１０）（０１５）―仏教説話の断定過去的「き」（連用形接続）―p.153〜p.155
- ■１０）（０１６）―「けむ」と「らむ」（連用形・終止形接続）―p.155〜p.160
- ■１０）（０１７）―「たし」＝「甚し」（連用形接続）―p.160
- ■１０）（０１８）―「り」と「たり」（連用形接続）―p.161〜p.163
- ■１０）（０１９）―「往ぬ」・「棄つ」に由来する「ぬ」・「つ」の特性（連用形接続）―p.163〜p.164
　　　　　　　　　　－終止形接続助動詞群－
- ■１０）（０２０）―推定助動詞「なり」と「めり」（終止形接続）―p.164〜p.168
- ■１０）（０２１）―古典助動詞中最多義語の「べし」（終止形接続）―p.168〜p.170
- ■１０）（０２２）―「べし」派生語としての中古限定表現「べみ」と「べらなり」（終止形接続）―p.170〜p.171
- ■１０）（０２３）―現代語とは異なる古典助動詞「らし」（終止形接続）―p.171〜p.175
　　　　　　　　　　－連体形接続助動詞群－
- ■１０）（０２４）―「比況」の「同（ごとし）」・「様（やうなり）」は「格助詞」がお好き（連体形接続）―p.175〜p.176
- ■１０）（０２５）―断定助動詞「なり」に「たり」（連体形接続）―p.176〜p.177
- ■１０）（０２６）―「なり」の「推量」vs.「断定」見分け法（終止形接続）―p.177〜p.193

　　　　　　　　　■章１１）『助詞』■

- ■１１）（００１）―「助詞」の定義と種類―p.195〜p.196
- ■１１）（００２）―「格助詞」―p.197〜p.200
- ■１１）（００３）―「副助詞」―p.200〜p.202
- ■１１）（００４）―「係助詞」―p.202〜p.203
- ■１１）（００５）―「接続助詞」―p.204〜p.207
- ■１１）（００６）―「終助詞」―p.207〜p.210
- ■１１）（００７）―「間投助詞」―p.210

　　　　　　　　　■章１２）『巻末付録』■

- ■１２）（００１）―「古典代名詞一覧」―p.212〜p.219
- ■１２）（００２）―「古典補助動詞一覧」―p.220〜p.224
- ■１２）（００３）―「古典連体詞一覧」―p.225〜p.226
- ■１２）（００４）―「古典感動詞一覧」―p.227〜p.231
- ■１２）（００５）―「古典接続詞一覧」―p.232〜p.234

＝歌よみ心得＝

　　　　　　　　　■章００）『和歌概説』■

- ■００）（００１）―「短歌」の形式―p.238
- ■００）（００２）―「和歌」と「短歌」―p.238〜p.239

- ■００）（００３）― 「和歌」の隆盛と「漢詩」の衰退―p.240〜p.242
- ■００）（００４）― 「短歌」と「連歌」そして「俳句」―p.242〜p.245

■章０１）『和歌修辞法』■

- ■０１）（００１）― 「字余り」と「字足らず」―p.245〜p.246
- ■０１）（００２）― 「句切れ」―p.246〜p.247
- ■０１）（００３）― 「詞書」―p.247〜p.248
- ■０１）（００４）― 「歌物語」―p.248〜p.250
- ■０１）（００５）― 「本歌取り」と「本説取り」―p.250〜p.253
- ■０１）（００６）― 「歌枕」―p.253〜p.256
- ■０１）（００７）― 「枕詞」―p.256
- ■０１）（００８）― 「序詞」―p.256〜p.262
- ■０１）（００９）― 「掛詞」―p.263〜p.265
- ■０１）（０１０）― 「縁語」―p.265〜p.268
- ■０１）（０１１）― 「係り結び」―p.268〜p.271
- ■０１）（０１２）― 「終止形」による「連体形」代用表現―p.271〜p.273

■章０２）『和歌技巧』■

- ■０２）（００１）― 「体言止め」―p.273〜p.274
- ■０２）（００２）― 「擬人法」―p.274〜p.275
- ■０２）（００３）― 「頓呼法」―p.275〜p.276
- ■０２）（００４）― 「畳み掛け」―p.277〜p.278
- ■０２）（００５）― 「倒置法」―p.278〜p.280
- ■０２）（００６）― 「対置法」―p.280〜p.281
- ■０２）（００７）― 「視差」―p.282〜p.283
- ■０２）（００８）― 「時差」―p.283〜p.284
- ■０２）（００９）― 「遷移」―p.284〜p.285
- ■０２）（０１０）― 「見立て」―p.285〜p.286
- ■０２）（０１１）― 「逆喩」―p.286〜p.288
- ■０２）（０１２）― 「錯綜」―p.288〜p.290

■章０３）『和歌題目』■

- ■０３）（００１）― 「隠し題」―p.291〜p.293
- ■０３）（００２）― 「部立」―p.293
- ■０３）（００３）― 「勅撰和歌集」―p.293〜p.297
- ■０３）（００４）― 「屏風歌」―p.297〜p.298
- ■０３）（００５）― 「題詠」・「当座」・「兼題」―p.298〜p.299
- ■０３）（００６）― 「歌合せ」―p.299〜p.303

★全巻末付録：文法理解度確認＆暗記促進用 空所補充試験問題★p.304〜p.372
＋（古典時代と現代とで意味が異なるもののみ集めた）助詞語義＋例文集 p.373〜p.384

古文の理

（こぶんのことわり）

―前書き―

● 「習い」てのち「慣れよ」

　現代の日本には「習うより慣れよ」と唱えては「文法なんていらない！」と平然と叫ぶ人々がいる。が、「英語」相手なら可能性ゼロではない（though infinitely near 0%）にせよ、「古文」相手にそれは無理だ：今や誰も喋らず書かずロクに読みもせぬ千年も昔の死んだ言葉に、どうやって「慣れよ」というのか？・・・「習う」しかあるまい？

　本書は、無手勝流の「読み慣れ」に依拠せずに古文を「習う」必然性を理解できる程度に知的な日本人のために、その程度の理性があれば理解可能な理詰めのやり方で、大学入試古文の主対象たる平安時代の古典文法の論理を網羅的に解説したものである。

● 文法解説「古文の理」＋暗記リスト＋穴埋め試験＆短歌用「歌よみ心得」豪華四本立て

　「文法」として論理的に把握すべきものは本編で解説し、ガツガツ覚え込んでもらうべき暗記リストは本編末尾の「巻末付録」にまとめ、覚えた（はずの）文法論理の理解度確認と暗記促進用のボーナス特訓教材「穴埋めテスト」をも全巻末に添えた。

　「入試古文」の範囲内で把握しておくべき「和歌」の知識については、「歌よみ心得」という別立て本の趣で（「巻末付録」と「全巻末穴埋めテスト」の間に）添えてある。

● 「英語」含みゆえの横書き本

　「古文の解説なのに横書き？」といぶかる読者に対しては、「何故縦書きである必要がある？」と問うと同時に、「和文は縦横いずれの書式にも堪え得る柔軟性を有するが、本講座中に頻繁に登場する英文は横書き以外には耐えられない」という言わずもがなの事実を指摘しておけば事足りよう。なお、**出典明示なき文例は全て筆者自作**である。

● 無意味な「ゲスト古文」問題、なし／完璧理解確認＆促進「テスト現代文」、あり

　「慣れた≒上達した」気分にさせるべく古文の一部を引っ張って訳させる無益な練習問題の代わりに、本書の文法解説の核心をまとめた要約文を作った上でその一部を《＿＿＿＿＿＿（穴埋めテスト）》にして全巻の末尾に添えてある。昔々「山川」の本の説く歴史事象とその背後を流れる歴史の本質的意味を掴み自らの知的自我として同化するために筆者が（脳内で）常習的に行なっていた作業を、紙面上に（煩を厭わず）再現した形である。穴埋めが全て完璧に出来れば諸君の勝ち／さもなくば負け・・・満点でなければ零点も同じ：繰り返し挑み会得して古文マイスターへの道を歩むべし。

● 残るは「古文単語」と「過去問」対策

　本書の内容の征服後、諸君に残されることになる課題は「受験必須古文単語の暗記」と「入試問題相手の慣れ」の二つである。もっとも、本書の内容を我がものとした諸君であれば、大方の大学相手には前者（単語対策）のみでも事足りるだろう：その役割のために本書の筆者が作ったのが**『古文単語千五百 Mastering Weapon』**・・・その単語集に収録の古語千五百（＋助動詞37＆助詞77全語法）の古文の中での用例を平安調歌物語の中に織り込んだ巨大例文集が**『ふさうがたり(Fusau Sales)扶桑語り』**：本書と併用して戴きたい。東京大学・早稲田大学あたりの難関入試問題相手には後者（過去問対策）も必須だが、本書履修済の諸君にとってそれは自らの論理性の手堅さを実感可能な充足感に満ちた知的ゲーム：恐るるに足るまい・・・が、まずは本書を通して文法面の足固めをするのが先決：「習うより慣れよ、で高きに到る」は愚者の夢である。

■章０１）『品詞』概説■

　第１章は、学習の下準備として、古文を構成する言語要素（parts of speech）である「品詞」について、４項 ―０１）（００１）〜（０４）― に分けて概説しておこう。

■０１）（００１）―クッシャロコ＝九品・三用・六非活（９つの品詞・３つの活用語・６つの非活用語に分かれる古語）―

●活用語と非活用語

　古語には、前後に続く語との関係で語尾の形が変わる語＝「活用語」と呼ばれるものが、次の３種類（数え方によっては５種類）存在する：

◆動詞（・・・更に、助動詞・補助動詞を加えることもある）
◆形容詞
◆形容動詞

　上記３種の「活用語」以外は、前後にどんな語が来ようとも常に同じ形で用いられる「非活用語」であり、その数は以下の６種類（数え方によっては７種類）である：

◆名詞（・・・更に、代名詞を加えることもある）
◆接続詞
◆連体詞
◆感動詞
◆助詞
◆副詞

　こうして９種（or１０種 or１１種 or１２種）に区分されるのが古典文法上の「品詞」であること、及び、「品詞」は更に「活用語」と「非活用語」に分かれることをまず覚えておこう・・・覚え込むための強引＆無意味な七五調語呂合わせも提供しようか？

《兎に角も三郎急で大丈夫。婦女子関連攻めど、けど》

とに（１２）かくも、さぶ（３活用語）ろー（６非活用語）きゅー（９品詞）でだい（代名詞）じょ（助動詞）ほ（補助動詞）ぶ（←以上の品詞御三方は補欠）。ふ（副詞）じょし（助詞）かん（感動詞）れん（連体詞）せ（接続詞）め（名詞　非活用語←／→活用語　ど（動詞）け・ど（形容詞・形容動詞）

■０１）（００２）―古典的「品詞」区分の曖昧さ―

　日本の古典文法の場合、（英語等とは異なり）品詞の区分には次のようにかなり曖昧な部分が多く、受験生の悩みの種となっている：

●難点1）「名詞」と「代名詞」がいっしょくたである：
　・・・というより、日本語には厳密な意味での「代名詞」（我・彼・あなた・何某・

等々）そのものが存在しないという見方もある；が、とにかく「代名詞」を知らずに古文を読むということは、「人物・物を指す語句」として把握すべき語句の見当も付かぬ状態で（英語で言えば「I, we, you, he, she, they, it」の意味も知らぬまま）文章を読み進むことになるわけで、何とも心もとない感じである。

　だが、古文業界側の立場からすれば、この「代名詞無視」の姿勢も仕方ない、とも言える：なにしろ、「代名詞」として区分され得る語句を逐一取り上げると、軽く三桁（筆者の調べでは約１５０語ほど）に達してしまい、「名詞」との区分の境界線も曖昧そのもので、ある人が「代名詞」と思うものを他の学者は「ただの名詞」と呼ぶ事態が平然と起こり得るのだ・・・これでは面倒でたまらないから、「代名詞」という区分そのものを廃止して「名詞」or「修飾語付きの名詞（＝連語）」扱いでいい、というのが古典（and 現代）日本語文法の伝統的態度なのである。

　そんな実情だから、「区分」そのものを主目的とする分類学的態度からすれば、「代名詞などという品詞は存在しない」と言い切ってしまうのも、ありだろう。が、その一方で古文業界は「連体詞」などというこれまた曖昧な品詞を別立て扱いで定義している（その数僅かに３０数個：つまり少数が幸いしたわけだ）。両者とも単なる「名詞の修飾語／修飾語付き名詞」として分解的に見るより「定型句」として覚えておく方が得策という意味では本源的に変わらない；にもかかわらず、かたや「連体詞」で、かたや「名詞の一部 or 修飾語つき名詞」というのは、論理的に納得できる話ではない。

　古文を研究するだけならともかく、他人に教える立場の者ならやはり、「代名詞」の「区分」はともかくその「実態」にはもっと意を用いるべきであろう ─ ということで本書では、**巻末付録の形で「古典代名詞一覧」を用意した**。ざぁーっと眺めて漫然と印象に焼き付けるだけでもそれなりの効用はあるリストとなろう。英語の代名詞と違って「I, my, me, mine」などと律儀に覚え込むべき対象ではない（定格の代名詞扱いの有限語句集団ではないのだから、投じた時間と労力に見合わぬこの種の無益な労苦は払うべきでない）が、それぞれの代名詞（というか、代名詞相当修飾語付き名詞と言うべきか）が英語の「一人称(I, we)」・「二人称(you)」・「三人称(he, she, they, it)」その他の語句の何に相当するかを考えつつ、漫然と（しかしある程度以上の頻度で）この一覧表を繰り返し見ることで、それなり以上の古文慣れは可能になるはずである。

●難点2)「動詞」と「補助動詞」・「助動詞」の区分が（英語のような）機能性分類ではなく、単なる機械的分類に留まっている：

　「助動詞」（例：**る**）も「補助動詞」（例：**たまふ**）も「それ単体では意味をなさず、他の活用語の直後に付けることで特定の意味を表わす活用語」という機能から見れば全く同一である。「助動詞」と「補助動詞」の違いは、「(本)動詞としての機能」を持つ（補助動詞・・・「**たまふ**」には「尊敬」の他に「**与える**」の意もある）／持たぬ（助動詞・・・「**る**」単体には何の意味もない）という一点のみに依拠する非本質的な区分けに過ぎ

ない。
　機能性を重視するなら「補助動詞」も「助動詞」と同様に重要なものなのだ・・・が、巻頭／巻末見開きページを「助動詞」(**る・らる・す・さす・き・けり**・etc.)が飾るのが通例の古文の本のどこを探しても「補助動詞」(**たまふ・あそばす・います・おます**・etc.)の一覧表は掲載されていないのが実情である。助動詞扱いの「**やうなり**」・「**ごとくなり**」などは単なる連語として流しても十分であるのに「助動詞一覧表」の中に偉そうに鎮座している・・・その一方で、「尊敬の'(補)助動詞」として重要度抜群の感じの「**給ふ**」が(「**与える**」意の「本動詞」としての用法をも同時に果たす、というだけの理由で)「助動詞」扱いを受けずに「補助動詞」として解説書の奥深くに「秘中の秘」の如くしまいこまれてしまっている・・・こんな各種参考書紙面上の「役割上の重要度」ならぬ「機械的仕分け」に基づく「助動詞重視／補助動詞軽視」の姿勢に接して、大方の学習者は「本当に学ぶべき重要な(補)助動詞って何？」という点での学習上の明確な指針を見失いがち・・・これでは受験生はたまったものではない。
　従って、この点に於いても本書は学習者のための「救命具」を巻末付録として用意した：**約70語にのぼる「古典補助動詞一覧」のラインナップ**である。「助動詞」並みの重要度を持つ大事な古語のリストであり、助動詞と違って小うるさい「接続」を気にする必要もなく(もっぱら「連用形接続」のみである)、ただ暗記するだけで確実に古文読解力の向上に直結する栄養価の高い文法サプリメントたち・・なので、食わず嫌いせずあっさり(繰り返し)丸飲みして骨太の古文読み体質涵養に役立ててほしい。

●難点3) 何でこんな区分があるのかよくわからない「連体詞」：
　「代名詞」が「名詞の一部」あるいは「修飾語付き名詞としての、連語止まり」の扱いを受けるならば、「連体詞」なる語句もまた、独立した「品詞」ではなく「連語」として片付けられるのが当然・・・だから「連体詞」というのは何とも恣意的な区分と言わざるを得ないし、その区分法を具体的に検証してみても、「**さる**」などは「動詞**然り**連体形」とも「連体詞」ともされる一方で、「**さるべき**」あたりの語は「連語」扱いでしかなく「連体詞」にはならない、等々、かなりいいかげんな感じである。
　だが、「名詞に定型的に掛かることが保証されている表現」としての「連体詞」のリストは、ざぁーっと眺めて脳裏に引っ掛けておけば古文読解上マイナスに働くことだけはないのだし、総数僅か30語程度と少ないのだから、これを意固地に無視する態度は大人げないというべきだろう・・・ということで**本書の巻末には「古典連体詞一覧」をも(ついでに)掲げておく**ことにするので、気が向いたら眺めてみてほしい。
　覚え込むのが楽&数少ない、という点では「感動詞」(例：**あ・う・お・あな**・etc.)も似たようなものである；から、**巻末付録にはまた「古典感動詞一覧」も掲載する**。人類が「言語」を手にする過程で、最初に成立したと思われる「内面の感情が音声として表われたもの」が「感動詞」だから、わかりやすい上に、まとめて眺めればそれ

なりの言語学的感慨も沸いてこようというもの・・・音に乗せて遊んでみてほしい。
●難点4)「副詞」と「形容動詞連用形」の区分が曖昧：
　「副詞」として機能している「＊＊＊に」形の語句（例：**しづかに**）が「形容動詞連用形」として片付けられてしまう場合（及び逆の場合）が古文学習者の混乱を誘う困った場面は実に多い。
　副詞用法の形容動詞連用形は統一的に「副詞」（**しづかに**）とみなして「形容動詞」（**しづかなり**）からは切り離してしまえば問題ないのだが、語源学的に「形容動詞」はこの「副詞用法」に起源を持つので、古文業界としては両者を別物として切り離すわけにも行かず、受験生の疑問（&古文嫌い）の種がまた一つ増える訳である。
　このように扱いがかなり微妙な「副詞」だが、これは基本的に単なる「雰囲気語」であり、意味の重みを担う「(代)名詞」・「((補)助)動詞」・「形容(動)詞」等とは一線を画すべき「ふわふわ語」でしかない・・・のだから、そこに過度の意味の重みを見出して誤読する危険性を減少させる意味でも、「副詞かぁ・・・ならこいつは軽く読み流してもいいな」という程度の見切りは大事である。
　「副詞」の数はあまりにも膨大なので、一々巻末付録としてリストアップして覚えてもらうわけにも行かない（そんなことされても受験生としては迷惑なだけである）が、文中に於ける使われ方からして「副詞」だと見抜いた語に対しては、過度の敬意は払わず突き進む読み方を身に付けてほしい。
　その代わり、と言っては何だが、**巻末付録には「古典接続詞一覧」の項目を設けた**。こちらは、前後の文節を「順接」（例：**されば**）・「逆接」（例：**されど**）・「原因／結果」（例：**さるから**）等の意味ある関係で結びつける交通整理のおまわりさんみたいな重要な語句揃いである（しかもその数は決して多くない）から、しっかと覚え込みスイスイ流れるような古文読みに役立ててほしい。

■01)（003）―本当にマークすべき古典文法学習事項は何か―
　上述の如く、古典文法に於ける「品詞」の区分には色々問題が多いものの、古文を学ぶ上で真剣に問題にすべき品詞は一部に限られており、受験生としては以下の3点を重点学習すれば（大学入試用の古典文法学習としては）それでよい：
◆活用語（動詞・助動詞・補助動詞・形容詞・形容動詞）の活用の種類を知る。
◆助動詞・補助動詞の意味を知る。
◆助詞及び接続詞の意味を知る。
　これらは本講座でも当然重点的に行なう作業であるが、**「古典補助動詞一覧」**及び**「古典接続詞一覧」については、巻末付録を通して包括的理解の便宜を図る**にとどめ

おき、それ以上の深入りはしない（＆その必要もない）。
　結局「古典文法」などと言っても所詮、上の考慮点のみ押さえればそれでおしまい；実に楽なものなのである。
　・・・が、「入試古文」となると事はそう簡単にはいかない：上の３点セットに加えて、次の知識が（実に、最大の比重で！）モノを言うのである：
　　　★（重要度の高い）古文単語＋連語・相関構文の意味を知る★
　・・・語彙や連語の知識がなければ、文法だけ知っていても点数は取れないのだ；というより、「文法なんて知っていて当たり前」という前提で古文問題を作るのが大学の（少なくとも一流どころとされるような大学の）出題者なのだから、文法の知識は「試験だの合格だの以前の話」なのである・・・こうした「ボキャブラリー」に属する学習については、本講座の管轄外である（・・・**同じ筆者の手になる姉妹編として提供される「古文単語の本」の働きに乞うご期待**、とだけ言い添えておこう）。

■０１）（００４）―けっこう大変な文法知識＆案外単純な入試問題―
　「文法知識」に属するもの（非ボキャブラリー系古文力）として片付けられる事柄のうちでも、「助動詞・補助動詞・助詞」の意味・用法を深いところまで知ることは、（実際に本書を読み進んでもらえればわかるが）かなり高度な知的探求に属するもの・・・なのでこれは「語彙」と並ぶ上級難題という感じではある。
　が、実際の大学入試では、そんなに深い所まで「助動詞・補助動詞・助詞」の知識を問われることはほとんどない・・・ので、大方の受験生としては「文法には深入りせず素地だけを固める」＆「重要古語・連語の暗記で得点力増強を図る」のが、入試古文で高得点を取る王道と言える。
　多くの受験生は思い違いをしているが、「学習段階で理解が難しい文法事項」が即ち「入試に出題される事項」というわけではない。「文章の中に於ける位置付けに誤解が生じ易い語句・表現」をこそ出題者は狙うのであって、その種の題意・狙い目になる「誤解」を生むのに「古典文法力の欠如」ではない；（よほど不勉強な受験生を除き）「文法でコケた」という事態は、「英語」では頻発しても「古文」では生じにくいのだ。
　実際のところ、古文でコケる最大（＆最頻）の要因は次の二つである：
１）**古文単語・連語の理解が足りず、現代語からの安直な類推で自爆してコケる。**
２）**前後の脈絡を照合する丹念な読解力を発揮できず、短絡的な解釈をしてコケる。**
　これら負の要素を取り除く「**入試古文に於ける要注意事項の傾向と対策**」も、コケようのない「文法の素地固め」に徹する本講座の仕事ではない（・・・が、「**この本の筆者の仕事**」ではあるから、それを必要とする方は、別の入り口から、またどうぞ）。

■章０２）『活用』概説■
　ここまでは、随分と長い（が、知らずに走り出してもらっては困る）古文学習上の下準備であった・・・いよいよこれ以降が文法学習の本題である。まずは手始めに、「活用語」＝「動詞（助動詞・補助動詞）・形容詞・形容動詞」に付き物である「活用＝前後の語句に応じて末尾が変わる様態」を確実に識別可能にしておこう（それぞれの活用形が表わす「意味・用法」の具体的内容については、後でまた詳解する）。
■０２）（００１）―「動詞」・「形容詞」・「形容動詞」活用の見分け方―
　まず最初に、次の語呂合わせを覚え込んでもらいたい：

《ずむけりなる、。ことぞなんどもばこそいざ》

　・・・泥酔した人が口走りそうな意味の通じぬ呪術めいた文言だが、これらの語句が前or後に付く形として認識すればよいのが古典活用語（動詞・形容詞・形容動詞）の「活用形」（未然・連用・終止・連体・已然・命令、の６形態）なので、以下のような文法的関連性の謎を解く呪文として、悪しからず暗記のほど、どうぞよろしく：

1）＜ず・む＞＝「未然形」
2）＜けり・なる、＞＝「連用形」
3）＜。＞＝「終止形」
4）＜こと・ぞ・なん（なむ）＞＝「連体形」
5）＜ども・ば・こそ＞＝「已然形」
6）＜いざ＞＝「命令形」

　これらの文言との関わりから「活用形」を切り分ける具体的モデルとして登場してもらうのは、以下に記す活用語たちである（助動詞・補助動詞の活用形の仕切り方は、動詞のそれに準ずるので、割愛する）：

◆動詞＝**「行く」(いく・ゆく)**
◆形容詞ク活用＝**「良し」(よし)**
◆形容詞シク活用＝**「悪し」(あし)**
◆形容動詞ナリ活用＝**「愚かなり」(おろかなり)**
◆形容動詞タリ活用＝**「呆然たり」(ぼうぜんたり)**

　「ク・シク・ナリ・タリ活用」は未だ意味不明だろうが気にせずともよい。以下、６つの活用形（未然・連用・終止・連体・已然・命令）ごとの「仕切り方」の実態を示す：ここでは、あくまで「どのような形ならどの活用形か」の識別法を示すのみである；それぞれの活用形が表わす意味の詳細については後でまとめて一気に詳解する。

■０２）（００２）―＜未然形＞の見分け方―
　　◆直後に否定の助動詞「**ず**」・推量の助動詞「**む**」を付けて通じる形である：
●「行く」＝ **{行か}** ＜ず＞／**{行か}** ＜む＞
●「良し」＝ **{良から}** ＜ず＞／**{良から}** ＜む＞
●「悪し」＝ **{悪しから}** ＜ず＞／**{悪しから}** ＜む＞
●「愚か」＝ **{愚かなら}** ＜ず＞／**{愚かなら}** ＜む＞
●「呆然」＝ **{呆然たら}** ＜ず＞／**{呆然たら}** ＜む＞

■０２）（００３）―＜連用形＞の見分け方―
　　　　　　◆＜連用形＞仕切り方その１：
　　・・・直後に過去助動詞「**けり**」を付けて通じる形である：
●「行く」＝ **{行き}** ＜けり＞
●「良し」＝ **{良かり}** ＜けり＞
●「悪し」＝ **{悪しかり}** ＜けり＞
●「愚か」＝ **{愚かなり}** ＜けり＞
●「呆然」＝ **{呆然たり}** ＜けり＞
　　　　　◆＜連用形＞仕切り方その２（「形容詞」・「形容動詞」限定）：
　　・・・直後に「**なる**」を付けて通じる形である（注：この「**なる**」は動詞「**成る**」の終止形であって、断定助動詞「**なり**」や推量助動詞「**なり**」の連体形ではない）：
●「良し」＝ **{良く}** ＜なる＞（先の｛良かり｝と合わせて連用形は２種あり）
●「悪し」＝ **{悪しく}** ＜なる＞（先の｛悪しかり｝と合わせて連用形は２種あり）
●「愚か」＝ **{愚かに}** ＜なる＞（先の｛愚かなり｝と合わせて連用形は２種あり）
●「呆然」＝ **{呆然と}** ＜なる＞（先の｛呆然たり｝と合わせて連用形は２種あり）
　　　　　◆＜連用形＞仕切り方その３（動詞・形容詞・形容動詞の「中止法」）：
　　・・・直後に「、（読点）」を置いて文章を一旦そこで切り、間を置いてから後へと続けることができる形である：
●「行く」＝外へ **{行き}**、・・・難に遭ふ（なんにあふ）。
●「良し」＝お日柄も **{良く}**、・・・御愁傷様（ごしうしゃうさま）。
●「悪し」＝折り **{悪しく}**、・・・持ち合せなし（もちあはせなし）。
●「愚か」＝見るも **{愚かに}**、・・・無様なること（ぶざまなること）。
●「呆然」＝ただ **{呆然と}**、・・・立ちつくすのみ（たちつくすのみ）。

■０２）（００４）―＜終止形＞の見分け方―
　◆直後に「。（句点）」を置いて文章を言い切って終える形（辞書に「見出し語」として掲載されている形）である：
● 「行く」 ＝ {行く}。
● 「良し」 ＝ {良し}。
● 「悪し」 ＝ {悪し}。
● 「愚か」 ＝ {愚かなり}。
● 「呆然」 ＝ {呆然たり}。

■０２）（００５）―＜連体形＞の見分け方―
　　　　　　◆＜連体形＞仕切り方その１（体言接続）：
　・・・直後に名詞の「**こと（事）**」を付けて意味が通じる形である：
● 「行く」 ＝ {行く} ＜こと＞
● 「良し」 ＝ {良き} ＜こと＞ ＆ {良かる} ＜こと＞ （連体形は２種あり）
● 「悪し」 ＝ {悪しき} ＜こと＞ ＆ {悪しかる} ＜こと＞ （連体形は２種あり）
● 「愚か」 ＝ {愚かなる} ＜こと＞
● 「呆然」 ＝ {呆然たる} ＜こと＞
　　　　　　◆＜連体形＞仕切り方その２（係り結び）：
　・・・係助詞「**ぞ**」及び「**なむ（なん）**」と呼応した時に文末に現われる形である。この相関関係は「連体形」識別用というより「連体形係り結び語」暗記用知識として覚えておこう：
● 「行く」 ＝我＜ぞ＞ {行く} or 我＜なむ＞ {行く}
● 「良し」 ＝これ＜ぞ＞ {良き} or これ＜なむ＞ {良き}
● 「悪し」 ＝かく＜ぞ＞ {悪しき} or かく＜なむ＞ {悪しき}
● 「愚か」 ＝さて＜ぞ＞ {愚かなる} or さて＜なむ＞ {愚かなる}
● 「呆然」 ＝さすがに＜ぞ＞ {呆然たる} or さすがに＜なむ＞ {呆然たる}
　・・・「**ぞ**」・「**なむ**」という「係助詞」以外にも、「疑問の意を表わす語句（**か・や・いづこ・いつ・たれ・など** etc）」と呼応する文は末尾を「連体形」で締める；これも立派な（＆ごく自然に多用される）「係り結び」である（「古文の疑問文は連体形で締めくくる」と覚えておけばよい）：

- ●「行く」＝君＜や＞【行く】？（あなたは行くのか？）
- ●「良し」＝＜いづれ＞＜か＞【良き】？（どっちがよい？）
- ●「悪し」＝＜誰ぞ＞【悪しき】？（悪いのは誰？）
- ●「愚か」＝＜など＞かくも【愚かなる】？（どうしてこんなにアホなのかなあ）
- ●「呆然」＝＜いかばかり＞【呆然たる】？（どれほどボーゼンとしたことやら）

■０２）（００６）―＜已然形＞の見分け方―

◆＜已然形＞仕切り方その１（逆接）：

・・・直後に逆接の接続助詞「ど」・「ども」を付けて「逆接の確定条件（～だけれども）」の意味を表わす形である：

- ●「行く」＝【行け】＜ど（も）＞空しき雨の野良（ゆけどむなしきあめののら）
- ●「良し」＝【良かれ】＜ど（も）＞明日の行方は露知らず（よかれどもあすのゆくへはつゆしらず）
- ●「悪し」＝【悪しかれ】＜ど（も）＞他に術なし（あしかれどほかにづちなし）
- ●「愚か」＝【愚かなれ】＜ど（も）＞罪すべからず（おろかなれどつみすべからず）
- ●「呆然」＝【呆然たれ】＜ど（も）＞事無しび（ぼうぜんたれどことなしび）

◆＜已然形＞仕切り方その２（順接確定条件）：

・・・直後に接続助詞「ば」を付けて「順接の確定条件（～なので）」の意味を表わす形である：

- ●「行く」＝皆人【行け】＜ば＞、我も行く。（みなひといけば、われもいく）
- ●「良し」＝顔【良けれ】＜ば＞、好まれたり。（かほよければ、このまれたり）
- ●「悪し」＝腹【悪しけれ】＜ば＞、友もなし。（はらあしければ、ともなし）
- ●「愚か」＝【愚かなれ】＜ば＞、疎まれたり。（おろかなれば、うとまれたり）
- ●「呆然」＝親【呆然たれ】＜ば＞、子も泣く。（おやぼうぜんたれば、こもなく）

◆＜已然形＞仕切り方その３（係り結び）：

・・・係助詞「こそ」と呼応した時に文末に現われる形である。この相関関係は「已然形」識別法というより「已然形係り結び暗記用」知識として覚えておこう（『係り結び」を「已然形」で締める係助詞は「こそ」だけ；他の係り結びは全て「連体形」）：

- ●「行く」＝我＜こそ＞【行け】
- ●「良し」＝これ＜こそ＞【良けれ】
- ●「悪し」＝かく＜こそ＞【悪しけれ】
- ●「愚か」＝さて＜こそ＞【愚かなれ】
- ●「呆然」＝さすがに＜こそ＞【呆然たれ】

■０２）（００７）―＜命令形＞の見分け方―
　◆直前に「**いざ**」を置き、相手に行動を促す形：英語の命令文「動詞原型＋!(感嘆符・exclamation mark)に相当する形である。古文では主に「動詞」で命令形が使われるが、「形容詞」命令形の用例は少なく、「形容動詞」に至ってはその命令形「**〜なれ／〜たれ**」を古文書の中に探すことすら不可能に近い「机上の形態」である。こうした（特殊な活用形）は、{活用表}中では**（〜なれ）（〜たれ）**とカッコ付きで表示する：
● 「行く」＝＜いざ＞**【行け】**！
● 「良し」＝＜いざ＞**【良かれ】**！
● 「悪し」＝＜いざ＞**【悪しかれ】**！
● （「愚か」＝＜いざ＞**【愚かなれ】**！）・・・現実には用いない「理論上の命令形」
● （「呆然」＝＜いざ＞**【呆然たれ】**！）・・・現実には用いない「理論上の命令形」

　・・・以上が「６つの活用形の見分け方」という分類学的作業の心得である。
　・・・「活用語」のパーツ（構成要素）の呼び名についても付け加えておこう：
１）前後の語句との対応によって様々に変化する語尾部分を「活用語尾」と呼ぶ。
　・・・活用語尾の形に応じて、「これは命令している形だ」（命令形）とか「これは仮想の話だ」（未然形）とか、見分ける目安にすればよいわけである。
２）いかなる状況下でも常に変化しない語頭部分を「語幹」と呼ぶ。
　・・・上例で言えば「**行**（い・ゆ）」・「**良**（よ）」・「**悪**（あ・わろ）」・「**愚か**（おろか）」・「**呆然**（ぼうぜん）」が「語幹」。食べ残しのイワシの頭みたいで何とも使い物にならない感じに見えるが、実はこの語幹部分にも大事な用法は（形容詞・形容動詞関連で）いくつかあるので、それらについてはまた後述することになる。

　・・・以下、その６つの「活用形」（未然・連用・終止・連体・已然・命令）の具体的な「形態」を、まず「形容詞」・「形容動詞」の場合について確認して行こう（「動詞」はややこしいので、後回し）。これら二品詞の「形態」は定型的で「用法」もごく少数なので、まとめて一気に詳解することで、古文理解の足がかりを作ってしまおう。

■章０３）『形容詞』■
　この章では、「形容詞」について知るべき知識の全てを、まとめて一気に説明する。
■０３）（００１）―「形容詞」の定義―
　「形容詞」とは物事の状態や人の心理を形容する語で、その主な特性は以下の通り：
１）言い切る形（終止形）は「～**し**」または濁音の「～**じ**」となる。
　・・・「**かなし**」・「**いみじ**」等が「形容詞」である。
２）目的語を取ることはできない。
　・・・目的語を取るためには、形容詞の「**かなし**」ではなく、動詞の「**かなしがる**」にせねばならない（例：人の死は＜悲し＞／人の死を＜悲しがる＞）。
３）活用語であり、その活用形（二通り＝ク活用＆シク活用）は定型的である。
　・・・定型的なだけに、まとめて論じ、一気に理解することができるのだ（動詞・助動詞ではこうは行かない）・・・以下、その二通りの活用形「ク活用」と「シク活用」について早速詳解してしまうことにしよう。

■０３）（００２）―形容詞「ク活用」と「シク活用」―
　「形容詞」の活用形は以下の２種類であり、その見分け方も極めて単純である：
◆「連用形」（直後に動詞 **なる（成る）** を続けて通じる形）が「～**く**」なら、**「ク活用」** と呼ぶ・・・例：**「良く＜く＞＋なる」**
◆「連用形」（直後に動詞 **なる（成る）** を続けて通じる形）が「～**しく**」なら、**「シク活用」** と呼ぶ・・・例：**「美しく＜しく＞＋なる」**・・・濁音連用形「～**じく**」となる **「いみじく」** 等も「シク活用」の中に含む（・・・「ジク活用」と呼んだりはしない）。
　・・・普通の日本人なら、辞書で一々確認するまでもない区分であろう？
　・・・「ク活用」「シク活用」それぞれの「活用形」の具体的な形態（６種類）を、**{未然・連用・終止・連体・已然・命令}** の順番に並べて示せば、次のようになる：
Ａ）「形容詞ク活用」・・・未然形（く）は、仮定条件「～くは／～くば」（例：良くば）専用

{（く）／から・く／かり・し・き／かる・けれ／かれ}

Ｂ）「形容詞シク活用」・・・未然形（しく）は、仮定条件「～しくは／～しくば」（例：悪しくは）専用

{（しく）／しから・しく／しかり・し・しき／しかる・しけれ・しかれ}

　・・・上の形容詞活用表では、次の四点に注目したい：
注目点１）未然形（く）（しく）のカッコ付きは、使い道が「仮定条件」限定のせい。
注目点２）「シク」活用から単純に「**し**」を除けば「ク活用」となる。
注目点３）「ク活用」「シク活用」ともに、「連用形」及び「連体形」には２種類ある。
注目点４）「未然＝**から**・連用＝**かり**・連体＝**かる**・命令＝**かれ**」（終止／已然なし）

は「連用形」の「く」音＋補助動詞「あり」の結合から生まれた後発型複合語形で、「形容詞の補助活用」または「カリ活用」と呼ぶ（「シク活用」の補助活用を「シカリ活用」と呼ぶ人もいるが、区分する意味はないので「カリ活用」と総称するのが普通）。

■０３）（００３）―「カリ活用」の意味―
　「～く＋あり」から生まれた「形容詞補助活用」という来歴を逆にたどれば、元来「形容詞」には「あり」の付かない語形しかなかったことになる。実際には「連用形（く／しく）・終止形（し）・連体形（き／しき）」の３つが最初からあり、やや遅れて「已然形（けれ／しけれ）」が生じ、最後に「～く＋あり」の補助活用が加わる、という道筋で発展してきたのが「形容詞」の来歴である。
　では、補助動詞「あり」を補っての「補助活用 or カリ活用」が生まれたのは何故か？答えは「１）助動詞を後に従えるため；２）命令形を作るため」である。特に大事なのは「助動詞接続」のほう。その証拠に、「形容詞補助（カリ）活用」には「終止形」と「已然形」がない（命令形「～かれ」は「～く＋あれ」の複合形だが、よく似た形の已然形「～けれ」の組成には補助動詞「あり」は含まれず、「カリ活用」ではない）：「～く＋あり」の末尾を飾る「あり」はラ行変格活用（ラ変）動詞と呼ばれる特殊形だが、この「ラ変動詞の終止形・已然形に接続する助動詞」はない（除「なり・めり」の終止形撥音便接続）；接続する助動詞の不在ゆえに「形容詞カリ活用に終止形・已然形は不要」とみなされてこれらの活用形が生じなかったということは「補助活用とは、形容詞が、後続部に助動詞を従えるために生まれた活用形」と考えてよい訳である。
　ただ一つ、例外的に「終止形・已然形を持つ補助活用」を持つ形容詞として「**多し**・・・**多かり**（終止）・**多かれ**（已然）」の一語がある；が、無視してよい（・・・類例多からず、どころか空前絶後の変わり種であるから、この一語を覚えること自体は楽だが、全くの孤立的例外に過ぎず、論理的にさしたる意味をもなさぬこの種の事例は、あっさり無視してしまうのもまた学習者の心得であろう：さも重宝そうにこの「**多かり・多かれ**」を指摘するものの本も多かれども、斯様に無意味な雑兵相手に兵力を浪費して敗軍の将となる例もまた多くぁり）。

■０３）（００４）―形容詞「ク活用」と「シク活用」の概括的特性―
　歴史的には、中古（平安期）以降新たに生まれた形容詞は殆ど「シク活用」である。
　語形上の特性から言うと、「**はかばかし**」・「**すくすくし**」等の同一語句の繰り返し（畳語）で形成される形容詞はみな「シク活用」であることも覚えておくべきである。

その表わす意味について見ると、「ク活用」には形状・程度の客観描写に用いられる語（例：「**高し**」・「**遠し**」）が多いのに対し、「シク活用」には人間の心情を主観的に表わす語（例：「**悲し**」・「**嬉し**」）が多い。
　「ク活用」・「シク活用」ともに、「形容詞」の（「補助活用orカリ活用」以外での）「連用形：〜く／〜しく」は「副詞」としての機能を持つ。この場合、「く／しく」は「う／しう」という変則語形（＝ウ音便）で用いられる場合が多い（例：「**はやく→はやう**」／「**いみじく→いみじう**」）。
　・・・以上の概括的特性を例によって語呂合わせで紹介すれば、次のごとし：

《あたらシク、じょうごシクシク、こころシク、
こころなクよう、ク・シクもウ・シウ》

中古以降の新しい形容詞は「シク活用」で、同音の繰り返し（畳語）の形容詞も皆「シク活用」。
心情描写の形容詞には「シク活用」が多く、心情を伴わぬ客観描写表現には「ク活用」が多い。
形容詞連用形は「く」・「しく」がウ音便化して「う」・「しう」となることが多い。

■03）（005）―形容詞「ク活用」と「シク活用」の原初的語頭用法―
　上述した通り、形容詞には元来「終止形」「連用形」「連体形」しかなかった。更に上代にまで遡れば、形容詞はこれらの活用形すら持たぬ「連体修飾造語成文」として、名詞直前に付いて複合語を構成する「語頭用法」から発生したものとされる：
ク活用語頭用法）
　「**高笑ひ（たかわらひ）**」（…＜高＞し）／「**遠方（とほぢ）**」（…＜遠＞し）
シク活用語頭用法）
　「**優男（やさをとこ）**」（…＜やさ＞し）／「**徒言（あだこと）**」（…＜あだ＞し）
　・・・上のような複合語に、必ずしも上代のみに限ったものでもないが、形容詞の原初的な「語頭に於ける連体修飾用法」の名残が後代にもしっかり引き継がれていることが実感できる表現ではあろう。これら複合語に於ける「**高**」・「**遠**」・「**優**」・「**徒**」に、「**ク**」（連用形）・「**シ**」（終止形）・「**キ**」（連体形）を付けたもの・・・となれば、何か思い出さないであろうか？そう、これは漢文訓読時に漢字の右下端に付けるカタカナの添え書きそのものである。「**官尊民卑**」はそのまま「**カンソンミンピ**」と読めば「中国語風」、「**官尊＜ク＞民卑＜シ＞（＜わん＜たふとく＞たみ＜いやし＞）**」と読めば「漢文訓読調」を経て「古典形容詞」の出来上がり、となるわけである。
　中国からの借り物文字の「漢字」には「活用語尾」（**く・し・く**等）はない。それをそのまま（中国語風に）名詞直前に置く連体修飾語として用いていただけの原初の「**遠国（えんごく）**」から、やがて「**遠＜き＞国**」の「連体形」が生じ、「**高笑ひ**」

が「**高笑ふ**」の動詞型を経て「**高<くく>笑ふ**」の「**連用形**」を生み、「**遠国**」を引っ繰り返して「**国遠<し>**」と言い切る「**終止形**」が生まれたわけである。

■０３）（００６）―形容詞「ク活用」語幹と「シク活用」終止形の連体修飾用法―
　語頭に於ける連体修飾語成文として用いられた「**高**」・「**遠**」・「**優**」・「**徒**」は古典文法上は「形容詞」としては扱われず、「**高笑ひ**」・「**遠方**」・「**優男**」・「**徒言**」として直後の語句とまとめて１語の扱いを受ける単なる「造語成分」でしかない。
　これに対し、品詞分類上はあくまで「形容詞」である「ク活用」の語幹及び「シク活用」の終止形が、「連体修飾語」として（造語成分的に）機能する特殊用法もある：
「ク活用」（例：**<つたな>し**）語幹＋格助詞「**の**」＋名詞）「**つたなのわざ**」（御粗末な芸当）
「シク活用」（例**<うるはし>**）終止形＋格助詞「**の**」＋名詞）「**うるはしのひと**」（美人）
　・・・「シク活用」終止形＋格助詞「**の**」の用法の場合はさらに、格助詞「**の**」を介さず名詞を直後に続けての「連体修飾用法」もある：
「シク活用」終止形＋名詞）「**やさし蔵人**」（風流な付き人）
　・・・一般には「連体形」を用いて「**<やさしき>蔵人**」となるべき例であるが、「**の**」なしで「連体形的」に用いられるこうした例は上代（平安時代から見た奈良時代以前）にもきちんと存在したので、その感覚を踏襲したものとも言えよう：
上代の「シク活用」終止形＋名詞）「**うまし国**」（・・・「**うまし：美し・甘し・旨し**」は「ク活用／シク活用」双方を持つ形容詞である）
　・・・「**うましき（美しき）国**」（シク活用版）・「**うまき（旨き）国**」（ク活用版）といった「連体形＋名詞」や、「**うまさけ（旨酒・味酒）**」という「ク活用語幹＋名詞」などと同様、「シク活用終止形＋名詞」による「連体修飾用法」が、上代にはさしたる違和感もなしに用いられていたという事実・・・このこと自体は古文学習者にとってさしたる意味も持たない：彼らが相手にする古文の年代は主として平安時代であり、上代（主に奈良時代を指す）の古い語法の多くは問題外となるからである。
　が、この「**シク**活用形容詞の終止形を連体形の代用とする特殊用法」が、大きな意味を持つ場面がある・・・それが「**詩句**中での端折り（**シク**中でのハショリ）連体形」というのだから、シャレているだろう？・・・ということで、実例を見てもらおう：
　「さびしさに宿を立ち出でてながむればいづこも**<同じ>**秋の夕暮れ」良暹法師
　（りょうぜんほふし）
　・・・この歌の中に於ける「**おなじ**」は、「**いづこもおなじ。**」としてそこで四句切れを演じる「終止形」にも見えるであろう；「**おなじ**」は「シク活用」であるから、その連体形は「**おなじき**」であって「**おなじ**」ではないはずなのだから・・・ところが、

この「**おなじ**」が実に（現代日本語同様）「連体形」なのである・・・でないと（＝「**いづこもおなじ秋の夕暮れ**」を一連の成文として続けざまに読まないと）この歌の味わいが台無しになってしまうのだ。
　ではなぜこの連体形「**おなじ**」は、「**おなじき**」ではないのだろうか？・・・これは聞くだけ野暮であろう：答えは、「**おなじき**」では字余りになり韻律も乱れて聞き苦しいから、である。「詩句」はその音感的美しさが第一；文法的整合性など二の次・三の次で、四の五の言わずに「おなじ」形にするのが歌の世界の約束事なのだ・・・ロクでもない世界、と思われるだろうか？・・・だが、思い出してほしい：「シク活用終止形＋名詞」の連体修飾用法は、上代にも見られた由緒正しき語法なのである。
　そういう事情で、この「**同じ**」なる「シク活用形容詞」の「連体形」に関しては、（恐らくは、五七五七七の響きへの調和を重んじる和歌世界の約束事が飛び火する形で）、中古（＝平安期）の和文脈では、詩文であろうと散文であろうと、専ら「**同じ**」を用いて「**同じき**」は用いないのが慣例となっていたのである。連体形に「**同じき**」を用いるのは主として男性的な漢文脈でのことであった。この事情はまた現代日本語にまでそのまま引き継がれているのだから面白い：「仰ぐは**＜同じき＞理想の光**」なる歌詞が（*都の西北*に位置する）某私立大学の校歌にあるが、その響きはいかにも男性的である。「仰ぐは**＜おんなじ＞理想の光**」と比べてみるとよくわかるだろうが、「**同じ・おんなじ**」は女字的で柔和／「**同じき**」は男字的で剛直という平安文物事情は、２１世紀初頭の現代日本でも全く変わらないのだ。

■０３）（００７）―形容詞「ク活用」語幹と「シク活用」終止形の文末詠嘆用法―
　形容詞「ク活用」の語幹、及び「シク活用」の終止形を、文中の他の語句との関連性が薄い独立的な形で、（多くの場合、直前に感動詞「**あな**」を置いたり直後に詠嘆の終助詞「**や**」を従えたりしつつ）文末に置いて、その部分で文章を「断章」とし、「形容詞」というよりも「感動詞」的な響きを帯びる用法がある：
「ク活用」語幹の例．「**あな尊（あなたふと）**」（＝あぁ、有り難い）
「シク活用」終止形の例）「**やや、恐ろしや（やや、おそろしや）**」（＝おぉ、怖い）
　「シク活用」終止形の方にさしたる問題もなかろう：形も素直な上、現代日本語にも今なお消えやらぬ怨念の"**うらめしや**"みたいな表現が残っているからだ。
　一方、「ク活用」語幹の方にはかなりの意外性がある。「**あなう**」だの「**あなと**」だのの変な語形を見た時、即座に「**あな憂（し）**＝おぉ、イヤだ・**あな疾（し）**＝う、速ッ！」へと（終止形末尾「**し**」を補って）変換する芸当は、常日頃の学習段階からしっかりとした心構えを作っておいた賢い受験生以外には困難な作業となるからだ。

・・・などと「**あなかしこ**（・・・畏し）＝あぁ、大変だ」と言いたくなるような脅し方をしたが、ものは考えようで、「**こわ～**・・・＜怖（し）＞」だの「**さむ～**・・・＜寒（し）＞」だの「**ウザ～**・・・＜**うざ（し）**＞？＜**うざった（し）**＞？＜**憂さ甚（し）：うさいたし**＞？」だのが二言目には飛び出す現代若年層の言葉遣いはこの種の「ク活用形容詞語幹感動詞用法」の語感との互換性高しだから、小うるさい警告なんて「**あなかま**・・・＜囂（し）＞＝ったく、ぅるせぇなー！」的感じぃ～？とか何げに言ってみる。

■０３）（００８）―体言＋形容詞「ク活用」・「シク活用」語幹＋「み」による「原因・理由」用法―
●受験最重要形容詞特殊用法
　上代に起源を持ち、中古以降も長く和歌の中で用いられ続けた特殊な（しかし入試古文の観点から見て極めて重要な）「原因・理由」の相関表現がある。「名詞(A)＋を＋形容詞語幹＋み」で「(A)が・・・なので」の意味を表わす定型句である：
　「＜瀬を早み＞岩にせかるる滝川のわれても末にあはむとぞ思ふ」崇徳院（すとくゐん）
　説明的に現代語訳すれば、「滝を下ってほとばしる水は、浅瀬の流れの速さゆえ、岩に邪魔され分かれても、下れば一つの流れに戻る・・・そんな激しい滝川のように、一時は別れて暮らしていても、いずれはあなたとまた逢おう、このまま一人でいるものか、と、強く念じている私です。」となる和歌である。
　＜瀬を早み＞は「浅瀬の流れが速いので」という「理由」を表わすものであるが、理由を表わすためには通常、「**ゆゑに**」等の接続詞を用いねばならない；が、それではあまりに散文的で、和歌の中では字数を空費するばかりの場違いな響きがある。
　試しに、理由を表わすものとしては最短の接続詞「**に**」を用いても、「**瀬の早きに**」となる；主格格助詞「**の**」を思い切って省略し「**瀬早きに**」とする荒技を演じることも出来ぬではないが、「**瀬を早み**」に比較してかなり強引な響きがある・・・結局、優雅に響く上代語法が、散文世界では死滅した後も、長きに渡って和歌の中で用いられ続けることとなったわけである。
●助詞取り去っての「を」なし表現
　このように「最小語数で原因・理由を表わす」特性こそがこの「名詞＋を＋形容詞語幹＋み」の生命線であったから、更なる語数節減のために「**を**」なしで用いる例も、当然のごとく多用された：
　「＜山深み＞け近き鳥の音はせで物おそろしきふくろふの声」西行法師（さいぎゃうほふし）
　（現代語訳）「山奥に生活している私の耳に聞こえてくるのは、親近感の湧く鳥たちの鳴き声ではなくて、何やら無気味なフクロウの声」

・・・この歌は、西行が、同じ歌僧の寂然法師（じゃくねんほふし）との贈答歌中で、「山深み」で始まる十連題として詠んだものの一つ・・・平安も終わり鎌倉期に移行せんとする時代には、「を」無しの「A＋形容詞語幹＋み」が、至極当然の語形として（五音の一句を形成するにはこれしかないでしょ？的に）認識されていたことを知ることのできる一例である。

●「を」n'「み」の正体やいかに？

　「を」の有／無まで含めて、上代に生まれた語法が長うく引き継がれた例として最重要のこの相関表現は受験生として忘れてはならない（形容詞の語法としても最重要の）ものである・・・が、その「を」や「み」の品詞＆用法の厳密な把握は、一般の大学受験生としてはさほど重要ではない。

　それでも（知的好奇心旺盛な学習者専用に）一応述べておくならば、この「を」は「主格の格助詞」（主語＜山＞＋が＋述語＜深い＞の関係を表わす）との説もあれば、「語調を整えるだけの間投助詞」（＜山を深み＞→＜山深み＞の省略でも何ら意味が変わらないから）との主張もある。

　一方、「み」の方の位置付けははっきりしない。「理由」を表わすものとみるならば、これは「接続助詞」か「格助詞」であるべきだが、文法上は単なる「接尾語」の扱いである。そうなるとこれは、「親しみ」だの「凄み」だのといった「形容詞を名詞化する成文」に近い感じになる。「瀬を早み→浅瀬の流れの＜速さ＞」や「山深み→山の＜奥深さ＞」といった「体言止め」にすることで、そこに「理由」の響きを宿らせようというもので、「この＜苦み＞！・・・だからビールはうまいのだッ」に近い感覚である・・・が、そうなると助詞の「を」は「所有格」として機能するのが妥当である・・・が、「瀬＜の＞早み・早さ／山＜の＞深み・深さ／ビール＜の＞苦み・苦さ」に於ける「の」に相当するような響きを「を」が有しているとは感じられず、上述した通り、「主格」とも「（かなり無意味に近い）間投語」とも感じられる中途半端な「を」と「（名詞化成文としての）み」との取り合わせは、どうもあんまりしっくり来ない。

　ひょっとしたら、「瀬＜の＞早み／山＜の＞深み」としたのでは後続部との関連性を断ち切るほどの独立性が生じてしまうので、これを嫌って、敢えて「の」を「を」に置き換えたのかもしれない。そうなると、「を」の位置付けは当然「間投助詞」であって「格助詞」でないことになる・・・が、この説にもいまひとつ説得力がない。

　もしかしたら、二の説をやや発展させて「瀬＜の～ぉ＞早み／山＜の～ぉ＞深み」の「の～ぉ」が「を」に化けたのだ、との想像も、ありかもしれない・・・が、まぁ、いずれにせよ「み」については定かなことはわからぬので、想像の域を出ないのだが。

●さしたる用もなくて深みにはまるは、あしきわざ

　・・・などと、「を」「み」の意味についてはあれこれ想定可能だが、そこまで深く考察する必要は受験生にはない；「AをBみ＝AがBなので」を公式的に覚え込めば

それで済む話である。そもそも学術的に定説が定まっていない以上、正解も一定せぬのだから入試でその語源学的事情が出題される道理もない；ともなれば、深入りしても無駄であろう？この種の事柄に想念を巡らす「頭の体操」も悪くはないが、深入りせずにほどほどでやめておく頭の柔らかさもないと、他にも色々やることが多い受験生活はとてもやってられないはずである（もう一、二年受験期間を積み足して勉強してもいいというなら話は別だが、そんな物好きな勤勉さ、世間はあまり尊敬してはくれない）。

■０３）（００９）―体言＋形容詞「ク活用／シク活用」語幹＋「み」＋「す（為）／おもふ（思ふ）」の動詞用法―

「形容詞語幹＋**み**」による名詞化表現を目的語とし、直後に「**為(す)**」や「**思ふ(おもふ)**」等の動詞を続けて、実質的に「１語の動詞」の役割を演じる連語を形成する用法がある。いずれも上代から平安初期にかけての古い用法で、中古の古文では一般的ではない：

「＜うるはしみ＞我が＜思ふ＞君はなでしこが花になそへて見れど飽かぬかも」『万葉集』二〇・四四五一・大伴家持（おほとものやかもち）

「＜**うるはしみ**＞**わが**＜**おもふ**＞」の部分は、「**我が**＜**うるはしく**＞＜**思ふ**＞」として解釈すべき内容を倒置形で表わしたもの；つまりこの＜**うるはしみ**＞は実質的に「形容詞連用形：**うるはしく／うるはしう**」に相当するのである。しかし語形から言えばこれは純然たる「名詞（＝**麗しさ**）」であるから、直訳調で解釈すれば「＜**その美しさ**＞を私が愛しく思うあなたは、ナデシコの花のようだなぁと思いながらいくら眺めても見飽きることがない」となる。万葉の時代らしい、何とも素朴な歌である。

「梓弓ま弓槻弓年を経てわがせしがごと＜うるはしみ＞＜せ＞よ」『伊勢物語』二四

（現代語訳）「アズサユミ・マユミ・ツキユミ等等等、いろんな弓があるけれど、長年私がそうしたように、新しい男にも君をウルハシミ（かわいがり）させるといい」

この歌では、「＜**うるはしみ**＞＋**くす**」は「**うるはしく＋す／うるはしう＋す**＝愛しい存在として扱う」であり、やはり「形容詞語幹＋み」が「形容詞連用形相当」である。同音つながり以上の意味はない＜ミ・ミ・ミ・ミ四連攻撃＞はただの駄洒落。

この種の「形容詞連用形＋**す**」が定型句として用いられた例も平安期には（数こそ少ないが）存在した。「**かなしくす／かなしうす**（＝可愛がる）」や「**かたじけなくす／かたじけなうす**（＝過分の恩恵に浴する）」など、用いられる形容詞は「対人関係に於ける心理語」に限定される点に注意したい。誰かに対する心情を何らかの行為に乗せて表わす表現であるから、「宝を＜**多くす**＞」とか「身を＜**危ふくす**＞」のような「形状語としての形容詞＋**す**」による行動を表わす表現とは全く異質である。

・・・以上が、「古典形容詞」の用法について、受験生諸君が知っておくべき事柄の全てである；大したこともなかったであろう？・・・この勢いで、次は「形容動詞」を一気にやっつけてしまおう。

■章０４）「形容動詞」■
　この章では、「形容動詞」について知るべき知識の全てを、まとめて一気に詳解する。
■０４）（００１）―「形容動詞」の定義―
　「形容動詞」とは物事の状態や人の心理を形容する語である；この意味に於いては「形容詞」と同じだが、組成が異なる。その主な特性を箇条書きにすれば：
１）言い切る形（終止形）は「〜**なり**」または「〜**たり**」となる。
　　・・・「愚**かなり**」・「颯爽（さっそう）**たり**」等が「形容動詞」である。
２）目的語を取ることはできない。
　　・・・目的語を取るためには、形容動詞の「明らかなり」ではなく「明らかにす」のような「形容動詞連用形＋**す**」の形にするか、動詞「明らむ」にせねばならない（例：彼の人の過ちは＜明らかなり＞。／かのひとのあやまちを＜**あきらめ**＞よ）。
３）活用語であり、その活用形（二通り＝**ナリ活用**／**タリ活用**）は定型的である。

　　・・・以下、その二通りの活用形「**ナリ活用**」と「**タリ活用**」について，早速詳解することにしよう。

■０４）（００２）―形容動詞「ナリ活用」と「タリ活用」―
　形容動詞の活用形[未然・連用・終止・連体・已然・命令]には次の二種類がある：
Ａ）「形容動詞**ナリ**活用」・・・命令形（なれ）の使用例はほとんどなしなのでカッコ付き
　　　　　　{なら・なり／（に）・なり・なる・なれ・（なれ）}
Ｂ）「形容動詞**タリ**活用」・・・命令形（たれ）の使用例はほとんどなしなのでカッコ付き
　　　　　　{たら・たり／（と）・たり・たる・たれ・（たれ）}
　　・・・注目すべきは以下の二点である：
　注目点１）連用形「**に**」・「**と**」の相違を除き、「ナリ活用」と「タリ活用」は、行こそ違えど、音の並びは全く同じ（ナ／タの後に「ラ・リ・リ・ル・レ・レ＝ラ行変格変活用」を続けたもの）。

注目点2)「ナリ活用」「タリ活用」ともに「連用形」には2種類あり、うち1種は格助詞形。
　・・・「ナリ活用」連用形「**に**」と「タリ活用」連用形「**と**」は、活用語の連用形というより「格助詞」そのものに見える；少なくとも、その他の「形容動詞の活用形」とは明らかに異質である・・・実は、この「格助詞そのもの」と見える「連用形」の「**に／と**」こそが「形容動詞」の出発点であることを、まず最初に解説しておこう。
●「副詞用法」が「形容動詞」の起源
　本源的に言えば「形容動詞」とは、「状態を表わす語」に格助詞「**に／と**」を付けたもの（例：「**静か+に**」／「**呆然+と**」）に「副詞」の機能を持たせたのがその起源である；であるから、「ナリ活用連用形」の「**に**」＆「タリ活用連用形」の「**と**」が「格助詞」そのものなのは、語源学的に言って理の当然なのだ。
　・・・その「連用形としての格助詞」である「**に**」及び「**と**」にラ変動詞「**あり**」をくっつけた複合形として、後に生まれたのが、以下の活用形たちである：
【**未然=なら**（に+あら）＆**たら**（と+あら）・**連用=なり**（に+あり）＆**たり**（と+あり）・**終止=なり**（に+あり）＆**たり**（と+あり）・**連体=なる**（に+ある）＆**たる**（と+ある）・**已然=なれ**（に+あれ）＆**たれ**（と+あれ）・**命令=なれ**（に+あれ）＆**たれ**（と+あれ）】
・・・つまるところ、「連用形」（としての「格助詞」）「**に**」／「**と**」と、それ以外の活用形の相違は、直後の補助動詞「**あり**」の有無が生むもの、というわけである。
　こうした組成を覚えておいて、形容動詞（例：**静かなり・堂々たり**）の意味を取る場合には常に、その原形たる「A＜**と**＞あり（例：**堂々とあり→どうどうたり**）」や「A＜**に**＞あり（例：**静かにあり→しずかなり**）」に還元して考えればよいのである。

■04）（003）―形容動詞「ナリ活用」と「タリ活用」の概括的特性―
●「形容動詞」と言えば「ナリ活用」なり
　（多少乱暴ながら）統計的に正しい事実として「形容動詞」はほぼ全て「ナリ活用」であり、「タリ活用」は殆ど（少なくとも入試古文では）見られない、と言ってよい。
　「ナリ活用」は上代（奈良時代）には未発達、6つの活用形が定まったのは中古（＝平安時代）のことで、同じ活用の断定助動詞「**なり**」も生じて盛んに用いられている。
●「タリ活用」は漢文調の男性語・・・なれど古文入試にはほとんど出ず
　「タリ活用」は「ナリ活用」より遅れて発達した漢文訓読調の男性語。同じ活用の断定助動詞「**たり**」は中古初期には既に生じていたが、形容動詞「**たり**」は中古には連用形「**～と**」の使用例が見られる程度で未発達。中世（＝鎌倉時代以降）の軍記物『平家物語』には多くの用例があるが、女性はまず用いない。この事情は断定助動詞「**たり**」も同じで、和文では（特に女性は）「**なり**」が主役、「**たり**」の影は実に薄い。

主に中古の和文を相手にする受験生の場合、「タリ活用形容動詞」に遭遇する確率はほぼゼロに近いであろう。ある古語辞典を例に取れば、収録語数約３万５千語のうち「タリ活用形容動詞」の数はわずか１２語（全見出語中の 0.03%）・・・「ナリ活用」に対する「タリ活用」の劣勢は、この一事のみを以てしても明らかであろう。
　漢語由来の「タリ活用」には、様態を表わす「〜然」の付く語（例：「**泰然（たいぜん）たり**」）や、同一語句を反復したもの（＝畳語）（例：「**皎皎（かうかう）たり**」）が多い。「凛々リンリン」「爛々ランラン」等々、中華風 *(パンダの名前ふう？)* である。
　先述した通り、「ナリ活用」・「タリ活用」ともに、「形容動詞」の本源的な機能は、「状態を表わす語＋格助詞**に／と**」から生じた「連用形：〜**に**／〜**と**」による「副詞」用法である（が、「副詞」か「形容動詞連用形」か、悩む必要はない：両方なのだから）。

●「形容動詞ナリ」と「断定助動詞なり」の違い

　語形の上では同一となる「形容動詞ナリ活用」と「名詞＋断定助動詞**なり**」の区別は、煎じ詰めれば「用言」（形容動詞）と「体言」（名詞＋**なり**）の相違であるから、直前に「連用修飾語」（例：**いと**）を付けて通じれば「形容動詞ナリ活用」であり、直前に「連体修飾語」（例：**我が**）を付けて意味が通れば「名詞＋断定助動詞**なり**」である。「形容動詞ナリ活用」／「名詞」共用語の場合でもこの識別法は有効である：

形容動詞ナリ活用）「**言葉＜たくみなり＞**」（＝うまいこと言ってる）

　・・・連用修飾語（**いと**）を付けて「**言葉（いと）＜たくみなり＞**」として意味が通じる；が、連体修飾語（**わが**）を付けて「**言葉（わが）＜たくみなり＞**」としても意味が通じないから、この場合は「形容動詞の終止形」。

名詞＋断定助動詞**なり**）「**これぞ世に名高き＜たくみ＞なり**」（＝これこそ世間で有名な匠の技である）

　・・・連用修飾語（**いと**）を付けて「**これぞ世に名高き（いと）＜たくみ＞なり**」としても意味が通じない；が、連体修飾語（**わが**）を付けて「**これぞ世に名高き（わが）＜たくみ＞なり**」なら意味が通じるから、この場合は「名詞＋断定助動詞**なり**」。

■０４）（００４）―形容動詞語幹の文末詠嘆用法―

　これは形容詞にも見られる用法であるが、形容動詞（「ナリ活用」・「タリ活用」双方）の語幹を、他の語句との関連性が薄い独立的な形で（多く、直前に感動詞「**あな**」等を置いて）文末に置き、その部分で文章を「断章」とする詠嘆的な用法がある：

「ナリ活用」語幹の文末詠嘆用法）「**いや、＜なかなか＞**」（＝いやぁ、なんのなんの、立派なものですよ）・・・「ナリ活用」もこの形になると、品詞分類的にも「形容動詞」でなく「感動詞」扱いとなる（場合が多い）。

「タリ活用」語幹の文末詠嘆用法）「**冷気＜凛凛＞（れいきりんりん）**」（＝冷たい空気が肌身に凍みる）・・・元来が漢語由来の「タリ活用」が、完全に漢文調に先祖返りしている形で、この種の表現は現代語の四字熟語（の後半二字）に大量に見られる（例：**前途＜洋々＞**ぜんとようよう・**意欲＜満々＞**いよくまんまん・**結果＜惨憺＞**けっかさんたん）。
　この用法に於いてもそうであるが、「タリ活用形容動詞」は、古典文物よりもむしろ現代日本語の方にこそ豊富に見られる。近世以降の日本語の中で、漢字の組み合わせによって（外来語的響きを持った）新たな熟語を生み出す過程が加速した結果である。

■０４）（００５）―形容動詞語幹の連体修飾用法―
　形容詞に見られるのと同じ用法であるが、「形容動詞の語幹」（「ナリ活用／タリ活用」双方）が「連体修飾語」として機能する特殊用法がある：
「ナリ活用」(例：＜をこ＞なり)語幹＋格助詞「**の**」＋名詞の連体修飾語用法）
　「**烏滸の業（をこのわざ）**」（＝愚挙）
「タリ活用」(例：＜ろうろう＞たり)語幹＋格助詞「**の**」＋名詞の連体修飾語用法）
　「**朧朧の空（ろうろうのそら）**」（＝曇り空）
　・・・この用法は現代日本語にも「**狂気の沙汰**」のような表現で受け継がれている。
　形容詞の場合もそうであるが、形容動詞のこの用法（但し「ナリ活用」のみ）でもまた、格助詞「**の**」を介さずに直接名詞を続けての「連体修飾用法」がある：
「ナリ活用」(例：＜なのめ＞なり)語幹＋名詞の連体修飾語用法）
　「**斜め業（なのめわざ）**」（＝いいかげんなやりくち）
　・・・「形容動詞連体形」を用いて「＜なのめなる＞業」とするよりも、漢語調の響きが強い用法である。
　一方、「タリ活用」の語幹にはこの用法はない；名詞は、「タリ活用」の直前にあるべきで、直後に置くのは不自然だからである：
　（○）「**意識朦朧（いしきもうろう）**」・・・「タリ活用形容動詞語幹の文末詠嘆用法」
　（×）「*朦朧意識（もうろういしき）*」・・・この語形は不自然なので、次のいずれかの語形を取る：
　（○）「**朦朧たる意識（もうろうたるいしき）**」・・・ごく普通の「タリ活用形容動詞連体形＋名詞」である。
　（○）「**朦朧の意識（もうろうのいしき）**」・・・「タリ活用形容動詞語幹＋格助詞「**の**」＋名詞」のこの形は、定型句（例：**這ふ這ふの体**：ほうほうのてい）以外では稀。

・・・以上で、「古典形容動詞」の用法について受験生諸君が知っておくべき事柄は全て解説した。これで諸君は「形容詞」・「形容動詞」の２つは修得したわけだ；それと６種類ある「活用形」の見分け方も、である・・・が、「活用形」が６通りある、ということは、それぞれに究われた固有の用法もまた６通りあるということだ・・・それをまだ説明していなかったので（厄介な課題の「動詞の個別的活用形」の詳解に移る前に）活用語の６種の活用形**{未然・連用・終止・連体・已然・命令}**それぞれの用法をまとめて一気に ― それも徹底的に詳しく！ ― 解説しておこう。

■章０５）『活用形』詳説■
　この章では、活用語の６つの活用形**{未然・連用・終止・連体・已然・命令}**が、それぞれどのような意味・用法を持っているかを、細大漏らさず徹底的に解説する。
■０５）（００１）―「未然形」の用法―
　「未然」とは「未だ然らず（いまだしからず）」即ち、まだ実現していない事柄について言及する活用形であり、その用法は全部で９種ある。各用法を、それぞれに付き物の「助動詞」「助詞」共々、実例付きで列挙する（・・・が、各「助動詞」・「助詞」の詳細な用法についてはまた後述するので、ここで逐一暗記しよう、などと意気込まずともよい ― 意気込んで覚え込むのもよいが、「理解」だけで、ここでは、十分だ）。
　　　　　　　　　◆１)「否定」の意を表わす未然形：
「～する」（肯定）の事態に至らぬ「～ない」の意味を表わす「未然形」の最重要語法。
助動詞【ず】
　例)「我知ら＜ず＞」（私は知らない）
接続助詞【で】（「～ない状態で」）
　例)「知りもせ＜で＞」（知りもしないで）
　　　　　　　　　◆２)「推量」の意を表わす未然形：
現時点で「～だ」と言い切ることはできない事柄について、将来の、又は（現在の）推定上の事柄として、「（将来は）～（になる）だろう」・「（多分今の時点で）～だろう」の意味を表わす、「確定形」未満の「未然形」にこそふさわしい語法。
助動詞【まし】（「ためらい」の響きを含む）
　例)「いかにせ＜まし＞」（どうしたらいいでしょう）
助動詞【む】
　例)「誰そ知ら＜む＞」（誰が知っているだろうか？）
助動詞【むず】（・・・「む＋とす」に由来）

例)「やがて死な＜むず＞」（そのまますぐにも死んでしまうだろう）
　・・・打消推量（＝「～ないだろう」）の意を表わす助動詞もある：
助動詞【じ】
　例)「よも言は＜じ＞」（よもや言うまい）
　・・・同じく打消推量の意の助動詞に「**まじ**」（例:**言ふ**まじ）があって、使用頻度はそちらの方が圧倒的に高い；が、その接続先は「終止形」で、「未然形」ではない。
　　　　　　◆3)「仮定」の意を表わす未然形：
　現時点で生起していない事柄に関し、仮想上の話として「もし仮に～としたら」とする意味を表わす。「確定」していない「仮定」段階の話なので、論理的に未然形によく似合う語法；だが、鎌倉時代以降、この役割は次第に「未然形：**未**だ**然**らず」から「已然形：**既**に**然**り」に移って行く。そうして、古典時代の「行か**ば**」（未然形＋**ば**）が「行け**ば**」（已然形＋**ば**）と化して、現代日本語では前者は「海行か**ば**」のような文語表現以外には用いられなくなった。
助動詞【まし】（「反実仮想」助動詞と言われるが「事実に反する仮想」以外も表わす）
　例)「君死な＜ましか＞ば我生くまじ」（あなたが死んだら私は生きてはいません）
接続助詞【ば】（未然形に付けば「仮定条件：もし～ならば」／已然形に付けば「確定条件：～なのだから」の意を表わす）
　例)「我を思は＜ば＞聞きてむや」（私のことを思うなら、聞いてくれませんか）
　・・・未然形＋「**ば**」による「もし～ならば」（順接の仮定条件）は、已然形＋「**ば**」による「～なので」（順接の確定条件）と対をなすものである：
　確定条件の例)「君を思へ＜ば＞我かく言ふなり」（君を思えばこそ、私はこう言うのだ）
●「なば」・「てば」による仮定条件
　　・・・順接の仮定条件は、未然形＋「**ば**」ではなく、連用形＋完了助動詞「**ぬ**」の未然形＋「**ば**」による「動詞連用形＋**なば**」の形で出現する場合も多い。また完了助動詞「**つ**」未然形を介しての「連用形＋**てば**（or **ては**）」の形で表われる場合もある。
　例)「さしたることなくて人のがり行くは、よからぬことなり。用ありて行きたりとも、そのこと果て＜なば＞、とく帰るべし。」『徒然草』百七十・吉田兼好
　(現代語訳) 大した用事もないのに人様の家に行くのは良くないことだ。用件があって行くにせよ、用事が終わったならばさっさと帰るのがよい。
　　・・・単純な未然形＋「**ば**」ならば「果て＜ば＞」となるが、「往・来」や「完遂」系の動詞の仮定条件の場合、完了助動詞「**ぬ**」未然形を間に挟んでの「果て＜なば＞」（あるいは「**つ**」未然形を介しての「果て＜てば＞」）となる場合が多い。
　例)「梅が香を袖に移してとどめ＜てば＞春は過ぐともかたみならまし」『古今和歌集』春上・四六・読み人知らず
　(現代語訳) 咲き誇る梅の香りを着物の袖に移して残り香にしておけば、春が過ぎ去った後も、思い出すよすがとなることだろう。

・・・「てば」(or ては)は、「なば」に比すればさほど頻出はしない。上の例でも「留め<ば>」では字足らずになるので「留めくてば>」としている感じである。

◆4)「願望」の意を表わす未然形:
現時点で生起していない事柄を、望ましい姿として「〜であってもらいたい」と希望する意味を表わすが、この語法は必ずしも未然形のみに限らず、他の活用形にも見られる。

終助詞【なむ】(同形でも、連用形に接続し、別義をも持つ連語「なむ」がある)
　例)「花散らずもあら<なむ>」(花が散らずにいてくれればいいなぁ)

終助詞【ばや】
　例)「我、この師につきて学ば<ばや>」(自分はこの先生の下で学びたいなぁ)

助動詞【まほし】(・・・推量助動詞「む」のク語法「まく」+「欲し」に由来)
　例)「この続きいかで見<まほしく>覚ゆ」(この続きは是非見たい気分だ)

・・・この「まほし」の逆成語として、「〜したくない」という否定的願望を(「欲し」を「憂し」に変えることで)表わす終助詞に「まうし」がある(が、平安中期の造語的色彩が濃く、連用形・連体形・已然形のみで、用例も少ない特殊語):
　例)「せ<まうく>思へど、術(ずち)なし」(したくはないけど、仕方がない)

◆5)「使役」の意を表わす未然形:
自分自身以外の何か・誰かの力によって間接的に「〜させる」意味を表わす。

助動詞【す】(四段・サ変に付く)
　例)「ただ人には婚(あ)は<す>まじ」(高貴な身分でない相手とは結婚させるつもりはない)

助動詞【さす】(四段・ナ変・ラ変以外に付く)
　例)「我に得(え)<させよ>」(私にください)

助動詞【しむ】(主に男性が、漢文訓読調の文章の中で用いる)
　例)「天に声あり、人をして言は<しむ>」(天に意思があり、人の口を通して語らせる)

◆6)「受身」の意を表わす未然形:
自分自身以外の何か・誰かの力によって受動的に「〜される」意味を表わす。

助動詞【る】(四段・ナ変・ラ変に付く)
　例)「斯(か)く言は<るる>事、いと嫉(ねた)し」(こんな風に言われるとは、全く悔しい)

助動詞【らる】(四段・ナ変・ラ変以外に付く)
　例)「人に誉め<らるる>事なし」(他人に誉めてもらったことがない)

◆7)「自発」の意を表わす未然形:
自分自身の意思や行動によらずに、状況が「自然に〜になる」意味を表わす。

助動詞【る】(四段・ナ変・ラ変に付く)
　例)「せちに待た<るる>」(切実に待望される)

助動詞【らる】(四段・ナ変・ラ変以外に付く)
　例)「うちほほゑみもせ<らる>」(思わずにっこりせずにはいられない)

◆8)「尊敬」の意を表わす未然形:
その動作主に対し軽い敬意(あまりかしこまった尊敬の念でないもの)を添える。
助動詞【る】(四段・ナ変・ラ変に付く)
　例)「いづれか選ば＜れ＞よ」(どれかお選びください)
助動詞【らる】(四段・ナ変・ラ変以外に付く)
　例)「いかでかかる所に寝＜らるる＞ぞ」(どうしてこんな場所でお休みなのですか?)
　　　　　　　◆9)「可能」の意を表わす未然形:
ある行為・動作について「〜することができる」の意味を表わす。
・・・但し、平安時代までは「〜できない／〜できるか?」の「疑問／否定」の意味でのみ用い、肯定形「〜できる」の意味で用いられたのは鎌倉期以降のことである。
助動詞【る】(四段・ナ変・ラ変に付く)
　例)「忍ば＜れ＞で、泣きにけり」(我慢できずに、泣いてしまった)
助動詞【らる】(四段・ナ変・ラ変以外に付く)
　例)「いも寝＜られ＞ず」(一睡もできない)
　・・・5)〜9)の語法のいずれもが【る・らる】【す・さす・しむ】という特定の助動詞と深く結び付いていたように、「未然形」の表わす意味はみな、特定の「助動詞」・「助詞」との組み合わせにより生まれるものであって、「未然形」という活用形自体が生むものではない；換言すれば、「未然形」という活用形そのものには(「読め」の語形だけで意味をなす「命令形」などとは異なり)何の意味もないのである。

■05)(002)—「連用形」という名称—
　「連用形」とは、「他の活用語へと連なる」活用形・・・だが、この呼び名には少々難ありだ:「非活用語の"助詞"に連なる連用形」や「他のいかなる語へも連ならず、連用形部分で一旦文章の流れを断つ」場合もあるのだ・・・が、あまり気にせぬ方がいい(要するに、文法用語に過度の厳密性を求めること自体、無意味なのである)。
　先述の「未然形」の場合は特定の「助動詞」・「助詞」と結び付く形でのみ機能し、「未然形」単体では意味を為さなかった。「連用形」にも特定の「助動詞・助詞」との組み合わせから生じる用法はあるが、「連用形」という活用形そのものが何らかの意味を表わす用法も3種ある。以下、その「連用形」という活用形そのものが表わす意味の解説から始めて、「連用形」の用法の全て(全4種類)を詳解しよう。

■０５）（００２Ａ）―連用形用法１）「連用法」（副詞法）―
　「連用形」が、直後に続く活用語へと「連用修飾語」として（＝副詞的に）掛かる用法＝「連用法」は、極めて頻出するものであり、「副詞法」と呼ばれることもある。
　この用法は「形容詞」・「形容動詞」にのみ見られるものと（一般に）言われている：
「連用（副詞）法」「猫＜**いみじう**＞鳴き、＜**いたづらに**＞働くを、女房＜**めでまどふ**＞」
　「**いみじ**」（形容詞）・「**いたづらなり**」（形容動詞）の連用形「**いみじく→いみじう**」（ウ音便と呼ばれる変化＝やたらと）・「**いたづらに**」（＝無意味に）」が、直後の動詞「鳴く」・「働く」（＝動く）を副詞的に修飾する用法が「連用法」（or 副詞法）である。
　一方、「**めでまどふ**（愛で惑ふ＝大騒ぎして喜ぶ）」は、一般には１語の「複合動詞」とみなされる；が、見ようによっては「連用形＜**愛で**（＝好意的な感覚をもって）＞＋**惑ふ**（＝やいのやいの言う）」という「副詞法＋動詞」とも解釈できる；が、古文業界の慣例では「**めで**（連用法）＋**まどふ**」ではなく「**めでまどふ**」の単一動詞扱いであり、これを分析解釈するのは話をややこしくするばかりなので、「連用法（副詞法）」は「形容詞・形容動詞の専売特許（動詞にはない用法）」と考えておくのが無難であろう。

■０５）（００２Ｂ）―連用形用法２）「中止法」その１―
　「連用形」の部分で文章の流れを一旦打ち切る用法を「中止法」と呼ぶ。「終止形」と違って完全な終章ではなく、直後にはまだ一連の流れを持った文章がそのまま続く。
　動詞「中止法」）「行く春や鳥＜啼（な）き＞魚の目は泪」『奥の細道』松尾芭蕉（まつをばせう）
　形容詞「中止法」）「神楽（かぐら）こそ、＜なまめかしく＞、おもしろけれ」『徒然草』一六・吉田兼好
　形容動詞「中止法」）「山吹の＜清げに＞、藤のおぼつかなきさまたる」『徒然草』一九
●同格的修飾語としての「中止法」
　「中止法」の呼び名とは裏腹に、「不完全終止法」と呼ぶのが適当かも、と思われるような畳み掛け的記述に用いられる「連用形中止法」もある。
「いみじう＜あはれに＞、＜心苦しう＞、＜見すてがたき＞事などを、いささかなにとも思はぬも、いかなる心ぞとこそあさましけれ。」『枕草子』一二四・清少納言（せいせうなごん）
　（現代語訳）たいそう哀しく、気の毒で、放っておけない事柄などを、全然何とも思わない態度を見ると、（一体どういう精神構造してるのかしらこの人？）って感じで呆れちゃう。
　・・・上例では、(1)＜**あはれ**＞＆(2)＜**心苦し**＞＆(3)＜**見すてがたし**＞の３つの形容動詞・形容詞群が共通して後続の名詞「事」を修飾している。３つめは「事」なる名詞に直結するので＜**見すてがたき**＞の「連体形」になっているが、名詞に直結できぬ宙ぶらりん状態にある前の２つは＜**あはれに**＞・＜**心苦しう**＞なる「連用形」の形で（「連体形」にはせず）後続部への流れを断ち切らぬよう書かれている点に注目。
　こういう形で、単一名詞を複数の側面から修飾する「同格的修飾語」の一環として

用いられる「連用形」も「中止法」の一つ・・・「中止」せず「つなげる」用法なので、呼び名に難ありではあるが、文法用語など所詮そんなものだから、気にせぬことだ。

■05)(002C)―連用形用法2)「中止法」その2＝「対偶中止法」―
　「中止法」の形で並ぶ二つの文節（A、B）のうち、「B」直後にあってこれを修飾する語句（助動詞など）が、既出の「A」にもとんぼ返り（＝Uターン）して対等に掛かる場合、これを「対偶中止法」と呼ぶ：
　「対偶中止法」「飛ぶ鳥は翼を＜切り＞、籠に＜入れ＞[られ]て、雲を恋ひ、野山を思ふ憂へ、やむときなし。』『徒然草』―一二一・吉田兼好
　　（現代語訳）空を飛ぶのが自然な鳥なのに、翼を切られ、鳥籠に入れられてしまい、雲に恋い焦がれ、野山を思い出して辛い気持ちが、片時も念頭を去りはしない。
　　「A) **つばさを＜きり＞**」に対しても、後続の「B) **こに＜いれ＞[られ]て**」にある「受身」の助動詞 {**らる**} が共通して掛かって、結局 **つばさを＜きら＋れ＞** の意味となる：B)では「**らる**」だった助動詞がA)にかかる際には「**る**」に化けている点も特異である。助動詞を巡る特殊共通構造として古典文法の世界でよく問題になるもので、入試で出た場合に受験生がコケ易い危険な表現でもあり、要注意である。

■05)(002D)―連用形用法2)「中止法」その3＝「対偶否定法」―
　先述の「対偶中止法」と本源的に同一のものであるが、二つ以上並んだ「中止法」（A＆B）のうち、Bの後続部にありながら既出部AにもUターン（＝トンボ返り）して掛かる「助動詞」が {「否定」(**ず**)} の場合、特にこれを「対偶否定法」と呼ぶ。
　「対偶否定法」「＜かたはに＞、＜見苦しから＞[ぬ]若人」『源氏物語』「夕顔」紫式部（むらさきしきぶ）
　　（現代語訳）ぎこちなく、見た目も悪いような、そんな若者じゃない人
　　上の記述は、一見「A) **かたはなり**（＝欠点が目立つ）」と「B) **見苦しからず**（＝見た目も悪くない）」が矛盾しつつ並立しているように見えるが、後続部「B) **ず**」の「否定」助動詞が直前部Aにも共通して掛かって「A) **かたはなら＜ず＞**」の意味になる、とわかれば筋が通る構文である・・・が、誤読可能性が極めて高いために、意地悪入試出題者にとってはヨダレが垂れるほど好まれる特殊文法事項である。

■05)(00ЗE)―連用形用法3)「動詞の名詞化」―
　「連用形」の用法としてはあまり注目されていないが、極めて大事な古典(&現代日本語)文法上の原則として、次のことを覚えておこう：
　　　　　◆「動詞」の「連用形」は「体言(=名詞)」として機能する◆
　動詞連用形の名詞化例)「泉には手、足さしひたして、雪には降り立ちて<跡つけ>など、よろづの物、よそながら見ることなし。』『徒然草』一三七・吉田兼好
　　(現代語訳)泉には手足を浸してバシャバシャ、雪が積もれば純白のカンバスの上に降り立ってドスンドスン、我ここにあり、とばかり醜悪な足跡を残すなど、万事、御行儀良い客観観察者として見ることがない(のが無粋な連中の嫌なところ)。
　・・・「跡く付くる>等」と連体形を用いて書くまでもなく、<跡付け>という連用形がそのまま「名詞」となるので、「連体形接続(=名詞へと続く形)」の副助詞「**など**」へもすんなりつながる形(**<跡付け>等**)となるわけである。
●「連体形接続」のはずの語句に、「連用形接続」が居並ぶ場合の考え方
　こうした場合、現象面だけの観察から言えば、助詞「**など**」は、活用語「**付く**」の連用形(**付け**)に接続しているということに(辞書の説明等では)なるが、実質的には「連用形→体言化した<**付け**>」へと連なっているのだから、本質的には「連体形」接続であって「連用形」接続ではないことを確認しておきたい。接続先として「連体形」に加えて「連用形」が並記されている場合、こういう事例が実に多いのである。連用形「好き」を「数寄」と書けば(「落ち」を「オチ」と書いても)名詞と化すのだ。
●オマケ・・・「形容詞」・「形容動詞」の名詞化作法
　ついでに言えば、「形容詞」や「形容動詞」を名詞化したいなら、「語幹」(「シク活用形容詞」の場合のみ「語幹」ではなく「終止形」)に接尾語「**さ**」を付ければよい：
「形容動詞」語幹+「さ」の名詞化)「<しづかさ>や岩にしみ入る蝉の声」『奥の細道』松尾芭蕉
「ク活用形容詞」語幹+「さ」の名詞化)「秋風にたなびく雲の絶え間よりもれ出づる月の影の<さやけさ>」『新古今集』秋上・四一三・藤原顕輔(ふぢはらのかねすけ)
「シク活用形容詞」終止形+「さ」の名詞化)「山里は冬ぞ<さびしさ>まさりける人目も草もかれぬと思へば」『古今集』冬・三一五・源宗于(みなもとのむねゆき)
　(現代語訳)山里は冬が一番寂しい季節だ。秋まではあったはずの人の気配も去り、草木もまた枯れてしまった、と感じるからね。(・・・最後の「**かれぬ**」の「**ぬ**」は「○完了　×否定」)

■05)(00ЗF)―連用形用法4)「助動詞」・「助詞」への接続―
　ここまでに解説してきた「連用形」の用法はどれも「連用形という活用形そのもの」が何らかの意味を表わすものであった。これら以外に「連用形」が果たす重要な役割は、「助動詞」・「助詞」への接続である。

以下、「連用形」へと接続する「助動詞」・「助詞」のうち、意味の上で特筆に値するものを類型別に、実例付きで、列挙してみよう。(いずれも、後の方の章で個別的に解説するものばかりだから、ここではあくまでざぁーっと眺めて概括的に理解しておけばそれでよく、無理に暗記しようと試みる必要はない)

◆1)「過去・完了」の助動詞と結び付く連用形

　「動詞」・「形容詞」・「形容動詞」の記述が終わった後で、その記述の「時制的立ち位置」を「過去」へと寄せる助動詞を続けるもの・・・「連用形」の最も大事な用法の一つで、次のような助動詞がその役割を果たす：

【き】(・・・動詞「来(く)」の連用形の名詞化表現「(来)き」に由来)
　例)「げに、さる事あり<き>」(確かに、そういう事がありました)

【けり】(・・・「来(き)＋在(あ)り」に由来)
　例)「はや三年も過ぎに<けり>」(早くも三年も過ぎ去ってしまったのだなぁ)
　・・・上の2つは「過去」の助動詞と呼ばれる。

【けむ】(・・・「来(き)」＋「経(へ)」＋「む」に由来)
　例)「いかに過ごし<けむ>」(どうやって過ごして来たのだろうか)

【けらし】(・・・「けり＋らし」に由来)
　例)「前の世にても逢ひ<けらし>」(前世でも愛し合っていたらしい)
　・・・これら2つは「過去推量」の助動詞と呼ばれる。

【たり】(・・・「て＋あり」に由来)
　例)「我、既に知り<たり>」(私はもう知っている)

【つ】(・・・「棄つ(うつ)」に由来)
　例)「あなう、年ごろ知り<つる>ものを」(あぁ嫌だ、数年来付き合った相手だというのに)

【ぬ】(・・・「去ぬ／往ぬ(いぬ)」に由来)
　例)「かくて終はり<ぬ>」(こうして終わってしまったのでした)
　・・・これら3つは「完了」の助動詞と呼ばれる。

◆2)「願望」の助動詞・助詞と結び付く連用形

　この用法はやや特殊で説明が必要だろう；未だ実現していない事態に対してこそ意味をなす「願望」は「未然形」と結び付きそうなもので、事態が既に成立している「連用形」に付くのは不自然に思われるからだ・・・その背後にいかなる論理があるのかを、「助動詞」の場合と「終助詞」の場合とで、個別的に説明することにしよう：

●「助動詞」との結合による「願望」の例：
助動詞**【たし】**(中古末期以降)
　例)「常に聞き<たき>は琵琶、和琴」『徒然草』一六・吉田兼好

　助動詞「たし」の語源は「いたし(甚し)」で、元の形は「動詞連用形＋甚し」である(上例では「聞き＋甚し」)・・・「動詞連用形＝体言(名詞相当語句)」だから、

「聞き（を求める気持ちが）甚大（＝はなはだしい）」が「**聞きいたし→聞きたし**」の本質的姿であり、「**聞く**」という「動詞の連用形」に接続しているわけではない；あくまで「体言＝名詞」への接続だから「連体形接続」の語感なのである。「未然形」接続が当然と思われる「願望」の助動詞が「連用形」接続である裏には、このような「実質的には連体形接続」というややこしめの事情があるわけだ。

●「終助詞」との結合による「**願望**」の例：
【**しか**】（上代）（・・・中古以降は【**しが**】の形となる）
　例）「さやにも見＜しが＞君が面影」（あなたの顔かたちをはっきりと見たいものです）
　　上例の「見」（上一段活用）は「連用形」も「未然形」も同形である。「願望」とは「未だ然らず、の事態の実現を望む」ものだけに「**しか＝未然形接続**」の方が妥当の気もする；が、上代の終助詞だけに用例が少なく、中古以降も和歌専用語の趣があるので、その用法は上代の和歌の文言をひたすら踏襲して固定的・・・なので、結局、この「見＋**しか**」を「未然形接続」と見るべき根拠はいささか頼りないことになる。
　　また、終助詞「**しか**」は、過去助動詞「**き**」已然形から生じたものとも言われる。助動詞「**き**」は「連用形接続」だから、終助詞「**しか**」も「連用形接続」という考え方が、ここでも支配的になる；が、助動詞「**き**」は「カ変・サ変」動詞には「未然形接続」することもある・・・ので、「**しか＝未然形接続**」の可能性は相変わらず残る。
　　このように、「願望」の背後にはしばしば「未然形・連用形の綱引き合戦」がある。
　　上の「**しか**（中古以降は、**しが**）」が、完了助動詞「**つ**」・「**ぬ**」「連用形」へと接続する形の連語として、以下の語形も生じた（いずれも、一語の終助詞扱いとなる）：

【**てしか**】・【**てしかな**】・【**てしが**】・【**てしがな**】
【**にしか**】・【**にしかな**】・【**にしが**】・【**にしがな**】

　　冒頭部の助動詞「**つ**」・「**ぬ**」（→**て**・**に**）は「連用形接続」なので、これら助動詞で始まる形の「**しか（しが）**」系複合終助詞はもはや完全なる「連用形接続」となり、この綱引き合戦では「未然形」は完敗してもはや見る影もない。
　　これらの終助詞冒頭の助動詞「**つ・ぬ**」（→**て・に**）は、「完了」というより「確述＝間違いなく～である」の意を表わす・・・そこから「きっと～してほしい」の意味となり、「願望」の意味に結び付く、という仕掛けである。

例）「朝な朝な上がるひばりになり＜てしか＞都に行きてはや帰り来む」『万葉集』二〇・四四三三・安倍沙美麻呂（あべのさみまろ）
　　（現代語訳）毎朝毎朝空に上るヒバリになりたいものだなぁ、そうすれば、都に行っても、たちまち帰って来られることだろうになぁ。

　　　　　　　◆3）「付帯状況」の助詞（助動詞）と結び付く連用形
「・・・しながら、同時に～する」の意を表わし、「連用形」の基本的語法「連用法」並びに「中止法」へもすんなりつながる自然な「接続助詞」の用法である。

【がてら】（・・・複数事態の並立を表わす「且つ（かつ）」に由来、現代語にも残る）
「梅の花咲き散る園にわれ行かむ君が使ひを片待ち＜がてら＞」『万葉集』十八・四〇四一・よみ人しらず
（現代語訳）梅の花が咲いては散る花園に行ってみよう。あなたの来訪を告げる使者が来るのを、一方では待ちながら。

【して】（・・・動詞「為（す）」連用形「し」＋接続助詞「て」に由来）
例）「年高く＜して＞望み多きは、よしなし」（高齢なのにあれこれ望むのは、無益だ）

【つ】（・・・「接続助詞」ではなく、「完了」の「助動詞扱い」される場合もある）
例）「行き＜つ＞戻り＜つ＞」（行ったり来たり）

【つつ】（・・・上の【つ】を重ねた畳語形）
例）「かく思ひ＜つつ＞明かし暮らす」（そう思いながら、日々を送る）

【て】（・・・上の【つ】【つつ】と同じく「完了」助動詞に由来）
例）「よしと思ひ＜て＞斯（か）くしたり」（よいと思ってこうしたのです）

【ても】（・・・上の【て】＋係助詞【も】。現代語には濁音化して残る）
例）「死ん＜でも＞（死に＜ても＞）忘れじ」（死んでも忘れるものか）

【ながら】（・・・格助詞「の」＋名詞「柄：から」に由来）
例）「かく言ひ＜ながら＞討（う）たれにけり」（そう言いながらやられてしまった）

　・・・どの助詞もみな現代日本語に引き継がれているので「古語」として意識的に覚える必要もない。こうした語句を意図的・選別的に学習対象から外す労力節減努力（＆きちんと外してくれる教師や教材）は古文力涵養に必須の要件である。本講座が、諸君にどの程度の「意志的手抜き」を可能ならしむるかは、**巻末付録で確認されたし**。

■０５）（００３Ａ）―終止形用法１）文章の終止―
「終止形」とは、文字通り文章を終止させる（。を付けて言い切る）活用形である・・・が、この言い方には、次の２つの理由から、やや語弊がある：
1)「終止形」以外にも文章を終止させる活用形が、古文の世界には3つある。
　・・・「**命令形**」で言い切る。
　・・・係助詞「**こそ**」と呼応し「**已然形**係り結び」で文章を締める。
　・・・係助詞「**ぞ**」「**なむ**」「疑問語」と呼応し「**連体形**係り結び」で文章を締める
（室町以降この「連体形終止」が常態化して「終止形」と化し、現代日本語に至る）。
2)「終止形」が文章を終止させず、直後に「助動詞」や「助詞」を従える場合もある。
　・・・「命令形」「已然形」「連体形」の詳細については各活用形の箇所に譲るとして、以下、「終止形に接続する助動詞・助詞」の用法について詳説することにしよう。

■０５）（００ξB）―終止形用法２）「助動詞」への接続―
　活用語（動詞・形容詞・形容動詞）の「終止形」が、その部分で言い切りにならず、直後に「助動詞」を従える場合、その助動詞は「推量：～だろう」系ばかりである。
　【なり】（・・・「音（ね）＋あり」に由来。同形でも連体形接続なら「断定なり」）
「男もす<なる>日記といふものを、女もしてみむとて、する<なり>。」『土佐日記』十二月二十一日・紀貫之（きのつらゆき）
　（現代語訳）男も書く＜という＞日記というやつを、女の手でも書いてみようということで、私はこの日記を書く＜のである＞。（・・・と言って貫之が「女性仮託」したのは女装趣味があったからではなく、「漢詩文」に直結する「漢字」を排し、「和歌」に相応の「かな文字」で綴る口実としてのこと、である。最後の「するなり」の連体形接続「なり」は「断定」）
　【べし】（・・・「宜（うべ）し」に由来）
例）「よく見てまねぶ<べし>」（よく見て学習する必要がある）
　【べらなり】（・・・中古初期に和歌内限定で一時的に用いられた男性専用助動詞）
「風の上にありかさだめぬちりの身はゆくへも知らずなりぬ<べらなり>」『古今和歌集』十八・雑下・九八九・よみ人しらず
　（現代語訳）風に吹かれて一箇所に留まってはいない塵のように、私のこの身もまた行方も知れぬ頼りないものになってしまうに違いない。
　【めり】（・・・「見（み）＋あり」に由来）
例）「やつして通ふ<めり>」（変装して女のもとに通っているように見える）
　【らし】（・・・現代語「らしい」とは異なる上代～中古の語で、中世以降衰退した。室町時代に生まれた別系語の「らしい」が現代日本語「らしい」の祖先である）
例）「音もせねば、雨も止みぬ<らし>」（音がしないので、雨も止んだに違いない）
　【らむ】（・・・「ありーむ＝＊らむ」の末尾が独立して助動詞化したもの）
例）「年ごろ通にねば、我をうらむ<らむ>」（数年来御無沙汰だから、私を憎んでいるだろう）
　・・・「打消推量：～ないだろう」の助動詞もある：
　【まじ】（・・・同じ意味で未然形接続の【じ】よりも【まじ】が圧倒的に多用された）
例）「今はもう我思ふ<まじ>」（今となっては私のことなど思ってもいるまい：cf「思は<じ>」）
　これら「推量」系助動詞が「終止形」の後に続くのは、その働きを考えれば自然なことである：「～となっている。」として終止形で言い切った後で、付け足すように「・・・ことだろう（ことはないだろう）」という話者の見解を添える言い回しだからである。
　言葉を換えて言えば、「推量」された事態の成立／不成立に対し「推量者」は何ら主体的に関与することもできない（単に「・・・だろう」とか「・・・ではあるまい」とか意見を述べるだけ）ということである。この事情を改めて確認するならば：
　　終止形接続助動詞「べし」の例）「家の作りやうは、夏をむねとす<べし>」『徒然草』五五・吉田

兼好
　「家屋の建築方法は夏を最優先とする。」という陳述を一段落させた後で、兼好法師の私見として「・・・のが当然である」を続けている形であり、これが「話者の付加コメントとしての推量 (or 推定) 助動詞」の「終止形と相性のよい特性」なのである。
●「推量」助動詞＝未然形接続／「推定」助動詞＝終止形接続というミクロの用語分け
　古文界には、「未然形」接続助動詞を「推量」／「終止形」接続助動詞を「推定」と呼ぶ慣例がある。こんな字面上のせせこましい区分は論理的には感心せぬ行為だが、「接続」の違いを思い出すのに役立つ可能性もあるので、覚えておくのも悪くない：
　　未然形接続助動詞「む」の例）「うづもれぬ名をながき世に残さ＜む＞こそ、あらまほしかるべけれ。」『徒然草』三八・吉田兼好
　「名を永き世に残す」と「確定」しているわけではないから「未然形（**残さ**）＋**む**」の形で「もしも忘却の彼方に埋もれることなき永遠の名声を世に残す、**ということに仮になれば**、それは理想というものだろう」としているわけだ（こういう持って回った表現を「婉曲」と呼ぶ）。こういう未来の想定に「終止形接続」は似合わない。
　上の表現を、改めて「終止形＋**らむ**」の「推量（推定）」助動詞と比較してみると：
　　「世のしれものかな。かくあやふき枝の上にて、安き心ありてねぶる＜らむ＞よ。」『徒然草』四一・吉田兼好
　こちらの文章では**「とんだバカ者だねぇ、あんな危険な枝の上で、あいつ**（心安らかに）**居眠りしてる」**の部分は「確定事実」なので「終止形」で言い切った上で、その後に「・・・**らむ**＝らしいよ」として見物人の私的見解を付け加えている形である。

■05）（003C）―終止形用法3)「助詞」への接続―
　活用語（動詞・形容詞・形容動詞）の「終止形」が、その部分で言い切りにならず、直後に「助詞」を従える場合は、その表わす意味は次のように５つの集団に分かれる：
●1)「詠嘆」の終助詞を従える終止形
【かし】
　例)「さしたる事にもあらず＜かし＞」（大したことじゃあありませんことよ）
【かも】
　例)「我老いぬ＜かも＞」（私は歳を取ってしまったものだなぁ）
【な】
　例)「げにことわりなり＜な＞」（まこと、当然というべきでしょうな）
【も】
　・・・この終助詞は主に上代語で、中古以降は「**な**」に取って代わられた。

例)「あるじなき花咲くもかなし<も>」（主人もない家に花だけ咲いてるのも悲しいなぁ）
【や】
　例)「あさましう、こころなし<や>」（あきれたもんだ、何と無情なんだろう）
【やな】
　・・・この語は「形容詞」終止形や「形容動詞」語幹、体言などに付く。
　形容詞終止形接続例)「わりなういみじ<やな>」（何とも言えず素晴らしいことだなぁ）
　形容動詞語幹接続例)「うたて<やな>」（あぁ、うっとおしいこっちゃねぇ）
　体言接続例)「あさましき歌<やな>」（びっくりするような歌だねえ）
　これら「詠嘆の終助詞」は、文章を「終止形」（その他の形もあるが）で終えた後で「余韻」を添える語句だから、それそのものには特別な意味はなく、取り去っても文章の意味は実質的に何一つ変わらない（つまり、受験生的にはノーマークでよい）。
●2)「禁止：〜するな」の終助詞を従える終止形
　「〜せよ」（命令文）の裏返しで、「〜するな」の禁止命令を表わす。
終助詞【な】
　例)「過ちす<な>」（間違いをしでかすな）
　・・・現代日本語にもそのまま残る表現がこの「終止形＋な」の語形ながら、目上から目下に向かって言うような強圧的響きがあるので、女性はあまり用いなかった。
　・・・中古の古文で一般に用いられたのは「な＋連用形＋そ」の禁止表現で、女性的でやんわりとした響きがあり、男女ともにこちらの語形を好んだ：
　な＋連用形＋そ例)「ひが事な言ひ<そ>」（わけのわからぬことを言うのにやめなさい）
●3)「逆接確定条件：〜ではあるけれども」の接続助詞を従える終止形
【といへども】・・・本来は「体言」接続。中世以降は「連体形」接続もあり得る
　例)「隠す<と言へども>世にあらはる」（たとえ隠しても、世間に露見する）
【とも】・・・中世以降は「連体形」接続もあり得る：
　例)「我は死す<とも>名は死なじ」（私が死んだとしても、名前は死なずに残るだろう）
【ながら】
　・・・この接続助詞は、「動詞」に付く時は「連用形接続」で、「シク活用形容詞」の場合のみ「終止形接続」だが、実質的には「体言接続」と見るべきである：
　動詞連用形接続例)「さは言ひ<ながら>心安からず」（そうは言っても内心穏やかではない）
　シク活用終止形接続例)「身はいやし<ながら>歌いみじ」（身分は低いが良い歌を詠む）
　「<言ひ>ながら」も「<いやし>ながら」も連用形・終止形と言いながら「<二つ>ながら」や「<我>ながら」と同じ「体言」相当：感覚的には「連体形接続」に近い。
●4)「逆接仮定条件：仮に〜だとしても」（中古以降）／「順接仮定条件：仮に〜だとしたら」（中世以降）の接続助詞を従える終止形
【と】

・・・この「**と**」は、中古までは「逆接仮定条件：〜であるとしても」のみを表わし、「順接仮定条件：〜であるとすれば」は中世以降の（現代にも残る）後発語法：
　中古までの逆接仮定条件の「と」の例）「嵐のみ吹くめる宿に花すすき穂に出で<u>たり</u>＜と＞かひやなからむ」『蜻蛉日記』藤原道綱母（ふぢはらのみちつなのはは）
　「吹きすさぶ風の通り道になっているばかりで、誰も通わぬさびれた宿になんて、すすきの花が咲いたとて、何の意味もない、ということになるのでしょうかね」と、しおらしげなこの歌も、例の「不誠実な旦那様の藤原兼家（ふぢはらのかねいへ）」を千年来とっちめ続けているあの有名な女性の手になるものだと思うと、違った響きを持つのだから不思議なものだ・・・ともあれ、この「**と**（**言へども**）」の「逆接」こそが、古文世界での接続助詞「**と**」の由緒正しき語法と思ってくれればよい：古文の「**と**」は、現代語のような「もし・・・だと」の意味にはならぬものと思って、よいのである（室町時代以降なら話は別だが・・・そんな古文、入試にはまず出ない）。
　室町以降の順接仮定条件の「と」の例）「母様のことを悪く<u>言ふ</u>＜と＞、たたくぞよ」歌舞伎『傾城浅間嶽』
　・・・こちらは「入試ではノーマークでよい」方の「**と**」（というか、現代日本語そのものの「**と**」）の例である。そもそも「仮定条件：仮に〜なら」は、現実に生起していない事態を仮想の形で述べるものであるから「未然形＋**ば**」が普通の形であり、「終止形＋**と**」による「仮定条件」はやや変則で、これは英語に於ける「〜（命令文），and...：〜してみろ、そうする**と**，...　だぞ」に相当する「準仮定」語法である：
命令文+and の準仮定表現）Speak ill of your mother, <u>and</u> I'll beat you.（≒:**言ふと**、叩くぞよ）
if による普通の仮定表現）<u>If</u> you speak ill of your mother, I'll beat you.（≒**言は**ば、叩くぞよ）
●5)「程度」の副助詞を従える終止形
【**ばかり**】
　・・・先程引いた『蜻蛉日記』中の「**嵐＜のみ＞吹く**」の「**のみ**」とほぼ同意の副助詞である「**ばかり**」の用法は、「程度」／「限定」の二通りに大別される。主として名詞に付く語だが、活用語に付く場合、「終止形」接続は主に「程度」／「連体形」接続は主に「限定」の意味になることが多いとされる：
　連体形＋「ばかり」の例）「思ひ出でてしのぶ人あらむほどこそあらめ、そもまたほどなく亡せて、<u>聞き伝ふる</u>＜ばかり＞の末々は、あはれとやは思ふ。」『徒然草』三〇・吉田兼好
　連体形接続の「**ばかり**」が「限定」を表わす例で、「亡き人を思い出して懐かしむ人々が存命のうちはまだいいものの、そういう人々もやがて死んでしまい、伝聞情報として＜のみ＞亡き人の話を聞いたとて、子孫たちがしみじみとした感慨を催すことなどありはすまい」という寂しい話である。
　終止形＋「ばかり」の例）「首も<u>ちぎる</u>＜ばかり＞引きたるに、耳鼻欠けうげながら抜けにけり。」『徒然草』五三・吉田兼好

これは有名な「酒に酔って調度品の穴に首を突っ込んで満座の笑いを取ったものの、そのまま抜けなくなっちゃった」話。終止形接続の「**ばかり**」が「程度」を表わして「首もちぎれる＜**ほどに**＞（＝ちぎれん**ばかり**に）思い切り引っ張ったところ、耳・鼻が欠け落ちながら、ようやく抜けた」という痛々しくもお**バカ**な物語**り**である。

　・・・以上で、単純に文章を言い切って終わりになってはくれない「終止形」用法の解説はおしまい。次は「連体形」の用法についての解説である。

■05）（004）―「連体形」の定義・「連用形」の定義―
　「**連体形**」は「**体**言へと**連**なる」活用形と読めば「**連用形**（**用**言へと**連**なる活用形）」と対をなす呼び名になるが、この言い方には少々語弊がある。まずは「体言」・「用言」という文法用語を幾つかの観点から見定めるあたりから、「連体形」の解説を始めよう。
　最初に「品詞」の観点から：

◆「体言」＝「名詞（代名詞）」
◆「用言」＝「動詞」・「形容詞」・「形容動詞」

　・・・上の図式を一見すると、「用言」＝「活用語」と言えそうだが、よくよく見れば「用言」中には「助動詞」「補助動詞」が含まれていない。これらも立派な「活用語」なのだから、*「用言＝活用語」の等式は不成立*、ということになる。
　同様に、*「体言」＝「非活用語」の図式もまた成立しない*：活用しない語の集団には「（代）名詞」以外にも「連体詞」「副詞」「助詞」「接続詞」「感動詞」が含まれるが、これらの「非活用語」のことは「体言」とは呼ばないからだ。
　そこで、更にもう一つ次の観点が必要になるわけである：

◆「体言」＝単独で「主語」になれる語

　・・・この尺度に照らして初めて、「連体詞」「副詞」「助詞」「接続詞」「感動詞」といった「非活用語」が「体言」選外となるわけである。

◆「用言」＝単独で「述語」になれる語

　・・・「助動詞」「補助動詞」は「活用語」ではあるが、他の動詞に付けずに単独で用いることは不可能なので、この観点を加味して初めて「用言」の対象外となる。
　以上の観点を踏まえれば、「**連用形**」の呼び名は「**活用語**へと連なるもの」であり、「**用言**へと連なるもの」ではないことになる；「連用形＋動詞・形容詞・形容動詞」の接続のみならず、「連用形＋補助動詞・助動詞」の接続も存在するからである・・・

が、このあたりのちまちました用語使いに目くじら立てる連中に、「文法の鬼」はいても「語学の達人」はいない。大事なのはレッテル（蘭：letter／英：label＝名札）でなくコンテンツ（英：contents＝中身）なのだから、「呼び名の緩さは和語の特性」ぐらいに鷹揚に構えておくのが、ヘンテコ規則満載の古文と上手に付き合うための秘訣である。

　そうした「用言」と「体言」の対照的定義を押さえたところで、以下、「連体形」の具体的用法について詳述しよう。「連体形」という活用形そのものが表わす用法として「連体法」「準体法」「係り結び」の３つを解説した後で、「連体形」に接続する「助詞」並びに「助動詞」についても解説することにしよう。

■０５）（００４Ａ）―連体形による「連体法」―
　「連体形」の最も基本的な用法が「連体修飾語＝直後の体言を修飾する語」としての用法、略して「連体法」である。
　連体法）「世の人の心く**まどはす**＞こと、色欲にはしかず。」『徒然草』八・吉田兼好
　（現代語訳）世の中の人間の心を惑わすものと言えば、色欲、それ以上のものはない。
　心惹かれる相手の**体**に**連**なる欲を戒める兼好法師の例文を以て「**連体法**」を説くのも何ではあるが、体言に連なるごく自然な用法なので、特に迷うこともあるまい。

■０５）（００４Ｂ）―連体形による「準体法」１）―
　「連体法」からの省略形として、本来「連体形＋体言」であるべき形から、「体言」が省略されて「連体形」のみが残りながらも、実質的には相変わらず「連体形＋体言」の「連体法」に相当する機能を果たす場合がある。本来「活用語」であって「体言」ではないはずの「連体形」が、「**体言に準ずる語**」として機能するために、「**準体**言」とか「**準体法**」とか呼ばれる。
　準体法）「前栽（せんざい）の草木まで心のままならず作りなせ＜る＞は、見る目も苦しく、いとわびし。」『徒然草』一〇・吉田兼好
　（現代語訳）庭先に生えている草木まで、自然に生えるがままならぬ人為的な手を加えて、わざとらしく作ってある様子は、見た目にも見苦しく、たいそう気落ちさせられる。
　上の例文では、完了助動詞「り」の連体形「**(作りなせ) る**」の部分が、実質的に「**(作りなせ) る＋[事]**」という体言含み用法として働いている。

■05)(004C)―連体形による「準体法」2)「同格」用法―
　「準体法」には、一つの体言を様々な角度から説明する形で(たたみかけるように)添えられる「同格的修飾語」の語法で用いられる場合もある。
　同格的準体法)「十八九ばかりの人の、髪いとうるはしくてたけばかりに、裾いと<ふさやかなる>、いとよう肥えて、いみじう色しろう、顔愛敬づき、よしと<見ゆる>が、歯をいみじう病みて、額髪もしとどに泣きぬらし、みだれ<かかる>も知らず、おもてもいとあかくて、おさへてゐ<たる>こそをかしけれ。」『枕草子』一八九・清少納言
　(現代語訳)　18〜19歳ほどの人で、美しい髪は背丈ほどの長さで、毛先まで豊かにふさふさしている人で、それはもうふっくらと肉付きがよく、たいそう色白で、顔立ちも可愛らしく、好感が持てる感じの人なのに、ひどい歯の病気で、両頬に垂らした髪の毛まで涙でぐしょぐしょに濡らして、それがざんばらに顔に乱れかかっているのも気付かずに、赤く腫れ上がった顔の上から痛い歯を押さえて座っている姿は、滑稽な感じだ。

　　＜ふさやかなる＞・＜見ゆる＞直後には[人]を補い、＜かかる＞・＜(ゐ)たる＞直後には[事]を補って読む。これら４つの「準体法」のうち、最初の＜**ふさやかなる[人]**＞が「同格的修飾語」である。その掛かる先の体言は冒頭にある「**十八九ばかりの人**」であり、その修飾・被修飾関係を図示すれば以下の通りである：
全文主語 start：＜
　部分主語 start：「**十八九ばかりの人**」の
　　連体修飾語群：(1){**かみいとうるはしく**}て(2){**たけばかり**}に、(3){**すそいと＜ふさやかなる＞**}、
　　　　　(4){**いとようこえ**}て、(5){**いみじう色白う**}、(6){**顔あいぎゃうづき**}、(7){**よしと＜見ゆる＞**}
　部分主語 end：[・・・そういう(7つの特性を有した)人]が、
　部分述語 start：(1){**歯をいみじう病み**}て、(2){**額髪もしとどに泣きぬらし**}、
　　　　　(3){**みだれ＜かかる＞も知らず**}、(4){**おもてもいとあかく**}て、(5){**おさへてゐ＜たる＞**}
全文主語 end＞：[・・・そういう(5つの述部で描写された)事]こそ
全文述語：をかしけれ。

　連体形の「準体法」や連用形の「中止法(の、不完全終止版)」を、これでもか！とばかり多用した「**修飾語肥満体**長文」は読み辛いことおびただしいが、中古女流文学にはこういう記述がやたら多い。そんな古典文物の肥満因子たる「同格的修飾語構成成分」として、「連用形の中止法」&「連体形の準体法」は要チェック語句ではあるが、やたら長大ではあっても、所詮それは「**脂肪分**」であって「骨格」ではないのだから、意味解釈の第一段階としてはまず切り捨てて構わぬ(どころか受験生的には切り捨て解釈するのが必須の)余計物だということ&切り捨てた後にくっきり浮かぶ「骨格」をこそ重視するのが古文(&あらゆる言語)の読みの基本ということを忘れぬように。

■０５）（００４Ｄ）―連体形による「準体法」３）「詠嘆」用法―
　準体法詠嘆用法）「五月五日は、くもりくらし＜たる＞。七月七日は、くもりくらして、夕方は晴れたる空に、月いとあかく、星の数もみえ＜たる＞。」『枕草子』一〇・清少納言
　（現代語訳）５月５日は、日暮れまで曇り。７月７日は日中は曇天で、夕方には晴れた空に、月が明るく輝いて、いくつの星が夜空に浮かんでいるか数えられるくらい。
　上の文章内の二つの＜**たる**＞は、いずれも文末にあるのだから、本来なら「終止形」＜**たり**＞になりそうなものを、何故か連体形の「準体法」になっている。これ、実は「**＜たる＞[日]**」からの省略だが、それを理解するには「**五月五日／七月七日**」に着目。書き手自身にわかればそれでよし、という日記文ならではの大胆（orずさん）な省略である・・・にしても、「**[日]**」ぐらい省略せずにちゃんと書けよな！」と言いたい感じの読者もあろうが、この省略によって文末を飾ることになった「連体形」が、「終止形」よりも強調的で独特な語感を出していることに注目されたい。文末に於けるこの種の「準体法」が「詠嘆」用法と呼ばれる所以であるが、この連体形言い切り文末の独特な感覚は、次に示す『枕草子』の御約束パターンたる「～なるものづくし」列記文の中に於いて、いよいよ顕著である：
　「すさまじきもの。昼吠ゆる犬、春の網代。三、四月の紅梅の衣。牛死にたる牛飼。乳児亡くなりたる産屋。火おこさぬ炭櫃・地下炉。博士のうちつづき女子生ませ＜たる＞。」『枕草子』二五・清少納言
　（現代語訳）気持ちがすぅーっと冷えちゃうものあれこれ：「昼間吠えるわんこ」、「冬の漁獲用装置のアジロが春の川にかかってる情景」、「３月・４月になってから着てる季節外れの紅梅重ねの服」、「お世話してる牛が死んじゃった牛飼いの人」、「生まれた子が死んじゃった産室」、「火もおこさぬスビツ＆ヂゲロ」、「朝廷の役人にするためには男児が必要な文章博士の家系だってのに、奥さんが産む子といったら女の子ばかり［の家］・・・」。
　最後の＜**たる**＞の「準体法」が「詠嘆用法」である（直後に体言を補うつもりなら「**家**」でよかろう）。どの程度の「詠嘆」を催すかは受け手側の感覚の問題だから、単なる「体言止め」と呼んでもよい。これと同様の効果を持つものには、「短歌・俳句」に於ける「文末を体言で締めることから生じる断章的余韻」や、この後の項目で詳述する「連体形係り結び」が持つ独特の強調的響き、等があることも銘記しておきたい。

■０５）（００４Ｅ）―「連体形係り結び」１）係助詞「ぞ」・「なむ」呼応型―
　「準体法詠嘆用法」で既述の通り、文末を「連体形」で締めると「断章」的な響きが生じ、「終止形」とは一味違った詠嘆効果が生まれる。それを狙ってわざわざ文末を「終止形」以外の活用形（「連体形＝**ぞ・なむ・疑問詞**呼応型」／「已然形＝**こそ**呼応型」の２種類あり）で締める修辞法が「係り結び」と呼ばれるものである。

●出現頻度最多の「**ぞ**＋連体形」係り結び
　係助詞「**ぞ**」＋連体形係り結び）「子孫おはせぬ<**ぞ**>よく<侍る>。末のおくれ給へるはわろきことなり。」『徒然草』六・吉田兼好
　（現代語訳）ご子息がいらっしゃらないのはよろしうございました。代が下るにつれて社会的地位が低落してしまわれるのは、よろしうございませんからね。
　・・・係助詞<**ぞ**>と呼応するからこその<侍る>であって、<**ぞ**>なしであれば当然「終止形」<侍り>で終わる形である。
　「**ぞ**」は係り結び形成語としては最も多用された中古の係助詞である・・・ちなみに、上代には「**そ**」と清音であったが、その「**そ**」は「**な**＋連用形＋**そ**」の否定表現の末尾の「**そ**」に引き継がれて中古以降の古文の中でもかなりの存在感を保っている。

●口語専用の「**なむ**＋連体形」係り結び
　係助詞「なむ」＋連体形係り結び）「一重梅を<**なむ**>軒近く植ゑられたり<**ける**>。」『徒然草』一三九・吉田兼好
　・・・これまた<**なむ**>と呼応するから<**ける**>なのであり、本来なら<**けり**>を付けて終止形で終わるはずである。
　「**なむ**」は口語でしか用いない係助詞で、文章語ではないから、古文での出現頻度は「**ぞ**」より遙かに落ちる。「日記」・「随筆」ではともかく、「作り物語」の中などでは、誰かが実際口にした台詞を直接話法で引用する例ぐらいでしか「**なむ**」にはお目にかかれない。和歌の中に出てくる例もほとんどない。

●「**なむ**」が「**なん**」と表記されるのは中古末以降／「**なん**」と発音されるのは全時代共通
　「**なむ**」を「**なん**」と表記することもあるが、それは中古末期以降の話である：「**ん**」文字自体がそれ以前には存在しなかったからであるが、たとえ表記の上では「**なむ**」でも、実際の読みは（全ての時代に於いて）「**なん**」であったことは覚えておこう。
　この「n音への変化＝撥音便」（←ン音化け）は、何も古典時代限定の特殊事情ではない。「hamburger」をきちんと英語風に「ハ<**ム**>バーガー」と読める日本人など（英語学習者以外には）皆無であり、100％の確率で「ハ<**ン**>バーガー」となってしまう現実を思い起こせば、「**なむ→なん**」を初めとする「n音転換読み」の「撥音便」が、千年来変わらぬ和語の伝統芸であることを感じ取るには十分であろう。

■05）（004F）―「連体形係り結び」2）係助詞「**ぞ**」・「**なむ**」終止型―
　係助詞「**ぞ**」・「**なむ**」と呼応して「連体形係り結び」で終わるべき文末成文が省略され、「**ぞ**。」・「**なむ**。」で終止してしまうヘンテコな場合がある。
　係助詞「**ぞ**」終止型特殊係り結び）「柳原の辺に、強盗法印と号する僧ありけり。たびたび強盗にあひたるゆゑに、この名をつけにけると<**ぞ**>。」『徒然草』四六・吉田兼好

(現代語訳)柳原のあたりに「強盗法印」と名乗る僧がいた。何度も何度も強盗に遭遇したために、こんな名前を付けたのだ（そうな）。

・・・上の文の末尾は本来なら「**と<ぞ>【聞き<ける>】**。」あたりのはずである。係助詞「なむ」終止型特殊係り結び）「めなもみといふ草あり。くちばみにさされたる人、かの草を揉（も）みて付けぬれば、則（すなは）ち癒（い）ゆと<なむ>。見て知りておくべし。」『徒然草』九六
(現代語訳)メナモミなる名の草がある。ヘビに噛まれた人がその草をもみほぐして傷口に付ければたちまち治るという（話である）。実物をその目で見て馴染んでおくべき草である。

・・・こちらの例も本来「**と<なむ>【伝へ<ける>】**。」あたりの結びが妥当だろう。
いずれも、末尾にあるべき「伝聞」系表現（例：**言ひける・聞きける・伝へける**・等々）が丸ごとバッサリ省略されている訳で、実に大胆で特異な省略だが、伝聞情報の結びの形としては実に多く見られるものだから、習熟するのはさほど難しくないであろう（現代語訳は「〜とのことだ。」あたりでよい）。入試でもよく問題になるので、兼好法師じゃないがよくよく見て知りておくべき省略語法である。

■０５）（００４Ｇ）―「連体形係り結び」３）係助詞「か」・「や」呼応型―
●「か」・「や」の文中（係助詞）用法
　係助詞「**か**」・「**や**」が末尾の「連体形」と呼応する係り結びを形成すると、「疑問」の意を表わす。
　係助詞「か」＋連体形係り結びの疑問文）「院の殿上には誰々<か>あり<つる>。」『枕草子』一〇八・清少納言
　(現代語訳)院の御殿の上にはどんな人々がいましたか？
　・・・「**あり<つ>**」（終止形）でなく「**あり<つる>**」（連体形）で結ばれることで「疑問文」を形成している；が、係助詞「**か**」＋末尾の「連体形」だけで疑問文になるわけではない；文中に「**誰々**」という疑問を表わす語句が存在するからこそ、の係り結びである。このように中古の和文では、係助詞「**か**」は、「疑問語」を伴って用い、不明の答えを他者に問う形の疑問文となるのが基本である。
　係助詞「や」＋連体形係り結びの疑問文）「嫌疑の者<や><ある>。」『枕草子』四五
　(現代語訳)疑わしき者はいるか（or誰が被疑者とされているか）？
　・・・こちらは「**<あり>**」（終止形）でなく「**<ある>**」（連体形）で結ばれることで「疑問文」を形成しているが、先程の「**か**」が疑問詞「**誰々**」を伴って初めて疑問文となったのに対し、係助詞「**や**」は疑問詞と共用せずに疑問文を形成する点に注目である。
　「**か**」の疑問文では「誰と誰がいたのか」が不明だから（英語の"who"に相当する疑問詞付きで）質問しているのに対し、「**や**」の疑問文では「容疑者がいるらしい」との確信のもとに「それは誰なのだ？」と（疑問詞なしで）確認しているのである。

●「か」・「や」の文末（終助詞）用法
　現代日本語では「〜か？」のように文末に終助詞「か」を置く（「や」は置かない）のが疑問文の定型であり、文中には置かない。こうした「か」及び（古典時代限定の）「や」の文末用法が疑問文の主流となるのは室町時代以降であるが、この用法自体は既に中古にも存在していた。「か」・「や」が文中に置かれて文末の連体形と呼応して係り結びを成す場合は「係助詞」扱いとなるが、文末に置かれた場合は「終助詞」となり、係り結びも当然行なわれなくなる。
　「か」・「や」の文中／文末用法混在例）「わかき人々出で来て、「をとこ<や><ある>。」「いづくに<か><住む>。」など口々に問ふに、をかしき言、そへ言などをすれば、「歌はうたふ<や>。舞などする<か>。」と問ひもはてぬに、‥‥」『枕草子』八七
　　（現代語訳）（どこからともなく紛れ込んできたヘンテコ女を相手に‥‥）宮仕えの若い人達が出て来て、「決まった男はいるの？」、「どこに住んでるの？」などと口々に質問したところ、この変な女は、面白い発言だのふと言い添える機知に富んだ回答だのをするので、「歌うたったりするの？舞いは踊るの？」などと質問は際限なく続いて‥‥
　‥‥文中用法（係助詞）の場合、「か」は疑問詞（いづく）を伴うが、文末用法（終助詞）の「か」は疑問詞とは呼応せず単なる確認にとどまっていて、実質的に「や」と同じ使われ方をしている（＝「か」と「や」の入れ替えも可能な）点に注目したい。

●「や」衰え「か」のみが残る鎌倉期
　中世以降「や」は衰退し、「か」が疑問文形成係助詞の主流となる。更に室町時代以降になると、「連体形係り結び」があまりにも多用された結果として、「連体形」がほぼ常に文末を飾る活用形となり、「終止形」を押しのけるようになって、しまいには「連体形」が実質「終止形」の地位を得て、旧「連体形」が新「終止形」として旧「終止形」の領分にズケズケ割って入るようになる。この「連体形の終止形化現象」は、現代日本語にも引き継がれている。「す（為）」や「く（来）」の終止形は現代語ではかつての連体形「する」・「来る」である。事ここに至れば「係助詞か・や＋文末連体形」という係り結びそのものが構造的に機能しなくなる訳で、必然的に「や」・「か」は「文末（終助詞）用法」のみで疑問文を形成するようになり、「文中（係助詞）用法」は消滅する。室町期には既に「や」は衰退していたから、「〜か？（文末終助詞用法）」が疑問文の定型となって現代に至るわけである。

●「詠嘆」終助詞「や」との区別
　「や」の文末（終助詞）用法にはまた、「疑問」とは無縁の「詠嘆」用法もあるので、両者の区分もややこしい感じである。『枕草子』からいくつか「詠嘆」の「や」の例を引いて、その特徴を検討してみよう：
　　「いみじうぞある<や>。」『枕草子』三五
　　（現代語訳）あぁ、何とも素晴らしいことだなぁ
　‥‥係り結び「ぞ＋ある」で強調した上で、駄目押しに「や」を添えている感じ。

「弁などは、いとをかしき官に思ひたれど、下襲の裾みじかくて随身のなきぞいと**わろき**＜や＞。」『枕草子』四八

　（現代語訳）下々の役所から来る書類をてきぱき処理して大事なものは上申する太政官の「弁官」などは、とても興味ある官職だわと、以前は思っていたのだけれど、上級の女官が長々色々優雅に引きずってるシタガサネの裾なんて、「弁」の身分は低いから短いし、お付きの者もいないなんて、とってもイヤな感じだわ。

　・・・こちらも「**ぞ**＋**わろき**」の係り結びで強調している上に副詞「**いと**」で駄目押し、その上にまた御丁寧に「**や**」を付けている感じである。

「えもいはずぞ**あさましき**＜や＞。」『枕草子』八八

　（現代語訳）何とも言えず、びっくり仰天って感じ。

　・・・これまた「**ぞ**＋**あさましき**」の係り結び＋「**えもいはず**」の強調表現のペアに「**や**」を添えたもの。

　こうして見ると、「文末詠嘆用法」の「**や**」は、「連体形係り結び」の強調的硬質感をやんわり和らげつつ余韻を添える感じである。「係り結び」との呼応を前提とする用法ではないが、直前部には何らかの「強調的表現」がある場合が多い、という点には間違いないので、「疑問」と「詠嘆」の区分上の目安として覚えておくとよいだろう。

　「疑問」・「詠嘆」双方の「**や**」を含む例）「里に宿直物（とのゐもの）とりにやるに、「男二人まかれ。」といふを、「一人してとりにまかりなむ。」といふ。「あやしの男＜や＞。一人して二人が物をば、いかで持たるべきぞ。一升瓶（びん）に二升は入る＜や＞。」』『枕草子』一〇八

　（現代語訳）宮中での宿泊勤務用の衣類や夜具を、実家に取りにやらせたところ、こちらは「下男二人で行きなさい」と言ってるのに、「一人で取りに行こうと思います」との返答。「物の道理のわからぬ奉公人だこと。二人分の荷物を一人でどうやって持つというの？一升瓶（いっしょうびん）に二升分のお酒が入る？無理でしょ！」

　・・・この例文では、最初の「**あやしの男＜や＞**」が「詠嘆」である。要するに、感情的な余韻を添える「**や**」であるから、取り去っても意味は変わらない。あるいは別の強調語（例えば、「**ぞ**」）に変えて「**あやしの男＜ぞ＞**」としても同じく通じる。そのあたりに着目して見分けるとよいだろう。

　一方、最後の「**一升瓶に二升は入る＜や＞**」は「疑問」の「**や**」。この場合「**や**」を取り去れば意味が違ってくるし、また、同じ疑問の文末用法「**か**」に置き換えて「**一升瓶に二升は入る＜か＞**」として意味が通じるのを確認するのも手であろう。

●「反語」としての「か」・「や」

　もっとも、先の文章の「**や**」（「**か**」）は、「疑問」というより「否定的詰問」（一升瓶に二升分は入らないだろ？同様、一人で二人分の荷物が持てるはずもないだろ？！）である；この種の「形式上は疑問でも実質的に否定」の修辞を「反語」（英語なら rhetorical question：修辞疑問文）と呼ぶ。「疑問」の表現には常に、形態上は「疑問」でも実質的には「否定的見解」を表わす「反語」の可能性があると疑ってかかった方がよい。

「反語」の「か」っぽい文末用法)「こと物は食はで、ただ仏の御おろしをのみ食ふ＜か＞。いとたふときことかな。」『枕草子』八七

（現代語訳）他の物は食べずに、ひたすら仏様へのお供え物を下げたやつばかり食べるって？何とも御立派なことですねえ。

・・・これは「疑問（食べるのか？）」か「反語（食べるか？普通、食べないだろ？！）」か、判別に悩む微妙な例である。

「反語」の「や」にちがいない文末用法)「これは、身のためも人の御ためも、よろこびには侍らず＜や＞。」『枕草子』八二

（現代語訳）これって、我が身にとっても人様のためにも、めでたい事ではございませんか？

・・・「喜ばしいことじゃない、のでしょうか？」の「否定疑問文」というよりも、はっきりと「喜ばしいことである、でしょ？！」の「反語」の例である。

●係助詞「か」・「や」＋係助詞「は」から生まれた「反語」の終助詞「かは」・「やは」

「反語」の「か」に係助詞「は」が加わった文中用法)「くらければ、いかで＜かは＞見えむ」『枕草子』六三

（現代語訳）光も届かぬ暗がりだもの、どうして見えたりするもんですか。

・・・「どうして見えようか、見えるわけがない」の「実質的否定文」である。

「反語」の「や」に係助詞「は」が加わった文中用法)「この草子、目に見え心に思ふことを、人＜やは＞見むとすると思ひて、つれづれなる里居のほどにかき集めたるを、あいなう、人のために便なき言ひ過ぐしもしつべき所々もあれば、よう隠しおきたりと思ひしを、心よりほかにこそもりいでにけれ。」『枕草子』三一九

（現代語訳）この冊子は、私がこの目で見たり心に思ったりしたことを「どうせ他人が見ようとすることもないでしょ」と思って、宮仕えもせず実家に居て暇な時なんかに書き綴ったものをまとめておいたやつなんだけど、「あらまぁ困ったわね、これって言い過ぎ、これじゃ、ネタにされた相手に気の毒だわ」みたいに余計なこと書いちゃったに違いない箇所もあれこれあるので、「ちゃんと隠しといたからこれでもう大丈夫、人目には触れないわ」と思ってた・・・ところが、私の意に反してひょっこりバレて世に出てしまったものなんです。

・・・少々長いが、『枕草子』執筆の経緯を（事実か脚色かはわからないが）筆者の清少納言が書いたくだりである。「人＜やは＞見む（・・・とする）」の部分が「他人が見たがることなんて、あるだろうか？否、あるまい」の反語となっている。

最後の2例に見るように、「か」・「や」が「反語」の意味を表わす場合には、直後に係助詞「は」が付いた「かは」・「やは」の形になることが多い（あまりに多いので、「**かは**」・「**やは**」はそれぞれ1語の「終助詞」扱いとなっているほどである）。

「**かは**」・「**やは**」に「疑問」の用法もなくはないが、「反語」の例が圧倒的に多く、反語の定型句「**ものかは**」は「俺が落ちる**ものか**！」のような現代語の祖先である。

■０５）（００４Ｈ）―「連体形係り結び」４）係助詞「にか」・「にや」終止型―
　係助詞「**か**」・「**や**」と呼応して「連体形係り結び」で終わるべき文末成文が省略され、「**か**。」・「**や**。」で終止する場合がある。具体的には、「**に＜か＞〔ある・あらむ・ありけむ〕**」・「**に＜や＞〔ある・あらむ・ありけむ〕**」からの省略である。「**か**」・「**や**」直前の「**に**」は断定助動詞「**なり**」の連用形、直後の「**あり**」は補助動詞である。
　　係助詞「にか。」終止型特殊係り結び）「さば、こは誰がしわざ＜にか＞。」『枕草子』一三八・清少納言
　　　（現代語訳）「それなら、これは一体誰の仕業だというのか？」
　　係助詞「にや。」終止型特殊係り結び）「いと夜深く侍りける鳥の声は、孟嘗君の＜にや＞。」『枕草子』一三六
　　　（現代語訳）「ひどく深夜に聞こえたニワトリの声は、（司馬遷：しばせんの『史記』にある、嘘鳴きで朝が来たと思わせて関所の門番に開門させたという）孟嘗君：もうしょうくんの例の作り声の鶏、でしょうか？」
　・・・書道名人の藤原行成（ふぢはらのゆきなり：清少納言の愛人との噂もあった人）が夜明け前に彼女を訪れたので理由を問うたところ、「鳥の鳴き声にせかされて」と答えたので、「鳥？こんな夜遅くに？」ということで上のように漢籍を引き合いに出した返答に添えて（後に『小倉百人一首』６２番歌として有名になる）「**よをこめてとりのそらねははかるともよにあふさかのせきはゆるさじ**」を詠んで見せた、というくだり。
　このような「**にか**。」・「**にや**。」の語形を見たら、瞬発的に、そこにはない〔**ある**〕〔**あらむ**〕あたりを補って読むべし、の警戒アラームが心の中で鳴り響くのが、よく訓練された古文読みの体質である**にゃ**、とか猫語で笑いつつ言ってみる（**ニカっ**）。

■０５）（００４Ｉ）―「連体形係り結び」５）疑問語呼応型―
　末尾連体形の「係り結び」は、なにも係助詞「**か**」・「**や**」と呼応する場合のみに限らない；係助詞を伴わない「**疑問の表現＋連体形末尾**」もまた「係り結び」である。
　　この種の係り結びを生じる「疑問語」には、次のようなものがある：
◆**いづこ・いづく【何処】**・・・英語「where?」系
◆**いかが【如何】／いかがは【如何は】／いかさま【如何様】／いかで【如何で】／いかに【如何に】／いかばかり【如何ばかり】**・・・英語「how?」系
◆**いつ【何時】**・・・英語「when?」系
◆**なぞ【何ぞ】／なでふ【なでふ】**（・・・「なんじゅー」とも読む）**／など【など】／などて【などて】／なんぞ【何ぞ】**・・・英語「why?」系
◆**いづれ【何れ】／なに【何】**・・・英語「which?／what?」系
◆**たれ【誰】**（現代語のように「だれ」と濁音化せず清音）・・・英語「who[m]?」系

疑問表現呼応型連体形係り結び)「＜いかで＞さることは知り＜し＞ぞ」『枕草子』一六一・清少納言
　(現代語訳) どうしてそのようなことを知っていたのか？
　「**いかで**」(＝どうやって)」と呼応して「**き→し**」の連体形係り結びとなっている(末尾の「**ぞ**」は詠嘆の終助詞)が、係助詞「**か**」・「**や**」は影も形もない点に注目。
　このように、係助詞(**なむ・ぞ・か・や**＝連体形／**こそ**＝已然形)ばかりを目安にしていたのでは捉えきれない「係り結び」もあるので、上掲の「疑問語」をしっかり覚えて、末尾の連体形の正体(＝疑問詞呼応)が反射的にわかるようにしておきたい。

■05)(004J)―「連体形」に接続する「助動詞」―
　「連体形」とは「体言へと接続する」活用形であるから、「体言」ではない「助動詞」へと連なる「連体形＋助動詞」の接続はかなり異様である。以下のいずれの助動詞も本源的には「連体形接続」ではなく、あくまで例外的な接続である点に注意しよう。
　　　　　　●1)「様態」助動詞へと連なる連体形
　この系統の助動詞は「連体形」よりむしろ格助詞「**が**」・「**の**」に接続する場合の方が多い。
【**ごとくなり**】(・・・「同：こと・ごと」に由来)
【**ごとし**】(・・・「同：こと・ごと」に由来)
【**やうなり**】(・・・「様」に由来)
　例)「人の世の様、桜の散り急ぐ＜[が]ごとくなり＞／＜[が]ごとし＞／＜やうなり＞」(人間世界の有様は、まるで散り急ぐ桜の花のようだ)
　　　　　　●2)「断定」助動詞へと連なる連体形
【**なり**】(・・・「終止形接続」なら「推量」、「連体形接続」なら「断定」)
　・・・「体言＋に＋あり」の語形から「体言＋**なり**」に転じる形で生じた助動詞で、あくまで「体言接続」が基本だが、中古以降は「連体形」にも接続するようになった。
　例)「死ぬるは理(ことわり)＜なれ＞ばずちなし。為すべき事果てずして死ぬるが辛き＜なり＞」
　(死ぬのは必然の運命なのだから仕方ない。やるべきことを最後までやりきれずに死ぬのが耐え難いのだ)
　・・・断定の「**なり**」の末尾に「**らし**」を付けた助動詞「**ならし**」もあり、「体言」及び「連体形」双方に接続し得る点も断定「**なり**」と同じである：
【**ならし**】(・・・「断定」の【**なり**】の末尾に【**らし**】を付けたもの)
　例)「折り悪しと見て言ひ消つる＜ならし＞」途中まで言ったところで、不都合だと感じて言葉を飲み込んでしまったものらしい)

●3)「推量」助動詞へと連なる連体形

　基本的には「終止形」接続の助動詞が、ラ行変格活用動詞（ラ変動詞「あり」）に接続する場合のみ例外的に、「ある」への「連体形」接続となる助動詞群である。

【べし】（・・・「宜（うべ）し」に由来）

　例）「男はかくある＜べし＞」（男ならこうであるのが当然だ）

【らし】（・・・中古以降衰退した上代語。意味はほぼ同じ現代日本語「らしい」は、室町期以降に成立した全くの別系助動詞「らしい」を引き継いだもの）

　例）「春寒み咲かずある＜らし＞桜花」（寒い春なので咲かずにいるらしい桜の花）

【らむ】（・・・「あり＋む→ありぁむ→あらむ」の末尾が助動詞化したもの）

「冬ながら空より花の散りくるは雲のあなたは春にやある＜らむ＞」『古今和歌集』冬・三三〇・清原深養父（きよはらのふかやぶ・・・清少納言の祖父）

　（現代語訳）冬だというのに空から花が舞い散ってくるということは、雲の彼方はもう春、ということなのかなぁ（・・・「雪」を「桜」に見立てている）

【まじ】（・・・同様の意味を表わす【じ】は「未然形接続」）

　例）「共に見る人もしあらばある＜まじき＞花の終はりの果てぬ涙よ」（by 之人冗悟）

　（現代語訳）一緒に眺める人がいれば、流すこととてあるまいに・・・春の花散る姿を見て、果てしなく流れる私のこの涙。

　・・・これら以外にも、次のような（結局古文世界に定着せずすぐさま消え去ったマイナーな）助動詞たちもまた「ラ変のみ連体形接続」である：

【べらなり】・・・中古初期に一時的に用いられた男性語＆和歌専門語だが、「ある＋べらなり」では６音にしかならず、短歌に乗せれば「字余り（５音＋１）or 字足らず（７音－１）」になるので、「ラ変での連体形接続」は理論上存在しても現実には不在。

【べかし】・・・中古に一時的に用いられ「あるべかし」の語形でのみ用いた変な語。

　これらの助動詞への「ラ変」の接続がなぜ「終止形」ではなく「連体形」なのか？それは音調上の理由によるものだ：すべての動詞の「終止形」は「ウ段音」なのに、唯一「ラ変」動詞の「あり」のみが「イ段音終止」なので、これを他の動詞と同じ「ウ段音」に調整する過程で「終止形（あり）→連体形（ある）」の変更が行なわれたのである。英語の世界には極めて多く見られる「音調が文法を押し退ける」例が、日本の古典文法にも存在したわけだ。

●4)「伝聞推量」助動詞へと連なる<u>連体形</u>（・・・ではなく、実は<u>終止形</u>）

【なり】（・・・「音＋あり＝ねあり」に由来）

　例）「常世（とこよ）の国には死せぬ人あ＜なり＞」（永遠不滅の国には死ぬことのない人がいる、とのことだ）・・・表記上は存在せずとも「ん」音を補って「あ＜くん＞なり」と読む

【めり】（・・・「見＋あり＝みぁり」に由来）

　例）「ほのあかければ、蛍などあ＜めり＞」（ほんのり明るいので、蛍でもいるらしい）・・・

表記上は存在せずとも「ん」音を補って「あ‹ん›めり」と読む
　・・・これら２つの助動詞は、徹頭徹尾「終止形」接続であり、たとえ「ラ変動詞（あり）」の場合でも「あり＋なり」・「あり＋めり」であって、「ある＋なり」・「ある＋めり」の連体形接続にはならない。しかし、「ありなり」・「ありめり」では響きが悪いので、これらは常に「あんなり」・「あんめり」の語形へと変化する：「撥音便」と呼ばれる「ん化け」現象である。
　ところが、「撥音＝ん」の文字が日本語に登場するのは平安末期のことなので、中古中期までの和文上では、「あんなり→あなり」・「あんめり→あめり」というように「撥音無表記」のままであった（それでも読み方は「あんなり」・「あんめり」だった）。
　この「あなり」・「あめり」を、後代（「撥音文字＝ん」が登場した中古末期以降）の筆記者は、当然その発音相応に「あんなり」・「あんめり」と表記するようになった；が、これらの音便形の元となった形を想定する過程で、文法的事情をよく知らぬ後代の人々は単純に「あんなり→あるなり」・「あんめり→あるめり」との類推を働かせた；まさか「ありなり」・「ありめり」などという不自然な語形からの音便形だとは夢にも思わなかったわけである（それほど不自然だからこそ、音便化したわけだが・・・）。
　・・・というわけで、現実の中古中期までの古文では「ある＋なり」・「ある＋めり」のラ変連体形接続で用いられることは決してなく、常に「あり＋なり」・「あり＋めり」の終止形接続（の撥音便形「あンなり」・「あンめり」）であり続けた「なり」・「めり」なのに、誰かが便法的に言い出した「ラ変の場合だけは連体形接続」という「非文法的な約束事」が、古文業界ではいまだにそのまま引き継がれているわけである。
　文法的に筋を通すならば、上記の事情は疎かにすべきではないが、上述した「推量」系助動詞の「べし」／「らし」／「らむ」／「まじ」の方はれっきとした「ラ変のみ連体形接続」である（終止形接続ではない）から、それらとの共通性を重視する（＆学習上の便宜を図る）意味では、こうした「テキトーな便法」を「厳正なる文法」に代替するのも（受験生的には）悪くはあるまい（が、学者的にはいかならむ？）。
　・・・いずれにせよ、本源的には「連体形に接続する助動詞は存在しない（連体形接続はラ変動詞用の特殊な例外に過ぎない）」という原則だけは確実に覚えておきたい。

■05）（004K）―「連体形」に接続する「助詞」―
　「助動詞」と異なり、「助詞」の場合は「連体形」に接続するのも自然であり、実際、次のようなとてつもない数の助詞たちが「連体形接続」である：
【あひだ】【が】【か】【かな】【がな】【かは】【かも】【かや】【から】【からに】【さへ】【さへに】【し】【して】【しも】【すら】【ぞ】【だに】【だも】【と】【といへども】

【とて】【とも】【な】【など】【なへに】【なむ】【に】【にて】【の】【のみ】【は】
【ばかり】【はや】【ほど】【ほどに】【まで】【も】【ものか】【ものかは】【ものから】
【ものの】【ものゆゑ】【ものゆゑに】【ものを】【や】【よ】【より】【を】
　・・・しかし、これら雑多な助詞群には、何らの共通性・法則性も見出せないので、
あまり意味あるリストとは言えない・・・ので、これらの**助詞の意味は、各個撃破で
棒暗記してもらうしかない**・・・が、それは後段の「助詞」パートでのお仕事である
（＆そのパートでは当方も諸君の棒暗記援助用にそれなりの仕事をしてもいる）から、
ここでは軽く「連体形接続の助詞って、いっぱいあるなぁ」ぐらいの感慨を催したら
それでおしまい、でよろしい（ので、ここでは例文もなにも付けない）。

　・・・以上が、「連体形」に関して押さえておくべき文法事項の全てである。次は、
現代日本語では消滅してしまった特殊な活用形「已然形」の解説である。

■０５）（００５）―「已然形」の用法―
　「已然形」を訓読みすれば、「已に然り（＝すでに、しか、あり）」となる；これは
「未然形」の「未だ然らず（＝いまだ、しか、あらず）」と対をなす呼び名である・・・
ので、その用法は「未然形」との対照を中心に据えて把握するとよい。両者の相違を
概括的に述べると、次のようになる：
1)「未然形＋助動詞」の組み合せはあるが、「已然形＋助動詞」は存在しない（見かけ上
の「已然形」接続助動詞はあっても、本源的な「已然形」接続助動詞は存在しない）。
　・・・学習者の立場から見ると、これが両者の最も大きな相違と言える。
2)「未然形」それ自体が（助動詞・助詞を伴わずに）何らかの意味を表わすことはないが、
「已然形」は本来（上代には）それ自体で（＝助詞を伴わずに）次のような意味を表わした：
　Ａ)「～ではあるが、しかし・・・だ」（逆接の確定条件）
　Ｂ)「～である。ゆえに・・・だ」（順接の確定条件）
　・・・いずれも「確定」条件という点に注目したい；「事実として確定している」と
は即ち「已（すで）に然（しかぁ）り」ということなので、「已然形」の領分なわけだ。
　しかしながら、「順接」と「逆接」では意味が正反対なのに、１８０度逆のこれらの
意味を同一形の「已然形」で表わす、というのは実にややこしい；ので、中古以降は、
これらの用法は専ら次のような語句との抱き合わせでのみ用いられるようになった：
　Ａ)逆接の確定条件(～だが)は、「已然形＋**ど**」／「已然形＋**ども**」で表わす。
　Ｂ)順接の確定条件(～だから)は、「已然形＋**ば**」で表わす。

つまり、「已然形」という活用形それ自体が（助詞の助にも借りずに）単体で何らかの意味を表わしたのは、上代（奈良時代）までの話であり、平安期以降の「已然形」が（助詞の助けも借りずに）意味を持つことはない。次例末尾の已然形「**しか**」も、「単体使用」ではなく「係助詞**こそ**＋**しか**」の係り結びだからこそ意味を成している：
「恋すてふわが名はまだき立ちにけり人知れず＜こそ＞思ひそめ＜しか＞」『拾遺集』恋一・六二一・壬生忠見（みぶのただみ）・・・『古今集』撰者壬生忠岑（みぶのただみね）の息子
　（現代語訳）「あの人、恋してるんだって」と、私の噂がもう立ってしまったよ・・・誰にも知られず、ひっそりと、あの人を想い始めたばかりだというのに。
　末尾の過去助動詞「**き**」の已然形「**しか**」は係助詞「**こそ**」と呼応する「係り結び」だが、後に何の文も続かに文末なので、その意味は本来「強調」のはず；だが、倒置形として読めば「人知れずこそ思ひ初めしか（秘めた恋だったというのに）→恋すと言ふ我が名は未だき立ちにけり（噂が立っちゃった）」の「逆接」の解釈が可能。一種の「裏技」的芸当だが、こんな手の込んだ技巧が成り立つのも、上代の已然形「**しか**」が単独で有していた「逆接の確定条件」の残響あればこそ、である。
　・・・という次第で、中古以降の古文を相手にする限りでは、「已然形」の用法は常に「助詞」との抱き合わせで捉えればよいことになる。具体的には、次の３通りである：
●1)「係助詞**こそ**＋已然形」・・・「係り結び」を已然形で締める唯一の例である。
●2)「已然形＋接続助詞**ど／ども**」・・・「逆接確定条件：〜だが」である。
●3)「已然形＋接続助詞**ば**」・・・「順接確定条件：〜なので」である。
　これら以外にも、「已然形接続の終助詞」として、「**や**」・「**かも**」・「**な**」がある；が、その表わす意味は「詠嘆」でしかなく（「疑問・反語」を含むこともあるが）、「終止形・連体形」にもまた付く助詞であるから、「已然形」の用法として特筆するには値しない。

　・・・ということで、以下、上記３つの助詞との関わりの中で「已然形」の用法を詳述して行くことにしよう。

■０５）（００５Ａ）―已然形用法１）「こそ＋已然形係り結び」―
　上代の「已然形」がそれ自体単体で「逆接の確定条件＝〜だが、しかし・・・だ」の意味を表わしたのは先述の通りだが、「順接の確定条件＝〜だ。よって・・・だ」と同一形態で逆の意味を表わす紛らわしさは、上代の人々も感じていたようで、やがて「逆接の確定条件」の場合には、単なる「已然形」ではなく、係助詞「**こそ**」を加えた語形を用いることで「順接」の場合との差別化を図るようになった。
●「**こそ**＋已然形」による「逆接確定条件」
「年ごろおとづれざりける人の、桜のさかりに見に来たりければ、あるじ、

あだなりと名に＜こそ＞立てれ桜花年にまれなる人も待ちけり」『伊勢物語』十七

（現代語訳）何年もの間、家を訪ねることもなかった人が、桜の花盛りに見に来たので、家の主が詠んだ歌＝桜の花は、いつ咲くか、咲いてもまたいつまでもつか、当てにならないものと評判が立っているけれど、こうして律儀に咲きました・・・数年来滅多に来なかった珍客もまた、どうやらこの当てにならぬ桜花を心待ちにしていたらしいですね。

「**名に＜こそ＞立てれ**」の部分が已然形係り結びで「**逆接：〜ではあるけれど**」となっている。これに対する「しかし・・・だ」の部分は「**年に稀なる人も待ちけり**」である。ぱっと咲いてさっと散ってしまうのを、「**あだなり**＝じぃーっと待っている人を裏切るようで、当てにならない」と悪評の立っている桜花だけれど、春が来ればその悪評にもかかわらずこうして咲く・・・それに引き替え、あなたの気紛れなことといったら、何年間も御無沙汰しておいて、今出し抜けに桜を見に来るなんて、「当てにならぬ桜花を、もっと当てにならないあなたが、じっと心待ちにしていた」ということなんですね、なんて皮肉な話でしょ・・・という軽い恨み言を込めた歌である。

こうした「**こそ＋已然形**」で「逆接」を表わす例は、中古の古文はおろか（←言ふも疎かなり:needless to say）現代日本語に於いてもなお見られる（例：「**時代＜こそ＞＜違え＞**、古典時代の人物の心理描写を読めば、今の我々にも通じるものが実に多い」）。

●逆接接続助詞「ど」・「ども」の付加

この「**こそ＋已然形**」の後に更に逆接の接続助詞「**ど／ども**」が加わる例も多い。上例で言えば「**名に＜こそ＞立てれ＜ど（も）＞**」・「**時代＜こそ＞違え＜ど（も）＞**」でも同じ意味を表わせるわけである。

●「こそ＋已然形」の意味は、「逆接」から「強調」へ

しかしながら、「**こそ＋已然形**」は、時代が進むにつれて、本来の「逆接確定条件：〜ではあるけれども」の意味を含む例は減少し、単なる「強調」のための語形としての用例が増える：即ち「**ぞ**＋連体形」・「**なむ**＋連体形」による「強調用係り結び」の代替表現としての「**こそ＋已然形**」の用例が主流となる；が、「**ぞ・なむ**＋連体形」とは違って「**こそ＋已然形**」には「逆接」の可能性も常にあるので、要注意である。

■０５）（００５Ｂ）―已然形用法２）「已然形＋ど」・「已然形＋ども」の「逆接確定条件」―

上述した如く、上代に「逆接確定条件：〜だが、しかし・・・だ」を表わす語形として生まれた「**こそ＋已然形**」だが、中古以降は単なる「強調のための係り結び」として「**ぞ**＋連体形」・「**なむ**＋連体形」に近い位置付けへと転落してしまった・・・ので、中古にはまた、「逆接確定条件」を（きちんと！）表わすための新たな語形が必要になった。そこから生まれたのが次の形である：

◆「已然形＋**ど**」◆
◆「已然形＋**ども**」◆

「海は＜荒るれ＞＜ども＞、心はすこし凪(な)ぎぬ。」『土佐日記』一月九日・紀貫之
　(現代語訳) 海は荒れているけれど、心は少しばかり落ち着いた。

　「ど」も「ども」も本源的には同一の接続助詞で、「ども」の略形が「ど」とも、「ど」から「ども」が生まれたとも言われている。これらの語句が現代語「けれ**ど(も)**」・「けど**(も)**」の祖先であることは言うまでもない。上の『土佐日記』の＜ども＞を＜ど＞に変えて「海は＜荒るれ＞＜ど＞」としても、意味は全く同じである。
　一方、上代以来の由緒正しき語形によって「逆接確定条件」を表わす例も（中古以降といえどもやや古式文体として）引き継がれていた。次の語形がそれである：

◆「**こそ**＋已然形」◆

　上に引いた『土佐日記』の記述を、次のように改変しても通じるわけである：
「うみ＜こそ＞＜あるれ＞、こころはすこしなぎぬ。」

　また、上代型「**こそ**＋已然形による逆接確定条件」の末尾に、さらに駄目押しするようにして「**ど／ども**」を付ける念入りな次のような語形も可能である：

◆「**こそ**＋已然形＋**ど／ども**」◆

　この形に合わせて貫之の日記をまたぞろ改竄すれば、次のようになるわけだ：
「うみ＜こそ＞＜あるれ＞＜ど[も]＞、こころはすこしなぎぬ。」

■０５）（００５Ｃ）―已然形用法３）「已然形＋ば」の「順接確定条件」―
　上代には「已然形」単独で表わされた「順接確定条件：〜だ。ゆえに・・・だ」を、同一形で正反対の意味を表わす「逆接確定条件：〜だ。しかし・・・だ」と区別するための語形として、中古以降定着したのが次の形である：

◆「已然形＋**ば**」による「順接確定条件：・・・なのだから」◆

「四日、風＜吹け＞＜ば＞、え出でたたず。」『土佐日記』一月四日・紀貫之
　(現代語訳) 四日。風が吹いたので、船で出航することは不可能。

　この語形に、「已然形－**ど／ども**」（逆接確定条件）との対比を成すものであると共に、「未然形」の領分に属する次の語形と対照的なものとして生じたものでもある：

◆「未然形＋**ば**」による「順接仮定条件：もし・・・ならば」◆

「東風（こち）＜吹か＞＜ば＞匂(にほ)ひ遣(おこ)せよ梅の花主(あるじ)なしとて春な忘れそ」
『拾遺集』雑春・一〇〇六・菅原道真(すがはらのみちざね)
　(現代語訳) 春になり、東風が吹いたなら、遠く懐かしい京の都から、梅の花よ、その香りをこの九州の太宰府まで吹き送っておくれ・・・たとえ京都の我が旧邸に、主人である私の姿がないとしても、春の訪れを忘れないでおくれ。

「吹け＋ば」は「已然形＝已に然り＝風がこうして吹いている＜ので＞」であるのに対し、「吹か＋ば」は「未然形＝未だ然らず＝東風はまだ吹いていないが＜もしも＞吹いた＜ならば＞」の意味：「未然／已然」の相違に要注意の語が「ば」なのである。

●「確定条件」と「仮定条件」の乱れ

　「已然形＋ば」は既にもうそうなっているのだから「確定条件」／「未然形＋ば」は未だそうなっていないことを想定するのだから「仮定条件」、というこの相違は極めて合理的で、非の打ち所もない文法原則である。「未然形」と「已然形」とが同一形になる活用語も存在しないのだから、「確定条件」と「仮定条件」の区分は極めて明瞭・・・の筈だったのだが、これが実に、いつのまにやら（具体的には、鎌倉時代以降）次のようなややこしい形へと流れて行くのが、日本語世界の不思議なところである：

　　　◆「已然形＋ば」による「仮定条件：もし・・・ならば」の発生（中世以降）◆

「地の動き、家のやぶるる音、雷にことならず。家の内に＜をれ＞＜ば＞、たちまちにひしげなんとす。走り＜出づれ＞＜ば＞、地割れ裂く。羽＜なけれ＞＜ば＞、空を飛ぶべからず。竜＜なら＞＜ば＞や、雲にも乗らん。恐れの中に恐るべかりけるは、ただ地震なりけりとこそ覚え侍（はべ）りしか。」『方丈記』五・鴨長明（かものちゃうめい）

　（現代語訳）大地が鳴動し、家屋が崩壊する音といったら、雷鳴と同じ凄まじさである。家の中に居たならば即座に押しつぶされてしまうだろう。走って屋外に出たならば大地が割れて地割れに飲み込まれてしまう。鳥のように羽もないので、空を飛んで逃げることもできぬ。龍ならば雲に乗ることもできようが、人の身の悲しさ、逃げ場はないのだ。恐ろしいものの中でも最も恐るべきは、とにかくもう地震だったのだなあと感じた次第である。

　2011,3/11の東日本大震災をも思わせる『方丈記』(1212)中の「平安末（元暦）の大地震(1181)」の述懐であるが、この部分はまた「中古末に於ける仮定条件の変遷」を示す資料でもある：「竜＜なら＞＜ば＞」こそ「未然形＋ば」の正統「仮定条件」ではあるものの、「家の内に＜をら＞＜ば＞→＜をれ＞＜ば＞」、「走り＜出で＞[な]＜ば＞→＜出づれ＞＜ば＞」は「已然形＋ば」による（中古までの文法原則に真っ向から反する）「変則的な仮定条件」となっている。その一方、「羽＜なけれ＞＜ば＞、空を飛ぶべからず」については、「羽が＜ない＞＜ので＞」の「確定条件」とも「羽が＜ない＞＜としたならば＞」の「仮定条件」とも考えられる微妙なところである。

●紛れの元は「已然形＋ば」による「恒常条件」

　「已然形＋ば」が「確定条件（・・・なので）」ではなく「仮定条件（もし・・・ならば）」の意味を表わすようになったのは、その中間に「已然形＋ば」で「もし・・・なら、～となるのが常である」の意を表わす「恒常条件」と呼ばれる語形が存在したからであろうと思われる：

「春＜来れ＞＜ば＞桜匂（にほ）ふは常なれど同じき春に又遭（あ）はめやも」(by 之人冗悟)

　（現代語訳）春が来たら桜花が色鮮やかに咲くのは毎年のこと・・・だが、巡り来る春は、どれもこれもが特別な一回限りのもの。同じ春に再び巡り会うことなど、ありはしないのだ。

上の自作歌では、「**来れば**」の「**已然形＋ば**」が、「来たので」（確定条件）でなく「来たならば」（仮定条件）の意味を表わしているが、本来「**来ば（こば）**」・「**来たらば（きたらば）**」・「**来なば（きなば）**」・「**来たりなば（きたりなば）**」などの「**未然形＋ば**」でなければ表わせぬはずの「もし〜ならば」の意味を、何故「**已然形＋ば**」で表わし得るかと言えば、「春が来る・・・と、いつも決まって桜が咲く」の常習的因果関係ゆえ：「常にそうなる」の部分に、「已に然り（すでにしかり＝過去の数ある経験からして、既定路線としてもう結末まですべて確定済み）」の感覚があるからである。
●「已然形」そのものの消滅と「仮定形」なる呼び名の誕生
　この常に変わらぬ「已然形＋ば＝・・・ならば、いつだって〜だ」の「恒常条件」が、一回限りの「未然形＋ば＝もし・・・なら〜だ」の「仮定条件」へと、鎌倉時代以降次第に混用され、やがて「已然形＋ば」による変則仮定条件が「未然形＋ば」による正統仮定条件を押し退けて正用法の座に就いた結果、「已然形」という呼び名自体消滅し、「仮定形」という現代日本語文法用語へとすり替わることになるのである・・・が、その「已然形→仮定形」看板付け替えの物語の前に、中古後期までの由緒正しき「已然形」用法を（「未然形」との対比を含め）一気に覚える語呂合せ歌を紹介しよう：

《我死なば世にも在らねば知らねども身こそ身罷れ名こそ猶在れ》
われ＜しな＋ば＞よにもあら＜ね＋ば＞しら＜ね＋ども＞
み＜こそ＋みまかれ＞な＜こそ（なほ）＋あれ＞

　　私が死ねば、もはやこの世に存在せぬわけだからわからないことだけれども、
　　この身こそ滅すれども、その名だけは相変わらず世に存在し続けるのだ。

　自意識過剰気味なこの自作歌に織り込んだ修辞の数々を整理すれば、次の通り：
1）**われ＜しな＞＜ば＞**（未然形＋ば）＝順接仮定条件（もし〜すれば）
2）**よにもあら＜ね＞＜ば＞**（已然形＋ば）＝順接確定条件（〜なのだから）
3）**しら＜ね＞＜ども＞**（已然形＋ど／ども）＝逆接確定条件（〜ではあるけれど）
4）**み＜こそ＞＜みまかれ＞**（こそ＋已然形）＝逆接係り結び（確かに〜ではあるけれど）
5）**な＜こそ＞なほ＜あれ＞**（こそ＋已然形）＝強調係り結び（きっと〜なのである）

■05）（005D）―「已然形」から「仮定形」へ―
　現代日本語では「**風＜吹け＞＜ば＞**」の語形（已然形）こそ「もし風が吹いたなら」の「仮定条件」であり、「**風＜吹か＞＜ば＞**」（未然形）の語形による「仮定条件」は詩文の嗜みある日本人のみが例外的に認識しているに過ぎぬ「古風な変種」となる。
　この種の「已然形＋ば」の「仮定条件」が古文の世界に見られるようになるのは、鎌倉期以降の話である。鴨長明の『方丈記』や、吉田兼好の『徒然草』、軍記物『平家物語』

あたりを読む時には、そういうわけで「已然形＋**ば**」を見ても即座に「〜だから、・・・だ」と「確定条件」で解釈するわけには行かず、「〜ならば、・・・だ」という「仮定条件」の可能性をも同時に疑ってかからねばならぬのだから、実にややこしい。
　が、このややこしさは古典時代特有のものであって、現代日本語とは無縁である：現代口語文法では、「已然形＋**ば**」は「仮定条件：〜ならば、・・・だ」のみを表わし、「確定条件：〜なので、・・・だ」を表わすことは（定型句以外では）ないからだ。
●**由緒正しき「已然形」用法の死滅**
　古典文法には存在したものの、現代日本語では死滅した（あるいは、衰勢となった）「已然形」の用法を整理すると、次の通りである：
　　　　　　　　◆1)「**こそ＋已然形**」による「**係り結び**」
・・・「**色<こそ><ちがえ>**」（＝色は違うけど、中身は同じ）のような定型表現中には細々と残っているが、現代日本語では基本的には死語である。
　　　　　　◆2)「**已然形＋ど／ども**」による「**逆接確定条件**」
・・・「**音は<すれ><ど[も]>**」（＝音はするけど）姿は見えず」のような定型表現中には細々と残っているが、現代日本語では基本的には死語である。
　　　　　　　◆3)「**已然形＋ば**」による「**順接確定条件**」
・・・「**親<なれ><ば>こそ**」（＝親だからこそ）の口やかましさ」のような定型表現中には細々と残っているが、現代日本語では基本的には死語である。
●**「已然形」という呼び名そのものの消滅**
　何のことはない、古典文法に於ける「已然形」用法の全てが、現代日本語に於いてはことごとく「死語」なのであり、唯一生き残っている用法は次のものだけである：
　　　◆「**已然形＋ば**」による「**順接仮定条件：もし〜ならば、・・・だ**」◆
　「**風<吹け><ば>**」（・・・本来は**<吹か><ば>**）桶屋（おけや）が儲かる（もうかる）」
・・・これが本来、中世以降の「変則語法」であることは先述の通りである；それが今や「仮定条件」を表わす「唯一の語法」なのである・・・ともなれば、その出自が本来「誤法」であれ、今やこれを「正式語法」とみなすよりほか仕方がない・・・そうしてこのヘンテコ用法が「正用法」と化すと、今度は「已然形」という呼び名の方が変な感じになる：「已に然り＝すでにしっかりそうなっている」という確定事態を表わすはずの活用形がどうして「もし〜ならば、・・・だ」という不確定事態を仮想的に想定する「仮定条件」に用いられるのか？という違和感が生じるわけである；本来「未然形」の用法であった「仮定条件」を鎌倉期以降「已然形」が乗っ取った結果としての違和感のわけだが、現実に現代日本語ではこの「本来不当な乗っ取り語法」のみが「正用法」である以上、「名」を「実」に合わせる必要がある・・・かくて「已然形」なる呼び名は、それが本来表わしていた古典時代の用法が3つとも死滅し、（本来「未然形」の領分であった）「仮定条件」のみを表わす活用形となってしまった現実に

合わせて、あわれ、「已然形」なんて昔の呼び名はいらん！とばかり廃棄処分に（いわば**「以前形」**に）なってしまった・・・その「已然形（という名の'以前形'）」の代わりに採用された現代日本語文法用語は「仮定形」・・・「実」に相応の「名」ではあるが、そこに至るまでの変遷過程は実に実に変なのである（・・・日本語世界にはこういう話がやたら多いので、その意味では変でも何でもない「正調和風変身譚」とも評せるが）。
　かくして、「已然形・・・改め、仮定形＋**ば**」による「仮定条件」が現代日本語の正用法となり、古典時代の「未然形＋**ば**」による「仮定条件」の方は死語と化した。「**さも＜なく＞＜ば＞**」あたりの定型句の中には結構多くその面影を留めているものの、「**今＜食わ＞＜ば＞必ず肥ゆる夜食かな**」とか「**今年落ち＜な＞＜ば＞受験はやめだ**」（この「**な**」は「確述」の「**ぬ**」の未然形）とかヘンなこと言う現代人はほとんどいない（「**今食えば**」・「**今年落ちれば**」がほぼ100％、という現状である）。
　という次第で、現代でに「已然形」はもはや以前形、「仮定条件」専用の「仮定形」とこそ成り果つれ、という、今は昔のお話であった。

■０５）（００５Ｅ）―「係り結び」の「係り捨て」―
　「係り結び」は本来、文末や文節の末尾など、文章の区切りの部分で生じるものである。が、場合によってはその部分が（連体形・已然形での）区切りとはならずに、（接続詞を伴うなどして）後続部へと（本来と違う活用形で）流れて行く場合もある。
　こうした場合は、当然想定されるべき（「**ぞ**」・「**なむ**」と呼応しての）「連体形」や（「**こそ**」と呼応しての）「已然形」とはならず、「係助詞」の存在を無視した形で、前後の文脈に応じ（「助詞」が求める接続先の活用形に合わせるなどして）「係り結び」とは異なる形に流れて行くことになる。この現象を、「係り捨て」と呼ぶ（あるいは、「結びの消滅・消失・流れ」などと呼ぶ人もいる；ヘンテコなので正規名もないのだ）。
「桜花今日＜こそ＞かくも＜にほふ＞ともあな頼みがた明日の夜のこと」『伊勢物語』九十
　（現代語訳）桜の花は、今日は確かに鮮やかに咲いているけれど、明日の夜にも今と同様に私の目を楽しませてくれるかどうかは・・・あぁ、当てにならないことだなぁ。
　上の歌は、係助詞「**こそ**」と呼応して「**にほへ**」（已然形）となるにずの部分が、後続部の接続助詞「**とも**」が「終止形」を求める語なので「**＜にほふ＞とも**」となる「係り捨て」の例である。
　もし後続の接続助詞が「**ども**」ならば「**今日＜こそ＞かくも＜匂へ＞ども**」の形で「已然形」となるであろう；が、その場合も、係助詞「**こそ**」が招いた「係り結び」の「已然形」とみるべきか、接続助詞「**ども**」の接続先として「已然形」が求められたからそうなっただけ、と見るべきか・・・微妙なところとなろう。

「係り結び」という修辞法自体が（上代＆中古古式文体の逆接確定条件型「**こそ＋已然形**」を除けば）「強調」以外に意味を持たぬ装飾的性質のものへと流れてしまったために、より重い意味を担う「助詞」との間で、「どっちに合わせた活用形にすべきか」の綱引きが行なわれたならば、あっさり引きずり流されてしまう、というわけである。

　・・・以上で、何かとややこしい「已然形」の解説はおしまい。残るは「命令形」のみだが、実に単純なやつだからあっさり片付けて「活用形問題」にケリをつけよう。

■05）（006）―「命令形」の用法―
　「命令形」とは文字通り「〜せよ」と命じる活用形である。これに加えて、「**然（さ）もあらばあれ**（＝そうなるってんなら、いいさ、勝手にしやがれ！）」のような捨て鉢（やけくそ）な感情を表わす「譲歩」の構文もまた「命令形」で表わされる。
　「命令形」には次のような特性がある：
1）文末を言い切る形であるから、「命令形」の後に他の活用語（「助動詞」等）が続くことはあり得ない。
　・・・形の上では、「完了」の助動詞「**り**」が「四段動詞の"命令形"」に接続しているように見える例（**思へ＋り**）もあるが、実質的には「連用形」接続（**思ひ＋あり→思へり**）の音便の果てに「命令形（or 已然形）」接続に見えるだけの現象である；理屈の上から考えて、「活用語」が「命令形」の後に続くことは「絶対にあり得ない」という事実をしっかり銘記しておこう。
2）文末を「命令形」で言い切った後に続くのは「終助詞（間投助詞）」のみである。
　・・・「命令形」の後に置かれ得る数少ない助詞は、「詠嘆」の間投助詞「**を**」／「呼び掛け」の終助詞「**かし**」／「願望」の終助詞「**がな**」の３つぐらいだ；が、いずれの助詞も、それを取り去って「命令形」のみの形に戻しても意味上何の相違も生じぬ軽いものばかりである・・・つまり、学習者として完全に無視して構わぬものである。
3）「〜状態になれ」と命ずることが不可能な活用語には、「命令形」という活用形もない（{活用表}の上に形式的には存在しても、実際に用いられることはあり得ない）。
　・・・具体的には、次のような語に「命令形」はない：
　　　　　　◆「可能」の意を表わす「動詞」に「命令形」なし
　・・・「〜できる」とは言えても「〜できよ！」とは言えない（冬場には自身に向かってそう叫ぶ必死の受験生も増えるけど）；だから、「可能」の動詞に「命令形」は成立しない。

◆「形容動詞(ナリ活用／タリ活用)」に「命令形」なし
・・・命令形「～なれ／～たれ」の用例は、実は、古典文献中に殆ど存在しない。
◆「可能」・「自発」・「推量」・「希望」・「過去」・「様態」の「助動詞」に「命令形」なし
・・・いずれも、「～である」止まりであって「～であれ！」とは言えない語である以上、これらの助動詞に「命令形」が成立する道理がない。
4)「命令形」の語形は、次の二種類に分かれる：
◆「四段・ナ変・ラ変」の命令形＝「語幹＋エ段音」。
◆「上一段・下一段／上二段・下二段／カ変・サ変」の命令形＝「未然形＋よ」。
・・・「**来(く)**」の命令形は中古までは「こ」であり、「こよ」は中世以降の語形。

・・・とまぁ、「命令形」に関し知っておくべき事柄はこの程度である。用法も単純、多くの語はそもそも「命令形」では用いない、等々、古典文法の世界では、何の光も当たらぬ日蔭の（&何ら難なき楽勝の）活用形が「命令形」・・・なのであった。

・・・以上で、古典文法の６つの活用形（未然・連用・終止・連体・已然・命令）の詳説は終わりである。これを以て、特定の「助動詞」・「助詞」が、特定の「活用形」と結び付いて、特定の意味を表わす場合があることを認識してもらえたことだろう。
・・・そうした「特定の意味」を読み解くために、次に必要になるのは「9種類も存在する動詞の活用形」の実態を確実に掴むことである：例えば、「未然形に接続するなら意味Aである／連用形に接続するなら意味Bである」という知識は持っていても、実際の動詞を見てその活用形が「未然形」だか「連用形」だかわからない、というのでは、実用上、何の役にも立たない。
・・・だが、この「動詞の活用形の把握」という課題が、なかなかどうして、結構面倒くさい。「形容詞」「形容動詞」に関してここまでに述べてきたような「定型的な規則」からは外れる「変則形」がやたら多く、棒暗記が必要な事柄も多く、理詰めで確かに把握は出来るのだがそのためには何度も復習した末に事柄全体を雲の上のような高い場所から俯瞰的に見下ろす巨視的視点が必要なテーマだったりするからだ。
・・・なればこそ、古典文法の「動詞」を包括的&理知的に把握できている受験生など、驚くほどの少数派と言ってよい。それだけに、本講座で丹念に学んだ諸君は、大学入試古文の合格切符はおろか、大学入学後の古文講師としての資格をも、同時に得ることになろう（・・・もっとも、本講座のような教材が存在する以上、古文講師たる諸君の活躍の場が残されているかどうかは、はなはだ疑問と言うべきだろうが）。

■章０６）『動詞』■

■０６）（００１）―「動詞」の概括的特性―
　「動詞」とは、動作・状態を表わす活用語であり、その特性は次の通りである：
１）動詞の「終止形」（＝言い切る形）は「**ウ段音**」で終わる。
　・・・唯一の例外はラ行変格活用動詞「**あり**」（及びその複合語、例えば「**をり**」・「**はべり**」・「**いますかり**」等）である。
２）動詞は「目的語」を取ることができる唯一の活用語である。
　・・・即ち、他の語句に対する積極的働きかけができる活用語が「動詞」である。「形容詞」や「形容動詞」（"動詞"とは名ばかりであり、補助動詞「**あり**」を構造的に含む「**に**＋**あり**＝ナリ活用／**と**＋**あり**＝タリ活用」からそう呼ばれているだけ）にこの性質はなく、単に事物の様態を形容する消極的語句にとどまっている（*唯一の例外は次のような例*）：
　「この翁（おきな）は、かぐや姫のやもめなるを＜嘆かし＞ければ」『竹取物語』五「火鼠の皮衣」
　・・・形容詞「嘆かし」（嘆かわしい）が「かぐや姫のやもめなる」（かぐや姫が独身なこと）を目的語とできるのは格助詞「**を**」のおかげで、こういうのは例外中の例外。
３）動詞の「活用形」は９通り（！）に分かれる。
　・・・これが、定型的活用形を持つ「形容詞」・「形容動詞」と大いに異なる「動詞」の特性であり、多くの受験生がその面倒臭さで頓挫する鬼門（不吉な方面）でもある。

　・・・以下、その９つの動詞活用形の特性について、理解を容易ならしめるための類型化作業＆《**棒暗記を可能ならしむるための語呂合わせ**》付きで、早速詳述に入ろう。

■０６）（００２）―動詞活用形―
　動詞の活用形には次の９種類がある：
－正格活用５種－
◆「四段活用」　◆「上一段活用」　◆「下一段活用」　◆「上二段活用」　◆「下二段活用」
－変格活用４種－
　◆「カ行変格活用」　◆「サ行変格活用」　◆「ナ行変格活用」　◆「ラ行変格活用」
　「正格」活用とは、その活用が一定の規則性の枠組みに収まる基本的な（御行儀の良い）活用形である；「変格」活用はその枠組みから外れる変則的な活用形である。
　正格活用の「**四**段・上**一**段・下**一**段・上**二**段・下**二**段」の呼称の中の**数字**は、６つある活用形(未然・連用・終止・連体・已然・命令)の語尾が、五十音の何段にまたがって

活用するかを表わしている。

それぞれの活用形の語尾を、6つの活用形に関して

{MYSTIR＝未然(M)・連用(Y)・終止(S)・連体(T)・已然(I)・命(R)}

の形でまとめ、それぞれの活用形の識別用に例の語呂合わせ

《ずむけりなる、。ことぞなんどもばこそいざ》

を書き添えて列記すれば、次のようになる：

◆「四段活用」＝{Mアリ Sウ Tウ Iエ Mエ}

・・・「四段活用」に於いては次の等式が成り立つ：

 ＜「已然形」＝「命令形」＞、＜「終止形」＝「連体形」＞

・・・「ア・イ・ウ・エ」の四段にまたがって活用。

例：「会ふ」＝{会は(ず)・会ひ(けり)・会ふ(。)・会ふ(事)・会へ(ども)・(いざ)会へ}

・・・「ず」を付けた時の活用語尾が「ア」段（＝「未然形がア段」）なら、「四段活用」（または「ナ変＝しぬ・いぬ」・「ラ変＝あり」）である。

◆「上一段活用」＝{Mイ Yイ Sいる Tいる Iいれ Rいよ}

・・・「上一段活用（及び、下一段活用）」に於いては次の等式が成り立つ：

 ＜「未然形」＝「連用形」＞、＜「終止形」＝「連体形」＞

・・・「イ」段のみで活用。

例：「射る」＝{射(ず)・射(けり)・射る(。)・射る(事)・射れ(ども)・(いざ)射よ}

・・・「上一段活用（及び、下一段活用）」の未然形・連用形には「活用語尾」がない；というか、「語幹」と「活用語尾」の区分ができない形である。

・・・「ず」を付けた時の活用語尾が「イ」段（＝「未然形がイ段」）で、「終止形」の語幹＋活用語尾が「イ＋ル」音なら「上一段活用」（「イ＋ル」音以外は「上二段活用」）。

◆「下一段活用」＝{Mケ Yケ Sける Tける Iけれ Rけよ}

・・・「下一段活用（及び、上一段活用）」に於いては次の等式が成り立つ：

 ＜「未然形」＝「連用形」＞、＜「終止形」＝「連体形」＞

・・・「エ」段のみで活用。

例：「蹴る」＝{蹴(ず)・蹴(けり)・蹴る(。)・蹴る(事)・蹴れ(ども)・(いざ)蹴よ}

・・・「下一段活用」動詞は「蹴る」の1語のみであり、その未然形・連用形には「活用語尾」がない；というか、「語幹」と「活用語尾」の区分ができない形である。

・・・「ず」を付けた時の活用語尾が「エ」段（＝「未然形がエ段」）なら「下二段活用」であるが、この「下一段活用＝蹴る」と「サ変＝す」だけは例外。

◆「上二段活用」＝{Mイ Yイ Sウ Tウる Iウれ Rイよ}

・・・「上二段活用（及び、下二段活用）」に於いては次の等式が成り立つ：

<「未然形」=「連用形」>
・・・「イ・ウ」の二段にまたがって活用。
例:「錆ぶ」={錆び(ず)・錆び(けり)・錆ぶ(。)・錆ぶる(事)・錆ぶれ(ども)・(いざ)錆びよ}
・・・「ず」を付けた時の活用語尾が「イ」段(=「未然形がイ段」)で、「終止形」の語幹+活用語尾が「イ+ル」音以外のものは「上二段活用」である(「イ+ル」音の場合のみ「上一段活用」)。

◆「下二段活用」={Mエ Yエ Sウ Tうる Iうれ Rエよ}
・・・「下二段活用」(及び、上二段活用)に於いては次の等式が成り立つ:
<「未然形」=「連用形」>
・・・「ウ・エ」の二段にまたがって活用。
例:「冷む」={冷め(ず)・冷め(けり)・冷む(。)・冷むる(事)・冷むれ(ども)・(いざ)冷めよ}
・・・「ず」を付けた時の活用語尾が「エ」段(=「未然形がエ段」)なら「下二段活用」である(例外は「下一段活用=蹴る」/「サ変=す」)。
・・・「下二段活用」動詞の中で「得(う)」・「経(ふ)」・「寝(ぬ)」の3語だけは、未然形・連用形に「活用語尾」がない;というか、「語幹」と「活用語尾」の区分ができない形である:
例:「得(う)」={え(ず)・え(けり)・う(。)・うる(事)・うれ(ども)・(いざ)えよ}
例:「経(ふ)」={へ(ず)・へ(けり)・ふ(。)・ふる(事)・ふれ(ども)・(いざ)へよ}
例:「寝(ぬ)」={ね(ず)・ね(けり)・ぬ(。)・ぬる(事)・ぬれ(ども)・(いざ)ねよ}

・・・以上が正格活用5種である。以下は、変格活用4種である:

◆「カ行変格活用」={Mコ Yキ Sク Tくる Iくれ Rコ/こよ}
・・・「カ変」動詞は「来(く)」の1語のみ。
・・・「イ・ウ」及び「オ」段に散らばる形で(「エ」段を飛ばして)活用。
・・・「エ段音」を持たない活用形はこの「カ変」と「上一段」「上二段」のみ。
・・・「命令形」は「こ」(中古まで)/「こよ」(中世以降)の2種類がある。
例:「来(く)」={に(ず)・き(けり)・く(。)・くる(事)・くれ(ども)・(いざ)こ/こよ}
・・・本来のカ変動詞は「来(く)」の1語のみだが、「出で来(いでく)」のような複合動詞もまたこの類に入るので、カ変動詞の総数はそれなりに多い。

◆「サ行変格活用」＝{MセYシSスTするIれRせよ}
・・・「サ変」動詞は「為(す)」及び「御座す(おはす)」のみ。
・・・「イ・ウ・エ」の3段にまたがって活用。
例：「為(す)」＝{せ(ず)・し(けり)・す(。)・する(事)・すれ(ども)・(いざ)せよ}
・・・「サ変活用」動詞「為(す)」の未然形・連用形には「活用語尾」がない；というか、「語幹」と「活用語尾」の区分ができない形である。
・・・本来のサ変動詞は「す」＆「おはす」の2語のみだが、次のような複合語もまた「サ変活用語」である：

<名詞＋す or ず>
・・・愛す、いつくしみす、うるはしみす、うんず、記す、くす、くんず、死す, etc.
<形容詞連用形(またはその「ウ音便」・「撥音便」)＋す or ず>
・・・かたじけなくす、かなしうす、重んず, etc.
<形容動詞連用形(＝〜に)＋す>
・・・事にす、専らにす, etc.

これら複合的組成を持つ各種の語句も「サ変」となるので、「サ変活用語」の勢力はかなりの数に膨れ上がる。

◆「ナ行変格活用」＝{MナYニSヌTぬるIぬれRね}
・・・「ナ変」動詞は「死ぬ」・「去ぬ・往ぬ(いぬ)」の2語のみ。いずれも、それまで存在していたものが「消え去る」意を表わし、「存在する」意の「ラ変(＝あり)」とは光と影のような対照的関係にある。
・・・「ア・イ・ウ・エ」の四段にまたがって活用。
例：「死ぬ」＝{しな(ず)・しに(けり)・しぬ(。)・しぬる(事)・しぬれ(ども)・(いざ)しね}

◆「ラ行変格活用」＝{MラYりSりTるIれRれ}
・・・「ラ行変格活用」に於いては次の等式が成り立つ：
<「連用形」＝「終止形」>、<「已然形」＝「命令形」>
・・・「ラ変」動詞としてはたった1語「あり」あるのみ（だが、「をり」・「はべり」・「いまそかり」その他の複合語も含めればかなりの大所帯になる）。
・・・「ラ変」動詞には常に「存在」の意味が内包されており、「消え去る」意味を表わす「ナ変」動詞（＝しぬ・いぬ）と対照的な語と言える。
・・・「ア・イ・ウ・エ」の四段にまたがって活用。
例：「あり」＝{あら(ず)・あり(けり)・あり(。)・ある(事)・あれ(ども)・(いざ)あれ}
・・・古典動詞のうち、終止形が「イ段音」となる活用形はこの「ラ変」のみである（・・・この「イ段音」終止形を「ウ段音」に変えれば「四段活用」と同形となる）。

・・・9つの活用形の呼び名を覚えるための語呂合わせは、こちら：

《アイウエ四段；イエ一段＆ウづいて二段の上下ペア；カサナラへん》

「正格活用」のうち、「あ・い・う・え」の四段音にまたがって活用するのが「四段活用」、「い」段のみ＆「え」段のみで活用するのが「上一段活用」＆「下一段活用」のペア、この「い」段のみ（上一段）＆「え」段のみ（下一段）に更に「う」段音が付くのが「上二段活用（い＋う段）」＆「下二段活用（え＋う段）」のペア、これら以外は「カ変」・「サ変」・「ナ変」・「ラ変」の「変格活用」。

・・・一部活用形が同形で区別が付かぬ活用形集団をまとめると、次のようになる：
●「未然形」と「連用形」が同一形となる活用形集団
　　　　　「上一段活用」「下一段活用」「上二段活用」「下二段活用」
・・・受験生泣かせの「未然形接続」終助詞「なむ」と「連用形接続」連語「なむ」の区分が不可能だったりして、一番厄介な団体さんが「上下ワンツー」グループ。
●「終止形」と「連体形」が同一形となる活用形集団
　　　　　「上一段活用」「下一段活用」「四段活用」
「連体形係り結び」がそれらしい形で機能してくれないのがこの「**上1＋下1＝4**」のインチキ足し算グループ；だが、近世以降は全活用形がこの道を辿ることになる。
・・・上記以外では、「四段＆ラ変」で「已然形＝命令形」、「ラ変」で「連用形＝終止形」の同形現象が見られるが、古文解釈上は問題ないので無視してよい。

・・・「未然形」活用語尾による９活用形識別法の語呂合わせは、以下のごとし：
《ア未然は四段、ナ・ラ変；　イ未然はイル上一の他は上二；　エ未然は下二、下一蹴ず、か、為ず；　オ未然はカ変・・・ウ未然何も無し》
●未然形活用語尾が「ア」段なら、四段活用またはナ変（死ぬ・往ぬ）ラ変（あり）
●未然形活用語尾が「イ」段で終止形が「イル」音は上一段活用、その他は上二段活用
●未然形活用語尾が「エ」段なら下二段活用または下一段活用（ける）かサ変（す）
●未然形活用語尾が「オ」段ならカ変（く）
●未然形活用語尾が「ウ」段の活用形は存在しない

・・・全９種にわたる動詞活用形の概括的説明は以上である。古文読みとして知っておくべきことはこれで出し尽くした感じだが、以下、各活用形ごとに(現代日本語口語文法との対比という観点から)更に解説を加えておく・・・もっとも、受験生にとっては*約 100%*無意味であり、古文読解上もどうでもいい事柄が多いので、国学者や Smart Aleck（利口ぶりっこ）として門外漢をイジメたい願望ある者以外は、以降の章06）の項はほぼ全て読み飛ばしてもらって構わない；ただ、老婆心ながら申し添えるならば、06）（009）サ変　／　06）（011）ラ変　／　06）（012）補助動詞の３項の解説には、古文読みとしてそれなりの効用が得られる内容が含まれるであろう。

■06)(003)―四段活用―
　古典時代の動詞全体のうち6割が属する大所帯が「四段活用」である。この活用形に属した古語の大部分は、現代日本語口語文法では「五段活用」に引き継がれている。
　　例:古典語「会ふ」＝四段活用:{会は（ず）・会ひ（けり）・会ふ（。）・会ふ（事）・会へ（ども）・（いざ）会へ}
　　例:現代語「会う」＝五段活用:{会わ（ず）／会お（う）・会い（けり）／会っ（て）・会う（。）・会う（事）・会え（ども）・（いざ）会え}
　・・・このように、古典文法では「ハ行」だった活用語は、現代口語文法では「ア・ワ行」活用となる；逆に言えば、現代日本語動詞で終止形が「ウ」で終わるものは、古典文法では「ハ行」活用語となる。
　現代口語活用形と古典活用形の間には、次の相違がある：
1）古典文法の「已然形」の呼び名は、現代口語文法では「仮定形」。
　・・・この規則は、現代口語日本語の全ての活用形（五段・下一段・上一段・カ変・サ変の全5種）に共通する。
2）現代口語文法五段活用の「未然形」には、「う」へと接続する場合の語尾が加わる。
3）現代口語文法五段活用の「連用形」には、「て」へと接続する場合の語尾が加わる。
　・・・「未然形」・「連用形」に「う」・「て」へと続く場合の新活用形を加えるのは、口語文法の中でも「五段活用」のみ。これ以外の活用形の識別には例の**《ずむけりなる、。ことぞなんどもばこそいざ》**語呂合わせが古典／口語双方にそのまま通用する。
　こうして「未然形」に新たに「オ段音」が加わったため、古典時代の「四段活用」は現代口語文法では「五段活用」となった。
　古典文法では「四段活用」以外に属した動詞にも、現代口語文法では「五段活用」語となった語がある：「下一段」の「蹴る」／「ナ変」の「死ぬ」／「ラ変」の「ある」がそれである。

■06)(004)―上一段活用―
　この活用形に属する古語は少数派で、総数わずか9語（複合語を含めれば多少増えて14語）しかない・・・数が少ないので一応全部書き出しておこう：
　　　　＜いる:射る＞＜いる:鋳る＞＜きる:着る＞＜にる:似る＞＜にる:煮る＞
　　　　＜ひる:干る＞＜見る＞＜ゐる:居る＞＜ゐる:率る＞
　複合語としては次の2系統がある：
　　　　＜みる:見る＞系複合語＝＜うしろみる:後見る＞＜かへりみる:顧みる＞
　　　　　　　　　＜こころみる:試みる＞
　　　　＜ゐる:率る＞系複合語＝＜ひきゐる:率いる＞＜もちゐる:用いる＞

なお、現代口語文法の「上一段活用」には、古典文法の「上二段活用」がごっそり引っ越してきたため、かなりの大所帯に膨れ上がっている：
　古典上二段語「**錆ぶ**」＝**{さび(ず)・さび(けり)・さぶ(。)・さぶる(事)・さぶれ(ども)・(いざ)さびよ}**
　現代口語上一段語「錆びる」＝{錆び（ず）・錆び（けり）・錆びる（。）・錆びる（事）・錆びれ（ども）・（いざ）錆びよ／錆びろ}
　・・・「ウ段音」にまたがらなくなったため「上二段→上一段」と活用幅が狭まっている一方で、命令形には「**よ**」音に加えて「**ろ**」音版が加わっている。

■０６）（００５）―下一段活用―
　先述の通り「下一段」活用の古語は「**蹴る**」の１語のみだが、江戸時代中期以降は**{蹴ら(ず)・蹴り(けり)・蹴る(。)・蹴る(事)・蹴れ(ども)・(いざ)蹴れ}**という何の変哲もない「四段活用」動詞と化し、現代口語文法では「五段活用」語となっている。
　一方、現代口語文法の「下一段活用」には、古典文法の「下二段活用」がそっくりそのまま引き継がれて大所帯となっている：
　例:古典下二段語「**冷む**」＝**{さめ(ず)・さめ(けり)・さむ(。)・さむる(事)・さむれ(ども)・(いざ)さめよ}**
　例：現代口語下一段語「冷める」＝{冷め（ず）・冷め（けり）・冷める（。）・冷める（事）・冷め（ども）・（いざ）冷めよ／冷めろ}
　・・・「ウ段音」にまたがらなくなったため「下二段→下一段」と活用幅が狭まっている一方で、命令形には「**よ**」音に加えて「**ろ**」音版が加わっている。

■０６）（００６）―上二段活用―
　この活用形に属する古語は極めて多く、「上一段」に属する９（or１４）語ばかりの古語に合流する形で、現代口語文法の「上一段活用語」の領分を膨張させているのは上述した通りである。

■０６）（００７）―下二段活用―
　この活用形に属する古語の数も極めて多く、それがそっくりそのまま現代口語文法では「下一段活用語」に引き継がれているのは上述した通りである。ここから逆算すれば、現代日本語で終止形が「エ段＋る」となる動詞は、古典文法の世界では「下二段活用」、ということになる。

■０６）（００８）―「カ行変格活用」―
　唯一の「カ変」動詞としての古語「**来（く）**」の活用の変則性は、現代口語文法にもそのまま引き継がれており、その呼び名も相変わらず「カ変」のままである：
　現代口語文法「来る」＝ ｛こ（ず）・き（けり）・くる（。）・くる（事）・くれ（ども）・（いざ）こい｝

■０６）（００９）―「サ行変格活用」―
　本源的には「**為（す）**」１語に収束する古典時代の「サ変」活用語は、現代口語では「**する**」という語に化けて引き継がれており、その活用形は古典時代に輪を掛けて複雑怪奇なものへと膨れ上がっている（「**する**」系複合語の「**愛す**」だの「**論ず**」だのについてまで論じ出せば更に複雑化するが、古文読みの理解度向上には役立たない話なので、割愛する）：
　現代口語文法「する」＝ ｛せ（ず）／し（ない）／さ（せる・れる）・し（けり）・する（。）・する（事）・すれ（ども）・（いざ）せよ／しろ｝
　この現代口語版「サ変（＝する）」活用形に関する注目点は以下の通りである：
１）「命令形」に「**ろ**」音付きが加わっている。
　・・・これは「上一段＆上二段→上一段」／「下二段→下一段」の変化に於いても表われていた現代口語の特性であるから、「サ変」固有の現象ではない。
２）「未然形」が「否定」・「使役」・「受身」の用を果たすための語形として、古典時代にはなかった「**し**」＆「**さ**」が加わっている。
　・・・「否定」の方は「**せ（ず）**」だけでも何とか事足りる（少々文語的ではある）が、「使役」・「受身」の方はそうにいかなかったので「**さ**」が加わったわけである。
　・・・こうした「使役」・「受身」に関する相違は、古典時代の「サ変動詞」の「**為（す）**」と現代語「**する**」の大きな違いであり、古文学習者が誤解し易い点である。間違わぬよう大事なポイントを書き出せば、次の２点になる：
　　　　●現代口語の「受身」は「**さ＋れる**」だが、古典の「受身」は「**せ＋らる**」である。
　　　・・・（×）「さる」・「さるる」という形にはならない。
　　　　●現代口語の「使役」は「**さ＋せる**」だが、古典の「使役」は「**せ＋さす**」である。
　　　・・・（×）「させる」・「さする」という形にはならない。
　古文初学者は（「受身」の「**せらる**」はともかく）「使役」の「**せさす**」なる古典表現には違和感を抱き、１００％の確率で「させる」や「さする」といった「**架空使役形**」をデッチ上げてしまうものである：その原因が現代口語文法からの類推にあることを上記の対比によって理解しつつ、古文の中で用いられる「**させる**」は、（「**さしたる**」と同じく）「大した（こともない）」の連体詞（*使役ではない！*）と覚えておこう。

■06)(010)―「ナ行変格活用」―
　古典文法に於ける「ナ変」語は「**死ぬ**」・「**去ぬ・往ぬ (いぬ)**」の２語であったが、これらのうち「**去ぬ・往ぬ**」は現代では死語と化し、「**死ぬ**」の方は単純な「ナ行五段活用語」と化したので、「ナ変」という活用形自体が現代口語文法では死滅し、忘却の彼方へと去りぬ・・・「**しぬ**」にせよ、「**いぬ**」にせよ、「ナ変」の本質は「存在していたものが、消えてなくなる」（この意味では「ラ変」語「**あり**」が「存在する」であるのと対照的）であることを思えば、現代口語文法からの見事な消滅ぶりは、いかにも「ナ変」にふさわしい、と言えるかナ（変な論法かな；ラ変ももうあらへんのやさかい）。

■06)(011)―「ラ行変格活用」―
　古典時代に「ラ変」語と称されたものには、「**あり：存り or 在り or 有り**」・「**をり：居り**」・「**はべり：侍り**」・「**いますがり：御座すがり or いますかり or いまそかり**」の４語があるとされるが、本質的な言い方をすれば「ラ変語＝**あり**」の１語のみである。その他の語は全て、以下に示す通り、「**あり**」の変化形でしかないのだから：
◆**をり(居り)**＝「**ゐ(居)＋あり**」・・・すわった状態で存在している
◆**はべり(侍り)**＝「**はひ(這ひ)＋あり**」・・・はいつくばった状態で（畏れかしこまりつつ）控えている
◆**いますがり(or いますかり or いまそかり)**＝「**います(御座)＋か(処)＋あり**」・・・ある場所or状態に（高貴なるものとして）ある
　・・・上の３語のみならず、「**あり**」複合語には更に以下のような語までも加わるので、古典世界に於ける「ラ変」動詞群はとてつもない大勢力となっていたわけだ：
◆＜副詞＋あり＞
例：**かく（斯く）＋あり＝かかり（斯かり）、さ（然）＋あり＝さり（然り）、しか（然）＋あり＝しかり（然り）**,etc.
◆＜形容詞＋あり＞（＝カリ活用）
例：**なし（無し）**・・・その本活用は【**(無く)・無く・無し・無き・無けれ・〇**】・・・未然形の（無く）は「なくは／なくば」の「順接の仮定条件」にしか用いず、命令形も存在しなかった。その本活用に「ラ変」の「**あり**」を付け加えると、次のような「カリ活用」になる：
【**((無く＋あら＝)無から・(無く＋あり＝)無かり・〇・(無く＋ある＝)無かる・〇・(無く＋あれ＝)無かれ】**・・・カリ活用に終止形と已然形はない
◆形容動詞＜ナリ活用＞＜タリ活用＞
　「形容動詞」の組成は、「状態語＋に／状態語＋と」＋「ラ変（**あり**）」である：
例：**しづかなり（静かなり）（ナリ活用）**・・・「**静かに＋あり**」
【**(静かに＋あら＝)静かなら・静かに／(静かに＋あり＝)静かなり・(静かに＋あり＝)静かなり・(静かに＋ある＝)静かなる・(静かに＋あれ＝)静かなれ・(静かに＋あれ＝)静かなれ**】

例：だうだうたり（堂々たり）（タリ活用）・・・「堂々と＋あり」
{（堂々と＋あら＝）堂々たら・（堂々と／（堂々と＋あり＝）堂々たり・（堂々と＋あり＝）堂々たり・（堂々と＋ある＝）堂々たる・（堂々と＋あれ＝）堂々たれ・（堂々と＋あれ＝）堂々たれ}

◆形容詞型（ク活用／シク活用）及び形容動詞型（ナリ活用）の助動詞
＜形容詞ク活用型助動詞＞
ごとし【如し】（・・・みたい）
たし【たし】（・・・したい）
べし【べし】（・・・が当然だ）
まうし【まうし】（・・・したくない）

＜形容詞シク活用型助動詞＞
べかし【べかし】（・・・が当然だ）
まじ【まじ】（・・・ってことはないだろう／・・・なんてするもんか！）
まほし【まほし】（・・・したい）

＜形容動詞ナリ型助動詞＞
なり【なり】（・・・「推量」にあらず、「断定」なり）
ごとくなり【如くなり】（・・・みたい）
べらなり【べらなり】（・・・みたいであることだなあ、と男言葉で語る歌語）
やうなり【様なり】（・・・のようだ）

　かくも膨大なる勢力を誇った古典時代唯一の「ラ変動詞」である「あり」であったが・・・現代口語では単に「ある」なる何の変哲もない「五段活用動詞」と化した・・・結果、ありし日の「ラヘン帝国」はあえなく滅亡、現代では「ラ変」なんてあらへん、「ナ変」もまた那辺にありや？てふオチ。言葉の有為転変を感じさせる話ではある。

■０６）（０１２）―補助動詞―
　動詞の中には、単体では意味を為さずに、他の動詞の「連用形」直後に用いられることで直前の動詞に何らかの意味を添える働きをする「助動詞」的役割を演じるものが少なくない。こういう動詞起源の「助動詞っぽい語」を「補助動詞」と呼ぶ。
　その機能面に於いては完全に「助動詞」と言ってよいが、一面に於いてはその同じ語形が「動詞」としての独立した働きをする場面もあるので、あえて「助動詞」とは呼ばずに「補助動詞」と呼ばれており、この「補助動詞」（並びに「助動詞」）と対照する意味で「動詞」の働きを指す場合、これを「本動詞」と改まって呼ぶこともある。
　古文世界で最も有名な「本動詞 兼 補助動詞」は「給ふ・賜ふ(たまふ)」である：
本動詞＆補助動詞「たまふ」の例）「それは隆円に＜賜へ＞。おのがもとにめでたき琴あり。それに代へさせ＜給へ＞。」『枕草子』九三・清少納言
　（現代語訳）それは隆円に＜ください＞。私の手元に珍しい琴があります。それと交換なさって＜ください＞。

前者の<**賜ふ**>は、「お与えになる」という「尊敬」の意味を含みつつも、「与える」という動詞の本義を保持しているので「本動詞」である。後者の<**給ふ**>は（直接に接続するのは直前の尊敬助動詞「**さす**」連用形「**させ**」だが）動詞「**代ふ**」に尊敬の意を添えて「交換してくださいませ」の意味となるものなので「補助動詞」である。
　こうした「本動詞」と「補助動詞」の機能を併せ持つ語は、平安時代に用いられためぼしいものだけでも７０にも及ぶ；本編で扱うには雑多すぎる主題なので、**詳しくは本書巻末付録「古典補助動詞一覧」に讓る**。その個々の意味は様々だが、文法的には「連用形接続の*助動詞*」（が、たまたま*本動詞*としても機能するために*助動詞扱い*を受けずにいる、いわば*助動詞補欠軍団*）として把握しておけばよい。

　・・・ここまでで「動詞」の９つの活用形、即ち、他の語句との対応次第で変わる「表記される**形**」の規則は出尽くした。次は、書かれた文字を口に乗せて「読まれる**音**」が特定語句との組合せに限って変則的になる現象＝「音便」について解説しよう。

■章０７）音便■

■０７）（００１）―音便概説―
　表記上の読み方と、実際に発音される音とが、違うものになる現象を「音便（おんびん）」と呼ぶ。「発<**音**>」上の「<**便**>宜（べんぎ）」を図る読み方、の意である。
　英文法ではこれを「euphony：ユーフォニー」と呼ぶが、その意味は「耳に心地良い響き」であり、「cacophony：カコフォニー＝耳障りな不協和音」の対義語である。その呼称からも明らかなように、「口に乗せた時・耳に入る時に、自然に響く読み方」をすればそれが即ち「音便」となり、四角四面な「文法」に従わずとも、人間的に当然の「音感」に従っていれば自然に「音便形」となるのが言語学の道理なのである・・・
　が、一応分類学的に整理すれば、日本語の「音便」は次の四つの形態に分かれる：
◆「イ音便」・「ウ音便」・「撥音便」（ン音化）・「促音便」（ッ音化）◆
　「イ＋ウ」を連続して言うならば、「イウ」より「ユー」と言うのがごくごく自然な日本語の感覚であろう（*Don't you?*）・・・かくて誘発される自然な音が即ち「音便」だから、その英語名称の「ユーフォニー：euphony」に引っ掛けて：

《**誘発、即、音便**》

と覚えておけば、

《**イ・ウ・撥・促＝音便**》（イ音便・ウ音便・撥音便・促音便）

の四つの音便の呼び名を失念することはあるまい。

上の語呂合わせさえ覚えておけばそれで十分（自然な音感で対応できる筈）・・・と言いたいところだが、「音痴」な人や「几帳面」な人のために、四つの音便形の出現の仕方を、活用語（動詞・形容詞・形容動詞）ごとに以下のページで詳説してみることにする（自身の音感に自信のある人＆知的体力に自信のない人は読み飛ばしてもいいかもしれない・・・鈍感音感な人＆**語呂合わせ大好き**な変人は、飛ばさず読むといい）。

　細部を読み飛ばしてしまう人のために、「音便」に関する概括的原則だけをここに掲げておけば、次のような感じである：
1)「動詞」には「イ音便」・「ウ音便」・「撥音便」・「促音便」の四つの音便の全てがあり得る。
2)「形容詞」には「イ音便」・「ウ音便」・「撥音便」の三つがあり得る。
3)「形容動詞」には「撥音便」しか起こらない。
4)「動詞」の音便は四つともすべて「連用形」で起こる。
5)「形容詞」の場合、「ウ音便＝連用形」・「イ音便・撥音便＝連体形」で起こる。
6)「形容動詞」の「撥音便」は「連体形」で起こる。
7)（・・・上の5)＆6)の但し書きとして・・・）「形容詞」・「形容動詞」の「撥音便」は、一見すると「連体形」での現象と見えるが、実際には「終止形」で起こっている。
8)「イ音便」・「ウ音便」・「撥音便」・「促音便」は「名詞」にも見られるが、古文業界ではこれを無視して活用語（動詞・形容詞・形容動詞）の音便現象のみに限定して扱う・・・やうなり。

　・・・と、8つの概括論をこうずらずら並べられてもわかった気になれまいが、まぁ気になる人は、以下の頁の解説を一通り辿ってもらえれば、感覚的にわかるのが「音便」というもの。受験生的にはさほど大きなテーマでもないので、軽い気持ちでお付き合いいただければよいだろう；受験での点数稼ぎだけ目指す人の場合、いっそすっかり飛ばしてもよい・・・が、読んだ方がすっきりすることは間違いない（**最も実戦的な対処法は、全巻末に添えられた「穴埋めドリル」を使うこと**、ではあるが）。

■０７）（００２）―イ音便―
　活用語としては「動詞」（「助動詞」もこれに準ずる）・「形容詞」が、以下の条件を満たす場合に見られる音便である：
◆「動詞」イ音便◆
1)「ガ行」・「サ行」・「カ行」である。
2)「四段活用」である。
3)「連用形」である。
4)助動詞「**たり**」・接続助詞「**て**」へと続く。
　・・・以上の条件を満たした場合、「ギ」・「シ」・「キ」の音から子音が脱落して「イ」

音に化ける場合がある（「必ずイ音便化する」のではなく、「イ音便化することもある」のみである）。
 「て」・「たり」イ音便）「**急ぎて・たり→いそ＜くい＞で・だり**」／「**増して・たり→ま＜くい＞て・たり**」／「**開きて・たり→ひら＜くい＞て・たり**」
  ・・・「サ行」のイ音便には２音構成が条件（＝単音や３音以上のイ音便はない）。
  ・・・直後の「**たり**」・「**て**」が「**だり**」・「**で**」と濁音化する場合もある。
5)「ガ行」・「カ行」の連用形「ギ」・「キ」の音が補助動詞「給ふ」へと続く場合に、子音脱落した「イ音便」が見られる場合もある（この現象は「サ行」の「シ」の音には見られない）：
 「たまふ」イ音便）「**若やぎ給ふ→わかや＜くい＞たまふ**」／「**書き給ふ→か＜くい＞たまふ**」
  ・・・以上が「動詞のイ音便」のルールである。語呂合わせが望みなら

《儀式四連足りて同意しなし給ふ》

＜ギ＞＜シ＞＜キ＞という＜四段活用＞＜連用形＞の音が＜たり＞＜て＞へと続く場合、＜動詞＞＜イ音便＞が起こり得る；「給ふ」にも（＜ギ＞＜キ＞音の）イ音便が起こる場合がある（が＜シ＞音の場合は、なし）

◆「形容詞」イ音便◆

1)「連体形」である（ク活用・シク活用は問わない）。
2)体言全般、または、詠嘆の終助詞「**かな**」へと続く。
 ・・・以上の条件を満たした場合、「キ」の音から子音が脱落して「イ」音に化ける場合がある（「必ずイ音便化する」のではなく、「イ音便化することもある」だけ）。
 形容詞連体形＋体言のイ音便）「**赤き月→あか＜くい＞つき**」
 形容詞連体形＋終助詞「かな」のイ音便）「**めでたきかな→めでた＜くい＞かな**」
  ・・・これまた語呂合わせで覚えるつもりなら

《期待体現かな敬意》

＜キ＞という＜連体形＞の音が＜体言＞・＜**かな**＞へと続く場合に＜形容詞＞＜イ音便＞が起こる場合がある

◆「名詞」イ音便◆

 「イ音便」は「名詞」にも見られる：
 「名詞」内のイ音便）「**垣間見＝かきまみ→か＜くい＞まみ**」
  ・・・が、日本の古文業界には「音便」は「活用語限定用語」との約束事でもあるのか、「名詞」の音便現象は日陰の存在である。「音便＝euphony・・・口や耳に優しい音感」という英語的感覚からすれば奇妙な現象だが、まぁ、このへんのヘンテコ性もこの国の「文化」なのだろうから、あまりとやかく言うべきでもないのかもしれない。

■07)(003) ―ウ音便―
　活用語としては「動詞」(「助動詞」もこれに準ずる)・「形容詞」が、以下の条件を満たす場合に見られる音便である(「形容動詞」に「ウ音便」はない):

◆「動詞」ウ音便◆

1)「ハ行」・「バ行」・「マ行」である。
2)「四段活用」である。
3)「連用形」である。
4)助動詞「**たり**」・接続助詞「**て**」へと続く。

　・・・以上の条件を満たした場合、「ヒ」・「ビ」・「ミ」の音から子音が脱落して「ウ」音に化ける場合がある(「必ずウ音便化する」のではなく、「ウ音便化することもある」だけである)。後続の助動詞「**たり**」・接続助詞「**て**」が濁音(**だり／で**)となる場合もある。

　「**たり**」・「**て**」ウ音便)「**逢ひて・たり→めぐりあ<う>て・たり**／「**呼びて・たり→よ<う>で・だり**」／「**悩みて・たり→なよ<う>で・だり**」

　・・・以上が「動詞のウ音便」のルールである。語呂合わせが望みなら

《日々見たり酔うて動揺》

＜ヒ＞＜ビ＞＜ミ＞の音が＜四段活用＞で＜ウ音便＞を起こす場合があり得るのは＜**たり**＞＜**て**＞へと続く＜動詞＞＜連用形＞の特性

◆「形容詞」ウ音便◆

1)「連用形」である(ク活用・シク活用は問わない)。
2)用言全般、または、接続助詞「**て**」・「**して**」へと続く。

　・・・以上の条件を満たした場合、「ク」の音から子音が脱落して「ウ」音に化ける場合がある(「必ずウ音便化する」のではなく、「ウ音便化することもある」だけ)。

　形容詞連用形＋用言のウ音便)「**赤く照る→あか<う>てる**」
　形容詞連体形＋接続助詞「**て・して**」のウ音便)「**めでたくて・して→めでた<う>て・して**」

　・・・これまた語呂合わせで覚えるつもりなら

《ウケよくてよして》

＜ウ音便＞の＜形容詞＞版は＜連用形＞の＜ク＞音が＜**て**＞・＜用言＞・＜**して**＞へと続く場合に起こり得る

◆「名詞」ウ音便◆

　「ウ音便」は「名詞」にも見られる:

　「名詞」内のウ音便)「**神戸＝かみべ→か<う>べ**」／「**蔵人＝くらひと→くらびと→くら<う>ど**」

　・・・これまた古文業界では「活用語」に比べ日の当たらぬ音便ながら、古語増強のための語源考察過程で自然と馴染みを深めることになるであろう音便ではある。

■07)(004)—促音便—
　活用語としては「動詞」が以下の条件を満たす場合に見られる（「助動詞」「形容詞」「形容動詞」には見られない）音便である：

◆「動詞」促音便◆

1)「タ行」・「ラ行」・「ハ行」である。
2)「ラ行変格活用」または「四段活用」である。
3)「連用形」である。
4)助動詞「**たり**」・接続助詞「**て**」へと続く。
　・・・以上の条件を満たした場合、「チ」・「リ」・「ヒ」の音が詰まって「ッ」の音に化ける場合がある（「必ず促音便化する」のではなく「促音便化することもある」だけ）。
「たり」・「て」促音便）「**過ちて・たり→あやま＜っ＞て・たり**」／「**ありて・たり→あ＜っ＞て・たり**」／「**折りて・たり→いの＜っ＞て・たり**」／「**巡り逢ひて・たり→めぐりあ＜っ＞て・たり**」
　・・・以上が「動詞の促音便」のルールである。語呂合わせが望みなら

《**地理平予測足りて動揺**》

＜チ＞＜リ＞＜ヒ＞の音が＜ラ行変格活用＞・＜四段活用＞で＜促音便＞を起こす場合があり得るのは＜**たり**＞＜**て**＞へと続く＜動詞＞＜連用形＞の特性

◆「名詞」促音便◆

「促音便」は「名詞」にも見られる：

「名詞」内の促音便）「**哀れ：あはれ→あ＜っ＞ぱれ**(*天晴れ*)」／「**夫：をひと→を＜っ＞と**」／「**真白：ましろ→ま＜っ＞しろ**」
　・・・こうして見ると、「名詞」の促音便には「動詞」促音便の規則が当てはまらぬことがわかる：「**を＜ひ＞と**」の＜ヒ＞だけは辛うじてヒットするが、「**あ＜は＞れ**」の＜ハ＞は外れ、「**ましろ**」では＜ッ＞が何の文字から化けるでもなくヌッと生じている。こうした不規則性も、古文業界が「名詞に音便を認めない」慣行の一因かもしれない。

◆促音無表記について◆

　古典時代の促音は、発音上は「ッ」で統一されてはいても、表記上の作法には全く統一性が見られなかった。多くの場合「促音無表記」であり、「**う**」「**ふ**」「**む**」（中古末期以降は「**ん**」）の文字を宛てたり、漢文的な「**レ**」文字を用いる場合すらあった。現代語の詰まる音記号「**っ**」もまた平安期から既に見られるが、これも常に＜大きな「**つ**」＞であって「**あつて**」と書いて「あって」の促音読みだった・・・こうした表記法は、明治期の文語文にまで引き継がれているから、日本語に於ける＜小さな「っ」＞はまだわずか一世紀少々の歴史しかない新参記号だったのであつた(*つて知つてた？*)。

■０７）（００５）―撥音便―
　活用語としては「動詞」・「形容詞」・「形容動詞」（「助動詞」もこれらに準ずる）が、以下の条件を満たす場合に見られる音便である：

◆「動詞」撥音便◆

1)「バ行」・「マ行」及び「ナ行」（ナ変の場合）である。
2)「ナ行変格活用」または「四段活用」である。
3)「連用形」である。
4)接続助詞「**て**」・助動詞「**し**」（＝過去の「**き**」の連体形）・助動詞「**たり**」へと続く。
　・・・以上の条件を満たした場合、「ビ」・「ミ」・「ニ」の音が詰まって「ン」の音に化ける場合がある（「必ず撥音便化する」のではなく「撥音便化することもある」だけ）。撥音便化した「**ん**」音の後の「**て**」・「**し**」・「**たり**」は濁音の「**で**」・「**じ**」・「**だり**」と化す。
　「**て**」・「**たり**」撥音便：**遊びて・たり→あそ＜ん＞で・だり** ／ **好みて・たり→この＜ん＞で・だり** ／ **死にて・たり→し＜ん＞で・だり** ／ **住にし→い＜ん＞じ**
　・・・以上が「動詞の撥音便」のルールである。語呂合わせが望みなら

《花よ美味にでどれじだり》

＜撥音便＞は＜ナ行変格活用＞・＜四段活用＞の＜ビ＞＜ミ＞＜ニ＞の音が＜動詞＞＜連用形＞として＜**て→で**＞・＜**し→じ**＞・＜**たり→だり**＞へと続く場合に起こり得る

◆「形容詞」・「形容動詞」撥音便◆

1)「カリ活用（補助活用）形容詞」・「形容動詞（ナリ活用／タリ活用）」（型活用語）の「連体形」＝「**〜かる**」・「**〜なる／〜たる**」の形である（当然ながら、タリ活用の実例は少ない）。
2)直後に推量助動詞「**なり**」・「**めり**」が続く。
　・・・以上の条件を満たした場合、連体形「ル」の音が詰まって（実際には終止形「リ」の音。この事情については既述であり、また今後も一幾度も詳述する）「ン」音に化けて、「形容詞・形容動詞」（型活用語）の撥音便現象が発生する。<u>「撥音便化することもある」のではない；常に１００％「撥音便」となり、「撥音便化しないことはあり得ない」</u>のである。
　「形容詞」撥音便　連体形説：「**めでたかる＋なり→めでたか＜ん＞なり**」（ほんとはウソ）
　「形容動詞」撥音便：連体形説：「**いたづらなる＋めり→いたづらな＜ん＞めり**」（ほんとはウソ）
　・・・この「連体形接続」が「形容詞」・「形容動詞」の撥音便のメカニズムという古文業界の説明は（既述の通り）真っ赤な嘘っぱちである。そもそも「撥音文字＝**ん**」自体が中古末期までの日本語には存在すらしなかったのだから、上のような「撥音便」は、文字を読む際の発音の上では自然な現象として発生したものの、紙の上に書く際には発生のしようがなかった（「**ん**なり」なり「**ん**めり」なりの表記など、いくらしようと思っても、手段がないのだから出来っこなかった）のである。再度言う：中古中期までは「**めでたか＜ん＞なり**」や「**いたづらな＜ん＞めり**」と「口に出して言う」ことは可能でも、

「文字にして書く」ことは不可能だったのだ・・・では、どうしたか？知れたことだ：「**めでたかなり**」・「**いたづらなめり**」と「撥音無表記」で書いておいて、実際の発音だけは「**めでたか＜ん＞なり**」・「**いたづらな＜ん＞めり**」と「ン付け読み」したのだ。

では、こうした撥音無表記の「**めでたかなり**」・「**いたづらなめり**」を、その「*本来の形としての＜連体形＞*」に直して「**めでたか＜くる＞なり**」・「**いたづらな＜くる＞めり**」と読んだり表記したりすることは、あったのだろうか？・・・答えは「**絶対**なかった」である・・・何故か？・・・これまた知れたことである：「推量助動詞**なり・めり**」は「*終止形接続*」であって「*連体形接続*」ではないという文法原則が（平安中期まではきちんと守られていたからである（・・・怪しくなるのは平安末以降である）。

上記の「終止形接続→撥音便」事情を、より分かり易く書き出せば、こうなる：

◆形容詞ク活用終止形＋「**なり・めり**」撥音便）「**めでたし＋なり**」は、本活用終止形（**めでたし**）に続けて「**めでたしなり**」とはならず、補助活用（カリ活用）の「**めでたかり**」形に続けた「**めでたか＜り＞なり**」から撥音便で「**めでたか＜ん＞なり**」となる。

◆形容詞シク活用終止形＋「**なり・めり**」撥音便）「**あやし＋めり**」は、本活用終止形（**あやし**）に続けて「**あやしめり**」とはならず、補助活用（カリ活用）の「**あやしかり**」形に続けた「**あやしか＜り＞めり**」から撥音便で「**あやしか＜ん＞めり**」となる。

・・・本活用終止形「**めでたし／あやし**」は「断定言い切り」用だから、直後に「のようだ」の意を表わす「推量**なり・めり**」を添えることはできないが、「**めでたく／あやしく＋ある**」の組成を持つ補助活用（**く＋あり**＝カリ活用）の「**めでたかり**（＝**めでたく＋あり**）／**あやしかり**（＝**あやしく＋あり**）」なら、「**めでたし／あやし**」でなくラ変動詞「**あり**」終止形への接続となるので「推量**なり・めり**」を続けられるのだ。

◆形容動詞ナリ活用終止形＋「**なり・めり**」撥音便）「**いたづらなり＋なり**」の「**いたづらな＜り＞なり**」から撥音便で「**いたづらな＜ん＞なり**」となる。

◆形容動詞タリ活用終止形＋「**なり・めり**」撥音便）「**呆然たり＋めり**」の「**呆然た＜り＞めり**」から撥音便で「**呆然た＜ん＞めり**」となる。

・・・形容動詞（ナリ活用／タリ活用）は、「状態語＋格助詞**に**＋ラ変動詞**あり**」／「状態語＋格助詞**と**＋ラ変動詞**あり**」という（形容動詞カリ活用と同じ）「ラ変内包型」組成を持つので、その終止形（**〜なり／〜たり**）へとすんなり「**なり・めり**」を続けた「**なりめり／たりめり**」が撥音便で「**なんめり／たんめり**」へと化けている。

●「**る＋なり／る＋めり**」の「連体形接続**なり・めり**」は嘘っぱち・・・と知れたのはつい最近

このように「推量**なり・めり**」は常に「終止形接続」で撥音便を起こすのである；が、撥音便化した先の「**めでたかンなり／あやしかンめり／いたづらなンなり／呆然たンめり**」の形から、中古末期以降の人々は、連体形接続「**めでたかルなり／あやしかルめり／いたづらなルなり／呆然たルめり**」を想像してしまい、実は終止形接続の「**めでたかりなり／あやしかりめり／いたづらなりなり／呆然たりめり**」であると

いう事実は、後代の学者の文法的解明作業によって初めて明らかになったのである。
　「めでたか<**る**>なり」や「いたづらな<**る**>めり」は、古文に撥音文字（**ん**）が登場した中古末期以降の人々が「**ン**なり／**ン**めり」を元の語形に書き戻す過程で捏造した「**ル**なり／**ル**めり」であり、あけすけに言えば「非文法的音感判断による短絡的誤記」なのである・・・が、それでも８００年もの歴史を持つ「誤法」だから、そこに時の重みを認め、この短絡的思いこみによる「る→ん音便」なる誤記を「正統語法」と認定する態度も、ありかもしれない；が、間違いに変わりはなく、古文業界がこの「連体形接続説」にいまだに固執する（らしい）理由もこの筆者にはよくわからない。

●「めり」の死滅と「なり」の混同
　付言すれば、こうしたややこしさを招いた終止形接続の推量（or 推定）助動詞中、「**めり**」が実際に用いられたのは中古末期まで。中世以降は（口語では）死語と化し、擬古文中で細々と使われるのみとなり、「終止形接続を貫く**めり**」の本質を生きた語感として知る人間は（「**ん**」文字の登場とほぼ同時期に）消滅してしまうのである。
　もう一方の終止形接続の推定（or 推量）助動詞「**なり**」は、死滅した「**めり**」と異なり中世以降も生き残るものの、次第にその語法は断定助動詞「**なり**」と混同される例が増える・・・そして、この断定「**なり**」が「連体形接続」なのである・・・その後の展開は、もう、想像がつくであろう：「終止形＋推定**なり**」という中古中期までの鉄則は、「連体形＋断定**なり**」がもたらす錯覚語感も手伝って、後代の人々の意識の中で、なし崩し的に「連体形接続」へと塗り変えられて行ったわけである。

●「誤法」でも「語法」が言語学の御法、「真実」の強弁は御法度、だが・・・
　言葉は生き物だから、こうした錯覚により生じた「誤法」もまた立派な「語法」と認めるのも言語学者としてはあり得る態度である（言語学は法律学とは違うのだ）・・・が、その背後の「真実」をもきちんと踏まえることなしに闇雲に「誤法」にのみ敬意を表しこれを墨守する態度は断じて許されぬのが言語学（＆人間界全般）の掟である。その点を踏まえつつ、学習者の諸君は、「形容詞・形容動詞の撥音便」を「る→ん」と流すか、「り→ん」とした正統古典文法に忠実な態度を貫くかを、決してくれればよい。
　付言すれば、「**なり**」・「**めり**」を巡る上記の「終止形の便法的*連体形化現象*」は、この「形容詞・形容動詞の撥音便」の場面でのみ問題になる命題ではない。この後の「助動詞」を巡る各種考察に於いても再三再四浮上する事柄である；から、「る→ん」／「り→ん」のいずれの解釈が得策かは、賢明なる諸君にはもう自明であろう。

◆「名詞」撥音便◆
　「撥音便」は「名詞」にも見られる：
「名詞」内の撥音便「**君達＝きみたち→きくん＞だち**」／「**件＝くだり→くだくん＞**」／「**など→な＜くん＞ど**」
　・・・撥音便に於いても、「名詞」の場合には、「動詞」・「形容詞」・「形容動詞」の

場合のような規則性が全く通用しないことが、上の数例だけからも歴然としている。古文業界の先生方がこれらを扱いたがらない理由はこれにて自明であろうが、実践的語学の場面では避けて通れぬ頻発現象であるし、また自然に「鼻にかけた音（鼻音）」として大方の日本人にとってはさほど難なくさばけるものでもあるので、国文学者がこれを扱い草としようがするまいが、諸君にとってはさしたる問題にもなるまい。

◆撥音無表記について◆

　上記の通り、撥音文字「**ん**」が日本の文物に見られるようになるのは中古末期以降からの話である。それ以前は、「撥音無表記」で発音上だけ「ン付け読み」というのが和文の主流であった。表記する場合には、「**ん**」の代用文字として「**む**」が用いられる場合が多かったが、「**う**」や「**に**」、更には「**い**」が用いられる場合さえあった。「m」音が「n」音に化けるのは、現代日本の英語初学者に「comfortable」を読ませれば100%「コ＜ン＞フォタブル」になってしまい「コ＜ム＞フォタブル」と最初から読む日本人は皆無という事実からもわかる自然な和風読みであり、その点からも「**む**」・「**う**」が「**ん**」の代用表記となったのは当然とうなずける；だが、「**に**」(確かに「n」音ではあるが)や「**い**」（？？？）ともなると、何とも首をひねらざるを得ぬ当て字である。

　そんな阿呆っちぃ表記などせず「撥音無表記」のままにしておいても、自然な音便作用で「**ん**付け」ができる以上、中古の自然な和文に「**あなり**」・「**かなり**」・「**あべし**」等の表記が多かったのは当然と言えるだろう・・・が、「**ん・ン**」文字に馴れすぎた現代日本人の場合、それなりに身構えて読まねば、「**あんなり**」・「**かんなり**」・「**あんべし**」の音に到達するにはかなりの難があるはずだから、この面でも「撥音文字」を巡る意識は、古文読みにとって、あらゆる音便中、最も大事なものと言えるだろう。

・・・以上で「音便」即ち「口に出して読む」古文作法の解説は終わり。以下、古文を「文字にして書く」時の、現代と異なる作法（＝「歴史的仮名遣い」）の説明に移る。

■章08)「仮名遣い」■

■08)（001）―「いろはにほへと」と「あいうえお」―

　古典時代の仮名遣い（いわゆる「歴史的仮名遣い」）の解説の前に、中古末期に流行した「今様歌（いまやううた）」の形で、当時用いられていたかな文字全47種（平安末期まで発音としては存在しても表記上は用いられなかった「**ん**」文字を除く）を、すべて織り込んだ手習歌として有名な「いろは歌」を紹介しておこう：

《いろはにほへとちりぬるをわかよたれそつねならむ
うゐのおくやまけふこえてあさきゆめみしゑひもせす》

　本書でも多用する暗記用語呂合わせとして、古今最も著名なこの歌に関する記述の初出文献は1079年成立の『金光明最勝王経音義（こんこうみょうさいしょうおうぎょうおんぎ）』という仏教経典に登場する文字の意味や発音を解説するためのマニュアル本である。古典時代に用いられた全ての平仮名（「ん」文字を除く）を内包しつつ、詩文としても次のような仏教的無常観を詠い込んでいるのだから、実に見事なものである：

『**色は匂へど散りぬるを**（＝色鮮やかに咲く花も、いつかは必ず散るというのに）／**我が世誰ぞ常ならむ**（＝無常な現世に不滅の栄華などありはすまい）／**有為の奥山今日越えて**（＝前世の因縁により背負わされることになったこの世の万物の奥深い山道を、日々、謙虚に歩んで）／**浅き夢見じ酔ひもせず**（＝はかない夢を見るような愚かな真似はせずにおこう、現世の憂さから逃避するために酒に酔いつぶれるような真似もするまい）』

　上の漢字仮名交じり文による解釈を見れば、古典時代のかな文字が、たとえ「清音」でも状況に応じて「濁音」読みされていたという事実がわかるだろうし、1079年という平安後期に於いてなお撥音文字「ん」は「かな文字の一員」扱いされていなかったという事実を確認するよすがともなろう。この不備を補うべく、後代には「いろは歌」の末尾に「ん」を付け足すようになる：詩文としての品格を保つべく、漢字の「京」を付け足して「ん」の代用としているのは、「いろはがるた」の最後（№48）の「ん」が「京の夢・大坂の夢」であることに由来する。この種の作法の初出は1287年成立の『悉曇輪略図抄（しつうんりんりゃくずしょう）』（了尊）とされているから、これまた鎌倉後期には「ん」文字が既に和語の世界に完全に定着していた事実を知る証拠となる。

　・・・では、上記「いろは歌」には何文字の仮名が含まれているか？―４７文字だ；後代追記の「ん」を加えれば４８文字、これが俗に言う「いろは４８文字」である。

　・・・一方、現代日本語の「あいうえお」は「五十音」と呼ばれるなら、両者の間には２文字の差があることになる・・・何が足りないのか、新旧日本語の仮名文字を、＜あいう（イロハ）併記＞で並べてみることで確認してみよう：

あ（ア）い（イ）う（ウ）え（エ）お（オ）
か（カ）き（キ）く（ク）け（ケ）こ（コ）
さ（サ）し（シ）す（ス）せ（セ）そ（ソ）
た（タ）ち（チ）つ（ツ）て（テ）と（ト）
な（ナ）に（ニ）ぬ（ヌ）ね（ネ）の（ノ）
は（ハ）ひ（ヒ）ふ（フ）へ（ヘ）ほ（ホ）
ま（マ）み（ミ）む（ム）め（メ）も（モ）
や（ヤ）い（＊）ゆ（ユ）え（＊）よ（ヨ）
ら（ラ）り（リ）る（ル）れ（レ）ろ（ロ）
わ（ワ）ゐ（ヰ・キ）う（＊）ゑ（ヱ・エ）を（ヲ）　・・・　ん（京）

「いろは歌」の文字を１つずつ律儀に「五十音表」に宛がって行くと、(＊)と記された３つが埋まらぬ勘定になる；が、よくよく見ればこれらの３文字「**え**」「**う**」「**い**」は、「あ行」で既に使用済み、という理由で割愛されたに過ぎない。つまり、「いろは四十八文字」も「五十音」も全く同じ「実質４８文字」となるし、「五十音」表に「**ん**」文字を加えれば「五十一音」の計算だ。平安の中期じゃあるまいし、現代日本語に「**ん**」文字は必須なのに、撥音文字「**ん**」を付けちゃダメという（尻取りゲームみたいな）感覚は「五段音×十行＝五十音」というキリの良さ偏愛によるものだろう。そうして「**ん**」をのけ者にしてまで「５０」にこだわりつつも「**え・う・い**」は重複カウントされているから実は「４７」；その上「わ行」がまた曲者で、「**ゐ・ゑ**」は古すぎて役立たずだから外して「**わ・を・ん**」の３語だけに短縮したりもするので、そうなると**「五十音」の実数は「４６」（含ん）で「いろは四十八文字」に２字分負け**の計算になる。
●現代日本語に「**ゐ・ヰ**」はいる？「**ゑ・ヱ**」なんてありえる？
　普通の現代日本人は「**ゐ・ヰ**」や「**ゑ・ヱ**」など用いない；「ニッカウ**ヰ**スキー」だの「**ヱ**ビスビール」だのの「懐古的仮名遣い」が一部に見られるために、形式上は「死語」とは呼び得ぬ文字ではあるが、発音上は「**ゐ・ヰ**」も「**い**」も単なる「イ(i)」であり、英語の「we（ウィ···ウィスキー···Do we love WHISKEY? Oui, tres bon!）」に見られるような「w音含みの**ゐ・ヰ**」ではないし、「**ゑ・ヱ**」が英語の「yeah：イェー！」のような「y音含み」でない単なる「エ(e)」音として「え」と全く同一語である現実に照らして、「五十音」からは「**ゐ・ゑ（ヰ・ヱ）**」の２種は抹消し「48-2＝46文字」（含「**ん**」）体制に移行するのが、言語学的現実に照らしての合理的行動であろう。そうして現代日本語から消滅しても、「**ゐ（ヰ）**」・「**ゑ（ヱ）**」の二文字は古典の世界には相変わらず健在であるし、「いろは歌」があるかぎり、古典など読まない（＆読めない）日本人の意識の中に於いてすらそれなりの存在感を保ち続けるのであるから、「言語学的遺産消滅への憂い（古語では**憂へ**）」を楯に取っての「**ゐ・ゑ**保全運動」など展開すべき理由もないはずである（···ごめんね、お酒の会社さん···）。

■０８）（００２）―歴史的仮名遣い―
　古文の平仮名表記には現代日本語と異なる文字が数々使われ、その読み方も現代語とはかなり異なり、受験生の悩みの種（というか、古文嫌いの元凶）となっている。いわゆる「歴史的仮名遣い」というやつである。
　勘違いしている受験生が多いので最初に（諸君の安心のためにも）断わっておくが、「歴史的仮名遣い」の意識・知識と「古文力」とは無関係である。今も現役で生きている言語としての「英語力」であれば、「正しく英単語を綴れる能力」も必要だろうが、

「現代とは異なるカナモジを縦横に駆使して古文を正しく表記できる能力」を問うてくる大学がどこにある？「ゑ」や「ゐ」を「エ」「イ」と即座に読める程度の識字力は必要だが、「居る」を「いる」と書くか「ゐる」と書くかなど、受験生にとっては全く問題外の知識と割り切ってしまってよいのだ。むしろ「居る」と書いて「ゐる」のみならず「をる」と読む場合もある、という語彙に関する知識の方がはるかに大事な「古文力」であって、かな表記法の意義・知識などは、幾多の古文を読む段階で自然に身に付く「無手勝流」で何となくおさえておけばそれでもう十分なのである。

従って、以下に列挙する「歴史的仮名遣い」の膨大なる原則の数々は、「学術的には何とか割り切れる；が、こんなに面倒臭いことになる・・・からには、入試で出す訳にも行くまい」という「事割り＝理」のための証拠物件として眺めてもらえばそれでよい。

●1）現代日本語では（基本的に）用いない「ゐ」・「ゑ」の文字が常用される

・・・ということはつまり、「い」「え」とは別文字としての「ゐ」「ゑ」が（発音の異なる独立した文字として）きちんと存在の重みを持っていた、ということである。現代日本人は、「お」と「を」を別音文字と感じる；ミクロの微妙な違いだが、「を」には「w音の乗り」があるのだ；が、外国人が日本語表記を学ぶ際にはこれらを同一視して「お」でおしまい；助詞の場合のみ「を」を用いる、というルールを学ぶまでは、「を」文字の必然性など感じず「お」で押し通す。同様に、「い・え」と言わずに「ゐ・ゑ」と言え、などと言われても現代人にとっては、いーえ、そんなのただの「い・え」です！で終わりの「ゐ・ゑ」文字が、古典時代にはきちんと「w・y」音を含んで発音されていた、ということなのだ。

・・・上で登場した3つの文字「ゐ」・「ゑ」・「を」は、次のルールにも絡んでくる：

●2）現代日本語（ア行）の「イ」・「エ」・「オ」の音に、各3通りの文字表記がある：

◆「イ」＝「い・ひ・ゐ」
◆「エ」＝「え・へ・ゑ」
◆「オ」＝「お・ほ・を」

・・・「行」で言えば、現代日本人にとっては「ア行」のみで終わる「い・え・お」が、古典時代には「ハ行（ひ・へ・ほ）」及び「ワ行（ゐ・ゑ・を）」の領分にもまたがる「ア・ハ・ワ三行行脚（あはわさんぎょうあんぎゃ）」を行なっていた、ということである。このうち、現代日本人にとってすんなり了解できるのは「オ」音が「お」でもあり「を」でもある、という部分のみであり、それ以外の「ひ・へ・ほ・ゐ・ゑ」文字の表記ルールは、古典時代特有のまったく馴染みのないものである・・・ので、ここでもやはりお馴染みの**暗誦用強引語呂合わせ**が必要であろう：

《**い・え・お・ひ・へ・ほ・ゐ・ゑ・を・アハワ**》

・・・「**家老ひ、ヘぼい絵を、あわわ**」などと読んで、「イ・ニ・オ三段構成」の変則性を思い出してもらえればよい（なんか、ボケ過ぎて思い出せない感じだが・・・）。

現代日本語では、「**を**」を助詞以外に用いることはない（「**ヲ**タク」・「マルデダメ**ヲ**」のようなカタカナ冗談表記は除く）が、古語の「**を**」は「**をかし**」のように助詞以外で用いてもおかしくはないから注意をするように。

・・・上のルールの「ハ行」はまた、次のルールにも結び付く：

●3)「ハ行音」(**は・ひ・ふ・へ・ほ**)の発音は、語頭以外では「ワ行音」(**ワ・イ・ウ・エ・オ**)

・・・『源氏物語』の章段名「**ははきぎ(帚木)**」は、「母木々(HAHA-kigi)」ではなく「這わきぎ(HAWA-kigi)」の音となる；語頭の「**は**」こそ「HA」だが、それ以外で(＝語中で)用いられた「HA, HI, FU, HE, HO」は「WA, WI, WU, WE, WO」と読まれるのである（この現象を「ハ行転呼」と呼ぶ）。

現代語の「**這う**」(はう・HAU)は、古語のかな書きでは「**はふ**(HAU)」となる。これで「**破風**：ハフ」ではなく「**HOW?**：ハウ」の音になるのだから現代人的には「は？」って感じである。上述の「**帚木(ははきぎ)**」も最終的には「**ほうきぎ**」となって、「這わきぎ(HAWA-kigi)」というより「這うきぎ(HAU-kigi)」の感じで「地を這うことでゴミ掃きに使われる木々（ホウキ木）」＝「木箒（きぼうき）に用いられる細い枝」の意味となる。人が動かす「這はし木（はわしぎ）」ではなく自分で勝手に動く「這は木々」というのも（魔女のホウキじゃあるまいし）おかしいので、語源的には「羽＋掃き（ははき）」＝「鳥の羽を束ねて作ったsweeper」とされるが、「地を這う木々」の語感も「ホウキ」の自律的躍動感を感じさせて面白い・・・というのは、しかし雑学次元の話であって、「**はは→はわ**」だの「**はふ→はう**」だのの音化けに、わけもわからず引っ掻き回されて地べたを這う羽目になるのは面白くなかろう・・・から、この種の音化けルールについてはきちんと論理的に把握しておきたいものだ。

「H音消失現象」として見るならば、これは一種の「フランス風読み」とも言える；英語読みだと「**ヘンリー**」となる「**Henry**」が、フランス人にかかると「**アンリ**」となる、というように、**フランスさんは「H」がキライ**なのだ（エッチなことはキライじゃなさそうだが・・・）。もっとも、仏蘭西語の場合、語頭の「H」も消える（例：「ヒロ子：Hiroko」さんは「イロ子：Iroko」さんにされちゃう）ので、語中に限定される古語の「ハ行→ワ行転呼」とは異なるし、「ふ」の音は「H」ではなく「F」行に属するので逆に消失しない（例：「France」は「**フ**ランス」であって「**ウ**ランス」にはならない）。

・・・上の「**這う**」には、更に次のルールでもまた地を這ってもらうことにしよう：

●4)二重母音が長母音化する場合がある

・・・「**這ふ**」を二枚重ね(＝畳語化)した「**這ふ這ふ**」は、古語のひらがな表記では「**はふはふ**」となる；「huff, huff」と息を切らしてあえいでいるような感じだが、語頭以外での「ふ」は「ハ行転呼」によって「う」となるので、実際の読みは「**はうはう**」(how, how)となる。

ところが、この「**はうはう**」、現代日本語には次のように音化けして伝わっている：

「**ほうほうのてい(這う這うの体)**」・・・地べたを這うような必死の有様でどうにかこうにか逃げのびるの図であり、音としても、格式張った「**ほうほう**(方法)」より、「**ほーほー**(ho, ho)」なる青い息づかいを感じさせる読み方のほうが自然な感じだ。

上の「**はふはふ＝はうはう→ほーほー**」の転変劇は、「Ha+u」の連音に於ける「a+u(アウ)」の二重母音が、単一の長母音「o-(オー)」に転じた結果であり、この種の「二重母音の長母音化」が古文読みでは日常茶飯事として起こるのである。これは、「起こりうる」ものであって「二重母音は常に単一長母音化する」訳ではない。「音便」作用であるから、読みの上でそれが自然だと感じられた場合にそうなるというだけの話であり、必ずそう読む決まりではないのである。上述の「au(アウ)→o-(オー)」の音化けも、「**ほーほー**」とは読まずに「**はうはう**」の読み方をしたとてきちんと通じてしまう。このあたりは、「ouch」なら常に「アウチ！(痛っ)×おうち」と読み、「noun」なら常に「ナウン(名詞)×のうん」と読み、「ought」なら自動的に「オート(〜べし)×おうっと」と読むのが当然、と厳密に決まっている(&厳密な発音をせねば意味が通じぬ)英語とは異なり、日本語という言語は、発音に対する寛容度が極めて広いのだ(*読みが何ともいい加減、と言うこともできるが・・・*)。

・・・以下、そうした「二重母音の単一長母音化」現象の原則を書き出すが、この場合の「母音」とは、文字表記上の母音「**あ・い・う・え・お**」ではなく、発音上の母音のことを指すので、語頭以外での「**ひ・ふ・へ・ほ→い・う・え・お**」(＝ハ行転呼)をも含めての現象となる点に注意を促しておく。

まず、最も目立つのが、後続語句が「**う**」音の場合に見られる長母音化である。

◆「ア段音＋う(au)→オー(O-)」・・・例：「逢瀬(あふせ)＝あうせ→おーせ」
　・・・「**あふ**」は「**ふ**」が語中音なので「**う**」に化け「**あう**」となる。「**あうせ**」でも「**おーせ**」でもどちらでも通じるが、足早に両者が逢えば自然に「**おーせ**」となる。

◆「イ段音＋う(iu)→ユー(YU-)」・・・例：「言ふ定(いふぢやう)＝いうじょう→ゆーじょー」
　・・・「**定(ぢやう)**」は "jau" だから、「au→o-」の原理で、「jo-」となる。「**言ふ(いふ)**」は「**ふ**」がハ行転呼で「**う**」となって「**いう**」となるが、これを「**いう**」と二重母音で読んでも「**ゆー**」と流しても通じるのは現代日本語も古語も同じである。

◆「エ段音＋う(eu)→ヨー(YO-)」・・・例：「酔ふ(ゑふ)＝えう→よー」
　・・・「**酔ふ**」は「**ゑふ**」と書く。「ワ行」の「**ゑ**」文字が「**え**」音に用いられる古語の例だが、これが直後の「**ふ**」のハ行転呼「**う**」に続けば「**えう**」となる。しかし、この「**え**」は「ア行音(e)」ではなく「ワ行音(we)」である；現代の日本語ではもはや「失われし音」であるから、想像するしかないのだが、そこには「www...オ＜エ＞ッ＜ウ＞」的なゲロ吐き音というかクダ巻き音というか、*さうゐう微妙な響きがかつてあつたのではなかつたか・・・さう考へると、何とも喉の奥から米酢の臭ひが漂つて来さうだから、現代人的には素直に*「**よー**」*と流したはうが心地よさげだらうね*。

◆「オ段音＋う(ou)→オー(O-)」・・・例：「惑ふ(まどふ)＝まどう→まどー」
　・・・「おう、おう、おう、おう、阪神タイガース！」の歌(六甲おろし)の場合でも、「お＋う」は「オー(ぅ)」と元気よぉ～く叫ぶのが和製読みの王道である；「O・U」のままの「*追う、追う、追う、追う*」では10ゲームも離れた首位の背中を空しく追いかける感じで、ちっとも迫力が出ない・・・のだが、こつこつ地道に、がお好みなら「**お・う**」・「**まど・う**」でも一向差し支えない。
　なお、二重母音の中でも「ウ段音＋う」は、「ウー(U-)」も「ウ・ウ(U・U)」も実質的に変わらないので、二重母音の長母音化現象には含めない。
　・・・一方、「ア・イ・ウ・エ・オ」の母音とはやや異なるものとして、次の現象があることも追記すべきだろう：
◆「ア段音＋わ(awa)→オウ(OU)」・・・例：「帚木(ははきぎ)＝はわきぎ→ほおきぎ→ほうきぎ」
　・・・上述の通り、語頭以外での「ハ行」音は「ワ・イ・ウ・エ・オ」に変化する。「イ・ウ・エ・オ」は純然たる母音であるから上述の四つの規則の枠組みに収まるが、「ハ→ワ」のハ行転呼に関しては、「ア」と「ワ」とでは微妙に異なるので、上の二重母音に関する規則の枠外となるわけだ。
　この変化は「a+wa (アワ)」音に限られ、「a+a (アア)」が「a+u (オー)」に化けるようなことはない (「あぁ」と「おぉ」はあくまで別音なのである)。
　有名どころで言えば「**河内 (かわ＋うち→かわち→かうち)**」の変化もこの「アワ→オウ」類に属す。関西言葉の中でも少々荒っぽいとされる「河内弁」は、この伝で言えば「**カワチ**べん」でも「**コウチ**べん」でもよいことになる；が、「**こうち**べん」は「**高知弁＝土佐**弁」(坂本龍馬が喋った言葉)というのが御約束、との意識のせいか、「**河内**」を「**こうち**」と呼ぶことはあっても「**河内弁＝こうちべん**」の発音は嫌われてもっぱら「**かわちべん**」のまま、というのがいかにも恣意的な日本語らしい。
　このように、音化け読みの作法は、口に乗せれば自然とその方向へと流れて行く「音便」作用に過ぎぬ上に、折々の便宜に応じて化けるのをやめたりもする可変性に飛むもの (あるいはくにゃくにゃとしてつかみどころのないドジョウ・コンニャク・*濡れ石鹸のようなやつ*) でもある；ので、堅苦しい文法上の鉄則であるかの如く身構えて覚え込もうとすべき代物ではない、ということ、くれぐれも忘れないでもらいたい。

●5)「拗音」・「促音」の表記に小文字を用いず大文字のままで通す
　・・・上例で言えば、「**言ふ定 (いふぢやう)**」に於ける「**ぢくや>う**」の拗音は、現代表記なら当然「**ぢくゃ>う**」と小文字表記 (印刷業界用語で言う「小書きの仮名」or「捨て仮名」) にすべきところであるが、そんな場面でも普通の文字 (大文字) で通すのが古語流なのである。「**言ひて**」が促音便化した「**言って**」も、「**言つて**」と書かれてしまう。古文にはまた「濁音無表記」(例：色は匂へ<ど>→いろはにほへ<と>) という作法もあるので、「**言つて**」とあっても、読む方としては「**いって (言つて)**」だか

「**ことづて（言づて）**」だかはっきり言って！と叫びたいややこしさとなるわけだ。
　もっとも、本講座では（基本的に）この古典的表記作法には意志的に背を向けて、「**つ**」と「**っ**」とは別表記としてある。手書きの毛筆であれば「**つ**」と「**っ**」／「**や**」と「**ゃ**」／「**あ**」と「**ぁ**」／「**い**」と「**ぃ**」／「**う**」と「**ぅ**」／「**え**」と「**ぇ**」／「**お**」と「**ぉ**」の文字の区分は実質的に無意味だ（大雑把な人が書く「**っ**」は、繊細な人の書く「**つ**」よりも大きかったりするのだ）・・・が、読み手の視覚的識別能力を科学的に検証した結果として（文字サイズを微妙に変えることで促&拗音の区別を可能にすべく）用意されたコンピュータ処理のデジタル文字の世界で、「**つ**」と「**っ**」の区分をわざとなくして読者の識字上の苦労を増大させるが如きは愚策以外の何物でもあるまい（いかに愚かかは上のはうにさりげなくまぶした阿呆な擬古文でわかつただらう）。
　受験生の足をすくうことを主眼とする大学入試問題の古文なら、「**っ**」ではなく「**つ**」と書くのが御作法だろうが、得体の知れぬ古文世界との無手勝流の死闘から受験生を救うことを目的とする教材の中で「**つ**」と「**っ**」をわざと紛らわしく書く古文の先生など、受験生として選ぶべきではあるまい。事を殊更判然とせぬ方向へと流したがるのは、自身が明晰な理解から遠い自信なき無学者の煙幕攻撃とみなすべきなのだ・・・「歴史的仮名遣い」偏愛者は、そのあたりの現実を考えた上で、身の処し方を考えるべきであらう（といつてわらひつつなほいつらしつはなしのひつしやなのてあつた）。
　・・・「促音」・「拗音」の定義についても改めて触れておこうか：
◆「促音」（そくおん）＝母音の後に「カ行」・「パ行（ハの破裂音）」・「サ行」・「タ行」の音が続く時、母音が縮まり「ツマる音」。
　例：「とりかふ→ト＜ッ＞カワ」・「あはれ→ア＜ッ＞パレ」・「かきさらふ→カ＜ッ＞サラウ」・「おひたつ→オ＜ッ＞タツ」・・・語呂合わせもお望みなら：

《**ぼいんぞっこんかっぱさった**》

＜母音＞が縮まり＜促音＞となるのは「カ行」・「パ行」・「サ行」・「タ行」の音
◆「拗音」（ようおん）＝子音の後に「y」「w」の"ねじける"音入り母音が続くもの。
　拗音は、外来語の和製表記にのみ見られるもので、日本語本来の音ではない。現代日本語表記では「y」音系に「**や・い・ゆ・え・よ**」を添えて表す「開拗音」のみを表記し、「w」音系に「**わ・ヰ(ゐ)・ヱ(ゑ)**」を用いて表す「合拗音」は表記しないのが通例である。
　古文世界では、漢語由来系語に「**くわ**」・「**ぐわ**」という「合拗音」表記が見られる（例：「懐妊（**くわ**いにん）」・「因果応報（いん**ぐわ**おうほう）」）が、実際の読みは単なる「**か**」・「**が**」で、そこに「w」音の響きはなかった。現実の言語活動の中で日本人が読みもしない外来音を「原典（中国語）ではそう読むから」という理由で馬鹿正直に記しただけのもの（「lo**ve**」を「ラ**ブ**」でなく「ラ**ヴ**」と書いても読みは「ら**ぶ**」、というのに似ている）・・・現代日本語で「合拗音」が死語と化しているのも、当然の話である。日本語は、「原音忠実 hi-fi（high-fidelity）言語」を貫けるほど器用な言語ではないのだ。

ということで、現代日本人が「発音」も「表記」も現実に行なっている「拗音」は、以下の「開拗音」（7段×5音＝35文字）だけ（というにはいささか多いが）：

「カ行拗音」きゃ・きぃ・きゅ・きぇ・きょ
「サ行拗音」しゃ・しぃ・しゅ・しぇ・しょ
「タ行拗音」ちゃ・ちぃ・ちゅ・ちぇ・ちょ
「ナ行拗音」にゃ・にぃ・にゅ・にぇ・にょ
「ハ行拗音」ひゃ・ひぃ・ひゅ・ひぇ・ひょ
「マ行拗音」みゃ・みぃ・みゅ・みぇ・みょ
「ラ行拗音」りゃ・りぃ・りゅ・りぇ・りょ

　逆に言えば、「拗音」が発生しないのは「ア行」（あ・い・う・え・お）と「ワ行」（わ・い・う・え・お）及び「ヤ行」（や・い・ゆ・え・よ）の3段に限られる、ということになる。これら3行を構成する音はいずれも「母音」であるから、音声学的に「子音の後にy・w」という「拗音」の発生する余地はないわけである・・・実に単純な原理であろう？それでも語呂合わせが必要な人には、次のような感じでどうだろう：

《（かさならはまった）あわや外してヤィユェョーおん》

「ア行」「ワ行」「ヤ行」の音を除外した各行（カ・サ・ナ・ラ・ハ・マ・タ）の5音に、
や・ぃ・ゅ・ぇ・ょの小文字を添えたものが＜拗音＞

　・・・厳密に言えば、上は「開拗音」のみの原理である；漢語由来の「合拗音（くゎ・ぐゎ）」も述べねば片手落ち、とあらば、次の1語を覚えれば事足りるだろう：

《宦官（くわんぐわん）》

　中国の皇帝の側近で、皇帝専用ハーレムで美女たちに悪さをせぬよう「タマ抜き」された男性の官僚が「**かんがん**」。「きんきんたたまたま」ぶっこ抜かれてイタい感じのこの役職名は、折角「**くわ・ぐわ**」などと御丁寧に「w」音をふたつ並べて書いても、実際の読みは「**かんがん**」止まりで「**く・わ・ん、ぐ・わ・ん**」などと頭のてっぺんまでズキーンと来る感じの読み方など誰一人しなかった、という何とも役立たずな感じで御苦労様な漢語由来系和語表記事情を思い起こすには、打って付けのイタ～イ漢字がWで並ぶ**くわんご**（漢語）が「宦官」（・・・語り口やや下に流れたは汗顔の至り）。

●6)「ぢ」・「づ」文字が語頭に用いられる場合がある

　現代日本語には、濁音文字の「**ぢ**」・「**づ**」は文中の連濁音表記記号（例：ドッ**ぢ**ボール）としてのみ用い、語頭には用いない（「**じ**」・「**ず**」に変更する）という原則がある。
　「**痔**」の文字の平仮名表記が、本来「**ぢ**」であるのに「**じ**」とすべしとされているのは有名な話である。「**宦官**」に続いてまたまたイタい話になるが、「**痔**」とは「お尻の穴（またはその周囲）から血（ち）が出てくる病気」であるから、「**ち**」に点々（というか血が点々というか）がその実相であって、それなりに大変な病気ではあるが「**痔**」が原因で「**死**」に至る人はまずいないのだから、「**し**」に点々（死体が点々！？）では

その病の実態を誇大表示してしまい、正しい字の感じがしない；にもかかわらず「**ぢ**」は誤りで「**じ**」が正しい、という「**痔**」の表記法は、この国の言語学的慣習の「**非論理性**」を示す事例の一つと言うべきか、辞書引きや文字表記の労苦を軽減するための「**合理化努力**」の一環と見るべきか（筆者は後者の説を取るが、まぁどっちでもいいや）。

そうした観点から見ると、「**言ふ定（いふぢやう）**」のような表現では「**ぢ**」の字が文中に用いられているので、現代日本語に照らしてみてもさほどの不自然さはない；が、「**ぢ・づ**」文字が語頭に用いられた「**地獄（ぢごく）**」・「**除目（ぢもく）**」・「**頭巾（づきん）**」・「**図書（づしよ）**」あたりの古語は、現代和風表記規則から全く外れる（or 現代和語の表記規則の方が言語学的実態に照らして的外れである？）から、学習図書駆使して古語調べしようにも文字違いでお目当ての見出語見つけることすら出来ずに地獄の責め苦・・・和語の表記法の「**緩さ**」にはじつに困ったものである。

●「ア・ワ・ヤ」の3行、要注意

さて、最後に、「歴史的仮名遣い」の中でも幾多の現象に絡んで注意を要するものとしての「ア行」（**あいうえお**）・「ワ行」（**わゐうゑを**）・「ヤ行」（**やいゆえよ**）の3つに関して、改めて論理的に整理しておこう。これら「ア」・「ワ」・「ヤ」の3行の全文字を書き出せば次のようになる：

ア行「あ・い・う・え・お」
ワ行「わ・<ゐ>・う・<ゑ>・を」
ヤ行「や・い・ゆ・え・よ」

うち、古文にに用いられ現代日本語では用いないのは、**<ゐ><ゑ>**の2文字だ。

異なる2行にまたがって「**え**（ア行＋ヤ行）・**う**（ア行＋ワ行）・**い**（ア行＋ヤ行）」が共通の文字として用いられている。従って、これらの文字を含む古語の場合、「何行に属するか？」の見分けが困難となる。例えば「弓を<射(＝イ)>て敵を討つ」・「年老<イ>て敵に討たる」など、その「イ」音が「ア行」か「ヤ行」かわからぬことになるし、「人殺して罪を<得(＝ウ)>」・「罪滅ぼしに木を植<ウ>」では「ウ」音が「ア行」か「ワ行」かが判然とせず、「許しを<得(＝エ)>て、山越<エ>て、都にて所<得(＝エ)たり>」となると「エ」音が「ア行」と「ヤ行」のどっちに属するかわからずぐっちゃぐちゃな感じだ。

が、よくよく見れば、この種の混乱の元凶は全て「ア行」であることがわかる：「ヤ行」と「ワ行」の2行のみに限定すれば、1音たりとも重複はないのだから。

ここで、願ってもない救いは、次のことである・・・

古典的活用語のうち、「ア行」に属する活用語はたった１語、
「得〔う〕」{え・え・う・うる・うれ・えよ} のみ！

・・・である。即ち「**得（う）**」（及びその複合語としての「**心得（こころう）**」・「**所得（ところう）**」）の活用語尾としての「**う**」・「**え**」以外の全ての活用語の活用語尾「**い**」・「**え**」は必ず「**ヤ行**」に属し、「**う**」の活用語尾は必ず「**ワ行**」に属するのである。

ついでに現代口語との対比原則についても言っておけば、終止形が「〜う」となる現代語（古語ではない）は全て、古語に於いては「〜ふ」である（例：「言う→言ふ」・・・古語「植う」などは現代語では「植える」となるので、このルールとは無関係）。
・・・ということで、最後は例によって語呂合わせで締めよう：

《あわや益意の古き家、心得所あのみ上（他は嫌）》

（ア・ワ・ヤ、え・う・いのふるきゐゑ、こころうところアのみうえ；ほかワヤ）
「ア行」・「ワ行」・「ヤ行」には「え・う・い」の音が共通し、古典的「いろは４８文字」の中では「ゐ」・「ゑ」の２文字が現代語と異なる用いられ方をし、「**心得（こころう）**」・「**得（う）**」・「**所得（ところう）**」の末尾に現われる「う」・「え」の音のみが「ア行」で用いられる活用語であり、その他の「え・う・い」は全て「ワ行」か「ヤ行」に属するものである。
・・・などとまぁ、現代かなづかいとは様々な相違があるかのように色々書いてきた「歴史的仮名遣い」であるが、よくよく見れば、現代日本人にとって決定的に異質な表記・発音形態とも言えぬことに気付いたであろう。とはいえ、大学院で古文研究をしたり、平安時代の正しい作法で古歌を自ら詠いたいとかいう変わった人以外、歴史的仮名遣いに関してはさほど神経質になる必要はない。古典時代の不思議な音と表記との対応関係は、辞書を引き引き、その都度確認すればそれで事足りるのだから。
（「歴史的仮名遣い」の生まれた経緯については「全巻末穴埋めテスト」の箇所にやや詳しく書いておいたが・・・まぁ、「古文力」そのものにはあまり関係ない話題である）

・・・大事なのは発音や表記ではなく、意味の方であって、そういう意味で、ここから先がいよいよ古典文法の胸突き八丁「助動詞」学習の始まりである。この品詞がきちんと論理的な形で脳内に整理整頓できたなら、「古典文法はマスターした」と胸を張って言えることになる。「助動詞」以外にも、文法的には更に大量の「助詞」の用法があり、古文読解上は更に「古文単語」の修得という大仕事が残ってはいるものの、後者二点の学習に比して遥かに論理的思考が求められるもの（＝故に、論理的に把握できている学習者とそうでない者の差が歴然と開くもの）が「助動詞」の学習である。従って、闇雲に挑んでも挫折するばかりのこの課題には、その具体的解説に入る前に、「助動詞の概括的特性」を再確認すると共に、「助動詞の学び方」そのものの考察から腰を落ち着けて熟考してみるのが得策であろう。

■章０９）助動詞■
難敵「助動詞」挑戦の取っ掛かりとして、まずは、敵の姿を熟知する理論武装から始めよう。最初は、「助動詞」と「補助動詞」の違いについて、である。「理屈なんて

どうでもいいから、少しでも早く勝負を付けたい」という人は、最初の０９）（００１）は飛ばしても構わないが、次の０９）（００２）だけは読んでから進むようお勧めする。
■０９）（００１）―助動詞・補助動詞の定義―
　字義通りには、**助**動詞とは、**動詞**を補**助**する語である。
　動詞を補助する語には、しかし、「助動詞」以外に「補助動詞」もある。両者とも、それ自体に意味はなく、動詞の意味を補完する付属語となる点では同一で、そうした役割・意味の上から両者を区分することは不可能である；よって、両者の区分はその「文法的資格」という（通常の言語感覚からはかなり離れた専門的な）分析的判断に拠るより他はない。即ち：
　「補助動詞」はそれ自体で文節を構成し得る（＝その部分だけを取り出しても意味が通じる）のに対し、「助動詞」は単独で文節を構成することはない。
・・・というのが、文法的観点から見た助動詞／補助動詞の唯一の相違点である。
　補助動詞に関してはまた、本来は動詞として用いられていた語が、本来の動詞的意味を失って他の動詞の付属語的な立場の機能語（＝その語単独では意味を為さず、他の語句に意味を添えるか、語句相互の関係を規定する働きをする語）に転じたもの、という生成論的な区分もある。確かに、多くの補助動詞は、動詞本来の語義をも併せ持っており、特定の場面でのみその動詞としての独自性を失って他の動詞の引き立て役に回るという点で、この生成論的な補助動詞の定義は、意味を為すように思われる。が、動詞としての語義をも同時に併せ持たないと補助動詞にはならぬ、という裏返しの定義が成立してしまいかねない点で、この「本来は動詞であったものが他の動詞の付属語的機能語に転じたもの」という定義には難がある：「**おほす【果す】**〔補動サ下二〕」のように、動詞としては用いられない補助動詞専門語を除外する結果になってしまうからである。やはり、「**動詞の意味を補完する機能語でありながら、単独で文節を構成し得る語**」のほうが、「補助動詞」の定義として論理的に妥当である。
　もっとも、「単独で文節を構成し得る」ということは、裏返せば、「その語自体に、動詞としての意味が宿っている」と言うのに近い。「動詞はそれ１語で意味上の独立圏を形成し得る」というのはおよそ万国共通の言語学的原則であり、英語の場合など動詞１語を原型（＝辞書に載っているそのままの形；仏語などラテン系語の場合は二人称 or 三人称）で文頭にポン、と立てれば命令文になる（例：**Go.** ＝行け。**Run.** ＝逃げろ。**Die.** ＝死ね。**Live.** ＝生きろ。）これに対し、他の動詞の引き立て役に徹し切り、独自の意味を完全に失った機能語（例えば助動詞）であれば、その語自体を単独で取り出したところで何の意味もない（例：*Do.* ＝やれ。*Can, but, won't.* ＝できるが、やらない。と言われても、「何を？」の部分は脈絡に負わねばわからないので、直前にそれなりの文脈があれば何とかなるものの、これら助動詞単独表現のみでは全く何の意味もなさない）・・・ということで、補助動詞（の大部分）が、半面に於いては相変わらず

動詞として生きている語であるからこそ「単独で文節を構成し得る」、という理論上の土台は押さえておくべきであろう。「**かかることやある？**」（こういう事ってあるの？）と問われた時に、「**はべり**」（ございます）と補助動詞１語を返答に用いることは可能（単独で文節を構成可能）だが、「**ず！**」と助動詞１語で返答しようとしても無理であり、必ず「**あら＋ず／はべら＋ず**」のように他の語句と連携せねば存在のしようがないのが助動詞・・・この例を見れば、助動詞と補助動詞の文法的立場の違いが感得できるであろう。

■０９）（００２）―助動詞の三分類―
●助動詞理解に必要な着眼点
　古典文法の助動詞の分類法には以下の三種類があり得る：
　Ａ）助動詞の表わす意味による分類
　Ｂ）助動詞の直前に来る用言の活用語尾の形（＝接続）による分類
　Ｃ）他の助動詞と併用する場合の文中に於ける登場順序による分類
　上記分類の優勢度に、現在の日本の教師や学習者の扱いの軽重に基づいて、序列を付けるとすれば、Ａ）→Ｂ）→Ｃ）の順になるだろう。その助動詞がどういう意味を表わすかを知るのがまず先決で、他のどんな語句に付くかなどは二の次、ましてや複数の助動詞どうしが同時に用いられた場合の順序なんて、専門家だけが知っておればよいだけの深すぎる知識という感覚で、Ｂ（接続）やＣ（順序）はかなぐり捨てて専らＡ（意味）の上っ面を撫でるだけで助動詞の学習はおしまい、という学生（さらには、教師）がほとんどであろうと思われる。
　だが、把握せねばならぬ助動詞の数が３つや４つ（あるいは、英語のように１２個ほど）というのならともかく、古典文法で押さえておくべき重要助動詞の数は（平安時代のものだけでも）３０語以上にものぼるのである。闇雲にその意味だけを丸呑みしようとするＡ）分類による棒暗記学習法は、無手勝流の常として、焦点の絞り込み不足による不毛な結末に陥り易いことを知るべきであろう。
　そうした理知的判断の上に立てば、上記Ｂ（接続別）及びＣ（順序別）の助動詞分類法が俄然光ってくるわけであるが、実はこれら両者の関係は密接に関連している。より正確に言えば、文中に於ける助動詞の登場位置の序列（Ｃ情報）こそが、その助動詞直前に来る用言（他の助動詞をも含む）の活用語尾の形（接続＝Ｂ情報）を決定するのである。
●文中での助動詞の登場順序による意味の三段分化
　更に本質に着目して（しかし概括的に）述べれば、助動詞の中でも文中で最も早く

登場する助動詞に動詞と最も密接に結び付く性質を持つ助動詞であり、文中での登場順序が遅くなればなるほどに、動詞に対して及ぼす助動詞としての機能が、中立的・客観的（あるいはまた、取って付けたような付加コメント的）な感覚になると言える。その密接度・疎遠度は三段階に分化し、それぞれの段階に応じて、直前に来る用言の活用語尾の形（＝接続）が変化する（即ち、助動詞が接続する用言末尾の形態は三種類になる）という仕組みである。具体的には以下の如し：

　　ア）動詞との連携が最も緊密な助動詞（文中での登場順序＝最初）は「未然形」に接続する。
　　イ）動詞（＋動詞と密接な関係の助動詞）による陳述が一段落ついた後に添えられる助動詞（文中での登場順序＝中間）は「連用形」に接続する。
　　ウ）動詞（＋他の助動詞群）による陳述に対する客観中立性が強い助動詞（文中での登場位置＝最後尾）は「終止形」に接続する。
●助動詞の本質的接続先は"未然形・連用形・終止形"のみ
　　助動詞が接続する先の活用形は以上の三つのみである。「已然形」・「命令形」へと接続する助動詞は（形の上ではあるように見えても論理的に）存在せず、「連体形」接続助動詞は極めて特殊な例外のみであり、助動詞の接続先となる活用形は本源的に「未然形・連用形・終止形」の三つだけであって、その接続先を決定するのは「動詞と助動詞との連携の密接度」なのである。

　　では、動詞との連携の密接度が強い助動詞とは具体的に何か／動詞との密接度が弱まり客観・中立性が強まる助動詞とは具体的にどんな意味を持つものであるか・・・そのあたりに着眼点を置けば、最初に示した助動詞分類法のA）意味／B）接続／C）順序の３つが、有機的に連動した実のある理解が得られるであろう。

　　・・・概括的な理論武装による下準備はこのあたりでもう十分であろう。ここからいよいよ助動詞の本格的攻略戦に突入する；が、難敵だけに、一本調子の一発勝負で組み伏せられる相手ではない・・・幾つもの異なる攻め口から、徐々に、冗長的に、段階的に詳述する形で、やっつけることにしよう。時間がかかる無駄の多いやり口に思えるかもしれないが、結果的にはこれが一番の早道＆確実な王道になるはずである。
　　・・・まず最初は「文中での助動詞の登場順序」に着目した攻略法から指南しよう。この段階では（**語呂合わせを用いて**）「古典助動詞にはどんなのがあるの？／どれとどれが似たような感じなの？」という最も単純な疑問への回答がすんなり出来るようになること（だけ）を目指せばよい（活用形だの詳細な意味などは後回しでよい）。

■０９）（００３）―文中に於ける助動詞及び補助動詞の登場位置の序列―
　先述した通り、複数の助動詞（あるいは補助動詞）が文中で用いられた場合の登場順序の早さ（換言すれば、その（補）助動詞と動詞との距離の短さ＝連携の緊密度）は（補）助動詞ごとに異なり、その密接度に応じ、（補）助動詞直前の用言の活用語尾の形（＝接続）は（概して）次の推移をたどることになる：

動詞との密接度高←＜未然形　連用形　終止形＞→動詞との密接度低

　・・・これら「文中での登場位置」が、最初のもの（未然形接続型）／中間のもの（連用形接続型）／最後尾のもの（終止形接続型）に属する助動詞たちは、その表わす「意味」に於いても、ある種の規則的類似性を持っている。その共通する意味上の特性に着目して、各助動詞群に分類名と接続（＋覚え込むための *語呂合わせ*）を記すと、以下の五通りになり、その文中での登場順序（＝動詞との位置の近さ）はⅠ～Ⅳの順となる（・・・最後に付記するⅤは、かなり例外的な助動詞集団である）：

●Ⅰ）＜使役・受身・自発・尊敬＞系の助動詞群
　（【ゆ】・【らゆ】・・・奈良時代のもの）・【らる】・【る】・【さす】・【しむ】・【す】

《ユラユラルルゥ、サスシムス》
（揺ら揺らルルぅ、指し示す）

　・・・すべて未然形接続。【しむ】以外は「四段・ナ変・ラ変接続型」と「それ以外型」に分かれる。動詞との連携性が最も強いため、他のいかなる助動詞にも先行する。

【ゆ】{え・え・ゆ・ゆる・ゆれ・○}　接続＝［四段・ナ変・ラ変動詞の未然形］
【らゆ】{らえ・(らえ)・(らゆ)・(らゆる)・(らゆれ)}　接続＝［四段・ナ変・ラ変動詞以外の未然形］・・・未然形以外カッコ付きなのは「寝らえず」以外の使用例が見つかっていないため
【らる】{られ・られ・らる・らるる・らるれ・られよ}　接続＝［（四段・ナ変・ラ変を除く）活用語の未然形］
【る】{れ・れ・る・るる・るれ・れよ}　接続＝［四段・ナ変・ラ変の未然形］
【さす】{させ・させ・さす・さする・さすれ・させよ}　接続＝［（四段・ナ変・ラ変以外の）動詞の未然形］
【しむ】{しめ・しめ・しむ・しむる・しむれ・(しめ)／しめよ}　接続＝［活用語の未然形］
【す】{せ・せ・す・する・すれ・せよ}　接続＝［四段・ナ変・ラ変の動詞の未然形］

●Ⅱ）＜尊敬・謙譲＞系の補助動詞群
【さぶらふ】・【はべり】・【きこゆ】・【まうす】・【たまふ】〔補動ハ四〕
／【たまふ】〔補動ハ下二〕・【たてまつる】

　・・・いずれも動詞連用形に接続する「補助動詞」で、「助動詞」ではない。「動詞」との意味上の連携性が強く、文中での登場位置は上述「Ⅰ）系助動詞」に次ぐ早さ。

《サブラヒハベリキコエマウス、タマウタマウルタテマツル》
（サムライ侍り聞こえ申す、玉を給ふる奉る）

【さぶらふ】{は・ひ・ふ・ふ・へ・へ}　謙譲
【はべり】{ら・り・り・る・れ・れ}　謙譲
【きこゆ】{え・え・ゆ・ゆる・ゆれ・えよ}　謙譲
【まうす】{さ・し・す・す・せ・せ}　謙譲
【たまふ】{は・ひ・ふ・ふ・へ・へ}（四段型）尊敬
【たまふ】{は・ひ・ふる・ふれ・へよ}（下二段型）謙譲
【たてまつる】{ら・り・る・る・れ・れ}　謙譲

●Ⅲα）＜完了・存続＞系の助動詞群
【つ】・【り】・【たり】・【ぬ】

・・・連用形に接続し、記述の時制を「過去」寄りにする。【り】のみ四段動詞の已然形（命令形）・サ変動詞の未然形に接続（に見えるが、実質は「連用形」接続）。

●Ⅲβ）＜【あり】付きの打消・推量・回想＞系助動詞群

【まじかり】（まじく＋あり）・【べかり】（べく＋あり）・【めり】（見＋あり）・【ざり】（ず＋あり）

・・・【ざり】のみ未然形、それ以外は終止形に接続。"〜だ。／〜ではない。"として終止させた後に「〜だ／〜でない・・・ようである」との主観的見解を添える感じ。

・・・【めり】以外は（後述の）「Ⅳ」系助動詞＋【あり】の組成であり、【めり】以外は「助動詞」未満の「連語」扱い。本源的には「Ⅳ」系助動詞＝打消＆推量系だが、他の助動詞と併用する場合の文中登場位置は「Ⅳ」系助動詞より早い。

《ツリタリヌ、マジカリベッカリ、メ＋ザーリ》
（「釣り足りぬ！」－「マジ借り！」ばっかり、目障ーり！）

【つ】{て・て・つ・つる・つれ・てよ}　接続＝［活用語の連用形］
【り】{ら・り・り・る・れ・れ}　接続＝［四段動詞の命令形（已然形）・サ変動詞の未然形］
【たり】完了{たら・たり・たり・たる・たれ・たれ}　接続＝（ラ変以外の）動詞・助動詞の連用形・・・「ラ変接続」を避けるのは、語源が「て＋あり」のため「あり＋て＋あり」の重複を嫌うせい。
【ぬ】{な・に・ぬ・ぬる・ぬれ・ね}　接続＝［活用語の連用形］
【めり】{〇・めり・めり・める・めれ・〇}　接続＝［活用語の終止形］

●Ⅳ）＜打消・推量・過去回想＞系の助動詞群
【じ】・【む】・【まし】（【ましじ】）・【ず】・【むず】・
【けり】・【き】・【けむ】・【なり】・【らし】・【まじ】・【らむ】・【べし】

・・・【じ】・【む】・【まし】（【ましじ】）・【ず】・【むず】は未然形接続／【けり】・【き】・【けむ】は連用形接続／【なり】・【らし】・【まじ】・【らむ】・【べし】は終止形接続

・・・「打消」の未然形接続と「過去回想」の連用形接続は固定的。推し量る系は流動的で、古文業界でに未然形接続＝「推量」／終止形接続＝「推定」と呼び分けている。

《ジムマシンズムズン、ケルキケムナルラシマジラムベシ》
（蕁麻疹ズンズン、蹴る危険なるらし混じらんべし）

【じ】〖○・○・じ・じ・じ・○〗　接続＝［活用語の未然形］
【む】〖○・○・む(ん)・む(ん)・め・○〗　接続＝［活用語の未然形］
【まし】〖ましか／(ませ)・○・まし・まし・ましか・○〗　接続＝［活用語の未然形］
【ず】〖ず／(な)・ず／(に)・ず・ぬ・ね・○〗　接続＝［活用語の未然形］・・・【ず】の後に更に別の助動詞を続ける場合、補助動詞【あり】を介在させた「Ⅲβ」系の〖ざら・ざり・○・ざる・ざれ・ざれ〗の形を取る（接続先は未然形）。
【むず】〖○・○・むず(んず)・むずる(んずる)・むずれ(んずれ)・○〗　接続＝［活用語の未然形］
【けり】〖(けら)・○・けり・ける・けれ・○〗　接続＝［活用語の連用形］
【き】〖(せ／け)・○・き・し・しか・○〗　接続＝［活用語の連用形］・・・カ変・サ変接続は（同音重複の×「きき」・「しし」の形を避けるため）以下の形態となる：
　　カ変の場合：未然形(来＝こ)＋【し】【しか】／連用形(来＝き)＋【し】【しか】
　　サ変の場合：未然形(為＝せ)＋【し】【しか】／連用形(為＝し)＋【き】
【けむ】〖○・○・けむ(けん)・けむ(けん)・けめ・○〗　接続＝［活用語の連用形］
【なり】伝聞推量〖○・なり・なり・なる・なれ・○〗　接続＝［活用語の終止形］
【らし】〖○・○・らし・らし／(らしき)・らし・○〗　接続＝［活用語の終止形］
【まじ】〖(まじく)／まじから・まじく／まじかり・まじ・まじき／まじかる・まじけれ・○〗　接続＝［活用語の終止形］／［ラ変型活用語の連体形］
【らむ】〖○・○・らむ(らん)・らむ(らん)・らめ・○〗　接続＝［活用語の終止形］／［ラ変型活用語の連体形］
【べし】〖(べく)／べから・べく／べかり・べし・べき／べかる・べけれ・○〗　接続＝［活用語の終止形］／［ラ変型活用語の連体形］

●Ⅴ）＜特殊語接続（願望・断定・比況）＞系の助動詞群
　　【まほし】（【まうし】）・【たし】・【なり】・【たり】・【ごとし】
　・・・【まほし】【まうし】は未然形に接続／【たし】は連用形に接続／【なり】は体言または用言の連体形に接続／【たり】は体言に接続／【ごとし】は用言の連体形・格助詞【が】・【の】に接続。
　・・・この語群は、文中での登場順序や接続する活用形や意味上の共通性によってまとめられたものというより「助動詞として異常なやつの吹きだまり」。体言に接続（【なり】【たり】）／格助詞に接続（【ごとし】）／接尾語を伴う【まほし】→「まほしげ」等の特性は「助動詞未満の連語・複合語」の感を抱かせるし、【ごとし】の同義語【ごとくなり】【やうなり】の生成も、【まほし】を「欲し→憂し」に変えての【まうし】の生成も、「連用形＋甚し」からの【たし】の生成も、どれもみた助動詞っぽくない。

《見まう（ほ）し、用タシ、ナ／タリがゴトシの体》
（見舞う星、用足し、名足りが如しの体）

未然形接続＝まう（ほ）し、連用形接続＝タシ、連体形接続＝ナリ・タリ、連体形・格助詞【が】・【の】接続＝ゴトシ

【まうし】【〇・まうく・〇・まうき・まうけれ・〇】　接続＝［活用語の未然形］

【まほし】【(まほしく)／まほしから・まほしく／まほしかり・まほし・まほしき／まほしかる・まほしけれ・〇】　接続＝［動詞・動詞型活用助動詞の未然形］

【たし】【(たく)／たから・たく／たかり・たし・たき／たかる・たけれ・〇】　接続＝［動詞・動詞型活用助動詞の連用形］

【なり】断定【なら・なり／(に)・なり・なる・なれ・(なれ)】　接続＝［活用語の連体形・体言・文相当句・一部の副詞・一部の助詞］

【たり】断定【たら・たり／(と)・たり・たる・たれ・(たれ)】　接続＝［体言］

【ごとし】【(ごとく)・ごとく・ごとし・ごとき・〇・〇】　接続＝［格助詞【が】／格助詞【の】／活用語の連体形／（中世以降）体言］

・・・以上が（本動詞との緊密度から見た）文中登場順序に着目しての助動詞（＋補助動詞）の類型識別表である。この五分類については『**岩波古語辞典**〔２００６年補訂版〕』（大野晋・佐竹昭広・前田金五郎　編）巻末記事「**基本助動詞解説**」（大野晋による）を全面的に参考にさせてもらった。同辞書は、学術的解説に強みを持つ特異な位置付けゆえに、高校生・大学受験生向けにお勧めの学習用古語辞典とは言い難いが、古語の語源学的組成や助動詞（＆助詞）の論理的特質を知る上では第一級の指針となる立派な書籍である。優れた先人の業績にはその名を記して謝意を表わす学術界の古き良き伝統に従って、日本語の温故知新に役立つ有為の書として、その道に興味ある諸賢へのお勧め本として、謹んでここに紹介しておきたい。

最後にもう一つオマケを付けよう。この一**ゴロアワセ**だけで、上にて詳述した多様な助動詞の文中での出現順序（だけ）は、確実に暗誦していただけることであろう：

《おぼえられたまひつべきなり》

「**覚ゆ**」の後の各助動詞が、文中で併用される場合の登場順序は：
Ⅰ）＜使役・受身・自発・尊敬＞「**らる**（*尊敬 or 自発 or 可能*）」
Ⅱ）＜尊敬・謙譲＞「**たまふ**（*尊敬*）」
Ⅲ）＜完了・存続＞「**つ**（*確述*）」
Ⅳ）＜打消・推量・過去回想＞「**べし**（*断定推量 or 義務*）」
Ⅴ）＜特殊語接続（願望・断定・比況）＞「**なり**（*断定*）」

・・・さぁ、次はもう少し実践的な「**接続別グループ**」ごとに助動詞を並べて見てみることにしよう。助動詞が、それに先行する活用語のどの活用形に付くかは、その助動詞の意味特性と密接に関連するので、接続先ごとに分別すれば、類似した意味を持つ助動詞群が一堂に会し、その意味の把握＆暗記もグンと容易になるはずである。
　・・・具体的に言えば、助動詞は『未然形』『連用形』『終止形』(及び、極めて特殊な例として『連体形』)のいずれかに接続する(見かけ上はともかくとして『已然形』『命令形』に接続する助動詞は実質的に存在しない)。これらの**接続先ごとに助動詞を分類し、その『接続』【活用】〈定義〉＋代表的な訳し方をまとめて紹介する**・・・いわば「古文単語集」の「助動詞特集」といった趣だ。**訳語は各語義ごとに１つだけに決め打ち**してある：暗記の効率を上げるためである；一方で、その訳語に至るまでの論理的な考え方については、理知的に凝縮された説明文の形で定義してあるので、闇雲に訳語の羅列をまき散らすばかりの辞書・単語集の類とは別格の明快な理解が得られるはずである。
　・・・とにかく時間がない人・助動詞(or古文学習)にあまり深入りせず手っ取り早く点数が取れる方法を模索する人の場合、欲しい情報は以下のリストから全部手に入るであろう。主対象は、受験生にとって必須となる「平安(〜鎌倉)期の助動詞」だが、それ以外のものをも一部含め、全部で３６個の助動詞群・・・どうぞ召し上がれ。

■０９)（００４)─『未然形接続助動詞』─
　「未然形」接続の助動詞は、全助動詞中最も数が多く、全部で１２ある。その意味は「自発／受身／尊敬」・「使役／尊敬」・「推量」・「願望」・「打消」である。
==========
●る【る】『接続：{四段＆ナ変＆ラ変の未然形}』〔助動ラ下二型〕【れ・れ・る・るる・るれ・れよ】（１）〈(自発) 意識せずとも自然発露的にそうなる意を表わす。(通例、打消の語を伴わない。命令形はない)〉自然と・・・られる。　　(２)〈(可能) その動作を実現することができる意を表わす。(中古までは、通例、打消の語を伴う。命令形はない)〉・・・できる。　　(３)〈(受身) 他者からの作用を受ける意を表わす。(通例、無生物は主語にならない)〉・・・られる。　　(４)〈(尊敬) 動作主を敬う意を表わす)・・・なさる。
●らる【らる】『接続：{四段＆ナ変＆ラ変以外の未然形}』〔助動ラ下二型〕【られ・られ・らる・らるる・らるれ・られよ】（１）〈(自発) 意識せずとも自然発露的にそうなる意を表わす。(通例、打消の語を伴わない。命令形はない)〉自然と・・・られる。　　(２)〈(可能) その動作を

実現することができる意を表わす。(中古までは、通例、打消の語を伴う。命令形はない)〉・・・できる。　(3)〈(受身)他者からの作用を受ける意を表わす。(通例、無生物は主語にならない)〉・・・られる。　(4)〈(尊敬)動作主を敬う意を表わす〉・・・なさる。
★接続先が違うだけで全く同一の【る】【らる】の語義は「何となく自然にそうなる(自発)」→「気が付いたら出来ている(可能)」→「いつの間にかある状態に置かれている(受身)」→「自分でせずとも他人がやってくれる特権的立場にある(尊敬)」の変遷を辿った。「可能」と言っても平安時代では「〜出来ない／〜出来るか?」の疑問・否定(あるいは反語)専用であり、肯定形で用いるのは鎌倉時代以降の話である。「尊敬」の用法は現代日本語にも残るが、古語としては最も敬意の低い「尊敬語」である。

────────

●す【す】『接続：{四段&ナ変&ラ変の未然形}』〔助動サ下二型〕【せ・せ・す・する・すれ・せよ】(1)〈(使役)他の人物や物事に、何らかの動作を取らせたり事態の発生を促したりする意を表わす〉・・・させる。　(2)〈(尊敬)(下に「給ふ」などの尊敬語を伴って)その動作をする人物に対する敬意を強調する〉お・・・になる。　(3)〈(受身)(中世以降の軍記物で)実質的には受身の事態を、相手にやられたのではなく、相手がそうするのを許してやった、という言い方で表現する〉・・・される。　(4)〈(謙譲)(平安中期以降)(主に会話文中で)(「申さす」・「参らす」・「奉らす」の形で)相手に対する自らの行動を一段低いものとしてへりくだって言う〉申し上げる。参上する。献上する。

●さす【さす】『接続：{四段&ナ変&ラ変以外の未然形}』〔助動サ下二型〕【させ・させ・さす・さする・さすれ・させよ】(1)〈(使役)他の人物や物事に、何らかの動作を取らせたり事態の発生を促したりする意を表わす〉・・・させる。　(2)〈(尊敬)(下に尊敬語「たまふ」・「おはします」・「まします」・「らる」を伴って)その動作を取る人物に対する尊敬の意を強める〉・・・なさる。　(3)〈(受身)(中世以降の軍記物で)実質的には受身の事態を、相手にやられたのではなく、相手がそうするのを許してやった、という言い方で表現する〉・・・される。　(4)〈(謙譲)(平安中期以降)(主に会話文中で)(「ご覧ぜさす」・「聞こえさす」の形で)相手に対する自らの行動を一段低いものとしてへりくだって言う〉お目にかける。お耳に入れる。

★接続先が違うだけでほぼ同一の【す】・【さす】の原義は「自分の代わりに他者にやらせる(使役)」であり、「他者にやらせて自分は何もしなくてよい特権的立場」の感覚から「尊敬」の語義も加わったが、その「尊敬」用法はあくまで「特定動詞との組み合わせ表現」に限定され、定型句以外での用例は「使役」とみなしてよい(「謙譲」表現も同様に定型句でのみ出現する)。「他者に〜させてやった(使役)」の表現を「他者に〜された(受身)」の代用とするのは、軍記物に頻出する「武家の強がり表現」とされる。

────────

●しむ【しむ】『接続：{未然形}』〔助動マ下二型〕【しめ・しめ・しむ・しむる・しむれ・(しめ)

／しめよ】（1）〈(使役) 他の人・物を、ある行動へと向かわせる意を表す〉・・・させる。　（2）〈(尊敬)（下に「給ふ」などの尊敬語を伴って）その動作をする人物に対する敬意を強調する〉お・・・になる。　（3）〈(中世中期以降)（謙譲）「奉る」・「申す」・「啓す」などの謙譲語の下に添えて）自身の行動を一段下のものとして表現して相手への敬意を強調する〉・・・申し上げる。　（4）〈(中世中期以降)（謙遜）（会話・手紙の中で用いて）自己の動作についてへりくだる意を表わす〉・・・いたす。

★【しむ】は漢文訓読調の男性語で、中古の女性は使わないが、用法は女系語の【す】【さす】とほぼ（「使役」以外の用例が定型表現のみに限定される点まで）同一。

●む【む】『接続：{未然形}』〔助動マ四型〕【〇・〇・む(ん)・む(ん)・め・〇】（1）〈(未来の推量) 将来の事柄について推量する。（存在・様態の表現に付いて）現在の未確認の事柄について推量する〉・・・（だ）ろう。　（2）〈(意志・願望)（自分自身が）ある行動を取る意志・願望・予定がある意を表わす。（勧誘）（自分達が）ある行動を取ることを積極的に促す〉・・・しよう。・・・したい。・・・するつもりだ。　（3）〈(勧誘・希望)（他者が）ある行動を取ることを（話者が）望む意を表わす。（多く、已然形係り結び「こそ・・・め」の形を取る）〉・・・てほしい。　（4）〈(仮想・婉曲)（連体形・準体法で文中に用いて）ある事柄が仮に実現した場合の、その事柄について、仮想の形で、または、遠回しに述べる〉もし・・・したとして、その・・・。

●むず【むず】『接続：{未然形}』〔助動サ変型〕【〇・〇・むず(んず)・むずる(んずる)・むずれ(んずれ)・〇】（1）〈(未来の推量) 将来の事柄について推量する。（存在・様態の表現に付いて）現在の未確認の事柄について推量する〉・・・（だ）ろう。　（2）〈(意志・願望)（自分自身が）ある行動を取る意志・願望・予定がある意を表わす。（勧誘）（自分達が）ある行動を取ることを積極的に促す〉・・・しよう。・・・したい。・・・するつもりだ。　（3）〈(勧誘・希望)（他者が）ある行動を取ることを（話者が）望む意を表わす〉・・・てほしい。　（4）〈(仮想・婉曲)（連体形・準体法で用いて）ある事柄が仮に実現した場合の、その事柄について、仮想の形で、または、遠回しに述べる〉もし・・・したとして、その・・・。

★【む】及び（「む＋と＋す」に由来する）【むず】の用法はほぼ同一。「仮想・婉曲」は英語の「*仮定法*」に相当し（例：The knowledge you *should* gain from this book.：この本を**仮に**読んだ**とした**場合にあなたが得る**ことになるであろうその**知識）、それ以外の用法は英語の助動詞「will」に相当（「推量」X will…／「意志・願望」I will…／「勧誘・希望」Will you…?）。

●まし【まし】『接続：{未然形}』〔助動特殊型〕【ましか／（ませ）・〇・まし・まし・ましか・〇】（1）〈(仮想)（主に「・・・ましかば＋～まし」のように、条件文＋帰結文の構成で用いて）事実に反する、または、実現可能性の低い事柄について、仮想的に述べる〉もし・・・なら～だろう。たとえ・・・でも～だろう。　（2）〈(願望) 事実に反する、または、実現可能性

の低い事柄について、その実現を希望する意を表わす〉・・・ならいいのに。　　（3）〈躊躇〉（疑問の意を表わす語を伴って）ある行動を取るべきかどうか、迷いや疑念がある意を表わす〉・・・しようかどうしようか。　　（4）〈推量〉（中世以降、助動詞「む」と同様に用いて）事実に反するわけでも実現可能性が低いわけでもない、普通の推量の意を表わす〉・・・（だ）ろう。もし・・・ならば。

★【まし】は英語の「仮定法」相当表現で「反実仮想：If...,〜＝もし...なら〜だろう」が中核語義。「願望：If only...＝あぁ...だったらなぁ」や「躊躇：Should I...?＝...したものかしら？」の用法では多く「なまし」「てまし」の形を取る。中世以降衰退し【む】【むず】と混同された。

───

●まほし【まほし】『接続：{未然形}』[助動シク型]【（まほしく）／まほしから・まほしく／まほしかり・まほし・まほしき／まほしかる・まほしけれ・○】（1）〈（自己の願望〉話者・動作主が、自ら何らかの行動を取ることを望む意を表わす〉・・・したい。　　（2）〈他者への願望〉話者・動作主が、他者が何らかの行動を取ることを望む意を表わす〉・・・てほしい。

●まうし【まうし】『接続：{未然形}』[助動ク型]【○・まうく・○・まうき・まうけれ・○】〈否定的希望〉（『まほし』の逆成語）その事態を希望しない意を表わす〉・・・したくない。

★推量の【む】未然形＋ク語法＋【欲し】＝「まくほし：仮に〜とした場合のその〜がほしい」に由来する語が【まほし】、【欲し:want】を対義語の【憂し:hate】に置き換えたのが【まうし】で、共に中古の一時期に用いられただけで平安末期には【たし】に押されて死語と化した。

───

●ず【ず】『接続：{未然形}』[助動特殊型]【ず／（な）／ざら・ず／（に）／ざり・ず／○・ぬ／ざる・ね／ざれ・○／ざれ】〈打消〉（未然形に付いて）陳述内容を否定する〉・・・ない。

★「無し」語幹「な」が語源で、本来の活用形は「N系：な・に・ず・ぬ・ね・○」；「にす」由来終止形「ず」に「あり」を付けた活用形が「Z系：ざら・ざり・○・ざる・ざれ・ざれ」。

───

●じ【じ】『接続：{未然形}』[助動特殊型]【○・○・じ・じ・じ・○】（1）〈打消推量〉（多く、自身以外の主語の動作について）実現しないだろうという判断を表わす〉・・・ないだろう。　　（2）〈打消意志〉（多く、自身を主語として）その行動を取るつもりがない意を表わす〉・・・ないつもりだ。　　（3）〈打消勧誘〉（自身以外の主語の動作について）その行動を取らぬよう希望する。また、その行動が不穏当だとする判断を表わす〉・・・ないでほしい。・・・するのはよくない。

★【じ】は【む】【むず】の否定版にあたる。意味は【まじ】と重なるが、用法の多さも古文の中での使用頻度も【じ】（未然形接続）は【まじ】（終止形接続）に遠く及ばない。

───

■０９）（００５）―『連用形接続助動詞』―
　「連用形」接続の助動詞は全部で１０。「過去」や「完了・存続」など、文章の記述の時制的立ち位置を「今→昔」へと遡らせるもの揃い（除【たし】・【こす】）である。
==========
●き【き】『接続：{連用形（カ変＆サ変には特殊な接続あり）カ変未然形：こ＋し／こ＋しか；カ変連用形：き＋し／き＋しか；サ変未然形：せ＋し／せ＋しか；サ変連用形：し＋き}』〔助動特殊型〕【（せ／け）・〇・き・し・しか・〇】（１）〈（体験としての過去）（話者・筆者・作中人物が直接的に体験した）過去の事柄について述べる〉・・・（し）た。　　　（２）〈（記憶としての過去）（話者・筆者が直接体験した訳ではないが、記憶の中で事実としての重みを持っている）過去の事柄について述べる〉・・・（し）た。
★【き】の終止形は「来（く）」の連用形「き」、連体形は「為（す）」の連用形「し」に由来するため、カ変・サ変動詞相手には、同音重複となる「来（き）＋き」・「為（し）＋し」の接続を避けるために、「連用形＋未然形」混成型の変則接続となる。
──────
●けり【けり】『接続：{連用形}』〔助動ラ変型〕【（けら）・〇・けり・ける・けれ・〇】（１）〈（伝聞・回想）（話者・筆者の直接体験としてではなく、他者から伝え聞いた話としての）過去の事柄について述べる〉・・・（し）た（そうだ）。　　（２）〈気付き〉（以前から存在する事柄について）発見したり印象を新たにしたりした意を表わす〉・・・だったのだなあ。　　（３）〈（過去からの継続）（過去に発生した事柄が）現在までずっと続いている意を表わす〉・・・（し）てきた。
★【けり】は「来（き）＋在り（あり）＝きぁり→けり」に由来し、「そういう来歴がかつてありました」と思い出して述べる回想的表現である点が、直接体験過去の【き】と異なる。
──────
●けむ【けむ】『接続：{連用形}』〔助動マ四型〕【〇・〇・けむ（けん）・けむ（けん）・けめ・〇】（１）〈（不確実な過去の推量）過去に存在したと思われる事態について想像して述べる〉・・・（し）ただろう。　　（２）〈（過去の状況の推量）（疑問の語を伴わずに）過去に存在した事態の背後にある事情について、その原因・方法などに関する確信のない推量を表わす〉・・・（し）たのだろう。　　（３）〈（過去の状況の推量）（疑問の語を伴って）過去に存在した事態の背後にある事情について、その原因・方法などを相手に尋ねたり、不思議がったりする〉・・・に～だったのか？　　（４）〈過去の伝聞・婉曲〉（多く、連体形で）過去の事柄について、伝え聞いた話として、または、断定回避する気持ちを込めて述べる〉・・・とかいう。
★対象時制と接続先の違いを除けば、【けむ】（過去推量・連用形接続）の用法は【らむ】（現在推量・終止形接続）とほぼ同じ。
──────

●けらし【けらし】『接続：{連用形}』〔助動特殊型〕【〇・〇・けらし・けらし／（けらしき）・けらし・〇】（1）〈過去の因果関係の推量〉(推量の根拠となる記述を前後に伴って)過去に存在したと思われる未確認の事柄についての推量を述べる〉(～こという点から判断すると)・・・（し）たらしい。（2）〈過去の単純推量〉(推量の根拠の記述を伴わず)過去に存在したと思われる未確認の事柄についての推量を述べる〉・・・（し）たらしい。
★過去の【けり】＋推量の【らし】の複合語として、【けむ】の類義語と思えばよい。
_____

●つ【つ】『接続：{連用形}』〔助動タ下二型〕【て・て・つ・つる・つれ・てよ】（1）〈完了〉動作・作用・状態が既に完了・終結した意を表わす〉・・・てしまった。・・・てしまう。・・・た。（2）〈確述〉(推量助動詞「む」・「まし」・「べし」・「らむ」や、補助動詞「あり」・「なし」・「侍り」、状態を表わす形容詞・形容動詞などと共に用いて)その実現が確実視される未来の事態や未認の現在の事態について、確信を持って強調的に述べる。また、命令形で用いて強い希望を表わす〉きっと・・・。
●ぬ【ぬ】『接続：{連用形}』〔助動ナ変型〕【な・に・ぬ・ぬる・ぬれ・ね】（1）〈完了〉既に完了・終結した動作・作用・状態について、確認の意を込めて述べる〉・・・てしまった。（2）〈確述〉(推量助動詞「む」・「まし」・「べし」・「らむ」などと共に用いて)その実現が確実視される未来の事態や未認の現在の事態について、確信を持って強調的に述べる。また、命令形で用いて強い希望を表わす〉きっと・・・。
★未来志向の推量表現との併用時は「完了：既に～した」でなく「確述：きっと～する」の意。元々「棄(う)つ」由来の【つ】は他動詞(＝意志的完遂)／「往(い)ぬ」由来の【ぬ】は自動詞(＝自然的完了)に付くが、中古中期以降は実質同義語化し、語感上、【ぬ】は柔和な女言葉／【つ】は硬質な男言葉として用いられ、室町時代以降【たり】に押されて衰退した。
_____

●り【り】『接続：{四段の已然(命令)形・サ変の未然形・・・但し、本源的には連用形接続}』〔助動ラ変型〕【ら・り・り・る・れ・れ】（1）〈進行〉動作の継続・進行を表わす〉(今)・・・ている。（2）〈結果の存続〉既に完了した動作の結果が今なお余韻を残していることを表わす〉(結果として)・・・てある。（3）〈完結〉動作が既に終結したことを表わす。(多く、動作の終了・結果に対する残念な気持ちや、もう取り返しは付かないという感じを含むが、過去助動詞「き」・「けり」の代用的語法もある)〉(もう)・・・てしまった。
●たり【たり】『接続：{ラ変以外の連用形・・・自身がラ変型のため、ラ変にだけは接続しない}』〔助動ラ変型〕【たら・たり・たり・たる・たれ・たれ】（1）〈進行・継続〉(非持続性の)ある動作・作用が(その記述の時点に於いては)進行・継続中である意を表わす〉・・・ている。（2）〈残余型完了〉既に完了した事態・動作・作用の結果が(その記述の時点に於いてなお)残存し、余韻を感じさせる意を表わす〉・・・た。（3）〈終結型完了〉ある動作・作用が既に完了し、確定した既成事実となってしまった意を表わす〉・・・した。

★【り】【たり】の違いは接続先だけ。「連用形の名詞化＋在り」（例：思ひ＋あり＝思ひゃり→思へり）の末尾が助動詞化した【り】は接続先（形の上では四段の命令形＆サ変の未然形）が限定的なため、接続助詞「て」＋「あり」から【たり】が生じて【り】より多用された。
──────────

●たし【たし】『接続：｛連用形｝』〔助動ク型〕【（たく）／たから・たく／たかり・たし・たき／たかる・たけれ・〇】（１）〈（自己の願望）話者や動作主側の動作・状態について、その実現を望む意を表わす〉・・・たい。　（２）〈（第三者への願望）自分自身以外の動作・状態について、その実現を望む意を表わす〉・・・てほしい。
★「連用形の名詞化＋甚（いた）し」（例：逢ひ＋甚し＝あひたし）の末尾【たし】の助動詞化。中世以降、中古専用助動詞【まほし】を圧倒して、現代の「〜たい」に至る。「第三者への願望」の用法は連用形・連体形（or已然形係り結び）でのみ用い、終止形では用いない。
──────────

●こす【こす】『接続：｛連用形｝』〔助動サ下二型〕【こせ・〇・こす・〇・〇・こそ／こせ】
〈（上代語）（他者への願望）自己の意志・行為に依らぬ事態の存在・状態を望む意を表わす〉・・・ならいいのになあ。
★「遣す（おこす）」または「な来そ（なこそ＝来るな）」に由来する上代語。命令形「こそ」が終助詞（＆係助詞）と化して「〜こそあらめ」（〜ならいいけど）のような願望表現が生じた。
──────────

■09）（006）─『終止形接続助動詞』─
　この種に属する助動詞は全部で7つ。文末を終止形で「・・・である」と言い切った後で、思い直したように「・・・ようだ」の意を添える「推量」ばかりである。
==========
●なり【なり】『接続：｛終止形・ラ変の連体形・引用句｝』〔助動ラ変型〕【〇・なり・なり・なる・なれ・〇】（１）上代〈（聴覚的認識）（自然の音や人の声などが）耳に聞こえる意を表わす〉・・・が聞こえる。　（２）〈（聴覚的推定）音・声・伝聞情報などに基づく不確実な推定を表わす〉・・・らしい。　（３）〈（伝聞情報）他者や書物などを情報源として知った事柄について、それが話者自身に発するものでない意を明示する形で述べる〉・・・だそうだ。
●めり【めり】『接続：｛終止形・ラ変の連体形｝』〔助動ラ変型〕【〇・めり・めり・める・めれ・〇】（１）上代〈（視覚的推定）（自分の目で見た事柄について）不確実な推量の意を表わす〉・・・に見える。　（２）〈（伝聞推定）（自身の目視によらず、伝え聞いた情報から判断して）不確実な推量の意を表わす〉・・・に思われる。　（３）〈（婉曲）（確信のある事柄について）敢えて断定的に言わず、遠回しに表現する〉・・・のようだ。

★「音(ね)＋あり」由来の【なり】は「聴覚」／「見(み)＋あり」由来の【めり】は「視覚」と、異なる判断根拠に基づく推量を表わす筈だが、中古には両者の用法に厳密な区分はなく、実際には「伝聞調＝メント」や「断定口調を和らげる言い回し」として用いる場合が多く、中世以降【めり】は擬古調の雅語と化し、室町期には終止形と連体形の混同現象も手伝って伝聞【なり】と断定【なり】との区分も曖昧となり、近世以降は【らしい】に駆逐されて今に至る。ラ変動詞「あり」の終止形へと接続する場合は常に「ありなり→あんなり」／「ありめり→あんめり」の撥音便を起こすが、「ん」文字がなかった中古中期までの文物の中では「あなり」／「あめり」の撥音無表記形で書かれながらも読み方は「あんなり」／「あんめり」である。

――――――

●らむ【らむ】『接続：{終止形・ラ変の連体形}』[助動ラ四型]【○・○・らむ〔らん〕・らむ〔らん〕・らめ・○】（1）〈（現在の事柄の推量）自身が直接経験しているわけでない現在の事柄について推量する意を表わす〉今頃は・・・だろう。　（2）〈（現在の事柄の原因推量）（原因・理由を表わす表現を伴って）現在の事柄の生じた原因・理由について推量する意を表わす〉～だからこそ・・・のだろう。　（3）〈（現在の事柄の原因に関する疑問）（原因・理由を表わす表現は伴わず、疑問の意を表わす語を伴って）現在の事柄の生じた原因・理由がわからない意を表わす〉何故に・・・なのだろう。　（4）〈（現在の事柄の原因に関する疑問）（原因・理由を表わす表現も、疑問の意を表わす語も伴わずに）現在の事柄の生じた原因・理由がわからない意を表わす〉何故に・・・なのだろう。　（5）〈（伝聞）（多く連体形で用いて）他者から伝え聞いた情報について、断定回避的に述べる〉・・・とかいう。　（6）〈（婉曲）（連体形で）確信のある事柄について、敢えて断定せずに遠回しに言う〉・・・であろう、その・・・。
★対象時制と接続先の違いを除けば、【らむ】（現在推量・終止形接続）は【けむ】（過去推量・連用形接続）とウリ二つ（前者は「あり＋む」、後者は「けり＋む」に由来）だが、「[など(か)・何・何故＋]～【らむ】」の「why：なぜ」系疑問詞省略特殊語法は【けむ】にはない。

――――――

●らし【らし】『接続：{終止形・ラ変の連体形}』[助動特殊型]【○・○・らし・らし／（らしき）・らし・○】（1）〈（現在の未確認推定）現在の事柄について、未確認ながらも（多く、確かな根拠があって）確信を持って推定する意を表わす〉・・・らしい。　（2）〈（現在の原因推定）現在の事柄の生じた原因・理由について、未確認ながらも、確信を持って推定する意を表わす〉・・・らしい。
★【らし】は上代に生まれ中世には滅びた語。現代日本語「らしい」は室町期以降に生まれた別系語。現在の推量を表わす点で【らむ】に似ているが、【らし】の推量の方が確信性が強い。

――――――

●まじ【まじ】『接続：{終止形・ラ変の連体形}』[助動シク型]【(まじく)／まじから・まじく／まじかり・まじ・まじき／まじかる・まじけれ・○】（1）〈（否定的推量）（既存または未然

の事態について）現実にそうである／そうなる可能性が低い、との判断を表わす〉・・・ない
だろう。　　（2）〈（否定的予断）（未然の事態について）最初から実現する筈がないものと
して切り捨てる〉・・・の筈がない。　　（3）〈（不可能性）その事態の実現可能性がない、
または、低い意を表わす〉・・・できそうにない。　　（4）〈（妥当性の欠如）ある事柄が不適切
であることを客観的に述べる〉・・・ないほうがよい。　　（5）〈（必然性の欠如）その行為
が不必要であることを客観的に述べる〉・・・せずともよい。　　（6）〈（不許可・禁止）その
行為をせぬよう強く相手に促す〉・・・してはならない。　　（7）〈（話者の否定的意志）（自分
自身が）ある行為をする意志がない意を表わす〉・・・ないつもりだ。　　（8）〈（他者に対する
否定的意志）（自分自身の意志・行動に依らない）事態を望まない意を表わす〉・・・ない
つもりだ。・・・たくない。

★【まじ】は【む】【むず】【べし】の否定版にあたる。【じ】（未然形接続）と一部意味が重なる
が、使用頻度は【まじ】（終止形接続）が圧倒的に勝り、文中での位置の自由度も、ラ変動詞
「あり」を伴う補助活用を通して他の助動詞へと連なる特性でも、【まじ】が勝っている。

――――――

●べし【べし】『接続：{終止形・ラ変の連体形}』『助動ク型』【（べく）／べから・べく／べかり・
べし・べき／べかる・べけれ・○】（1）〈（既存の事態についての妥当性判断）ある事態について、
何らかの基準に照らして、そうであるのが当然・適切・義務であるとの判断を表わす〉・・・
なのは当然だ。　　（2）〈（予想・推量）何らかの根拠に基づいて、出来事の発生を予想したり、
未確認の事態について確信を持って述べる〉・・・だろう。・・・に違いない。　　（3）〈（予定）
主観的判断を交えず、そうなることが既に決まっている出来事について客観的に述べる〉・・・
ことになっている。　　（4）〈（能力・可能）ある行為を行なう力がある意を表わす。または、
ある事態が起こり得る可能性について述べる〉・・・できる。・・・があり得る。　　（5）〈（未然
または過去の事態についての妥当性判断）ある行動について、何らかの基準に照らして、そう
するのが適切である（または、本来ならばそうしておくべきだった）という判断を表わす〉・・・
のがよい。・・・してよい。　　（6）〈（義務）何らかの根拠に基づいて、そうする必要がある
意を表わす〉・・・ねばならない。　　（7）〈（命令）（終止形または否定形「べからず」の形で）
ある行為の実行あるいは中止を、他者に強く促したり命じたりする意を表わす〉・・・
なさい。・・・はやめなさい。　　（8）〈（意志）（終止形または「べきぞ」などの形で文末に
用いて）ある行為を必ず実行しようとする自らの強い意志を表わす〉・・・しよう。　　（9）
〈（希望）ある行動・事態の実現を望む意を表わす〉・・・たい。

★「宜し（うべし）」に由来する【べし】は、何らかの根拠に基づく「〜が当然だ（確信ある
判断・予想）」の原義から、「〜することになっている（予定）」・「〜してもよい（妥当・許可）」・
「〜ねばならない（義務・命令）」・「是非〜しよう（意志・願望）」・「〜出来る・〜ということ
があり得る（能力・可能性）」へと語義が広がった、最も断定色が強く最も語義の多い古典助動詞
で、英語の "must／should／be going to／would／can" に相当する多種多様な意味を表わす。

●べらなり【べらなり】『接続:{終止形・ラ変の連体形}』〔助動ナリ型〕【○・べらに・べらなり・べらなる・べらなれ・○】〈(推量)(平安時代初期の和歌で用いられた男性口語)ある事態が起こっている、または起こりそうだとの判断を表わす〉どうやら・・・らしい。
★助動詞【べし】の語幹から生まれた【べらなり】は、中古初期に一時的に流行した「歌語」で、散文には用いられず、男性専用語。中世以降は死語と化した。

■09)(007)―『連体形接続助動詞』―
　助動詞としてはかなり異色なこの種に属するものは、全部で6つ、「断定」・「推量」・「比況」の寄り合い所帯である。
==========
●たり【たり】『接続:{体言}』〔助動タリ型〕【たら・たり／(と)・たり・たる・たれ・(たれ)】〈(断定)(体言に付いて)特定の状態・立場・資格にある意を表わす〉・・・である。
●なり【なり】『接続:{体言・連体形}』〔助動ナリ型〕【なら・なり／(に)・なり・なる・なれ・(なれ)】(1)〈(断定)(体言・活用語の連体形に付いて)特定の状態・立場・資格にある意を表わしたり、事情を説明する。(多く、連用形「に」＋「あり」の分離形を取り、間に接続助詞「て」・係助詞「か(は)」・「や(は)」・「は」・「も」・「ぞ」・「こそ」・「なむ」を挟み込む)〉・・・なのである。　　(2)〈(存在・所在)(場所を表わす名詞に付いて)その場所に存在する意を表わす〉・・・にいる。
★断定の【たり】【なり】は、意味も、同一形で意味の異なる助動詞(完了【たり】・伝聞推量【なり】)を持つ点もよく似ているが、【たり】は中古初期に漢文訓読調から生じた男性語で、女性は常に【なり】を用いた。【たり】は体言にしか接続しないが、【なり】は用言の連体形にも接続と幅広く、【AなるB】で「Aという場所に居るB」の意を表わす用法も【たり】にはない。

●ならし【ならし】『接続:{体言・連体形・助詞}』〔助動特殊型〕【○・○・ならし・ならし／(ならしき)・ならし・○】(1)〈(断定的推量)確信のある推量の意を表わす〉・・・であるらしい。　　(2)〈(中古末期以降)(婉曲)末尾に「らし」を付けることで、「なり」の断定的色彩を弱め、詠嘆的響きを込める〉・・・であることよ。
★断定【なり】＋断定的推量【らし】の結合から生まれた助動詞【ならし】だが、中古末以降は【らし】を付加することで「～であることよ」の詠嘆的語感を生む「婉曲」用法が支配的。

●やうなり【様なり】『接続:{連体形・格助詞【が】【の】}』〔助動ナリ型〕【やうなら・やうなり

／やうに・やうなり・やうなる・やうなれ・〇〉（1）〈（比況・類似）ある事柄が（外観上）別の何かに類似している意を表わす〉まるで・・・みたいだ。　　（2）〈（同等・近似）異なる事柄どうしが（内容的に）同類または近似の関係にある意を表わす〉・・・も同然だ。　　（3）〈（例示）（連体形で用いて）数多くの物事の中から、例として引き合いに出す〉例えば・・・みたいな。　　（4）〈（婉曲）（確信のある事柄について）敢えて断定的に述べずに遠回しに言う〉・・・なものらしい。　　（5）〈（様態）ある事柄の状態について述べる〉・・・状態だ。　　（6）〈（願望・意図の内容）（連用形「やうに」の形で）ある事柄が、ある様態に沿った形で実現することを意図・希望する意を表わす〉・・・なように、そのように。

★「**〜が・〜の様なり**」と格助詞【**が**】【**の**】に連なる接続は「助動詞」として極めて変則的。

●**ごとし【如し】**『接続：{連体形・格助詞【**が**】【**の**】・（中世以降）体言}』〔助動ク型〕**{（ごとく）・ごとく・ごとし・ごとき・〇・〇}**（1）〈（類似）ある事柄を何か別の事柄に例えて言う〉まるで・・・みたいだ。　　（2）〈（同等）ある事柄が他の事柄と内容的に同一である意を表わす〉・・・と同じだ。　　（3）〈（例示）（体言や用言の連体形に直接、または格助詞「が」・「の」を介して付いて）複数の例の中から例示として取り上げる〉例えば・・・。

●**ごとくなり【如くなり】**『接続：{連体形・格助詞【**が**】【**の**】}』〔助動ナリ型〕**{ごとくなら・ごとくなり／ごとくに・ごとくなり・ごとくなる・ごとくなれ・ごとくなれ}**（1）〈（類似）ある事柄を何か別の事柄に例えて言う〉まるで・・・みたいだ。　　（2）〈（同等）ある事柄が他の事柄と内容的に同一である意を表わす〉・・・と同じだ。

★同一性・類似性を表わす「**同（こと・ごと）は／同（こと）ならば**＝どうせ同じことならば」の表現と同根の【**如し**】【**如くなり**】は、接続先が格助詞【**が**】【**の**】や「体言」である点で他に類を見ない（【**やうなり**】のようなお仲間はいても助動詞らしくない）変則的な「助動詞」。

●**べかし【べかし】**『接続：{「あり」の連体形}』〔助動シク型〕**{〇・べかしく・〇・べかしき・〇・〇}**〈（妥当性の判断）何らかの基準に照らして、そうするのが義務・適切・当然である意を表わす〉・・・べきだ。

★接続先はラ変連体形「**ある**」／活用形は「連用形＆連体形」／表記は撥音無表記「**あべかしく＆あべかしき**」（読みは「**あんべかしく＆あんべかしき**」）と制限が多く、中古末には死語化。

・・・これで各助動詞の「接続先別（＝意味の類似性別）に見た似た者同士リスト」はおしまい。このリストは、語義こそ膨大だが、似たものどうしの総覧形態だけに、まとめて一気にやっつけるには最適の形式で整理してあることを、いざ覚え込みに

入れば諸君は実感することであろう。各語義を示すのに「的を射た論理的定義の文章」
を加えた直後に「訳語はたった一つだけ」というこだわりも、類似／対照的助動詞の
概括的特性を数行で片付け一気にモノにせんとする大胆な一口解説の実践的有益性も、
真剣な受験生諸君には（受験間際には特に）有り難く痛感してもらえるはずである。
　・・・一応念のために確認しておくが、「助動詞」と対等の重みを持つ**「補助動詞」
のリストが、本書巻末付録「古典補助動詞一覧」として用意されている**ことを、忘れ
てはいないだろうか？あちらも併せてモノにしてもらわねば片肺飛行もいいところで
あるし、その他にも幾つか添えてある巻末付録は、いずれも短時間で一気に古文力を
増進させるカンフル剤なので、仲良く可愛がってやってほしいと思う（そしてまた、
全巻末に添えた「＝古文の理＝総括穴埋めテスト」も徹底的に愛玩してほしいと思う）。
　・・・ということで、受験御利益のみ期待の（or 時間が切迫した）学習者ならば、
「助動詞」攻略作戦は以上で打ち切ってもらって（あとはただ、巻末付録＋テストと
のお付き合いだけで）構わない・・・上掲リストとの必死のにらめっこ（＆巻末付録群
との決死の勝負）をしてから臨めば、試験場で死ぬほどの目に遭うことだけはない
だろう。が、この際だからもっと助動詞に関する本源的理解を深めたい＆雑学大好き、
という諸君のために、「助動詞」パートの最後の目玉として、特集記事をお届けする：
注目すべき助動詞一つ一つに焦点を当てながら、配列は「接続・用法」のタイプ別（未然形
接続→連用形接続→終止形接続→連体形接続の順）というここまでの講義の流れを踏襲
しつつ、要注意事柄やおさえておくべき文法的特性について各記事読み切り型でさみだれ
式に（＝ぽつり、ぽつりと散発的に）書き並べた総数２６にのぼる助動詞コラム記事
・・・「古文博士」は目指さずとも「意味の探偵作業」に興味ある諸君なら必読の、知的
快楽＆蘊蓄（うんちく〜）満載の雑文集 ── 時間と脳味噌に余裕のある人のみ召し上がれ。

　　　　　■章１０）『助動詞接続・用法詳説』■

　　　　　　　　－未然形接続助動詞群－
■１０）（００１）─「自発」の「る・らる」／「使役」の「す・さす」が「尊敬」の
意になるのは何故？（未然形接続）─
　自分で「事を為す」ことをせず、自分の下で働く他者にさせる形で「事が成る」のを
待つのが、古典時代の貴人の体質であった。「自ら事を為す」のは下賤の者の蔑むべき
行為として、嫌悪さえされたのである・・・信じられない？・・・そう、確かに嘘みたい
な話であろう？だがこの話、大方の高校生なら教科書で目にしたであろう『伊勢物語』
「２３段・筒井筒」（の＜囲み部分＞）で、お馴染みのはずの事実である：
　「まれまれかの高安（たかやす）に来て見れば、初めこそ心憎くも作りけれ、今は打ち解けて、
　＜手づから飯匙（いひがひ）取りて、笥子（けこ）の器物（うつはもの）に盛りける＞を見て、心憂

(こころ)がりて行かずなりにけり。」
　（現代語訳）時折例の高安の女の家に来て見れば、付き合い始めた頃こそ魅力的な御化粧など施していたものの、今やすっかり気を許してだらけてしまい、**＜自ら御杓文字（おしゃもじ）を手に取って御飯茶碗に飯を盛っている＞**のを見て、興醒めな女だとがっかりしてしまい、もう夫としてその高安に行くこともなくなってしまったのだった。
　人間、ものを食わねば飢え死にする。が、他の生き物を捕えて殺して切り刻んだり、土から生える植物を泥と汗にまみれて収穫して付け合わせたりする「食事」は、「不浄」に通ずる・・・それが平安期の「貴人意識」である：労働は下賤の者のすること、というわけである。だから、食事の支度は下々の者に任せて、自らは直接手を下さぬのが貴族の作法だった・・・それを、この「筒井筒」の「高安の愛人女性」は、**「まるで下賤の飯盛女みたいに卑しくも手盛りした」**ので、幻滅した男は、以後、この女の元に通わなくなるのである。
　笑ったり呆れたりしちゃいけない：諸君とて同じ「奇人」の流れを汲む日本人なのだから・・・宴席での「**手盛り**」や「**手酌**」を「**無粋なもの**」とする体質は、諸君にもあるのではないか？（おっと、これを読んでる高校生諸君にはまだ早いか？）そうした和風習俗が、一体どこに由来するか？・・・きちんと自覚している人は（猫も杓子も大学入るからにはさぞかし全般的教養水準が高くなければおかしい現代日本の社会にも）殆どいないようである（そして、そうして無自覚なればこそ、いかなるヘンテコルールも、時代を超えて生き残り、世の人々を振り回し悩ませ、不幸に陥れもする）。
　そうしたわけで、自ら「**事を為す**」のを卑しみ、自然発露的に（「**る・らる**」）または下々の者を使役（「**す・さす**」）して「**事が成る**」のを尊んだ貴人連中の意識・行動様態ゆえに、「自発（**る・らる**）」／「使役（**す・さす**）」の助動詞は「尊敬」の意をも表わすに至った、という次第である。
　自ら主体的に事に関わり意志的に「**事を為す**」のを卑しむこの態度・・・「地べたに平伏して常に貴人近くに＜**さぶらふ**＞下賤の者」として「意志的・主体的・積極的に、そして時には力ずくで**(荒)事を為す**乱暴者」として貴族階層からは蔑まれ続けた「**侍（さぶらひ・さむらい）**」が着々と地力を付けて遂に（平清盛の登場によって）無為徒食の平安貴族の世を覆すに至る（１２世紀末）まで、ずっと続いたわけである。

■１０）（００２）―「尊敬」の「**す・さす**」は独立した助動詞か？（未然形接続）―
　同じく「尊敬の助動詞」と言われながらも、「**る・らる**」と「**す・さす**」の間には歴然たる差がある。前者は、任意の動詞の末尾に付いて、その動作の行為主に対する（比較的軽めの）敬意を添えることができるが、後者はそうではない：「**す・さす**」

が付く動詞は大方固定しており、むしろ「特定の動詞＋**す・さす**」を定型句として捉える方が現実的なのである。具体的には次の取り合わせを覚えておけばよい：
◆「〜なさる」の意になる「**す・さす**」付き連語：【せたまふ】【せおはします】【せまします】
【させたまふ】【させおはします】【させまします】・・・口世以降は【せらる】の用例もあり
◆「お与えになる」の意になる「**す**」付き連語：【たまはす】
◆「おっしゃる」の意になる「**す**」付き連語：【のたまはす】
　こういう定型句以外での「**す・さす**」の単独使用は「尊敬」でなく「使役」と思えばよい。即ち「**す・さす**」は「尊敬語造語成分」であって「尊敬助動詞」ではないとも言える訳だ（この「定型句限定」の性質は「**す・さす**」の「謙譲」用法に関しても当てはまる）。

■１０）（００３）─「す・さす」の「使役」が「受身」になる場合（未然形接続）─
●使役動詞「have」の表わす「受身」の解釈
　「古文」を学ぶ高校生なら当然「英語」も同時に学んでいるだろうから、手っ取り早く英語世界の logic（ロジック：論理）で説明してしまおう：「使役の have」が（第５文型＝ＳＶＯＣ構文で用いられて）「受身・被害の have」になる例である。
　英文１）**(S)He (V)had (O)his legs (C)*broken* while skiing.**
　和文１）(S)彼は＜(O)両脚が(C)スキーしている際に折れてしまうという状況＞を(V)持った。
　→彼はスキー滑走中に（誤って）両脚骨折してしまった。
　・・・「彼」が極度の被虐性淫乱症（ドＭ＝真性 masochist）か保険金目当ての狂言を演じてでもいない限り＜両脚がスキー中に折れる状況＞を好き好んで持とうとは思うまいから、この表現は「望ましくない事態が身の上に降りかかる」という「被害」の含意を持つ；が、構文そのものは「S+have...」だから、構造的には「**能動態**」の使役表現」の一環としてこの「**受動**的表現」は成立している・・・それでも上の「ＳＶＯＣ」構文では「O-C」部が「OがCされる（his legs が break される＝物理的圧力によって骨折させられる）」という受動関係を表わしているので、まだしも「受動態っぽい」感じはあるのだが、次の表現では「O-C」部に至るまで「能動：OがCする」である：
　英文２）**(S)He (V)had (O)his wife (C)*die* of cancer.**
　和文２）(S)彼は＜(O)妻が(C)ガンで死んでしまうという悲劇＞に(V)見舞われた。
　・・・昨今では、保険金目当てで＜配偶者が死ぬという状況＞を意図的に作り出す金銭亡者の犯罪者も増えてきたが、普通に考えれば、この＜妻が死ぬ状況＞は、夫にとって「悲劇」であろう；だから、「O-C：his wife - die」の部分は「彼の妻が＜死ぬ＞」と「**能動**的」に扱うよりも「彼の妻に＜死なれてしまう＞」と（**受身**的に）訳すほうが、この英文の「S+have+O-C」構文の感覚としてはより正しいものとなる。

これと全く同様の表現が日本の中世（・・・京都の公家が支配した平安の世＝中古が終わった後の、武家が支配する鎌倉～室町期）に於ける使役助動詞「**す／さす**」による「・・・される」の（**能動態による**）**受動**表現である：
　古文）「源氏の家の子ほとほと討た＜せ＞たり」
　英文）「(S)The Genji family (V)**had** (O)most of their members (C)exterminat**ed.**」
　＜源氏一門の子弟のほぼ全員が討伐される＞という状況を＜持った＞のが、仇敵の＜平家＞だとすれば、「邪魔な源氏勢力はほぼ皆殺しに＜してやった＞」という感覚の積極的使役表現となるが、この状況を＜源氏一門＞の立場から見れば「ほぼ皆殺しに＜された＞」という「被害者感覚」となる；が、それは武家には屈辱的な感覚である。
●**武家の負け惜しみ表現、という古文業界の解釈**
　この古文の表現は、上述の現代英語「have」の感覚ですんなり理解できる語法なのだが、日本の古文業界ではこれを「武家が＜討たれた＞という弱々しい受動表現を嫌い、＜討たせてやった＞と強がりを言っている」と説明する場合が多い。なるほど確かに、この語法が見られるのは中世以降であり、「軍記物」の中で「武人が敵にやられる」記述で多用される；その事実を思い起こす上でも、この「武家の強がり・負け惜しみ説（やられた、のではない：やらせてやった、のだ！）」は、それなりに便利で面白い解釈として、覚えておくに値するだろう。

■１０）（００４）―「す・さす」の「使役」が「謙譲」になるのは何故？（未然形接続）―
●「**す・さす**」単独では「謙譲」ならず
　「**す**（←四段・ナ変・ラ変・・・それ以外の動詞には→）**さす**」が「謙譲」の意を表わす例は確かにあるが、単独の「**す／さす**」が「謙譲」の用法を持つわけではなく、「**聞こえさす**」・「**御覧ぜさす**」／「**申さす**」・「**参らす**」・「**奉らす**」等の「言上・参上・献上」系「へりくだり動詞」との組合せ定型句のみに限定される例である。この点は、先述の「尊敬：**す・さす**」を定型句（「**せたまふ**」・「**させおはします**」等）として覚えるべきだったのと同じで、「謙譲表現造語成分」ではあっても「謙譲助動詞」ではない、と言えるわけである。
　相手に直接「言う／会う／手渡す」のではなく、中間過程に第三者や各種の手続きを介在させた上で相手の「耳に入るようにしてもらう／会えるようにしてもらう／入手されるようにしてもらう」持って回った行動様態に持ち込むことで、「発言／会見／提出」の対象となる相手への遠慮・謙譲の気持ちを表わす・・・と（*古文業界では*）説明される表現だが、よくよく考えてみればこの「謙譲」、論理的には少々おかしい。
●「**す・さす**」が「尊敬」から「謙譲」に化ける錯誤メカニズム
　「**す／さす**」が「尊敬」の意味を表わしたのは、その原義たる「使役」の「他者を

介して・・・させる」の雰囲気が、「自分自身で事を＜為す＞よりも、他者を介して・・・状態に＜成る＞ことを好む」という貴人の行動様態に相応しかったからこそである。従って「他者を動かして・・・させる」のは当然「目上＝偉い人」であって、「目下＝かしこまる側の人」ではない（かしこまる側は、他者を動かすほど大物じゃないはずなのだ）・・・にずなのだが、上記の『聞こえさす』／『申さす』／『参らす』／『奉らす』の謙譲表現に於いては、この論理が無視されて「目下＝かしこまる側の人」が「目上＝偉い人に（・・・つながる誰か中間介在者を動かして・・・）聞こえるようにさせる／話が通るようにさせる／参上許可させる／献上品が届くようにさせる」という（分不相応にエラぶった使役の）形になってしまっている。

　「誰か中間介在者を動かして」の部分には確かに「使役」の意が介在するから、そこに「敬意」が発生する余地はある；が、それは「根回しする側」から「その根回し過程で動かされる更なる下位者」への「見下した上下関係」に過ぎず、最終的に指向する相手に対する「謙譲」には論理的に全くつながらぬ的外れな社会力学に過ぎない。

　つまり、どう考えても「す・さす」による「謙譲」は、文法的にナンセンスな表現なのである。はっきり言えば、「す・さす」は「エライ人関連」でよく出てくる語だから、そこに「上下関係」が介在する脈絡では、本来「上から下へ」の表現であることなどお構いなし（というより、理解もできぬまま）に、「下から上へ」の上下関係（＝謙譲）にまで、無自覚に流用してしまっただけ、という見立てが文法的に見て妥当な所見となる。

●「めんどくさくややこしい手続きを踏めば、相手を敬ったことになる」という和式短絡感覚

　より心理学的にバッサリ斬るならば、「論理的には納得できないおかしなプロセス」ながら、その過程でとにもかくにも「ストレートでなく不自然な遠回り」を演じているのだから、「これだけ遠慮しておけば、こちらの低姿勢が相手に伝わるだろう」という考え方、と言うこともできる・・・そんなのあり得ない、非現実的なまでに愚かしい話だ、と思われるだろうか？・・・その通り：だが、同種の「無意味な回りくどさで、目的地になかなか辿り着かせぬことで、エラさ・有難味を演出する」やり口が、現代日本で（言語世界だろうがお役所仕事だろうが各種業界内・学校内・社内・家庭内の理不尽な取り決め・茶番劇だろうが、ありとあらゆる場面で所構わず）相も変わらずどれほど頻繁に演じられ続けていることか、その根源的おかしさを自覚・反省・批判する人間が、この国にいかに少ないか、その知的批判の不毛をいいことにありとあらゆる非建設的理不尽さがさも当然の顔してのさばる「日本流」の価値がいかほどのものか・・・それを思い起こし他山の石とするよすがには、なりそうな話であろう？

　斯く成る程に「尊敬と謙譲の愚かなる混同は由緒正しき和風伝統芸」なのだから、「最近の若いのに敬語の使い方も知らん」等と迂闊に口走らぬ方が、身のためである。

■１０）（００５）―平安末期までの「可能」の「る・らる」は疑否専表現（未然形接続）―
　助動詞「**る**」と「**らる**」の意味は同じで、接続が異なるだけである。「**る**」は四段活用・ナ行変格活用（「**死ぬ**」・「**去ぬ**」）・ラ行変格活用（「**あり**」及びその複合語）の未然形に付き、それ以外の動詞の未然形には「**らる**」が付く。
　この「**る・らる**」が「可能」の意味を表わす場合、次の点に注意する必要がある：
◆平安時代末期までの「**る・らる**」は「肯定形＝…できる」では用いず、「否定形＝…できない」／「疑問形＝…できるか？」／「反語形＝どうして…できよう、いや、できない」でのみ用いた。
　・・・英語にもよくある、俗に言う「疑・否専語（ギモン・ヒていセンもんゴ）」である。英語での近似例としては、「be+to 不定詞」が「可能」の意を表わす場合「疑問・否定専用表現」となる、という例を思い出すとよい：

　<u>**Is anyone to master**</u>（＝**Can anyone master**）　any foreign language without logical understanding of its grammatical structure?

　（和訳）外国語を、その文法構造の論理的理解もなしに修得できる人間が、一人でもいるであろうか？否、いるまい。
●中世以降は「可能」の「る・らる」も出現
　こうした「**る・らる**＝疑問／否定専用語」という制約がなくなるのは中世に入ってから（＝鎌倉期以降）のことである。この助動詞が、肯定的な「可能：…できる！」という能力の主張を堂々と行なうようになった時期が、己れの力と才覚を頼りに世を（強引に）動かした武家の時代の始まりと時を同じくするのは、満更、偶然でもないようである（・・・言葉は生き物、環境に合わせて姿を変えることで生き残るのだ）。

■１０）（００６）―ジンマシンムズムズン（「じ」・「む」・「まじ」・「むず」＋「べし」）の関係（未然形・終止形接続）―
●面対称的な助動詞「む」・「むず」vs.「じ」・「まじ」の関係
　「推量」助動詞の「**む**」・「**むず**」（肯定）と、「**じ**」・「**まじ**」（否定）は、鏡に映したように対照的な用法を持っている。こうした助動詞群はまとめて把握してしまうのが得策というものだ。
　用法の狭い「**むず**」はより広い「**む**」の中に吸収させて覚えてしまえばよく、「**じ**」と「**まじ**」は両者の特性の相違を踏まえつつ一本化して「**む**」との対照の図式で把握すればそれでよい・・・ということでまずは「**じ**」と「**まじ**」の相違から説明する。
●「まじ」よりも出番の少ない「じ」

「打消推量」の「**じ**」は「未然形」に接続する；「打消」も「推量」も「未成立 or 未確認の事態」を対象とするのだから、これは「終止形（ラ変のみ連体形）接続」の「**まじ**」より自然な接続と言えなくもない・・・が、現実の古文世界では、「**じ**」は「**まじ**」に圧倒されて、中世以降はまるで見る影もない。

　「**じ**」には実質的に「終止形」しかない。「已然形」は係り結び「**こそ＋～じ**」専用、「連体形」は「**＜じ＞ものを**」・「**＜じ＞を**」・「**＜じ＞に**」の（慨嘆含みの）定型表現や、定型的な連語「**負け＜じ＞魂**」あたりの造語成分として用いられるぐらいで、ごく普通の連体修飾語として「**じ＋体言**」の形を取る例は極めて稀である。

　「**じ**」は主節の文末にしか用いられないが、「**まじ**」は従属節の述部にも用いる。また、「**じ**」の後に他の助動詞を続けることはできないが、「**まじ**」は直後に「**けり**（＝**まじかりけり**）」・「**めり**（＝**まじかんめり**・**まじかめり**）」等のような形で他の助動詞を従えるための語形（形容詞カリ活用型）「**まじかり**」を持つ。断定の「**なり**」が付く「**まじきなり**」のような形もある・・・つまり、役者の幅が、段違いに広いのだ。

●上代生まれで謎の多い「**まじ**」・・・から分かれたものの失敗作に終わった「**じ**」

　このように何かと不自由な「**じ**」は、実は「**まじ**」から派生した語であるとされている（本家から暖簾分けして独立したものの、花開かずつぶれた分家の感じだ）。本家の「**まじ**」は上代の「**ましじ**」に由来する。その「**ましじ**」は語源学的にも謎が多い語句なのだが、文献に残っている限りでは、次のような形で用いられていたらしい：

　　　「**得（う）ましじ**」（手に入るまい）／「**敢ふ（あふ）ましじ**」・
　　　「**克つ（かつ）ましじ**」・「**堪ふ（たふ）ましじ**」（我慢できまい）

・・・いずれも「終止形（＋ラ変連体形）接続」という（「打消」にはあるまじき）形で、この接続が「**まじ**」にもそのまま受け継がれた。そして本源的に「ウ段音」を求めるその特性ゆえ（唯一「終止形がイ段音」である）ラ変動詞「**あり**」に限って「**ある**」という「連体形」に変えて接続する慣習が出来上がった。元来が「ウ段音の終止形接続」の助動詞が「ラ変のみ連体形（＝**ある**）接続」となるこうした事例は、「**べし**」への接続の場合等にも当てはまる（が、「**なり**」「**めり**」には該当せぬ）現象だ。

　そんな「**まじ**」からどうして「**じ**」が生じたかははっきりとはわからない（「打消＋推量」の助動詞らしく「未然形接続」版が求められたということかもしれない）が、結局上述の通り「**じ**」は助動詞としてあまり盛行（成功）したとは言えない。例えば「**あらじ**」などと言わずとも、「**あるまじ**」でも「**あらざらむ**」でも代用できるわけであり、これを連体形で使おうとした場合には「**あるまじき事**」「**あらざらむ事**」とは言えても、「**あらじ事**」のような連体形表現には（定型句「**負け＜じ＞魂**」等以外では）使えないという不自由さ・・・「**じ**」が流行らなかったのも当然である。

　そうして考えれば、「**じ**」「**む**」「**まじ**」「**むず**」（**ジンマシンムズン**）の対照の図は、「**まじ**」vs.「**む**」（**マジン**）のコントラスト一本に絞り込んだ上で、そこに同じく推量

助動詞の「**べし**」という新たな要素をも加えて、次のように捉えればよいことになる。かなりの大所帯だが、同居する５ファミリーいっぺんに眺められるわけだから、関連付けて覚える労力（かなりのものになるが・・・）を発揮するに値するだろう。

●1)「客観推量」（既存または未然の事態について）現実にそうである（または、そうなるであろう、という）可能性についての判断を表わす。

　【**む**】（【**むず**】）＝「〜だろう」

　　例)「文おこさ＜む(ず)＞」（手紙を送ってよこすだろう）

　【**まじ**】（【**じ**】）＝「〜ないだろう」

　　例)「よも知る＜まじ＞／知ら＜じ＞」（全然知らないだろう）

●2)「予断」（既存または未然の事態について）それが現実である（または、そうなるであろう、という）可能性についての確信ある判断、あるいは希望的観測を表わす。

　【**む**】（【**むず**】）＝「〜だろう」

　　例)「使ひの人々いま来(こ)＜む(ず)＞」（今すぐにでも使いの者達が来るだろう）

　【**べし**】＝「〜に違いない」

　　例)「皆人これを知る＜べし＞」（その場にいる者全員これを知っているはずだ）

　【**まじ**】（【**じ**】）＝「〜のはずはなかろう」

　　例)「知らぬ者ある＜まじ＞／あら＜じ＞」（知らない者がいるはずがない）

　【**べからず**】・【**べくもあらず**】＝「〜のはずはない」

　　例)「いかにてもつつむ＜べからず＞／＜べくもあらず＞」（どうしたって隠しようがない）

●3)「実現可能性」（未然の事態に関する）実現可能性についての判断を表わす。

　【**べし**】＝「〜できる」

　　・・・【**む**】・【**むず**】にはこの用法はない。

　　例)「よき歌よまば、女も得(う)＜べし＞」（秀歌を詠めば、女だって我がものにできるさ）

　【**まじ**】（【**じ**】）＝「〜できそうにない」

　　例)「腹悪しければ、女もう＜まじ＞／え＜じ＞」（性格が悪いから女性とは付き合えまい）

　【**べからず**】・【**べくもあらず**】＝「〜できるはずもない」

　　例)「名立つ＜べからず＞／＜べくもあらず＞」（有名になるなんて不可能に決まっている）

●4)「妥当性判断」（既存または未然の事態について）それが適切か不適切かの判断を表わす。

　【**む**】（【**むず**】）＝「〜のがよい」

　　例)「非常(ひざう)なり。鳴り止(や)ま＜む(ず)＞」（不謹慎なことだ。静かになさるがよい）

　【**べし**】＝「〜のが当然であろう」

　　例)「かへしある＜べし＞」（返事は出したほうがいいだろう）

　【**まじ**】（【**じ**】）＝「〜のはよくない」

　　例)「人には知らす＜まじ＞／知らせ＜じ＞」（他人に知らせるのはやめたほうがいい）

【べからず】・【べくもあらず】＝「～すべきではない」
　例)「手づからす＜べからず＞／＜べくもあらず＞」(自分でやるのはよくない)
●5)「必然性」(未然の事態について)その行為を行なう義務や必要があるか否かの判断を表わす。
【べし】＝「～すべきである」
　・・・【む】・【むず】にはこの用法はない。
　例)「雨の夜こそ問ふ＜べけれ＞」(雨降りの夜にこそ恋人を訪ねるべきだ)
【べくもあらず】＝「～するまでもない」
　・・・【まじ】(【じ】)だと「～してはならない」の意味になる。
　例)「上に聞こゆ＜べくもあらず＞」(お偉い方の耳に入れる必要はない)
●6)「命令／不許可」(未然の事態について)その行為の実行を、他者に強く促す／禁止する。
【べし】＝「～せよ」
　例)「かの事、よろしく沙汰(さた)す＜べし＞」(例の件は適正に処置せよ)
　・・・【む】・【むず】は、強く命じるのではなく「～してほしい」という弱々しい意向を表わすのみ
　例)「まれまれ歌もよま＜む(ず)＞」(時々は和歌なども詠んでほしいものです)
【まじ】(【じ】)＝「～してはならない」
　例)「この事、世に散らす＜まじ＞／散らさ＜じ＞」(これを世間に露見させてはならぬ)
【べからず】・【べくもあらず】＝「～してはならない」
　例)「人に知らしむ＜べからず＞／＜べくもあらず＞」(他人に知らせてはならない)
●7)「話者の意志」(自分自身が)ある行為をする意志がある・なしを表わす。
【む】・【むず】＝「～するつもりである」
　例)「この答(たふ)は必ずせ＜む(ず)＞」(この仕返しは必ずしてやる)
【べし】＝「～するつもりである」
　例)「いかで世に出づ＜べし＞」(何としても出世してやるぞ)
【まじ】(【じ】)＝「～するつもりはない」
　例)「ただ人にはあはす＜まじ＞／あはさ＜じ＞」(平凡な地位の男に嫁にやるつもりはない)
【べからず】・【べくもあらず】＝「～するつもりはない」
　例)「こと人にはあふ＜べからず＞／＜べくもあらず＞」(他の人と結婚するつもりはない)
●8)「他者に対する意志」(自分自身の意志・行動に依らぬ)事態の実現を、望む・望まない意を表わす。
　・・・主語は「他人」、望むのは「自分」だが、「～せよ」というより「～するのが当然ではないのかな？」という形で、相手が自分の意向に合わせるのを期待するもの。
【む】・【むず】＝「～してほしい」

例)「明日は往(い)な<む(ず)>」(明日には去っていてほしいものだ)
【べし】=「是非~であってほしい」
例)「ただちに去る<べし>」(今すぐ立ち去るがよい)
【まじ】(【じ】)=「~してほしくない」
例)「さらぬ事さらにも言ふ<まじ>／言は<じ>」(どうでもいいことは黙っていてほしい)
【べからず】・【べくもあらず】=「決して~するものではない」
例)「然(さ)らぬ顔にもてなす<べからず>／<べくもあらず>」(平然と受け流さんでほしい)
●9)「婉曲」(既存または未然の事態について)その事柄が仮に実現した(と想定した)場合について、仮想上の話として述べる。連体形で用いるのが通例。
【む】・【むず】=「もし仮に~だとした場合の」
・・・この用法は【べし】や【まじ】・【じ】・【べからず】などにはない。
例)「歌詠まで、逢は<ん(ずる)>身をいかがはせん」(和歌もよまないようでは、異性と逢い引きするようになった時、どうするつもりなのですか?)

■10)(007)―有意志／無意志の「じ」・「む」・「まじ」・「むず」+「べし」(未然形・終止形接続)―

「英語」に於ける助動詞「**will**」の「意志未来／無意志未来」の相違に慣れている人には説明の要もないことだが、「推量」系助動詞(「**じ**」「**む**」「**まじ**」「**むず**」「**べし**」)の訳し方については、以下の点を心掛けておく必要がある:
◆そこに話者の意志が宿る場合(多く、主語は話者自身)は「~のつもりだ／~ないつもりだ」として、主観的な意気込みが感じられるよう訳出する。
◆そこに話者の意志が宿らぬ場合(多く、主語は話者以外)は「~だろう／~ないだろう」として、客観的で他人行儀な訳出をする。

例えばの話が、「禁煙」をネタに英文を構成するとして、主語に応じたその意志性／客観性を取り違えた訳し方がいかにおかしなものとなるか、次の2例で確認されたし:
主語=他人 **He will** quit smoking next week... for a week or so, I'd guess.
(和訳) **彼は**来週禁煙する「だろう」(▲「つもりだ」)・・・翌週はまた喫煙するだろうけど。
主語=自分自身 **I will** quit smoking... for the last time I'm sure.
(和訳) **私は**禁煙する「つもりです」(×「だろう」)・・・今回限りできっぱりケリをつけて、二度と喫煙も禁煙もしませんっ!

■10)(008)―「む」「むず」の「おねだり型命令文」(未然形接続)―

「～せよ」という強圧的な「命令」の言い回しとして現代人でもすぐに思い浮かぶ「**べし**」とは異なり、「**む**・**むず**」が（何とも控え目でいかにも古典時代らしい）持って回った「おねだり型令令文」となる例がある。よほど古典文法に習熟していないと見落としがちな言い回しなので、以下に例文を引いて注意を促しておく。
　「やや、ものうけたまはる。今さらに何かは御殿籠る（おほとのごもる）、起きさせ給は＜む＞。」
『栄花物語』二「花山たづぬる中納言」
　（現代語訳）もしもし、少しばかり御返答賜わりたく存じます。すでに早朝に近いこの時刻になって今更御就寝にならるるのもどうかと思います。お起きになってはいかがでしょう？
　「**起きさせ給は＜む＞**」は、客観的な「推量」として訳せば「お起きになることでしょう」だが、そうして「予想される未来像」を相手の眼前に示すことにより、その未来図の実現に向けて「相手が主体的に動くことを期待する」態度を表明することが、「やんわりとした命令口調」になる（と相手が感じてくれるはず）という理屈である。
　自分の意志を前面に押し立てて主体的・積極的に動くのを嫌い、周囲の人々が動いた結果として「状況が自発的に（自分にとって好都合な形で）展開する」という形式を好んだ古典時代の貴人らしい表現である；が、この表現は平安中期にして既にもう「あまりにも持って回ったわざとらしくて時代がかった言い回し」と認識されていたようで、『源氏物語』の中などでは「bookishな（書物ばかり読み漁って現実離れした）学者の大仰な物言い」として茶化し口調で使われている例さえ見えるくらいである。
　こうした「あまりにも不自然な消極性」が力不足と感じられたために、このタイプの「**む**」／「**むず**」による「第三者主語への願望・勧誘」表現は、強調の係助詞と呼応しての「**こそ・・・め**」／「**こそ・・・むずれ**」という已然形係り結びで語られる場合が多い・・・そこまでして目立たさねば相手に伝わらぬほど押しの弱い「願望」・「勧誘」なのだから、当然、あまり多用はされなかった表現である。
　「多用されない；が、要注意の、他者へと何かをあつらえ望む言い回し」としては、次のような代替表現もある。いずれも「おねだり：きっと～してほしい」より「断定推量：～にちがいない」を表わす例が圧倒的（桁違い）に多い・・・だけに「断定推量に違いない！」と思ったところが「頼むから～して」の表現だった、という場面では受験生の致命傷になりかねぬもの・・・なので当然、レスキュー例文隊の出番である：
●1）「・・・なむ」＝活用語未然形＋終助詞「なむ」（・・・連用形接続なら、連語の「なむ」）
　「飽かなくにまだきも月の隠るるか山の端（やまのは）にげて入れずも<u>あら＜なむ＞</u>」
『古今和歌集』雑上・八八四・在原業平（ありはらのなりひら）
　（現代語訳）月見の宴もまだ飽き足りないというのに、早くも月は隠れようというのか。山の稜線が遠くへ逃げて、月をその蔭に入れずにいてくれればいいのになあ。
●2）「・・・なむ／・・・なむや」＝活用語<u>連用形</u>＋確述助動詞「ぬ」未然形＋推量助動詞「む」（＋係助詞「や」）（・・・未然形接続なら、終助詞「なむ」）
　「『佐渡国には、まことに金の侍（はべ）るなり。候（さうら）ひし所を見置きて侍（はべ）るなり』と言へ

ば、『さらば行きて、取りて来(き)<なんや>』と言へば、『遣(つか)はさばまかり候(さうら)はん』と言ふ。」『宇治拾遺物語』巻四・二・五四

　　（現代語訳）「佐渡には本当に金があるのです。黄金のありかをこの目でしかと確かめてきました」と言うので、「それなら行って取って来てくれないか？」と言うと、「佐渡まで私を派遣するというのなら、行かせてもらいましょう」と言う。

●3)「…てむ／…てむや」＝活用語連用形＋確述助動詞「つ」未然形＋推量助動詞「む」(＋係助詞「や」)

「翁(おきな)、かぐや姫に言ふやう、『わが子の仏、変化(へんげ)の人と申しながら、ここら大きさまで養ひ奉る心ざし、おろかならず。翁の申さむこと、聞き給へ<てむや>』」『竹取物語』二

　　（現代語訳）おじいさんがかぐや姫に言うには、「おお私の大事な娘よ、人間ならざる別世界の人とはいえ、あなたをこんな大きくなるまでお育てした私の気持ちは並大抵のものではない。そんなおじいさんの言うことなのだから、どうか聞き入れてはくれますまいか？」

●4)「…ぬべし」＝活用語連用形＋確述助動詞「ぬ」終止形＋推量助動詞「べし」

「よろづのことよりも、わびしげなる車に装束(しゃうぞく)わるくて物見る人、いともどかし。説経などはいとよし。罪うしなふことなれば。それだになほあながちなるさまにては見苦しきに、まして祭などは見であり<ぬべし>。」『枕草子』二三七・清少納言

　　（現代語訳）あらゆるものの中でも、ショボい車にみみっちい衣装着て乗ってる見物人って、ほんとイライラしちゃう。仏教の説法会に出席する、っていうんならとてもいいことよ、有り難いお説教で現世の罪も軽くなるわけだから。それでもやっぱり異様にみすぼらしすぎるいでたちで臨むのは見苦しいっていうのに、まして、華やかに着飾ってくのが当然のお祭りなんて、ヘボ衣装の見物人は見に来ないでほしいものだわ。

●5)「…つべし」＝活用語連用形＋確述助動詞「つ」終止形＋推量助動詞「べし」

「忍びて来る人見知りて吠ゆる犬は、打ちも殺し<つべし>」『枕草子』「憎きもの」(能因本二五)

　　（現代語訳）人目忍んで来る恋人のことを覚えてワンワン吠える犬は叩き殺しちゃえばいい。

●6)「…なまし」＝活用語連用形＋確述助動詞「ぬ」未然形＋推量助動詞「まし」

「『我が山へ帰りのぼらむも、人目はづかし。賀茂川にや落ち入り<なまし>』など思へど、また、さすがに身をもえ投げず」『宇治拾遺物語』巻六・六・八十八

　　（現代語訳）「元いた比叡山に再び帰ろうにも、人はこの私を見て何と言うだろうか？あぁ、恥ずかしい、加茂川にでも入水して死んでしまった方がいいかなぁ」などと思ったが、そうは言ってもやはり身投げすることもできない。

　　・・・上例のように、疑問係助詞「**や**」と呼応して「〜した方がいいのかもなぁ」として使う例が「**なまし／てまし**」には多い。

●7)「…てまし」＝活用語連用形＋確述助動詞「つ」未然形＋推量助動詞「まし」

「こよなうこそおとろへにけれこの影のやうにや痩(や)せて侍る、あはれなるわざかな、と宣(のたま)へば、女君、涙を一目うけて見おこせ給へる、いと忍びがたし。
　　身はかくてさすらへぬとも君があたり去らぬ鏡の影ははなれじ
と聞こえ給へば、
　　わかれても影だにとまるものならば鏡を見てもなぐさめ<てまし>」『源氏物語』十二・三

(現代語訳)「この母はもう、ひどくみすぼらしくなって、まるで影のように痩せてしまいましたでしょう?惨めなことですよねえ」とおっしゃると、御嬢様は目に一筋の涙を浮かべて母上の方を御覧になる・・・耐え切れぬほど悲痛な情景だった。

　　我が身はこうして落ち着き所もなくさまよう身となっても、鏡に映る影が決して実体を離れぬように、私の影身も、いつまでもあなたのそばを離れたりしませんからね。
と母上が歌を詠まれると、御嬢様もまた返歌を詠んだ:

　　たとえ御母様とお別れしても、影だけでも私のそばに留まっていてくれるなら、鏡を見ながら悲しい心を慰めることにしたいと思います。

●8)「・・・もがな／もが／(上代)もがも」＝<u>体言</u>＋終助詞「もが」(＋な・も)
「しのぶ山しのびてかよふ<u>道</u>＜もがな＞人の心のおくも見るべく」『伊勢物語』十五
　　(現代語訳)東北地方の信夫山じゃないけど、密かに忍んで通う道でもあればいいのになぁ、そうすれば、愛しいあなたの心の奥底を確かめることもできるだろうから。

●9)「・・・もこそ(あらめ)」＝<u>体言</u>＋係助詞「も」＋係助詞「こそ」＋「あり」未然形＋推量助動詞「む」已然形
「夜泣きす<u>と</u>ただ**盛り**立てよ末の代に清く盛りふる事＜もこそあれ＞」『平家物語』六・「祇園女御」
　　(現代語訳)この男児が夜泣きしても、ただひたすらに盛り立てておあげなさい、後々大きくなった時、**忠盛**公が世に知らしめた平氏一門に、益々の御清勝をもたらす事になる(・・・とお祈り申し上げます)平**清盛**坊っちゃんなのですからね。(・・・かなり露骨な「隠し題」)

　　・・・いかがであろう、他にこれほどたくさんの「おねだり命令」があるのだから、控え目すぎて相手に自分の声がなかなか届かぬ感じの「**む／むず**」による願望・勧誘表現の影は薄かったこと、感じ取ってもらえたであろうか？(再度念押ししておくが、上記表現の全てが、上掲の「〜してね」系の意を表わすやつの何倍もの頻度で「〜にちがいない」の断定推量の意味になる、という事実はおさえておく必要がある)

　　先述の通り、「**む**」・「**むず**」を用いた消極的「おねだり」表現で自らの望みを叶えたくば、「**こそ・・・め／こそ・・・むずれ**」の「係り結びひねり」ででも目立つ形に改変せねば、相手の耳には届きづらかったのである。ちなみに、この「**む・むず**」に関する事情は、その否定版としての「**じ・まじ**」に関しても、裏返しで通用する:
「行事の蔵人(くらうど)のいときびしうもてなして・・・童(わらは)よりほかには、すべて<u>入る</u>＜**まじ**＞と戸をおさへて、おもにくきまでにいへば」『枕草子』九二「内裏は五節の頃こそ」
　　(現代語訳)行事担当の雑事担当女官がひどく厳しい振る舞いで戸口を押さえて憎らしい顔をして「子供以外は誰一人＜入るのは相応しくありません＞」と言うので。

　　・・・「未然形＋**じ**」／「終止形(orラ変連体形)＋**まじ**」による「やんわり禁止」は「未然形＋**む／むず**」の「やんわり命令」に比べれば直接的だが、それでもやはり「**な〜そ**」／「**〜な**」／「**〜べからず**」等の「DON'T!」系禁止表現に比すれば間接的で控え目すぎる響きである(から、当然あまり多用もされなかった)。

■１０）（００９）―「**む**」・「**むず**」の「婉曲」（未然形接続）―
　「現在推量」の「**む**」・「**むず**」には、現代日本語には見当たらない「婉曲」という特殊な用法がある・・・が、そういう用法があるということ（連体形でのみ用いられ、古文にはそれなりに頻出すること）を覚えておけば、あとは無視して構わない：現代日本語には訳出のしようがないからである。
　「大伴御行の大納言は、わが家にありとある人集めて、のたまはく、『竜の頸に五色の光ある珠あなり。それを取りて奉り<u>たら＜む＞</u>人には、願はむことをかなへむ』とのたまふ。」
　『竹取物語』・六・「竜の頸の珠」
　（現代語訳）おほとものみゆきの大納言が、奉公人全員を集めておっしゃるには、「龍の首に五色に光輝く玉があるという話だ。それを取って私に献上する者＜が、もしいたとしたら、その者＞には、望みを叶えてやろう」
　（月世界で罪を犯した罰として汚れた地上への「流罪」に処せられていた）絶世の美女「かぐや姫」が、言い寄って来るイヤラシイ地上の「貴公子ども」からの求婚を受け入れる（or 拒絶する）条件として出した無理難題の一つ「ドラゴン・ボール」を見事手に入れて差し出す家臣がおれば褒美を取らそうという（例によって他力本願な平安貴族らしい）場面で、この「**取りて奉りたら＜む＞人**」の「**む**」が「婉曲」（＝遠回しな言い回し）である。多くの場合それは相手への遠慮の気持ちに発するものだ；が、この場面では、御主人様である大納言が、家来達を前に「遠慮」するべき必然性はない。ここでの「婉曲」は、「恐ろしげな龍の首から五色の玉を分捕って生還する」などという難題が、達成可能か不可能か、よくわからないものの、「もし達成する者がいたとしたならば、の話」として語っているからこその「**む**」なのである。
●「婉曲」の「**む・むず**」に相当する英語「仮定法」表現
　こうした「**む・むず**」の「婉曲」の用法に相当するものは、現代日本語には残存していないが、英語では「仮定法」の中に現代でもしっかり存在している。上の例の「**む**」を含む部分も、英文でならば（仮定法過去の could / would / should 等を用いて）次のように自然に訳出可能である：
　　（英訳）I would grant anything to anyone who **could(would / should)** give me the five-colored ball from a dragon's neck.
　　・・・どうも、現代日本語より平安調古文の方が、英語との相性は遙かに良いようである。

■１０）（０１０）―否定命令文「な～そ」と否定助動詞「ず」の関係（未然形接続）―
　最初に覚悟してもらわねばならないが、この項の話はとてつもなく長い。が、古文に於ける否定表現（及び助動詞「**ず**」）について根本的に理解するには、避けて通れぬ

深い話てんこ盛りである・・・から、気力・体力を充実させて一気に読み切って、「否定の達人」への道を駆け上がってほしい・・・。
●「な～そ」系禁止表現とその語順
　古典時代の否定表現で最も多用された形は「**な**＋動詞連用形（カ変・ラ変のみ未然形）＋**そ**」（～しないでほしい）である。この「**そ**」は強調の係助詞「**ぞ**」と同根で、否定の副詞「**な**」と呼応し〔動詞終止形＋**な**」より穏やかな）「禁止」の意を表わす。
●「な」無しの「～そ」変則禁止表現
　一方、副詞「**な**」を伴わず単独の「**そ**」だけで「きつめの禁止」を表わす語法も、平安後期以降には生じた（・・・もっとも、次例の擬古調短歌は平成の世、21 世紀の作であるが）。
「たそたたくたまくらたたるしとみどをしのにしとどにしぐれぬらし＜そ＞（誰そ叩く　手枕絶たる蔀戸を　しのにしとどに　時雨濡らし＜そ＞）」（by 之人冗悟）
　（現代語訳）一体誰なの？愛しいあの人の手枕で寝る幸せも絶たれてしまった独り寝の寂しい私の寝室の窓を、今更しつこく叩くのは？・・・なんだ、時雨のいたずらか・・・ねぇ、気紛れな通り雨さん、もう十分泣き濡れてる私なんだから、これ以上しんみりしとしと濡らすのはやめてくれる？
　文末の終助詞「**そ**」は係助詞「**ぞ**」の祖先で、その意味に単なる「強調」のみ；即ち「**な**＋～＋**そ**（＝～するな）」構文の「否定」の意味は「**な**」が受け持つものであって、「**そ**」は強調のために末尾に添えられただけの整調語でしかない；にもかかわらず、「**な**＋～＋**そ**」から冒頭の「**な**」が消えた「～＋**そ**」形のみで「～するな」の意を表わす間違い用例が、平安時代も末になると出現した訳である。和歌中での字数合せのための省略かもしれないし、「n 音」自体の消え入り易さが招いた消失現象かもしれない。
●誤表記が正統表記に化ける日本語事情・・・その多くは写本の誤記から
　当時の文物は、原板から大量生産される活版印刷ならぬ、手書き写本の形で人から人へ、ある時代から次代へと伝えられるものだったから、写本者の誰かがうっかり「**な**」の書き漏らしをすれば、そのインチキ表記がまた次なる写本へとそのままの形で伝わることになる。そうした「粗漏の上塗りの産物」は古典世界には数多く残るが、この「～**そ**」のみの禁止命令文の誕生にもそんな御粗末な背景があったかもしれない。
　とにもかくにも「連用形＋～**そ**」による否定命令文の粗雑さ自体は（純粋な論理的観点から見て）溜息を誘うばかりの代物でしかないが、そうしたいい加減な形にせよ、冒頭の「**な**」（否定辞）が担うべき否定の役割が文末の「**そ**」（強調語）にすり替わってしまうこの現象そのものの背後には、見るべきものがまた宿っている。その確認用外国語として、今回は「英語」に加えて「フランス語」にも御登場願うことにしよう。
●何故か「N」系ばかりの世界の「ノー！」表現
　仏語）＜Ne＞ parlons pas de malheur.
　英語）Do ＜not＞ say evil things [or something bad may really happen.]
　古語）禍言（まがこと）＜な＞言ひそ。

現代和語)不吉な事は言う<な> (さもないと、凶事が本当に起こるかもしれないぞ)
関西弁のオマケ)ケッタイな(卦体が悪い：ケタイガワルイ)こと言い<な>[ぁ]。

上の< >で括った部分が「否定辞」である。こうして並べるとよくわかる特色として、次の諸点を挙げることができる：

◆1)日本語では、否定の意味を担う語句は、今も昔も<な>である。
・・・先述の「〜＋そ」の否定命令文の非論理性(「そ」に否定の意味を背負わせている難点)はこの事実からも再確認できる。ここで実に面白いことは、「否定辞」は英語の<not>もフランス語の<ne>も、和語の<な>と酷似した「N」系語、という事実である。反対の意思表明の「No」もそうであるし、ロシア語の「Niet (ニエット＝否)」もまた然り。どうも「エヌ音」は ― 日本語の「なし」も含めて ―「無」へとつながる音のようである（・・・Nihilism・・・Null・・・and then there was None...)。

◆2)西欧言語では、文意が「否定」である旨は文頭で明示するが、和語では最後の最後まで「否定？肯定？」がわからない構造である。
・・・フランス語は第１語目<Ne・・・NON!：これは、あってはならぬこと>で、英語でも第２語目<not・・・NO!：だめだよ、これをしちゃあ>で、その文章が持つ＜否定の指向性＞を早々と明示している。これに対し、日本語の否定辞<な>が登場するのは文章の最後の部分である：「賛成<YES>なの？それとも反対<NO>なの？」という態度表明が最後の最後まで行なわれないじれったさがあるわけで、西欧言語で育った人々にとっての日本語構造（＆日本人・日本国の行動様態）の違和感ある特性の一つと言えるだろう。

そんな和語の中にあって、古語の<な＋〜＋そ>は(非日本語的な)特殊構造である点に気付いたであろうか？そう、この否定表現に限って、否定辞<な>が、動詞「〜」よりも先行する「否定辞先出し構造」なのである・・・改めて眺めてみよう：

古語)<な>＋言ひ(連用形)＋<そ>・・・フランス語の「<Ne>＋parlons＋<pas>」と全く同じ構造である

現代日本語)言う(終止形)＋<な>・・・これは英語の古式否定文「Speak＋<not>」と同じ構造。

現代関西ことば)言い(連用形)＋<な>・・・連用形「言ひ」の形で後続の終助詞<な>に続くのは非文法的（「な」は終止形接続のはず）だから、これは「<な>＋言ひ(連用形)＋<そ>(連用形接続の終助詞)」の<そ>を「時代遅れの死語」として切り捨て、代わりにその位置に<な>を置いた簡便話法であると考えるべきであろう。

現代日本語(非関西ローカル)ではまた「んなこと言い<な>さん<な>」なる言い回しもあって、表面的にこれは「言い＋なさる＋な」の形ではあるが、本質的には「言ひ＋<な>」という「動詞連用形＋<な>の違和感」を解消するための「逃げ口上」と見るのが正しいかもしれない。

そうした「動詞連用形＋＜**な**＞」の現代関西弁とは逆の「＜**な**＞＋動詞連用形」の語形で、末尾に＜**そ**＞を伴わない否定命令文もかつて ─ 奈良時代（＝上代）の日本には ─ 存在した・・・というよりも、この語形こそがすべての始まりであって、その原初的語形の末尾に強調の係助詞＜**そ**＞を伴った「＜**な**＞＋動詞連用形（カ変・ラ変は未然形）＋＜**そ**＞」は、後代（＝平安期）になってから登場したものである。

●文末で「肯定」・「否定」を見分けようとする日本人

　が、そもそも＜**な**＋連用（カ変・ラ変は未然）形＞だけで否定の意を表わすはずの表現の末尾に何故＜**そ**＞が添えられることになったのか？ ─ 問題はここである ─ つまり、冒頭部で＜**な**（not）＞と言っただけでは、「この文章は否定文」ということが（文末段階ではすでにもう）忘れ去られてしまうのではないか、と心配になったので、末尾に強調の＜**そ**＞を添えることで、相手に対し「〜ということ・・・を、**してはいけない**、のですよ！」と（文末段階で）再度力説したかったからこそ、否定の含意があるわけでもない＜**そ**＞が最後の最後になってまた引っ張り出された、との図式をそこに読み取ることができるわけである。

　より本質的な言い方をすれば、日本語・日本人は、「文末の形」を見て「肯定（yes）／否定(no)」の方向性を確認するのである。冒頭部の＜**ne**＞／＜**not**＞を以て「否定の方向性」を最初から明示する西欧言語／西欧人とは、言語学的にも思考様態的にも、全く正反対の立ち位置にいるのが日本語／日本人であり、その立場は「最後の最後にどう振る舞うか」で確定するのであり、「最後まで態度は保留の後出しジャンケン方式」が（言語学的に・・・&*社会・心理学的にも*？）和風のやり方、と言えるのだ。

　こうした本質的「後出し指向」ゆえにこそ、次のような言語学的亜種が様々生まれることになったわけである：

◆亜種1）否定辞先出しの「＜**な**＞＋動詞連用形」（上代限定表現）のみでは物足りずに、「＜**な**＞＋動詞連用形（カ変・ラ変のみ未然形）＋＜**そ**＞」の（平安調）語形が生まれた。

　・・・平安期の古文で受験生が最もよくお目にかかる形がこれであるが、この「**な〜そ**」は主に女性が好んだ言い回しと言われる。男性は、次に示す形を好んだらしい：

◆亜種2）否定辞は先出しせず、後置き形の「動詞終止形＋＜**な**＞」にして禁止を表わす語形が生まれた。

　・・・この「後出しタイプ」こそ和語に最も相応しい形であることは、現代にまで脈々と引き継がれる「和製否定文の定型」となっていることからも確認できるだろう。この形では当然「文末の＜**そ**＞」は駆逐されて影も形もなく、本来＜**そ**＞が担っていた「強調」の語感を＜**な**＞が背負ってもいるので、二段構えの「＜**な**＞＋動詞連用形＋＜**そ**＞」の表現よりも、「動詞終止形＋＜**な**＞」の語形では＜**な**＞に否定の意味＋力説の響きが二重に宿ることになり、その力強さから「男性的禁止文」とみなされたので、平安女流文学の中では（男の台詞として以外は）まず殆ど用いられない。現代日本語

でも「言うな！」の「終止形＋**な**」表現が使われる場合よりむしろ「言わ**ない**で」の「未然形＋**なし**＋α」や「言うのは**やめて**くれ」のような「連用形＋**否定表現**＋α」の方が圧倒的に多いという事実をみれば、「**な**＋動詞連用（カ＆ラ変＝未然）形＋**そ**」が優勢／「動詞終止形＋**な**」は劣勢という古典時代の勢力図もまたうなずけるだろう。

◆亜種3)否定辞＜**な**＞の代用表現として、文末の＜**そ**＞に否定の働きを持たせた「動詞連用形＋＜**そ**＞」の否定命令文が生まれた。

・・・先述した通りこれは誤用ではあるが、「否定の意味は、文末に置かれる語句に宿るもの」という和語の特性を証明する事例であることを改めて確認できる語形ではあろう。それが＜**な**＞であろうと＜**そ**＞であろうと「文末にあって、それまでの文章の意味全体を否定の色に染めるもの」が、日本語の否定文には付き物なわけである。

◆亜種4)「動詞連用形＋＜**そ**＞」の語形の＜**そ**＞に否定の含意がないことから、＜**そ**＞→＜**な**＞に変えた現代関西弁「動詞連用形＋＜**な**＞」の否定命令文が生まれた。

・・・これも先述した通り、文法的には「動詞終止形＋＜**な**＞」になっているべき破格表現だが、元来の語形が「＜**な**＞＋動詞連用（カ変・ラ変＝未然）形＋＜**そ**＞」が持っていた「婉曲否定」の響きを、「連用形」を通して引き継ぎたかった、という意識が働いてのことであろう。「それを言う**な**！」vs.「んなこと言いぃ**な**ァ(**や**)」の語感の相違を体感できる現代の（主に、*西*）日本人ならば、表面的非論理性の陰に宿った言語学的必然性を感じ取ることができる表現が、この「動詞連用形＋＜**な**＞（＋*間投*助詞「**や**」—この場合は"*関西助詞*"とでも呼びたい感じやな）」である。

●否定の副詞／終助詞「**な**」と否定助動詞「**ず**」の関係

文末に置かれて全文を否定一色に染める「**な**」は「終助詞」とされ、「**な**＋動詞連用形［＋**そ**］」の形で動詞直前に添えられて否定の意とする「**な**」は「副詞」とされるが、文中での位置に応じて変わる呼び名を別にすれば、これら2語が語源学的にも機能上も同じものであることは言うまでもなく、その共通の祖先は形容詞「**なし**」の語幹の「**な**＝無」である（対義語は当然「**あり**＝有り・存り・在り」）。

この「**な**」・「**ne**」・「**not**」・「**niet**」などの「**N系**語」が、否定辞として言語の違いを越えて西欧語にも日本語にも共通する不思議な現象は上で既に指摘した通りであるが、形容詞としての「**なし**」以外にも、古語ではこの「**N系**」語が、打消助動詞「**ず**」（の一部＝**な・に・ぬ・ね**）としても次のような形で機能している点を確認しておこう：

$$\{M=な／（ず）・Y=に／（ず）・S=ず・T=ぬ・I=ね・R=○\}$$

●否定助動詞「**ず**」の「**Z系**」活用

さて、この「否定」の助動詞「**ず**」は興味ある語であって、上記の「**N系**」の他に以下のような（後の時代になってから生まれた）「**Z系**」活用が同居している：

$$\{M=ざら・Y=ざり・S=（にす→んす→す→ず）・T=ざる・I=ざれ・R=ざれ\}$$

終止形の「**ず**」が最初に成立（N系**に+す→んす→す→ず**）し、その後にラ変動詞「**あり**」の様々な活用形を付加した「**ず+あら=ざら**」（未然形）・「**ず+あり=ざり**」（連用形）・「**ず+ある=ざる**」（連体形）・「**ず+あれ=ざれ**」（已然形・命令形）が加わったものが「Z系」の「**ず**」の活用である。以下、この打消助動詞「**ず**」の本源的形である「N系」について考察することにしよう。上掲の「N系」活用表中、（**ず**）とカッコ付きのものは、それが本来の「N系」でなく、そこから派生した後発型の「Z系」だからである。こうした（カッコつき）の活用形以外にも、その変則性ゆえに注釈が必要な活用形が「**ず**」には数々存在する。以下、しらみつぶしに見て行くことにしよう。

●否定助動詞「ず」に命令形はある？ない？

　「N系」の「**ず**」に命令形は存在しない。これは否定助動詞「**ず**」の本源的性質に起因するものである。一連の事態「・・・」の記述が終わったところに付け加えて「・・・**ではない**」の形で文意を否定一色に染めるのが「**ず**」の性質である以上、その事態「・・・」自体は常に成立してしまうのであって、この事態の成立自体を「**ず**」で打ち消して「・・・を nullify（無効に）してしまえ！」などと命令すれば、記述そのものが元も子もないことになってしまう。従って、「**ず**」には（少なくとも「N系**ず**」としては）本源的に命令形がなかったのである。

　それでも敢えて「・・・」という事態の成立に対して否定的な命令文を形成するには、「**ず**」のみでは論理的に無理である。「・・・<**ず**>」としてまず「・・・ない」という事態を「成立」させてしまった後に、「そのような（というか、そうでないような）状態で<**あれ**>」とする二段構え表現が必要になるのだ。そこから生まれた「・・・**ず+あれ**」が1語化したのが「・・・**ざれ**」という（「後発Z系**ず**」の）表現であり、これが一般には「**ず**」の「命令形」と呼ばれている。

　が、よくよく考えてみればこれもヘンな話であって、「**あり=有り・存り・在り**」と「**な=無**から生まれた<**ず**>」は対義語なのだから、「・・・<**ず+あれ**>」なる表現は「マイナス+プラス」・「物質 vs.反物質」・「水と油」的なライバルどうしの共存状態、何とも矛盾をはらんだ表現ということになり、論理的には少々頭をひねる形である・・・が、現実にはこの種の頭のひねりかたをする必要はほとんどない：「**ず**」の命令形としての「**ざれ**」が用いられる場合は実はほとんどなく、現実の古文では、上でさんざん考察した次のような形こそ「否定命令文」としては常用されるのだから：

1）「**な+動詞連用形**」／2）「**な+動詞連用形+そ**」／3）「**動詞終止形+な**」／4）「**動詞連用形+そ**」　（関西版号外　5）「**動詞連用形+な**」）

●否定助動詞「ず」の「N系」活用の未然形はある？ない？

　未然形としての（**ず**）もまた「N系**ず**」としてはカッコ付きだが、この活用形に関しては「未然形の<**ず**>そのものが存在しない」とする学説もある。「未然形」と

は「未だ然らず：いまだしからず＝まだそういう状態になってはいない」の意；即ち「可能性の卵」の形であり、以下のいずれかの形を取って初めてその意味が確定するのが「未然形」の本源的性質、という観点から「未然形ず」の成否を考察してみよう：
◆未然形の機能Ⅰ）＜未然形＋打消助動詞（ず）＞の形で「～ではない」意を表わす。
　・・・「ず」の未然形が、直後に自分自身（ず）を従える道理はないので、この機能を果たす目的で「ず」に「未然形」が存在する必然性はない。
◆未然形の機能Ⅱ）＜未然形＋「ず」以外の助動詞＞の形で何らかの意味を添える。
　・・・この形でもやはり、打消助動詞「ず」の未然形が後続部に他の助動詞を従える道理はなく、「ず未然形」は不要である。上でじっくり見てきた通り、打消助動詞「ず」は「記述の最後にあって、全文の意味内容を否定一色に染める語」（数式で言えばマイナス記号）だから、他の助動詞と「ず」が共存する場合でも、その助動詞の意味を否定に染めたければ、必ず＜他の助動詞の未然形＋ず＞（例えば「たら＋ず」・「なら＋ず」・「べから＋ず」・「られ＋ず」・「れ＋ず」）の語順となり、＜ず（未然形）＋他の助動詞＞の語順にはなり得ないのだから（上代表現「ず＋けり」は例外）。
　＜ず＋他の助動詞＞の語順は「複合形ず」でのみ可能である：即ち＜ず＋あり＋他の助動詞→ざり＋他の助動詞＞の形で「あり」が中間に介在するのだ；が、その「ず＋あり→ざり」の「ず」は「未然形」でなく「連用形」であって、＜文末の「ず」による否定化作用＞が完了した後に、他の助動詞が続く形となっているのに過ぎない：
　例Ⅱ）「然りとは知らざらむ＝＜さりとはしらず＞＋あら＋む」（＝＜そうであるとは知らない＞状態であるのだろう）
　・・・上例では、助動詞「ず」の否定作用は直前の動詞「知る」の未然形「知ら」に対して及ぼされているが、後に続く助動詞「む」の作用は助動詞「ず」に対しては及ぼされていない：＜然りとは知らず＞という文章全体に対して「そうなのだろう」という形で及ぼされる文修飾の形であり、そうした形で「ず」と「む」とがつながるための方便として「ず＋あら」の語形から「Z系ず」の「ざら」が生まれたわけであるが、その祖形に於ける「ず＋あら」はあくまで「連用形ず＋あら」であり、結果として生じた「ざら」が「未然形」であるとしても、後に助動詞「む」が続くとはいえ「（未然形の）ず＋（助動詞の）む」の形になっているとは言えない：本源的には「（連用形の）ず・・・＋（未然形の）あら＋（助動詞の）む」の形でしかないのだから、＜「ず」の未然形として「ざら」がある＞と言うことは可能でも、＜「ず」の未然形として「ず」がある＞とは言えないわけである。
◆未然形の機能Ⅲ）＜未然形＋接続助詞「ば」・・・古くは「は」＞の形で、「もし・・・ならば」の意味（順接の仮定条件）を表わす。
　・・・実に、この機能を果たすためにのみ、「N系（ず）」の未然形を認める必要が生じるのである。次の短歌を見てほしい。

「今日来ずは明日は雪とぞ降りなまし消えずはありとも花と見ましや」『古今和歌集』春上・六三・在原業平

　(現代語訳) 春の庭に咲く花は、雪と見まごうばかりだなぁ。今日こうして来てみれば、なるほど花だとわかるけど、今日は来ずに明日来てみたなら雪のように消え去って跡形もないだろう。いや、たとえ明日も散らずに残っていても、「雪」と見分けが付かなくて、「花」としてこれを賞美できるかどうか、怪しいものだ。

＊例ⅢA)「今日来＜ず＞＜は＞＝もしも今日来＜ない＞＜としたら＞」

　・・・この例に於ける「**来ず＋は**」の形は、「未然形**ず＋は**」である（/*連用形ず＋は*/ ではない）。「順接の仮定条件：もし～ならば」の形として一般的な「未然形＋**ば**」の濁音形ではないが、その意味が「仮定条件」であることに否定の余地にあるまい。

　もし上例の「**は**」を「係助詞」として捉えれば、その直前の「**ず**」は"連用形"となり、「未然形」ではないことになる。そうなると上の「**ず＋は**」は、「未然形＋**は**」ではない「連用形＋**は**」ということになるわけだ・・・が、同じ「連用形**ず＋は**」の形でも、次例の「連用形**ず－は**」とは質的に全く異なることに否定の余地はない。

＊例ⅢB)「消え＜ず＞＜は＞ありとも＝たとえ消えずに存在しているとしても」

　・・・この「**は**」は、「もし～ならば」の意を表わす「接続助詞」ではなく、語調を整えるためだけに置かれた「係助詞」でしかない：その証拠に（は）、この「**は**」を取り去って次の形にしてみても（語調こそ変わるが）意味は全く変わらない：

＊例ⅢC)「**消えずありとも**」(・・・"は"が消えている点に注目！)

　・・・この「**消え＜ず＞**」は、直後の用言（**あり**）へと連結する形だから「連用形」であって「未然形」ではない。「**ず＋あり**」をまとめて「**ざり**」へと化けさせてしまってもやはり「連用形」であって「未然形」ではないから、ここでの「**ず＋は**」は、「未然形＋**は**」による「順接の仮定条件」とは全く異質である。「**消えずはありとも**」部の意味全体は「散らずに残っていたとしても」の「順接の仮定条件」ではあるが、その「仮定条件」を表わす働きを担うのは「**ずは**」ではなく、後続の接続助詞「**とも**」の機能であって、係助詞「**は**」には「仮定条件」を表わす機能が全くない点に注意を促しておきたい。

　これに対し、例ⅢA)「**今日来＜ずは＞**」の表現に於いては、「**ず＋は**」が間違いなく「順接の仮定条件」を表わしている。そして、その仮定条件の働きを担っているのは間違いなく「**は**」である：即ち、この部分での「**は**」は係助詞（＝単なる整調語）ではなく接続助詞（＝前後の文章を一定の関係でつなぐ語）であることに間違いはなく、その「接続助詞」としての「**は**」につながって「順接の仮定条件」を表わす「**ず**」は「未然形」であって「連用形」ではない、と結論するのが文法的に間違いない考え方である・・・ことに否定の余地は、あるだろうか？・・・なかろう？が、古文業界の一部のセンセイはこれを（＝「N系**ず**」未然形の存在理由を）「否定」するのである。

もしこの「**ず**」を「連用形」とみなしてしまえば、＜「順接仮定条件」＝「未然形＋は／ば」＞という原則に対し＜**ず＋は／ば**（＋**なく＋は／ば**）の場合だけは「連用形」接続＞という唯一のめんどくさい例外則を付記せねばならなくなる・・・たった一つの「特例」でパッチを当てればとりあえず「原理」のほころびはふさげるだろう、という取って付けの（古語で言えば「**うちつけなる**」）考え方である・・・が、「文法」は、こうしたところから「便法」化し、崩壊して行くものなのである。
　もし「たった一例の例外」の重みを考慮するつもりなら、＜「（連用形の）**ず＋は／ば**」なる変則的一例＞に固執するよりも、＜「（未然形の）**ず＋は／ば**」という原則に忠実な一例＞を「たった一つしかないから」という理由で排除したりせず直視し、＜打消助動詞「**ず**」未然形としての「**ず**」は、唯一「・・・**ずは／ずば**」の形で「もし・・・ないならば」の順接の仮定条件を表わす場合のみに出現する語形・・・それ以外には「N系（未然形）**ず**」の出番なし＞という形で、＜一例＞に敬意を表するのが正しいやり方というものであろう（同じ事は、他の多くの活用語未然形に関しても言える）。
　・・・などとまぁ「命令形」「未然形」の考察だけでずいぶん字数を費やして深入りしてしまった感じであるが、改めて、助動詞「**ず**」（の「N系」活用）の特徴的な働きを以下に整理してみよう。

●1）未然形「**な**」に見る助動詞「**ず**」の「N系」活用
　助動詞「N系**ず**」未然形としての<u>単独</u>（＝「**ずは**」以外）の「**な**」は、古文の中では何の働きもしないと言ってよく、唯一の例外は「**な**」に「**く**」が付いた「**ク語法**」と呼ばれる（上代の）名詞化表現である。「**〜なく＝〜ないという事**」の形を取るが、これは更に逆接の接続助詞「**に**」を伴った「**〜なくに＝〜ないというのに**」定型表現として棒暗記するのが得策。入試では存外頻出するので忘れると高い確率で泣く羽目になる・・・ので、大学受験生の若人諸君（特に男子）の印象に強く残るよう、現代大学生標語風例文を贈呈するから、諸君の古語レパートリーに刻んでなくさぬように：
　「などやいく金あら＜**なくに**＞歌舞伎町、身のみにて足る女（め）**にもあら＜なくに＞**」(by 之人冗悟）（・・・おもにおとこのこむき、品行方正な女子の前ではあまりうたわぬように）
　（現代語訳）何のために行くかなぁ、お金もないのに新宿歌舞伎町？身体一つあればそれで十分の女、ならともかく、男の身でさぁ・・・（新宿二丁目ならわからんでもないけどさ）

●2）連用形「**に**」に見る助動詞「**ず**」の「N系」活用
　助動詞「**ず**」のN系連用形が「**に**」になるのは断定助動詞「**なり**」と同じ現象（＝語形的には格助詞・接続助詞の「**に**」と同じ）だが、打消助動詞「**ず**」連用形としての「**に**」の用法は、実に、次の２例のみに限られるので、定型句的棒暗記要員である：
　　2A)「**〜がてに**」（＝〜できないままの状態で）
　・・・本来は清音の「**かてに**」であり、その組成は上代の補助動詞「**克(か)つ**＝〜可能」＋「**に**＝〜不可能」の組み合わせ。「**出でがてに**＝出るに出られず」等の表現で中古

の古文にもよく出てくるので、見たら即座に脳内記憶庫から出て来るよう暗記すべし。
　2B)「**知ら＋に**」(＝知らずに)
　・・・これまた定型句だが、上代の文献に限定されるので、平安期以降に偏る傾向のある入試古文では無視してよい形。唯一、この「**に**」に「**す**」が付いた「**にす**」が、終止形「**ず**」の語源となっている、という点にのみ多少の敬意を表すべきであろう。
●3)終止形「**ず**」に見る助動詞「**ず**」の「N系」活用
　・・・上述の古式連用形の「**に**」に、形式動詞「**す (為)**」が付いた「**に＋す**」が転じたものが「**ず**」の始まり（終止形）と言われる。その後（さらにラ変動詞「**あり**」を介した「**ず＋あら**」・「**ず＋あり**」・「**ず＋ある**」・「**ず＋あれ**」・「**ず＋あれ**」の活用形をも加える形で）次の「Z系」の「**ず**」の活用が生じたのである：

　　{**ざら・ざり・〇**（・・・終止形「**ず**」は「N系」扱い）・**ざる・ざれ・ざれ**}

　・・・こうして、本来「N系」から発達した「**ず**」ではあるが、やがて「Z系」が主力の助動詞となり、元来の「N系活用」の中では（上述の上代語としての「未然形」・「連用形」は衰えたので）、次の２つ（連体形＆已然形）のみが残ることとなった：
●4)連体形「**ぬ**」に見る助動詞「**ず**」の「N系」活用
　「**ぬ＋体言**」に、現代日本語でも文語表現として残る語である（例：現代日本語口語＝「知ら＜ない＞人」／文語＝「知ら＜**ぬ**＞人」）。古文初学者はこの「否定連体形**ぬ**」を「完了終止形**ぬ**」とよく錯覚するが、「完了**ぬ**」の連体形に「**ぬる**＋体言」である。
●5)已然形「**ね**」に見る助動詞「**ず**」の「N系」活用
　「已然形**ね**」の場合は、前後の語句に応じて次のように意味が二分する：
　◆5A)「逆接の確定条件」（〜ないけれども）
　・・・「已然形**ね**」が直後に逆接の接続助詞「**ど／ども**」を従える（例：「知らねど(も)」）か、逆接の語句を伴わず「中止法（その部分で一旦文章を停止する形）」（例：「知らね、」）の形で「〜ないけれども」の意味を表わすもの。後者の（逆接接続助詞を伴わぬ已然形のみの）「中止法」の場合、多く「**Aこそ〜ね**」の「**こそ**＋已然形係り結び」となる（例：金こそあら＜ね＞）。また「**は／も〜ね**」の形（例：「名＜は／も＞知ら＜ね＞」）もある。意外なところでは、現代日本語の（主に女性語の）「**〜かしらね**」の表現の祖先が「**〜か (は) 知らね (ども)**」（〜かどうか定かではないが）という事実もある。
　◆5B)「順接の確定条件」（〜ないので）
　・・・「已然形**ね**」が直後に順接の接続助詞「**ば**」を従えて、「〜ないので」の意味を表わすもの。
　「世の中を憂し(うし)と恥し(やさし)と思へども飛び立ちかねつ鳥にしあら＜ね＞ば」『万葉集』五・八九三・山上憶良(やまのうへのおくら)
　(現代語訳)世間は辛く悲しいとは思うけど、鳥じゃないので飛び立つこともできずにいる。

「已然形」そのものの働きは基本的に「逆接」である。上述5A)の「中止法」の「**ね**」が逆接確定条件になることからもそれはわかるであろう（例:「**人はいさ心も知らくね**」＝人の心はどうかはよくわかりませんけど」)。従って、この「＜順接＞確定条件＝〜ないので」の語法は、「**ね**」の已然形が表わすものではなく、接続助詞「**ば**」の機能によるものと思ってよい。その証拠に、「已然形＝逆接」の語感が確実に生きていた上代に於いては、上の憶良の歌と同じ「**ね＋ば**」の表現であっても、正反対の意味の「＜逆接＞の確定条件＝〜ないけれども」になる例も確認されている。
　時代が下るにつれて、「已然形」本来の機能である「逆接（＝直前までの記述とは異なる内容の記述を後に続ける）」は忘れ去られ、後続部に接続助詞の「**ど・ども**」を従えれば「逆接」／「**ば**」を従えれば「順接」という形へと次第に形骸化して行ったのが「已然形」である。そうして、鎌倉期以降には「已然形＋**ば**＝〜ならば」という（本来ならば「未然形＋**ば**」が担っていたはずの）「仮定条件」表現専用語としての道を辿った挙げ句の果てに、現代日本語文法では「已然形＝すでにしかり」の名称が「仮定条件」には不似合いだからという理由で、「已然形→仮定形」という改名までをも施されるに至ったわけである；が、「已然形」本来の機能が「逆接」であることは、ここで再確認しておくべきであろう。
　・・・以上が、「**な〜そ**」と「**無(な)**」を介してつながる否定助動詞「N&Z系**ず**」の（ずーいぶんと長〜い）お話であった。

■１０）（０１１）―「まほし」と「まうし」と「あらまほし」（未然形接続）―
●「まほし」は上代の「まくほし」に由来
　「**まほし**」は、上代の「ク語法」と呼ばれる名詞化語尾「**く**」を「推量」助動詞「**む**」の古い未然形「**ま**」に付けて「**まく**＝〜であろうこと」なる「今後成立するであろう事態」の意味の名詞としたものに「**ほし**＝欲しい」を付けて成立した「**まくほし**＝〜になるであろう、という未来の事態が、実現してほしい」からの略形と言われる。
　上代語の「**まくほし**」は、受験生が特にマークすべき語でもないが、「**見まくほし**（見たい・会いたい）」「**見せまくほし**（見せたい）」の用例が多い中、「**見まくほりす**（是非とも見たいと思う）」*(ME Mac FOLLY's ?)* なんてゴージャスな語形もある・・・が、いずれも所詮は雑学レベルの話で、受験生としてはあっさり無視してよいだろう。
　その「**まくほし**」の変形としての「**まほし**」は、上代にはまだ存在しない平安時代以降の語であり、なおかつ、平安末期には「**〜たし**」に押されて衰退してしまった。形が似ている形容動詞「**まほなり**」とは（「理想的・完璧」の意味で共通性はあるが）語源学的に無関係。暴走族風に「*魔法師*」とか究字してみても何の奇跡も起こるまい。

●「まほし」と「まうし」
　平安期にはまた、「**まほし**」を「**真+欲し**」と見立てた上で、「**欲**し(ほし=want)」の対義語としての「**憂し**(うし=hate)」にすり替えた「**まうし**」なる語も生まれた。助動詞扱いではあるが、以下に示すその活用形からもわかる通り、かなり無理がある造語で、中古女流文学に細々と使われただけで、たちまち衰退してしまった：

【未然形なし・連用形＝まうく・終止形なし・連体形＝まうき・已然形＝まうけれ・命令形なし】

　受験生としては、その仮名表記形「**まうし**」を「**申し**」と混同しそうで困った感じだが、上記のごとく「終止形**まうし**無し！」という変わり種なので、注意すべきは「連用形**まうく**・已然形**まうけれ**」と「儲(設)く・儲(設)けれ」の混同のみ。両語を当世風cr暴走族落書風に認識するなら、次のような感じ(漢字)でよかろう：

「**まほし＝真欲し→まじゲットしてぇー！**」(シク活用)
「**まうし＝魔憂死→超ウゼェー！**」(苦活用)

　例)「言は＜**まほしき**＞事は言はで、聞か＜**まうき**＞事のみ聞く。まこと、すまじきものは宮仕へなりけり」(言いたいことは言わず、聞きたくないことばかり聞く。まったく、するもんじゃないよ、偉い人の下で働くなんて)

●「あらまほし」の二態
　助動詞としては比較的短期間だけ流行してパッと花散ってしまった「**まほし**」だが、この語が「**あり**」と結び付いて出来た「**あらまほし**」は長く残った。その意味は次のように二分化する。特に「形容詞」としての「**あらまほし**」は幅広く使われた上に、形容動詞「**あらまほしげなり**」の用い方もあるのでマークしておくべきだろう。古文業界では「助動詞"**まほし**"のおしりに接尾語で"**げ**"っとオカマ掘る(まくほりす?)なんて、フツーあり得ない！」として有名な例ではあるが、そんなディープな変態例よりも、良い子の受験生は次の２つの定型表現をしっかりわがものとしておこう：

1) 動詞「**あり**」＋助動詞「**まほし**」としての「**あらまほし**」
＝「できれば～であってほしいものだ」という話者の願望を表わす連語。
2) １語の形容詞としての「**あらまほし**」
＝現にある(or 仮想上の)何かについて「理想的だ」とする話者の高評価を表わす語。

■１０)（０１２)―「ましかば～まし」の「反実仮想」(未然形接続)―
●「ましかば～まし」の反実仮想
　英語の「仮定法過去／過去完了」相当表現として、助動詞「**まし**」には「反実仮想」と呼ばれる語法がある。活用語の未然形に接続し、次の語形を取ることが多い：

「・・・ましかば」（＝条件文：仮に・・・だとすれば）
＋「～まし」（＝帰結文：～であろう）

　その内容は「事実に反する仮定をあくまで仮想の形で述べる」場合が多い（だからこそ「反実仮想」の呼び名があるのだ）が、想定される事態が「実現不可能な絵空事」ではなく「可能性は低いが、実現可能な事柄」である場合もある。この点でも英語の「仮定法過去」と同じ。こうした現実性ある仮想の呼び名は「婉曲」とすべきだが、古文業界では両者を区分せずに「反実仮想」として一くくりにすることも多いようだ。
●「まし」以外の語句を伴う場合
　帰結文には必ず「**まし**」を伴うが、条件文は必ずしも「**・・・ましかば**」の形とは限らぬ点に要注意。また「帰結文」のみで「条件文なし」の場合もあれば、「条件文のみ」で「帰結文なし」の場合もある。このあたりも英語の同種表現と事情は同じだ。
　例）「花のごと世の常な**ら**＜**ば**＞過ぐしてし昔はまたも返り来(き)**な**＜**まし**＞」『古今集』春下・九八・よみびとしらず
　　（現代語訳）例年春が来れば花は咲くが、そのように常に変わらぬ循環性が世の中全般に満ちていたなら＜ば＞、過ぎ去った昔が再び戻ってくることもある＜だろうになぁ＞。
　・・・この歌では、条件文を「仮想」の形で導くのは「未然形＋**ば**」（ならば）であって、「**ましかば**」ではない点に注意したい。
　「形見こそ今はあたなれこれなくは忘るる時もあ**ら**＜**まし**＞ものを」『古今和歌集』恋・十四・七四六・よみ人しらず
　　（現代語訳）二度と会えないあの人の、忘れ形見のみ手元にあって、来てはくれない憎い人、ひたすら恋しく思い出すばかり・・・だけど、今となっては形見が仇ね。これがあるから思い出してしまうのだもの。これさえなければ、忘れられる時もあることでしょうに・・・
　・・・「**まし**」の帰結文には、この歌のように「**ましものを**（＝～だろうになぁ）」と詠嘆的な形で文末に置くものが多い。この例文では、条件文の「**なくは**」は「未然形＋**は**」とも「連用形＋**は**」とも古文業界では意見の分かれるところ─大長編詳説■１０)
（０１０）にて既述─だが、いずれにせよ「**ましかば**」の出番はない。「なければなぁ」と願うからには現実には「**あり**」な訳だが、その「**あり**」の反対の事態を願う反実仮想表現としては、「**あらざら**（未然形）**ましかば**」はあっても「~~なから（未然形）ましかば~~」はなく「**なかり**（連用形）**せ**（未然形）**ば**」となるのが古文の常だからだ。
　「今ははや恋ひ死な＜**まし**＞をあひ見むと頼めしことぞ命なりける」『古今和歌集』恋・十二・六十三・清原深養父
　　（現代語訳）叶わぬ恋の苦しさにとっくに焦がれ死にしてしまっていそうな私だというのに、まだこうして生きているってことは、「君に逢いに行くからね」と言って私に期待を持たせたあの人の言葉が、私の命をつなぐはかない頼みの綱だった、ってことなのね。
　・・・この歌に至っては、「**死なましを**」の帰結文はあっても「もし・・・ならば」相当の条件文が存在しない。敢えて想定するなら「普通、こうした状況下であれば」

ぐらいの補足をすることになるが、そんな蛇足を補うまでもなかろう。内容的には、痛切な失恋の傷心を、女性の立場から詠んだ歌である。中古から中世までの恋愛形態「妻問婚（つまどいこん）」では、女は常に部屋で待つだけ、男は気が向いた時に女を訪問して愛しては、朝になったらお互い別々の衣服をそそくさと着込んでさようなら（「きぬぎぬ＝衣衣 or 後朝の別れ」）だから、待つ身の悲哀に常に女の専売特許である。
　語句の中では「**頼め**」が曲者。「**頼み**」ならば「自分が勝手に相手に期待をかける」だが、「**頼め**」は「相手の方が自分に期待を抱かせる」である。この歌の場合、それは「**空頼め：そらだのめ**＝あだなる期待」なのだけど、それだけを頼みに、この女性は一人寝室で哀しき徒花を咲かせ続けているわけだ・・・哀しいでしょう？

●ヴァーチュアル女性（仮想現実世界での女性仮託＝**虚構オカマ**）は日本の伝統芸

　そんな女性の待つ身の辛さを、実際詠んでいるのは「きよはらのふかやぶ」、この人、あの『枕草子』を書いた「清少納言」女史のおじいちゃんで、れっきとした「男」である。和歌には、こうした「女性仮託の男歌」が大変に多いのだ。和歌世界最大の功労者である紀貫之（『古今集』の主編者）のもう一つの金字塔『土佐日記』だって、「**男もすなる日記てふものを女もしてみむとて**」などと「男の書くという日記を女の立場で（＝和歌に似合うかな文字で）書いてみましょう」の「**女性仮託創作文学**」である。

　太宰治の『女生徒』（あさ、眼をさますときの気持は、面白い。・・・）を読んで、「男の作家がこんなの書くの？」とか言ってるようでは、**文学てふものよもしらじ**、と笑われる。女を喜ばすモテモテ男満載の『源氏物語』だって、紫式部という女性の願望から生まれたお話なのだ。作中人物は、男も女もみんな作者の想像/創造的分身なのである。

　所詮この世は男と女、男が女に／女が男に、それぞれ歩み寄るからこそ、生身じゃどこまでいっても別物どうしの者どうしが探りを入れ合う営みの中から、恋も文学も、想像の中で、際どい形で成り立つのである。心の中で、男が女を／女が男を、想像的に創造しながら求め合うのをやめた時、後に残るのは味気ない生身の対立の現実・・・「俺は、こういう人間なんだよ！」／「私って、こういう人なのっ！」・・・所詮現実なんてそんなもの、わかってくれないし、くれようともしない、ふて寝決め込んで、こっちの方を見ようともしない、ぐうたら亭主・ふてくされ女房なんて、**まじカパ**！巡り会わなかった方が**マシ**！ばっかみたい、どうしてこんな人がいいなんて思ってたんだろう？あーぁ、あの頃、もう少し深く考えて行動してたなら、こんな我が身もなかったろうに・・・「**ましかば／まし**」の巡りが悪いと、世の中、乾涸らびたカバの屍だらけ・・・潤いもたらす魔法の秘薬は、作り事、信じて遊ぶ心のゆとり。生身ですごい美男・美女、求める気持ちも悪くはないが、心で描く理想の相手、互いに育む関係には、どんな光源氏もかぐや姫も、その輝きを失うだろう。奇跡のような美しさは、それを見たがる者の目の中にしかない；けれども、見たがる者の目の中になら、常に輝き続けるもの。バンザイ！我が心の男女たち。くたばれ、糞リアリズム！・・・

寄り道しちゃった。想像の助けなど借りずとも輝ける現実、ってやつを信じてる人には、悪いことしちゃったかもね・・・想像の翼がひとたび羽ばたき出すと、こんな風になかなか地面に下りて来ないものだから、受験生は、なまじ和歌だの物語だのになど触れない方が身のためかも・・・さ、地に足着けて、勉強・勉強！

●接続先からみた「まし」の特異性

　「反実仮想」という特殊な用法に関連する現象と思われるが、本来「未然形」接続の「**まし**」が、感覚上「連用形」接続を求める傾向があることを指摘しておこう。

　上に引いた最初の短歌の中では、「**かへりこ＜まし＞**」（未然形＋**まし**）ではなく、「**かへりきな＜まし＞**」（連用形＋「**ぬ**」未然形＋**まし**）の形となっている点に注意したい。無論これは七五調に合わせての改変でもあるわけだが、詩文の世界以外でも、このように、「**まし**」単独ではなく、「連用形」接続の完了助動詞（未然形）との連語形「**ぬ＋まし＝なまし**」／「**つ＋まし＝てまし**」の形を取る場合は少なくないのだ。

　この場合の「**ぬ**」・「**つ**」の意味は、「*既にそうなってしまったと仮定すれば（完了）*」ではないし、「*間違いなくそうである、と仮定すれば（確述）*」の意味と取るにも難があるので、「**未然形接続**」を嫌って「**連用形接続**」へと持ち込むための音調的方便として、「**なまし**」／「**てまし**」を用いたのだ、と考えるべきかもしれない。

　確認のため、「**まし**」以外の推量助動詞の接続する活用形を見てみると、次の通り：

◆未然形接続＝「**む**」（未来の推量）・・・まだ「起こっていない」未来の事態についての推量だから、「未だ然らず」の「未然形」に接続するのは当然であろう。

◆終止形接続＝「**らむ**」（現在の推量）・・・確認はできぬものの、現時点で「展開している」であろう事態についての推量だから、「終止形」接続は妥当であろう。

◆連用形接続＝「**けむ**」（過去の推量）・・・過去に「存在した」事態についての推量だから、過去助動詞「**き**」・「**けり**」と同様の「連用形」接続は自然であろう（語源学的に「**けむ**」＝過去助動詞「**き**」＋動詞「**経（へ）**」＋推量助動詞「**む**」と言われる）。

　こうして見ると、「**まし**」が「未然形」に接続することの意味が改めて疑問視される。「未然形」とは「まだ起こっていない未来の事態」について想定する形であるから、未来推量の「**む**」にこそふさわしいけれども、「今眼前にある事態」を「それはそれで確定してしまったこと」と認めつつも、「あぁ、～でなければよかったのになぁ」とないものねだりする「**まし**」の「反実仮想性」を思えば、「未然形」接続はいかにも不自然。さりとて、「**まし**」を「終止形」に続けたのでは（「**らむ**」の例に見るように）眼前の事態を事実として「確定」してしまって終わり、の感がある：この点は「已然形」でも同じである。「連体形」・「命令形」に接続したのでは意味をなさないのは言うまでもない・・・そうなると、残る唯一の活用形は「連用形」しかないことになる。

　連用形に接続するのは過去推量助動詞「**けむ**」（及び、過去助動詞「**き**」・「**けり**」）であり、「**まし**」を連用形接続すればやはり「過去」への傾斜が強まることになるが、

これは英語「仮定法」の時制遡行現象に照らしても、文法論理的に妥当なことだろう。

「**まし**」が、「眼前にはAという現実がある」中で、「仮に、AではなくてBだったとしたならば」と想定するものである以上、「眼前のAという現実を除去してBという事態へと（想念の中で）置き換える」ためには、その「＜現在＞のAという現実を生んだ原因が存在する時点である＜過去＞へと意識を立ち戻らせ、そのAの原因を取り除いて、代わりにBを置く」のが論理的に自然な流れなのである・・・そう考えれば、「未来指向」の「未然形」（「**む**」御用達）よりも、「過去指向」の「連用形」（「**けむ**」御用達）接続の方が、反実仮想の「**まし**」には妥当な活用形、との感が強まってくるはずである。

その場合に妥当性を有するのが、先述の「**てまし**」／「**なまし**」という「完了助動詞＋**まし**」連語形なのだ。これらの連語に含まれる助動詞「**つ**」・「**ぬ**」が、「**てまし**／**なまし**」に於いて表わす意味は、「完了＝すでにもうそうなっている」ではないことは確かだが（現実になっていない事態を想定するのだから、完了ではおかしい）、「**つ**／**ぬ**」が持つ「現在よりも過去へと意識を向かわせる性質」は、「**まし**」の反実仮想性との親和性が高いし、何よりも「**つ／ぬ**」との結合によって「連用形接続」を得られる（＝「**き**」・「**けり**」・「**けむ**」の雰囲気に近付く）ことの意味のほうが大きい。

こういうわけで、「未然形＋**まし**」よりむしろ自然とも思われる「連用形＋**てまし**」／「連用形＋**なまし**」が、多用されるようになったものと思われる。

上記の考察はあくまで筆者の（英語「仮定法」に慣れ親しんだ立場からの）仮説だが、それが正しかろうとなかろうと、いずれにせよ助動詞「**まし**」に関しては（その用法の全てに於いて）「**てまし**」／「**なまし**」の連語形が多用されることは事実なので、重要表現として銘記しておくべきである。

● 「ましかば、～まし」と英語の「仮定法」

「**まし**」は、英語の「仮定法」に相当する仮想表現である（現代日本語にはこれに相当する語法はない）。英語の「仮定法」の場合、想定する時制に応じて次のように動詞の形が分化する：

◆1）仮想対象時点が「現在～未来」＝「仮定法過去」・・・動詞は「過去形」

　例：If I ***had*** enough money now, I'***d buy*** that book. もし今十分な金があれば、あの本を買うのだがなぁ。

◆2）仮想対象時点が「過去」＝「仮定法過去完了」・・・動詞は「過去完了形」

　例：If I ***had had*** enough money then, I'***d have bought*** that book. もしあの時十分な金があったなら、あの本を買っていたのだがなぁ。

これに対し、古語の「**まし**」は時制に応じての変化というものを持たない：仮想の対象となる時点が「過去」／「現在」／「未来」のいずれだろうと、全く同じ「・・・**ましかば、～まし**」の形であって、「・・・ましかりければ、～ましかりつべし」の

ような面倒な変化は一切しない。このあたりにも「時制に厳密な英語と異なり、基本的に現在一本槍で時制に無頓着な和語」の特性が表われている。

　一方、英語の「仮定法」／古語の「**まし**」の双方に共通する特性として、想定される事態は、多く「現実に反する事柄」や「実現不可能な事柄」ではあるが、必ずしもそれのみにとどまらず、「現実性は低いが、実現可能な事柄」その他の事柄を想定する場合もある。大方の古文学習者が錯覚している点がこれである。「**・・・ましかば／～まし**」＝「*反実仮想*」というレッテルをそのまま鵜呑みにした上で、英語教科書によくある「If I *were* a bird, I *would fly* to you. もし私が鳥だったらあなたのところへ飛んで行くでしょうに」のような絵空事例文ばかりに引きずられて「*現実にあり得ぬ事柄＜だけ＞を想定すること＝反実仮想*」という図式に縛られた頭で「仮定法」や「**まし**」を短絡解釈しているのである；が、きちんと英語を学んだ人間なら知っていることであろう ― 現実の英語仮定法が想定する実現可能性には、次のような各種レベルがあるのだ：

◆A)「現にある事態に、敢えて反する事柄を想定」
　例：If dogs *could talk*, they *wouldn't make* such good friends with us humans.
　(和訳) もし犬が話せたら、我々人間とこんな友好的関係ではあり得ないだろう。
◆B)「実現可能性の低いことを絵空事として（多く、冗談めかして）想定」
　例：If I *won* a million dollars in the lottery, you *could have* half of it.
　(和訳) 宝くじで１００万ドル当たったら、君に半分やるよ。
◆C)「それを想定すること、または、その想定を人に語ることに関し、何らかの心的抵抗感がある事柄について、遠慮がちに想定」
　例：If you *were to die* tomorrow, what *would* you *do* today?
　(和訳) もし君が明日死ぬとして・・・ごめんよ、ヘンな話で・・・その場合、君なら今日、何をする？

　「君が明日死ぬこと」はあり得ぬ事ではないが、そんな不吉な事柄をアッケラカンと口にするのは相手への非礼にあたる；ので、「通常時制＝現在形」よりも１つ分過去にさかのぼらせた不思議な時制で「遠慮」を表わすのが「仮定法過去」である。この「心理的抵抗感」は、次のような弱腰姿勢の「仮定法過去」としても現われる：

　例：If I *told* you I *could get* us two premium tickets for the concert of that world-famous pianist, *would* you kindly *accept* my offer?
　(和訳) あの世界的に有名なピアニストのコンサートのプレミア・チケット、二人分手に入るんですが・・・と言ったら、あなたは御親切に私の誘いを受け入れてくださいますか？

　「チケットあるから、一緒に行こうよ」と気軽に誘うのには照れがあるような場合に、遠慮がちにおずおずとこうした「仮定法過去」のオブラートに包んで、相手への好意（or 下心）を表わすわけである。

　古語の「**まし**」とて、それが昔の日本で「仮定法」的に使われていた以上、「あり得ない事柄」（*ワンコがしゃべる*）ばかりを想定する硬直した使われ方をしていた道理

がなく、「あっけらかんと□にするのは、ちょっと・・・」的な仮想（*自分は宝くじで100万ドル当てる／君は明日死ぬ*）にも用いられていたのは、当然であろう？
●「まし」の活用形とその使い道
　助動詞「**まし**」の活用表は以下の通りである：

{M=ましか／(ませ)・Y=〇・S=まし・T=まし・I=ましか・R=〇}

　「**まし**」に「連用形」がないのは当然で、「もし・・・ならば」と想定する（条件文）にせよ、「〜だろう」と想定する（帰結文）にせよ、そこで想定される一連の仮想事態（・・・／〜）は「(想像の中で) 1つの完結形として存在している」のだから、不完全終止の形で直後に別の用言が続く道理がない（＝連用形は必要ない）のである。

　「**まし**」には「命令形」もない。「仮想として想定」する以上、「現実の世界の中に、実体化せよ」と命じるための命令形はあり得ぬことになるし、「頭の中の絵空事」は、想像した時点で何事であれ「仮想的に現実のものとなる：be a virtual reality」・・・であるから、「現実になれ、と命令」する必要自体、存在しないわけである。

　「未然形」の場合、「**ましか＋ば**」の形で条件文を想定するのが平安時代の定型だが、上代には「**ませ＋ば**」という未然形も用いられた。中古以降も、和歌の中で字数合わせをするために「**ませば**」の形を用いることはあったが、用例はあまり多くない。

　帰結文の結びは「〜**まし**〜なことだろう)」の終止形が基本だが、「係り結び」という特殊な相関構文に対応するための活用形もまた「**まし**」には必要であった。即ち：
1）係助詞「**ぞ**」・「**なむ**」と呼応して係り結びをなす「**まし**」＝連体形の「**まし**」
2）係助詞「**こそ**」と呼応して係り結びをなす「**まし**」＝已然形の「**ましか**」
・・・の2つの場合への対応のみを唯一の使い道とする「連体形**まし**」・「已然形**ましか**」もまた存在したが、係り結びを形成するため以外にこれらの活用形が用いられることは（極めて稀な例外を除いて）なかった。

　上の「連用形」・「命令形」で考えたのと同じ理屈で、「**まし**」の直前までの部分で既に「一連の仮想事態の記述は完結している」のだから、「文中にあって直後に体言を従える形」の連体形「**まし**」も成立しない。わずかに、「・・・と想定した場合の、そのA」という形で（「**む**＋A」・「**むずる**＋A」によくあるような）「婉曲」の用例と、直後の体言が消失した「・・・と想定したその場合」という形の（これも「**む**」及び「**むずる**」にしばしば見られる）「準体法」の用例が、少数見られるのみである。
　連体形「**まし**」＋体言による「婉曲」例）「高光る我が日の皇子(みこ)の万代(よろづよ)に国知らさ＜**まし**＞島の宮はも」『万葉集』二・一七一
　（現代語訳）（もしも御存命だったとしたならば）長らくこの日本国を統治なさっていたであろうところの日本国の宮様（＝草壁皇子）よ
　・・・今は亡き皇子への哀悼歌の中に現われた「連体形＋体言」の珍しい例である。

連体形「まし」による「準体法」例)「おほかたの儀式などは、内裏(うち)に参り**給は＜まし＞**［事］に変はることなし」『源氏物語』「竹河」

(現代語訳)儀式のあらましは宮中への入内(をしたと想定した場合)と変わりありません。
・・・「宮中に入内＝天皇の奥様になる」とは想定するも大それた話なので、現実的響きのある「**給は＜む＞**」を避けて反実仮想「**給は＜まし＞**」とした例である。
上の２例のような「連体形**まし**＋体言」の用例は例外中の例外で、「**まし**」連体形は通例「係り結び専用形」と考えてよい。「已然形**ましか**」も同様で、「係り結び」以外の已然形の用法としてあり得る次の３つは、「**まし**」に関しては不成立である：

(×)「已然形＋**ど／ども**」による逆接の確定条件＝「ましか＋ど／ども（・・・と想定するけれども）」

「・・・と想定する、ので、〜だと思う」というのが「・・・**ましかば、〜まし**」の仮定表現なのだから、成立するのは「順接」のみであり、「逆接」などはあり得ない。
(×)「已然形＋**ば**」による順接の確定条件＝「ましか＋ば（・・・と想定するので）」

この「**ましかば**」の形ならば「未然形＋**ば**」と解されて「もしかりに・・・ならば」の仮定条件になるわけで、「・・・と想定するので」の確定条件にはなり得ない。
(×)（鎌倉期以降の）「已然形＋**ば**」による順接の仮定条件＝「ましか＋ば（・・・と想定するならば）」

「仮に・・・と想定するならば」の仮定条件の解釈はよいとしても、この形ならば「未然形＋**ば**」の「**ましか＋ば**」とみなすのが妥当であり、「已然形＋**ば**」ではない。
・・・このように「**まし**」は、活用形に関する限り、「条件文を成立させるための活用形＝未然形」と「帰結文を成立させるための活用形＝終止形（＋係り結び専用の連体形・已然形）」しか持たない硬直的な使われ方をした助動詞なのであった。

活用形の少ない助動詞というものはまた、その使われ方が一定の定型表現に限定され、やがてその表現が廃れるとともに死語と化す場合が多い。この「**まし**」も例外ではなく、鎌倉時代にはすでにもう口語としては使われなくなり、文章語として細々と生きながらえる状態に入り、やがて死滅してしまった。こうして、英語の「仮定法」に相当するロジックが日本語から失われ、「仮定法ってチンプンカンプン」という日本人英語学習者の必然的増殖をも招いたわけである・・・嗚呼「**まし**」の死**なかりせば**、英語音痴も少しはマシに**ならましものを**（ぁ、あまりマジに取らないでおくん**なまし**）。

■１０)（０１３）—「願望」の「まし」（未然形接続）—
先の項の説明と一部重なることだが、助動詞「**まし**」が実現性の低い（または現実と反対の）事柄を想定して「できれば・・・ならいいのになぁ」と（ないものねだり

的な)「願望」を表わす用法ではしばしば、その非現実性を嘆く感じで「・・・**まし＋ものを**」／「・・・**まし＋に**」／「・・・**まし＋を**」のように「詠嘆の終助詞」が「**まし**」の後に続く。外形上の判断材料としては有力な手がかりなので、まとめて熟語的に覚えておくとよいだろう。

　また、「完了(というより確述)」の助動詞の介在する「(連用形＋)**て＋まし**」／「(連用形＋)**な＋まし**」の形で用いられる場合が多いことも、銘記しておくべきだ。
　「安らはで寝＜なまし＞ものを小夜更(さよふ)けて傾(かたぶ)くまでの月を見しかな」『後拾遺集』恋二・六八〇・赤染衛門(あかぞめゑもん)
　(現代語訳)ためらわず寝入ってしまえばよかったものを(あなたが「すぐ会いに行くから、待っておくれ」などと言ったものだから)夜明けの空に傾く月を、一人ぼんやり待ちぼうけの寝床で、見送る羽目になってしまいましたよ。

　「・・・**まし**」の基本義は「・・・なことだろう」という推量であるから、「本来ならば、・・・が妥当であろう」という事態を想定しつつ、「実際にはその本来妥当な姿からはズレてしまった」という表現が「**なまし／てまし**」であって、この場合英語ならば「仮定法過去完了」時制で次のように表現するところである。
英語例)　I ***should have slept*** without hesitation, if you ***had not told*** me to stay up for you... I did, only to see off the moon into the dawn after this vain, solitary night.

　このような時制ズラしは英語では必須だが、「時制としての過去形を持たない」日本語(次項「**き**」・「**けり**」の箇所にて後述)の場合、仮想対象の時点が「過去」だろうが「現在」だろうが「未来」だろうが、用いる形は常に「・・・**ましかば、～まし**」のみである。

　英語の仮定法に近い意味を表わす古語「**まし**」は、現代日本語には引き継がれずに死語となったが、「願望」表現の「**な＋まし**」は、現代日本語にもなお(時代がかった冗談風表現として)「どうか助けておくん＜**なまし**＞」のような形で残っている。

ー連用形接続助動詞群ー

■10)(014)ー「き」・「けり」は「過去」？(連用形接続)ー
●「来」に由来する、「直接体験過去」の「き」と「間接伝験過去」の「けり」
　動詞「来(く)」の連用形(名詞化)「**き**(＝来歴)」に由来する助動詞が「**き**」であり、そうした来歴があったこと(＝**き＋あり→きぇり**)に由来する助動詞が「**けり**」である。その由来ゆえに、「**き**」は「過去のある時点で〜ということがあった」という「一点に於ける過去」であるのに対し、「**けり**」は「発生時点から現在に至るまでの時間幅をもった過去」である。
　過去の出来事について語る時、その「発生時点」に視点を置いてこれを(目撃証言的に)語ることができるのは、その出来事に直接立ち会った当事者だけだから、一点

過去型の「**き(来)**」は「直接体験過去」と呼ばれ、出来事発生場面に於ける「登場人物の直接話法の台詞・・・漫画用語で言う"吹き出し"、英語では speech balloon」を、現在の時点で「体験者は語る」的に間接話法化した描写の感じになる。一方、自分自身が直接体験した過去でなくとも「〜ということがあった（＝**来あり**）」という伝聞調の語り口（＝「間接体験過去」）は可能であり、こちらは「**けり**」の領分である。

古典文物での出現頻度は当然の如く「**けり**」が「**き**」を圧倒する。『源氏物語』等の作り物語中での「過去」のほとんどすべてが「**けり**」であり、「**き**」は作中人物の「直接話法」や「心内語」以外では登場せず、比較にならぬほど出現頻度は低い。

● 「気付き」と「詠嘆」の「けり」

自分自身が（間接的又聞きでなく）直接体験した過去に関して「来歴あり＝**けり**」を付ける場合、体験してはいたもののそれまで気付かずに（又は、忘れて）いた過去の体験について、今更のように「あぁ、あった、あった、確かにそういう事が過去にあったっけ」の感覚となる：これを「気付きの＜**けり**＞」と呼ぶ。

気付き「けり」の例）「げにげに、さる事あり<**けり**>」（そうそう、そういう事が前にありました）

そうして自ら体験しながらしばし意識から消失していた過去の事柄について今更のように気付いて回想的に述べる感覚とはやや異なり、外界の事象中に今ふと発見した初体験の事柄について、「自分は今まで知らなかったけど、こういう風になってたんだねぇ」と感慨を込めて述べる用法もある：「詠嘆の＜**けり**＞」と呼ばれるものであり、短歌や俳句に多用されるので、日本人なら誰もが耳にしたことのある語法であろう。

「降る雪や明治は遠くなりに<**けり**>」中村草田男

（現代語訳）あぁ雪がしんしんと降っている・・・以前にも見たっけなぁ、こんな風景・・・思えば、遠い過去のことになってしまったなぁ、明治の昔の雪景色・・・

● 「き」の接続の特殊性

助動詞「**き**」の活用形は「終止形」「連体形」「已然形」の三形のみである（「未然形」「連用形」「命令形」はない）。その接続する先の活用形は基本的に「連用形」であるが、カ行変格活用／サ行変格活用に対する接続では「未然形」となる場合もある等、やや変則的である。その変則性は、「**き**」の語源学的事情に起因するものだ。

カ変動詞、即ち「**来(く)**」は、その連用形（が名詞化した）「**き**」が過去助動詞「**き**」の直接の祖先にあたるものだけに、(×)＜カ変連用形（**き**）に対し、過去助動詞終止形｛**き**｝が続く＞という接続はしない。「**きき**」という聞き苦しい同音重複自体も鬱陶しい上に、「御先祖様との２ショット」の並び方は理屈上も不都合なのだ。従って、カ変（**来**）に対する助動詞「**き**」の接続としてあり得るのは、以下の形となる：

◆カ変連用形（き）に対し、連体形｛し｝／已然形｛しか｝が続く

◆カ変未然形（こ）に対し、連体形｛し｝／已然形｛しか｝が続く

そしてまたサ変動詞即ち「為(す)」は、その連用形(が名詞化した)「し」が過去助動詞「き」の連体形「し」及び已然形「しか」の祖先にあたるので、(×)＜サ変連用形（し）に対し、過去助動詞連体形｛し｝／已然形｛しか｝が続く＞という接続はしない。「しし」なる同音重複は憎ったらしいし、「先祖返りした二重写りの心霊写真」は無気味なので、避けたわけである。従って、サ変（為）に対する過去助動詞「き」の接続としてあり得るのは、以下の形となる：

◆サ変連用形（し）に対し、終止形｛き｝が続く

◆サ変未然形（せ）に対し、連体形｛し｝／已然形｛しか｝が続く

●「き」と「けり」は、過去時制表示記号に非ず、単なる心理的様相表明記号なり

一般に「過去の助動詞」と呼ばれる「き」と「けり」ではあるが、西欧言語の文法用語としての「過去」と、日本の古語の「き／けり」が表わす「過去」とは、質的に全く別物であることを認識する必要がある（が、日本人はほぼ全員、無自覚である）。

純然たる文法的観点から言えば、日本の古語には（この意味では、現代日本語にも）「過去形は存在しない」。過去形はなく「全ての動詞は現在形」が基本であり、そこに「過去の色彩を添えたい」場合にのみ、「これ、自分の体験として個人的記憶の中にある出来事なんだけどね」という場合には「き」を、「これって、人から聞いた話なんだけどね」あるいは「これ、他人事じゃないけど、今の今まで気付かずにいて、ふっと今思いついた話なんだけどね」という場合には「けり」を付ける、というのが日本の古語に於ける過去形の実体、「過去の助動詞」というよりも「心理的様相(phase:フェーズ)表明記号」なのである。

この点、「〜た」の形で（古語「たり」の名残りの残る表現を用いて）「過去の演出」を折々添えるだけの現代日本語も全く同様であって、日本語には今も昔も「西欧言語でいうところの動詞の時制区分」は存在しない（＝全ての動詞は現在形一辺倒である）という事実をきちんと踏まえておく必要がある。

●英和対照「過去形」の姿

上記の事実を日本人が思い知るには、きちんとした時制区分のある外国語という「鏡」に映してみる必要がある（鏡に映さない限りは、誰一人自らの姿を見ることはできないのだから）。現代日本人にとっては「英語」がその最適任外国語であろうから、英語の動詞を例にとって「日本語に過去形なし」の真実を解き明かすことにしよう。

英語の例）I ＜*went*＞ to the park yesterday and ＜*saw*＞ an old friend of mine by accident, who ＜*told*＞ me that I ＜*looked*＞ much thinner and even ＜*asked*＞ how I ＜*[had] reduced*＞ my weight; I ＜*told*＞ her simply that I ＜*was*＞ a married and worried woman now.

（日本語訳）昨日公園に＜＜**行った**＞＞ら、古い友達と＜＜**会った**＞＞の。そしたら、その人が＜言う＞のよ、私ったら前よりずっと痩せて＜見える＞って。で、どうやって＜＜**やせた**＞＞のかなんてことまで＜聞いて＞くるから、私、彼女に一言＜＜**言った**＞＞の：「私も今じゃ既婚者の悩み多き女＜なの＞よ」って。

英語の場合、「全ての動詞は、その属する時点に応じて、過去／現在／未来のいずれかの形態に語尾変化させて使用すること」というルールが厳密に守られるため、終始「過去モード」で推移する上記の英文では、登場する8つの動詞の全てが**＜過去形＞**（一部、過去完了形）となっている点を、まず確認してもらいたい。

　一方、同じ文章の日本語訳では**＜＜過去モード＞＞**で語られているのは8つの動詞のうちの半分の4つだけ、残りはすべて＜現在モード＞である。話者が「そこに特段の時制のズレを演出する必要はない」と感じたなら「動詞の時制はすべて現在のこととして流す」のが日本語のルールであって、上の文章で**＜＜過去モード＞＞**となっている4つについては、「ここは、現在／過去、の時間の対比を強調したほうがいい」と話者が感じたから、その「話者の心的態度（モード：mode というよりムード：mood）」に応じて、**＜＜行った＞＞**（冒頭で過去の話であることを宣言）／**＜＜会った＞＞**（左に同じ）／**＜＜やせた＞＞**（その話の時点に至るまでの数ヶ月、あるいは数年に渡る「ダイエット努力の過程」を「過去の思い出話」として聞き出そうとしての過去モード）／**＜＜言った＞＞**（現在モードがしばし続いたので、話の最後に、「以上、公園内での旧友との会話でした」の再確認の意味を込めて過去モードで締めている）、という「恣意的な時制演出」を行なっているだけなのが、日本語の特性なのである。

●「時制区分」がそもそも不可能な「漢字」・「中国語」と、「日本語」の関係

　こうして「話者の心的態度に応じて＜現在＞**＜＜過去＞＞**を好き勝手に演出」するという日本語の（古今変わらぬ）特性は、和語の表記記号である「漢字」（＆その本家本元たる「中国語」）の言語学的特性と無縁でないことに気付くべきであろう。

　例えば英語の「I live」（現在形）を訳す場合、日本語なら「私は生きる」／中国語なら「我生」となろう。では「I lived」（過去形）ならどうなるか？日本語なら末尾に「過去助動詞＜た＞」を付けて「私は生き＜た＞」で過去を演出できるが、カナもなく動詞の「語尾変化」が不可能な中国語には「我生＜タ＞」的表現は存在しない。逆に考えれば、たとえ存在しても、過去の話だからといって全動詞の直後に「過去演出漢字」を付けて字数を増やしたのでは、口幅ったくてやってられまい（この芸当は「動詞内部の軽い語尾変化」だからこそ可能なのである）；だから「前後の文脈から**＜＜これは過去の話だ＞＞**ということはわかるはず」と割り切った上で「時制の明示などせぬ」と開き直ったルールの上で事を運ぶのが中国語＆中国人の（語尾変化が構造的に不可能な漢字世界ならではの）潔い割り切り方なのである（・・・一応付言すれば、中国語でも動詞直後に「了 (ラ)」を付ければ「過去／完了」の意を添えられるが、これは「助動詞」でもなければ「語尾変化」でもない単なる「過去＆完了の副詞」である）。

　これに対し日本語は、その中国語の表記記号としての（＝時制明示不可能文字たる）「漢字」を引き継ぐことで、時制無視の現在形一辺倒の割り切った「感じ」をも引き継いで「＜基本的に＞ぜぇーんぶ現在形！」としておきながらも、幸か不幸か「漢字

の崩し文字としての表音記号＝かなもじ」を発明してしまったおかげで、「英語＜的＞」な活用語尾変化の自由度をも手にしてしまったので、時折り「ここに**＜気分的に＞過去**で語りたい感じ」という場面では「**き**」だの「**けり**」だの（現代語なら「**た**」あたり）を活用語のおしりにくっつけては、何かを思い出したかのように時の彼方へと視線を転じる気まぐれを演じつつ展開するわけである。

　そういういい加減な（or *話者にとって好い加減の*）言語が日本語だから、外国人にとっては（明快に割り切ってかかれる「現在オンリー」の中国語と違い）タチが悪い。「漢字御本家」の中国人からも「日本語はなんで現在一本にしないのか？」と問われそうなところだが、特に西欧人にとっては「中国語と違って、**過去形がきちんと存在する**」ように見えるのが日本語なのだから、その過去形を使ったり使わなかったりの「身勝手極まる時制ひっかき回し話法」は、心理的に落ち着きが悪い代物である。「何で全ての動詞ごとにきちんと時制を使い分けないのか？」と彼らはイライラすることであろう。**実際には**「**き／けり**」は「**過去形に非ず**」なのだが、その事実の認識を西欧人に求めるのは難しかろう。なにせ、当の日本人ですら「**き／けり＝過去の助動詞**」と（ほぼ全員が）勘違いしているくらいなのだから。「日本人は筋を通すってことができない連中なのか！？」と西欧人が感じ苛立つ物事は実に数多いものであるが、日本語を学ぼうとする西欧人にとってこの「*身勝手時制言語*（本当は、**時制を持たない心的様相表明一辺倒言語**、が正しい言い方）」という特性もまた、確実にその一つであろう。

　逆に、日本人が英語を初めとする西欧言語を学ぶ時に、最初の大きな障壁となるのが「動詞時制の律儀な統一」という「筋の通し方」である。言語学的に（も心理学的にも）極めていい加減＆身勝手な流儀で動いても誰からも咎められない日本人にとって、この種の透徹した論理性のゲームを100％の正確性で演じ切ることは、極めて困難なことなのだ；が、そんな「首尾一貫したルールへの几帳面なまでの忠義立て」を自らの言語学的体質とした後で、「筋を通さぬ日本語（人・国）のやり方」に従来慣らされ続けてきた日本人が、今更のように気付き学び取ることになる事柄は、単なる語学的修得以上の巨大なものとなろう・・・それが語学の（恐ろしくも）尊い部分である。

■１０）（０１５）―仏教説話の断定過去的「き」（連用形接続）―
●「仏教説話」はかく語り「き」
　通常、自分自身が体験したわけでもない過去の事柄には「**けり**」（間接体験過去の助動詞）を付けるが、その「伝聞」の弱い響きを嫌って「**き**」（直接体験過去助動詞）を付けて「断定調」を演出する特異な語法がある。仏教の教典や中世説話等の硬質な文体にはよく見られるが、中古女流文学には（文法的にも語調的にも）あり得ぬ話だ。

こんな芸当ができるのも、「**き**」・「**けり**」が厳密な意味での「過去時制表記記号」ではなく、「過去の出来事に対する話者の心的態度表明記号」であるからこそ、である。「〜だった、ということだ」なる柔和な響きは、平安時代にこそ相応しく、意志的・強圧的・独断的言動で他者を押し切り自分の言うことを聞かせようとする勢いに任せて書かれた感じの武家（&高い所から物言う坊主）の世である中世以降の文物には、「〜だったのだっ！（わかったか？）」の響きを持つ「・・・**きっ**！」こそよく似合う。
●ツァラトゥストラにあれこれ語らせてみる
　試みに、「ツァラトゥストラはかく語り**き**」（「超人思想」を大胆に述べたドイツの哲学者ニーチェの著書名の邦題である）を、各種の古語表現で見比べてみよう。「婉曲なる平安調」から「剛直なる鎌倉調」へと順次並べてみるので、言葉に表われた時代の流れを、感じ取ってみてほしい。
1）つらとすとらかく<u>かたれ</u>＜り＞
　・・・「**り**」は元来「連用形（＝名詞化語形で、ここでは＜**語り**＞）＋**あり**＝**かたりあり**→**かたりぇり**→**かたれり**」で「そういうことがありました」の意を表わすもの。「そういう事態があった」ことを淡々と述べるのみなので、断定的主観性の色は薄い。
2）つらとすとらかく<u>かたり</u>＜ぬ＞
　・・・助動詞「**ぬ**」を付けると、何とも柔和・優美な感じになる。「**ぬ**」の語源は「消滅」を意味するナ変動詞「**去ぬ（いぬ）**」なので、「あぁ、確かにあったねぇ〜、そういうことが・・・今では過ぎ去りし過去のことだけどね」の響きを伴うのだ。南北戦争と共に失われた華やかなりしアメリカ南部の貴族的生活を（白人の視点で）描いた米国映画「風と共に去り＜**ぬ**＞」（*Gone* With the Wind : 1939 年公開）のあの感じが、郷愁漂う「**ぬ**」の味であって、そこにニーチェ的なスーパーな押しの強さはまるでない。
3）つらとすとらかく<u>かたり</u>＜けり＞
　・・・「**けり**」は元来「**き（来）＋あり**」で「そういう来歴がありました」の意。自らの「体験」の中にはないが「記憶」の中にはしっかりある、という主観コメントを付加する感じで、もっぱら「過去」寄りの「**かたりぬ**」よりも「回想により過去を現在へと引き寄せている」分だけ、「**かたりけり**」には強調的・自意識的響きがある。
＊番外）つらとすとらかく<u>かたり</u>＜たり＞
　・・・「**たり**」は元来「**て＋あり**」で「〜た状態で今そこにある」の意。「**かたり＋たり**」は（"御法度"のラ変＋**たく**に似て）響きが冗長だから現実には使われまいが、これが現代語「**かたっ＋た**」の祖先だったりすることはおくべきであろう。
4）つらとすとらかく<u>かたり</u>＜つ＞
　・・・助動詞「**つ**」には「念押し」の感じが伴う。その用法は「完了」と呼ばれることが多いが、「確かにそうなんだからねっ！」の押しの強さが伴えば「確述」と呼ばれる用法になる。その響きの強さゆえに、室町期以降はこの「**つ**」が、「完了 or

「確述」にとどまらぬ一般的「過去」の助動詞として（＝「**き**」・「**けり**」の代用語として）使用されるまでに至っている（一般の入試古文の対象年代よりは後代の現象だが）。
5）つらとすとらかく**かたり**<**き**>
　・・・最も断定口調の強いのがこれ**じゃき**！（最後の土佐弁はほんのオマケ**ぜよ**）
●「**き**」は死滅・・・そして「**し**」だけが残った
　かくて、中世の漢籍・仏典・説話に於いて「伝聞」も「直接体験」もお構いなしに「断定的過去の結び記号」として乱用されるようになった「**き**」であるが、近世以降は文語表現として細々と残るのみで、次第に風化して行くことになる。
　室町期には「連体形係り結び」の文末断定口調表現が汎用化したことで「連体形」が「終止形」を押しのけて「実質的終止形」の地位を獲得して行ったので、「終止形」としての「**き**」は衰え、「連体形」の「**し**」だけが生き残ることとなった。「いろは歌」の「**あさきゆめみ**<**し**>」を「浅き夢見<**じ**>打消意志助動詞終止形」と読まず「浅き夢見<**し**>過去助動詞連体形→終止形」と平然と誤読するのが「当世日本語風」なのである。
●「なつかしき」完了語法としての「**き**」連体形
　助動詞「**き**」を連体形「**し**」で用いた場合、直後の体言に「追憶・懐旧・惜別」の響きを添える効用がある。これは英語の過去分詞が持つ（「受身」と対比した場合の）「完了」の語法に相当するものである：
懐旧的連体形「**し**」の例）
　「往に**し**方（いにしへ：the time gone by・・・遠くに行ってしまった過去）」
　「来**し**方行く末（きしかたゆくすゑ：what I've been through, where I'll go・・・我が身の、これまで、そして、これから）」
　「在り**し**日（ありしひ：the days already gone・・・今となっては昔のあの頃）」
　「見**し**夢（みしゆめ：dreams that didn't come true・・・かつて見た夢、今じゃもう、夢）」

■１０）（０１６）―「**けむ**」と「**らむ**」（連用形・終止形接続）―
●「**けむ**」と「**らむ**」とはうりふたつ
　「**けむ**」は「過去の推量」だから、語源としては当然「過去助動詞**き**（未然形**け**）」＋「現在推量助動詞**む**」が想定されるところであるが、その他にも「**来（き）**＋経（へ）＋推量助動詞**む**」／「過去助動詞**き**＋推量助動詞古形**あむ**」の語源説がある。
　いずれにせよ「**む**」の過去版っぽい「**けむ**」ながら、実際には「**む**」よりも「**らむ**」の対照語と言うほうが正しく、推量の対象となる時制が「現在」なら「**らむ**」／「過去」推量なら「**けむ**」というだけで、語法的には「**らむ**／**けむ**」は鏡に映したように瓜二つ。ただし、両者の接続は、「**けむ**＝連用形」／「**らむ**＝終止形」と異なっており、「**らむ**」には「**けむ**

にはない特殊な「理由系疑問詞省略型疑問文」の用法がある点に要注意である。
●「らむ」の来歴と、終止形接続の理由
　「過去」に属する事態の推量として、語源的に「来(き)」含みの「けむ」が「連用形接続」なのは自然である。同様に「来(き)」に由来する過去の助動詞「き」や「けり」もまた「連用形」接続：時制的に「過去」寄りの語はみな連用形接続なのだ。
　一方、「らむ」は現在の事柄について「･･･という事態(or原因)があるのだろう」と推量する助動詞であり、その推量の部分には（「けむ」と同様に）助動詞「む」を含む。組成的には「･･･あり＋む→あり＋あむ→ありゃむ→あらむ」からの頭音「あ」の消失形として生まれたのが「らむ」とされる。
　その語源から論理的に考えれば、「あらむ→らむ」は「終止形」よりむしろ「連体形（の準体法）」の後に続けるのが妥当、との仮説もアリかもしれない。即ち「言ふらむ」（言うだろう）を「言ふ(終止形)＋らむ」とは見ず、「言ふ(連体形)＋事＋あらむ」（言うという事があるだろう）からの「事」消失による「言ふ(連体形)＋あらむ」の「準体表現」と見るわけである。この「連体形準体法＋らむ」仮説に従って各活用形ごとの接続を整理すればどうなるか、検証用に、並べて見てみよう：
＊「四段連体形＋らむ」＝「終はる [事] ＋ぁる＋む→○おはるらむ」
＊「上一段連体形＋らむ」＝「居る [事] ＋ぁる＋む→○ゐるらむ」
＊「下一段連体形＋らむ」＝「蹴る [事] ＋ぁる＋む→○けるらむ」
　･･･これら3つの活用形に関しては、「連体形」も「終止形」も同形だから、特に問題はない；が、以下の活用形の「連体形」は「終止形＋る」だから（ラ変のみ「終止形＝あり／連体形＝ある」）、現実の「終止形＋らむ」とは異なる接続となってしまう：
＊「上二段連体形＋らむ」＝「朽つる [事] ＋ぁる＋む→× くつるらむ」
＊「下二段連体形＋らむ」＝「捨つる [事] ＋ぁる＋む→× すつるらむ」
＊「カ変連体形＋らむ」＝「来る [事] ＋ぁる＋む→× ぐるらむ」
＊「サ変連体形＋らむ」＝「為る [事] ＋ぁる＋む→× するらむ」
＊「ナ変連体形＋らむ」＝「死ぬる [事] ＋ぁる＋む→× しぬるらむ」
＊「ラ変連体形＋らむ」＝「在る [事] ＋ぁる＋む→○あるらむ」
　現実の「らむ」の接続では、これら「連体形と終止形が異形」の活用形の中では、「ラ変」のみが特例的に「連体形＋らむ」接続となっているだけで、それ以外の5形（上二段・下二段・カ変・サ変・ナ変）では「終止形＋らむ」である。では、「ラ変」とその他5形（上二段・下二段・カ変・サ変・ナ変）の「終止形」の違いは、何か？「ラ変」のみが「あり」の「イ音」終止なのである。そもそもこの「あり＋む＝ありゃむ→あらむ」からの頭音「あ」消失が「らむ」の語源なのであり、「あら (未然形)＋らむ」も「あり (連用形・終止形)＋らむ」も「あれ (已然形・命令形)＋らむ」も音調的に見て不自然なので、「ある (連体形)＋らむ」の接続が選ばれるのは当然

である。
　こうして「ラ変の場合のみ、連体形＋**らむ**」は妥当と言えるわけだが、では「ラ変以外の5形（上二段・下二段・カ変・サ変・ナ変）」での「連体形＋**らむ**」は、何故ダメなのか？‥「**らむ**」の語源が「**あらむ**」であることを思い起こし、「**らむ**」を「**あらむ**」に変えて、全ての動詞型を「連体形＋**ぁらむ**」で書けば、理解できるであろう：
* 「四段連体形＋**らむ**」＝「終はる［事］＋ぁる＋む→おはるぁらむ」
* 「上一段連体形＋**らむ**」＝「居る［事］＋ぁる＋む→ゐるぁらむ」
* 「下一段連体形＋**らむ**」＝「蹴る［事］＋ぁる＋む→けるぁらむ」
* 「上二段連体形＋**らむ**」＝「朽つる［事］＋ぁる－む→くつるぁらむ」
* 「下二段連体形＋**らむ**」＝「捨つる［事］＋ぁる－む→すつるぁらむ」
* 「カ変連体形＋**らむ**」＝「来る［事］＋ぁる＋む→くるぁらむ」
* 「サ変連体形＋**らむ**」＝「為る［事］＋ぁる＋む→するぁらむ」
* 「ナ変連体形＋**らむ**」＝「死ぬる［事］＋ぁる＋む→しぬるぁらむ」
* 「ラ変連体形＋**らむ**」＝「在る［事］＋ぁる＋む→あるぁらむ」

　こうして並んだ右端の語形は、そのままではいかにも不自然であるから、そこからは当然次のような音便形への変化が生じるはずである：
* 「四段連体形＋**らむ**」＝「をはるぁらむ→×＜おはら＞む」
* 「上一段連体形＋**らむ**」＝「ゐるぁらむ→×＜ゐ＞らむ」
* 「下一段連体形＋**らむ**」＝「けるぁらむ→×＜け＞らむ」
* 「上二段連体形－**らむ**」＝「くつるぁらむ→○**＜くつ＞らむ**」
* 「下二段連体形－**らむ**」＝「すつるぁらむ→○**＜すつ＞らむ**」
* 「カ変連体形＋**らむ**」＝「くるぁらむ→○**＜く＞らむ**」
* 「サ変連体形＋**らむ**」＝「するぁらむ→○**す＜らむ＞**」
* 「ナ変連体形＋**らむ**」＝「しぬるぁらむ→○**＜しぬ＞らむ**」
* 「ラ変連体形＋**らむ**」＝「あるぁらむ→×＜あら＞む」

　こうして見れば、先ほど「連体形＋**らむ**」では問題ありとされた「上二段・下二段・カ変・サ変・ナ変」の5形が、音便を経て、見事に「終止形」へと収束しているのがわかる。しかし逆に、先ほどまでは「連体形＋**らむ**」で問題なしだったはずの「四段・上一段・下一段・ラ変」の方が、次のような問題を生じるに至っている：
◆ 「上一段・下一段」の場合は「未然形or 連用形＋**らむ**」の形に化けている。
◆ 「四段・ラ変」の場合は「未然形＋**む**」の形に化けている。

　「**らむ**」は「現時点で、そうなっているのであろう」と推測する助動詞なのだから、「未然形＝いまだそうなってはいない」への接続は論理的に問題ありと言えるだろう。やはり「四段・ラ変」／「上一段・下一段」に於いては「連体形or 終止形」でなければいけないわけで、そこから音便を生じた末の「未然形接続」に化けられては困るのだから、「連体形or 終止形」の語形が固持されることになる。

一方、連体形と終止形が異形の「ラ変」及び「上二段・下二段・カ変・サ変・ナ変」は、「終止形＋**らむ**」にせよ「連体形＋**らむ**」にせよいずれにせよ、「ぁらむ」の祖形との関係上、最終的には「終止形＋**らむ**」の語形へと収束する運命にあるわけだ。
　結局、語源学的組成に着目した「連体形接続」説を取るにせよ、一般的に言われている「終止形接続」説を取るにせよ、「**らむ**」のつながる先は、最終的には「終止形」（ラ変の場合のみ連体形「**ある**」）しかない、という結論に落ち着くわけである。

●「らむ」と「けむ」の具体的用法

　（時制と接続を除けば）大方は同じ意味を表わす「**らむ**」／「**けむ**」の用法を全て具体的に書き出せば次のようになる。「推量」の場合、「疑問詞」を伴う／伴わない（＆伴わないが伴うものとみなす「**らむ**」の特殊用法・・・後述）の違いにも注意したい。

◆1)「単純推量」＝現在／過去に於いて「存在している／存在した」とは確認できない事態について、「現時点で・・・だろう」／「過去の時点で・・・だったろう」という推量または疑問の念を表わす。

　　疑問詞なし例)「今を盛りと花も咲く＜らむ＞」（今頃は桜の花が真っ盛りだろう）
　　疑問詞なし例)「そのかみはさぞまうなり＜けむ＞」（当時はきっと猛烈に栄えていたのだろう）
　　疑問詞付例)「今は**いづこにおはす**＜らむ＞」（今頃はどこにおられるのだろう？）
　　疑問詞付例)「年頃**いかですごし**＜けむ＞」（数年来、どうやって暮らしてきたのだろう？）

◆2)「原因推量」＝現在／過去に於いて「存在している／存在した」と確認されている事態について、「どうして・・・なのか／・・・だったのか」という原因・理由（その他の事情）についての推量または疑問の念を表わす。

　　疑問詞なし例)「憎ければ斯(か)くす＜らむ＞」（嫌いだからこんなことをするのだろう）
　　疑問詞なし例)「憎からずや思ひ＜けむ＞、年ごろ文など交はしけり」（好意を寄せていたからだろうか、数年来手紙のやりとりなどをしていたのだった）
　　疑問詞付例)「**など然**(さ)**は言ふ**＜らむ＞」（どうしてそんなことを言うのだろうか？）
　　疑問詞付例)「斯かる事をば**いかで知り**＜けむ＞」（こんなことをどうして知ったのだろう？）

◆3)「伝聞」＝現在／過去に於いて「存在している／存在した」と自分自身が確認したわけではない事態について、他者から聞いた情報として「・・・だそうだ／・・・だったそうだ」という又聞きの形で述べる。（連体形での使用例が多い）

　　例)「唐土に**ある**＜らむ＞火鼠の皮衣(かはごろも)」（中国にあるとかいう火ネズミの毛皮）
　　例)「上がりたる世に**あり**＜けむ＞事ども」（上代の昔にあったと聞く様々なこと）

●「原因推量らむ」の「疑問詞省略」語法

　現在推量の「**らむ**」では（特に和歌の中で頻出する）次の特殊用法に要注意（この用法は「**けむ**」にはない、という一点が「**らむ**」と「**けむ**」の決定的相違である）：

◆原因推量特殊型)「原因・理由に関する疑問詞抜きの疑問文（＝詩文型【**らむ**】）」

　・・・「原因・理由」を表わす語句は伴わず、「疑問詞」をも（表面的には）伴わないが、

言外に「疑問詞」が含意されているものとして、これを補って読む。
「久方の光のどけき春の日に静心(しづこころ)なく花の散る＜らむ＞」『古今集』春下・八四・紀友則(きのとものり)
　(現代語訳)穏やかな春の日、のどかに流れる時間の中で、桜の花びらだけが、落ち着かぬ心持ちで散るを急ぐのは、いったいどうしてなんだろう。
　・・・この歌の最後の「**らむ**」は、「〜だろうか？」と訳しただけでは言葉足らずである。「落ち着かぬ心持ちで花は散るだろうか？」と問うまでもなく、現に桜の花びらは詩人の眼前をはらはらと散っているのだ・・・問題は「何故」そんなに散るを急ぐか、の方であって、そう考えればこの歌には意味上当然存在すべき「why?：**何故・などか・なに・など**」などの「疑問詞」が、省略されていることに気付くだろう。
　そしてまた、この歌の末尾の「**らむ**」は「終止形」ではなくて「連体形」である：上述した「見えない疑問詞」と呼応して「係り結び」を形成するからだ。
　この「疑問詞省略型**らむ**」は恐らく、字数に制約のある短歌の中での修辞法として自然に生じたものであろう；が、字数の制約のない散文にも、同様の語法は見られる。
　その一方で、これと同様の「WHY(何故)系疑問詞を伴わぬのに言外にその疑問詞を含意する用法」は、過去推量の「**けむ**」には見られない。これは「**らむ**」／「**けむ**」の時制の相違に起因するものである。具体的に言えば、「事態と原因の渾然一体現象」が、「現在」を問題にする「**らむ**」には起こり得るが、「過去」を対象とする「**けむ**」にはあり得ないから、ということになる。
●「事態」+「原因」を同時にみつめる「**らむ**」／「事態」と「原因」は切り離して考える「**けむ**」
　「**らむ**」は、眼前にある『事態』を認識するのと同時進行の形で、その事態の背後にある「原因」(当然、その時点では未確認)をも推量する助動詞である。「事態」も「原因」もともに「現在」に同居しているので、心的態度としてはこれら両方と同時に向き合うことになるのだ；が、「事態」の方は確実に把握されている一方で、「原因」については未だよくわからない(場合が多い；神様や名探偵ならすべてお見通しかもしれないが)。わからないながらも、その「事態」を見る過程で自然に思い浮かべざるを得ぬものとして、「原因」が「事態」に付随している感じが「**らむ**」の特性である。
　しかし、「**らむ**」による叙述の主役はあくまで「眼前にある確かなものとしての、事態の描写」であり、「事態の背後にある不確かなものとしての、原因の推量」は脇役に過ぎない。それを主役に立てる意識があれば当然添えられているべき「疑問の語句（**など／などか／なにすとか／なにと／なにゆゑ／**等)」が付随しないのは、「原因についての考察文でなく、眼前の事態の観察文」の添え物として「(隠れた同時進行の形で) 原因へのさりげない言及」が含意されているだけだからこそ、なのである。
　一方、「**けむ**」は過去の事態に言及するものだけに、「事態」も「原因」も「眼前のもの」ではなく、本の中や人の話の中や自らの脳裏にある確定事態の記録(「**けむ**」

付きで語る時点では既に過去の事柄として意識され脳内にファイルされている想念)の中から呼び出した「客観的考察対象」として、「現象面／原因面」として別々に切り分けられて存在するものである。従って、「**けむ**」が過去の事態の「原因」について考察する場合には、それが過去の「事態」の観察と「同時進行形で、疑問詞も伴わぬ状態で」言及される、という(現在推量「**らむ**」的な)用法はあり得ないこととなる。「現在」の「事態」を眼前にして「原因」をも同時に思い浮かべる「**らむ**」にならば「事態が主役／原因は脇役」という渾然一体型の二本立て叙述は成立するが、「過去」の「事態」を客観的かつ「原因」と切り離して描写する「**けむ**」には、この種の語法は成立しないのである。「事態のみ」／「原因のみ」と、推量の対象はそれぞれ独立しており、「原因」を問題とする「**けむ**」の場合、そこには必ず「疑問の語(**なにゆゑ・なんぞ・なんど・など・などか**等)」が省略されない形で存在することになるわけだ。

　少々ややこしい話だが、とにかく「**らむ**」にだけは「疑問詞が見えずとも、あたかも存在するかのごとく、隠れた原因について疑問を抱く語法がある」ということは、古典文法上の重要テーマ(&試験頻出題意)であるから、絶対に忘れぬように。

■10) (017) ―「たし」=「甚し」(連用形接続)―
　現代までほぼ古典時代そのままの意味と形を残す珍しい助動詞が「**たし**」。「願望」を表わすその意味に解説は不要だが、現代では主に自身の意志・行動により実現したい願望を表わすのに対し、他者に対する願望の用法もあるのが古典時代の「**たし**」の特性である(現代日本語でも文語調でなら「他者への願望」の「**たし**」も存在する)。
　「常に聞き<たき>は、琵琶(びわ not beer)、和琴(わごん not wagon)。」『徒然草』十六・吉田兼好
　　(現代語訳)いつでも聞きたい気分の楽器は、琵琶と(中国製じゃなく和製の)琴。
　・・・この文では、「聞きたい」は筆者自身の願望を表わしている。
　「家にあり<たき>木は、松、桜」『徒然草』百三九
　　(現代語訳)家にあるのが望ましい木は、松と桜。
　・・・こちらの「ありたき」は、兼好法師自身が「松・桜を植えたい」というよりも、読者に対して「植えるのが望ましい」とお勧めしている感じである。
　訳出上何の苦労も伴わぬ助動詞「**たし**」について、覚えておくべきは以下の2点。
●1)「**たし**」の語源は「**甚し(いたし)**」であり、これが「連用形接続」であるのは、元来「名詞(=動詞連用形が名詞化したもの)+**いたし**」(例:**逢ひ**+**甚し**=逢瀬を望む気持ち甚大=あひいたし→あひたし)に由来するもの、と考えればよい。
●2)「他者への願望」の用法は常に「連体形」「連用形」及び「已然形係り結び」で用い、(現代語「**注意されたし**」的な)「終止形」言い切り文にはならぬ点に要注意。

■１０）（０１８）―「り」と「たり」（連用形接続）―
●「り」と「たり」の用法
　「**り**」と「**たり**」（「断定」でない方）は、意味の上では、以下のように全く同一の助動詞と見てよい。
◆１）「進行・継続」＝ある事態が、いま現在続いている意を表わす。
　・・・現代日本語の「〜てる／〜してる」として引き継がれており、英語で言えば「進行形」に相当する。
　例）「花まさに咲け＜り＞」（桜花は今まさに花盛りである）
　例）「人人こぞりて来＜たり＞」（人々は群れをなしてやって来ている）
◆２）「結果の存続」＝既に終わった動作・事態が、今なおその余韻を残している意を表わす。英語の現在完了（It's been a hard day!：あ〜きつい一日だったわい）に相当。
　例）「かの人には会へ＜る＞や」（もうあの人とは会ったのですか？）
　例）「はるばる来＜たれ＞ど、甲斐（かひ）もなし」（遠路来たけど、意味なかった）
◆３）「終結」＝動作・事態が完結し、今や既に過去のものとなったことを（多く、郷愁や後悔の念を含んで）振り返る。英語の現在完了（It's done：もうおしまい）に相当。
　例）「花すでに散れ＜り＞」（桜花はもう散ってしまった）
　例）「彼はみぐしおろし＜たり＞と聞け＜り＞」（あの女性はもう髪をおろして尼になってしまった、と聞いております）
　・・・英語の「完了形」に相当する２）と３）の境界線は曖昧で、現代語には引き継がれていない用法だけに、その解釈は（英語が苦手な）現代日本人には困難である。
●「たり」は「り」よりも多用されたり
　意味の上では全く同じと言える「**り**」と「**たり**」のうちでは、上代に「**り**」がまず最初に成立した。が、四段とサ変にしか付かない、というその接続の不自由さを補うために、あらゆる動詞（除 ラ変）に接続可能な「**たり**」が平安期に成立し、平安中期以降は後者が前者を圧倒的に上回る頻度で多く用いられるようになった。
●「り」の来歴
　「**り**」は元来、「動詞連用形の名詞化（Ａ）＋**在り（あり）＝Ａあり**」の末尾の「**り**」のみを取り出して助動詞扱いとしたもの。例えば、「**思ひ＋在り＝思ひあり→思へり**」の音便形が「**思へ＋り**」へと分解解釈されたのが助動詞「**り**」の始まりである。
　このように元々が「（動詞連用形による）名詞化表現＋**在り**」であるため、**助動詞「り」**は「ナ変動詞＝**死ぬ（しぬ）／去ぬ（いぬ）**」には付かない。「存在しなくなる」意を表わす「**死ぬ／去ぬ**」に、存在を表わす「**在り**」が付くのは非論理的だからである。同じ完了の助動詞でも、「**つ**」「**ぬ**」はナ変と共に「**死に＜ぬ＞**」「**死に＜つ＞**」と書ける

が、「死に＋あり→~~死ねり~~／死に＋て＋あり→~~死にたり~~」の語形はあり得ない。
　また、ラ変動詞「**あり**」を語源に含む関係上、「**り**」・「**たり**」が更にまたラ変動詞に付くことはない・・・筈なのだが、後代になるとこのあたりのルールは曖昧になり、「**侍りたり**」のような「ラ変＋**たり**」の冗長表現の例も見られるようになる。
●「り」のインチキ「命令形」接続
　上述した「**思ひ＋あり→おもひぇり→おもへくり＞**」の音便作用を経て助動詞「**り**」が結び付く四段動詞の「**思へ**」は、形の上では「命令形 (or 已然形)」だが、文末を言い切り形で終えるはずの「命令形」が、その後に助動詞を伴う道理がなく、実質的にこの「**思へ**（命令形）」は「**思ひ**（連用形が名詞化したもの）」が「**あり**」との結合の結果として化けた「連用形音便」に過ぎないことは、確実に覚えておくべきである。
●「り」のインチキ「未然形」接続
　また、「サ変動詞（"**為**"【せ・し・す・する・すれ・せよ】）」の場合は、その連用形が名詞化した「**し**（為＝行為）」＋「**あり**」の「**し＋あり→しぇり**」が音便化して「**せくり＞**」となる。この「**せ**」は「未然形」なので、助動詞「**り**」は「サ変動詞の場合だけは未然形接続」ということになる；が、「**り**」が表わす「進行・存続」や「完了」の意味は、動詞連用形（の形を借りた名詞）の後に続けてこそ意味をなすものであり、動作が「未だ成立していない状態＝未然形」に「**り**」が続く道理は、ないのである。
　こうして見ればわかる通り、「四段の命令形／サ変の未然形」という「**り**」の接続はあくまでも便法であり、本源的には「四段／サ変の連用形・・・の音便形」に接続していることを忘れてはならない（このあたりにこだわる態度が「語学」である）。
●「り」が「四段／サ変」以外の動詞に付かぬ理由
　「**り**」が何故「四段／サ変」の２つの活用形にしか付かないかについては、上述の「動詞連用形が名詞化したもの＋**在り**」という「**り**」の語源学的組成に加えて、古語に於ける「二重母音忌避現象」を思い起こせば理解できる。例えば上二段動詞「**くゆ（悔ゆ）**」を名詞化するために連用形にすると「**くい（悔い）**」となり、これに「**在り**」を付ければ「**悔い＋在り**」だが、「((く) i+a (り))」の部分の「i+a」の母音連続は古語では忌避されるので、上述「四段／サ変」の例にならって「i+a＝e」の音便形としたいところ・・・だが、そうなるとこの「**悔い＋在り**」に由来する助動詞「**り**」の接続は「**悔え＋り**」となる・・・のだが、あいにく上二段（及び上一段）活用には「**悔え**」という「e 段音」は存在しない・・・ので「**り**」は上一段・上二段活用では使えない。下一段・下二段動詞の連用形なら「i 段音」でなく「e 段音」なので「け＋あり→*蹴り*／受け＋あり→*受けり*」として問題ない筈・・・なのだが、実際の「**り**」の使用例は「四段＆サ変」のみ；どうも「**り**」は「サ変連用形＆四段連用形名詞化＋**あり**」の来歴はあっても「下一段・下二段連用形の名詞化＋**あり**」の遍歴の方は辿るに至らなかったようだ（その前にもっと便利な「**たり**」が成立してしまったのかもしれない）。

●「四段／サ変」以外への接続の必要上生まれた「たり」
　かくて、「継続・進行中」の意味を表わす助動詞「り」は「四段／サ変動詞以外には付かない」わけだが、「四段／サ変動詞」以外だって「継続・進行中」の意味になる場合はあるのだから、「四段／サ変」以外の動詞にもきちんと「継続・進行」の意味を表わす手段がなければ困るわけだ。そこで、ありとあらゆる「活用語の連用形」に接続可能な接続助詞「て」を介在する形で生まれた「連用形＋て＋在り」の音便形として、助動詞「**たり**（…**てあり**）」が生まれ、「上一段・上二段」「下一段・下二段」に加えて「四段／サ変」も含む（ラ変以外の）全動詞に付くその特性が、平安中期以降「り」を圧倒し、「完了助動詞と言えば "**たり**"」というほどに多用されたわけである。

■１０）（０１９）―「往ぬ」・「棄つ」に由来する「ぬ」・「つ」の特性（連用形接続）―
●「つ」・「ぬ」の用法
　ともに「完了の助動詞」と呼ばれる「**つ**」と「**ぬ**」の用法は（微妙なニュアンスの相違を無視すれば）全く同じで、以下の二つである。
◆１)「完了」＝動作・事態が既に完結し、今は行なわれていない意味を表わす。
　例)「見るべきほどの事は見＜**つ**＞」（見ておくべき事柄は、もう既にぜんぶ見た）
　例)「文や来＜**ぬる**＞」（お手紙はもう来ましたか？）
◆２)「確述」＝未だ起こっていない未来の事態や、現在起こっているであろう未確認の事態について、確信を持って強調的に述べたり、命令形で用いてその実現を強く望む意を表わす。
　例)「し＜**つ**＞べきこと心してせよ」（やっとかなきゃいかんことはしっかりやれ）
　例)「我蹴（け）ば人死に＜**ぬ**＞べし」（俺が蹴飛ばしたら人間なんて確実に死んじゃうぞ）
　「完了」助動詞は現代語には残っていないので、今の日本人には理解が難しいが、「**つ**」の命令形「・・・**てよ！**」による強烈オネダリ表現や、「**ぬ**」の命令形「**ね**」が表わす執拗な念押し表現をヒントに「確述」の響きを確実に理解して**よ**（**ねっ！**？）。
　「確述」は「未来」を対象とし、「完了」は「過去」を対象とする。この点の錯誤による失敗例は実に多い。「**ぬべし**」や「**つべし**」のように直後に助動詞を従えた連語形なら定型句的に覚えておけば問題ないが、単独の「**つ**」・「**ぬ**」による「確述」は大怪我のもと・・・有名な例が、「いろは歌」に含まれる「**ちりぬるを**」の誤読である：
　「いろはにほへとちり＜**ぬる**＞をわかよたれそつねならむ（色は匂へど散りぬるを我が世誰ぞ常ならむ）」
　（現代語訳）色鮮やかに咲き誇る花だって＜*確実に*＞散る（×既にもう散ってしまった）というのに、永遠に我が世の春を謳歌できる者などいるだろうか？

「**ちり<ぬる>**」は「<**既**にもう>散ってしまった」の「完了」ではなく、「いま花盛りでも<やがて確実に>散る」の「確述」である。さもなくば直前の「**色は (今) 匂へど**」の現在時制との整合性が取れない；「散ってしまった花」ならば、「**匂ふ** (＝色鮮やかに咲く)」筈がないのだ。「**色は匂ひ<しか>ど／匂ひ<し>も**」ではないのだから、ここでの「**ぬ**」は「完了」ではなく「確述」でなければ筋が通らない。

●「**つ**」・「**ぬ**」の微妙な違い

　基本的に同一の用法と見てよい「**つ**」・「**ぬ**」ながら、「**つ**」は他動詞に付く／「**ぬ**」は自動詞に付く、という相違が（時代が古いほど）指摘される。この現象を論理的に煎じ詰めれば、「行為者の意志により行なわれる動作・状態の完了」については「**つ**」を、「人の意志によらずに自然的にそうなる状態・動作の完了」については「**ぬ**」を（平安時代初頭までの日本人は）使い分けていた、ということになる。

　両者のこの相違を語源学的に説明するためには、「**つ**」は「**棄つ (うつ)** ×すつ＝意志的にかなぐり捨てる」／「**ぬ**」は「**去ぬ (いぬ)** ＝自然とその場から消滅する」に由来することを指摘すればよいであろう。

　もっとも、こうした相違は中古中期には既に忘れられていたようで、平安女流文学では、「自動詞／他動詞」の論理的使い分けというよりむしろ音調上の特色から、やんわり自然的な「**ぬ**」が、意志性が強く断定的な「**つ**」よりも多用された。そして「**つ**」も「**ぬ**」も時代が下るとともに衰え、室町期以降の完了助動詞としては「**たり**」のみが残り、それが現代語「**・・・た／・・・だった**」へとつながることになった。

－終止形接続助動詞群－

■１０）（０２０）―推定助動詞「なり」と「めり」（終止形接続）―

●「なり」＝「音あり」／「めり」＝「見あり」

　「伝聞推量 (or 推定)」と呼ばれる助動詞「**なり**・**めり**」は、その推定根拠に応じて微妙な違いはあるが基本的に同一の助動詞とみなしてよく、その用法は３つ：

◆１)「目視／聴覚による推定」＝「どうやら・・・に見える／・・・なのが聞こえる」
　　・・・「**音 (ね) ＋在り**」由来の「**なり**」は「聴覚情報」を元にした推定を表わし、「**見 (み) ＋在り**」由来の「**めり**」は「視覚情報」を元にした推定を表わす。
　例)「雲のあなたに雨ぞ降る<める>」（雲の向こう側には雨が降っているらしい）
　例)「とりの声す<なり>。夜明けぬべし」（鶏が鳴いたようだ。夜が明けたに違いない）
　　・・・この原初的用法は（中古以降の文物にはあまり見られない）上代の語法。

◆２)「伝聞推定」＝「聞くところによれば・・・らしい」
　　・・・自分自身の目視・聴覚以外の情報（風聞など）から組み立てた推定を表わす。

例)「その人失せ給ひ**ぬ**＜**なり**＞」(その人はお亡くなりになったという話だ)
　・・・自身の直接見聞に拠らぬこの用法では「**めり**」も「**なり**」も実質的に変わらないが、「伝聞」だけに、頻用されるのは「**なり**（音あり）」の方で、「**めり**（見あり）」が用いられた場合は「伝聞」よりも「婉曲」（後述）に組み入れることが多い。しかし、次の例文では「私の知る範囲で言わせてもらえれば、どうやら〜のようだ」という主張が込められた＜**めり**＞であり、これを「婉曲」と呼ぶのもどうかと思われる：
「大事を思ひ立たむ人は、去りがたく、心にかからむことの本意を遂げずして、さながら捨つべき＜**なり**＞。「しばし、このこと果てて。」「同じくはかのこと沙汰（さた）しおきて。」「しかしかのこと、人の嘲（あざけ）りやあらむ、行く末難なくしたためまうけて。」「年ごろもあれ、そのこと待たむ、ほどあらじ。もの騒がしからぬやうに。」など思はむには、えさらぬことのみいとど重なりて、事の尽くる限りもなく、思ひ立つ日もあるべからず。おほやう、人を見るに、少し心あるきはは、皆このあらましにてぞ一期（いちご　×strawberryいっき）は過ぐ＜**める**＞。」『徒然草』王九・吉田兼好
（現代語訳）（俗世を捨てて仏門に入るという）大きな決断をしようというほどの人は、俗世間に捨て去り難い事柄・気に懸かる懸案が残っていても、その俗世での念願成就は果たさぬままに、そのまま捨て去ってしまう（俗世に思い切り見切りを付けて出家する）のが妥当である。「今しばらく、この案件が済んでから」・「同じことなら例の事の決着を付けてから」・「＊＊の件があのままでは、世間に笑われるかもしれないから、この先問題ないよう確実に段取りを整えてから」・「長年かかるようだと困るが、例の件はもう少し様子を見てみよう、そう長くはかかるまいから。あまり慌ただしく俗世にさようなら、って感じのドタバタ出家劇は御免だよ」などと思っているようでは、「やむを得ぬ事情」がいよいよ重なって、用事は際限なく続いて終わることもなく、出家決断の日など来る道理がない。概して、世間の人々を見ると、わずかばかりの出家願望を持つ程度の人々はみな、おおよそこういう経緯を辿っているうちに、その一生が過ぎ去ってしまう＜**ものらしい**＞。
　・・・かなり長い古文だが、注目すべきは最初の「**捨つべき＜なり＞**」と、最後の「**・・・ぞ一期は過ぐ＜める＞**」である。前者の「**なり**」は「断定」であって「推定」ではないが、この「**なり**」を消して「**捨つべし**」としても意味は変わらない：「**べし**」自体にも断定の響きがあるからだ。その断定的な響きに、同様に断定的な「**なり**」が冗長的にかかることにより、逆に「婉曲」的に和らげられてしまう点に注目したい。
　「断定」と「婉曲」は理論上は正反対だが、「**なり**」に関しては、その対照的たるべき用法が、不思議な感じで重なるのである。この現象は、現代語で実験すれば体感できる：「君はもっと勉強**すべきだ**: You *should* study harder.」と言われるのと、「君はもっと勉強**すべきなのだ**: *It is reasonable that* you *[should]* study harder.」と、どっちの響きに諸君はドキッとするだろうか？断定調は、冗長的に長々重ねてしまえば相手を言いくるめる効果が薄まり、かえって長さの分だけやんわり響いてしまうのである。
　上記の事情を踏まえた上で文末の「**過ぐ＋＜める＞**」を眺めると、興味深い事実が判明する。この「**終止形＋めり**」（文中では**＜ぞ＞＋＜める＞**の連体形係り結び）は、

「伝聞推定」なのだから「終止形＋推定**なり**」（**過ぐ**＋＜**なり**＞）でも同じ筈である。だが、上述の「**過ぐる**＋＜**なり**＞」（連体形＋断定**なり**）が「断定・・・の筈なのに、実は婉曲」になる用法も思い浮かぶだけに、「**なり**」には「推定」とも「断定」とも付かぬ曖昧な響きが常に付きまとい、「推定」助動詞としての役割そのものにすら支障を来たすのである。こうなるともう「**なり**」は捨てて「**めり**」に頼る方が得策だろう。

「断定**なり**」は「連体形接続」／「推定**なり**」は「終止形接続」という区分で切り分けられそうにも思われるが、中世以降は「係り結び」の乱用のせいで「連体形」が「終止形化」して行く現象が進行したので、接続による区分という御題目は現実的には次第に意味をなさなくなってくる（近世に至るともう両者の区分はグッチャグチャであり、現代語ではかつての連体形が完全に終止形と化している）。こうした「**なり**」を巡る曖昧さを避けるためには、「**なり**」には「断定的な婉曲」なる実に適当な位置付けに甘んじてもらい、そこに「推定」の響きを持たせる際には「**なり**」以外の助動詞（「**めり**」なり「**らむ**」なり）を用いるのが得策：だから、「**めり**」が死語化した後は「**らむ→らう**」が推定語の定番となり、これが現代語の「〜だろう」となったことはもっともなことであったといへるであらう（わかつてもらへただらうか？）。

◆3)「婉曲」＝「・・・であろう」

・・・動詞終止形の後に「**なり**」・「**めり**」を付け、断定口調をやんわり和らげる。
「一日にても出家の功徳（くどく）、世に勝（すぐ）れ めでたかん＜なる＞ものを、今しばしあらば、御厩殿の御事など出で来て、いとど見捨てがたく、わりなき御絆にこそおはせめ」『栄花物語』
「ころものたま」赤染衛門（あかぞめゑもん）

（現代語訳）出家して仏道修行に精進すれば、ただ一日だけでもその効用は現世の何物にも勝るほどの素晴らしいものになる＜であろう＞というのに、あと少し経つと今度はまた（孫娘のミクシゲドノこと藤原生子（せいし）の春宮への嫁入り等）諸々の行事が出て来て、ますます俗世を見捨て難くなり、どうしようもないホダシ（＝行動を縛る制約）になろう。・・・兼好法師の「きっぱり断ち切る出家の勧め」（の失敗例）を地で行くような未練な事態に見舞われているのは四条大納言藤原公任（しでふだいなごんふぢはらのきんたふ：966-1041）。彼には悪いが、この「（出家の功徳が一日でも早い方が）世に勝れ**めでたかん＜なる＞**ものを」は、美味なる文法情報満載なので、有り難く使わせてもらおう。

「**なり**」が「婉曲」とも「伝聞推定」とも「断定」ともつかぬ曖昧さは先述したが、この例文の「**めでたかんなり**」のような撥音便形で「形容詞補助活用（＝カリ活用）」直後に続く場合、100％「非断定**なり**」と断定してよい・・・何故？・・・「**めでたか＜り＞＋なり**」の終止形接続で続く「**なり**」があまりの発音のし辛さから「**めでたか＜ン＞なり**」に化けたものだからなり・・・どうして「終止形接続」と断定できる？・・・もし「連体形接続」ならば「**めでたか＜る＞＋なり**」のままで十分読めるので音便形は発生せぬからなり（実際には「断定**なり**」は補助活用連体形接続の「めでたかる＋

なり」の形は取らず本活用連体形に付く「**めでたき＋なり**」となるなり）・・・じゃ、「終止形接続＝推定**なり**」として、この「**なり**」は「婉曲」？それとも「伝聞推定」？・・・「婉曲」なり「伝聞」なりお好きなナリを選べばよいなり（両者の区分は曖昧なり）・・・
なりなりばかりで耳鳴りしたろうから、話にメリハリつけるべく次は「**めり**」の話だ：
「そこにものし給ふは、いづれよりのまらうどにかおはす。ゆゆしげなることには侍れど、過ぎ行き侍りし母の面影に、あさましきまで似かよひ**給ふ＜める＞**は』『庚子道の記』武女（たけじょ）
　（現代語訳）そちらにおられるのはどちらからおいでのお客人でございましょう？縁起の悪い話ですが、亡くなった私の母の面影に驚くほど似てらっしゃるように思われるのですが。
・・・こちらは江戸時代半ば、尾張徳川家（おはりとくがわけ）に奉公に出ていた女性の（1720年頃の）道中記より。久方ぶりに故郷（江戸）に里帰りした彼女が、親類縁者の輪の中に、幼い頃に別れた妹の姿をふと発見し、「あの人、だぁれ？」と発した台詞。亡き母に似ているのは（何てったって妹なんだから）間違いない事実なのだから
「**似通ひ給ふは**」でよさそうなものを、敢えて「**めり**」を入れて遠慮がちな気持ちを表わす「**似通ひ給ふ＜める＞は**」は、いかにも女性らしい（江戸時代としては擬古調の）婉曲用法（死んで既にこの世にない母になぞらえる不吉な無礼を和らげたもの）。
・・・途中、間延びしたり遊んじゃったりし過ぎたので、「**なり**」・「**めり**」の大事なルールを、以下に改めて整理してこの項を締めることにしよう：
◆1）推定の「**なり**」・「**めり**」の後に（時制系以外の）別の助動詞は続かない。
　・・・直接体験過去助動詞「**き**」完了助動詞「**つ**」「**ぬ**」「**たり**」が続くことはある。
◆2）推定の「**なり**」・「**めり**」は"肯定文"専用で、否定文・疑問文・命令文には用いない。
　・・・「視・聴覚情報」を元にして「・・・のようだ」と推定する助動詞が「**めり**」・「**なり**」であるから、「・・・」の部分の叙述は常に完結している；のだから、否定・疑問・命令の形態にはなりこうがないのである。
◆3）「**なり**」・「**めり**」がラ変動詞（末尾に「**あり**」を含む動詞）の終止形に続く場合、「**あり＋なり**」／「**あり＋めり**」の響きの悪さ（cacophony）から必ず「**あんなり**」／「**あんめり**」の撥音便（euphony）を起こすが、中古中期には「**ん**」文字は存在しなかったため、「**あなり**」／「**あめり**」と撥音無表記で書いた上で、読み上げる際は「**あんなり**」／「**あんめり**」となる。
　・・・さっき悩めるキントーさんに教えてもらった例の決まり事である。撥音便形（**あんなり／あんめり**）からの感覚的逆算で「**ある＋なり／ある＋めり**」の「連体形接続」と錯覚する人の多い「**なり／めり**」であるが、上記2）の原則にある通りこれらは常に「終止形接続」であり、ラ変動詞に限って「連体形（**ある**）」に接続する、というような便法的な現象は現実にはない（『栄花物語』でも「**めでたか＜る＞なる**」ならぬ「**めでたか＜ん＞なる**」だった点を思い出してほしい）。高校の定期試験だけを乗り切ればよいのなら「**なり・めり**＝ラ変のみ連体形接続」なる軽めの便法的処理でもよいが、中古中期までの古文に「**あるなり／あるめり**」・「**かるなり／かるめり**」

の形はなく、常に「**あなり／あめり**」・「**かなり／かめり**」の撥音無表記で、発音上は「**あンなり／あンめり**」・「**かンなり／かンめり**」と読む、**こそ**真実**なり**（正しくは**なれ**）。何ともややこしいが、あンまりいい加減な覚え方（「ラ変の時だけ連体形接続」説）はせぬ方が、受験生的には**よくありめり→よかりめり→よかめり→よかンめり**（予感 merry？）。

■１０）（０２１）—古典助動詞中最多義語の「べし」（終止形接続）—
●「べし」の語源と、「ラ変連体形」に接続する理由
　助動詞「**べし**」は、形容動詞語幹「**宜（うべ）**」＋強調副助詞「**し**」の組み合せによる「**うべし**」（＝妥当である）が、頭音消失形「**べし**」となり、動詞終止形に接続して「・・・するのが妥当である」という確信的判断を表わすようになった語である。
　「**うべし**」から末尾「**べし**」を切り離した語源ゆえ、「**べし**」は接続先の活用語尾にも終止形の「ウ音」を求め、活用語中で唯一「イ音終止形」を持つラ変動詞（**あり**）の場合のみ、「ウ音終止の連体形」（**ある**）を求めるようになったものである。
　活用語の末尾に添えて、その事態の成立に対する主観的判断を述べるという点で、この「**～(ウ)べし**」は、「**～まほし**」（例：**あらまほし**：あってほしい＝理想的）・「**～まうし**」（例：**せまうし**：したくない…実際には終止形はなく連用形**まうく**・連体形**まうき**・已然形**まうけれのみ**）・「**～にくし**」（例：**みにくし**：見るのも嫌＝不細工）・「**～いたし**」（例：**めで甚し→めでたし**：拍手したい＝お見事）等の表現に近い。
●類義語・反意語と対照して捉える「べし」
　「**べし**」の語義は実に多様で把握するのも大変なので、類似の意味を表わす「**む**」や正反対の意味を表わす「**じ**」・「**まじ**」、その他の表現と対にしながら、その微妙なニュアンスを浮き彫りにしつつ把握するとよい。（cf.→■10)(006)）
◆１）（既に成立している事態について）それが妥当・当然との判断を表わす。
　　・・・「～なのは当然だ」で、対義語は「**～じ／～まじ**」（～である訳がない）。
　例「人みな欲**ある**＜**べし**＞」（人間には誰しも欲望があるのが当然だ）
　例「無益の人あれど無欲の人**ある**＜**まじ**＞」（無益な人はいても無欲の人はいるわけがない）
◆２）（未発生・未確認の事態について）確信のある推量を表わす。
　　・・・「きっと～に違いない」として、「**～む**」（たぶん～だろう）よりも強い確信を表わす。対義語は「**～じ／～まじ**」（きっと～ないに違いない）。
　例「欲過ぐせば災ひ**ある**＜**べし**＞」（過度の欲望を持てば必ず災難があるものだ）
　例「人とあらそはば心安**かる**＜**まじ**＞」（他者と競争すれば心の平安はあるまい）
◆３）（未発生の事態について）これから起きることが、変更しようのない「既定路線」であることを、主観を交えず淡々と客観的に述べる。

・・・「〜の予定（あるいは、定め）である」と訳せばよい（「**〜む**」でも似たような意を表わせる）。対義語は「**〜まじ**」（〜ないことになっている）。

例）「長き世もつひには果つ＜**べし**＞」（長い人生や栄華も最後には終わる運命だ）

例）「咲きたる花は散るを嫌ふ＜**まじ**＞」（咲いた花は散るのを忌避せぬのが決まりだ）

◆4)（未発生の事態について）ある行為を行なう力がある、あるいは、ある事態が起こりうる可能性がある意を表わす。

・・・「〜できる」・「〜し得る」の意。可能の助動詞「**る・らる**」でも同様の意を表わせるが、中世以前の「**る・らる**」は否定・疑問のみで肯定の意は表わせない。否定表現は「**〜べからず**」・「**〜べくもあらず**」。否定的可能性を表わす表現は「**〜じ**」・「**〜まじ**」。

◆5)（未発生／過去の事態について）妥当性の判断を表わす。

・・・「（これから）〜すべきだ／（本来なら）〜しておくべきだった」の意を表わし、対義語（〜すべきでない／本来〜すべきではなかった）は「**〜まじ**」。否定形は「**〜べからず**」・「**〜べくもあらず**」・「**〜べきにあらず**」・「**〜べきことにあらず**」。

例）「欲多からば世をそむく＜**べからず**＞」（欲望過多では俗世を捨てることはできない）

・・・この例の「**べからず**」は「5)すべきでない」か「4)することができない」か曖昧；「不可能」の意を明示したければ「**することあたはず**」・「**するべくもあらず**」を用いるべし。

例）「かしらおろさば欲捨つ＜**べし**＞とは思ふ＜**べからず**＞。欲捨てて後かしらおろす＜**べし**＞」（剃髪すれば欲望も捨てられる、と思ってはならない。欲を捨ててから坊主になるべきだ）

◆6)（義務の観念を伴って）必要性の判断を表わす。

・・・「〜せねばならない」で、対義語（〜する必要はない）は「**〜まじ**」。否定形の「**〜べからず**」・「**〜べくもあらず**」・「**〜べきにあらず**」・「**〜べきことにあらず**」は「〜してはならない」および「〜する必要はない」の意を表わす。

例）「山に入らば、人には会ふ＜**まじけれ**＞ど、日々のこしらへはす＜**べけれ**＞ば、世のなりはひかねて知る＜**べし**＞」（人里離れた山での暮らしに入れば、人付き合いする必要はないが、毎日の暮らしの支度はする必要があるので、世の中を生きて行くための仕事は予め知っておく必要がある）

◆7)（終止形または否定形で）行為の実行または中止を他者に命じる。

・・・終止形「**べし**」で「〜せよ」の意を表わす。「**む**」でも似た意味を表わせる（但し、命令調ではない）。否定形「**べからず**」（＝「〜するな」）は「**まじ**」に同じ。

例）「文は書く＜**べし**＞」（文章は書きなさい）

例）「雁（かり）の便りは求む＜**べからず**＞」（文通は求めてはいけません）

◆8)（終止形または「連体形＋ぞ」等の形で文末に用いて）行為の実行に向けての強い意志を表わす。

・・・「〜するつもりだ」の意となる。類義語は「**〜む**」、対義語は「**〜じ／〜まじ**」

及び「〜べからず」・「〜べくもあらず」・「〜べきにあらず」・「〜べきことにあらず」。
　例)「『後の世に残す＜べき＞ぞ』の欲ある文はよも書く＜まじ＞」(「後世まで残るものにしてやる！」などと欲張った文章は決して書くつもりはない)
◆9)(あまり強い意志を含まずに)行動・事態の実現を望む意を表わす。
　・・・「〜たい」と訳せばよい用法で、類義語は「〜む」・「〜まほし」・「〜たし」、対義語は「〜まじ」・「〜まうし」(この語は平安中期から鎌倉初期の女流文学用語)。
　例)「さらんには、世も離(か)る＜べく＞思ふ」(そういうことなら、俗世を捨てるのもいいかな、と思う)
　例)「さらずは、かしらおろす＜まじう＞思ふ」(そうでなければ、頭を剃るのは嫌だなぁ)
●「べし」の音便形
　「べし」には以下の３つの音便形がある：
◆A)連用形「べく」のウ音便「べう」。
　・・・「あるべくもなし」が「あるべうもなし」になることがある。
◆B)連体形「べき」のイ音便「べい」。
　・・・「あるべき事ども」が「あべい事ども」に化けることがある。
◆C)連体形「べかる」＋推定助動詞「なり」・「めり」の場合、常に撥音便「べか(ん)なり／べか(ん)めり」となり、「べかるなり／べかるめり」の形にはならない。
　・・・中古末期までは撥音文字「ん」自体が存在しなかったので、撥音無表記形の「べかなり／べかめり」となるが、読み方は「べかンなり／べかンめり」である。
●女流和文では使ふ「べからず」
　中古女流文学では、「べし」の否定形には「べからず」を用いずに「べく（べう）もあらず」や「べきに（も）あらず」・「べきことに（も）あらず」、あるいは「じ」・「まじ」等の表現を用いた。「べからず」の堅い調子は男性的で力強い漢文訓読調の文章にこそ相応しく、和文脈には不似合いだったのである。
　また、「ざるべし」が中古仮名文学で用いられる場合はほぼ決まって「打消推量：〜ではないだろう」であって「打消意志：〜せぬつもりだ」になることは殆どなく、この意味では「まじ」が用いられるのが普通であった。

■１０)(０２２)―「べし」派生語としての中古限定表現「べみ」と「べらなり」(終止形接続)―
●「べし」＋理由の「み」による「べみ」なる歌語
　「形容詞語幹＋み」による「原因・理由(・・・なので)」の表現が、助動詞「・・・べし＋み」の形となったものが「・・・べみ」である。これだけで「・・・べければ」に相当して「・・・

に違いないようなので」の意を表わせる究極の字数節約表現だが、中古初期の歌語で、散文には用いない（和歌の中では後代でも用いられる例はあった）。
「佐保山のははそのもみぢ散り**ぬ**＜べみ＞夜さへ見よと照らす月影」『古今和歌集』秋下・二八一・よみ人しらず
（現代語訳）佐保山のブナ科のコナラの紅葉が今にも散ってしまう＜に違いない、ということで＞紅葉見物には遅すぎる夜だというのに「さぁ、今のうちに御覧なさい」とばかりライトアップしてくれている月明かりであることよ。
・・・「**散りぬ**」は当然「散ってしまった」（完了）ではなく「まさに散らんとしている」（確述）である（散った後の紅葉では、月明りが照らし出しても意味がない）。
●中古初期男性専用語「べらなり」
「**べし**」から派生し、平安前期の『古今和歌集』(905)の中（全 23 首）などに登場した和歌専用語が「**べらなり**」（＝どうも・・・らしい）だが、女性は殆ど用いず、平安中期以降は衰えてしまった；どうも男性限定の流行語だったらしい。それでも、同時期の『土佐日記』や『後撰和歌集』(951)・『拾遺和歌集』(1006)等著名な古典文学の中に見られる語であるため、入試問題に絡む場合も少なくなく、その点でのみ要チェックと言える古語ではある。
短歌の中では「結句（＝五七五七＜七＞）」の位置で用いるのが通例である：
「立つ波を雪か花かと吹く風ぞ寄せつつ人を<u>はかる</u>＜べらなる＞」『土佐日記』一月十八日・紀貫之
（現代語訳）岸辺に寄せては立つ波は、その白さが雪か桜花かと見紛うばかりで、風が人の目をだまそうとして吹き寄せたもの＜であるらしい＞。
・・・ここでの「**はかる**」は「**たばかる**＝だまくらかす」の意味。「白いもの」として見立てた「雪」と「花」と「波」の混同といい、「風が人目を欺こうとしている」の擬人法といい、未だ和歌が日本文芸の主役でない時代に、漢詩的技法を積極的に取り入れて和歌の隆盛を図ろうと頑張る紀貫之の意欲が、なみなみと溢れた歌ではある。

■１０）（０２３）―現代語とは異なる古典助動詞「らし」（終止形接続）―
●古語「らし」の語源
　話者が確認できない現在の状況（あるいはその原因）について、多く、確かな根拠から「どうやら・・・であるらしい」と推測する助動詞「**らし**」は、現代日本語にもそのまま引き継がれているようにも見える；ので、特別な対応は不要な好都合な古語である；が、語源的には現代語「**らしい**」とは全くの別語なのが上代由来の「**らし**」で、これが中世に死語と化した後で、室町期に生まれた別の「**らしい**」が現代語の起源である；この点のみわきまえておけば、後はさほどの注意を要さない助動詞ではある。

上代（奈良時代）生まれの「**らし**」の語源は「**あり**」の形容詞化した「**あらし**」との説が有力。別の説によれば、「**ある＋らし**」の縮約形とも「**有＋其＝あるし**」の転とも、形容詞化接尾語「**あし**」が子音を介して「**あ＋ら＋し**」となったものから生じたとも言われるが、いずれにせよ、話者の眼前に「**ある**」状況についての主観的判断を表わす語である。

●疑問語とは共存し得ない「らし」

　「**らし**」の主観性の強さは、その判断に「何らかの根拠」が伴うからこそであり、この点で、必ずしも根拠があるわけではない現在推量助動詞の「**らむ**」とは異なる。そのように根拠のある確信的推定を表わすのが基本の「**らし**」であるから、疑問の語と共に用いて「どうも・・・である、かな？」とすることは論理的にあり得ないことになる。が、中古にはその種の非論理的語形で用いられる例もあったことからみて、どうやら「**らむ**」との混用が平安時代にはすでにもう起こっていたらしい。

●現代語「らしい」とは別物の古語「らし」

　こうした事情もあって、「**らし**」は、中古には推定の「**らむ**」「**なり**」「**めり**」などに押されて、和歌の中などで細々と使われるのみになり、鎌倉時代には全くの死語と化した。従って、現代日本語にある「**らしい**」は、上代から中古までの「**らし**」とは全くの別物として生まれた後代の語、ということになるわけだ。現代語「**らしい**」の祖先は（室町時代に生じた）名詞等の末尾に付いてこれを形容詞化する「**らしい**」（例：「いかにも**日本語＜らしい＞**展開」）だったらしい。

　まとめると、現代語「**らしい**」と古典助動詞「**らし**」には、次の相違がある：

◆現代語「**らしい**」）元来、体言に付いて、その体言の本源的に持つ性質に似付かわしい「形容詞的特性」を表わす。

　例）「彼女の部屋には、縫いぐるみだの**可愛らしい**服だのといった、いかにも**女の子らしい**特徴を示すものは殆ど存在しなかった」

◆上代～中古までの古語「**らし**」）全文の記述が終わった末尾に付けて、（多く、何らかの根拠に基づく）「状況そのものに関する確信ある推定」を表わす。

　例）「なみなみのをんなごにてはあらぬ＜らし＞」（＝普通の女の子ではない＜らしい＞）

　現代日本語も、古語「**らし**」っぽい（いかにもそれ**らしい**）「確信的状況判断」の意を表わしはするが、そこに「そう推定する確かな根拠」の響きがあるとは限らない。この点、現代語「**らしい**」は古語「**らむ**」にむしろ近く、「**らし**」らしい確証の色は薄いのである。こうした＜「**らむ**」っぽく、「**らし**」らしくない「非確証的**らし**」＞の横行が、中古以降「**らし**」が廃れた原因であったらしい（が、なにせ中古には既に廃れてしまった古語なので、このあたりは推定に過ぎない）。なまじ現代語に近い響きを持つだけに、現代日本語「**らしい**」とは異なるその用法には、逆に要注意と言える（もっともそれは「古語で短歌を作る人」とかの話で、受験生にはあまり関係ないが）。

●古語「らし」に連体修飾用法なし
　「文末に添える主観的判断記号」としての性質上、古典助動詞「**らし**」には基本的に「終止形」しかない。「連体形」・「已然形」は係り結び専用語形であって、その形も終止形と全く同じ「**らし**」であり、「らしき」や「らしけれ」の形は取らない。
　上代には、形容詞が「**こそ**」との係り結びを形成する場面では「**らしき**」なる語形が用いられていた。上代の「**こそ**」は「形容詞と呼応する場合のみ、連体形で結ぶ」のが通例だったので、この「**らしき**」は活用表の中でも「連体形」として（カッコ付きで）表示されているが、「**こそ**」対応時の形容詞の「係り結び専用記号」であって、「連体修飾語」を形成することはない。即ち、次のような「**らしき**」の使用法は（一見いかにも古文らしきものなれど）まったくの間違いである：
（×）「あるやうある<~~らしき~~>もちゐかた・・・なれど、こはひがことなる<**らし**>」（＝それなりのいわれや由緒・正当性があるみたいな使用法・・・だけど、これは誤りであるらしい）
　上例では最初の「**らしき**」連体修飾用法は×、末尾の全文修飾用法終止形のみ○。
●「らし」の接続先の問題
　全文の記述が終わった後で末尾に置いて、話者の「判断」を表わす助動詞は、「活用語の終止形に接続」するのが決まりである；が、この種の助動詞がラ変動詞（「**あり**」で終わる語）に続く場合、例外的に「連体形」（**ある**）へと接続することになる。
　この「ラ変連体形接続」に関し、改めて整理しておこう。本源的に「連体形に接続」するものと、本来「終止形接続の撥音便」を便宜上「連体形接続」と見立てただけのものとに二分されるのが「ラ変接続」のややこしさである（具体的には次の通り）：
　　●その1)「終止形接続撥音便」を「ラ変の場合のみ連体形接続」に見立てた助動詞
◆　（推定の）「**なり**」・・・ありなり→あんなり→あなり（≠あるなり）
◆　「**めり**」・・・ありめり→あんめり→あめり（≠あるめり）
　・・・これらの助動詞には「**ある＋なり**」／「**ある＋めり**」の「連体形接続形」は（本質的に）成立しない：「終止形接続：**ありなり／ありめり**」が撥音便「**あんなり／あんめり**」で読まれつつ撥音無表記形「**あなり／あめり**」として綴られていた中古中期までの語形を、誤って「アルなり／アルめり」の連体形接続扱いしたものである（一方、「推量」ならぬ「断定**なり**」はれっきとした「ラ変連体形接続」である）。
　　●その2)本源的「ラ変連体形接続」の助動詞
◆　「**べし**」・・・あるべし→「あんべし」の撥音便形や「あべし」の撥音無表記形は、**まれ**
◆　「**らし**」・・・あるらし→「あんらし」の撥音便形や「あらし」の撥音無表記形は、**まれ**
◆　「**まじ**」・・・あるまじ→「あんまじ」の撥音便形や「あまじ」の撥音無表記形は、~~存在しない~~
◆　「**らむ**」・・・あるらむ→「あんらむ」の撥音便形や「あらむ」の撥音無表記形は、~~存在しない~~
　これらの助動詞が本源的「ラ変連体形接続」であったことは、その「撥音便形（ン化け音）」の肩身の狭さから逆算してもわかる。「ラ変終止形接続」なら「**あり＋べし**

／らし／まじ／らむ」の語感の悪さから必ず「あン＋べし／らし／まじ／らむ」へと撥音便化していた筈だろうに、実際にはそうした語形は文献には少なく、「あるべし／あるらし／あるまじ／あるらむ」が圧倒的だから、「終止形接続ではない」と判る。
　特に、「まじ」と「らむ」には撥音便形は成立しない：その理由は以下の通りである：
●「まじ」のラ変接続に撥音便形(or 撥音無表記形)「あんまじ／あまじ」がない理由
　「まじ」は他の推量助動詞と異なり「・・・という事は存在しないだろう」の否定の意を表わす。即ち、「まじ」に関しては「・・・という事」の部分は「既定事実として成立していない」のである。こうした「事態不成立＝否定」の表現は本来「未然形」に接続すべきものである。実際、打消助動詞「ず」は未然形接続だし、「まじ」の略形とされる「じ」もまた未然形に接続する。にもかかわらず、「まじ」が「終止形」接続である理由には謎が残るが、それはさておき、論理的に「既成の事実の推定＝・・・である（らしい）」に続けるのではなく「想定上の事態の否定＝・・・という事（にはなるまい）」であるから、「終止形」よりは連体形または「・・・という事」の［事］が取れた「準体法」への接続が似付かわしいのが「まじ」であり、その意味で、事態の成立を確実な事として宣言して言い切るラ変終止形「あり」よりも、想定段階に留まるラ変連体形「ある[事]」の方が「まじ」には適切、と見ることができる。
　以上の事情から、終止形接続の「あり＋まじ」はあり得ないから、その撥音便「あんまじ」や撥音無表記「あまじ」も存在せず、「あるまじ」のラ変連体形接続の語形のみが（撥音便を決して伴うことなしに）存在するだけなのである。
●「らむ」のラ変接続に撥音便形(or 撥音無表記形)「あんらむ(or あらむ)」がない理由
　語源的に言えば、事態の成立を示すラ変動詞「あり」の未然形「あら」に、推量助動詞「む」を付けた「あらむ」の頭音（あ）消失形が「らむ」である。この「らむ」から更に「ら」まで消失したのでは、推量助動詞「む」のみ残り、事態の成立を示す「あり」の影も形もなくなってしまう。従って、ラ変動詞「あり（の連体形ある）」＋「らむ」の結合した「あり＋らむ＝あるらむ」が「あらむ」に化けることは、あり得ない。それをしたのでは「あり＋らむ＝あるらむ→あらむ」ではなく「あり＋む＝あらむ」となってしまい、「らむ」が「む」に化けて跡形もなくなるからである。
●「べし」・「らし」のラ変接続連体形の問題
　一方、「あり」連体形接続時に「撥音便形」も存在する「べし」（あんべし・あべし）及び「らし」（あんらし・あらし）には、上述した「らむ」のような紛れはないので、ラ変連体形接続時に「る」音が「ん」音化する撥音便／表記上消失する撥音無表記のいずれの現象も起こりうる。が、ラ変への接続が「終止形接続」であったと想定した場合の「ありべし／ありらし」形ならば 100％の確率で発生するはずの「あんべし／あんらし」への変化は、「あるべし／あるらし」という自然な発音の中からは生じる必然性がない。この「ラ変連体形ある接続形」からの撥音便（あんべし／あんらし

や撥音無表記形（**あべし／あらし**）は、ラ変接続時にも終止形を貫いたために 100%撥音便を起こした「**ありなり→あんなり・あなり／ありめり→あんめり・あめり**」の撥音便からの類推であって、本源的必然性は全くない音変化である・・・がゆえに、「**べし**」・「**らし**」のラ変連体形接続は「**あるべし**」・「**あるらし**」表記が圧倒的であり、「**あ（ん）べし**・**あ（ん）らし**」表記はごく少数に留まっているわけである。

● 「ならし」・「けらし」は撥音無表記形か？

「**らし**」を巡る撥音無表記形の問題としては、もう一つ話題になるのが「**ならし**」・「**けらし**」である。これらの語を次のような組成として見た場合には、「**ん**」音消失の「撥音無表記形」と見ることができる。

◆断定助動詞「**なり**」連体形＋「**らし**」＝「**なるらし**」→「**ならし**」
◆過去助動詞「**けり**」連体形＋「**らし**」＝「**けるらし**」→「**けらし**」

しかし、ここにもう一つの考察可能性がある：形容詞＋「**らし**」の語形である。

◆カリ活用形容詞（例：**美し**）連体形（例：**美しかる**）＋「**らし**」＝「**うつくしかるらし**」→「**うつくしからし**」

助動詞「**らし**」の語源説の一つとして、この種の「形容詞末尾の変化形」としての「**らし**」が、「・・・的性質を持つ」意の助動詞として独立したもの、という説明がなされる場合もある。この説に従えば、「**ならし**」・「**けらし**」もまた、「**なる＋らし**」や「**ける＋らし**」ではなく、断定助動詞「**なり**」の形容詞化／過去助動詞「**けり**」の形容詞化と見ることが可能であり、その場合には、「**なるらし→なんらし→ならし**」／「**けるらし→けんらし→けらし**」という撥音便ではないことになる。ややこしい話だが、結局のところ「**ならし**」は「**なり**＝・・・である」に「**らし**」を付けた「・・・であるらしい」であるし、「**けらし**」は「**けり**＝・・・したのだった」に「**らし**」を付けた「どうやら・・・したものらしい」であるから、連語だろうが1語の助動詞の形容詞化だろうがまるで変わらぬその「語義」だけを覚えておけば、それでよい。

－連体形接続助動詞群－

■10）（024）―「比況」の「同（ごとし）・様（やうなり）」は「格助詞」がお好き（連体形接続）―

助動詞のうち「連体形及び体言」に接続するものは、普通の助動詞とは性質が大いに異なる。この種の助動詞を、その特性から大きく分けると次の3つに大別される。

1) 基本的に「終止形」接続であるものが、「ラ変」の場合のみ「連体形」接続となるもの。
【**べし**】／【**べかし**】／【**べらなり**】／【**まじ**】／【**らし**】／【**らむ**】

・・・「ピンチヒッター（代打）型連体形接続」とでも呼んでやりたい面々である。

2)元来「体言」接続だったものに、後に「連体形」接続が加わったもの。
　【なり】(「断定」)・・・同じ「断定」助動詞でも【たり】は「体言」にのみ接続。
　・・・正真正銘の「連体形接続助動詞」は、古語ではこの【なり】のみの感じ。
3)元来格助詞【が】・【の】接続だったものに、後に「連体形」が加わったもの。
【如し】／【如くなり】／【様なり】
　・・・これらの語句については「助動詞扱い」そのものすら不自然で、「連体形接続」も主役ではないただの余禄、接続先として大事なのは格助詞「の／が」の方である。
　「ごとし」「ごとくなり」「やうなり」の3つは現代日本語にもそのまま引き継がれているので、その意味については注意すべき点も全くない。「<が>ごとし／<の>やうなり」という助詞との結合を好む点、和歌で用いられる場合は「ごとし→ごと」の短縮形が多用される点、「ごとし／ごとくなり」は男性的な響きがあるので、女性の和文では「やうなり」が中心だったこと、などを覚えておけばそれで十分である。
　「ごとし」は語源的には「こと(同)」に由来する。この語源に絡めて「同ならば(ことならば)」なる（異ならば、ならぬ、同一ならばの意を表わす）ややこしめな連語を覚えることのほうが、受験生的には大事と言えるであろう。

■10)（025）―断定助動詞「なり」に「たり」（連体形接続）―
●「体言」のみに付く「たり」／「体言＆連体形」に付く「なり」
　「たり」も「なり」も、ともに「断定」の助動詞である。同じ語形で意味が異なる「たり」(存続)・「なり」(推定または伝聞・推量)を持つややこしさに至るまで両者はよく似ており、意味も接続も重なるが、一部異なる点がある。
　断定助動詞の「たり」は「と＋あり」に由来し、「体言」のみに接続する。この点、「に＋あり」由来で「体言」に加えて「連体形」にも接続する「なり」より幅が狭い。
　意味の上でも、「たり」には「AはBたり」の形で「AはBである」の意を表わす用法しかない。この語義は「AはBなり」の断定表現と重なるが、「なり」にはまた「場所系の体言」の後について「AはBにあり（例:神は天にあり）」という「所在地」の意味を表わす用法がある（というか、それが上代に於ける「なり」の原義である）。
　「たり」は漢文調の男性語で、和文には殆ど用いられず、中世の説話や軍記物の中での使用例がほとんどである。そして、「AはBなり」の語形が一方に存在する（&女流文学をはじめとして中古には一般的に用いられていた）以上、「AはBたり」の終止形で言い切る用例は極めて少ないことも覚えておこう。
　例)「清盛は嫡男(ちゃくなん)＜たる＞によってその跡を継ぐ」『平家物語』―・「鱸(すずき)」
　　(現代語訳) 平清盛は、相続権を持つ男子であるがゆえに、その跡目を継承する。

● 断定「なり」&「たり」の連用形って、格助詞？
　その語源学的組成として格助詞「に」（＋あり＝なり）／「と」（＋あり＝たり）が含まれることから、これら格助詞「に」／「と」はそれぞれ「なり連用形」／「たり連用形」として位置付けられている。そしてこの事情はそのまま「形容動詞ナリ活用」／「形容動詞タリ活用」の連用形にも引き継がれている。これら「断定助動詞＆形容動詞連用形」としての格助詞「に」／「と」が用いられる場合は、次のような語形と相場が決まっているので、定型句的に把握するのが合理的である。

◆「に＋あり」・「に＋(は)あらず」／「と＋あり」・「と＋(は)あらず」等々のラ変動詞「あり」を従える連語
　例)「そはひがこと＜に＞はあらず」（それは間違ったいけない事ではない）
　例)「坂上田村麻呂と云ふ人、近衛の将監＜と＞ありける時」『今昔物語』十一・三二
　（現代語訳）サカノウエノタムラマロという人が、コノエノショウゲンという役職だった時

◆「に＋して」・「に＋て」／「と＋して」・「と＋て」等々の「資格」を表わす連語
　例)「人は人＜に＞して、我にはあらず」（他人は他人であって、私とは別人）
　例)「この世のもの＜と＞して、喰はではあらじ」（この世の生き物なのだから、食べ物を喰わずには生きていられまい）

● 断定「たり」と完了「たり」の区分
　同形の助動詞「たり」が「断定」か「完了」かを見分けるには、「接続」を頼りにするやり方（断定＝体言接続／完了＝連用形接続）よりむしろ、その語源学的組成に立ち返っての次の識別法によって区別するとよい：
　　　1)「…たり」を「…て＋あり」に換言できれば「完了」（例：春きたり→来て在り）
　　　2)「…たり」を「…と＋(て／して)あり」に換言できれば「断定」
　　　（例：猫は我が家の家族たり→家族とて／として在り）
　断定助動詞としての「たり」に関する注意事項としては、上記以外では「たりし→たっし」の促音便が中世以降に見えることぐらいを覚えておけば事足りるであろう。

■１０）（０２６）―「なり」の「推量」vs.「断定」見分け法（終止形接続）―
　・・・長々続いた「個別助動詞特集記事」も本題が最後．最後は最後に相応しく、助動詞「なり」を巡る大長編である・・・何でこんなに長いかは、話の「枕」をお読み戴くとして、まぁ軽い頭の体操気分で（・・・読めるものなら）読み流してくれたまえ。

● 断定「なり」と推定「なり」の識別法
　各種書籍の紙面上や古文教師の解説の世界で、深遠なる「秘法」のごとく扱われていて「やたら大変らしい」との噂を聞く機会が多いだけに．受験生として何とも気になるのが、同一語形の助動詞「なり」に於ける「断定」／「推定」の識別法だろう・・・

これら二つの「**なり**」の識別法は、なるほど実に、死ぬほど大変なややこしさである。
　以下、その古文業界に古来伝わる「**なり**識別法」を書き出しておくが、読めば誰もが確実に絶望すること、保証してもよい・・・であるから、これを「識別法」として読んで会得することなど潔く放棄して、単なる「現象面の指摘に終始する識別法」がいかに困った代物かを痛感するための「読み物」としてのみ、お付き合い願いたい。

　　　*<現象面からの皮相的「**なり**」識別法>*&《本質的見分け方》雑学講座：start
　　　　▲A）＜「**なり**」が体言に接続すれば「断定」である＞
　これは最もわかりやすい見分け方で、それ自体は確かに正しい；が、この識別法には反射的欠陥がある —— 裏返しの＜「**なり**」が用言に接続すれば「推定」＞との命題が成立しないのだ。人間というのはルールを「裏＋表１セット」で捉える習癖を持つ生き物だから、「＜*体言*＞に接続すれば＜*断定*＞」の命題（例:我が輩は猫**なり**）は反射的に「＜*用言*＞に接続すれば＜*推定*＞」の感覚を生じる・・・が、「断定」の「**なり**」は「用言の連体形」（直後の体言が省略された「準体言」の感覚）にも接続する（例:猫は魚を好む**なり**／猫は魚を好むもの**なり**）ので、ここに至って先ほどのルールは誤解の元となりかねない：古語で言う「**なかなかなり**」、こんなんなら最初からルールめかして語らぬ方がマシという難儀なことになる・・・この＜*一見役立ちそうでいてその実困った現象面ルール*＞に対する《本質型識別法》は、こうなる：

★１）《「断定**なり**」＝「にあり」・「にてあり」or「とあり」・「とてあり」／「推定**なり**」＝「のやうなり」の換言で識別せよ》
　断定助動詞「**なり**」は、「資格」を表わす格助詞「**に**」の直後に存在の「**あり**」が付いたものであるから、「体言」にせよ「用言の連体形」にせよ、その直後の「**なり**」をその祖形たる「**に（て）あり**」へと還元（例:我が輩は猫に**て**あり）できるなら「断定**なり**」と断定してよい道理である。
　更に言えば、かな文学で多用された「**なり**」に対し、漢文訓読調で用いた「**たり**」も同義語であるから、この語に換言＆組成還元して「**と（て）（して）あり**」の形で通じる（例:我が輩は猫**と**（し）**て**あり）ならば「断定**なり**」と断じてよい理屈である。
　さて、もう一方の推定助動詞「**なり**」の語源は「**音（ね）＋あり**」であるが、この祖形へと還元しても直前の「用言終止形」に直結は不可（例:男もくすなる→×*す音ある*＞日記てふもの）なので、「**なり**」に関しては外形よりも意味に着目し、別助動詞ながら意味は同義の「**（の）やうなり**」なる非断定的推定陳述と解釈できるなら「推定」と見立てる（例:男もくす**なる**→する**やうなる**＞日記と言ふ物）・・・わけであるが、「断定」（例:猫は魚を好むもの**とてあり**）とも「推定」（例:猫は魚を好む**やうなり**）とも意味上からは見分けが付かぬ例（猫は魚を好む**なり**）も現実には多いので、「推定**なり**」の一本釣り

識別法は現実的にはまず無理と諦め、「断定**なり**」の識別法でふるい落とされた場合には「推定**なり**」と判断する消去法にでも依拠するより他はないと思ったほうがよい。
　　　　▲B)　<*活用語に接続する場合、上代の「なり」は「推定」。*
「断定なり」の活用形連体形への接続は、中古以降の用法である>

　上代の「断定**なり**」は「連体形」には付かない、とは、上代の「断定」の「**なり**」は「体言」のみに付くという規則の裏返し。従って、上の文章は、「体言以外の語」に付いた「**なり**」は全て「推定」と見てよい、と言っているわけだ・・・が、入試古文の主たる出題対象は「中古」であって「上代」ではないから、上のルールは受験生にとっては無意味な命題に近い響きがある。それにそもそも上代の「断定**なり**」が何故「連体形には付かず、体言のみに付く」のかの説明もなしに現象面だけ語られても、耳も心も向ける気にはなるまい・・・そこで《本源的識別法》は、こうである：

★2)《上代の「断定」は「AはBそ（ぞ）」で表わす／中古以降の「断定」は「AはBなり」で表わす》

　　上代の「断定」表現例)「人はみな死ぬる<ぞ>（or<そ>）」
　　中古以降の「断定」表現例)「人はみな死ぬる<なり>」
　・・・中古以降の「断定」表現は、「**人はみな死ぬる[もの]<なり>**」の[**もの**]が省略された「準体法」としての連体形接続の感覚である。

　このように、上代に於いては「連体形＋**ぞ**（古式は、**そ**）」で表わされていたものが、中古になってから「連体形＋**なり**」の形へと移行したのであり、上代の「断定」の「**なり**」は「体言＋**なり**」のみに限定されていたわけである・・・が、既述の通り、「上代（奈良時代）なんて受験生的にはノーマーク（平安期だけ見据えていればそれでよし）」なのだから、こんな話は文法ヲタク以外にはどうでもよい事実ではある。
　　　　▲C)　<「なり」の活用形が未然形「なら」なら「断定」である>

　換言すれば<「*推定*」の「**なり**」に未然形はない>ということになる；実際、そうなのである・・・が、「何故そうなのか」まで教えてもらえないのなら、学習者としては納得できまい・・・これに対する《本源的識別法》は、こうなる：

★3)《推定助動詞「なり」は「既成事実に対する見解」を表わすために常に肯定形であり、「未然形」と「命令形」は論理的に成立し得ない》

　「私の耳に入る情報から判断すれば・・・のようだ」という判断を表わす推定助動詞「**なり**」に「命令形」が成立せぬのは自明の理だが、否定形成成文（＝直後に「**ず**」を付けるための形）としての「未然形」が成立せぬにもかかわらず、助動詞活用表を見ると「推定<**なり**>」の「未然形（**なら**）」が（一応カッコ付きの形で）記載されているのを不思議に思う人も多いだろう。種を明かせばこれに「ク語法」（＝**ならく**）の祖形と見立てての特例である。漢文訓読文の中で「**言ふならく**（＝世上言われている

らしいが）」、「**聞くならく**（＝よく聞く話として）」などとして用いる例があるから「未然形**なら**＋**く**」とみなしているだけの便宜的区分であり、現実的には「推定**なり**」を否定文に変えるための役割を本義とする「未然形**なら**」など、存在せぬのである。

　「未然形・命令形不要」の理まで解き明かしたなら、物の順序として、その他の活用形に於ける「推定**なり**」＆「断定**なり**」の用いられ方についても考察するのが筋であろう。以下、必然性の高い活用形から順に並べて解説してみよう。

◆推定「なり」終止形「なり」◆

　実際の「推定」の表現には終止形「**なり**」終止文が圧倒的に多い。「既存の事態に関する（これは聴覚情報に基づく私の見解ですよ、との）付加コメント」が「**なり**」であることを思えば、文末に置かれて「・・・**なり**。」の「終止形」で締めくくるのが基本形なのは当然のことであろう。

　が、「終止形」は「**なり**」の「推定」と「断定」双方にあるし、「断定**なり**」終止文だって多いわけだから、「終止形**なり**なら推定**なり**」などとは言えない・・・ので、やっぱりその他の手がかりをも探さねばならないわけである。

◆推定「なり」連体形「なる」◆

　直後に体言を従える「連体修飾」の語法・・・・これは、「断定**なり**」が「所在地」を表わす場合（例：「**天なる神、地なる民**」＝天上界に存在する神、地上に存在する民衆）以外の「断定**なり**」にはない用法・・・も、係助詞と呼応して文末に「連体形係り結び」（例：「世の中よ道こそなけれ思ひ入る山の奥にも鹿＜ぞ＞鳴く＜なる＞」『千載集』雑中・一一五一・藤原俊成）・・・これは「断定**なり**」には殆どない用法・・・を招く場面も、「推定**なり**」にはよくある使い方である。つまり「連体形**なる**」は「断定」・「推定」識別のチャンス（連体形なら大抵「推定**なり**」）というわけである；が、識別上便利な現象とはいえ、その背後にある原因まで突き止めねば何の勉強にもならない；ので、以下、その原因面（何故連体形**なり**＝推定か？）への掘り下げを行なってみよう：

●「断定なり」の連体形「なる」にはなぜ「連体修飾用法」がないのか？

　「・・・なのだっ！」と断定するからには、陳述の全てはそこで終結するのが当然であって、「｛・・・なのだっ！｝というＡ」のように後続体言へのつなぎ役を果たすような押しの弱い「断定」はあり得ないから、「直後に体言が続く連体形**なり**」なら「推定**なり**」という理屈になる。

　誤解を招きそうなので一応補足すると、「断定**なり**」が「存在する場所」を表わす（上代の「**なり**」の原初的な）語法の場合は当然「**ＡなるＢ**」の「連体修飾」となる：「春日＜なる＞三笠山」のような用例はいくらでも成立するのである。ここで言う「断定**なり**連体修飾用法ナシ」とは、「(S) 和泉式部は(C)恋多き女(V)＜なり＞」という形で言い切る「＝（イコール）記号」としての「断定**なり**」を、「恋多き女＜なる＞和泉式部」の連体修飾語構成用の「**なる**＋連体形」にはしないということである。何故そうしない

のか？簡単なことだ ―「「恋多き女」和泉式部」という形の「同格」表現として２つの体言を併置してしまえばそれで済む話だからである。敢えて「恋多き女」と「和泉式部」の間につなぎ記号を置くとしても、それは格助詞「の」か漢文調断定助動詞（連体形）「たる」のいずれかである。こんな部分に置かずもがなの「なる」を入れてわざわざ「推定なり」と誤解される種をまくのは、読者に対する嫌がらせ以外の何物でもあるまい？入試古文問題の出題者ならともかく、現実世界の人間は、読み手／聞き手にとって誤解の多い形を忌避し、紛れの少ない方へと向かうのが自然だから、「**なる連体形**」が使われていたら、それは＜「所在地系断定**なり**」でないとすれば「推定**なり**」でしかない＞という理屈に落ち着くわけである。

　ちなみに、「「伊勢物語＜なる＞読み物」のような形で用いられる「Aとかいう名のB」の語形に於ける連体形「**なる**」は、「伝聞＝・・・と聞いている」であって「断定＝・・・なのである」ではない。「自分はよく知らないが『伊勢物語』とかいう名称で出回ってるやつがあるらしい」的な（いいかげんな感じで突っ放した軽い）響きがそこに宿るのは、この「**なり**」が「伝聞推定」系であって「断定」ではないからこそである。

　が、この種の「伝聞推定」の色彩が宿らぬ「**AなるB**」もまた成立する：「我々はここに「憲法第九条」＜なる＞項目を設けて、平和国家日本を世界に向けて宣言するものである」なる名付け＆宣言を筆者自身が行なった場合は、そこに「何でも、国としての武装放棄宣言、らしいよ」などという又聞きめいたいいかげんな響きはないのだから「伝聞・推定」とは呼び難く、「断定」に近い。が、この一事のみをもってこの種の「**AなるB**」の「**なる**」を「断定」一本に統一する訳にも行かず、「伝聞」と解すべき用例も非常に多いのだから、言語学的統計判断から言っても＜「**AなるB**」＝「断定**なり**」＞の等号の図式は成立しない。そもそもこの「**AなるB**」なる言い回しそのものが、中古や中世の言語学事情の大部分をケロッと忘れ去ってしまった後代の「近世文語表現」であって純然たる古典表現ではないのだから、この時点で既にもう「断定も推定もごっちゃごちゃナリ」という時代背景を踏まえねば話にも何にもならない・・・とまぁ、裏事情はあれこれややこしいが、＜「**AなるB**」の「連体修飾」ならば、「Aに存在するB」（断定）or「Aとか聞いているB」（推定）であって、「AであるB」（断定）には（近世以降の文語文以外では）絶対にならぬ＞の鉄則は、覚えておいて損はない。

●「断定なり」連体形「なる」が係助詞「ぞ」・「なむ」と呼応して「連体形係り結び」になる場合がほとんどない理由

　「絶対にない」とは言い切れないが、現実には殆どない「断定**なり**」の「係り結び」であるが、何故そういうことになるのだろうか？ ― 「断定**なり**」の意味を見据えて考えれば、至極明白なことである。「・・・なのだっ！」と断定的に言い切る「**なり**」は、強調語法としての「係り結び」など伴わずともそれ自体で十分に強調的なのだから、「連体形係り結び」による強調の必然性などあるまい？だからこそ「断定**なり**に

係り結びなし」＝「**ぞ**＋・・・断定**なる**」や「**なむ**＋・・・断定**なる**」は出現しない・・・
（この種の形なら「断定**なり**」ではなく「推定**なり**」）というわけである。
●「断定**なり**」の已然形「**なれ**」が係助詞「こそ」と呼応して「已然形係り結び：A こそ～**なれ**」
になる例だけは存在する理由
　一方、係助詞「**こそ**」と呼応しての「已然形係り結び」（**A こそ・・・なれ**）の例
は多く見られる。この場合、この「**A こそ・・・なれ**」の語形が原義的には「強調の
ための係り結び」でなかった点に注目する必要がある。「已然形＋**なれ**」の係り結び
は元来「逆接確定条件＝確かに・・・ではあるが、それでも～だ」の意を表わす語形
であり、「**A こそ＋・・・なれ**」の用例も当然「逆接確定条件」から始まる；だが、
時代が下ってこの係り結びは「逆接」の含意を失い「単なる強調」のための語形へと
成り下がる；その後もなお、「**A こそ＋・・・なれ**」の係り結びは（「**A ぞ／なむ＋・・・
なる**」が全く使われなかったのとは対照的に）惰性的に用いられ続けたのである。
●「断定**なり**」連体形「**なる**」の存在意義は「助動詞接続専用」
　このようにほとんど出番がないと言ってよい「断定**なり**」の連体形「**なる**」である
が、ではその必然性・存在理由は一体どこにあるのか？・・・その答は、こうである ─
＜直後に推定助動詞「**べし**」・「**らむ**」を従えた「**なるべし**」・「**なるらむ**」を形成するためにのみ断定
「**なり**」連体形「**なる**」の語形が必要とされた＞・・・本当にただそれだけの効用しかないのが
「A＝B である」型断定助動詞「**なり**」連体形「**なる**」なのである。
　そうなると、ここでまた例の問題について扱わねばならない ─ 便法的に＜推定
助動詞「**なり**」・「**めり**」＞をも「断定助動詞連体形**なる**」に連なる助動詞の列に加える
のが古文業界のならわしだが、（これまで幾度も述べた通り）推定の「**なり**」「**めり**」
は一見「連体形接続」に見えても実は「終止形接続」であるから、「＜**なる**＞**なり**」や
「＜**なる**＞**めり**」の語形は本源的には存在せず、実際は「＜**なり**＞**なり**」・「＜**なり**＞
めり」の撥音便形としての「**なんなり**」・「**なんめり**」または撥音無表記形の「**ななり**」・
「**なめり**」が存在するのみなのである。従って、「断定**なり**」連体形を（本当に）求める
助動詞は、以下のものだけ、というのが真実なのである：

【**べし**】／【**らむ**】（・・・**なる**＋【**らし**】は【**ならし**】で 1 語の助動詞扱い）

　ここまでは「断定助動詞」の連体形「**なる**」に注目してきたが、逆に、「推定」の
「**なり**」の連体形「**なる**」の場合、自身が推量系の意を表わすのだから、その直後に
「連体形接続の別の推量系助動詞」を従えるような重複はあり得ない、という点に注目
すべきであろう。平安期に用いられた「連体形接続」の助動詞を列挙すると以下の通り
だが、いずれも「推定**なり**」の連体形「**なる**」に続くことはない。
　＊断定助動詞：「**なり**」と「推定**なり**」の相性の悪さ
　「**ななり**」及び「**なんなり**」の語形はあるものの、これは「断定**なり**＋推定**なり**」
であって、「推定**なり**＋断定**なり**」ではない。

＊様態助動詞:「ごとし」「ごとくなり」「やうなり」と「推定なり／断定なり」の相性の悪さ

「〜のごとし／ごとくなり／やうなり」は「様態」に関する「判断:〜のようだ」を表わすが、その「判断」の中に「推定なり(＝私の聞くところによれば〜のようだ)」という「判断」がまたまた含まれていたのでは「判断」が重複してわずらわしいので、「*推定なり＋様態助動詞*(**ごとし・ごとくなり・やうなり**)」の表現は成立しない。

また、これらの「様態判断」助動詞は「断定なり」連体形の後に続くこともない。断定「**なる**」に続けて「×*猫<なる>やうなり*」とせず、格助詞を介して「**猫<の>やうなり／猫[なる]<が>ごとし**」とするのが作法である。そもそも「〜のようだ」の判断自体が「断定色」を帯びている以上、「*断定**なり**＋様態判断助動詞*(**ごとし・ごとくなり・やうなり**)」の冗長表現もやはり成立しないのである。

＊否定推量助動詞:「まじ」と「推定なり」の相性の悪さ

先述の通り「推定**なり**」に「肯定」の意しか表わさぬから、「否定」に又意を変えてしまう「**まじ**」とは共存し得ない。同じ理由で未然形接続の「**じ**」とも共存しない。

＊推量助動詞:「べし」「べかし」「べらなり」「らし」「ならし」と「推定なり」の相性の悪さ

確信の薄い推定を表わす助動詞「**なり**」に続けるには、ほぼ同じ働きをする「**らし**」は冗長なだけ（断定「**なる**」を含む「**ならし**」も同様）。「**べし**」「**べかし**」「**べかなり**」は「何らかの根拠に基づいて断定的に推論」した結果を述べる助動詞なので、「**なり**」・「**めり**」による非断定的推定の直後にこれを付けるのは、まさに水と油、混ぜようにも決して融合のしようがない組み合わせである。これらの「断定色の濃い推量助動詞」と「**なり**」・「**めり**」が共存する場合、必ず「**べし**＋**なり**／**めり**＝**べか*り*なり**／**べか*り*めり**→**べかんなり**／**べかんめり**」のような語順で、「**べし**」の断定的色彩を「**なり**／**めり**」が逆に「婉曲」に緩和する形になるのであり、「×**めるべし**」などという語形はあり得ぬし、「**なるべし**」ならその「**なる**」は「断定」であって「推定」ではない。

つまり＜「推定」の「**なり**」の連体形「**なる**」の後に他の助動詞が続くことはあり得ない＞との結論になる（！注！連用形「**なり**」直後に過去・完了助動詞が続く例はある）。

上記の考察を（＜現象面＞のみ＆《本源的識別法》）の形でまとめれば、こうなる:

▲D)＜「なり」の活用形が連体形「**なる**」の場合、下に助動詞が続けば「断定」／下に助動詞が続かなければ（＝係り結び／連体修飾語／準体法の場合）「推定」＞

★4)《連体形「**なる**」は「**なるべし**」・「**なるらむ**」の語形の場合のみ「断定」／それ以外は「推定」》

付記1)「断定**なる**」＋「**らし**」＝「**なるらし**」に「**ならし**」と1語の助動詞扱い。

付記2)「**ななり**／**なんなり**」「**なめり**／**なんめり**」に於ける「**な**・**なん**」は「断定**なり**」の「終止形**なり**」の撥音便であって「断定**なり**」の「連体形**なる**」ではない。

では、次なる活用形の考察に移ろう:

◆推定「なり」已然形「なれ」◆

　接続助詞「**ど・ども**」へと続いて「逆接の確定条件＝・・・ではあるが」を形成したり、「**ば**」へと続いて「順接の確定条件＝・・・なので」を形成したり、「**こそ**」と呼応しての「係り結び」を形成したりするのが「已然形」の機能だが、そのいずれも「断定／推定」双方の「**なり**」に成立する語形であるから、両者の識別上の手がかりを「已然形」に求めることはできず、この活用形は「**なり**」識別の役には立たぬなり。

◆推定「なり」連用形「なり」◆

　推定助動詞「**なり**」は、全文の記述が終了した文末に置かれて、「・・・、というのが私の聞くところからまとめた判断です」とするものであるから、「連用形」の用法として想定し得るのは「他の助動詞（過去＆完了系）へとつながるため」のみであり、「助動詞以外の用言への連用法」はあり得ず、「中止法」（文章をその時点で一旦中止し、一呼吸置いてから後に続ける話法）も成立しない。この点は「断定」の「**なり**」に関しても全く同様である（格助詞「**に**」を「**なり**連用形」とする立場を認めた場合は「助動詞以外の用言への連用法」＆「中止法」も成立してしまうが、本源的な文法判断の上からはこの事例は無視するのがよい）。

　そこで、「断定」／「推定」それぞれの「**なり**」の連用形「**なり**」（断定の「**に**」はこの際排除しておく）の唯一の用法としての「助動詞接続」の実例を検討してみると、次のような興味深い事実が判明する：

◆「断定」助動詞連用形「なり」へと接続する助動詞◆

　＊過去助動詞「**けり**」・・・「過去からずっと存在していたのに、今まで認識されずに来た何らかの事態について、今更のように気付く」という助動詞「**けり**」の性質は、「断定**なり**」との組合せは問題ないが、「（確実に認識した事実を述べる）聴覚的認識」の「推定**なり**」との組合せはあり得ず、あり得る組合せは「断定**なり**＋**けり**」だけ。

　＊過去推量「**けむ**」・「**けらし**」・・・「推定**なり**」の後に更に冗長的に別の「推量」系助動詞が続くことはあり得ないので、「**けむ**」「**けらし**」が付くのは「断定**なり**」だけ。

　＊願望助動詞「**たし**」・・・「推定**なり**」は「既存の事態への付加コメント」だから、直後に「未然の事態への願望」の「**たし**」を足したりできるのは「断定**なり**」だけ。

◆「推定」助動詞連用形「なり」へと接続する助動詞◆

　＊過去助動詞「**き**」・・・「過去」の助動詞のうち「**けり**」は「今まで忘れていた過去を今更思い出して付け足す」感じだから、「断定**なり**」との組合せは問題ないが、眼前の事態の恒常的認識に基づく「推定**なり**」に付ける過去助動詞としては、「気付きの**けり**」はあり得ず、付き得るものは「直接体験過去の**き**」のみ；だが、「**き**」が「断定**なり**」に付いてはならぬという法はないので、＜「**けり**」が付けば「断定**なり**」＞と断定はできるが、＜「**き**」付きの「**なり**」は「推定」か「断定」か不明＞ということになる；ので、結局「断定／推定**なり**」識別法として、過去の「**き**」は役に立たない。

＊完了助動詞「たり」「つ」「ぬ」・・・一定の時間幅を持って成立するのが「完了」であるから、瞬発性の助動詞（＝言い切る時は常に一瞬である）「断定なり」に付けるには論理的に難があるため、＜「なり＋完了助動詞」なら「推定なり」＞と断定してよい。
　但し、元来は「完了」であった「つ」及び「たり」は、室町期あたりには「過去」の助動詞（「き」「けり」の代用表現）としても使われた。従って、こうした中世以降の「なり＋完了助動詞」の（単純過去を表わす）用例では必ずしも「推定なり」ではなく「断定なり」の可能性もあることになる；が、入試古文の主対象となる平安期の語法からは大きく外れる後代の出来事なので、受験生としてはノーマークで構わない。
　・・・ということで、「連用形なり」への接続について整理すると、次のようになる：
　▲Ｅ１）＜連用形「なり」＋「けり」「けむ」「けらし」「たし」なら、「断定なり」＞
　　▲Ｅ２）＜「推定なり」連用形についてはあまり断定的には言えないが、
　　　助動詞なら「き」「たり」「つ」「ぬ」などは「推定」に付く場合が多い＞
　・・・こんな現象面からの観察報告は頼りなさすぎるので、《本源的識別法》をば：
★５Ａ）《「推定なり」連用形の直後に続く助動詞は、直接体験過去「き」、完了「つ」「ぬ」「たり」であり、以下の助動詞は論理的に続けられない：気付きの過去「けり」／過去推量「けむ」「けらし」／願望「たし」》
★５Ｂ）《「断定なり」連用形の直後に続く助動詞は、直接体験過去「き」、気付きの「けり」、過去推量「けむ」「けらし」、願望「たし」であり、以下の助動詞は論理的に続けられない：完了の「つ」「ぬ」「たり」（但し、「つ」「たり」が過去の助動詞として用いられた室町期は除く）》
　・・・さて、「なり」連用形の問題ということになると、どうしても、以下に示す「に」の問題を避けて通るわけには行かない：
　　　　▲Ｆ）＜連用形が「に」になる場合、その「なり」は「断定」＞
　この「に」がなぜ「格助詞」でなく「断定なり」の「連用形に」になるのかの説明から始めなければ、学習者としては途方に暮れるばかりであろう。事態の推移を時系列的に追えば、次のようになる。
　ａ）上代に、「場所を表わす体言Ａ＋格助詞に＋動詞あり＝Ａにあり」から「Ａなり」へと転じる形で、「断定なり」の本源的語法「Ａに居る」が成立した。
　・・・後代にはマイナーな語法へと追いやられた感のある「所在地」の語法こそが、断定助動詞「なり」の原初用法だったわけである。その一方で、上代には元来の語形「Ａ＋に＋あり」もなお使われ続けていた。
　ｂ）上代にはまだ「ＡはＢなり」（＝ＡはＢである）の形の断定表現は成立していなかった。この意味を表わす上代表現は「ＡはＢぞ（ぞ）」であった。

・・・「**AはBなり**」が「AはBに存在する」の「所在地」用法に加えて、「A＝Bである」の「断定」の意味をも獲得するのは、中古に入ってからのことである。

c) 中古に「**A**(資格・役職を表わす体言)＋**に**＋**あり**」から「**Aなり**」へと転じた形が「資格・役職」を表わす「断定」表現として確立するものの、上代の「**A＋に＋あり**」の分離形もまた中古以降も引き続き使われ続けた。但し、この分離形の用例は次のような定型句のみに限って用いられた（…というには少々多いが）：

◆「**A＋に＋あり・はべり**」／「**A＋に＋て＋あり・はべり**」／「**A＋に＋て＋は＋あらず・はべらず**」／「**A＋に＋は＋あらず・はべらず**」／「**A＋に＋か＋ある・はべる**」／「**A＋に＋や＋ある・はべる**」／「**A＋に＋か＋あらむ・はべらむ**」／「**A＋に＋や＋あらむ・はべらむ**」／「**A＋こそ＋あれ・はべれ**」／「**A＋こそ＋なけれ**」／「**A＋に＋こそ＋あれ・はべれ**」／「**A＋に＋こそ＋なけれ**」／「**A＋に＋こそ＋あらめ・はべらめ**」／「**A＋に＋こそ＋なからめ**」／「**A＋にて、」**／「**A＋にして**」・・・これらの定型句に関して注目すべきは、以下の３点である：

◆「**に**」は「資格・状態」を表わす「格助詞」であって「助動詞」ではない＝「**に**」には動詞性は宿らず、動詞性を持つのはあくまで後続語句の方である。

◆「**に**」の後に続く動詞は「**あり**」及びその丁寧語「**はべり**」、又は否定語「**なし**」である。

◆「中止法」（文章の途中で打ち切り、一呼吸置いて後続部へとつなげる）の「**A＋にて**」に於いては、「**にて**」を１語の接続助詞扱いしてしまうほうが文法的にはすっきりする。この「**にて**」は「**にして**」の略形であり、やがてこの「**にて**」が「**んで**」を経て現代日本語の接続詞「**で**」につながった。

こうした分離形構文に於ける「**に**」に動詞性を認めることは出来ない。「・・・である／ない」の意を担うのは「**あり・はべり／なし**」であり、「**に**」は単なるつなぎ記号（＝格助詞）でしかないのである。従って、上記の事情だけからすれば「**に**」が「断定**なり**」の「連用形」と化す道理もない；だが、ここに次の状況が加わるのだ：

d) 副詞から生じた形容動詞(ナリ活用)が、以下のような活用形を持つに至った：

{なら・なり／**(に)**・なり・なる・なれ・(なれ)}

ここで注目すべきは、形容動詞連用形としての「**に**」の存在である。これは、実は「副詞そのもの」（例：「**静かに**」）であって、本源的には「形容動詞の連用形」ではない；形容動詞連用形はあくまでも「**なり**」（例：「**静かなり**」）なのである；であるから、形容動詞連用形（「**に**」形）による「副詞用法」を、「形容動詞」の一部として扱わずに「副詞」として別物扱いしておれば特に問題はなかったのである・・・が、古文業界はこれを「形容動詞ナリ活用の連用形**に**」とする道を選んでしまった；この判断は、＜「**静かに**」は「副詞」？それとも「形容動詞連用形」？＞という（「正解」のあり得ない＆「不正解」もあり得ない）疑問を生じてしまうと共に、以下の事態をも引き起こすこととなる：

e)「形容動詞ナリ活用」の連用形として「に」を認める以上、その本家本元たる「断定助動詞なり」の連用形にもまた「に」を認めない訳には行かない。

便法が便法を生む典型的図式である・・・<「静かに」＝「副詞」>として「形容動詞連用形」とせずにおけば何の問題もなかったものを、大元での判断が緩かったばかりに非論理の連鎖反応が「なり」の連用形にまで及んでしまい、どう見ても「格助詞」の「に」が、「助動詞連用形」に化けてしまったのである。

一方、その「なり連用形<に>」と本質的に全く同一の次例に於ける「に」などは「格助詞」扱い(・・・こんな不統一性も受験生の「古文嫌い」の元凶であろう)：

非「なり連用形」の「に」の例)「かのひとを名人<に>思ひ做し(なし)つるよ」(＝あの人のことを名人だと思っていたとはねぇ)

「なり連用形」の「に」の例)「彼の人は名人<に>あらざりけり」(＝あの人は名人じゃなかった)
・・・上例の二つの<に>が本源的に全く同一のものであるという言語学的事実は、それを英語に訳してみれば明瞭に認識できる：

格助詞扱い「に」の英訳例)We've always considered that man <to be> a great master.
断定「なり」連用形扱い「に」の英訳例)That man <was> not a great master.

いずれの例でも「に」→ to be/was だから、やるつもりなら「両語とも断定助動詞なり連用形」扱いが正しく、片手落ちは間違いである；が、文法論理的には「連用形」扱いより「格助詞」扱いの方が妥当だろう(英語「be」動詞相当の意味は古語の「に」には宿らず、動詞性を担うのはあくまで後続の用言「思ひ做す」及び「あり」の方なのだから)・・・そんな「同一の(はずの)に」を、一方では「単なる格助詞」、他方では「断定助動詞の連用形」扱い、である・・・こうした文法的整合性を欠く古文業界の「ルールめいたもの」を一応紹介しておくと、次のようなことになる：曰く、

<「に」が後続部に「あり」・「はべり」・「なし」及び「て」・「して」を従える場合、その「に」は「断定」助動詞「なり」の連用形>(そうでない場合に限り「格助詞」)

・・・全く困ったものだが、まぁ「に」の問題にこれ以上深入りしても意味はあるまい ─ 日本人の「法意識」なるものの(便法的で穴だらけの)本質がよーくわかる幾多の事例中の一つ、として片付けて、次なる識別法(を巡る読み物)に移ろう。

▲G)<「なり」が終止形に接続する場合は「推定」／連体形に接続する場合は「断定」>
・・・この<法則>には、しかし、次のような但し書きが付く。

<但し、「推定」の「なり」がラ変に接続する場合は、例外的に、連体形接続となる>

古文の世界(or 日本国)で「例外」の言葉が出て来た場合には警戒した方がいい：「非本質的取り決めの破綻を繕うためのパッチ当て作業」が多いから・・・では、「例外」を持ち出さずに済むような《本源的識別法》はどうなるか？以下の如しである：

★6)《「推定なり」は終止形接続／「断定なり」は体言・連体形接続》
・・・例外も何もない、すっきりしたルールである；唯一ややこしいのは、「ラ変」

活用語（＝末尾に「**あり**」を含む語）の終止形＋「**なり**」の組み合わせに於ける「撥音便（ン音化け）」を巡る以下の状況だけである：

　a）ラ変語の終止音は「・・・**り**」である。
　b）「・・・**り**（終止形）」＋「**なり**」＝「・・・**りなり**」の音は冗長なため、「・・・**んなり**」への撥音便現象が（常に必ず100％どんな場合でも間違いなく何が何でも絶対に）起こる。
　c）発音上は「**ん**」に化けるが、日本語の「**ん**」文字は、中古末期まで存在しなかった。
　d）そのため、中古中期までは、「・・・**り**＋**なり**＝・・・**んなり**」（例：**あり**＋**なり**＝**あんなり**）に於ける「**ん**」の撥音便部分に関しては無表記で「・・・**なり**」（例：**あなり**）と書かれて、それでもなおかつ発音上は「**んなり**」（例：**あんなり**）と読まれていた。
　e）中古末期になって「**ん**」文字が登場すると、それまでずっと撥音無表記だった「**あなり**」を「**あんなり**」ときちんと表記する場合も生じてきた。
　f）しかし、「**あんなり**」が最初から「**あんなり**」として存在していた道理もないので、この撥音便の「**ん**」が生じた元来の語形が何であるかが（中古末期に至って初めて）問題となった。その推論過程で、中古末期以降の人間達が取り得る思考・判断過程には次の2種類があり得た：
　f1）＜「推定」の「**なり**」は終止形接続であるから、「**あり**＋**なり**」が祖形であろう＞・・・これが正しい判断である。しかし、中古末期以降の日本人は、この種の文法的判断に拠らず、自らの音感のみに依拠して、次のf2）へと安易に走ってしまった：
　f2）＜「**あんなり**」なんてどう考えたって「**ある**＋**なり**」の化けたやつに決まってるじゃん＞
　g）かくて、「**あんなり**＝**ある**＋**なり**」なる誤解に基づく「**あるなり**」という考え方（＆誤表記）が（中古末期以降には）常態的に見られる異常事態となってしまった。
　この、わかってない後代の筆記者の誤解・誤記に基づく「ラ変動詞連体形＋**なり**」は、しかし、入試で問題になる中古の古文（の正しい写本）には、まず登場しない。「**あなり**」にせよ「**あんなり**」にせよ、その読み方は常に「**ん**」の撥音便を含むものであって、「**る**」音で読む平安人など一人も存在しなかったのであるから、「**あるなり**」なる誤記は『*中古末期以降の改竄古文書*』にこそあれ、まともな平安時代の古文には登場し得ない。そういうわけで「推定**なり**＝終止形接続」／「断定**なり**＝連体形 or 体言接続」の鉄則は（平安末期以降の無学者達の空騒ぎを余所に）安泰なわけである。
　撥音便を巡る上の話は、ややこしいばかりで無益なヲタク知識に思われるかもしれないが、「形容詞型活用語」や「否定語**ず**」への接続を巡る識別法を考える上でも役に立つ根源的な理屈なので、多少執拗なくらい綿密・確実に把握しておくべきである。

　　　▲H－1）＜形容詞型活用語への接続の場合、いわゆる本活用・・・
　　　　（例：いたし｛（いたく・いたく・いたし・いたき・いたけれ・○｝）
　　　・・・に於ける連体形「～き」に接続して「～きなり」（例「いたきなり」）
　　　　となる場合は「断定なり」である＞

▲H-2)〈形容詞型活用語への接続の場合、所謂補助活用＝カリ活用・・・
(例：いたし〔いたから・いたかり・〇・いたかる・〇・いたかれ〕)
・・・に於ける連体形「～かる」に接続して「～かなり／～かんなり／～かるなり」
(例：「いたかなり／いたかんなり／いたかるなり」)となる場合は「推定なり」である〉

これまた現象面の薄っぺらで危なっかしい氷の上でスケーターズワルツを踊れ、と言われても二の足踏むばかりのややこしい困ったルールであるが、《本源的識別法》として理知的にことわる（＝事割る）ならば、次のようになる：

★7)《形容詞への接続に於いても、「断定なり」＝連体形 or 体言接続／「推定なり」＝終止形接続の鉄則は揺るがず、後者に連体形接続はない》

この場合も、例のラ変終止形「り」音を巡る撥音便が、「断定**なり**」／「推定**なり**」の有益な識別の手がかりを与えてくれる。即ち、

a) 形容詞には、本活用と補助活用(俗に言う「カリ活用」)の2種類が存在する：

形容詞ク活用の本活用＝ {（く）・く・し・き・けれ・〇}
形容詞ク活用の補助(カリ)活用＝{から・かり・〇・かる・〇・かれ}
形容詞シク活用の本活用＝ {（しく）・しく・し・しき・しけれ・〇}
形容詞シク活用の補助(カリ)活用＝{しから・しかり・〇・しかる・〇・しかれ}

b) 上の活用形中、問題になるのは、「断定**なり**」の場合「連体形：**き・かる＆しき・しかる**」／「推定**なり**」の場合「終止形：**し**」・・・のみ・・・の筈である。

c) しかし実際は「断定**なり**」の連体形接続／「推定**なり**」の終止形接続には「癖」がある：

◆「断定**なり**」が形容詞連体形に接続する場合、本活用にのみ接続しカリ活用には接続しない・・・「**(し)き＋なり**」(例：いたきなり／かなしきなり)の形となり、「×**(し)かる＋なり**」(例：いたかるなり／かなしかるなり)の形にはならない。

◆「推定**なり**」が形容詞終止形に接続する場合、本活用の終止形には接続しない・・・「×**し＋なり**」(例：いたし＋なり)の形になることはない・・・現実に生じる形は「**いたかんなり**」の撥音便形のみである。

d) この撥音便形「**いたかんなり**」の元の形は、音調上の判断だけからすれば「いたかる＋なり」即ち「カリ活用連体形＋なり」と感じられる；が、「推定**なり**」は「終止形」にしか接続しないので、「連体形**いたかる**」を想定するのは音感のみに依拠した安直な錯覚である。

e) 正しくは「**いたかり＋なり**」の「**り＋なり**」の冗長さを嫌っての「**ん＋なり**」撥音便である。

f) では、その「**いたかり**」の活用形は何か？ 形の上では「連用形」ということになるが、「推定**なり**」が「連用形」に接続する道理もない；あくまで「終止形」接続なのである。

g) だが、形容詞補助活用の図表には、終止形としての{・・・**かり**}は記載されていない。

こうした場合、日本の古文業界が取る道筋は次の二つに一つである：
　g1)「**いたかり**」の形として表記されている「連用形」を選ぶ
　g2)「**いたかる**」を元の形とみなして「連体形」を選ぶ
　・・・しかし、これらはいずれも非論理的な逃げ道にすぎない。唯一論理的に正しいのは、次の判断である：
　h)形容詞補助活用としての「カリ活用」の祖形は「**・・・く＋あり**」という「連用形＋ラ変動詞**あり**」の形であり、その「**あり**」の「終止形」は「**あり**」であり、「推定**なり**」の接続先は「終止形」である以上、「**・・・かり(＝く＋あり)**」への接続もまた「**あり**終止形」への接続という鉄則を貫いているのであって、「カリ活用*連用形*としての＜いたかり＞」へと接続しているわけではなく、ましてや「カリ活用*連体形*としての＜いたかる＞」への接続でもない。
　i)この論理に照らして言えば、形容詞補助活用（カリ活用）の「終止形」として「**・・・かり**」（上例で言えば、**いたかり**）を認めるのが筋である。が、この種の論理性に必ずしも筋を通さぬ日本の古文業界はいまだに「連体形接続説」という惰性的便法に固執する（**めり**）。
　・・・というわけで、理知的学習者としては、「形容詞＋推定**なり**」の問題に関しては、次の形で把握しておけばよい：

★8)《「推定」の「なり」が形容詞へと接続する場合、本活用の終止形「し」（例：いたし）へはつながらない；つながるのは補助活用の語尾に含まれるラ変動詞「あり」（終止形）の末尾の「り」音（例：いたかり）であり、かつ、そうして結合した「・・・り＋推定なり」（例：いたかりなり）は必ず撥音便を生じて「・・・んなり」（例：いたかんなり）となり、中古中期までの古文では撥音無表記「・・・なり」（例：いたかなり）で書かれるが、「ん」文字抜きでも現実の発音は「んなり」（例：いたかんなり）となる》

　・・・この撥音無表記を巡る考察はまだこれで終わりではない。次なる「否定」の「**ず**」への接続ルールにも応用可能な、使い出のあるルールなのである：
▲Ⅰ)＜*否定助動詞「ず」に接続する場合、連体形「ぬ」に接続する「ぬなり」は「断定」／連体形「ざる」に接続する「・・・ざなり／・・・ざんなり／・・・ざるなり」は「推定」*＞
　・・・直近の2項目の説明から、もう完璧に察しが付くであろうが、以下のような事情から上の現象は生じているわけである：
　a)打消助動詞「**ず**」には、「n」音系／「z」音系の2系統の活用形が存在する：
　「n系**ず**」＝ {M=な／（ず）・Y=に／（ず）・S=ず・T=ぬ・I=ね・R=○}
　「z系**ず**」＝ {ざら・ざり・○ (終止形「ず」はn系扱い)・ざる・ざれ・ざれ}

b)「断定**なり**」は、連体形接続先として「n」系の「**ぬ**」を選んで「**ぬ＋なり**」の形となる；が、「**ず＋あり**」複合活用の「z」系の「**ざる＋なり**」の形は取らない（中世の漢文訓読調は例外）。

c)「推定**なり**」は、終止形接続であるが、活用表の中に存在する唯一の終止形「**ず**」へと接続して「**ず＋なり**」の形を取るか・・・と言えば、そうはならない。

d)実際の「打消助動詞終止形＋推定**なり**」の結合形は、「**ざんなり**」の撥音便形となる。

e)この撥音便形「**ざんなり**」の元の形は、音調上の判断だけからすれば「**ざる＋なり**」、即ち「連体形＋**なり**」と感じられる；が、「推定**なり**」は「終止形」にしか接続しないのだから、「連体形ざる」への接続を想定するのは音感というブル法のみに頼る安直な誤謬である。

f)正しくは、「**ず＋あり＋なり→ざり＋なり→ざんなり**」の撥音便現象である。何故すんなり終止形「**ず**」に接続する「**ず＋なり**」の直接結合を選ばずにこんな「**ず＋あり＋なり**」という迂回路を取るかの理由は、次の通りである―そもそも推定の「**なり**」は、文末に置いて「＜・・・である＞というのが私の聴覚的判断である」とするものだから、その聴覚的判断の対象となる＜・・・である＞の部分は常に「肯定形」として成立しておらねばならず、ここに「**ず**」を付けて否定的に消去することは許されない：「＜・・・である＞＋**ず**」＋「**なり**」＝「**・・・であらず＋なり**」の語形は（「推定**なり**」がかかるべき対象を抹消してしまうことになるから）論理的に成立し得ないため、「**ず＋なり**」は許されないわけである。しかしながら、「＜・・・であらず＞＋**あり＋なり**」の語形なら「＜・・・ではない＞という状況がある・・・ようである」の形だから、肯定形へと接続する「推定**なり**」の鉄則を破らずに済む。故に、「**ず＋なり**」の語形は取らず、「**ず＋あり**」の語形たる「**ざり**」系の補助活用に接続して「**ざり＋なり**」とするのが「**なり**」の正しい作法、ということになる。

g)では、その「**ず＋あり**」＝「**ざり**」の活用形は何か？・・・形の上では「連月形」ということになるが、「推定**なり**」は「連月形」には接続しない；あくまで「終止形」接続なのである。

h)だが、打消助動詞「**ず**」の活用表の「終止形」欄にあるのは「**ず**」のみであって、「**ざり**」は記載されていない。こうした場合、古文業界が取る道筋は次の二つに一つである：

h1)「**ざり**」の形として表記されている「連用形」を選ぶ

h2)「**ざる**」を元の形とみなして「連体形」を選ぶ

・・・しかし、これらはいずれも非論理的な逃げ道にすぎない。唯一論理的に正しいのは、次の判断である：

i)「**ざり**」の祖形は「**・・・ず＋あり**」という「否定助動詞連用形＋ラ変動詞**あり**」の形であり、その「**あり**」の「終止形」は「**あり**」であり、「推定**なり**」の接続先は「終止形」であり、「**・・・ざり（＝ず＋あり）**」への接続もまた「ラ変動詞**あり**終止形」への接続という鉄則を貫いているのであり、「連用形としての＜ざり＞」に接続しているわけがないのであり、ましていわんや「連体形としての＜ざる＞」への接続でもないのである。

j)この論理から言えば、「z」系「**ず**」の「終止形」として「**・・・ざり**」を認めるのが筋である・・・が、この種の論理性に筋を通さぬ古文業界は「連体形接続説」でお茶を濁す【**なり**】。

・・・というわけで、理知的学習者としては、「打消助動詞**ず**＋推定**なり**」の問題に関しては、次の形で把握しておけばよい：

★9）《「推定」「なり」が打消助動詞「ず」へと接続する場合、終止形「ず」へすんなりとはつながらない；つながるのは「ｚ」系活用連用形「ず」の語尾にラ変動詞「あり」を付けた「ざり」の末尾の「り」音であり、かつ、そうして結合した「ざり＋推定なり＝ざりなり」は必ず撥音便を生じて「ざんなり」となり、中古中期までの古文では撥音無表記の「ざなり」となるが、「ん」文字がなくとも現実の発音は「ざんなり」となる》

・・・古文業界のやわな便法に対する（本源的に同一の）論理的修正作業による蘊蓄（ウンチク）攻撃が３つも続いてしまって、疲れたであろうか？それとも同じ検証作業を三度も糞真面目に繰り返したことで嫌というほど文法的正義 vs.不正義の対立関係が実感できたであろうか？いずれにせよ、根っこが悪いと枝葉の部分にどう鋏を入れたところでまるで体裁が整わなくなる、という良い(悪い？)例を実感してもらえたなら（多分、もらえた、だろうから）それでよい・・・では、次なる＜法則＞へと移ろう：

▲Ｊ）＜*主節の主語を格助詞「が」・「の」で受ける場合の末尾の「なり」は「断定」*＞

ややこしい言い方だが、これは古文業界では有名な「**が**」・「**の**」の表わす「主格」の限定性を巡るルールである。有名な例を引けば、次の文末の「**なる**」がそれである。

「雀の子を犬君＜が＞逃がしつる＜*なる*＞」『源氏物語』「若紫」紫式部

　(現代語訳) 雀の子を<u>犬君</u>（人の固有名称 'いぬき' であって、'ワンコ君' ではない）が逃がしちゃったの。

実際の『源氏物語』原文には、末尾の＜**なる**＞は表記されていない。本書の筆者が意味上補足して書いているだけであって、原文では「**逃がしつる**」で終わっている。詠嘆的に体言止めになっている感じで、後続部にあるべき体言が消失していても実質的には存在するものと解する「準体法」であるが、格助詞「**が**」が「全文言い切り文」の主格にはなれない、という（中世以前の）古典文法の決まり事を説明するのに非常にしばしば用いられる例文である。

中世以降の「**が**」は断定言い切り文の主語にも使えるようになる一方で、「**の**」は現代に至るまで「文中の部分集合の主語止まり」という制約を引きずっている。現代語では、例えば「阪神＜**が**＞優勝する！」とは言えるが、「阪神＜**の**＞優勝する」では意味が通じない：「*阪神＜**の**＞優勝する*」のは、ハレー彗星が巡って来る年だけ」のような「区間限定主語」で使って初めて「ぁ、そうやね」と納得してもらえるのだ。

このような「**が**」・「**の**」の導く「全文言い切り文ならぬ主語－述語部分」＋「**なり**」を巡るルールを、《*本源的識別法*》の形で書けば次のようになる：

★１０）《主格格助詞「が」・「の」が導く主語－述語関係は全文言い切りにならぬ「文章の中の部分集合に於ける主語－述語」関係でしかない；このような部分集合の末尾に存在する「なり」は「断定」であって「推定」ではない。「推定なり」は、全文の記述が終わった後に「・・・以上、私が聞いた範囲からの推定でした」として述べる付加コメントの記号なので、部分集合に対してしか効力が及ばない「が」・「の」では役者が足りない。あくまでも全体集合を対象とするのが「推定なり」である以上、文末言い切り形の後以外では意味をなさぬのである》

　・・・竹を割ったようなすっきりした論理的割り切り方（＝事割り＝ことわり＝理）であろう？これに対して、次なる〈法則〉は少々頼りなげである：

　　　▲Ｋ）〈話者・聞き手を主語とする場合は「断定なり」（がほとんど）〉

　・・・（がほとんど）というあたりが何とも怪しげで嫌な感じだが、実際、上の陳述はかなりの妥当性を有しているので、覚えておいて損はない。但し、《本源的識別法》として言うならば、これは「断定**なり**」に関するルールというよりも、「推定**なり**」の特性によるものである：

★１１）《「推定なり」に「私の聞いた範囲では、どうやら・・・らしい」という聴覚的判断に基づく付加コメントとしての推論を述べる性質上、その主語となるのは「話者の周囲にあって聴覚的刺激として機能し、かつ、眼前には存在せぬ何か」である。「推論」するよりもっと手っ取り早く「質問・確認」すれば答を引き出せる相手である「話者自身／話者の眼前に存在する聞き手」が「推定なり」の対象になるのは不自然である》

　・・・これと同じ原理から、次の現象もまた指摘される：

　　　▲Ｌ）〈「なり」が疑問文で用いられる場合は「断定」（が殆ど）〉

　・・・これを《本源的識別法》へと"翻訳"すれば、こうなる：

★１２）《「推定なり」は、話者が得た聴覚情報に基づいて述べた一連の文章の末尾に「私の聞く限りでは・・・らしい」という付加コメントを添えるため、構造的に「否定文」は成立し得ない。「疑問文」に成立せぬでもないが、統計的に「推定なり」には「肯定文」が圧倒的に多い。》

・・・とまぁ、最後の方のルールはあまりアテにはならぬルーズ（緩い・・・本当の英語は **loose：ルース**）な感じながら、いかがだったであろうか、「**なり**」の「推定」・「断定」を巡るこのややこしい状況は？両手の指折り数えても数え切れぬほど多数の＜原則＞めいたもの（しかも「例外」**多し** or 多くあり→**多かり** cf.■０３）（００３））を列挙しまくったので、読む方もいいかげんゲンナリしたことであろう。が、大事なのはこうしたルールを「覚え込む」ことではない：それが「ルールとして成立し得る条件」について、根っこの部分から洗いざらい検討する態度の方こそが大事なのだ・・・そうでなくて、千年昔の死んだ言語を学ぶことに、一体何の意味がある？「古文」であれ「英語」であれ、およそ語学というものは、「喋って、書いて、とりあえず通じれば（or 試験で落第点取らなければ）それでよい」というだけの付き合いをすべきものではないのだ。そんなやり方では結局モノにならぬ運命なのだから、最初からやらぬがよろしい・・・が、受験生たる者、やらばなるまい・・・なら、どうせやるなら、やっただけの見返りは欲しくはないか？その見返りは、「理」である。千年昔の日本の言葉など、使えるようになっても（筆者のようにそれを趣味＆仕事とする人間以外には）意味はない。が、その得体の知れぬ大昔の人間たちの約束事を、竹を割ったようにすっきりした形で、論理的に一刀両断できれば気持ち良いとは思わないか？その種の日本刀の太刀さばきは、英語だろうとロシア語だろうと国家公務員上級試験だろうとコンピュータプログラミングだろうと、合理的な処理が問われる世界、論理に忠実に徹しきればそれなりに報われる世界でなら、どこでも通じる万能武芸たり得る強みになることに気付かないか？— 筆者は、そんな「武具」を諸君に与えた（＆この後の頁の中でも更に供与する）つもりである。そうして知的武芸の達人を山ほど増やして、いまや資源も活力も枯渇しつつある**傾きかけた東洋の「日の出づる島国（扶桑のくに）」**を、人的資源の飽くなき活力を以て、内面（外国の圧力でも物質的財力でもない、心の力）から再浮揚させてやるつもりである・・・本書を書いている最中にも、様々な不幸な圧力によって日本国は内部から（社会・人心双方が自らを支えきれなくなって）自壊しつつある。この崩壊圧力に、揺れ動く世界からの容赦なき外圧が加わることで、日本が一層困難な道を歩まされることになるのは必然の図であろう・・・そんな時にこそ、惰性的な従来のやりくちにこだわらず、何がどうあろうとも決して揺らぐことのない事実・真実・真理・原理・原則というブレない王道を、自らの精神世界に一本ビシッと通して貫くストレートな強さがモノを言う：「文法世界」は「論理的正しさ」が確実に勝利する純粋知性の理想の闘技場だ（「理の外道」を歩む人間たちの世界は、「数の暴力」が平然とまかり通る出口なしの不幸の迷宮である）。古文の世界ぐらい理を以て制覇する力もなくば、乱れきったこの憂き世に諸君の浮かぶ瀬もあるまいぞ・・・

・・・さぁ～て、何はともあれ以上で「助動詞」関連の大仕事はおしまいである。大きな山はもう越えたから、ほっと一息ついてよい。残る課題はただひとつ ― 「~~助詞~~助詞をモノにすること」のみである。

■章１１）『助詞』■

■１１）（００１）―「助詞」の定義と種類―

　「助詞」は単独では意味をなさず、活用もせず常に一定の語形で他の語や文の下に付き、その上接成分に対し、次の３つのいずれかの形で働く語として、全部で６つの異なる種別へと分化する（複数の種別にまたがる意味を持つ「助詞」も少なくない）：

●１）上接語と他の語句との間に、以下のⅠ）Ⅱ）Ⅲ）いずれかの関係付けを行なう：

　Ⅰ）「体言Ａ＋助詞＋体言Ｂ」の形で、異なる体言どうしの関係を規定する

＝「**格助詞**」

　Ⅱ）「体言＋助詞＋用言」の形で、体言と用言の関係を規定する

＝「**格助詞**」・「**副助詞**」・「**係助詞**」

　Ⅲ）「文節Ａ＋助詞＋文節Ｂ」又は「語Ａ＋助詞＋語Ｂ」の形で、異なる文節・語どうしの関係を規定する

＝「**接続助詞**」

●２）「文章＋助詞」の形で、その文章内容に関する「希望」・「禁止」・「詠嘆」の意を添える

＝「**終助詞**」

●３）「文節＋助詞」又は「文章＋助詞」の形で、他の語の下には付くものの、他の語との関わりを持たぬ「感動詞」的な添え物として「詠嘆」の意を添える

＝「**間投助詞**」

　・・・「単独では意味をなさず、活用もせず常に一定の語形で、他の語の下に付き、上接する語に一定の意味を与える」という点では、「助詞」は「接尾語」に似ている。が、「接尾語」の場合は上接する語と一体化して一語の扱いとなるのに対し、「助詞」は上接する語とは別個の文法成文である点が異なる。

　例えば、「**悲し＜み＞**」・「**悲し＜さ＞**」・「**悲し＜げ＞**」では、「**み**」・「**さ**」・「**げ**」は上接する「**悲し**」と完全に一体化して不可分の成文となっているので、これら「**み・さ・げ**」は「接尾語」であるが、「**悲しき＜に＞耐えかねて家を出る**」や「**悲しく＜ば＞家を出よ**」を品詞分解する場合、「**悲し**」と「**に**」・「**ば**」の間は文法的に区分される：即ち、これら「**に**」・「**ば**」は「助詞」（前者は格助詞／後者は接続助詞）である。

こうした特性を覚えやすく語呂合わせでまとめるなら、次のようになろう：
　　《みさげたせつびはいったいがた（見下げた設備は一体型）》
＝「み」・「さ」・「げ」等の「接尾語」は、上接する語句と＜一体＞となり不可分の一語の扱い。
　　《せつふくけいかくしゅうかんむじょ（切腹計画習慣無情）》
＝「接続助詞」・「副助詞」・「係助詞」・「格助詞」・「終助詞」・「間投助詞」の六つが「助詞」。

　・・・いきなり無情にもハラキリさせてしまって不吉な感じだが、この「助詞」というやつ、実に、「助動詞」のように体系立てた論理的理解を試みてどうにかなる対象ではない；どうしたって「その意味を棒暗記する」より他に手だてはない ─ つまり「情け無いけど、計画学習なんて無理・・・だから、何度も女子じゃなかった助詞のカタログ眺めるのを習慣にしてしっかり顔と名前と性格が一致するようにしてネ（・・・４８人とか五九六三人とかベラボーな大人数の人気者集団たち相手にできるキミならダイジョブdiejob？大仕事？、きっと覚えられるってば」・・・でないと落第、切腹だよーん」という（教師的にも学生的にも）とっても困ったテーマなのである。
　・・・とはいえ、機械的棒暗記が必須のテーマではあるにせよ、「助詞」を覚え込むにもそれなりの工夫は必要だろう。そしてその工夫の最たるものは「覚える必要ないやつは覚えない」に尽きる：つまり「古典時代の助詞のうち、現代日本語と同じ意味のものはノーマークで無視する！」と決めてしまえば、暗記労苦の節減が図れる訳だ。しかも、そうして割愛できてしまう「現代語にもそのまま引き継がれる古典助詞」は、実は少なくない ─ どころか、びっくりするほど多い！ ─ つまり、心にしっかりと刻み込むべき女子助詞の数は意外なほど少ないのである。次頁から始まる「助詞語義一覧表」には「あり得る全語義」を載せてあるが、更にもっと徹底的に割り切って、「現代語と違う語義だけ見たいーっ！」という切迫した学習者の便宜を図るために、全巻末付録の「穴埋めテスト」の末尾には「非現代的古典時代限定助詞語義」のみに絞り込んだ究極のケチケチ暗記リストを添えてあるので、いよいよ切迫しちゃった諸君はそちらを活用して切腹を免れるとよい（・・・その覚えるべき古典助詞語義のあまりの少なさに、諸君は思わず歓喜の涙か狂喜の高笑いにむせぶことであろう）。
　・・・そういうわけで、以下、６種の助詞ごとにそれぞれの集団に属する数多くの語句の個別的な用法を逐一（暗記必須 or 暗記不要の目安付きで）列挙する。（毎度お馴染み阿呆っぽ語呂合わせもあるよ）完璧に覚え込むにはかなりシンドいリストだが、「ざぁーっと概観する」だけでも効果は絶大の筈だ。第一、意識的に覚えるべき対象は実はメチャクチャ少ないのである！・・・いずれにせよ、泣いても笑ってもこれが平安文法最後の砦、「平安調古文自在読み免許皆伝」までもう一息だ・・・読者諸君、頑張ってくれたまえ！（・・・ガンバレそうもない人はさっさと巻末へどうぞ）

■１１）（００２）―「格助詞」―
【を】　【の】　【が】　【へ】　【に】　【から】　【より】　【で】　【と】　【にて】
【して】　【とて】　【な】・・・上代語（造語成分）　【つ】・・・上代語（造語成分）
　・・・この集団に属する助詞は１４（うち２つは上代語で、格助詞というより造語成分と捉える向きもある）。語呂合わせは以下のごとし：

《をのがへにからよりで～とにてしてとてなつ》

＝己が絵に唐よりデートにてしてとて夏。

―語義・訳語一覧―

▲現代語と同義につき、暗記不要

▼上代語または中世語・近世語につき、暗記不要

●暗記必須

【を】　▲（１）〈（目的語）動作・作用・使役の対象を表わす〉・・・を。　●（２）〈離合の対象〉（「会ふ」・「背く」・「別る」などの動詞と共に用いて）接近したり離別する対象を表わす〉・・・と。　●（３）〈自動詞・形容詞の主格〉形容詞や、他動詞的に用いた自動詞の主語を表わす〉・・・が（～であること）。　▲（４）〈出発点〉その動作が始まる場所を表わす〉・・・から。　▲（５）〈通過点〉移動する過程で通り過ぎる場所を表す〉・・・を。　▲（６）〈期間〉（時間的継続の意を表わす動詞と共に用いて）その動作が継続する期間を表わす〉・・・の間。　●（７）〈原因・理由〉（後続部に形容詞語幹＋接尾語「み」の付いた「・・・を～み」の形で）ある物事の特性ゆえに、後続の事態が成立する意を表わす〉・・・が～なので。　●（８）〈同族目的語〉（「寝を寝」・「音を泣く」など）意味の似た名詞と動詞の間に置いて慣用句を形成する〉ひたすら・・・する。

【の】　▲（１）〈連体格〉（場所・時・所有・所属・材料など）各種の関係を持つ語句によって、直前の体言を修飾する〉・・・の。　▲（２）〈同格〉ある語句に、それと文法的に同じ資格を持つ語句を続けて、上の語句の換言・内容説明を行なう〉・・・で。　▲（３）〈準体〉（下にあるべき体言を省略して）体言相当語句を形成する〉・・・のもの。　▲（４）〈主格〉（文中での従属的・連体形終止部分の）主語を表わす〉・・・が。　●（５）〈比喩〉類似性を持つ他の何かに例える形で、ある物事の特徴を言い表わす〉・・・のような。　▼（６）〈室町時代以降〉〈並立〉複数の事柄を並べて述べる〉・・・だの～だの。

【が】　●（１）〈連体格〉後続の語が直前の語の所有物・従属的立場である意を表わす〉ＡのＢ。　●（２）〈同格〉後続の語が直前の語と同じ文法的資格、類似（直後に「ごとし」・「やう」等を伴う）、同程度（直前に具体的分量を示す語を伴う）の関係である意を表わす〉ＡというＢ。ＢみたいなＡ。およそＢほどのＡ。　●（３）〈準伝格〉直後に省略されている体言が、直前の語の所有物・従属的立場である意を表わす〉Ａの（もの）。　▲（４）〈主格〉（文中で従属的または連体形終止となっている部分の）主語を表わす〉Ａが・・・する。

【へ】　▲（1）〈方向〉移動する動作・作用の進行方向を表す〉・・・へ。　▲（2）〈帰着点〉移動する動作・作用の帰着点を表す〉・・・に。　●（3）〈対象〉動作・作用の向けられる対象・相手を表す〉・・・に対して。　●（4）〈場所〉動作の行なわれる場所を表す〉・・・にて。

【に】　▲（1）〈地点〉動作・作用の舞台となる空間的な場を表わす〉・・・に於いて。　▲（2）〈方向・帰着点〉動作の指向・到達する空間的な地点を表わす〉・・・の方に。　▲（3）〈時点〉動作・作用の発生する時間的な場を表わす〉・・・の際に。　▲（4）〈対象〉動作・作用の対象・相手を表わす〉・・・に対して。　▲（5）〈目的〉動作・作用の目的を表わす〉・・・ために。　●（6）〈原因・理由〉前述の事柄が、後述の結果を招くことになる意を表わす〉・・・ゆえに。　●（7）〈手段〉動作・作用を行なう上での方法・手段・材料などを表わす〉・・・によって。　▲（8）〈動作主〉（受身・使役の表現で）その動作が誰によって行なわれたかを表わす〉・・・によって。　●（9）〈婉曲な主体表示〉（敬うべき主語を、多くその本来の呼称の代わりに「存在する場所＋には・にも」の形で表現して）主語となる人物への敬意を込めて遠回しに言う。（主語の取り立て）（敬意の対象外の主語について）他の存在と対比させる形でその主語を取り立てる〉・・・におかれましては。・・・については。　▲（10）〈様態〉その場の様子・状況を表わす〉・・・状態で。　●（11）〈立場〉（資格・地位などを表わす語の直後に置いて）そのような存在として判断・処遇・行動する意を表わす〉・・・として。　▲（12）〈比較対象〉相対比較の対象となる他の何かを表わす〉・・・に比べて。　▲（13）〈累加〉既にある物事に、同種の何かが更に加わる意を表わす〉・・・の上に。　▲（14）〈比喩〉類似・関連性を持つ他の何かに例える形で事物を表現する〉・・・のように。　▲（15）〈強調〉（多く「ただ」「いや」「ひた」を伴って）同一の動詞・形容詞の間に置いて、その語の意味を強める〉ただもう・・・。　▲（16）〈結果〉動作・作用や変化の結果を表わす〉・・・へと。　▲（17）〈引用〉（「思ふ」「知る」「見る」「聞く」などの動詞と共に用いて）知覚・思念などの内容を提示する〉・・・であると。　▲（18）〈関連〉対象となる方面・分野を表わす〉・・・に於いて。

【から】　▲（1）〈原因・理由〉動作や事態の元になった物事を表わす〉・・・ゆえに。　▲（2）〈上代語〉〈経由〉移動の際の経路・通過点を表わす〉・・・を通って。　▲（3）〈空間・時間的起点〉動作や事態の始まった場所・時点を表わす〉・・・から。　▲（4）〈手段・方法〉動作・行為を何を用いて行なうかを表わす〉・・・で。

【より】　▲（1）〈(出発地) 動作・作用の起こる空間的起点を表す〉・・・から。　▲（2）〈(開始時点) 動作・作用がどの時点から始まるかを表わす〉・・・から。　●（3）〈(通過点) 移動の過程で通過する地点を表す〉・・・を通って。　▲（4）〈(比較対象) 相対比較の基準となる物事を表わす〉・・・と比べて。　●（5）〈(移動手段)（「徒歩」・「馬」などの語に付いて) 移動する際の手段・方法を表す〉・・・によって。　▲（6）〈(限定)（多く「他」・「後」などの語を伴って) 事柄を一定の範囲内に限定する意を表わす〉・・・以外〜。　▲（7）〈(原因・理由) 前述の事態が原因・理由となって、後続の事態が成立する意を表わす〉・・・ために。　●（8）〈(連続動作)（活用語の連体形に付いて) 直前の事態に引き続き、間を置かずに後続の事態が連続して発生する意を表わす〉・・・するや否や〜。

【で】　▲（1）〈(時点・地点) 動作の行われる場面・場所を表す〉・・・の時に。・・・に於いて。　▲（2）〈(手段) 事を為すための手段・方法・道具・材料などを表す〉・・・によって。　▲（3）〈(原因) 動作・作用の原因・理由・動機・根拠などを表す〉・・・ゆえに。　▲（4）〈(状態) 動作・作用が行なわれる際の状態・資格などを表す〉・・・として。

【と】　▲（1）〈(随伴) 同じ行為を共に行なう相手を表わす〉・・・と共に。　▲（2）〈(並立) 複数の事柄を並べて述べる〉・・・と〜と。　●（3）〈(比喩) 物事の様態を、他の何かに例えて表現する〉・・・のように。　●（4）〈(強調)（動詞連用形に付き、同じ動詞を二つ「と」でつなぐ形で) 動詞の意味を強めたり、動作が勢いよく進行する様を表わす〉・・・ものは全部。ずんずん・・・する。　●（5）〈(比較) 比較の対象を表す〉・・・と比べて。　▲（6）〈(結果)（「す」・「なる」・「なす」などの語とともに用いて) 変化の結果を表わす〉・・・へと。　▲（7）〈(引用)（「言ふ」・「思ふ」・「聞く」・「問ふ」などの語とともに用いたり、それらの動詞を省略した形で) 思念や発言の内容を引用する〉・・・というふうに。　●（8）〈(自発)（「おのれ」・「こころ」・「われ」などとともに用いて) ある行為が何に発するものであるかを表わす〉・・・から。　●（9）〈(資格) ある行為がどのような資格に於いて為されるかを表わす〉・・・として。

【にて】　▲（1）〈(地点) 動作・作用の舞台となる空間的な場を表わす〉・・・に於いて。　●（2）〈(時点) 動作・作用の発生する時間的な場を表わす〉・・・の際に。　▲（3）〈(手段) 動作・作用を行なう上での方法・手段・材料などを表わす〉・・・によって。　●（4）〈(原因・理由) 前述の事柄が、後述の結果を招くことになる意を表わす〉・・・ゆえに。　●（5）〈(様態) その場の様子・状況を表わす。(立場) 資格・地位などを表わす語の直後に用い、そのような存在として判断・処遇・行動する意を表わす〉・・・状態で。・・・として。

【して】　▲（1）〈(使役対象) 自分以外の第三者によってある行動を取らせる場合の、対象となる人物を表わす〉・・・に命じて。　●（2）〈(手段) 何かを作ったり行なったりする際の材料・道具・方法などを表わす〉・・・を用いて。　▲（3）〈(協働) ある動作を一緒に行なう人の数や範囲を表わす〉・・・と共に。

【とて】　▲（1）〈(引用) 会話・思念などの内容を引用する〉・・・というふうに。　●（2）〈(目的) ある行為の動機・意図・目的を表わす〉・・・ために。　●（3）〈(原因・理由) 前述の事柄が原因となって、後述の事態に至った意を表わす〉・・・なので。　▲（4）〈(逆接の仮定条件) 前述の事柄が成立するとしても、それに反する後述の事柄が成立する意を表わす〉たとえ・・・としても。　●（5）〈(地位・名称) 物事の名前や人の役職名などを表わす〉・・・という名で。

【な】・・・上代語（造語成分）　●〈(上代) (場所・状態) (位置・属性などを表わす語の下に付けて) 連体修飾語を形成する〉・・・の。（例：「まなこ」）

【つ】・・・上代語（造語成分）　●〈(上代) (所属・状態) (時・位置・属性などを表わす語の下に付けて) 連体修飾語を形成する〉・・・の。（例：「沖つ白波」）

■１１）（００３）―「副助詞」―
【のみ】　【だに】　【など】　【さへ】　【しも】　【ばかり】　【づつ】　【まで】
【すら】　【し】　【ほど】　【だも】　【して】　【がな】
　・・・この集団に属するものは１４。語呂合わせは以下のごとし：

《のみだになどさへしもばかりづつまですらしほどだもしてがな》

＝蚤ダニ等さえ下ばかり包まで擦らし(って)程だも(ん)して～がな。
―語義・訳語一覧―
▲現代語と同義につき、暗記不要
▼上代語または中世語・近世語につき、暗記不要
●暗記必須

【のみ】　▲（1）〈(限定) 他のものを除外して、ただそれだけに限定する意を表わす〉・・・だけ。　●（2）〈(強調) (他のものを除外する意を特に含まずに) 文意を強める働きをする〉ただもう・・・。

【だに】　●（1）〈(最低限の希望) (願望・意志・命令・仮定・打消などの表現を伴って) 希望する事柄の中でも、実現が最も容易だと思われる事態を想定して、願いの切実さを強調する〉せめて・・・だけでも。　▲（2）〈(程度の類推) (多く下に打消の語を伴って) 軽度の例を示した上で、より程度の重い物事を思い浮かべさせる〉・・・でさえも。　▼（3）〈(中世以降) (添加) 既にある物事に、更に何かが加わる意を表わす〉・・・までも。　▼（4）〈(中世以降) (最低限の条件) 実現が最も容易な条件を示した上で、その軽微な条件が実現した場合に想定される帰結の陳述を後に続ける〉せめて・・・だけでも。

【など】　▲（1）〈(例示)ある物事を、類似の事例の一つとして引き合いに出す〉例えば・・・など。　▲（2）〈(婉曲)断定的に響くのを避けて、柔和な印象を与える〉・・・など。　▲（3）〈(卑下・強調)対象を見下したり、否定・反語の意を強める〉・・・なんぞ。　▲（4）〈(引用)直前部に述べた発言の内容を総括する〉・・・などと。

【さへ】　▲（1）〈(添加)既存の事態に、更に拍車をかける別の事態が積み重なる意を表わす〉更に又。　▲（2）〈(鎌倉時代以降)(程度の類推)軽度の例を示した上で、より程度の重い物事を思い浮かべさせる〉・・・でさえも。　▼（3）〈(室町時代以降)(最低限の条件)実現が最も容易な条件を示した上で、その軽微な条件が実現した場合に想定される帰結の陳述を後に続ける〉せめて・・・だけでも。

【しも】　▲（1）〈(強調)(下に打消の語を伴わない形で)上の語を特に取り立てて強調する〉ちょうど・・・。　●（2）〈(打消の強調・整調)(下に打消の語を伴って)否定語の意味を強調するか、または、単に語調を整える〉全く・・・ない。・・・も～ない。　▲（3）〈(部分否定)(下に打消の語を伴って)常にその事態が成立する訳ではない意を表わす〉必ずしも・・・ない。

【ばかり】　▲（1）〈(数的概算)(数量を表す語に付いて)おおよその数を表わす〉約・・・。　▲（2）〈(時間的概算)(時を表す語に付いて)おおよその時を表わす〉・・・頃。　●（3）〈(空間的概算)(場所を表す語に付いて)おおよその場所を表わす〉・・・辺り。　▲（4）〈(程度)(主に用言の終止形に付いて)動作・状態の程度を表わす〉・・・ほど。　●（5）〈(最高の程度)(「・・・ばかり～はなし」の形で)それ以上のものは他にない意を表わす〉・・・ほど～なものはない。　▲（6）〈(限定)(体言に付いて)それだけに限定する意を表わす〉・・・だけ。　▲（7）〈(上限)(主に用言の連体形に付いて)それ以上ではない意を表わす〉ただ・・・に過ぎない。

【づつ】　▲〈(数量的反復)(数量を表す語に付いて)同じ数が幾度か繰り返される意を表わす〉・・・ずつ。

【まで】　▲（1）〈(空間的範囲)動作・作用の及ぶ地理的な範囲を表す〉・・・まで。　▲（2）〈(時間的範囲)動作・作用の及ぶ時間の範囲を表す〉・・・まで。　▲（3）〈(程度)動作や状態の及ぶ程度を表す〉・・・なほど。　▲（4）〈(添加)既存の事柄に、類似の事柄が更に加わる意を表わす〉・・・までも。　▼（5）〈(室町時代以降)(限定)(おもに用言の連体形に付いて)それ以上のものではない意を表す〉ただ・・・だけ。　▲（6）〈(対象)動作・作用の及ぶ範囲を表す〉・・・に至るまで。

【すら】　▲〈(程度の類推)軽度の例を示した上で、より程度の重い物事を思い浮かべさせる〉・・・でさえも。

【し】　●〈(強調)上の語句を強調する〉（特に訳さない）

【ほど】　▲（１）〈程度〉（多く「ほど・・・はなし」の形で）物事の程度を表わす〉・・・ぐらい。　▲（２）〈限度〉それが行き着き得る上限である意を表わす〉・・・の限り。　▲（３）〈比例〉動作・作用に応じて程度が増して行く意を表す〉・・・につれて。
【だも】　●〈最低限の希望〉（願望・意志・命令・仮定・打消などの表現を伴って）希望する事柄の中でも、実現が最も容易だと思われる事態を想定して、願いの切実さを強調する〉せめて・・・だけでも。
【して】　●〈強調〉（副詞に付いたり、格助詞と結び付いた「よりして」・「からして」の形で）上の語句を強調する。（特に訳さない）
【がな】　▼〈〈中世以降〉（指向性の弱い例示）（漠然と、非断定的な形で）何らかの対象や事態を引き合いに出す〉・・・か何か。

■１１）（００４）―「係助詞」―
【ば】　【かは】　【か】　【なむ】　【ぞ】　【こそ】　【は】　【も】
【やも】・・・上代語（中古には【やは】となる）　【やは】　【や】　【かも】
・・・この集団に属するものは１２（うち１つは上代語）。語呂合わせは以下の如し：

《ばかはかなむぞこそはもやもやはやかも》

＝馬鹿は蚊なんぞこそはモヤモヤは嫌かも。
―語義・訳語一覧―
▲現代語と同義につき、暗記不要
▼上代語または中世語・近世語につき、暗記不要
●暗記必須

【ば】　▲〈強調〉（格助詞「を」に付き）動作の対象を取り立て強調する〉・・・は。
【かは】　●（１）〈反語〉（疑問の形を取りながらも）その事態に対する否定的見解を述べる〉・・・だろうか、いや、・・・ない。　●（２）〈疑問〉確かな答のわからない疑問を、自身または他者に対し投げかける〉・・・か？
【か】　●（１）〈疑問〉確かな答のわからない疑問を、自身または他者に対し投げかける〉・・・か？　●（２）〈反語〉（疑問の形を取りながらも）その事態に対する否定的見解を述べる〉・・・だろうか、いや、・・・ない。　●（３）〈不確実〉（疑問を表わす語を伴って）確実にはわからない事態について、疑念をまじえつつ述べる〉・・・か。　▲（４）〈列挙〉複数の事柄を並べ、そのいずれかを選択したり、いずれであるかが不明である意を表わす〉・・・か、〜か。
【なむ】　●〈指示・強調〉上の語句を取り立てる〉（特に訳さない）
【ぞ】　▲〈強調〉（文中で）上の語句を取り立てて叙述全体を強調する〉・・・が。

【こそ】　　▲（1）〈強調〉主語や連用修飾語を取り立てて指し示す〉・・・こそ。　　▲（2）〈逆接的挿入〉直前の語句を取り立てて指し示した上で、それとは反対の内容の記述を後に続ける〉・・・は確かに〜だが。　　●（3）〈懸念〉（「もこそ」の形で）実現を望まない事態を、不安を込めて想定する〉・・・だとまずい。　　▲（4）〈順接確定条件の強調〉（活用語の已然形＋「ばこそ」の形で）原因・理由を強調する〉・・・からこそ。　　●（5）〈順接仮定条件の強調〉（活用語の未然形＋「ばこそ」の形で）（多く、末尾を「め」で結ぶ）直前に述べた事態が成立すれば、後続の事態も成立するだろう、と想定しつつ、その実現はないだろう、との判断を含む反実仮想の表現を形成する〉もし・・・ならよい／まずいだろうが、実際はねぇ。

【は】　　▲（1）〈主題〉（体言・準体言に付いて）その語を主題として取り立てて示す〉・・・は。　　▲（2）〈対比〉他の何かと対比させる形である事柄を取り立てて示す〉・・・に限っては。　　●（3）〈整調・強調〉語調を整えたり、叙述を強める働きをする〉（特に訳さない）　　●（4）〈順接の仮定条件〉前述の条件が成立した場合、後述の事態が成立するだろうとの想定を表わす〉もし・・・なら、〜だ。

【も】　　▲（1）〈列挙〉同類の事柄を並べて述べる〉・・・も〜も。　　▲（2）〈累加〉既にある事柄に、類似した別の事柄を更に付け加える意を表わす〉・・・もまた。　　▲（3）〈暗示〉一例を挙げて、類例を類推させたり、含みを持たせたりする〉・・・なども。　　▲（4）〈程度の類推〉軽度の事柄を挙げて、より程度の重い他の事柄を類推させる〉・・・さえも。　　▲（5）〈最低限の希望〉望まれる物事の中でも最低限のものを示して、その実現を切に望む意を表わす〉せめて・・・だけでも。　　▲（6）〈強調・含意〉文意を強めたり、明示・断定を避けて含みを持たせたりする・・・も。　　▲（7）〈総括〉不定の意を表す語に付いて）その種の物事全てに包括的に言及する〉・・・はみな。

【やも】・・・上代語（中古には【やは】となる）

【やは】　　●（1）〈反語〉疑問文の形で述べながら、実質的に否定の内容を表わす〉・・・ということがあろうか、否、ない。　　●（2）〈疑念・確認〉不確実な事柄に関し、疑いの気持ちや、相手に答えを求める意を表わす〉・・・だろうか？　　●（3）〈勧誘・願望〉（文末に打消助動詞「ぬ」を伴って）その動作の実現を相手に促したり望んだりする意を表わす〉・・・ないか。

【や】　　●（1）〈疑問〉確信のない事柄について、問い掛ける意を表わす〉・・・か？　　●（2）〈確定的推量〉（推量助動詞「む」・「らむ」・「けむ」などと共に用いて）確信のある事柄を疑問文の形で述べたり、相手に問いかけて答えを引き出そうとする〉・・・でにないのか。　　●（3）〈反語〉疑問文の形を取りながら、実質的に否定の内容を表わす〉・・・ということがあろうか？否・・・ない。

【かも】　　●〈詠嘆的疑問〉はっきりしない事態について、何らかの思惑を込めて言う〉・・・かなぁ。

■１１）（００５）―「接続助詞」―
【ものから】　【ものを】　【を】　【が】　【み】　【つつ】　【ものゆゑ】　【ながら】
【とも】　【ども】　【ば】　【ど】　【つ】　【ても】　【で】　【と】　【がてら】　【に】
【ものの】　【あひだ】　【も】　【からに】　【して】　【て】　【ほどに】　【なへに】
【や】
　　・・・この集団に属するものは２７。語呂合わせは以下のごとし：

《ものからものををがみつつものゆゑながらともどもばどつても
で～とがてらにもののあひだもからにしててほどになへにや》
　　　　＝物から物を拝みつつ、物故ながら共々バッド、っうても
　　　　デートがてらに物の間も空にして、って程に無いにゃ。
　　　　　　　　―語義・訳語一覧―
　　　　　　　▲現代語と同義につき、暗記不要
　　　　　▼上代語または中世語・近世語につき、暗記不要
　　　　　　　　　●暗記必須

【ものから】　●（１）〈（逆接の確定条件）前述の事態が存在するにもかかわらず、それに反する後述の事態が成立する意を表わす〉・・・のに。　▼（２）〈（近世以降）（原因・理由）前述の事態が原因・理由となって、後続の事態が成立する意を表わす〉・・・ので。

【ものを】　▲（１）〈（逆接の確定条件）前述の事態が存在するにもかかわらず、それに反する後述の事態が成立する意を表わす〉・・・のに。　▼（２）〈（近世以降）（原因・理由）前述の事態が原因・理由となって、後述の事態が成立する意を表わす〉・・・ので。

【を】　▲（１）〈（契機）前述の事態が成立した後で、偶発的に、後続の事態が発生する意を表わす〉・・・したところ。　●（２）〈（原因・理由）前述の事態が原因・理由となって、後続の事態が成立する意を表わす〉・・・ので。　●（３）〈（逆接の確定条件）前述の事態があるにもかかわらず、それに反する後続の事態が成立する意を表わす〉・・・のに。

【が】　▲（１）〈（単純接続）前・後の記述を（いずれが主・従の関係と規定することもなく）単純につなぐ〉・・・が、～。　▲（２）〈（逆接の確定条件）直前にある記述の内容と反対の内容の記述を後に続ける〉・・・だけれど、～。

【み】　●（１）〈（理由）（形容詞・形容詞型活用の助動詞の語幹に付き、多く「Ａ（名詞）をＢ（形容詞語幹）み」の形で）原因・理由を表す〉ＡがＢなので。　●（２）〈（並列）（動詞の連用形に付いて「・・・み～み」の形で用いて）複数の事態について同等の比重で言及する〉・・・たり、～たり。

【つつ】　●（１）〈反復　同じ動作・作用が複数回繰り返される意を表す〉何度も・・・。　●（２）〈継続〉同じ動作・作用が変わらずに続く意を表す〉ずっと・・・。　▲（３）〈同時進行〉（単一の主語が）複数の動作・作用を同時に行なう意を表わす〉・・・しつつ一方で〜。　▲（４）〈並行〉（複数の主語が）同じ動作を同時に行なう意を表わす〉おのおの・・・して。　●（５）〈単純接続〉前後の記述を単純につなぐ〉・・・して、〜。　▲（６）〈逆接〉直前の記述の内容に反する事柄を後に続ける〉・・・ながらも、〜。　●（７）〈詠嘆〉（主に和歌の末尾に置いて）含蓄のある感慨を表わす〉あぁ・・・だなぁ。

【ものゆゑ】　●（１）〈逆接の確定条件〉前述の事態が存在するにもかかわらず、それに反する後述の事態が成立する意を表わす〉・・・のに。　▲（２）〈原因・理由〉前述の事態が原因・理由となって、後述の事態が成立する意を表わす〉・・・ので。

【ながら】　▲（１）〈動作・状態の継続〉（今まで行なわれていた動作や状態が）そのまま続く意を表す〉・・・のまま。　▲（２）〈並行〉複数の動作が）同時に行なわれる意を表す〉・・・しつつ〜する。　▲（３）〈逆接の確定条件〉前述の内容が成立するにもかかわらず、それとは反対の内容を持つ後述の内容もまた成立する意を表わす〉・・・ではあるけれども。

【とも】　▲（１）〈逆接の仮定条件〉前述の条件が成立した場合であっても、それに反する後述の事態が成立するだろうとの想定を表わす〉たとえ・・・でも。　▲（２）〈逆接の修辞的仮定〉前述の条件が成立するにもかかわらず、それに反する後述の事態が成立する意を、仮定の形で表わす〉確かに・・・ではあるが。

【ども】　▲（１）〈逆接の確定条件〉前述の条件が成立するにもかかわらず、それに反する後述の事態が成立する意を表わす〉確かに・・・ではあるが。　▲（２）〈逆接の恒常条件〉前述の条件が成立する場合、必ずそれに反する後述の事態が成立する意を表わす〉・・・な時でも、常に〜。

【ば】　●（１）〈契機〉前述の事態に続いて、偶発的に、後述の事態が成立する意を表わす〉・・・したところ。　●（２）〈原因・理由〉前述の事態が原因・理由となって、後述の事態が成立する意を表わす〉・・・ので。　▲（３）〈順接の仮定条件〉前述の条件が成立した場合、後述の事態が成立するだろうとの想定を表わす〉もし・・・なら、〜。　▲（４）〈順接の恒常条件〉前述の条件が成立する場合、必ず後述の事態が成立する意を表わす〉・・・な時はいつも〜。　▲（５）〈中世以降の用法〉〈対照的並列〉（多く「・・・は〜ば、〜は・・・」の形で）二つの事柄を対照させる形で述べる〉一方は・・・、他方は〜。

【ど】　▲（１）〈逆接の確定条件〉前述の条件が成立するにもかかわらず、反対の内容を持つ後述の事態が成立する意を表わす〉・・・のに。　▲（２）〈逆接の恒常条件〉前述の条件が成立する場合は常に、反対の内容を持つ後述の事態が成立する意を表わす〉・・・でも常に〜。

【つ】　▲〈中世以降〉〈並立〉（多く「・・・つ、〜つ」の形で）複数の事柄が並立する意を表す〉・・・したり、〜したり。

【ても】　▲（1）〈強調〉上述の内容に軽い詠嘆の意を添える〉・・・ても。　▲（2）〈逆接の確定条件〉述の内容が成立するにもかかわらず、それに反する後述の内容が成立する意を表わす〉・・・ではあるが。　▲（3）〈逆接の仮定条件〉前述の内容が成立したとしても、それに反する後述の内容が成立する意を表わす〉たとえ・・・でも。　▲（4）〈順接の仮定条件〉前述のような場面に於いて、後述の陳述が成立する（場合がある）意を、例示の形で述べる〉・・・の時などに。

【で】　●〈打消接続〉前文の内容を打ち消して後文に続ける〉・・・ずに〜。

【と】　●（1）〈逆接の仮定条件〉前述の条件が成立した場合でも、それに反する後述の事態が成立するだろうとの想定を表わす〉たとえ・・・でも。　▼（2）〈(室町時代以降)（順接の仮定条件）前述の条件が成立した場合、後述の事態が成立するだろうとの想定を表わす〉もし・・・なら。　▼（3）〈(室町時代以降)（順接の恒常条件）前述の条件が成立する場合、必ず後述の事態が成立する意を表わす〉・・・な時はいつも。

【がてら】　▲〈(同時進行)ある動作を行なうと同時に、別の動作をも行なう意を表わす〉・・・のついでに。

【に】　●（1）〈単純接続〉前後の事柄を単純に接続する〉・・・が。　●（2）〈契機〉直前に述べた事柄が、後続の事柄の発生やそれを認識するきっかけとなる意を表わす〉・・・ところ。　●（3）〈順接の確定条件〉前述の内容が原因・理由となって、後続の事態が成立する意を表わす〉・・・ので。　●（4）〈逆接の確定条件〉前述の条件が成立するにもかかわらず、それに反する後述の事態が成立する意を表わす〉・・・のに。　▲（5）〈累加〉既にある物事に、同種の何かが更に加わる意を表わす〉・・・の上に。

【ものの】　▲〈逆接の確定条件〉前述の事態があるにもかかわらず、それに反する後述の事態が成立する意を表わす〉・・・のに。

【あひだ】　●（1）〈(中世以降)原因・理由を表わす〉・・・なので。　●（2）〈(中世以降)ある事態に引き続き、別の事態が起こることを表わす〉・・・(した)ところ。

【も】　▲〈逆接の確定条件〉前述の事態が存在するにもかかわらず、それに反する後述の事態が成立する意を表わす〉・・・けれども。

【からに】　●（1）〈原因・理由〉些細な事態が意外に重大な結果に結び付く意を表わす〉ただ・・・だけで。　▲（2）〈事態の連続性〉直前の事態と直後の事態が、時間的間隔を置かずに連続して発生する意を表わす〉・・・するとすぐに。　●（3）〈順接の確定条件〉直前に述べた事態を根拠として、直後の事態が当然成立するであろうとの判断を表わす〉・・・なので。　●（4）〈逆接の仮定条件〉(多く「むからに」の形で、疑問の語とともに用いて)直前に述べた事態にもかかわらず、直後の事態が成立する意を表わす〉たとえ・・・しても。

【して】　●（1）〈(等位接続) 前後の陳述を、対等の位置付けで単純に接続する〉・・・て。　●（2）〈(順接の確定条件) 直前の記述が原因となって、後続の事態が生起する意を表わす〉・・・ので。　▲（3）〈(逆接の確定条件) 直前の記述があるにもかかわらず、それに反する直後の記述が成立する意を表わす〉・・・のに。　▲（4）〈(状態)（連用修飾語に付いて）直前に述べたような状態で直後の事態が成立している意を表わす〉・・・状態で。　▲（5）〈(時点・地点) ある動作が発生した時間・場所を表わす〉・・・な時に。・・・な所で。

【て】　▲（1）〈(単純接続) 前後の事柄を単純につなぐ〉・・・て。　▲（2）〈(並立) 複数の事態が同時に成立している意を表わす〉・・・て、そしてまた〜。　▲（3）〈(順接の確定条件) 原因・理由を表す〉・・・ゆえに。　●（4）〈(逆接の確定条件・仮定条件) 前述の内容があったとしても、それと対照的な後述の陳述が成立する意を表わす〉・・・だというのに。たとえ・・・だとしても。　●（5）〈(順接の仮定条件) 前述の内容が成立した場合、その帰結として後述の内容が成立する意を表わす〉もし・・・なら。　▲（6）〈(状態)（連用修飾語を作って）後に続く動作が、ある状態で行なわれる意を表わす〉・・・状態で。　▲（7）〈(内容)（「思ふ」・「忌す」・「見る」・「覚ゆ」・「聞こゆ」などの動詞の前で）知覚・思考などの内容に言及する〉・・・と。　▲（8）〈(補助動詞への接続) 活用語を補助動詞に続ける〉・・・て。

【ほどに】　●（1）〈(原因・理由) 直前の記述が原因となって、直後の事態が発生する意を表わす〉・・・なので。　●（2）〈(逆接) 直前の記述とは相反する事態が発生する意を表わす〉・・・だが。

【なへに】　●〈(並行) ある動作と他の動作が、偶発的に同時進行する意を表わす〉・・・のまさにその時に。

【や】　▲〈(連続動作) 複数の動作が、時間的に間断なく継続して行なわれる意を表わす〉・・・するや否や〜。

■11）（006）―「終助詞」―
【かは】　【やは】　【ものか】　【かも】　【にしか】　【のみ】　【てしか】　【かな】
【しが】　【はや】　【ばや】　【かし】　【やな】　【ものを】　【か】　【そ】　【を】
【ぞ】　【よ】　【も】　【や】　【は】　【な】　【もが】　【なむ】　【がな】
　・・・この集団に属するものは２６。語呂合わせは以下のごとし：

《かはやはものかかもにしかのみてしかかなしが
はやばやかしやなものをかそをぞよもやはなもがなむがな》

＝彼はヤワ者か、カモにしか、ノミ手しか・・・悲しーが、
早々貸しやな。物を貸そーぞ。よもや鼻モゲなむがな。

―語義・訳語一覧―
▲現代語と同義につき、暗記不要
▼上代語または中世語・近世語につき、暗記不要
●暗記必須

【かは】　●（1）〈(反語)（疑問の形を取りながらも）その事態に対する否定的見解を述べる〉・・・だろうか、いや、・・・ない。　●（2）〈(詠嘆)（多く、意外・心外な事態に対し）心を強く動かされた意を表わす〉何と・・・ではないか。

【やは】　●（1）〈(反語)疑問文の形で述べながら、実質的に否定の内容を表わす〉・・・ということがあろうか、否、ない。　●（2）〈(疑念・確認)不確実な事柄に関し、疑いの気持ちや、相手に答えを求める意を表わす〉・・・だろうか？

【ものか】　▲（1）〈(意外性)意外な事態を前にしての驚嘆・感動を表わす〉何と・・・ではないか。　▲（2）〈(反問)意外な事態を前にして、呆れながら問い返す意を表わす〉・・・ってことがあろうか？

【かも】　●（1）〈(詠嘆)強く心動かされた意を表わす〉・・・だなぁ。　▲（2）〈(詠嘆的疑問)はっきりしない事態について、何らかの思惑を込めて言う〉・・・かなぁ。　●（3）〈(反語)（多く「ものかも」・「めかも」の形で）疑問の形を取りながら、否定的陳述を述べる〉・・・だろうか、いや・・・ない。　●（4）〈(第三者への願望)（「ぬかも」の形で）自身の意思・行動に依らぬ事態・他者の行動を望む意を表わす〉あぁ・・・だったらなあ。

【にしか】　●〈(自身の願望)その実現が自らの意志・行動に依る事態の実現を望む意を表わす〉・・・たいものだ。

【のみ】　▲〈(限定)ただそれだけで他には何もない意を表わす。(断定)強調・詠嘆の意を添える〉ひたすら・・・である。

【てしか】・・・上代語。中古以降は【てしが（な）】となる　●〈(願望)（文末で）自分自身の願望を表わす〉・・・たいものだ。

【かな】　▲（1）〈(詠嘆)強く心動かされた意を表わす〉・・・だなぁ。　▲（2）〈(連歌・俳諧で「切れ字」として用いて)句の末尾を体言で言い切ることで、言外の余情を演出する〉・・・だなぁ。

【しが】　●〈(自己の願望)実現が困難ないしは不可能な事態に関する自分自身の願望を表わす〉・・・ならいいのになあ。

【はや】　●〈(詠嘆)（文末に用いて）強い感動の意を表わす〉・・・よなあ。

【ばや】　●（1）〈(願望)自身の意思・行為に依る何らかの事態を望む意を表わす。または、（「あり」・「侍り」などの語に付いて）状況展開の結果としての何らかの事態を望む意を表わす〉・・・たいなあ。・・・てほしいなあ。　●（2）〈(中世語)(意志)その行為を実現しようとする話者の意志を表わす〉・・・よう。　▼（3）〈(室町時代語)(強い否定)（多く「あらばや」の形で）そのような事実が全くない意を表わす〉全く・・・ない。

【かし】　●（1）〈（聞き手に向けて）念を押す〉・・・よ。　●（2）〈（自分自身に向けて）言い聞かせる〉・・・だぞ。　●（3）〈（上に付く）副詞・感動詞を強調する〉（訳さない）
【やな】　▲〈（詠嘆）感動の意を表わす〉・・・だなあ。
【ものを】　▲〈（詠嘆的逆接）前述の事態があるにもかかわらず後述の事態が成立していることを、感動・強調の意を添えて表わす〉・・・というのに。
【か】　▲（1）〈（疑問）確かな答のわからない疑問を、自身または他者に対し投げかける〉・・・か？　▲（2）〈（反語）（疑問の形を取りながらも）その事態に対する否定的見解を述べる〉・・・だろうか　いや、・・・ない。　▲（3）〈（詠嘆）（多く「・・・も〜か」の形で、意外・心外な事態に対し）心を強く動かされた意を表わす〉あぁ・・・だなんて。
【そ】　●（1）〈（副詞「な」と呼応した「な＋動詞連用形：カ変・サ変は未然形＋そ」の形で）相手にやんわりと自制を求める穏やかな禁止の意を表わす〉・・・しないでほしい。　●（2）〈（平安時代後期以降の用法）（副詞「な」と呼応しない「動詞連用形＋そ」の形で）「な・・・そ」よりもきつめの禁止の意を表わす〉・・・するな。
【を】　▲〈（詠嘆・感動）詠嘆・感動を込めた強調の意を表す〉・・・ものを。
【ぞ】　▲（1）〈（指示・断定）（文末で用いて）上の語句を強く指示して、他の事物とは明確に異なるものである意を強調する〉・・・だぞ。　●（2）〈（疑問・反語の強調）（文末で、文中の疑問詞を受けて）強い疑問や、反問の意を表わす〉・・・だというのか？
【よ】・・・間投助詞の文末用法との説もある・・・（間投助詞の箇所で後述）
【も】・・・上代語だが、歌語としては後代まで残った・・・　●〈（上代）（詠嘆）感動・詠嘆の意を表す〉・・・なあ。
【や】　●（1）〈（疑問）（活用語の終止形に付いて）確信のない事柄について、問い掛ける意を表わす〉・・・か？　●（2）〈（確定的推量）（多く「むや」の形で）確信のある推量を表わす〉・・・ではないのか。　●（3）〈（反語）疑問文の形を取りながら、実質的に否定の内容を表わす〉・・・ということがあろうか？否・・・ない。
【は】　●〈（詠嘆）感動の意を表わす〉・・・よ。
【な】　▲（1）〈（禁止）（主に、目上から目下に対し）強く禁止する〉・・・な。　▲（2）〈（詠嘆）感動の意を表わす〉・・・なあ。　▲（3）〈（確認）（聞き手の知っている事柄について）念を押して確かめる〉・・・ね？　▼（4）〈（上代語）願望（話者の）願望または決意を表す〉・・・たい。・・・よう。　▼（5）〈（上代語）（勧誘）他者を誘う意を表わす。（他者への希望）その実現が自身の意思・行動に拠らぬ事態の実現を望む意を表わす〉・・・ようではないか。・・・てほしいものだ。
【もが】・・・上代語だが、歌語としては後代まで残った・・・　●〈（上代語）（他者への願望）自己の意志・行為に依らぬ（多くは、その実現が困難・不可能な）事態の存在・状態を望む意を表わす〉・・・ならいいのになあ。

【なむ】　●〈(他者への希望) その実現が自身の意思・行為に依らない事態の展開を、他者に対して望む意を表わす〉・・・てほしい。
【がな】　●（１）〈(自身から対象への希求) 何かを得たいという自らの願望を、詠嘆の気持ちを込めて表わす〉・・・が欲しいなあ。　▼（２）〈(中世以降)(第三者への希求) 自身の意思・行動に拠らぬ事態や行動の実現を望む意を、詠嘆の気持ちを込めて表わす〉・・・してほしいなぁ。　▼（３）〈(室町時代以降)(念押し・詰問) 何かを他者に確認したり詰め寄ったりする意を表わす〉・・・だね。・・・だろう？

■１１）（００７）―「間投助詞」―
【を】　【や】　【こそ】　【よ】　【な】
　・・・この集団に属するものは５つ。語呂合わせは以下のごとし：

《をやこそよ〜な》

＝親こそ酔うな。
―語義・訳語一覧―
▲現代語と同義につき、暗記不要
▼上代語または中世語・近世語につき、暗記不要
●暗記必須

【を】　●〈(強調) 上の語句を強める〉（特に訳さない）
【や】　▲（１）〈(詠嘆) 感動の意を表わす〉・・・だなあ。　▲（２）〈(感動・呼び掛け)(文中に用いて) 文意を強めたり、人に呼び掛けたり、感動の意を表わす〉おぉ・・・よ。・・・だなあ。　▲（３）〈(並立) 類似した複数の事柄を列挙する〉・・・やら、〜やら。
【こそ】　●〈(呼び掛け)(自分と同等かそれ以下の相手に対し) 親愛・敬意を込めて呼び掛ける語〉・・・さん。
【よ】　・・・文末で用いれば「終助詞」とも解釈できる・・・　▲（１）〈(詠嘆) 強い感動の意を表わす〉・・・だなあ。　▲（２）〈(呼び掛け) その相手・対象に呼び掛ける意を表わす〉おぉ・・・よ。　▲（３）〈(強意) 命令・禁止の意を強める〉きっと・・・するのだぞ。・・・してはならぬぞよ。　▲（４）〈(念押し) 相手に強く言い聞かせる意を表す〉・・・ぞ。
【な】　▲（１）〈(詠嘆) 感動の意を表わす〉・・・のぉ。　▲（２）〈(確認)(聞き手の知っている事柄について) 念を押して確かめる〉・・・ね？
＝＝＝＝＝＝＝＝＝＝
＝＝＝＝＝＝＝＝＝＝
＝＝＝＝＝＝＝＝＝＝

・・・CONGRATULATIONS! おめでとう！・・・

★これにて、**平安古典文法の論理的理解道中**、全編完結★

・・・以下、（"歌"以外に）残るものはただ：

■章１２）『巻末付録』■

（・・・実は、全巻の終わりにももう一つ**巨大な余禄＝穴埋めテスト**があるけれど・・・）

・・・以下に示す「古典語一覧」には、特段の解説も付けない： ただざぁーっと概観して何となく印象に焼き付けておけばそれでよい。いい加減なやり方にも思えるだろうが、このリストを見た者／知らぬ者の間には、結果的に、古典語に対する才覚に於いて、残酷なまでの差が付くこと間違いなしである・・・悪いことは言わない：漫然とでも可能な限り頻繁に眺めて馴染みを深めておくことだ・・・さらば、行け！

■１２）（００１）—「古典代名詞一覧」—
　・・・以下に掲げるのは「代名詞」として用いられる古語の一覧である。「名詞」としての語義を持つものも少なくないが、「代名詞」への慣れを目的とするリストなので「名詞」語義は割愛し、上代や室町以降のものも厭わずに掲げてある。
　・・・この種のリストの場合、**単純な五十音順配列では捉え所がなくて学習者としても途方に暮れてしまうだろうから、語義の類型別に細分化した「似たもの同士」をリストアップする**ことで理解・暗記の便宜を図ってある。着眼点としては、Ａ）英語による換言（I, we, you, he, she, it, who, what, which, where, when 等）、Ｂ）時間・空間的近接性（例：「**こなた**」は近い、「**あなた**」は遠い）と「尊敬（相手を立てる）」・「謙譲（自分を一段低く落とす）」の兼ね合い、Ｃ）現代語との語義の違い（例：「**彼**」が女性に言及したり、「**きさま**」が敬意含みだったり）あたりに注目して眺めるとよい。
==========
—《自分自身（Ｉ）にのみ言及する代名詞》—
— 一般型 —
あ【吾・我】《自称の人称代名詞》わたし。
あれ【吾・我】《自称の人称代名詞》わたし。
まろ【麻呂・麿・丸】《自称の人称代名詞》わたくし。（身分・性別に関わりなく用いた）
わたくし【私】《自称の人称代名詞》わたし。
わろ【我ろ】（上代東国方言）《自称の人称代名詞》わたし。
— 反照代名詞型 —
おの【己】《反称の人称代名詞》（「おのが」の形で）自分自身。
みづから【自ら】（１）《自称の人称代名詞》わたし。　（２）《反照代名詞》その人自身。
わ【吾・我】（１）《自称の人称代名詞》わたし。　（２）《反照代名詞》自分自身。
— 謙譲型 —
せっしゃ【拙者】《自称の人称代名詞》（へりくだって）わたくし。
やつかれ【僕】《自称の人称代名詞》（へりくだって）わたくしめ。
やっこ【臣・奴】《自称の人称代名詞》（へりくだって）わたくしめ。
わっぱ【童】《自称の人称代名詞》（謙遜して）わたくしめ。
— 性差型 —
み【身】《自称の人称代名詞》（男性のみ）わたし。
よ【余・予】《自称の人称代名詞》（男性のみ）わたし。
わがみ【我が身】《中世語。自称の人称代名詞》（主に女性語）わたし。
なにがし【何某・某】《自称の人称代名詞》（男性が、改まった、あるいはへりくだった気持ちで使う語）わたし。
— 身分差型 —
ぐらう【愚老】《自称の人称代名詞》（老人がへりくだって）この爺さん。
げくゎん【下官】《自称の人称代名詞》（役人が自分を卑下して）わたくし。

しん【臣】《自称の人称代名詞》（臣下が主君に対してへりくだって）不詳わたくしめ。
ちん【朕】《自称の人称代名詞》（天皇が自身に言及して）わたし。
みども【身共】《自称の人称代名詞》（対等または目下に向かって）おれ。わたし。（もと武士語、後には町人・女性も用いた）
わし【わし】（近世語）《自称の人称代名詞》（親しい間柄で）わたし。
─────
　　　　── 《自分自身（I）及び不特定の誰か（WHO）に言及する代名詞》──
それがし【某】（1）（不定称の人称代名詞）（名称不明の相手に対して、または意図的に匿名化して）なにがし。某〜。　　　（2）（中世以降の語）《自称の人称代名詞》（おもに男性語）わたし。
─────
　　　　── 《自分自身（I）及び眼前の相手（YOU）に言及する代名詞》──
うぬ【己・汝】（1）《自称の人称代名詞》（へりくだって）このわたくし。　　（2）《対称の人称代名詞》（相手をののしって）お前。きさま。てめぇ。この野郎。
おのれ【己】（1）《反照の人称代名詞》自分自身。　　（2）《自称の人称代名詞》（多く卑下して）わたくしめ。　　（3）《対称の人称代名詞》（卑下して）お前。あんた。
おれ【己・乃公】（1）《自称の人称代名詞》（男女を問わず）わたし。　　（2）《対称の人称代名詞》（主に目下に向けて）お前。
わけ【戯奴】（1）（上代語）《自称の人称代名詞》（へりくだって）わたくしめ。　　（2）（上代語）《対称の人称代名詞》（冗談や、目下への軽侮の感覚を込めて）お前さん。
われ【我・吾】（1）《自称の人称代名詞》わたし。　　（2）《反照代名詞》自分自身。　　（3）《平安時代以降の用法》《対称の人称代名詞》あなた。お前。
てまへ【手前】（1）《自称の人称代名詞》（へりくだって）このわたくし。　　（2）《対称の人称代名詞》（相手をおとしめて）お前。てめぇ。
─────
　　　　── 《自分（たち）自身（I,WE）＆眼前の相手（YOU）に言及する代名詞》──
われら【我等】（1）《自称の人称代名詞》（複数）私達。　　（2）《自称の人称代名詞》（単数）私。　　（3）《対称の人称代名詞》（複数）（対等か目下の相手に対して）お前達。
おれら【己等・乃公等】（1）《自称の人称代名詞》（単数／複数）私（達）。　　（2）《対称の人称代名詞》（複数）お前達。
─────
　　　　── 《眼前の相手（YOU）にのみ言及する代名詞》──
　　　　　　── 一般型 ──
いまし【汝】（上代語）《対称の人称代名詞》あなた。
ぬし【主】《対称の人称代名詞》あなた。
ひと【人】《対称の人称代名詞》あなた。
　　　　　　── 軽侮型 ──
おぬし【御主】《対称の人称代名詞》（同輩か目下に対して）君。お前。

きむぢ【きむぢ】《対称の人称代名詞》（同輩または目下に対して）君。お前。
きんぢ【きんぢ】《対称の人称代名詞》（同輩または目下に対して）君。お前。
なむぢ【汝】《対称の人称代名詞》（同輩または目下に対して）君。お前。
なれ【汝】《対称の人称代名詞》（目下や親しい相手に対して）君。お前。
なんぢ【汝】《対称の人称代名詞》（同輩または目下に対して）君。お前。
まうと【真人】《対称の人称代名詞》（目下に対して）お前。
まし【汝】《対称の人称代名詞》（目下に対して）お前。
わひと【吾人】《対称の人称代名詞》（目下に対して）お前。

— 尊敬型 —

おんかた【御方】《対称の人称代名詞》（貴人に敬意を込めて）あなたさま。
おんみ【御身】《対称の人称代名詞》（軽い敬意を添えて）あなたさま。
かふか【閣下】《対称の人称代名詞》（対等の相手に敬意を込めて）あなた。
きさま【貴様】《対称の人称代名詞》（軽い敬意を添えて）あなたさま。
こう【公】《対称の人称代名詞》（貴人に敬意を込めて）貴公。
みうち【御内】《対称の人称代名詞》（相手を敬って）あなた。
みまし【汝】《対称の人称代名詞》（「汝［まし］」の敬称）あなた。

— 親愛型 —

おこと【御事】《対称の人称代名詞》（親しげに）あなた。
き【君】《対称の人称代名詞》（「わがき」の形で）いとしいあなた。
きみ【君・公】《対称の人称代名詞》（上代は主に女性から男性に、中古以降は男女の区別なく親密な相手に対して）あなた。
くそ【くそ】《対称の人称代名詞》（敬意・親密の感覚を込めて）あなた。君。
な【汝】《対称の人称代名詞》（目下や親しい相手に対して）お前。
なね【なね】（上代語）《対称の人称代名詞》（男女ともに、尊敬や親愛を込めて）あなた。お前。
わぎみ【吾君・我君】《対称の人称代名詞》（眼前の相手に親しみを込めて）あなた。お前さん。
わごりょ【我御寮・我御料】《対称の人称代名詞》（自分と対等またはそれ以下の相手に親しみを込めて）あなた。お前さん。
わどの【和殿・我殿】《対称の人称代名詞。「わとの」とも》（自分と対等またはそれ以下の相手に親しみを込めて）あなた。お前さん。
わぬし【吾主・和主】《対称の人称代名詞》（同輩またはそれ以下の相手に親しみを込めて）あなた。お前さん。

— 性差型 —

かたさま【方様】《近世語。対称の人称代名詞》（多く女性が、敬意を込めて、男性に対して）あなたさま。
きでん【貴殿】《対称の人称代名詞》（男性が、対等または目上の相手に敬意をこめて）あなた。
こなさま【此方様】《近世語》《対称の人称代名詞》（おもに女性が敬意を込めて）あなたさま。
こなさん【此方様】《近世語》《対称の人称代名詞》（おもに女性が敬意を込めて）あなたさま。

― 身分差型 ―

あこ【吾子】《対称の人称代名詞》(子供や年少、目下の者に、親しみを込めて) 君。お前。あなた。
あせ【吾兄】《対称の人称代名詞》(男性に対し、親しんで)(上代には多く助詞「を」を伴い歌のはやしことば「あせを」として用いた) あなた。
ごぜ【御前】「御前[ごぜん]」の略》《対称の人称代名詞》(婦人に対し敬意を込めて) あなたさま。
ごぜん【御前】《対称の人称代名詞》(大名、旗本の夫人を敬って) あなた。
ごへん【御辺】《対称の人称代名詞》(武士が対等の相手に対して) 貴殿。
そもじ【其文字】《女房詞・・・"そ"なた」の頭文字》《対称の人称代名詞》(おもに、女性が対等または目下の者に対して) お前。そなた。
わそう【我僧・和僧】《対称の人称代名詞》(僧に対し、親愛や軽蔑を込めて) 坊さん。
わをとこ【我男・吾男・和男】《対称の人称代名詞》(対等またはそれ以下の男性に対して、親愛や軽蔑を込めて) お前。あんた。
わをんな【我女・吾女】《対称の人称代名詞》(対等またはそれ以下の女性に対して、親愛や軽蔑を込めて) お前。あんた。
――――――
― 《眼前の複数の相手 (YOU) にのみ言及する代名詞》 ―
あなたがた【彼方方】(近世語)《対称の人称代名詞》みなさまがた。
いづれも【何れも】(1)《対称の指示代名詞》それぞれみな。 (2)《対称の人称代名詞》どちらの方も。
おのおの【各・各各】《対称の人称代名詞》おのおのがた。
かたがた【方方】《対称の人称代名詞》みなさまがた。
ひとびと【人人】《対称の人称代名詞》みなさまがた。
めんめん【面面】《対称の人称代名詞》(対等以下の複数の相手に対して) お前たち。
ものども【者共】《対称の人称代名詞》(多く、複数の従者や身分の低い人に対して) お前たち。
――――――
― 《眼前の相手 (YOU:単数/複数) にのみ言及する代名詞》 ―
わたう【我党・和党】《対称の人称代名詞》(親愛や軽蔑を込めて) お前 (たち)。
――――――
― 《眼前の相手 (YOU) &その場にいない第三者 (HE,SHE) に言及する代名詞》 ―
おまへ【御前】(1)《対称の人称代名詞》(敬意を込めて) あなたさま。 (2)《他称の人称代名詞》(敬意を込めて) あの方。 (3)《対称の人称代名詞》(対等以下の者に対して) お前。あんた。
おもと【御許】(1)《対称の人称代名詞》(女性に対し、親しみを込めて) あなた。 (2)《他称の人称代名詞》(女性に対し、親しみを込めて) あの御婦人。彼女。
こちのひと【此方の人】(1)(近世語)《他称の人称代名詞》(妻が主人を指して) うちの人。 (2)(近世語)《対称の人称代名詞》(妻が主人に向かって) あなた。
さま【様】【方】(1)(近世語)《対称の人称代名詞》(敬愛の念を込めて) あなたさま。 (2)(近世語)《他称の人称代名詞》(敬愛を込めて) あのかた。

みこと【命・尊】（1）《対称の人称代名詞》（平安時代、相手をやや見下して）お前さん。　　（2）《他称の人称代名詞》（敬意を込めて）人。お方。
―――――
― 《その場にいない第三者（HE,SHE,IT）にのみ言及する代名詞》 ―
― 一般型 ―
あ【彼】《遠称の指示代名詞》あれ。
か【彼】《遠称の指示代名詞》あれ。あの。あちら。
かれ【彼】（1）《他称の人称代名詞》（男女の区別なく用いて）あの人。　　（2）《遠称の指示代名詞》（事物や場所・方向などを指し示す）あれ。あっち。
さ【さ】《他称の指示・人称代名詞》それ。そいつ。
― 身分差型 ―
これの【此の】《他称の人称代名詞…「此の人」の略》（自分の配偶者を指して）わが夫／妻。
― 複数型 ―
かれこれ【彼此】（1）《指示代名詞》あれとこれ。あれやこれや。　　（2）《他称の人称代名詞》あの人この人。いろんな人々。
これかれ【此彼】《他称の指示・人称代名詞》いろんな人々。いろんな物事。あれこれ。
― 不定型 ―
かれがし【彼某】《他称の人称代名詞》（名称未詳または思い出せない場合に）なにがし。だれそれ。なんとかいうその人。
なにがしくれがし【某某】《他称の人称代名詞》だれそれ。なんとかいう人。
― 軽侮型 ―
かやつ【彼奴】《他称の人称代名詞》（卑しめて）あいつ。
きゃつ【彼奴】《他称の人称代名詞》（卑しめて）あいつ。
しゃつ【奴】《他称の人称代名詞》（卑しめたりののしったりして）あやつ。あん畜生。
すやつ【其奴】《他称の人称代名詞》（卑しめて）そやつ。
―――――
― 《場所（WHERE）にのみ言及する代名詞》 ―
― ここ（HERE） ―
こ【此・是】《近称の指示代名詞》これ。ここ。
こなたざま【此方様】《近称の指示代名詞》ここ。こちらのほう。
― そこ（THERE） ―
そこほど【其処程】《中称の指示代名詞》そのあたり。そこいらへん。
そなたざま【其方様】《中称の指示・人称代名詞》そこ。そちらのほう。そちらの人。
― あそこ（OVER THERE） ―
あしこ【彼処】《遠称の指示代名詞》あそこ。
あそこ【彼処】《遠称の指示代名詞》あの場所。
あち【彼方】《遠称の指示代名詞》あちら。向こう。
かしこ【彼処】《遠称の指示代名詞》あそこ。あちら。向こう。

かなた【彼方】《遠称の指示代名詞》あちら。向こう。遠く。
　　　　　　　　　― あちこち（HERE ＆THERE）―
ここかしこ【此処彼処】《指示代名詞》あちらこちら。ほうぼう。
こちごち【此方此方】（上代語）《指示代名詞》あちらこちら。思い思いの方角。
こなたかなた【此方彼方】（1）《指示代名詞》こちらとあちら。　（2）《指示代名詞》あちこち。ここかしこ。ほうぼう。
　　　　　　　　　― どこ（WHERE）―
いづく【何処】《不定称の指示代名詞》どこ。どちら。
いづくへ【何処辺】《不定称の指示代名詞》どのあたり。
いづこ【何処】《不定称の指示代名詞》どこ。どちら。
いづし【いづし】（上代東国方言）《不定称の指示代名詞》どちら。どこ。
いづち【何方・何処】《不定称の指示代名詞》どちら。どこ。
いづへ【何処辺】《不定称の指示代名詞》どちら。どのあたり。
いづら【何ら】《不定称の指示代名詞》どこ。どの場所。
いどこ【何処・何所】《不定称の指示代名詞》どこ。
そこそこ【其処其処】《不定称の指示代名詞》（場所を特定せずにぼかして）どこそこ。
そこどころ【其処所】《他称の指示代名詞》（多く下に打消の表現を伴って）その所。どこそこ。
どこ【何処・何所】《不定称の指示代名詞》どの場所。
―――――
　　　　　　　― 《時間（WHEN）にのみ言及する代名詞》―
いつ【何時】（1）《不定称の指示代名詞》いつ。　（2）《不定称の指示代名詞》いつも常に。
―――――
　　　　　― 《不特定の事物（WHAT,WHICH）にのみ言及する代名詞》―
いづれ【何れ】《不定称の指示代名詞》（二つ以上のものから一つを選んで）どれ。どちら。
なに【何】《不定称の指示代名詞》（名称や内容不詳の対象に）どのようなもの。どんなこと。
なん【何】《不定称の指示代名詞》（正体不明の対象に）そういう。どういう。
―――――
　　　　　― 《不特定の人物（WHO, SO AND SO）にのみ言及する代名詞》―
かがし【かがし】《不定称の人称代名詞》（多く「なにがし」と対で用いて）誰それ。
くれ【くれ】《不定称の人称代名詞》（「なに」とともに用いて）（不特定の人や物を指して）誰それ。何なに。
くれがし【某】《不定称の人称代名詞》（「なにがし」とともに用いて）（具体的名称を特定せずに人物に言及する語）誰それ。
それがしそれがし【某彼某】《不定称の人称代名詞》（二人以上の人物に関し、具体名を挙げずに言及する語）誰かさんと誰かさん。とある人々。
それかれ【其彼】《不定称の人称代名詞》（二人以上の人物に関し、具体名を挙げずに言及する語）誰かさんと誰かさん。とある人々。
た【誰】《不定称の人称代名詞》だれ。

たれ【誰】《不定称の人称代名詞》だれ。どの人。
たれがし【誰某】《不定称の人称代名詞》(具体名を明示せず人に言及する語) 誰それ。
たれたれ【誰誰】《不定称の人称代名詞》(不特定の複数の人を指す) 誰とだれ。誰であれ。
たれびと【誰人】《不定称の人称代名詞》どういう人。
―――――
― 《不特定の人物（WHO, SO AND SO）＆事物（WHAT,WHICH）に言及する代名詞》 ―
それそれ【其れ其れ】《不定称の指示・人称代名詞》(二人以上の人物や事物に関し、具体名を挙げずに言及する語) その人、あの人。誰それ。それとあれ。あれこれ。
なにくれ【何くれ】《不定称の指示・人称代名詞》(二人以上の人物や事物に関し、具体名を挙げずに言及する語) 誰々。何々。
―――――
― 《不特定の人物（WHO）・事物（WHAT,WHICH）＆場所（WHERE）に言及する代名詞》 ―
いづかた【何方】（1）《不定称の指示代名詞》(方向・場所について) どちら。どのあたり。　（2）《不定称の指示代名詞》(事物について) どれ。どっち。　（3）《不定称の人称代名詞》誰。どの人。
―――――
― 《場所（WHERE）系の表現から人称代名詞（WHO）へ意味が広がった代名詞》 ―
あなた【彼方】【貴方】【彼方】（1）《遠称の指示代名詞》(場所的に) あちらのほう。　（2）《遠称の指示代名詞》(時間的に) 以前。　（3）《遠称の指示代名詞》(時間的に) この先。将来。　（4）《他称の人称代名詞》あちらのお方。　【貴方】（5）(近世語)《対称の人称代名詞》(現代語の「あなた」よりは高い敬意をこめて) あなた様。
あれ【彼】（1）《遠称の指示代名詞》(物を指して)あれ。　（2）《遠称の指示代名詞》(場所的に) あちら。　（3）《遠称の指示代名詞》(時間的に) あの当時。　（4）《他称の人称代名詞》あの人。　（5）《対称の人称代名詞》あなた。
ここ【此処・此所】（1）《近称の指示代名詞》(話し手のいる場所や話し手に近い場所を指して) ここ。近辺。　（2）《近称の指示代名詞》(国土を指して) この国。日本。　（3）《近称の指示代名詞》これ。このこと。　（4）《近称の指示代名詞》(来世、死後の世界と対比して) 現世。この世。　（5）《自称の人称代名詞》この私。　（6）《対称の人称代名詞》あなた。　（7）《他称の人称代名詞》こちらの人。
ここもと【此処許】（1）《近称の指示代名詞》このあたり。近所。　（2）《自称の人称代名詞》この私
こち【此方】（1）《近称の指示代名詞》(場所を指して) こっち。　（2）《自称の人称代名詞》わたし。
こなた【此方】（1）《近称の指示代名詞》(空間的に自分に近い場所を指して) こちら。　（2）《過去に於ける時間的近似》(過去のある時から現在までの間を指して) それ以来。　（3）《未来に於ける時間的近似》(未来のある時点から現在までの間を指して) それより前。　（4）《他称の人称代名詞》こちらのお方。　（5）《自称の人称代名詞》このわたし。　（6）《対称の人称代名詞》(時に、軽侮を込めて) あなた。お前。

これ【此・是・之】（1）《近称の指示代名詞》（話し手に近い事物を指して）この物事。　（2）《近称の指示代名詞》（直前に話題になった事物を指して）その物事。　（3）《近称の指示代名詞》（話し手のいる場所、または近い場所を指して）ここ。このあたり。　（4）《近称の指示代名詞》（話し手が今いる時点を指して）今この時。　（5）《自称の人称代名詞》わたし。　（6）《対称の人称代名詞》お前。あなた。　（7）《他称の人称代名詞》この人。

これら【此等】（1）《近称の指示代名詞》（複数）これらの物事。　（2）《近称の指示代名詞》（場所を指して）このへん。　（3）《他称の人称代名詞》（複数）この人達。

し【其】（1）《中称の指示代名詞》それ。　（2）《対称の人称代名詞》（親愛を込めて）お前。　（3）《反照代名詞》自分自身。

そ【夫・其】（1）《中称の指示代名詞》その物事。その場所。　（2）《他称の人称代名詞》その人。

そこ【其処・其所】（1）《中称の指示代名詞》（話し手から少し離れた場所、または聞き手のいる場所を指して）その場所。そちら。　（2）《中称の指示代名詞》（先行する話題を受けて）その点。　（3）《中称の指示代名詞》（先行する話題を受けて）その場所。　（4）《対称の人称代名詞》（親しい目下の人に向かって）お前。あなた。

そこもと【其処許】（1）《中称の指示代名詞》そのあたり。そこ。　（2）《対称の人称代名詞》（対等以下の相手に対し）お前。君。

そち【其方】（1）《中称の指示代名詞》（話し手から少し離れた方角・場所、または聞き手のいる方角を指して）そっち。そこ。　（2）（中世以降の用法）《対称の人称代名詞》（目下の者に対し）そなた。お前。

そなた【其方】（1）《中称の指示代名詞》（場所・方向・事柄について）そちら。その方面。　（2）《対称の人称代名詞》（対等以下の人に対し）お前。あなた。

そのはう【其の方】（1）《遠称の指示代名詞》その方角。そちら。　（2）《対称の人称代名詞》（目下の人に対し）お前。

それ【其れ・夫れ】（1）《中称の指示代名詞》（それほど遠くない事物・場所・時間を指して）それ。そこ。あの頃。　（2）《中称の指示代名詞》（すでに話題になった事物・時間を指して）それ。その時。　（3）《不定称の指示代名詞》（あいまいに事物・場所・時間を指して）とある・・・。某・・・。どれそれ。どこそこ。いつつ。　（4）《対称の人称代名詞》（対等以下の者に対し）そなた。お前。　（5）《他称の人称代名詞》その人。　（6）《不定称の人称代名詞》（特定せずに漠然と人物に言及して）だれそれ。なにがし。

－－－－－

■１２）（００２）—「古典補助動詞一覧」—
　・・・以下に掲げる「補助動詞」一覧表では、「本動詞」としての語義は割愛し、活用形と、語義、訳語のみを提示する。時代背景は中古のみに限定せず、上代・近世のものをも掲げておく。
　・・・「補助動詞」は、「助動詞」に準ずる重要な補助用言だから、シンドいだろうが何度もこのリストを概観して覚え込んでしまうのが得策。特に、登場人物相互の上下関係を把握する上で大事な鍵を握るものとして「尊敬・謙譲」の意を表わす語群は「助動詞（**る・らる・す・さす**）」相当の重要度を持ち、「程度」として収めた語群は動詞に「副詞的」広がりを持たせる個性豊かな補助動詞群として要注目である。
　・・・理解と暗記の便宜を図るために、ここでは<u>単純な五十音順配列は排し、意味の近い「補助動詞」ごとに類型分け</u>してリストアップしておく。
　・・・忘れている人のために申し添えておくが、<u>「補助動詞」はどれもみな「活用語の連用形」の直後に用い</u>、以下に書き出すような様々な意味を添える補助用言である。
==========
　　　　　—《「尊敬」の補助動詞》—
あそばす【遊ばす】〔サ四〕〈尊敬〉《「お＋動詞の連用形」または「ご＋名詞」に付いて》お・・・になる。
あり【有り・在り】〔ラ変〕〈尊敬〉《中古末期以降》(「御・・・」などの尊敬語の下に付いて)・・・なさる。
います【在す・坐す】〔サ変〕〈尊敬〉・・・て（で）いらっしゃる。
いますかり【在すかり・坐すかり】〔ラ変〕〈尊敬〉・・・て（で）いらっしゃる。
いますがり【在すがり・坐すがり】〔ラ変〕〈尊敬〉・・・て（で）いらっしゃる。
いまそかり【在そかり・坐そかり】〔ラ変〕〈尊敬〉・・・て（で）いらっしゃる。
いまそがり【在そがり・坐そがり】〔ラ変〕〈尊敬〉・・・て（で）いらっしゃる。
おはさうず【御座さうず】〔サ変〕〈尊敬〉・・・て（で）いらっしゃる。
おはさふ【御座さふ】〔ハ四〕〈尊敬〉・・・て（で）いらっしゃる。
おはしまさふ【御座しまさふ】〔ハ四〕〈尊敬〉・・・て（で）いらっしゃる。
おはします【御座します】〔サ四〕〈尊敬〉・・・て（で）いらっしゃる。
おはす【御座す】〔サ変〕〈尊敬〉・・・て（で）いらっしゃる。
たうぶ【賜ぶ・給ぶ】〔バ四〕〈尊敬〉お・・・くださる。
まします【坐します】〔サ四〕（１）〈尊敬〉（多く、接続助詞「て」を付けて）・・・て（で）いらっしゃる。　（２）〈尊敬〉（尊敬の助動詞「す」「さす」の連用形「せ」「させ」に付いた「せまします」「させまします」の形で）・・・て（で）いらっしゃる。
ます【座す・坐す】〔サ四〕〈尊敬〉・・・（て）いらっしゃる。
まをす【申す・白す】〔ラ下二〕（室町時代末期以降）〈尊敬〉・・・なさる。
めす【看す・見す】【召す】〔サ四〕【召す】〈尊敬〉《他の尊敬の動詞の連用形に付いて、「おぼしめす」「きこしめす」「しろしめす」などの形で》お・・・になる。

— 《「尊敬」＆「婉曲」の補助動詞》—

ものす【物す】〔サ変〕（1）〈婉曲〉（ある動作をする意を、具体的な動詞を伴わずに表わす。動詞は状況から補って訳す）・・・する。　（2）〈尊敬〉（尊敬の助動詞「給ふ」を伴って「ものしたまふ」の形で）補助動詞「あり」の尊敬表現となる）・・・（で）いらっしゃる。

─────
— 《「謙譲」の補助動詞》—

いたす【致す】〔サ四〕〈謙譲〉《「す（為）」の丁寧語》・・・いたします。
おりやる【おりやる】〔ラ四〕《近世語》〈謙譲〉（接続助詞「て」に付いて）《『あり」「をり」の丁寧語》・・・（で）ございます。
きこえさす【聞こえさす】〔サ下二〕〈謙譲〉お・・・申し上げる。
きこゆ【聞こゆ】〔ヤ下二〕〈謙譲〉お・・・申し上げる。
ござあり【御座あり】〔ラ変〕〈謙譲〉《「あり」の尊敬・丁寧語》・・・（て・で）いらっしゃる。・・・（て・で）ございます。
ござさうらふ【御座候ふ】〔ハ四〕〈謙譲〉《「御座あり」の丁寧語》・・・ございます。
さうらふ【候ふ・侍ふ】〔ハ四〕〈謙譲〉《断定の助動詞「なり」を丁寧にいう語》・・・でございます。
さふらふ【候ふ・侍ふ】〔ハ四〕〈謙譲〉・・・ございます。
さぶらふ【候ふ・侍ふ】〔ハ四〕〈謙譲〉・・・ございます。
さむらふ【候ふ・侍ふ】〔ハ四〕〈謙譲〉・・・ございます。
しんず【進ず】〔サ変〕〈謙譲〉《「て」・「で」を付けて》・・・（を／して）さし上げる。
そろ【候】〔特殊型〕《室町時代以降》〈謙譲〉・・・でございます。
たいまつる【奉る】〔ラ四〕〈謙譲〉・・・申し上げる。
たてまつる【奉る】〔ラ四〕〈謙譲〉（上一段動詞「率る」に付く場合、接続助詞「て」が介在し「ゐてたてまつる」となる）お・・・申し上げる。
つかうまつる【仕うまつる】〔ラ四〕〈謙譲〉お・・・申し上げる。
はべり【侍り】〔ラ変〕〈謙譲〉・・・（て）おります。
まうす【申す】〔サ四〕〈謙譲〉お・・・申し上げる。
ます【申す】〔サ四〕〈謙譲〉お・・・申し上げる。
まつる【奉る】〔ラ四〕〈謙譲〉お・・・申し上げる。
まゐらす【参らす】〔サ下二〕〈謙譲〉お・・・申し上げる。

─────
— 《「尊敬」＆「謙譲」・「丁寧」の補助動詞》—

ござなし【御座無し】〔形ク〕《「あらず」の尊敬語・丁寧語》・・・（では）いらっしゃらない。・・・（では）ありません。
ござる【御座る】〔ラ四〕（1）〈尊敬〉《「あり」「をり」の尊敬語》・・・（て・で）いらっしゃる。（2）〈謙譲〉《「あり」の丁寧語》（形容詞・形容動詞の連用形及び「にて」「で」「て」などに付く）・・・（て・で）ございます。

たてまつらす【奉らす】〔サ下二〕〈尊敬・謙譲〉《動作主・動作の対象双方への尊敬を込めた謙譲》お・・・申し上げなさる。
たまはる【賜はる・給はる】〔ラ四〕（1）〈謙譲〉・・・ていただく。　（2）〈尊敬〉・・・（て）くださる。
たまふ【賜ふ・給ふ】〔ハ四〕〈尊敬〉お・・・になる。　〔ハ下二〕〈謙譲〉（「見る」・「聞く」・「思ふ」・「知る」の連用形に付いて定型句的に用いる）・・・せ（させ）ていただく。
―――――
―《「程度」の補助動詞》―
あく【飽く・厭く】〔サ四〕（1）〈十分〉・・・し足りる。　（2）〈過度・倦怠〉・・・し過ぎる。・・・し飽きる。
あふ【敢ふ】〔ハ下二〕〈可能〉《多く打消や疑問や反語の表現を伴って用いる》最後まで・・・し遂げる。
ありく【歩く】〔カ四〕〈継続・従事〉・・・してばかりいる。
いる【入る】〔ラ下二〕（1）〈内向性動作〉外から中に向かって行なう。　（2）〈没入〉しきりに・・・する。　〔ラ四〕（1）〈あわや〉ほとんど・・・（に）なる。　（2）〈没入〉しきりに・・・する。
おく【置く】〔カ四〕（1）〈準備・確実〉予め・・・しておく。確実に・・・する。　（2）〈放置〉《接続助詞「て」に付けて》・・・のままにしておく。
おほす【果す】〔サ下二〕〈完遂〉・・・し終える。
かく【掛く・懸く】〔カ下二〕（1）〈外向性動作〉・・・しかける。　（2）〈中途半端〉途中まで・・・する。
かへる【帰る・返る・反る】〔ラ四〕〈反復・徹底〉繰返し・・・する。すっかり・・・しきる。
きる【切る】〔ラ下二〕〈完遂〉・・・しつくす。
く【来】〔カ変〕（1）〈継続〉ずっと・・・し続けてきた。　（2）〈漸次〉次第に・・・してくる。
くつがへる【覆る】〔ラ四〕〈強調〉ひどく・・・する。
くらす【暮らす】〔サ四〕〈終日〉一日中・・・し続けている。
こむ【籠む・込む】〔マ下二〕〈連続・密集〉続々・・・する。　〔マ下二〕〔マ四〕〈封入〉・・・して中に封じ込める。
さがす【捜す・探す】〔サ四〕〈過度〉・・・しまくる。・・・し散らす。
さく【放く・離く】〔カ下二〕（1）〈外向性動作〉外に向けて・・・する。　（2）〈離脱〉・・・して引っぺがす。　（3）〈遠隔〉遠くまで・・・する。　（4）〈満喫〉思う存分・・・しまくる。
したたむ【認む】〔マ下二〕〈確実〉最後までしっかり・・・する。
す【為】〔サ変〕〈強調・付加〉《係助詞・副助詞を受けて》・・・する。
すぐす【過ぐす】〔サ四〕〈過度〉あまりにも・・・しすぎる。
すさぶ【荒ぶ・遊ぶ】〔バ上二〕〔バ四〕（1）〈勢い〉盛んに・・・する。　（2）〈放縦〉勝手気ままに・・・する。　（3）〈下火〉・・・しなくなる。

すさむ【荒む・進む・遊む】〔マ上二〕〔マ四〕（1）〈勢い〉盛んに・・・する。　（2）〈放縦〉勝手気ままに・・・する。　（3）〈下火〉・・・しなくなる。
すます【清ます・洗ます・澄ます】〔サ四〕〈完遂〉完全に・・・しおおせる。
そす【過す】〔サ四〕〈過度〉・・・し過ぎる。
たつ【立つ・起つ・建つ・発つ】〔タ下二〕〈強調〉特に（しっかりと）・・・する。
ちぎる【千切る・捩る】〔ラ下二〕〈熱心〉盛んに・・・しまくる。
ちらす【散らす】〔サ四〕〈過度〉むやみに・・・する。
つく【付く・着く・著く・就く・即く】〔カ下二〕〈習慣〉いつも・・・するのに慣れている。
とほす【通す・徹す】〔サ四〕（1）〈貫通〉一端から他端へ・・・通す。　（2）〈完遂〉最後まで・・・しとげる。
はつ【果つ】〔タ下二〕〈完遂〉すっかり・・・する。
もていく【もて行く】〔カ四〕〈漸次〉次第に・・・ていく。
もてゆく【もて行く】〔カ四〕〈漸次〉次第に・・・ていく。
ゆく【行く・往く】〔カ四〕（1）〈広範囲〉ずっと・・・する。　（2）〈漸次〉次第に・・・する。
わたす【渡す】〔サ四〕〈広範囲〉ずっと・・・する。
わたる【渡る】〔ラ四〕〈広範囲〉ずっと・・・する。
ゐる【居る】〔ワ上一〕〈継続〉ずっと・・・し続けている。
─────
――《「(不)可能」の補助動詞》――
う【得】〔ア下二〕〈可能〉・・・できる。
かつ【かつ】〔タ下二〕〈可能〉（上代語）《多く、打消の表現を伴う》・・・することができる。
そこなふ【損なふ・害ふ】〔ハ四〕〈失敗〉・・・し損なう。
そんず【損ず】〔サ変〕〈失敗〉・・・し損なう。
なやむ【悩む】〔マ四〕〈停滞〉うまく・・・できずに困る。
はづす【外す】〔サ四〕〈失敗〉・・・し損なう。
わづらふ【煩ふ】〔ハ四〕〈失敗〉・・・できずに困る。
わぶ【侘ぶ・陀ぶ】〔バ上二〕〈難儀〉なかなか・・・しづらい。
をさむ【治む・修む・収む・納む】〔マ下二〕〈完遂〉首尾よく・・・し終える。
─────
――《「打消」の補助動詞》――
けつ【消つ】〔タ四〕〈打消〉・・・を取り消す。・・・でない、ということにする。
─────
――《「開始」の補助動詞》――
いづ【出づ】〔ダ下二〕〈開始〉・・・し始める。
かかる【懸かる・掛かる】〔ラ四〕（1）〈開始〉・・・しはじめる。　（2）〈あわや〉ほとんど・・・したかる。
そむ【初む】〔マ下二〕〈最初〉初めて・・・する。
─────

― 《「方向」の補助動詞》―
いだす【出だす】〔サ四〕〈外向性動作〉動作を内から外に向けて行なう。
おこす【遣す】〔サ下二〕〈あちらからこちらへ〉・・・てよこす。
やる【遣る】〔ラ四〕（1）〈こちらからあちらへ〉遠く・・・する。　（2）〈完遂〉（多く打消の語を伴って）すっかり・・・しきる。　（3）〈波及・恩恵〉（接続助詞「て」を付けて、他者に対する作用を表わす）・・・してやる。
―――――
― 《「相互」の補助動詞》―
あはす【合はす】〔サ下二〕〈同時・相互〉共に・・・する。お互い・・・し合う。
あふ【合ふ・会ふ・逢ふ・婚ふ】〔ハ四〕〈同時・相互〉共に・・・する。お互い・・・合う。
かはす【交はす】〔サ四〕〈相互〉お互い・・・し合う。
かふ【交ふ】〔ハ下二〕〈相互〉お互い・・・し合う。
―――――
― 《「恩恵」の補助動詞》―
えさす【得さす】〔サ下二〕〈恩恵〉・・・してくれる。
くださる【下さる】〔ラ下二〕〈尊敬・恩恵〉（しばしば接続助詞「て」に続けて）・・・してくださる。
たぶ【賜ぶ・給ぶ】〔バ四〕〈尊敬・恩恵〉お・・・になる。・・・してくださる。
くる【呉る】〔ラ下二〕（1）〈謙譲・恩恵〉（接続助詞「て」に続けて）・・・してくれる。・・・してもらう。　（2）〈見下し・恩恵〉（接続助詞「て」に続けて）・・・してやる。
もらふ【貰ふ】〔ハ四〕〈間接行動〉（多く、接続助詞「て」に付いて）・・・してもらう。
―――――
― 《「罵倒」の補助動詞》―
くさる【腐る】〔ラ四〕〈罵倒〉・・・しくさりやがる。
こます【こます】〔サ四〕〈他者への仕打ち〉（近世語）《「・・・てこます」の形で》・・・（て）やる。
をり【居り】〔ラ変〕（1）〈継続〉ずっと・・・している。　（2）〈罵倒〉・・・（して）やがる。
―――――
― 《「心的態度」の補助動詞》―
すつ【捨つ・棄つ】〔タ下二〕〈やり捨て〉（多く接続助詞「て」の下に付いて）・・・てしまう。
なす【為す・成す】〔サ四〕〈意図・作為〉そのように・・・する。わざと・・・する。
のく【退く】〔カ下二〕〈結末〉（多く接続助詞「て／で」に続けて）・・・（て）しまう。
はす【馳す】〔サ下二〕〈火急〉（「はせ・・・」の形で用いて）急いで・・・する。
はやす【映やす・栄やす】〔サ四〕〈熱心〉・・・して誉めまくる。
まどふ【惑ふ・迷ふ】〔ハ四〕〈過度・没入〉ひどく・・・する。ひたすら・・・しまくる。

■１２）（００３）―「古典連体詞一覧」―
　・・・以下に掲げる「連体詞」は、直後に続く「名詞」に一定の意味を添える形容詞的修飾語である。特に重要な品詞でもないが、数は少ないので一気に覚え込むに難もあるまい（例によって**意味ごとに類型分け**したリストで示す）。
==========
― 《時間（WHEN）系の連体詞》 ―
あくる【明くる】（時を表す語の上に付いて）明けて翌・・・。
ありける【有りける】先程の。例の。以前の。
ありし【有りし・在りし】（１）いつぞやの。その昔の。　　（２）（現存せぬ人・物について）生前の。　　（３）先述の。例の。先の。
ありつる【有りつる・在りつる】先程の。例の。
いにし【往にし】過ぎ去った。去る・・・。
いぬる【往ぬる・去ぬる】過ぎ去った。去る・・・。このあいだの。
いんじ【往んじ】過ぎ去った。去る・・・。
くだんの【件の】（１）前述の。例の。あの。　　（２）いつもの。毎度おなじみの。
さんぬる【去んぬる】過ぎ去った。去る・・・。先の。
はじめたる【初めたる・始めたる】最初の。初めての。
―――――
― 《程度・様態（HOW）系の連体詞》 ―
あらゆる【所有】ありとあらゆる。すべての。
ある【或】（人や物や場所などを漠然とさす語）とある。さる。某・・・。
いかな【如何な】（近世語）どんな（・・・でも）。たとえどんなに（・・・でも）。
おなじき【同じき】同一の。他ならぬその・・・。
さる【然る】（１）（前の内容を受けて）そのような。　　（２）しかるべき。立派な。・・・にふさわしい。　　（３）（漠然と）とある。かくかくしかじかの。誰それとかいう。某・・・。
ちうせい【小せい】（一説に、「中勢」という漢語由来ともいう）小さい。少々低めの。
とある【とある】とある。ちょっとした。ごくふつうの。なにげない。何ということもない。
―――――
― 《価値判断を含む連体詞》 ―
あたら【惜】惜しむべき。せっかくの。
あったら【惜】惜しむべき。せっかくの。
あらぬ【あらぬ】（１）違った。別の。他の。　　（２）思いがけない。意外な。異常な。　　（３）とんでもない。望ましくない。不都合な。
いな【異な】変な。妙な。おかしな。思いもよらない。予想外の。
いはゆる【所謂】（１）世間一般にそう言われているところの。俗に言う。　　（２）誰もがご存じの。周知の。言わずと知れた。
きこゆる【聞こゆる】有名な。名高い。噂の。評判の。

きはめたる【極めたる】はなはだしい。非常な。この上もない。
ここな【ここな】ここにある。ここにいる。このあたりの。
さしたる【さしたる】（1）（下に打消の語を伴って）たいした・・・でもない。　　（2）心に強く期するものがある。格別な。
させる【させる】（多く下に打消の語を伴って）これというほどの。たいした。さしたる。
そこな【其処な】（多く、人を表す語の上に付いて）そこにいる。そんじょそこいらの。
そんぢゃう【そんぢゃう】（「その」「それ」「そこ」「たれ」などの上につけて）（内容を不明確に言う語）誰それの。どこそこの。
なでふ【なでふ】（1）（疑問の意で）なんという名の。どのような。どんな。　　（2）（反語・否定表現を伴って）どれ程の（・・・でもない）。たいした（・・・でもない）。　　（3）（具体名を伏せて）これこれという。何々という。何とかいう名の。
なんでふ【何でふ】（多く打消の語を伴い、軽んじて）なんという。どういう。どうという。
ーーーーー

■１２）（００４）—「古典感動詞一覧」—
　・・・以下に「感動詞」の、その発話の契機となるもの＋訳し方の一覧表を（例によって**類型別リストの形でグループ分け**して）示す。
　・・・およそこの「感動詞」ほど根源的なコトバはない。ヒト（きゃ！）だろうがサル（ウキャッ）だろうがイヌ（ゥワン！）・ネコ（ンニャん！）だろうが、内面の感情が口をついて出る自然な音はみな「感動詞」なのだ。それだけにこの純朴な品詞に属する言葉たちはみな動物的に単純である。これからペットを飼おうという人や、お互い pet 並みの親愛度で馴れ合う相手との親密な言語外コミュニケーションを望む人は、以下の non-verval（言語的ならざる）音声群ぐらいは軽～く会得しておいた方が（人間的にも動物的にも）いいだろう。
　・・・感性豊かな（＆箸が転げただけでも笑い転げられる幸せな）人生の時期にある高校生の諸君なら、気の置けぬ仲間どうし、「感動詞」の内容相応と思われる「擬音」の品評会などしてみるとよいかもしれない。同じ【えいえい】の表わす「１）ワラい」・「２）リキみ」・「３）イカり」を、それぞれに異なる ei,ei の音で表わしてみて、「それは違うだろー？」だの「ぁ、それそれその感じ！」だのとやってみるとよい・・・他愛もないお遊びだが、そうして遊べる相手がいてくれたら、コミュニケーションの原初的な姿を感じられるこうした遊びも、わるくない・・・。
==========
—《反射的叫声（OUCH!）系の感動詞》—
あたあた【熱熱】（熱いものに触れての悲鳴）あちゃ。あっちぃー。ぁつぅー。
あな【あな】（喜怒哀楽。多く、下に形容詞語幹を伴う）あぁ。もう。実に。とても。
あなに【あなに】（強い感動）ああっ。
あなや【あなや】（強い感動・驚嘆）あらっ。うわっ。まぁっ。
あは【あは】（感動・驚嘆）おゃまぁ。あわっ。
あはや【あはや】（１）（驚嘆・危険に接しての叫声）あぁっ！　（２）（安堵の溜息）ほっ・・・。
あはれ【あはれ】（喜怒哀楽）あぁ・・・あれ。
あはれあはれ【あはれあはれ】（詠嘆）あぁ・・・あれ、ごらんなさいな。
あら【あら】（感動・驚嘆）あらっ。うっ。おやっ。
ここな【ここな】（驚嘆・意外）おやおや。これは。なんとまぁ。
さてさて【然て然て】（驚嘆・唖然）これはこれは。
すはや【すはや】（驚嘆・意外）あっ。うはっ。
はれ【はれ】（１）（感嘆・唖然）あれまぁ。　（２）（歌謡のはやし言葉）やれ、それ、にれ、はれ。
－－－－－
—《思い付き（OH YEAH）系の感動詞》—
おいや【おいや】（思い付き）おぉ、そうそう。あ、そう言ゃあ。うん、そうだ。
そよ【其よ】（思い付き・相槌）そうだ。うん。そうよそうよ。

そよそよ【そよそよ】（思い付き・相槌）そうそう。
そよや【其よや】（思い付き・相槌）ぁ、そぉや。そうそう。そぉゃね～。
それそれ【其れ其れ】（1）（注意喚起・催促）そらそら。それ。　　（2）（賛同・思い付き）そうそう。　　（3）（はやしことば）ぁ、それそれ。
や【や】（1）（呼びかけ）やい。　（2）（驚嘆・思い付き）あっ。　　（3）（掛け声・はやし言葉）やっ！よっ！
やや【やや】（1）（呼びかけ）もしもし。　　　（2）（驚嘆・思い付き）あれまぁ。そうそう。
やれ【やれ】（1）（呼びかけ・注意喚起）やあ。　　（2）（思い付き・意外な事態への遭遇）おやっ！？ぁ、そうだ。やれやれ。
をい【をい】（1）（驚嘆・思い付き）おや。ぁ、ねぇ。　　（2）（返答・納得・承諾）おお。（3）（呼びかけ）おい。

─────
―《呼び掛け（HEY!）系の感動詞》―

あ【あ】（1）（感動・驚嘆・慨嘆）ああ。　　（2）（呼びかけ）おい。　　（3）（応答）はい。
ああ【ああ】（1）（感動・驚嘆・慨嘆）ああ。　　（2）（呼びかけ）おい。　　（3）（応答）はい。
いかに【如何に】（1）（呼びかけ）おい。　　（2）（質問）どんなもんかね？
いなや【否や】（1）（驚嘆）これは・・・。　　（2）（質問）どんなもんかね？　　（3）（打消）いやもう。
いや【いや】（1）（驚嘆・嘆息）いやはや。　　（2）（呼び掛け）やあ。　　（3）（否定）いいえ。
えいえい【えいえい】（1）（笑い）あはは。　　（2）（力み）えぃやっ！　　（3）（呼びかけ）やいやい。
おいおい【おいおい】（1）（泣く声）おいおい。　　（2）（承諾・呼びかけ）へぃへぃ。
くは【くは】（注意喚起）ほれほれ。
くはや【くはや】（1）（驚嘆）ぅわっ。　　（2）（注意喚起・呼びかけ）そらそら。
これ【此・是・之】（注意喚起・呼びかけ）これこれ。
すは【すは】（1）（注意喚起）そら。　　（2）（驚嘆・意外）あっ。
そそ【そそ】（注意喚起）それそれ。
そそや【そそや】（注意喚起・驚嘆）それそれ。おやっ。
それ【それ】（注意喚起・予想的中）ほれ。
なう【なう】（1）（呼びかけ）なぁ。　　（2）（感動）あぁー。
なうなう【なうなう】（1）（呼びかけ）ねぇねぇ。　　（2）（感動）ああ、ああ。
まうし【申し】（呼びかけ）もしもし。
やい【やい】（見下した呼びかけ）おいっ。やいっ。
やうやう【やうやう】（呼びかけ）やあやあ。
やうれ【やうれ】（見下した呼びかけ）おいこら。やいこら。
やよ【やよ】（1）（呼びかけ）やぁ。　　（2）（はやし言葉）やぁれ。

よや【よや】(強い呼びかけ) おぉーい！
―――――
――《話題転換（BY THE WAY）系の感動詞》――
さて【然て・扨】(1)(発話) それにしてもまあ。　(2)(即答回避) はてさて、どうだか。(3)(催促) で？
さては【然ては】(納得) ぁ、そうか。
さても【然ても】(発話) それにしてもまあ。
まこと【真・実・誠】(思い付き) そういえば。
まことや【真や・実や・誠や】(思い付き) そういえば。
―――――
――《勧誘（LET'S!）系の感動詞》――
いざ【いざ】(勧誘・催促) さあ。
いざうれ【いざうれ】(勧誘・催促) さあさぁ。
いざや【いざや】(勧誘・発憤) さぁ、ほら。よっしゃ。
いづら【何ら】(1)(予想外) あれ？　(2)(婉曲な勧誘) いかが？
いで【いで】(1)(勧誘・決心) さあ。　(2)(叱責) こら！　(3)(軽い否定) いいえ。(4)(感動) おやまあ。
なほなほ【猶猶・尚尚】(強引な勧誘) ぜひぜひ。
なんと【何と】(賛同の勧誘) どうでしょうか。
―――――
――《応諾（YES）系の感動詞》――
いかさま【如何様】(相手の発言への肯定) いかにも。
えい【えい】(1)(返答) はーい。　(2)(気合い) えいっ。　(3)(驚嘆・怒声) このぉっ！
お【応】(応答・承諾) はっ。
おい【おい】(1)(驚嘆・気付き) おお。　(2)(返答・納得・承諾) おう。　(3)(呼びかけ) もし。
おう【おう】(1)(応答・承諾) はい。　(2)(感動・驚嘆) おお。　(3)(呼びかけ) おい。
おうおう【おうおう】(1)(叫声) わあわあ。　(2)(承諾・相槌) うんうん。
されば【然れば】(1)(驚嘆・意外) いったい。　(2)(応答) そう、そのことですがね。
しかしか【然然】(相槌) そうそう。
しかじか【然然】(相槌) そうそう。
せ【諾】(肯定・承諾) はい。
なかなか【なかなか】(相手の発言の肯定。狂言などで用いる) いかにも。
む【む】(1)(承諾) うむ。　(2)(応答) はいはい。
よし【よし】(相手の発言への承認・決意・命令) よしっ。
を【を】(返事・承諾) はい。
をう【をう】(1)(応答・承諾) はい。　(2)(感動・驚嘆) おお。　(3)(呼びかけ) おい。

をうをう【をうをう】（1）（叫声）わあわあ。　　（2）（承諾・相槌）うんうん。
─────

───《拒絶（NO）系の感動詞》───
あらず【あらず】（相手の発言の打消）否、それはちがう。
いさ【いさ】（1）（即答回避）さぁ、ええっと・・・。　　（2）（相手の発言への否定的応答）さぁ、それはどうでしょうかねぇ。
いさとよ【いさとよ】（即答回避）さぁねぇ。
いさや【いさや】（即答回避）さぁ、どうでしょうかねぇ。
いでや【いでや】（1）（感動・詠嘆）いやもう。　　（2）（否定・反発）いやいや。
いな【否】（否定・拒絶）いいえ。
いやいや【否否】（打消）いえいえ。
なに【何】（1）（確認）ぇ、何ですって？　　（2）（詰問）何だと？！
なにか【何か】（既存の記述や相手の発言への婉曲な反論）いやいや、なかなかどうして。
なにと【何と】（1）（確認）何だって？　　（2）（持ちかけ）どうだい。
なんでふ【何でふ】（反論・詰問）何ということを！
─────

───《賛嘆（BEAUTIFUL!）系の感動詞》───
あっぱれ【天晴れ】（1）（賛美・感動）おお。　　（2）（賞賛）お見事。
ばんぜい【万歳】（慶事・長久祈願）バンザイ！
─────

───《落胆（OH NO!）・やけくそ（WHO CARES!）系の感動詞》───
いでいで【いでいで】（溜息）いやはや、なんとも・・・。
さはれ【然はれ】（捨て鉢）ええい、もう、どうでもいいやっ！
したり【したり】（1）（快哉）よっしゃ！してやったり！　　（2）（後悔。多く「これはしたり」の形を取る）うっ、しまった！あぁ、やっちまったか・・・。
しゑや【しゑや】（上代）（感動・嘆息・断念・決意など）あぁ。はぁ。よしっ。ままよ。
ゆみやはちまん【弓矢八幡】（後悔）残念無念。
─────

───《罵倒（SHIT!）系の感動詞》───
おのれ【己】（罵倒）てめぇ！んなろぉ！この野郎！こん畜生！
─────

───《誓願（BY GOD）系の感動詞》───
くされ【腐れ】（誓約）（口が腐っても約束を破らないの意）断じて。
なむさんぼう【南無三宝】（神頼み）あぁ、なにとぞ神様！
─────

───《掛け声・囃し言葉（HURRAY!）・挨拶（HELLO!）系の定型的感動詞》───
えさまさ【えさまさ】（物を動かす際の力み声）やっしょ、まかしょっ。えっさ、こらさっ。

おし【おし】（貴人の通行・儀式に際し、先払い役＝前駆（せんぐ）が発する注意喚起の声）「おー、しー」。
かへらや【かへらや】（はやしことば）「帰らんや→もぅお帰り」。
そ【そ】（馬を追う声）しーいっ。
とうざい【東西】（芝居・相撲での観客への口上・注意喚起）とざい、とーざい。隅から隅まで、ずずずいーっと。
ものまう【物申】（訪問）ごめんくださ～い。たのもーぅ。
やっとな【やっとな】（かけ声）よいしょっ、やっとこしょっ。
よりに【よりに】（はやし言葉）よりに、よりに。ぁ、よい・よい・よい・よい。
をし【をし】（貴人の通行・儀式に際し、先払い役＝前駆（せんぐ）が発する注意喚起の声）。また、天皇から杯を受ける際の儀礼の語）「おー、しー」。
わし【わし】（上代歌謡のはやし言葉）わっしょい。
—————
— 《お別れ（GOOD BY）系の感動詞》 —
さらば【然らば】（別れのあいさつ）しからば、ごめん。それでは、これにて、さようなら。
—————

■１２）（００５）―「古典接続詞一覧」―

　・・・現代文でも古文でも英語でも、「接続詞」は、前後の文節の関係を規定する「つなぎ語」として意味の読み解きに極めて重要なターニングポイント（分岐点）を示す語であるから、（中古に限定せず）まとめて以下に掲げておく。

　・・・文意の流れをそのまま後続部へと引き継ぐのか（「順接」）あるいは逆転させるのか（「逆接」）、あるいは順流も逆流も１語でこなすやつなのか、そういった観点から**類型別にグループ分け**して示すので、効率的で的確な古文読みに役立ててほしい。

==========
　　　　　　　　　―《発話（... Well, ～）系の接続詞》―
いで【いで】〈発話〉（改めて話を始める際に）ぁ、さて。そもそも。だいたいにおいて。
おほかた【大方】〈発話〉（新しい話題に移る際に）ところで。だいたい。およそ。そもそも。
ここに【此に・爰に】〈発話〉（言い出しや話題の転換に）そこで。んでね。
さても【然ても】〈発話〉それにしても。それはそうと。
さりとは【然りとは】（１）〈様態〉そうだとは。　　　（２）〈意外〉何と、これはまぁ。
さるほどに【然る程に】（１）〈経時〉そうこうしているうちに。　　　（２）〈発話〉ぁ、さて、とかくするうちに。　　　（３）〈感動〉なんとまぁ。
そも【其も】〈発話〉そもそも。それにしてもまぁ。
そもそも【抑】〈発話〉そもそも。まず第一に。
それ【夫】〈発話〉そもそもの話が。だいたいにおいて。
ときに【時に】〈発話〉さて。ところで。時に。それはそうと。
－－－－－
　　　　　　　―《順接（... and ～）＆発話（... Well, ～）系の接続詞》―
されば【然れば】（１）〈順接〉そういうわけだから。　　　（２）〈発話〉ぁ、さて。
－－－－－
　　　　　　　　　―《順接（... and ～）系の接続詞》―
しかうして【而して・然して】〈順接〉（漢文訓読体で）そうして。
しかして【而して・然して】〈順接〉（漢文訓読体で）そうして。
－－－－－
　　　　　　　―《逆接（... but ～）＆発話（... Well, ～）系の接続詞》―
さるを【然るを】（１）〈逆接〉それなのに。　　　（２）〈発話〉ところで。
－－－－－
　　　　　　　　　―《逆接（... but ～）系の接続詞》―
かかれど【斯かれど】〈逆接〉こういうことではあるけれど。
かかれども【斯かれども】〈逆接〉こういうことではあるけれど。
さながら【然ながら・宛ら】〈逆接〉それはそうだが、しかし。
さはれ【然はれ】〈逆接〉ではあろうけど、しかし。
さりけれど【然りけれど】〈逆接〉そうではあったけれど。

さりとて【然りとて】〈逆接〉だからといって。
さりとも【然りとも】〈逆接〉そうはいっても。
さりながら【然りながら】〈逆接〉そうではあるが。
さるに【然るに】〈逆接〉それなのに。
さるにては【然るにては】〈逆接〉それにつけても。
さるにても【然るにても】〈逆接〉それにつけても。
されど【然れど】〈逆接〉そうではあるが、しかし。
されども【然れども】〈逆接〉しかしながら。
しかしながら【然しながら】〈逆接〉そうではあるが、しかし。
しかも【然も】〈逆接〉それでいてなお。
しかるに【然るに】〈逆接〉そうであるというのに。
しかれども【然れども】〈逆接〉そうではあるが、しかし。
なれども【なれども】〈逆接〉ではあるが。
―――――
―《順接（... and 〜）&逆接（... but 〜）系双方にまたがる接続詞》―
さて【然て・扨】（1）〈順接〉（前の内容を受けて）そこで。　（2）〈逆接〉（前の内容の逆接を述べたり、話題を転換したりして）そうはいうものの。ところで。
さるは【然るは】（1）〈順接〉それというのも。　（2）〈逆接〉そうではあるが。
しかるを【然るを】（1）〈逆接〉そうであるというのに。　（2）〈順接〉そういう状態で。
―――――
―《逆接（... but 〜）系＋αの接続詞》―
さらば【然らば】（1）〈承前〉そういうことならば。　（2）〈逆接〉（下に打消の語を伴って）それなのに。
ただし【但し】（1）〈逆接〉とはいうものの。　（2）〈推量・疑問の付加〉ひょっとしたら・・・か？　（3）〈選択〉あるいは。
―――――
―《理由（... so 〜）系の接続詞》―
いじゃう【以上・已上】（1）〈結末〉その結果。　（2）〈合計〉合わせて。
かかれば【斯かれば】〈理由〉こういうわけで。
かくして【斯くして】〈理由〉こうして。
かくて【斯くて】〈理由〉さてそういうわけで。
かるがゆゑに【かるが故に】〈理由〉であるから。
かれ【故】（1）（上代語）〈理由〉それゆえに。　（2）（上代語）〈事後〉それから。
さりければ【然りければ】〈理由〉そういうわけでしたから。
さるから【然るから】〈理由〉そういうわけだから。
さるにより【然るにより】〈理由〉それゆえに。
しかるあひだ【然る間】（1）〈継時〉そのうちに。やがて。　（2）〈理由〉そんなわけで。

しかれば【然れば】（1）〈承前〉（漢文訓読語。和文の「されば」に相当）そういう次第で。（2）〈発話〉さて。時に。
そゑに【其故に】〈理由〉それゆえに。
てへれば【者】〈理由〉（・・・「と言へれば」より）という次第で。
よって【因って・依って・仍って】〈理由〉したがって。
よりて【因りて・依りて・仍りて】〈理由〉したがって。
―――――
――《累加（... Furthermore 〜）系の接続詞》――
および【及び】〈累加〉そしてまた。
かつ【且つ】〈累加〉その上また。
さては【然ては】（1）〈事後〉それから。　（2）〈累加〉その上また。　（3）〈承前〉それならば。
さてまた【然て又】〈累加〉それからまた。
―――――
――《累加（... Furthermore 〜）系＋αの接続詞》――
それに【それに】（1）〈逆接〉それなのに。　（2）〈累加〉その上。　（3）〈理由〉それによって。
また【又・復・亦】（1）〈並列〉同時に。　（2）〈累加〉その上さらに。　（3）〈選択〉あるいは。　（4）〈発話〉さて。
―――――
――《選択（... or 〜）系の接続詞》――
あるいは【或いは】〈選択〉または。もしくは。
あるは【或は】〈選択〉または。あるいは。
ないし【乃至】（1）〈中略〉（数を列挙する際に、初めと終わりのみ提示し、中間部を略す表現）・・・から〜（まで）。　（2）〈選択〉あるいはまた。
はた【将】〈選択〉（漢文訓読調の文章で）それとも。
もしは【若しは】〈選択〉もしくは。
―――――
――《承前（... then 〜）系の接続詞》――
さは【然は】〈承前〉それならば。
さば【然ば】〈承前〉それならば。
しからば【然らば】〈承前〉それなら。
して【して】〈催促〉（多く下に疑問の表現を伴って）それで？それからどうした？だから？
すなはち【即ち・乃ち・則ち】（1）〈換言〉言いかえれば。　（2）〈承前〉そんなわけで。（3）〈恒常条件〉・・・ならば、その時には常に〜。
―――――

・・・おつかれさまでした・・・

…「＝古文の理＝」<u>本編解説部＋巻末付録</u>、これにて、本当に、一巻の終り

（・・・とか言いつつ実は更になお**本書最末尾には「理解度確認＆暗記促進用穴埋め問題」
の余裕（＋「暗記するに値する助詞のみ例文つき厳選リスト」）がデーンと控えてる**けど・・・
その前にまず、**優雅なる「和歌」の話**など、いかが？）

歌よみ心得

―前書き―

● 今の世の人、誰そ歌よまんや？

　和歌の嗜みはもはや教養人の必須要件ではない。古典的なギリシア・ローマ神話や聖書の物語を知らぬ人間が「教養人」はおろか「西洋人」とすら認めてもらえぬ海外の事情に比すれば、「日本人であること」は地政学的偶然のみを前提とする実に安易な自然的（＝生得的・宿命的・排他的・非意志的・惰性的・・・）営みに過ぎぬものらしい。

　そんな現代日本にも、幸か不幸か、和歌の最低限の約束事を知らねば社会的苦境に立たされる人々がいる ― 大学入試古文問題と格闘する受験生たちである。落第するのが嫌ならば、彼らは「古典文法」と「古文単語」に加えて、「和歌のいろは」をも学ばねばならぬ・・・が、所詮それは「文芸的教養のため」ではなく「心を豊かにするため」でもなく、「一生に一度の試験の場を無難に切り抜けるため」でしかないことを認めねばならぬ。

● 「歌、歌」と、うたた書く本、うたてあり

　そんな現状なのだから、その道の好事家による同様の好き者向けの冗長なる情調に溢れた「文芸指南書」など、受験生にとっては迷惑極まる不愉快な別世界の豪華本に過ぎない。自分がやりたいこともせずに必死の苦役に耐えているのを尻目に、悠長な言葉のままごと遊びにうつつを抜かしている lotus-eaters（時のない国の安逸遊民達）の書き散らした無駄の多い文章など、限られた受験勉強の時間と労力と自らの忍耐力とを無為に空費するだけの「てんでわかってない邪魔者」であり、見るだに不愉快な見当違いの有り難迷惑にほかならぬ、とさえ（受験生の本音としては）言えるだろう。

● 「学匠の本」ならぬ「学生の本」なれば「楽勝の本」たるこそ本意なれ

　そうした受験生の切迫した現実を今でも体感的に思い出せる程度の真剣で欲張りな受験生活をかつて送ったことのある著者として、そんな彼らの苦境を軽減するための大学入試対策教材作りを生業とする教育者として、ここから先の「歌よみ心得」は受験生本位に書いてある。「短歌の勧め」の本ではない；「最短距離で合格へと進め！」を合い言葉に古文入試の伴走者を務める指導者からの「和歌の世界はこう乗り切れ」の実技指導である。「受験生のための和歌の本」として本物の本を書いたつもりである。

　「この程度の事柄さえわかっておれば和歌に関しては問題ない」という事項を細大漏らさず記してあるが、要領の良い受験生なら４～５日で走りきれる世界である・・・が、この程度の事柄さえわからぬままに「歌読み」（果ては「歌詠み」）気取る日本人もまた、多いのである・・・から、受験生諸君よ、恐れることはない：和歌の世界は、諸君が思うほど、深遠にして難解な神秘の魔境ではない：安心して分け入りたまえ。

　筆者として唯一恐れるのは、自ら書きながら愉しみ過ぎる傾向を、どこまで自分は圧殺し切れたか、ということである。歌を読み、かつ、詠むのが趣味の悠長な筆者の数寄心に、好きな彼／彼女と逢う間も惜しんでとりあえず大学の門まで辿り着かねばならぬと鬱々としてひた屋ごもりの受験勉強に明け暮れる若い諸君の敏感な感性が、（受験生的には）無用な刺激を受けて（現代世界では）ほとんど役立たずの詩的文芸の小宇宙に、無益にふわふわ漂い遊ぶことになったなら・・・（ふふっ）ごめんなさい＜(＿)

■章００）『和歌概説』■
　「和歌」の中身に入る前に、それを取り巻く外形的・社会的・歴史的事情について、概括論的に書いてみる。歌など読（詠）まぬ日本人でも、この程度の事柄は知らねば人前で恥をかく、という程度の雑学知識として読んでもらえればそれでよい。
■００）（００１）―「短歌」の形式―
　♪「**短歌**（たんか）」は全三十一文字（五・七・五・七・七）から成る極めて短い定型詩で、その文字数から「**みそひともじ**」の異称でも呼ばれる。

　♪「**短歌**」は＜五句（五・七・五・七・七）＞・＜二要素（五・七・五＝**上の句** or **本**／七・七＝**下の句** or **末**）＞から成る：下の（　）は和泉式部（いづみしきぶ）の歌の例
　　　　　　●発端部（上の句 or 本）＝ 五＋七＋五（全十七文字）
　♪第一句（初句）＝五(あらざらむ)+第二句＝七(このよのはての)+第三句＝五(おもひでに)
　　　　　　●後続部（下の句 or 末）＝ 七＋七（全十四文字）
　　　第四句＝七(いまひとたびの)+第五句（結句）＝七(あふこともがな)
　♪発端部の十七文字をまとめて「**上の句**（かみのく）」または「**本**（もと）」と呼び、後続部の十四文字をまとめて「**下の句**（しものく）」または「**末**（すゑ）」と呼ぶ。

　♪**本**と**末**の二つの要素を別人が作って継ぎ足す掛け合い芸「**連歌**（れんが）」では、発端十七文字を「**発句**（ほく・ほっく）」と呼び、後続十四文字を「**挙句**（あげく）」と呼ぶ。滑稽さ（＝俳諧趣味）を持ち味とする場合は特に「**俳諧連歌**（はいかいれんが）」と呼ばれる。お遊び芸の「**連歌**」は、本式の「**和歌**」には含めないのが通例である。

　♪「**連歌**」の「**発句**」の十七文字のみを独立させて「**挙句**」抜きで成立させれば「**俳句**」、お遊びの色彩が濃ければ「**川柳**」となる。これらもやはり「**和歌**」には含めない。

　♪五つの句（五七五七七）から成る「**短歌**」の全体は「**一首**（いっしゅ）」と呼ばれる。一方、「**俳句**」の全体（五＋七＋五＝十七文字）は「**一句**（いっく）」である。

■００）（００２）―「和歌」と「短歌」―
●「**和歌**」
　♪「**和歌**（わか）」とは、中国伝来の漢語による「**唐歌**（からうた）」（＝**漢詩**）と対照した日本固有の詩文の名称で、「**大和歌・倭歌**（やまとうた）」・「**敷島の道**（しきしまのみち）」の異称もあり、単に「**歌**（うた）」と言えば普通は「**和歌**」を指す。

　♪奈良時代までは「**長歌**（ちょうか）」・「**旋頭歌**（せどうか）」・「**片歌**（かたうた）」など様々な形式の和歌が存在したが、平安前期の『**古今和歌集**』(905年)以降は「**短歌**」

以外の形式は衰退し、「和歌」と言えば実質的に「短歌」を指すのが通例となった。
　♪和歌の座興等として発達した「連歌」や「俳句」・「川柳」、器楽の伴奏や舞踏と切り離せない「歌謡（かよう）・謡い（うたい）」は、「和歌」とは別の文芸扱いである。
●「短歌」（たんか）
　♪元来は「長歌」と区分するための呼び名だが、平安時代には「長歌」も「旋頭歌」も衰退して専ら「短歌」が詠まれたため、「和歌」といえば「短歌」を指すのが通例。
●「長歌」（ちょうか、ながうた）
　♪古い和歌の形式で、「五音・七音」の句を三度以上繰り返した末に「七音」の句で締める。これと併置する形で、直後に「短歌」を詠み添える場合が多かった。
（長歌）《天地（あめつち）の　分れし時ゆ　神さびて　高く貴き　駿河なる　富士の高嶺を　天（あま）の原　振り放（さ）け見れば　渡る日の　影も隠らひ　照る月の　光も見えず　白雲も　い行きはばかり　時じくぞ　雪は降りける　語り継ぎ　言ひ継ぎ行かむ　富士の高嶺（たかね）は》『万葉集』三・三一七・長歌・山部赤人（やまべのあかひと）
　（現代語訳）天地が分れて以来、神威の宿る高く尊い駿河の国の富士山の高嶺を、空の彼方に振り向いて見れば、あまりの高峰に日の光も月明かりも隠れ、空行く雲も行く手をはばまれ、冬に限らず季節を選ばずその頂上には雪が降っていたりする。あぁ、いつまでも人から人へ、語り継いで行きたいものだ、この富士の高嶺の見事さを。
（長歌直後の短歌）《田子の浦ゆうち出でて見れば真白にそ不尽（ふじ）の高嶺に雪は降りける》
　（現代語訳）駿河湾のほとり、田子の浦の松林の廻廊を抜け、眺望の開けた海辺に出て振り仰ぐ、遙か彼方の霊峰富士。妙なる白を帯びたその山頂には、もう、雪がしんしんと降っているのだなあ。
●「旋頭歌」（せどうか）
　♪「頭を旋らす（あたまをめぐらす）歌」の意を持つ古い形式の和歌で、「五・七・七」を二度繰り返す六句構成（三八文字）を基本とする（五・七・五＋五・七・七の六句＝三六文字構成となるものもある）。「双本歌（そうほんか）」の別名もある。
《白玉は人に知らえず知らずともよし我し知れらば知らずともよし》『万葉集』六・一〇一八・旋頭歌・元興寺の僧
　（現代語訳）素晴らしき真珠も、その真価を誰にも知ってもらえない。が、知らなくてもよい。自分自身さえ知っていれば、他人に知られずとも、それでよい。
●「片歌」（かたうた）
　♪古い和歌の形式で、「五七七」のみの三句・一九文字構成。「五・七・七」を二度繰り返す「旋頭歌」（双本歌）の「片方だけの歌」の意味だが、奈良時代初期には衰退していたようで、『万葉集』（759年頃）にも全く収録されていない。

■００）（００３）―「和歌」の隆盛と「漢詩」の衰退―
●漢詩文の時代
♪日本は古来、政治も文化も文字（＝漢字）も、中国のそれを模倣し続けて来た。特に、中古の日本の朝廷では公文書が漢文表記だったため、漢語・漢詩文の素養は官僚の知的・社会的優越性の象徴として重視された。この事情を反映して、平安前期に至るまで、朝廷の文化事業として編纂される「勅撰集」の主役は「唐歌（からうた＝漢詩文）」であり、日本固有の「大和歌（やまとうた＝和歌）」は傍流の扱いであった。

●和風文芸の時代
♪その「漢高和低」の潮流の転機となったのが、平安前期の 905 年に世に出た初の全編和歌による勅撰集『古今和歌集』である。この集の成立を促したのは、時の政治上の最大権威者の藤原時平（ふぢはらのときひら）であり、その編集作業に携わった編者の四人、紀貫之（きのつらゆき）・紀友則（きのとものり）・壬生忠岑（みぶのただみね）・凡河内躬恒（おほしかふちのみつね）は、いずれも優れた歌人であったが、朝廷の出世コースとは無縁の下級役人ばかりであった。

●官僚主導政治の終わり
♪時を同じくして、日本の官僚史上最大の出世頭にして日本史上最強の知的エリート（＝現代受験生たちからも「学問の神様・天神様」として拝まれている）菅原道真（すがはらのみちざね）主導による、中央集権国家体制への復古的政治改革が進展しており、それが時平ら（主に藤原氏を中心とする）有力貴族の既得権益を脅かすものとして、謀略によって葬り去られたことを思い起こすと、「実力派官僚＝漢籍派の巨頭」たる道真の失脚＋漢詩文の衰退と、『古今和歌集』に始まる和歌の躍進＋藤原摂関政治の定着は、偶然の一致以上の相関関係を有するものと見るべきであろう。時平は、「漢詩と実力派官僚」の社会的ステータスを葬り去るための政治的策略として『古今和歌集』を用いて「和歌」を盛り立て、その編纂には「朝廷では物の数にも入らず、改革派とまるで無縁の下級役人連」を用いた、との言い方が成立するのである。

●「歌徳説話」の嘘
♪この日本文芸史上屈指の主役交代劇に功のあった『古今集』編者たちが、その実績を認められてその後大いなる出世を遂げたか・・・と言えばそんなことは全くなく、彼らの官位は終生低いままであった。中心的編者の紀貫之などは、和歌の隆盛に同じく貢献した『伊勢物語』(927 年頃)の作者である可能性もあり、かつまたあの有名な女性仮託仮名文学『土佐日記』(935 年頃)をも著して漢詩に対する和歌の優位を決定付けた（＆その後の平安女流日記文学への道をも開いた）日本文学史上最高の功労者である

にもかかわらず、生前の最終官位は「従五位上」と低いまま（享年８０歳）。そもそも例の『土佐日記』は、六十代後半という高齢になってから、住み慣れた京都を離れ、荒海を渡って土左（現在の高知県）に赴任しての地方官暮らしの任期の果てに書かれたものなのだ。

　♪要するに、「歌の実力が身を助け、出世する」という「歌徳説話」など、中央政界に於ける官位栄達レベルでは全くのおとぎ話でしかなかったわけである。「よい歌を詠む」というだけで、「男に見初められて女性が幸せを掴む」とか、「社会の底辺を這っていた人が名のある貴族に雇われる」とか、「歌」の効用はその次元止まりで、それ以上のものではなかったのだ。

　♪付言すれば、「歌徳説話」が横行するのは鎌倉時代以降の説話（『宇治拾遺物語』等）の中での話である。和歌も貴族社会も既に現実世界では衰退し、「雅びなる平安の世の思い出」となりつつあった時代に、「下々の者が成り上がるための手段・効用」として、現世利益重視の書き手の勝手な想像の中で「芸は身を助ける」型のネタとして持ち出されただけの代物なのだから、あだや鵜呑みにはせぬことである。本物の貴族世界では、和歌は「必須の嗜み」ではあっても「必殺の決め手」ではなかったのだ。

●和歌と漢詩の社会的効用

　♪もっとも、和歌の贈答が貴族階層の優雅な嗜みとして定着した『古今集』以降の平安期には、男女の恋愛に付き物の恋文のやりとりに「歌」は小粋な小道具として必須の存在だったから、洒落た和歌一つ詠めぬ男女は、社会的に困った立場になったことだけは事実である。そうした無粋を避けるべく、貴人もそれに見初められることを夢見る女性たちもみな、せっせと歌詠みの修行には余念がなく、自身に才能がないと悟った貴人はまた、歌詠み名人の従者を雇ってはその代詠により身の面目を保ったものである。

　♪一方、漢詩文は急激に衰退したとはいえ、朝廷の高位高官の間ではなお漢籍の知識は「知的エリートの証し」であり続けた。非主流文芸として普及度が低下した分だけ、排他的特権階層の知的アクセサリーとしての地位が逆説的に高まったとも言える。

　♪その政治的ニート男子の象徴たる「知る人ぞ知る」漢籍の嗜みを、よりにもよって「女だてらに」有する希有なる存在として、平安中期、朝廷の男たちから持て囃され、日本初の「売れっ子作家」となったのがあの『源氏物語』の紫式部であり、彼女と同時代（一条天皇時代の紀元１０００年前後）の女流文学者たちなのである。が、逆に言えば、「女が、自らの知性を誇示して有力貴族に目をかけてもらうための出世手段」にまで成り下がっていたのが、平安中期に於ける「漢詩文」である、との見立てもまた可能なわけだ。

♪いずれにせよ、日本の漢詩文は、あの菅原道真が醍醐天皇に献じた全作自作の漢詩（468 首）／漢文（159 編）私家集『菅家文草』（くゎんけもんざふ：900 年成立）を以てその頂点を極めて以降、衰微の一途を辿ったのである。道真が左遷先の太宰府で失意の生涯を閉じた直後の 903 年に出た漢詩文集『菅家後集』（くゎんけごしふ）と、その 2 年後の 905 年に出た『古今和歌集』との間には、日本文芸史上最も顕著な分水嶺が横たわっていたのである。

■００）（００４）─「短歌」と「連歌」そして「俳句」─
●「心」と「躰」

♪「短歌」を作る者が、必ずしもみな詩情に先導される形で詩を作るとは限らない。気の利いた文句を思い付いたからそれを生かすために三十一文字をでっち上げよう、という作歌事情を有する和歌も、極めて多いのである。

♪人を作詩に駆り立てる「詩情」のことを、和歌の世界では「**心**（しん・こころ）」と呼び、文学的「美」を備え音感的訴求力を持つ「形式」たる「**歌体**（かたい）」・「**躰**（たい・てい）」と対照する形で用いる。

●「腰折れ歌」

♪詩情が形式美を圧倒する「躰より心」の歌もあれば、形式や音感や文言の美しさや着想の面白味が主役の「心より躰」の歌もある。そうして、「躰」のみが目当ての歌作りをする者は、往々にして「一番美味しい躰の部位」のみ作り上げては、その他の部位にさしたる生命も込めぬまま世に送り出してしまうことがある。これを俗に「**腰折歌**（こしをれうた）」と呼ぶ。四字熟語風に言えば「竜頭蛇尾」、人物の面相に例えて言えば「あの人、目だけ見たら大変な美人なんだけど・・・鼻や口やその他のパーツが、なんとも残念な感じだねぇ」という歌である。

●「筑波の道（連歌）」の始まり

♪出だし好調／末散々の「腰折れ歌」を作るよりも、いっそ「ここだけは自信を持って美形と言える」パーツを、誰か他の人物の眼前にポンと投げ出して、「さぁ、あなたなら、この目鼻立ちに、他のどんなパーツをくっつけて真性美人の造作を作り上げますか？」とばかり、連作要請を出す方が気が利いている・・・そう考えた貴族達が、知的遊戯として確立させたのが「**連歌**」である。誰かが「**上の句**（五七五）」だけを思い付いたなら、「**末や如何に**（すゑやいかに？）」と言いつつ場に投げ出して、気の利いた「**下の句**（七七）」の登場を待つ：逆ならば「**本や如何に**（もとやいかに？）」で「**上の句**（五七五）」待ちだ。

♪そうして、複数作者の連作が見事秀逸に決まれば素晴らしいコンビネーション・アートである。現代世界のように「著作権」にうるさい時代でもないから、完成した作品に対する貢献度は上の句／下の句どちらの作者が大きいか、真正著作者は誰か、などということはさして問題にもならなかった。

♪この掛け合い芸としての「**連歌**」は、「**筑波の道（つくばのみち）**」なる換喩（かんゆ）で呼ばれることもある。日本武尊（やまとたけるのみこと）が甲斐国（かひのくに）への途上、筑波山に至ったところで詠んだ歌と、それに呼応して御火焼の翁（みびたきのおきな）が付けた歌とが「連歌」の起源、との伝説から生じた呼称で、これと対照する形で「**短歌（和歌）**」の呼び名「**敷島の道（しきしまのみち）**」も生まれることとなった。ちなみに、その「連歌の走り問答歌」は次のようなものだったとされる：

《**新治筑波（にひばりつくば）を過ぎて幾夜か寝つる**》（日本武尊）
《**日日並べて（かがなべて）夜には九夜（ここのよ）日には十日を**》（御火焼の翁）
（現代日本語訳：筑波を過ぎてからもう幾つの夜を数えたことだろう？・・・日々を重ねて、九夜過ぎ来て、昼はいま十日目。

♪古い歌だけに、両者まとめても「短歌形式」（五・七・五・七・七＝三十一文字の「**短連歌**」）にはなっていない。こうしたものを「**長連歌（鎖連歌）**」と呼ぶ。平安の世も終わりの院政期（第72代白川帝～第82代後鳥羽帝の世）には、和歌世界の卑俗化の潮流を反映して長連歌が流行し、その構成句数も次第に多くなって行く。継ぎはぎされる句数が三十六句だと『**歌仙**』などと「中古三十六歌仙」なる俗称に引っ掛けて呼び、四十四句だともっとベタな駄洒落で「**世吉（よよし）**」と称される。更に延々ダラダラ続けると、しまいには「**百韻**」だの「**千句**」・「**万句**」などといった終わりなき尻取り遊びみたいなことになる。

● 「俳諧連歌」

♪綺麗に決まって満座の拍手を呼ぶような名句の連携芸ばかりが「連歌」から生まれるわけでは、当然、ないわけで、中には、折角の綺麗な目鼻立ちがてんでチグハグな並べ方のせいで大笑いの福笑いみたいな滑稽な顔立ちを生むような「連歌」もある。むしろ（至芸の主どうしのインスピレーション交歓会でもない限り）その種の「**腰折れ歌**」が生じる場面の方が多いのが現実でもある。それならいっそのこと、最初から「腰折れ度合いのはなはだしさ」をこそ主眼としたギャグの即興芸として「連歌」を茶化して楽しんでしまえ、という方面に走る者が出ても不思議はない。ロクな付け句も出来ぬ自らの文芸的嗜みのなさを痛感させられて、満座が萎えた気分に沈み込むよりは、頓珍漢な文言の付け合わせの滑稽さを最初から期待する座へと趣向を変えた方が、遥かに気が利いているのだから。

♪かくて、笑えるような面白味（これを文芸用語では「**俳諧：はいかい**」と称する）

を最初から当て込んでの「連歌」が生まれた：「俳諧之連歌（はいかいのれんが）」である。やがてその形式は、「誰かが詠んだ上の句＝発句（ほっく）」に、他の誰かが「下の句（＝挙げ句）」を「付け句」する形へと統一されて行くようになる。

♪「俳諧」の呼び名の起源は、『古今和歌集』の部立（ぶだて＝ジャンル・分野）（巻十九「雑躰：ざってい」）の一部として滑稽な主旨の歌ばかりを集めた「俳諧歌：はいかいか（歌番号1011～1068）」に由来する；が、単独作者によって詠まれたこれらの歌は「連歌」ではない。その後、この種の面白味を当て込んでの複数作者による問答歌が「俳諧連歌」の御座敷掛け合い芸として発展したものの、一般の「短歌」とは異なり、単なる座興として詠み捨てられて、歌集の記録にも残らぬ扱いであった。

♪この「連歌」という文芸ジャンルを、初めて勅撰和歌集の「部立」の一部として採り上げたのは、平安後期(1126年)の『金葉和歌集』(部立「雑下」に収録）である；が、こうした試みに代表されるこの集の当代重視の革新的特徴を、後代の和歌の大御所藤原俊成（ふぢはらのとしなり or しゅんぜい）は「戯れの様（ざれのさま）」がひどすぎるとして非難している・・・当時の「連歌」の扱いがわかる話と言えるだろう。

♪連歌のみから成る歌集（勅撰でも何でもない私撰集）が初めて成立するのは、なんと、室町時代も末期の1499年の『竹馬狂吟集（ちくばきゃうぎんしふ）』でのことである・・・「狂」を含むその標題からして「俳諧連歌＝戯れ芸」という作者の自嘲ぶりが面白いというか、悲しい感じである。これは1539年の『犬筑波集（いぬつくばしふ）』にも言えることで、立派な「人」が真面目くさって付け句に頭をひねる文芸的嗜みではなく、「犬・猿」芸に満座が腹をよじって笑い転げるための座興が「俳諧連歌」だったわけである。

●「俳諧連歌」→「川柳」→「俳句」

♪この「俳諧連歌」は、戦国の世も終わり、社会の安定期を迎えた江戸時代に至って、二つの支流へと引き継がれて行く。一つは「川柳」、いま一つが「俳句」である。前者は一般庶民の大衆芸として、後者は主に富裕な商人たちの間で、「俳諧連歌」の「発句」部分（＝五・七・五の十七文字）のみが独立したもの（「挙げ句」の七・七を廃したもの）として発展し、21世紀の今日にまで至っている。

♪共に「五＋七＋五＝十七文字」の世界一短い定型詩である「川柳」と「俳句」に、形式上の相違はない。唯一の違いは、「俳句」は「季語」の織り込みを必要とするのに対し、「川柳」にその制約はないという点である。両者ともに元来は「俳諧＝こっけいで笑えること」をその根底に有していた座興芸であったが、笑いさえ取ればそれでよしとする安直な惰弱さを嫌い、そこに文芸としての高みを求めるための隠し味を真剣に追究した人物がいた：松尾芭蕉（まつをばせう：1644-1694）である。

♪短文詩とはいえ、三十一文字の「**短歌**」にはまだ「物語」を織り込む余地がある・・・が、十七文字の「**俳句**」にその余地はない：余地がない分、余情に頼らねば、ただの戯れ句に終わってしまう・・・そこに、文字の表面には表われぬ心象的後景を浮かび上がらせ読み手のイメージを豊かに膨らませるための工夫として、芭蕉が辿り着いた含蓄の仕掛け ― それが、「**俳句**」を「**川柳**」と区分する「**季語・季題**」なのである。

■章０１）『和歌修辞法』■

この章０１）に「歌よみ心得」の精髄。「和歌のいろは」を一気に覚え込ませるための美味しい情報てんこ盛りなので、げっぷが出るまでとっぷりと味わってほしい。

■０１）（００１）―「字余り」と「字足らず」―

●「**字余り**」は数多し；「**字足らず**」は少なし

♪「**短歌＝五・七・五・七・七**」にも「**俳句＝五・七・五**」にも共通する「**破格**」として、各句の長さが規定の文字数を超過する「**字余り**」と、逆に規定の文字数に達しない「**字足らず**」とがある。

♪統計的に言うと、「**字余り**」はかなり多く見られるのに対し「**字足らず**」は実に少ない：「ほとんど存在しない」と言っても過言ではないぐらいである。これは、日本語に於ける「**七五調**」という魔法のフォーマットの為せる業である：「**五語**」と「**七語**」は、和語に予定調和をもたらす絶対的な枠組みなのだ。

♪五音に満たぬ「**四文字**」や、七音寸前の「**六文字**」から成る句には、極端な違和感が付きまとう。これに対し、「五音を満たした末の六文字」や「七音から勢い余っての八文字」には、不思議とさしたる違和感もない。事足りて後の余剰は問題ないが、当然満たされるものと誰もが待っている「五・七」に足らぬ「四・六」では、何とも場がもたぬのである。

♪試しに、筆者の手になる次の短歌を見ていただきたい：
《**すてねこが きぞはごひき にさにひき ひとのなさけぞ けざやかなる**（捨て猫が 昨日は五匹 今朝二匹 人の情ぞ けざやかなる）》(by 之人冗悟)

（現代語訳）昨日は五匹いた捨て猫が、今朝見てみれば二匹だけ。三匹は拾われて命拾い、二匹は見捨てられ、野をさまよう・・・人間の愛情の境界線は、何ともはっきりしたものだ。

・・・第二句（**きぞはごひき**）と結句（**けざやかなる**）を「**字足らず**」にしてある；が、もしこの歌が人から人へと歌い継がれるとすれば、やがてその第二句は必ずや「**きぞはごひき＜に＞**」なり「**きのうはごひき**」なりの形になり、「**字足らず**」の違和感を払拭すべく自然改変されてしまうこと、間違いない・・・日本人の「**七五調希求**」は、

それほどまでに本能的かつ絶対的なものなのである。
●「字足らず」許すは「結句」のみ
　♪一方、結句（第五句）の「けざやかなる」の「字足らず」は、そのまま許容されるかもしれない・・・その置かれた場所が結びの位置であり、後続語句との音調的連動性を損なう難点がないからである。一方、初句・二句・三句・四句までの位置では、この種の断章をもたらす不協和音の存在は、どうにもこうにも許容し難いのである。
　♪上述した「短歌（俳句）」の特性は歌詠みの経験則であるが、歌読みの人々がこれを理解するにも（その人が普通の音感を持った日本人であるならば）さしたる支障はないであろう・・・それでも敢えて自作の戯れ歌に乗せてその理を説くならば：
　　　　《字余りは歌によくある事なれど字足らず歌ぞ珍かなる》(by 之人冗悟)
・・・この自作歌を違和感なく読むために、結句の字足らずを「めづらか＜ン＞なる・・・珍奇なものであるようだ」」などと「撥音便（ン付け読み）」で無理矢理継ぎ句してまで本能的に七音へと修正する芸当も（古典文法に通じた日本人には）ごく自然なことだ。
　「七五調の磁力」になびく和語の本能は、それほどまでに強いものなのである。

■０１）（００２）―「句切れ」―
　♪「短歌」及び「俳句」が、「結句（短歌なら第五句の七音／俳句なら第三句の五音）」以外の句の部分で「断章」となる形を「句切れ」と呼ぶ。第一句で切れれば「初句切れ」、以下順番に「二句切れ」（「俳句」ではここまで）・「三句切れ」・「四句切れ」だ。
　♪松尾芭蕉に、「連体形」と「終止形」とで風情が絶妙に異なる有名な一句がある：
　　　　　　《＜秋深き隣＞は何をする人ぞ》
　　　　　　《秋深し・・・隣は何をする人ぞ》
　♪並べてみると、連体形で後続の「隣」に続く「秋深き」にも、初っ端から終止形で断章（＝初句切れ）を演じて微妙な間合いから詠嘆を呼び込む「秋深し」にも、それぞれに捨て難い味がある。芭蕉も、どちらを選ぶべきか、さぞや悩んだことだろう。
　♪もしこの句を「秋深き隣」とするならば、その場合の「秋」はこの隣家に於いて殊更に「深い」のかもしれない・・・木々もまばらでろくに手入れも行き届いていないような家とは異なり、夏の間は青々として涼しげな木陰を提供していたこんもりとした森のような木々が、一斉に秋冬モードへの紅葉を遂げて、その鮮やかさが（例によって旅に出ていてたまたまこの秋の庭の隣家に滞在していたのであろう）芭蕉の目を驚かせ、かくも鮮やかな季節感応型庭園の主はどれほどの風流心の持ち主なのかと、この俳人をゆかしがらせたのかもしれない。

♪一方、「秋深し…」の「初句切れ」で一呼吸置くならば、詠み手の所在地は問題にならず、物寂しい感覚を深めて行く季節の風情にふっと溜息ついた末に思わず自然に飛び出す人恋しさの「隣は何をする人ぞ？」の呟きが、切ない哀感として読む者の心にすぅーっと浸み入り、時と所を超えて誰にも通じる普遍的感慨へと昇華する。

♪こうした解釈の相違を、四角四面な文法的説明に移し替えれば、「この句の第一句の結びを＜深き＞と＜連体形＞にするよりも、＜深し＞と＜終止形＞にして一旦そこで句全体の流れを切ってしまうほうが、後続部の哀感を引き立てる詠嘆的効用が出る」となる・・・全く同じことをやや「通（つう）」な感じで言いたければ、「句切れ」の文言を使えばよい：「この句は＜初句切れ＞とした方が哀感漂う詠嘆を演出できる」というわけである。

♪実際のところ、短歌・俳句の解釈では、読み手の受け止め方次第で「句切れ」の位置（否、有無さえ）に意見が分かれることも多い。「字足らず」・「字余り」のようにきっちり明確な区分を表わす歌学用語ではなく、各人がどこに抑揚の区切りを置いてその歌を読むべきだと考えるかを表明する「評論用語」と思った方がよいであろう。

■０１）（００３）―「詞書」―

♪「詞書（ことばがき）」とは、韻文である「短歌」の直前に、散文の形でその歌を巡る背景事情の説明を置いたもののことである。「俳句」では「前書（まへがき）」と呼ぶことが多い。一方、「短歌」の直後に添えた場合は「左注（さちゅう）」と呼ぶ。

♪ある意味、詩的情趣を削ぎかねぬ無粋なオマケが「詞書」ではあるが、それなしでは意味がわからぬ歌もあれば、その背景事情を見事「短歌」に織り込んであることを主張する上で「詞書」が重要な役割を果たす歌だって、あるのだ。例えば次の如し：

《二条の后の御息所ときこえける時、正月三日、おまへにめしておほせごとあるあひだに、日はてりながら、雪のかしらにふりかかりけるをよませ給ひける》

（現代語訳）清和天皇の女御（にょうご）として後の陽成天皇となる皇太子（＝東宮・春宮）を生んだ藤原高子（ふぢはらのたかいこ）がまだ「にでうのきさいとうぐうのみやすんどころ」と称していた頃、一月三日（むつきみか）、その御前に詠み手を呼び寄せて御言葉を賜わる間、日は照りながらも雪が詠み手の頭に降りかかっている情景を「歌にしてごらんなさい」とおっしゃったので・・・（次の歌をこの詠み手は詠むことになる）

《春の日の光にあたる我なれどかしらの雪となるぞわびしき》『古今和歌集』春上・八・文屋康秀（ふんやのやすひで）

（現代語訳）春の日光に照らされている自分ながら、頭はもう雪のような白髪の老齢となってしまったのが、何とも哀しいことです。

♪「春の日の光にあたる」が、文字通りの意味に添えて「春宮（後の陽成帝）の恩恵に浴している」にも読めるところがミソの歌だが、この裏事情の読み解きは、歌に添えられた事情説明抜きには不可能であり、こうした場合の解説役が「**詞書**」の本源的効用である。

■０１）（００４）―「歌物語」―
●「詞書」の発展形としての「歌物語」
　♪「**短歌**」の作歌事情を巡る説明文として「**詞書**」は重宝だが、韻文の独り立ちを妨げる無粋な散文でもあることから、これを文芸的に高く評価することはできない。が、もしこの散文を、単なる「詩文の添え物」から「物語の主役、とは言わぬまでも重要な脇役」の立場まで昇華させてしまえば、話はまるで違ってくる。それを初めてやったのが、あの有名な『伊勢物語』(927頃)・・・文芸ジャンルとしての「**歌物語**」の始まりである：
《
　昔、男ありけり。奈良の京（みやこ）ははなれ、この京は人の家まだささだまらざりける時に、西の京に女ありけり。その女、世人にはまされりけり。その人、かたちよりは心なむまさりたりける。ひとりのみもあらざりけらし。それをかのまめ男、うち物語らひて、かへりきて、いかが思ひけむ、時はやよひのついたち、雨そほふるにやりける。
　　起きもせず寝もせで夜を明かしては春のものとてながめ暮らしつ
》『伊勢物語』二「西の京の女」
　(現代語訳)昔、男がいた。日本の首都は奈良を離れ、現在の首都(京都)は出来立てのほやほやで人家もまだ落ち着かなかった頃、西京に女が住んでいた。世間並み以上の女だったが、顔貌の美しさよりは心根の素晴らしさが魅力、というタイプだった。独身というわけでもなかったようだ。そんな彼女に、＜例の熱心な男（＝**かのまめ男**）＞が＜ちょっとばかり親密に交わって（＝**うち物語らひて**）＞から帰って来て、どういう心境だったか、時節は陰暦三月の月初め、雨がしとしと降る中、＜遣いの者を通して女に歌を送ってやった（＝**やりける**）＞。
　物憂い春の朝、寝床から起き上がるでもなく、さりとてぐっすり眠ることもなしにぼんやりと一人、物思いにふけりつつ寂しい夜が明けてみれば、外はしとしと小雨まじり・・・止まぬ長雨を眺めては、逢えぬ女性を想って過ごす・・・＜**ながめ**：**長雨**＞と＜**ながめ**：**眺め**＞、どちらも春には付き物だねぇ、なぁーんてね・・・そんな寂しい日々を送っている、貴女とお別れして以来の私なんです。

　♪＜**かのまめ男**・・・(×)例の小柄な男、鹿野豆男＞、＜**うち物語らふ**・・・(×)おうちで本を朗読する＞、＜**やりける**・・・(×)ヤッちゃった、He fucked her.＞のあたりは誤読が生じ

易い部分なので＜目立たせた＞が、中でも注目は＜彼の忠実男＞・・・「かの」と指示付きである以上これは「既に読者も御存知の男」のはずだが、この文章中で「男」と言えば、出だしの「昔、男ありけり」の「男」しかいない。その男が「まめ（真目・・・一つの対象をじっと凝視する性格・行動様態、思い込んだら命懸け、ってタイプ）」だというのだが、この「真面目さ」は「浮気しない誠実さ」ではなく、「あれこれの異性と浮き名を流すナンパなやつ・・・だけど、付き合ってる相手への恋情といったら、それはもうハンパじゃない」という（イタリアの伝説的色男カサノヴァ的な）熱情を指す。歌の添え物「詞書き」の発展形だけに、「歌物語」の人物描写は実に足早だ。

♪そして巻頭のこの第二作品での予言通り、この「男」、百二十五段の『伊勢物語』全編を通じ、あれこれ異なる女性との間での小粋な和歌を巡る恋物語すべての主人公役を（別人、との断わりなき限り）演じ続ける訳である・・・なるほど実に「マメヲ君」だ。

●「業平」と「貫之」と「古今集仮名序」と「伊勢物語」

♪多くの章が「むかし、をとこありけり」で始まるこの『伊勢物語』の主人公は、日本文学史上（後代の光源氏と並ぶ）屈指のプレイボーイ在原業平（ありはらのなりひら）に擬せられており、彼を「むかし男」の異名で呼ぶ者さえもいる。実在の貴族（天皇の嫡流だが、臣籍降下して「在原」姓を賜わった）として『古今和歌集』には三十首入集、同集巻頭に紀貫之が書いた「仮名序」でも、当時の著名な歌人六人（いわゆる「六歌仙」）のうちの一人として引用されているが、そこでの貫之による業平評が、実に意味深長で興味深い ── 曰く：

《その心あまりて、ことばたらず》

・・・言いたいことが山ほどありすぎて、「短歌」の三十一文字だけではその思いを十分伝えきるには足りない、というのである。

♪紀貫之によるこの「言葉足らず」という在原業平評は、一面では、歌人としての業平の力量不足を難じる文言にも取れるが、裏を返せば次のような解釈も可能である：「短歌だけポンと掲載しても、この人の場合、物語の全容を伝えきったことにはならない」・・・がゆえに、「詞書よりもっと大きな舞台」が業平には必要なのだ、と紀貫之は予告しているわけである・・・そして予告通り、『古今集』(905)の約20年後に世に出たのが『伊勢物語』(927)なのである・・・果たしてこの予告と現実は、偶然に一致を見たものなのであろうか？

♪「漢詩文が文芸の主流」／「和歌は傍流」という当時にあって、和歌（短歌）を日本文芸の主役の座に据えるのに最も功績があった作品は言うまでもなく『古今和歌集』であったが、その中心的編者であった貫之は、「教養ある男子なら漢文で書くのが当然」の時代風潮の中で、《男もすなる日記てふものを女もしてみむとてするなり》などと

白々しく女性仮託することで、「和歌によく合うかなもじ文学」の走りとしての『土佐日記』(935)を世に出し、和歌＋仮名書き平安文学の隆盛に更に一役買っている。両者の狭間にあって、これまた和歌文芸の盛り立て役として日本文学史に不朽の名を残す作者未詳の『伊勢物語』を、あの「**仮名序**」を書いた紀貫之に帰することは至極当然の文芸的推論であろう（・・・もっとも、文献学的には、本稿執筆の２０１０年現在、紀貫之を『伊勢物語』作者であると断定すべき証拠は存在しない・・・）。

■０１）（００５）―「**本歌取り**」と「**本説取り**」―
♪「**短歌**」の世界に散文の添え書きの形で「**物語性**」を付加しようとする試みが「**詞書**」及びその発展形である「**歌物語**」であるのに対し、「**短歌**」そのものの中に、別世界への連想が広がる文言を織り込むことで、独立独歩の (しかし高度に依存的な形で) 物語世界の広がりを演出しようとする手法が、「**本歌取り**」並びに「**本説取り**」である。
●ワード借景＝「**本歌取り**」
♪「**本歌取り**」とは、既に詠まれている別の「**短歌**」の中にある文言をそのまま拝借することで、その「**本歌**」(or「**元歌**」)の情趣全体を、短い文言に絡めた連想の形で、ごっそり丸ごと読者の脳裏に再構築してしまおうとする「あやかり手法」である。
♪但し、そうして引っ張った「**元歌**」の情趣そのものを、無加工で再利用することは「禁じ手」とされる。原典の雰囲気を漂わせつつ、そこに新たな情趣を加えねば、ただの「**盗作・剽窃**」に過ぎぬのだ・・・が、字数を極端に制約された「**短歌**」にとって、一言言及するだけで別世界への扉を開くことのできる「**本歌取り**」の文言は、魔法の呪文であることは間違いない。
♪「**本歌取り**」という「外部参照型」連想的物語発展手法は、字数に制約のない散文世界や自由詩の世界よりも、わずか三十一文字の中で世界を構築せねばならぬ窮屈な「**短歌**」の中でこそ、その重要度と効用が反比例的・逆説的に際立つ「**含蓄技芸**」なのである。
♪「**本歌取り**」の実例を、『小倉百人一首』の中から引いてみよう：
《わたの原漕ぎ出でてみればひさかたの雲ゐにまがふ沖つ白波》『**詞花和歌集**』雑下・三八二・藤原忠通（ふぢはらのただみち）
　（現代語訳）大海原に舟を漕ぎ出し、遙か彼方を眺めて見れば、空の向こうに漂う雲と、見紛うばかりの白い波が、海の果てには踊っているよ。
・・・この歌は、次の「**元歌**」からの「**本歌取り**」である：
《わたの原八十島（やそしま）かけて漕ぎ出でぬと人には告げよ海人（あま）の釣り舟》『**古今和歌集**』羈旅（きりょ）・四〇七・小野篁（をののたかむら）

（現代語訳）本当は失意の旅ではあるけれど、「大海原に広がる無数の島々を目指して、あの人は元気そうに船出したよ」と、折りあらば、そして心あらば、船漕ぐ漁師のお兄さんよ、私の愛しい人にはそう伝えておくれ。

♪元歌から「わたの原」・「漕ぎ出づ」の二句が拝借されているのがわかるだろう（この種の場合、引かれた語句の「活用形」などの些末な形式上の違いは問題にならない）。

♪だが、この（藤原忠通による）「本歌取り」の場合、（小野篁の）元歌の物語世界を十分に生かして自らの物語性の拡充に役立てている、とは言い難い。篁の「元歌」には、上皇の怒りに触れて島流しの運命となった旅の船上にあって、「前途に広がる無数の島々に向けて、意気揚々と旅立って行った・・・と、愛する我が妻にだけは、そう伝えてほしい」と健気な強がりを演じる塩辛い味があったのに、その文言を引っ張りながらも哀感の一つさえ感じさせぬ忠通の「自然の雄大さを詠んだだけの文言拝借」は、何のために篁の物語を引き合いに出したのかさっぱりわからない「無意味な本歌取り」の例、と言えるだろう。

●イメージ借景＝「本説取り」

♪「本歌取り」が「元歌」の「文言」を引き合いに出すものであるのに対し、「元歌」の物語世界や脈絡そのものを指向し、その舞台の上で踊って見せるのが「本説取り」である。例えば次の如し：

《松島や雄島（をじま）の磯にあさりせし海人（あま）の袖こそかくは濡れしか》『後拾遺和歌集』恋四・八二七・源重之（みなもとのしげゆき）

（現代語訳）松島の雄島の浜辺で海産物を獲る漁師の袖だけでしょうよ、こんなにもびしょ濡れに濡れるのは。それぐらい、私の着物の袖は、悲しい恋の涙に濡れているのです。

・・・この歌を下敷きにし、その詠み手に対する百五十年後の「返歌」（歌のお返し）の形で詠まれているのが次の「本説取り」の歌（『小倉百人一首』第90番歌）である：

《見せばやな雄島の海人の袖だにも濡れにぞ濡れし色はかはらず》『千載和歌集』恋四・八八六・殷富門院大輔（いんぷもんゐんのたいふ）

（現代語訳）雄島の漁師の着物の袖は、海の水に濡れまくっているのに、それでも色は変わらない；のに、私の袖の色ときたら ― 薄情なあなたに見せたいものですよ ― 苦しい恋のために流す血の涙で、真っ赤に色が変わってしまっているのです。

♪「あなたは"自分は辛い"と言うけれど、私に言わせれば"私の方がもっと辛い"んです」という応答形式を取っているこれらの歌の作者たちは、一世紀半もの時を隔てて「本説取り」という時空を越えた通信手段で語り合っているわけだ。何とも雄大で夢のある、文学世界ならではのタイムマシンが「本説取り」・・・だが、そもそもの「本説」たる源重之の歌を思い浮かべられなければ、この物語世界の広がりをも感じ取ることはできない。この技巧を用いるためには、引き合いに出す物語選びにも、慎重でなければならぬのだ。

●「本歌取り」・「本説取り」の問題点
　♪誰もが知っている有名な典拠でなければならない、ということで、「本説取り」の主たる対象となったものは、漢詩文では『白氏文集』(はくしもんじふ・・・白楽天の詩集)、和文では『源氏物語』である。特定の「短歌」を「本説」とする例もあるが、よほど著名な歌でない限り、詠み手の意図が読み手に伝わらない危険がある(なにせ「短歌」の数は無数なのだ！)・・・ということで、「本説取り」の手法が特に重視されるようになった平安末の『千載和歌集』(1188年)や鎌倉初期の『新古今和歌集』(1210～1216年)以降、「あやかり和歌」の典拠としての『源氏物語』(1008年)あたりの文典(＝元ネタ)としての価値がますます高まることとなった。

　♪この技巧を積極的に提唱した『千載集』選者の藤原俊成などは「**源氏読まざる歌詠みは遺恨のことなり**」と言っている。『源氏物語』収録の和歌が特別に優れていたからではない(歌詠みとしての紫式部は「正統派」とは評せても「名人」とは呼べない)・・・要するに「詠み手が折角本説取りしてるのに、その元ネタを読み手が知らないのでは、空振りに終わるから」という歌詠み側の都合を、俊成は述べているわけである。

　♪俊成の息子にして、日本和歌史上(紀貫之に次ぐ)最大の貢献者と言ってよい藤原定家(ふぢはらのさだいへ or ていか：『小倉百人一首』の生みの親で、勅撰集２集の編者となった史上初の歌人)は、「**本歌取り**」について次のような訓戒を述べている：

1)＜引用句数の上限＞
　引く詞は、本歌の三句に及んではならない。
2)＜引用句の配置＞
　引いた詞は、自分の作る歌の上の句／下の句の双方に、散らして使わねばならない。
3)＜内容・情趣の改変＞
　主題や季題は、本歌のものとは変えねばならない。
4)＜歌の詮の引用禁止＞
　本歌の生命線(＝詮)とも言える詞をそのまま取って、結局同じことを言っているだけの歌にしてはならない。
5)＜本歌の明示＞
　どの歌を本歌としているのかが明快に判る形で詞を引かねばならない。
6)＜引用元の制限＞
　引用する歌の原典は、以下のもののみに限らねばならない：『古今集』(905年)・『後撰集』(950年代)・『拾遺集』(1006年)＋『三十六人撰』(『拾遺集』と同じ1000年代の一条帝時代に藤原公任(ふぢはらのきんたふ)が選んだいわゆる「中古三十六歌仙」の名詩撰)の中の「上手の歌」。

♪いずれもかなり不自然かつ恣意的な制約で、最後のに至っては「下手な歌は引いてはならない」(そんな歌、誰も見向きもしないから「**本歌**」の正体も判らないので)という訳だが・・・なんとも苦しい強弁であることは否めない。この種の無理を定家が敢えて言わねばならなかったという事実からも想像がつく通り、「**本歌取り**」や「**本説取り**」は、技量に劣る多くの歌詠みが見境なく濫用することで、和歌の爛熟と頽廃に拍車を掛ける負の効用が鼻につく小手先技芸へと堕落してしまった感がある。

　♪そのあまりの乱発ぶりに、「**制詞（せいし）**」などと言って「この文言を本歌取りに使うことを禁ず！」という規定まで（その道の「**大家**」と称される面々の独断によって）出される始末・・・この種の恣意的な「業界内の約束事」が抑制的にはびこる時にはもう、その世界は成熟から腐敗への途についたと見てよい。和歌がその文芸的頂点を極めた『**千載集**』～『**新古今集**』の時代（1200 年代初頭）は、半面ではまた、行き着く所まで行き着いた末の、緩やかな衰退の始まりの時代でもあったのだ。

■０１）（００６）―「**歌枕**」―
　♪「**本歌取り**」や「**本説取り**」と本質的には同種の「外来典拠依存型」の連想によって、三十一文字の制約に縛られた「**短歌**」世界に、物語の奥行きを与えようとする技巧が「**歌枕（うたまくら）**」である；が、この用語には、平安後期以降の使い方とそれ以前の原義とで、大きな差がある。

●「和歌名所ガイド」としての「歌枕」
　♪現代にまで引き継がれている「**歌枕**」の意味は、「和歌の中によく詠み込まれている日本全国の有名な地名」という限定的なものである。この語義が広まったのは、日本全国津々浦々に御当地ゆかりの「故事」を求めたがる「現地関係者」（現地人＋その地に滞在する京都からの出向者）の気持ちの高まりゆえであろう。社会が安定期を迎えた江戸時代以降には、松尾芭蕉に代表される旅の俳人による「歌枕巡礼の旅」とその成果として生まれた歌集が、非文芸的庶民の間での「**歌枕**＝歌で知られた各地の名所」の短絡解釈を決定付ける役割を果たした・・・が、「歌で有名な各地の名所」は、「**歌枕**」の原義全体の一部を成すに過ぎない；大事なのは「地名」ではなく、その「地名」を引き合いに出すことで生じる「連想」の方なのである。

●「和歌的連想惹起語句解説本」としての「歌枕」
　♪本来的な意味での「**歌枕**」は、「地名」ではなく「**枕詞（まくらことば）**」の解説書であった。すぐ後の項で述べるが、奈良時代に成立した「**枕詞**」は平安時代には既にもう「語源不詳・意味不明の謎の文言」となっており、平安朝の歌詠みたちがこれを

使いこなすにも「マニュアル本」としての「歌枕」が必要だったのだ。(・・・そうでもなければ、ただの「名所案内本」に「枕」の名を冠する理由がどこにある?)

♪「枕詞」と「地名」に加えて、その他の「固有名称」や、一般に信じられている「俗信」やよく詠まれる「歌題そのもの」といった抽象概念もまた、本源的な語義に於ける「歌枕」の中には含まれる。こうした様々な文言は、字数以上の勤勉な働きをして和歌の世界に豊かなイマジネーションの広がりをもたらす短歌世界の「縁の下の力持ち」たちである・・・従って、「歌枕」の理解度の広がりは（繰り返すが、「地名」だけの話ではない）「和歌の理解」そのものの深まりに直結する。しっかりとした「歌枕」の上に乗せた頭の中でしか、優雅なる和歌の解釈など夢のまた夢であり、その理解には、単なる「歌枕（マニュアル本）」に箇条書きされた「Aと言えばB」リストの棒暗記ではない幾多の歌そのものの中の連想の数々に、生の感動の形で触れておく必要がある。

♪ということで、以下、『小倉百人一首』に含まれる「歌枕」の実例を紹介する・・・が、事例は最小限にとどめる（上述した通り、解説書の鵜呑みよりも歌を通しての生きた感動の数々が大事・・・それほど多くの感動を届けるには到底足りない紙面の上で、無益な努力はせぬのがよい）：「枕詞」は次にまた解説するので割愛し、「地名」と「固有名称」のみの紹介とするが、「地名」に関する「歌枕」は、有意義な働きをしているものと、地名を無意味に引いているだけの例とを、対照する形で並べておこう。

《小倉山峰のもみぢ葉心あらば今ひとたびの行幸（みゆき）待たなむ》『拾遺和歌集』雑秋・一一二八・藤原忠平（ふぢはらのただひら）

（現代語訳）小倉山の峰を彩る見事な紅葉達よ、もしお前達に人の心がわかるなら、今少し美しいまま散らずにいておくれ。畏れ多くもこうして上皇がお前達の美しさに御感動なさり、その御子の天皇にもまた近々この地への行幸をお勧めなさろうと言っておいでなのだから。

♪これは、詠み手が宇多上皇のお供をして見物した「小倉山の紅葉」という「歌枕」を巡る短歌であるが、そこに素直な感動が詠み込まれているので、この「歌枕」を引き合いに出すのもしごく自然で純粋な響きがある。

《嵐吹く三室（みむろ）の山のもみぢ葉は竜田（たつた）の川の錦なりけり》『後拾遺和歌集』秋下・三六六・能因法師（のういんほふし）

（現代語訳）三室山に嵐が吹いて、山の紅葉を散らしたら、麓に流れる竜田川の水面は、びっしり浮かんだ紅葉の彩りで、錦織のような美しさとなるのだなあ。

♪こちらの歌は、空疎な「歌枕」の悪い見本。「三室山から風に乗って竜田川に運ばれて浮かぶ紅葉の錦」という情景を、実際に見て感動して詠んだものではなく、畳の上で歌題に合わせて空想で詠んだだけの作り物の歌に過ぎず、それを殊更美しく演出するために、有名な「歌枕」の力を借りようとする姑息な魂胆が見え見えの代物・・・もっとも、社交の具としてはこんなあやかり歌でも構わぬわけであるが、歌としての

文芸的価値は皆無である。
《朝ぼらけ有り明けの月と見るまでに吉野の里に降れる白雪》『古今和歌集』冬・三三二・坂上是則（さかのうへのこれのり）
　（現代語訳）朝がほろほろと明けて行く中、夜の名残りの有明の月が、まだ照り映えているのか、と錯覚するほどに、地にも空にも白い光を投げていたのは、名高き吉野の白雪だったのだなあ。
　♪こちらは「雪と桜の歌枕」として有名な「吉野」を、それが何故そうした「歌枕」として有名なのかを読み手に印象付けるような「言葉による絵画」の形で感動的に詠んだもの；「歌枕」に対し、歌そのものが「名前負け」していない好例である。
《誰をかも知る人にせむ高砂（たかさご）の松も昔の友ならなくに》『古今和歌集』雑上・九〇九・藤原興風（ふぢにらのおきかぜ）
　（現代語訳）私の親しかった人たちは、もう、みんな逝ってしまった。私が誰か、どんな人か、知ってくれている人はもう誰も、どこにも、いない・・・長寿ゆえの孤独・・・あぁ、そうだ、高砂神社の松の老木なら、私の気持ちをわかってくれるかもしれない・・・が、やっぱり駄目だ。往時を共に過ごしてきた旧友でもないのだから、昔話のしようもないもの。
　♪古典時代に「高砂の松」と言えば、「物凄く昔からずっと枯れずに存在し続けている、自然界の長老」を意味した。この自然界の「歌枕」を、老いの身の孤独を引き立てる「仮想友だち・・・には、やっぱ、なれないよねぇ」として引き合いに出すこの短歌に於けるような使い方こそ、物語世界に豊かなイメージの広がりをもたらす「歌枕」の理想的事例である。
《ほととぎす鳴きつる方をながむればただ有り明けの月ぞ残れる》『千載和歌集』夏・一六一・藤原実定（ふぢはらのさねさだ）
　（現代語訳）夜明け時、周囲の静寂を破るように、不意に響いたほととぎすの鳴き声・・・はっと思って、声のした方を見やれば、鳥の姿はどこにも見えず、そこにあるのはただ、昨夜の名残りの明け方の月。
・・・この歌は、次の歌からの「本説取り」である：
《有り明けの月だこあれやほととぎすただ一声の行く方も見む》『後拾遺和歌集』夏・一九二・藤原頼道（ふぢはらのよりみち）
　（現代語訳）夜明け前、周囲の静寂を破るように、一声響いたホトトギスの声・・・暗い中にも、月の光がせめてまだ消えずに残っていてくれたらなあ。あの鳥が飛び行くその先を、この目で確かめてみたいのに。
　♪「文言そのもの」を引くのではなく、「物語世界のイメージ」を引用する「**本説取り**」だが、二つの歌の世界観はだいぶ異なる。「**本説**」の方では「郭公の声はするけど、月明かりがないから、姿が見えない」のに対し、「**本説取り**」の歌では「ホトトギスの声がして、その方面を照らし出す月明かりもある　のに、その姿は見えない・・・もう飛んでどこかへ消えたから」。

♪その「過ぎ去ってしまった何かを惜しむ、心残りの象徴」として働いているのが、自然界の「**歌枕**」のスーパースター、「有り明けの月」である。「**元歌**」の方では単なる「闇夜を照らす探照装置」として物理的に機能するに過ぎない「ありあけのつき」を、未練な気持ちの「**歌枕**」、名残り惜しさの代名詞、人間心理の代償的投影対象として、象徴的残照の夜明け空にぼぅっと光らせている点にこそ、この「**本説取り**」の味がある。

■01) (007) ―「枕詞」―
　♪「**枕詞**（まくらことば）」は、「**冠辞**（かんじ）」とも「**頭辞**（とうじ）」とも言われることからわかる通り、特定の名詞の直前に置いて形容詞的修飾語となる決まり文句である。「五音から成る一句」と相場が決まっており、上代（奈良時代）に盛んに作られ使われたものの、平安時代以降はほとんど全く新たには生まれなかった。そのため、『古今和歌集』(905年)により平安朝の和歌創作熱に火が付いた後では既にもう、平安の歌詠み達にとって「謎の文言」と化していたものが多かった。なればこそ、「枕詞使いのマニュアル本」として「**歌枕**」が必要になったのは前述した通りである。
　♪「Aという枕詞は、Bという名詞にかかる」という程度の相関関係だけは（『万葉集』等の上代の文典を参照することで）判明したものの、その「**枕詞**」が一体どういう意味を表わすものなのかもその語源も謎のまま、という例も少なくなかった。逆に言えば、そうした謎めいた響きを帯びていた分だけ、「何だかわからんけど由緒ありげな感じ」が演出できたわけでもあり、平安期以降もそれなりに用いられ続けたのが「**枕詞**」である。
　♪もっとも、後代の「**短歌**」ではこの種の神秘性は流行らない。「**たらちねの・・・**と言えば、**母**」ぐらいは知っている現代人も多かろうが、「**ぬばたまの・・・黒・夜**」になるとまるで見えぬだろう・・・それはそれで構わないのである：平安時代の歌人でさえ「**歌枕**」というマニュアル本抜きでは扱いきれなかった文言を、現代人が自在に操れる道理がなかろう？現代の歌読みの現実的作法としては、古歌の中で「ある特定の名詞の前に置かれた何やら由緒ありげ＆意味なさげな五音の一句」を発見したら、「ははぁ、枕詞だな」と思って粛々と読み飛ばせば、それでよいのである。

■01) (008) ―「序詞」―
　♪上代限定の無意味な名詞飾りとしての「**枕詞**」と、よく似てはいるが遥かに自由

度が高く、「**短歌**」の修辞法として極めて重要な位置付けを持つのが「**序詞**(じょことば)」である(「じょし」の読みもあるが、「**助詞**」と混同し易いのであまりよくない)。

♪「五音の一句」という制約のあった「**枕詞**」とは異なり、「**序詞**」にはその種の制約がない。統計的には「五・七の二句にまたがる序詞」がほとんどではあるが、二句以上の連続性を前提とするものではない。

♪文法的に言えば、「**枕詞**」はその直後に来る「**名詞**」にかかる「**形容詞的修飾語**」であり、直後の語句の従属成分であるのに対し、「**序詞**」は直後に来る「**句**」を導き出す役割を負いつつも、文法的には後続語句からは独立した成分であり、その「**修飾語**」としてこれに従属する成分ではない。その独立性こそが「**序詞**」の味なのだ。

♪意味の上では(ほとんどの場合)「**序詞**」は、後続部導出のための「**呼び水**」に過ぎず、歌の主意に対し価値ある貢献もせぬ「**贅肉**」&ダラけた「**言葉遊び**」に感じられる(実際、そうした片付け方しか出来ぬ緩～い「**序詞**」の事例が数多く存在する)。が、歌の「**主意**」にも(直接にではなく、間接的な形で、ではあるが)関わる「**序詞**」が存在しないわけではない。その間接的イメージによる主意への関与の密度が高ければ高いほど、優れた「**序詞歌**」となるのである。

♪「**序詞**」の多くは(全部ではないが)、後続の主意部との関連性を演出するために「**掛詞**(かけことば)」に依存する。同じ響きを持つ言葉をつなぎ役に用いて、主意部への橋渡しをするのである。多くの「**序詞歌**」では、それが単なる「**語呂合わせ・駄洒落**」としか感じられない(特に若い現代女性の手にかかれば「オヤジギャグ！」の一言で片付けられてしまいかねない)。例えば、次の歌などはその典型例である

《かくとだにえやはいぶきのさしも草さしも知らじな燃ゆる思ひを》『**後拾遺和歌集**』恋一・六一二・藤原実方(ふぢはらのさねかた)

(現代語訳)藻草の産地の伊吹山、それに絡めて言っちゃうけれど、「かくかくしかじか(実は、好きなんです)」とはっきり口に出して言うことのできない私の想い、実は、藻草じゃないけど、胸中に燃え盛っているのです・・・当のあなたは、知らないでしょうけどね。

♪「私の内心はあなたへの恋心で燃えています」という主意部を導くためだけに、この歌は「初句＋二句＋三句」のすべてを費して「斯くとだにえやは言ふべき？」(～～です、などとどうして言えようか？)の意味との「**掛詞**」になる「いふべき→いぶき＝伊吹(山)の指焼草(さしもぐさ)」(お灸に使う薬草)を引き合いに出しつつ、「燃える」特性を後続部の「あなたへの思**ヒ**(**火**のように燃える心)」と「もぐさ(燃える薬草)」とで共有している(これは後述する「**縁語**」という手法である)・・・が、こうした手の込んだ「**序詞**」の仕掛けを、優雅な言葉遊びとして評価するかまどろっこしい独り善がりの凝り過ぎ芸として排すかは、読み手によって様々であろう・・・しかしながら、「**序詞**」のすべてがこの例のような「**掛詞駄洒落芸**」と称されるような代物ではない。

実に見事なイメージの広がりを内包する「絵画的序詞歌」も多いのである。
　♪『小倉百人一首』の生みの親である藤原定家は、この「**序詞**」という修辞法を極めて重視した歌人である。上掲の他愛ない歌も含めて、『小倉百人一首』中に収録された「序詞歌」の数は、全**百**首のうちの何と**十九**首という驚愕の高比重に上るのである。
　・・・以下、仔細な解題はしないが、それら『小倉百人一首』の「序詞歌」を、定家卿が考えた（であろう）理想型への近接度（の低いものから）順に列挙してみよう：
<「序詞」の ― イメージ訴求力の強弱による ― 品定め>
<凡>
・・・「掛詞」（その他）に依存した言葉遊びの色彩が濃く、イメージ連想皆無（又は微弱）の「序詞」の例：
　第 25 番歌《名にしおはば逢坂山（あふさかやま）のさねかづら人に知られでくるよしもがな》『後撰和歌集』恋三・七〇〇・藤原定方（ふぢはらのさだかた）
　・・・「さねかづら」→「繰る」→「来る」
　第 39 番歌《浅茅生（あさぢふ）の小野の篠原忍ぶれどあまりてなどか人の恋しき》『後撰和歌集』恋一・五七七・源等（みなもとのひとし）
　・・・「しの」＝「篠」→「忍」
　第 92 番歌《わが袖は潮干（しほひ）に見えぬ沖の石の人こそ知らね乾く間もなし》『千載和歌集』恋二・七六〇・二条院讃岐（にでうゐんのさぬき）
　・・・「沖の石」→「潮干に見えぬ」→「人こそ知らね」
<可>
・・・ある程度までのイメージ連想を伴うが、情景として独り立ちできるほどの視覚的訴求力のない「序詞」の例：
　第 16 番歌《立ち別れいなばの山の峰に生ふるまつとし聞かば今帰り来む》『古今和歌集』離別・三六五・在原行平（ありはらのゆきひら）
　・・・「まつ」＝「松」→「待つ」
　第 19 番歌《難波潟（なにはがた）みじかき葦（あし）のふしの間も逢はでこの世を過ぐしてよとや》『新古今和歌集』恋一・一〇四九・伊勢（いせ）
　・・・「ふし」＝「節」→「臥し」
　第 20 番歌《わびぬれば今はた同じ難波（なには）なるみをつくしても逢はむとぞ思ふ》『後撰和歌集』恋五・九六〇・元良親王（もとよししんわう）
　・・・「みをつくし」＝「澪標」→「身を尽くし」
　第 27 番歌《みかの原わきて流るるいづみ川いつみきとてか恋しかるらむ》『新古今和歌集』恋一・九九六・藤原兼輔（ふぢはらのかねすけ）
　・・・「いづみ川」→「いつ見きとてか」
　第 58 番歌《有馬山（ありまやま）猪名（ゐな）の笹原風吹けばいでそよ人を忘れやはする》『後拾遺和歌集』恋二・七〇九・藤原堅子（ふぢはらのかたいこ／けんし・・・*紫式部の一人娘*）
　・・・「風吹けば」→「そよそよ」→「いでそよ」

第88番歌《難波江(なにはえ)の蘆(あし)のかりねの一夜(ひとよ)ゆゑみをつくしてや恋ひわたるべき》『千載和歌集』恋三・八〇七・皇嘉門院別当(くゎうかもんゐんのべったう)
・・・「かりね」＝「刈り根」→「仮寝」／「ひとよ」＝「一節」→「一夜」

<優>

・・・「序詞」パート自体が、叙景詩として独立した味わいを持つ絵画的詩歌の例：
第 3 番歌《あしひきの山鳥の尾のしだり尾のながながし夜をひとりかも寝む》『拾遺和歌集』恋三・七七八・柿本人麻呂(かきのもとのひとまろ)
第 13 番歌《筑波嶺(つくばね)の峰より落つるみなの河恋ぞ積もりて淵(ふち)となりぬる》『古今和歌集』恋三・七七六・陽成天皇(やうぜいてんわう)
第 14 番歌《陸奥(みちのく)のしのぶもぢずり誰ゆゑに乱れそめにし我ならなくに》『古今和歌集』恋四・七二四・源融(みなもとのとほる)
第 18 番歌《住江(すみのえ)の岸による波よるさへや夢の通ひ路(かよひぢ)人目よくらむ》『古今和歌集』恋二・五五九・藤原敏行(ふぢはらのとしゆき)
第 46 番歌《由良の門(ゆらのと)を渡る舟人梶緒(かぢを)絶えゆくへも知らぬ恋の道かな》『新古今和歌集』恋一・一〇七一・曾禰好忠(そねのよしただ)
第 48 番歌《風をいたみ岩うつ波のおのれのみくだけて物を思ふころかな》『詞花和歌集』恋上・二一一・源重之(みなもとのしげゆき)
第 49 番歌《御垣守衛士(みかきもりゑじ)のたく火の夜は燃え昼は消えつつ物をこそ思へ》『詞花和歌集』恋上・二二五・大中臣能宣(おほなかとみのよしのぶ)
第 77 番歌《瀬を早み岩にせかるる滝川のわれても末にあはむとぞ思ふ》『詞花和歌集』恋上・二二九・崇徳天皇(すとくてんわう)
第 97 番歌《来ぬ人をまつほの浦の夕なぎに焼くや藻塩(もしほ)の身も焦がれつつ》『新勅撰和歌集』恋三・八四九・藤原定家(ふぢはらのさだいへ／ていか)

♪最後の第97番歌は、定家晩年の自賛歌である。このことからもわかるであろうが、平安朝最後の歌学界の大御所が理想とした「序詞」とは、単に後続部の呼び水となるだけの無意味な言葉遊びの贅肉でなく、絵画的イメージをもって独立した「叙景詩」としての重みを持った、主意部に対する贅沢なプレリュード(前奏曲)なのである。

♪上に引いた歌のうち、第20番歌《わびぬれば今はた同じ難波なるみをつくしても逢はむとぞ思ふ》では「難波なる」を後続部「みをつくし」導出のための「序詞」とする立場には違和感を覚える向きもあるかもしれない。五音一句の「みをつくし」では、「五・七の二句にまたがるのが序詞」という統計的感覚に反するからである。が、この「難波なる」には「澪標」導出以外の如何なる意味も宿らない点から見れば、これは紛れもない「序詞」と言うべきであろう。

♪これとは逆の意味で意見が分かれるのが第 16 番歌《立ち別れいなばの山の峰に生ふるまつとし聞かば今帰り来む》である。「まつ＝待つ」を導出するために置かれたとも見られる「たちわかれいなばのやまのみねにおふる・・・＜松＞→＜待つ＞」は、「待つ」

を導く役割以外にも、「地方官としてあなたと別れて遠い国へと旅立って行く」というこの歌の背景事情をも雄弁に物語る三句だけに、「後続部導出役としてのみ機能し、歌の主たる意味には関わらない」という「**序詞**」の「贅肉ことば」としての定義にはまるで当てはまらない。が、「絵画的イメージ演出表現」として見れば、これも立派な「**序詞**」である・・・今まさに離別しようとする親しい友人どうしが（もしかしたらこれが今生の別れになるかもしれない、との思いを抱えて）沈痛な面持ちで向き合っている・・・重苦しい沈黙を振り払うように、旅立つ男は視線を外し、決然と唇を噛みしめて、これから向かう遙かな道程へと目を転じる・・・男の脳裏に浮かぶのは、赴任する因幡の国の稲葉山の峰に生い茂る青々とした松の木々・・・松の緑の明るいイメージと、「**待つ**」の言葉の希望の響きに、旅立つ男の口元は緩む・・・想像の世界から現実へ舞い戻った男は、友人へと向き直り、明るくこう言い放つ：「大丈夫、きっとまた戻って来るよ。どんなに離れても、待つ人がいると聞いたなら、すぐまた自分は戻って来るさ」（故にこの歌は「行方不明猫を呼び戻すまじない歌」となった）・・・こうしたイメージ・オーバーラップによる情景の転換を内包することで、たった三十一文字の言葉の世界は、豊かな絵画的広がりを手にすることになる。それが「**序詞**」の効用である以上、この在原行平の旅立ちの歌はやはり「**序詞歌**」と言って差し支えないのである。

♪上で論じた二首はいずれも『古今和歌集』(905年)成立直前期のものであり、この時代の「**序詞**」が未だ後代に於ける教条的定義の硬直的束縛を受けずに自由であったことを感じさせるが、「**和歌**」が「**漢詩**」を押し退けて和風文芸の主流としての地位を確立する契機となるその『古今集』の有名な「**仮名序**」に於ける編者紀貫之の文章の中にも、この和歌黎明期に於ける「**序詞**」の微妙な位置付けが感じられる一節がある：
《今の世の中、色につき、人の心花になりにけるより、あだなる歌、はかなき言のみいでくれば、色好みの家に、＜**埋れ木の**＞人知れぬこととなりて、まめなる所には＜**花すすき**＞ほにいだすべきことにもあらずなりにたり》『古今和歌集』仮名序
（現代語訳）けばけばしく目立つ事柄が好まれ、人心も華美・虚飾に走るようになってしまった昨今では、中身のない軽薄で不真面目な歌や発言が世に出るばかりなので、歌なんて、好色な連中の家の中で異性を口説く方便として持ち出されては人知れず埋もれて消えるだけの存在となり、個人的恋愛場面以外の真性文芸の場では、表立って口に出すべき事柄でもない、という代物に成り下がってしまった。

♪二十世紀末～現在の日本の文芸事情にもそのまま通じそうな文言ながら、これは、西暦９００年代初頭に於ける「漢詩の陰で見る影もない和歌の**堕落した現状**」を憂う紀貫之の嘆き節である。そこに埋め込まれた二つの＜意味なし贅肉ことば＞＝＜**埋れ木の**＞・・＜**花すすき**＞を、古文業界では一般に「**枕詞**＝後続部の名詞（知れぬ／穂）にかかる形容詞」と説明するが、これは筋違いな便法的片付け方と言うべきであろう。

上代(奈良時代)の呪言とも言うべき言霊の響きをもって後続名詞に独特な色彩を与え、「**たらちねの**＋母」や「**ぬばたまの**＋闇」のように「**枕詞＋名詞**」の結合体を不可分の一語の如く感じさせる呪文的一体感が、上掲「**仮名序**」の「＜埋れ木の＞人知れぬ言と成りて」や「＜花すすき＞穂に出すべき事にも非ず」に宿っているなどと感じるとしたら、その人の鈍い感性では詩文を論じる資格など微塵もないと言ってよい。「生い茂る雑草や塵芥・雪などに埋もれつつ、ひっそり生きながらえているけれど、こんな状態では生きているとはとても言えない」＜埋れ木の＞や、「荒涼とした野原で風に揺られながらも誰一人それを花として賞美してはくれない」＜花すすき＞は、その（嘆かわしく見捨てられた和歌の惨状を溜息混じりに象徴する）絵画的イメージ想起効果に於いて、「**序詞**」の称号こそが相応しかろう。取って付けたような軽い＜埋れ木の＞・＜花すすき＞は、明らかに紀貫之個人の創作芸であって、上代に起源を有し平安時代以降生まれることはほぼ皆無だった（からこそその謎解きには「**歌枕**」なる手引書が平安歌人達の必須本となった）「呪文としての枕詞」として片付けることは不可能である。にもかかわらずこれを「**枕詞**」扱いする態度の中には、「序詞＝短歌の初句＋二句（＋三句）にあって後続の意味の主意部を導出する無意味な贅肉ことば」なる硬直的な古文業界の約束事に縛られた後代日本人の非文芸的・単純分類学的体質が露骨に表出している・・・が、この事実を感じることが出来る日本人は、古文業界の内にも外にも、今や殆ど皆無であろう・・・「**序詞**」の真義など、＜埋れ木の＞人知れぬこととなりて、まめなる所には＜花すすき＞ほにいだすべきことにもあらずなりにたり・・・それが二十世紀末～二十一世紀初頭の日本の実情なのである。

　♪この国のお寒い文芸的実情を口やかましく論じ立てたところで、聞く耳持たない日本人にとってはひたすらやかましく不愉快なだけであろうから、彼らがそれなりに耳目を傾けざるを得ぬように、最後に一つ、恐らく日本人の誰もが知っている（つもりでその実、知らぬ）「序詞歌」を掲載してこの修辞法に関する解説の締めとしよう：

《このよをばわがよとぞおもふもちづきのかけたることもなしとおもへば》

1018 年 10 月 16 日、藤原道長（ふぢはらのみちなが）、「一家立三后」の祝宴の**夜会にて**
　（現代語訳）この夜（よ）はまるで私を祝福するための夜（よ）みたいだなぁ、満月もまた欠けることなく煌々と照るのを見ると、身勝手な感覚ながら、そう思えてしまうのだよねぇ。
　♪夜空にあって万人の上に照る「月」が、まるでただ我が心一つを照らし出す反射投影装置であるかの如き「自己中心的な歌」を詠むことは、漢詩系文人のよくするところであって、以下に引く著名な和歌もまた、漢詩人**白楽天（白居易）**の『**白氏文集**』にある「**燕子楼中霜月夜秋来只為一人長**」（物思いに耽りつつ月を眺める秋の夜長は、この私一人のためにのみ長い・・・かのように感じられる）なる一節を踏まえたものである：

《月見れば千々(ちぢ)にものこそ悲しけれ我が身一つの秋にはあらねど》『古今集』秋上・一九三・大江千里(おほえのちさと)

　(現代語訳)月を見ると、あれこれ思いが交錯して、物悲しいことだなあ・・・べつに、秋の風情は、この私一人を悲しませるためにのみあるのではないけれど。

　♪道長は和歌にも理解があった人ではあるが、朝廷の高位高官の常として、どちらかと言えば漢詩文系の色彩の濃い人である（彼の手になる国宝『御堂関白記：みだうくゎんぱくき』も漢文による日記である）から、「望月の欠けたることもなしと思へば」の歌の「漢詩文的自己中心性」を捉えて道長個人の傲慢性の投影と見ることは（文芸的に言えば）無知蒙昧の闇の中でなりふり構わず殴る、蹴る、の暴行を加える所業に等しい；が、大方の日本人のこの歌に対する解釈は明らかにそうした「日本一の自己チュー男の言いたい放題尊大歌」として、次のようなものとなっている：

　　(現代倭人解釈)この世(よ)はまるで私のための世(よ)みたいだなぁ、三人の娘が三人とも、天皇に嫁いで皇后となり、生まれてくる我が孫たちが日本国の王となるのだから、もう最高、何一つ文句の付けようのないこの権勢の完全性といったらまるでもう、欠けることなき満月のような感じだからねぇ。

　♪道長の歌の「よ」を「夜」ならぬ「世」と捉えるこの解釈は、別に悪くはない。が、そこに「我が世」だけあって「我が夜」が見えないような人には、したり顔して和歌を論じてほしくはない。そして、「よ」を巡るこの単純な掛詞や少々高度な漢詩型「自己中心的月見感覚」を踏まえたなら、更に一歩進んでこの歌の「＜望月の＞欠けたる事も無しと思へば」に於ける＜望月の＞の「序詞性」にも思いを巡らしてもらいたい。道長の歌が「我が世の権勢を誇る」と読むつもりなら、「欠けたる事も無し」こそが意味の本線であって、それを導出する＜望月の＞自体にはさしたる意味もない「序詞」と見るのが自然であろう？にもかかわらず、この歌に関してそうした「望月＝序詞」の解釈が行われている場面を、この筆者は一度として目にしたことがない。（5音の一句だからノーマーク、ということもあろうが）欠けたることもなき煌々たる満月があまりにも目映く光り輝いているために、それが単なる「絵画的イメージ演出表現でしかない（序詞である)」ことを誰もが見失っているわけである・・・あるいは、実人生に於ける道長の権勢の目もくらむばかりの輝きを表すイメージとしての「望月」は、この歌の中にあってもはや主役級の位置付けを獲得してしまっているために、単なる「欠けたる事も無し」導出用贅肉ことばとしてのみ機能する「序詞」などという片付け方を、許さないのである。逆説的ながら、これぞ「序詞」のイメージ演出力の究極の姿と言えよう。本物の序詞は、そのイメージの鮮烈さによって、自らの存在そのものを隠してしまうのである。取って付けたような言葉遊びの尻尾をさらけ出して「私は序詞ですよ」と主張するような「序詞」には、「序詞」としての存在の重みも輝きも、ないのである。

■０１）（００９）―「掛詞」―

♪「懸詞」とも書く「かけことば」は、文字通り意味を「引っ掛ける」言葉である。同音異義語に依拠した技法で、単一の語句に異なる意味（二つ、多い時には三つ以上）を同時に持たせるもので、俗に言う「駄洒落」（aka オヤジギャグ）であるが、それが使われる「和歌」の中で有意の位置付けを持たぬものは「かけことば」とは呼ばない。

♪例えば、次の歌からは、二種類の「懸詞」を巡る状況が浮かび上がってくる：
《**わが庵**(いほ)**は都の辰巳**(たつみ)**しかぞすむ世をうぢ山と人はいふなり**》『古今和歌集』雑下・九八三・喜撰法師(きせんほふし)

　(現代語訳) 私の粗末な草庵は、京都の東南、人里よりは鹿たちの住処に近い場所にある・・・けれども、私はこうして慎ましくも心穏やかに暮らしています。もっとも、世の人々はこの宇治山を、「俗世を辛がる（世を憂し）山」と呼んでいるらしいですけどね。

♪まず最初に浮かぶ「かけことば」候補は、「＜**しか**＞**ぞすむ**」＝「＜**然**＞**ぞ住む**」／「＜**鹿**＞**ぞ住む**」である。ここで「**しか**」が「**然**（このように）」の意味を持つのは当然だが、同時に「**鹿**」の意味にも引っ掛け得るか否かは、まずこの作者が草庵を結んだ「宇治山」に実際に「シカ」という動物が住むか否かにかかっている（例えば、草木も生えぬ砂漠のど真ん中なら「**しか＝鹿**」の「**掛詞**」は不成立である）。

♪次に、その動物がこの歌に登場する必然性があるか否かによっても、この「**しか＝鹿**」の「**掛詞**」の成否が分かれる。古語の「**然**（しか）」は登場頻度の高い語だから、何でもかんでも脈絡に無関係に「シカ＝鹿」を走り回らせていたのでは話にならない・・・が、この歌ならば「都会を離れた山奥の感じ」を「鹿」が飄逸に演出する効用が見込めるので、「**しか＝然＆鹿**」の「**懸詞**」も成立すると見てよいであろう。

♪一方、「**よを＜うぢ＞やま**」の方は、また別の意味で面白い。「**世を＜宇治＞山**」と「**世を＜憂し＞山**」を掛けているこの部分には、いくつかの「破格（＝通常の規則から外れる表現）」が見られる。まず第一に「**世＜を＞**」の格助詞の使い方が、おかしい。この破格は、「**掛詞**」を成立させるためにこそ生じた「詩的放縦(poetic license)」なのである。もしここで「**世＜を＞宇治山と人は言ふなり**」の意味のみ成立させればよいのなら、＜**を**＝目的格の格助詞＞でなく＜**に**＝受動態の行為者を表わす格助詞＞に変えて、ここは「**世＜に＞宇治山と呼ばれているようですね**」とするのが当然。これを敢えて「**世＜を＞**」としているのは、直後の「**うぢ**（宇治）」を「**うし**（憂し）」に引っ掛けて「**世＜を＞憂む＝世間を厭わしいものとして、嫌い遠ざける**」の意味へとイメージを広げるための工夫なのである。

♪だが、目的格格助詞「を」を用いる以上、直後は動詞「憂む」であるのが文法的には妥当である。実際の歌の中で使われているのは形容詞「憂し」なので、「世<は>憂し」の形の方が妥当であろう。しかし、そうなると「世<は>宇治山と人は言ふなり」の形となる・・・これでは恰好が悪い；「世<を>宇治山」ならまだしも恰好がつく。つまり、「憂し」との整合性のみを求めるなら「世<は>」とすべきだが、「宇治山」との整合性をも併せ持たねばならぬので「世<を>」としているわけである。それでもなおかつこの「を」は文法的には破格だが、詩的にはこれが、ギリギリの妥協点として辛うじて成立する微妙な「を」と言えるのだ。

♪次に、「うぢ」が「憂し」に化ける点が、これまたおかしい：「ぢ」に点々と「し」に点々とでは、明らかに違う音なのだから。現代日本語でなら、前者であるべき「痔（ぢ）」が「痔（じ）」に化けるという簡便表記法があるものの、古典時代の「ぢ」と「じ」は別物なのだから、それを盾に取って強弁すれば、「よを<うぢ>やま」は「世を<宇治>山」にはなっても「世を<憂し>山」にはならぬ、との論法も成立しよう・・・が、そんな糞真面目な屁理屈放り散らかす物知り気取りは（文法学者の中には存在するかもしれないが）歌詠み世界にはいないのだ。そもそもここを「憂し」と読ませるためにこそ、先述した「世<を>」なる目的格格助詞を持ち出すという文法的破格を演じていたことを思い出してもらわねば、詠み手としては浮かばれまい。

♪それでもなおかつ、濁点付きの「じ」と清音の「し」との相違は、大方の読み手を「宇治山／憂し山」の「懸詞」から遠ざけることであろう：「にほん**じん**（**日本人**）」と「にほん**しん**（**日本新**）」は明らかに違う、というのが一般人の感覚なのだから・・・そこで、歌詠みたちは考えた：

《濁音も、濁点抜けば、清音なり・・・清音も、脈絡次第で、濁音なり・・・
されば、よみかなは、だくおんぬきて、かくがよし》

・・・という訳だ：最後に書いた「**そうかなひゃうき**（総仮名表記）」が「和歌書きの作法」で、普通に読み／書きすれば、こうなる：「**然れば、読み仮名は、濁音抜きで、書くが良し**」。

♪和歌を短冊にサラサラサラッと筆書きする時、歌人が「濁点を省く」のは、流麗な一筆書きの心地よさを求めてのことでは、ないのである ―

《**かけことばたくてんつけばかくること**》（懸詞、濁点付けば、欠くる言／隠る［る］事）
・・・同音異義語のイメージの広がりから生まれる「**掛詞**」を隠さぬようにと、敢えて「濁点」を欠く、それが「**和歌**」ならではの文芸的放縦(literary license)なのである。

♪もっとも、「宇治山」は「うぢやま」であり「うじやま」ではないので、これを「憂し」に寄せようとして「うしやま」と書いたのでは、読み手の誰一人「宇治山」を思い浮かべて

はくれず、「牛山」になってしまう。いかに和歌に詩的放縦が許容されるとはいえ、「**然ぞ住む**」が「**鹿ぞ住む**」になるのはまだしも、「**宇治**」を「**牛**」に化けさせたのでは話にならぬ・・・ので、「**うぢやま**」は濁音付きでも同じこと、清音にするにも「**うちやま**」止まりで「**うしやま**」には化けぬこと、言うまでもない。

■０１）（０１０）―「縁語」―
　♪「縁語（えんご）」は、和歌世界で最も難解な表現技巧で、幾多の日本人に誤解されている連想技芸である。その誤謬とは次のようなものだ：
（×）「意味の上で何らかのつながりがある語句どうしが同一の短歌の中に共存している場合、これらの語句どうしを縁語と呼ぶ」
・・・この定義の致命的な欠陥は、三十一文字という極少世界の中で構成される「**短歌**」という短文詩の特性を、全く考慮に入れていない点にある。
　♪意味の上で似通った語句同士を文中に並べ立ててイメージの広がりを生むことは、なるほど、文章技巧としてよく用いられる手だてではある。かく言う筆者も、つい先程の説明文でそれを演じている。かなりクサいというかイタい芸当だったので、気付かなかったかもしれない（あるいは見て見ぬふりしたかったかもしれない）が、改めて引っ張って見せれば、次の箇所である：
『「ち」に点々と「し」に点々とでは、明らかに違う音なのだから。現代日本語でなら、前者であるべき「＜痔＞（ぢ）」が「＜痔＞（じ）」に化けるという簡＜便＞表記法があるものの、古典時代の「ぢ」と「じ」は別物なのだから、それを盾に取って強＜弁＞すれば、「よをうぢやま」は「世を宇治山」にはなっても「世を憂し山」にはならぬ、との論法も成立しよう・・・が、そんな＜糞＞真面目な＜屁＞理屈＜放り散らかす＞物＜知り＞気取りは、文法学者の中には存在するかもしれないが、歌詠み世界にはいないのだ。』
・・・**＜ぢ・じ＞**に**＜べん＞**に**＜＜そ＞**に**＜へ＞**に**＜ひりちらかす＞**ときて**＜しり＞**であるから、無意識の次元で*しりぞけたい*気になった読者も多かろう・・・ともあれ、これらの語句の洪水は「下半身方面の病的な連想」を生む：即ち、*上記の定義による*「*縁語*」というわけである。が、こうした*散文的縁語*の連想ネットワークを張り巡らすには、上の文章の如く、それなりの字数空間が必要になるのである・・・思い出してほしい：「短歌」には三十一文字のスペースしか与えられていないということを。
　♪そもそも、そこそこ広めの言語空間上でゆったり演じた「痔／便／糞／屁／放り散らかす／尻」の関連性語句の畳み掛け修辞でさえ、病的に執拗にねっとりとして、大方の読み手の生理的官能には好意的に訴えかけることもできぬというのに、そんなしつこい畳み掛け芸を、ずっと短い三十一文字の局限空間の中で演じれば、

どうなるか？・・・想像できぬ人もいるやも知れぬので、自作歌で一発やってみようか：
《うつくしきけいせいなまめくおほおくにひかるげんじのとうりゃうのこゑ（美しき傾城艶めく大奥に光る源氏の頭領／投了の声）》(by 之人冗悟)

　（現代語訳）その色香に迷った統治者が国を傾かせて没落に至らしめかねぬほどの美しき女たちが、色っぽい肢体をちらつかせて男を誘う仕草の競演を繰り広げる江戸城の奥まった一画にある上様専用ハーレム（＝大奥）で、天下のプレイボーイ光源氏みたいに、清和源氏の頭領たる徳川将軍が一人、気を吐き、精を出している・・・が、それもそろそろ限界の御様子：「参った！もう降参、これ以上は無理！」の嬌声めいた黄色いギブアップ宣言（＝！投了！）が女の城にこだまして、殿方の夜は果てて行く・・・

　♪下半身方面の散文で始めた話題なので、韻文も淫文っぽく色めかしい粘っこさに染めてみた。<u>＜美し＞＜傾城＞＜艶めく＞＜大奥＞＜光源氏＞</u>の絡みがエロティックな連想に満ちた「*散文的縁(?艶?)語*」である。この種の語句が三十一文字空間狭しと暴れ回れば、どれほどしつこく鬱陶しい歌が出来上がるか・・・その悪い見本である。

　♪これでもうおわかりいただけたであろう：「短歌」の中の「縁語」どうしは、<u>露骨に包み隠さずお互いどうし交わり合っては</u>、ならぬのだ。表面にはあくまで何の関係もなさそうな顔をしていながら、ふと連想の扉を開けて覗き込んでみれば、そこに思わぬ意外性ある意味のつながりが「発見」されるものでなければ、「短歌的縁語」としての条件を満たさぬのである。

　♪上に示したような「*散文的縁語*」を三十一文字の中に放り散らしたのでは、ヘタクソなＴＶスポットＣＭか恥知らずの選挙街宣カーのごとく、売り込みたい商品・候補者の名を連呼して聞く者の神経と忍耐力とを摩滅させるばかりの逆効果にしかならぬのである。そんな「*散文的縁語*」は、「短歌」的に見れば「冗長」であり「蛇足」であり「不純物」でしかないのだから、積極的に割愛し、空いた文字数をもっと別の意味内容の表現に用いるのが、歌詠みとして当然の心得となる。

　♪この点がまるでわかっていない者だけが、冒頭に掲げた*散文縁語のインチキ定義*「*意味の上で何らかのつながりがある語句どうしが同一の短歌の中に共存している場合、これらの語句どうしを縁語と呼ぶ*」を、「短歌的縁語」の世界に平然と持ち込んでしったかぶり（知ったかぶり／痴れた頭＝阿呆っちぃドタマ）を振っているのである。

　♪では、「短歌的縁語」とは、実際、どういうものか？毒を食らわば皿まで、こちらもまた自作の「下方面」の色に染めて示そう：
《やまひにはあらぬむすめの<u>あかふじゃうしり</u>もせじとやこらのささめき（病にはあらぬ娘の赤不浄知りもせじとや子等のささめき）》(by 之人冗悟)

　（現代語訳）「赤不浄」（＝女性が生理の血を流すこと）は病気じゃないのだが、それを知らぬということだろうか、子供達が「たいへんだ、〜〜ちゃんが血を流して、死にそうだ」などとひそひそわいわい騒いでる。

♪全編通して「股間から滲み出る赤い血」がテーマのこの歌の淫猥なる流れの中で捉えれば、「しりもせじ」が「＜尻＞もせ（燃せ？）＜痔＞」に見えぬでもなかろう？無論、「尻」や「痔」ではなく「知り」＆「じ」の意味で用いられている語句ではあるが、それらがこの詩文世界の独特な雰囲気に引きずられて、あられもない下半身方面の生々しい肉感的連想をあらわにする時、それを「短歌」の世界では「縁語」と呼ぶのである。

＜あられもない＞＜下半身＞＜生々しい＞＜肉感的＞＜あらわにする＞といった「*散文的縁語*」の露骨な畳み掛け攻撃とは異なり、見えないところに隠されたものを暴き出す連想過程にこそ味があるもの、それが「短歌的縁語」なのである。

♪この特性は、三十一文字という極限の制約あればこそ生まれるものであり、同じ詩文でも遥かに自由度が高く長大な構成が可能な他形式の詩（英詩とか現代日本の自由詩とか散文詩とか）の場合なら「*意味上のつながりさえあれば、縁語*」というのもアリだろう：ひとり「短歌」に於いてのみ、「当該脈絡に於ける直接の意味は無関係な語句どうしが、同音異義語（＝掛詞）として見た場合、意外性ある意味上の連想で結ばれる」という、あらわならざるワンクッション置いた秘め事めいたおくゆかしき関係として定義されるもの、それが「和歌の世に於ける縁語」なのだ。

♪「ひかるげんじのとうりゃうのこゑ」みたいな執拗極まる畳み掛け歌でも、一応、歌は歌、であるから、あのテのものでもよいというのなら「*散文的縁語*」の定義に執拗に固執してもよい：が、真の歌詠みなら「当該脈絡上で意味が直接的に結合してしまうもの」を「縁語」とは呼ばない（単なる「下手糞な冗長」でしかない）という事実だけは、覚えておいた方がよい。「脈絡の表面であけすけに手をつなぐ」ような「*散文的縁語*」を自ら放り散らしたりせぬ嗜みある古今の歌詠みなら皆、筆者と声を揃えて言うであろう：「意味の隠れん坊を演じつつ、連想の扉を開けて"見ぃ〜つけたっ！"と喜びの声を上げる読み手をじっと待っているもの、それが本物の縁語である」と。

♪それにしてもあまりにも下方面に染め上げ過ぎて、艶たるべき縁語の解説としてこれではどうかという気もするので、最後に、多少綺麗な歌で締めさせてほしい：

《おどろけばひとりかたしくそでのはにけふもきぬらしわがなみだかな》（by 之人冗悟）

（現代語訳）不意に寝覚めてふと見れば、独り寝の片袖の袂をしっとり濡らしているのは、私の涙。今日もどうやら寝てる間にやって来てたらしいわね、この湿っぽい来訪者は（・・・あの人はもう来てはくれないのに）。

♪今度のは本式の古歌なので、まず古語の解説から入らせてもらおう：

「驚く＝不意に目が覚める　(×)びっくりする」・「袖片敷く＝恋人もなく一人寂しく寝る」・「袖の端＝ハンカチ代わりに涙を拭う部分」・「来ぬ（きぬ　×こぬ）＝来＋完了助動詞ぬ」

♪懸案の「縁語」は、次のような段階を踏んで見抜いてもらえればよい：

1）「きぬらし」は、「来ぬらし」／「来濡らし」／「衣(きぬ)」の「掛詞」

2)「袖」は、「＜来ぬ＞らし」や「＜来濡＞らし」の蔭に隠れていた＜衣＞と「縁語」
3)「涙」は、「来ぬらし」の蔭に隠れていた「(来)＜濡らし＞」と「縁語」

　♪「寂しい涙は今夜も私を訪れては袖を濡らす」と詠むことで、言外に「愛するあの人はもう私の寝室に来てはくれない」という事情を裏読み的に感じ取らせる修辞は、和歌によくある間接&逆接的表現である。この「来ては、濡らす」の表現から、思いっきり艶っぽく想像を下方面に流すこともまた、この種の恋歌世界では十分アリ、である・・・が、まぁそのあたりにはここでは触れずにおこう。とにもかくにも、あけすけな露出狂めいた「*散文的縁語*」と、隠れて見えぬ奥ゆかしさが命の「短歌的縁語」との相違、おわかりいただけたことと思う。

　♪最後に一言申し添えておくならば、「(短歌に於ける真の)縁語」はこのように秘匿性のものであり、知る人ぞ知るタイプの隠し芸であるから、それを読み解けなくとも「**短歌**」そのものの意味の解釈には直接の支障は及ばないと思ってよい。この点、同じ同音異義語を基軸とする技芸でも、「**掛詞**」を読み落とした場合には歌の意味が掴めなくなってしまうのと、好対照である。が、いずれの技巧に関しても、それを理解するためには「漢字」という「同音異義語発生装置」のレパートリーが十分豊富で、一つの音から複数の漢字熟語を瞬発的に想起できるだけの語学的反射神経が必要・・・しかもそれを「現代日本語」ならぬ「千年も昔の死んだ日本語」相手に行なうわけだから、「**掛詞**」と「**縁語**」は、現代の歌読みにとって難度の高い修辞法のわけである。

■０１）（０１１）―「係り結び」―
　♪「**係り結び**」は、「和歌」に限らず古文全般に共通して見られる文末の特殊な締め方の作法で、本来なら「終止形」で終わるべき文の区切りを、「連体形」及び「已然形」で結ぶ修辞法である。具体的には以下の３種類（４系統語句）の係り結びがある：
1)係助詞「**ぞ**」・「**なむ(なん)**」と呼応して末尾が「連体形」となるもの
2)係助詞「**こそ**」と呼応して末尾が「已然形」となるもの
3)疑問の係助詞「**か**」・「**や**」及び「疑問の語全般」と呼応して末尾が「連体形」となるもの
　　◆係助詞「**ぞ**」・「**なむ(なん)**」と呼応しての「連体形」係り結び◆
《山里は冬＜ぞ＞さびしさまさり＜ける＞人目も草もかれぬと思へば》『古今和歌集』冬・三一五・源宗于(みなもとのむねゆき)
　(現代語訳)人里離れた山住まい、年中寂しい暮らしの中でも、冬の孤独はまたひとしお。訪ねる人もない上に、草木も枯れて、何もない・・・そんな思いが、やりきれない。
　♪この歌では、文中の係助詞「**ぞ**」と呼応して、本来終止形の「**けり**」であるべき

ところが連体形「**ける**」の「係り結び」となっている。
　♪もう一方の連体形係り結び招請係助詞「**なむ（なん）**」は、会話文の中でのみ用いられるもので、書き言葉の中では(直接話法の引月文以外では)殆ど滅多に見られない。当然、「**短歌**」の中での使用例も極めて少ない。『小倉百人一首』には「**なむ**」が４つ登場するが、３例が願望の終助詞、１例が「（完了助動詞）**ぬ**＋（推量助動詞）**む**」の連語であり、係助詞「**なむ**」の例は１例もない・・・ので、歌の例文は残念ながらお預け、代わりに、散文文学の『**源氏物語**』(若紫・一)から、光源氏が将来の正妻(紫の上)の少女時代と巡り会う段での直接話法の台詞を紹介しておこう：
　　《をかしげなる女ごども、わかき人、わらはべ＜なむ＞＜見ゆる＞。》
　　(現代語訳) かついらしい少女や、若者や、ちびっ子たちが見えます。
　♪係助詞「**なむ**」と呼応すればこその連体形「**見ゆる**」による係り結びの例であり、普通なら終止形「**見ゆ**」で終わるはずの箇所である。
◆係助詞「こそ」と呼応しての「已然形」係り結び◆
《月見ればちぢに物＜こそ＞＜悲しけれ＞わが身ひとつの秋にはあらねど》『古今和歌集』秋上・一九三・大江千里(おほえのちさと)
　(現代語訳) 月を見ると、あれこれ思いが交錯して、物悲しいことだなあ。べつに、秋の風情は、この私一人を悲しませるためにあるのではないけれど。
　♪先ほども（道長の歌絡みで）引いたこの歌では、係助詞「**こそ**」の影響を受けて、末尾は終止形の「**悲し**」から已然形の「**悲しけれ**」へと変わっている。というよりむしろ、この第三句を終止形「**悲し**」三音の字足らずで放っておくわけには行かぬから、これを五音にするためには、已然形「**悲しけれ**」として直前を係助詞含みの「**物こそ**」としておくか、さもなくば連体形「**悲しかる**」として直前を係助詞含みの「**物なむ（なん）**」とするよりほかに、歌人としては手だてがなかったわけである。が、先述した通り、「**なむ（なん）**＋連体形」の係り結びは「話し言葉」専用表現なので、和歌の中では「二音分の字足らずを埋めるためには、＜終止形→已然形＞とし、これを導くために、前句に係助詞＜**こそ**＞を置く」という作法が頻用されることになる。
　♪「**こそ**＋已然形」は、上例を含めて『小倉百人一首』中には全１１例がある。この係り結びは（已然形という活用形自体が現代日本語文法に存在しないこともあって）受験生が比較的苦手としているところなので、その全首を紹介しておくことにしよう。
　　《恋すてふわが名はまだき立ちにけり人知れず＜こそ＞思ひそめ＜しか＞》『拾遺和歌集』恋一・六二一・壬生忠見(みぶのただみ)
　　《八重葎(やへむぐら)茂れる宿のさびしきに人＜こそ＞見え＜ね＞秋は来にけり》『拾遺和歌集』秋・一四〇・恵慶法師(ゑぎゃうほふし)
　　《御垣守衛士(みかきもりゐじ)のたく火の夜は燃え昼は消えつつ物を＜こそ＞＜思へ＞》『詞花和歌集』恋上・二二五・大中臣能宣(おほなかとみのよしのぶ)

《滝の音(おと ×ね)は絶えて久しくなりぬれど名＜こそ＞流れてなほ聞こえ＜けれ＞》
『拾遺和歌集』雑上・一〇三五・藤原公任(ふぢはらのきんたふ)
《恨みわびほさぬ袖だにあるものを恋に朽ちなむ名＜こそ＞惜し＜けれ＞》『後拾遺和歌集』
恋四・八一五・相模(さがみ)
《春の夜の夢ばかりなる手枕(たまくら)にかひなく立たむ名＜こそ＞惜し＜けれ＞》
『千載和歌集』雑上・九六四・周防内侍(すはうのないし)
《音に聞く高師(たかし)の浜のあだ波はかけじや袖の濡れも＜こそ＞＜すれ＞》『金葉和歌集』
恋下・四六九・一宮紀伊(いちのみやのきい)
《長からむ心も知らず黒髪の乱れて今朝は物を＜こそ＞＜思へ＞》『千載和歌集』恋三・八〇三・
待賢門院堀河(たいけんもんゐんのほりかは)
《世の中よ道＜こそ＞＜なけれ＞思ひ入る山の奥にも鹿ぞ鳴くなる》『千載和歌集』雑中・
一一五一・藤原俊成(ふぢはらのとしなり／しゅんぜい)
《わが袖は潮干(しほひ)に見えぬ沖の石の人＜こそ＞知ら＜ね＞乾く間もなし》『千載和歌集』
恋二・七六〇・二条院讃岐(にでうゐんのさぬき)

♪ちなみに「**ぞ**＋連体形」係り結びの方は、『小倉百人一首』中の１６首もの中に見られる。古典文法の「連体形」は現代日本語の「終止形」に通ずる（＝文末を締めるに違和感なき）形の上、古典世界でも頻用される係り結びだから、さほどの違和感もなく受験生にも受け入れられることであろう（から、ここで一々紹介はしない）。

◆疑問文末尾に於ける「連体形」係り結び◆

♪現代日本語の疑問文は、末尾を「**か**」で締める（例：本当にそうか？）。古文でもやはり文末に「**か**」または「**や**」を付ければ疑問文となるが、これらの係助詞を文中に置いて文末を「連体形」係り結びで締める用法が平安期までは一般的であった。

♪また、「**か**」・「**や**」のみに限らず、「**いつ**(when?)」・「**いづこ**(where?)」・「**たれ**(who?)」・「**なに**(what?)」・「**なんぞ**(why?)」・「**いかに**(how?)」等の疑問の意を表わす語句と呼応すれば、やはり文末は「連体形」で締める：これまた立派な「**係り結び**」である。

《みかの原わきて流るるいづみ川いつみきとて＜か＞恋しかる＜らむ＞》『新古今和歌集』恋一・
九九六・藤原兼輔(ふぢはらのかねすけ)

（現代語訳）瓶原(みかのはら)に湧く水が、滾々(こんこん)と流れて野原を分かつのが、あの泉川（何時見か は）・・・ならば、私の恋心は、あなたをいつ見て湧いたものなのでしょうか。

♪この歌では「**か**」という疑問を表わす語と呼応して文末の「**らむ**」が連体形となっている；が、「**か**」なしでも「**いつ** (when?)」が疑問詞なのだから、末尾を連体形で締めての疑問文は成立する。ただ、「**いつみきとて**」では六音で字足らずとなってしまうので、整調語としての意味をも込めて「**か**」を添えているわけである。

● 特殊な「らむ」の「連体形」係り結び

♪一方、「疑問詞」と呼応しないにもかかわらず「連体形係り結び」になる疑問文も

ある；というよりそういう特殊構文を招く語がある —— 古文界では有名な「**らむ**」だ：
《久方（ひさかた）の光のどけき春の日に静心（しづこころ）なく花の散る＜らむ＞》『古今和歌集』春下・八四・紀友則（きのとものり）
　（現代語訳）穏やかな春の日、のどかに流れる時間の中で、桜の花びらだけが、落ち着かぬ心持ちで散るを急ぐのは、いったいどうしてなんだろう。

　♪この歌の文末の＜**らむ**＞は「・・・だろう」の意味を表わす助動詞である。が、このまま訳したのでは「静かに落ち着いた心もなく花は散るのだろう」となる・・・これでこの歌の意味が通じるだろうか？無理である：「何故、どうして、いったいどういう理由があって」と呼応してこそ文意が通るものとなるのだ・・・が、その意味を表わすためには、「**など（か）**＝why?」を文中に置かねばならぬはずである：しかしそんな語句などどこにも見えはしない。見えないけれど、その「**など（か）**」の疑問詞が存在するものとして読むのが、こうした場合の「**らむ**」を巡る作法なのである。

　♪結局そうしたわけでこの「**らむ**」は、「終止形」に見えるが、実は「**など（か）**」という「不可視の疑問詞と呼応」する形で、「連体形」として「疑問文」を結んでいることになる。つまり、上の歌は、実際には次の形として読むべきものなのだ：
《久方の光のどけき春の日に＜**など**＞静心なく花の散る＜らむ＞》
　♪実際に上のように補ってみればわかる通り、律儀に＜**など**＞など入れれば字余りもいいところ・・・音調が生命の詩歌としてこれはあり得ない形である・・・ので：
《＜など＞なくも、あるがごとくに読むもある＜らむ＞》
・・・という次第である。

■０１）（０１２）―「終止形」による「連体形」代用表現―
　♪音調重視の和歌の特性は、文法的整合性など平然と押し退ける。その好例として頻出するのが、「連体形＋名詞」たるべきものが「終止形＋名詞」となる例である：
《あしひきの山鳥の尾のしだり尾のながながし夜をひとりかも寝む》『拾遺和歌集』恋三・七七八・伝 柿本人麻呂（かきのもとのひとまろ）
　（現代語訳）雉（キジ）科の山鳥の雄・雌は、夜は別れて寝るという。止まり木の下、ひとり虚しくぶら下がるその長い尾のように、この長い夜を、私も、愛する人と寄り添うこともない独り寝のまま過ごすことに、なるのだろうかなあ。

　♪山部赤人と並んで「歌聖」と讃えられる万葉歌人、柿本人麻呂の作、として平安中期の『拾遺集』(1006 年：実質的に藤原公任の私撰集から成立した第三の勅撰和歌集)に収録されている歌であるが、元々この歌を収めた奈良時代の『万葉集』巻十一・二八〇二では「詠み人知らず」となっている。

♪この種の事例が和歌世界には山ほどあり、著名な歌人は後代の誰かさんの気軽な思い付きによって、身に覚えのない作品の生みの親とされてしまうことも多いので、いきおい「子沢山」となるが、出来の悪い「不肖の子」たちも多く混じるので、当の歌人の没後に世に出た作品に関しては、あまり軽々しくそのクレジット(credit＝作者表示)を信用しないほうがよい。伝説の歌人と言われるような人々（人麻呂・赤人・蝉丸等々）については、尚更である。

♪この「**伝**柿本人麻呂（・・・伝、とは、言い伝えの意）」の歌では、＜ながながし夜＞の部分の「終止形＋名詞」に注目したい。これは、普通に考えれば「ながながし＜き＞夜、では長たらしくて音調的に具合が悪いから」ということになろう。確かに「歌学的」にはその説明でもよいのだが、言語学的にはこの現象、もう少し妥当にその正統性を説明できるのである。

●「シク活用形容詞終止形＋名詞」の上代語法

♪鎌倉時代初期(1239年頃)の説話集『今物語』に「やさし蔵人」という題の話がある。この場合の「やさし」は「**優雅な情緒をわきまえていて、殊勝だ**」ぐらいの意味であり、「奉公先の主人の愛人である女性を前に、主人の代役として見事な代詠の和歌を即興で詠んだことの御褒美に、領土を与えられた側近の話」という（実利重視の世知辛い武家の時代にはいかにも相応しい）「歌徳説話」である。

♪この「やさし蔵人」、一般には当然「連体形」を用いて「＜やさしき＞蔵人」となるべき例である。また、格助詞「**の**」を付けて「やさし**の**蔵人」とする用法も一般的に見られる。にもかかわらず、ここでは「やさし」の「終止形」で「連体形的」に用いられているのだ。これは先の「＜ながながし＞夜」と本源的に同一の形である。

♪実は、形容詞がまだ完全に後代のように発達していなかった上代（奈良時代）には、「シク活用形容詞の**終止形**」を「名詞」に直結する形、例えば「うまし国」（美し国）の語形が一般的に用いられており、「連体形」は未発達だったのである。「うましき(美しき)国」・「うまき(旨き)国」といった「連体形＋名詞」の発達は、平安時代になってからのことだったのだ（「うまし」はク活用・シク活用双方を持つ形容詞）。

♪このように、「終止形＋名詞」は上代語法としては正統なものであるから、万葉歌人の人麻呂の歌ならば「ながながしき夜」よりも「**ながながし夜**」がむしろ妥当であるとさえ言えるわけである。鎌倉期の説話の題名に「やさし蔵人」を用いるのは時代背景的には微妙だが、この種の「**終止形**による連体形代用表現」が、さほどの違和感なしに中世に至るまで流布していたことを示すものと見てよいだろう。

♪ちなみに、この種の「連体形的**終止形**」が見られる形容詞は、「シク活用」のみであり、「ク活用」にはこの用法はない。

●「同じき」＝漢文／「同じ」＝和文
《さびしさに宿を立ち出でてながむればいづこも同じ秋の夕暮れ》『後拾遺和歌集』秋上・三三三・良暹法師（りょうぜんほふし）
　（現代語訳）一人で家の中にいると、寂しくて淋しくていたたまれなくなって、何かを求めて外に出る。けれど、どこを見渡しても結局は同じ・・・寂しさだけが一面に広がる、秋の夕暮れがあるばかり。

　♪この歌は、ほとんど現代語訳の必要もない普遍的な秋の哀感を歌ったものであるが、そこにもやはり「形容詞シク活用終止形の、連体形代用語」が見られる：「**同じき→同じ**」の使い方である。「シク活用」に属する「**同じ**」という形容詞の「連体形」は、漢文調の中では「**同じき**」であるが、和文の中ではもっぱら「**同じ**」で通すのが平安期の慣習なのであった。

　♪シク活用形容詞の「連体形＋名詞」が元来「終止形＋名詞」だったことの名残りは、このように古文世界の随所に見られるものである；が、それが最も高頻度で見られるのが「和歌の世界」である現象は、もちろん、音調上の理由によるものである。「シク活用形容詞＋名詞」が「連体形＋名詞」ならぬ「終止形＋名詞」に化ける例は、「上代文法の名残り」的にも「詩的放縦(poetic license)」的にも、ともに許されるものであることを、和歌を読む時（＆詠む時）には、是非覚えておいてもらいたい。

　・・・ここまでが、「和歌」に関して押さえておくべき一般的修辞法の全て、である。

■章０２）『和歌技巧』■

　この章０２）は、受験知識の範囲を超えた「歌読み／歌詠みのための心得」であるから、時間と心に余裕のない受験生は読み飛ばしても構わないし、なまじ読めば短歌の世界に惚れ込んでしまうやも知れぬ誘惑の多い場所なので、大学合格を決めるまでは封印し、合格後の御褒美としてとっておくのも一つの手である。

■０２）（００１）―「体言止め」―
　♪（係り結びなら「連体形」や「已然形」で終わるが）一般には「終止形」で結ぶのが「短歌」の基本である。それを「体言（＝名詞）」で締めることで、強烈な印象と、言外の余韻を演出しようとするのが「**体言止め**」である。

　♪この技法が（少々鼻につくほど頻繁に）見られる勅撰和歌集として、鎌倉初期の『新古今和歌集』(1210～1216年)やそれに先立つ平安末期の『千載和歌集』(1188年)がある。そこには当然、編者である藤原定家や（定家の父の）藤原俊成の「藤原氏・御子左家（みこひだりけ）」系歌人たちの趣味が反映されている。

《朝ぼらけ宇治の川霧たえだえにあらはれわたる瀬々の網代木（せぜのあじろぎ）》『千載和歌集』冬・四二〇・藤原定頼（ふぢはらのさだより）
　（現代語訳）夜の闇の底から朝がほろほろと顔を出す頃、宇治川の水面を覆っていた霧の白いとばりが、あちこちで少しずつすーっと上がって行き、浅瀬に組んだ網代（冬の漁獲用の仕掛け）の木の棒が、川一面に点々と顔を出す — どこにそんなに隠れていたか、と思えるほどに次々と — 宇治川の広さと、それを包んでいた夜の深さを感じさせながら・・・新しい朝の幕開けである。

　♪上の短歌は平安中期のものであるが、これを採り上げた俊成が唱えた「幽玄体（いうげんてい）」の雰囲気を写実的に伝えるには好個の一例であろう。白い朝霧の中からぼーっと浮かび上がる「瀬々の網代木」の「体言止め」は、その生み出す余韻の果てに、詠み手が描かなかった読み手思い思いの「これから始まる朝の情景」を浮かび上がらせずにはおかない。「終止形」で言い切らず、本来なら「主語」として後続部に「動詞で始まる述部」を従えるはずの「体言（＝名詞）」をポンと置き土産にすることで、この種の「読者自身が思い描く述部の延長戦」が演じられるわけである。

　♪このように、読者に想像的創造の余地を与える「体言止め」は、裏返していえば、読者にお鉢を回して作者が描写を放棄する営みでもある。それが「手抜き」に終わるのか、読者の想像力を刺激して「余韻」につながるかは、詠み手の技量次第である。
　（これを「*読み手の力量次第*」と言い放つ詠み手は、多分、手抜きに終わるだろう）

　♪体言止めは「短歌」より「俳句」に多用される。三十一文字より窮屈な十七文字の制約中では「終止形言い切り」形まで持ち込み辛いからである。「俳句」という形式自体が、「**発句**」で止めて「**挙げ句の果て**」まで行き着くことを放棄する「寸止め」により、読者の想像的創造による描写の延長戦を前提とする「*体現止め*」とも言える。

■０２）（００２）—「擬人法」—
　♪言葉は、人と人の間の意思疎通の手段である。人間以外の動物に、人間の言語は通じない。それでも人が、人ならぬ何かに — 犬・猫に、草木に、風に、有明の月に、そして恐らくは人間の言うことなど聞いてもいないであろう神仏や、言っても何もまだわからぬであろう赤ちゃんや、もはや声も届かぬ過ぎ去りし人々の残影に — 言葉をぶつけて語る時、それは、相手との意思疎通のためよりむしろ、胸中に秘め置くことのできぬ思いが、火山の噴火のごとく自然に表出したものと言える、いわば一つの「心の悲鳴」・・・人ならぬ何かを人になぞらえて書く「**擬人法**」が、のっぴきならぬ心情的質量を持つのは、そうした事情による。
　《東風（こち）吹かば匂ひおこせよ梅の花あるじなしとて春な忘れそ》『拾遺和歌集』十六・雑春・

一〇〇六・菅原道真
　（現代語訳）春になり、東風が吹いたら、遠く懐かしい京の都から、梅の花よ、その香りをこの九州の太宰府まで吹き送っておくれ。たとえ京都の我が旧邸に主人である私の姿がなくても、春の訪れを忘れないでおくれ。

　♪この悲痛な歌を詠んだ時の道真は、「右大臣」という朝廷第二位の重職から、藤原時平一派の陰謀により失脚して、九州の果ての太宰権帥（だざいのごんのそち）という閑職に転落させられていた。京都に残した「梅花」への呼び掛けに託した「春」への恋慕は、政治上の厳冬に凍える彼の、朝廷への復職を希求する心の絶唱として聞いた場合に、読み手の心を激しく揺さぶる含蓄的感動として大音量で響くのだ。

　♪悲しみの大きさを「悲し～～～いぃイィイッ！」と大袈裟に特筆大書しても、他人の耳目には鬱陶しく迷惑な負け犬の遠吠えこしか聞こえない。詩人なら、その悲しみの表現に、普通ならあり得ない「人ならぬものへの愚痴」めいた異形を選ぶことで、人の想像的共感に訴えかける道を（多く、本能的に）模索するものなのである。

■０２）（００３）―「頓呼法」―
　♪高ぶる感情を直接ぶつける相手を名指しして「おぉ、Ａよ！」と訴えかける手法が「呼び掛け法」あるいは「頓呼法（とんこほう）」である。この技法は、人ならぬ何かを対話相手とする「擬人法」と併用される場合が多い。

《憂かり（うかり）ける人を初瀬（はつせ）の山おろしよはげしかれとに祈らぬものを》『千載和歌集』恋二・七〇八・源俊頼（みなもとのとしより）

　（現代語訳）薄情だったあの人の気持ちがどうか私になびいてくれるようにと霊験あらたかな長谷寺の観音に祈った私・・・なのにあの人の気持ちは前にもまして、ひどくつれなくなってしまった。初瀬山から吹き下ろす山風よ、何も私は、あなたのようにひどく激しい感情を、（それも、とびきり冷たく厳しいそれを）あの人に望んだわけでもないというのに。

●「換喩」
　♪上の歌は、奇妙な技巧の当代短歌を多く含む異色の前衛的勅撰集『金葉和歌集』（1126年）の編者源俊頼によるもので、呼び掛け対象となっている「初瀬の山おろし」は、御利益のあることで知られる「長谷寺の観音様」のいる場所に吹く風である。「観音よ！」とせずに「初瀬の山おろしよ！」としたのは、人物・事物への直接的言及を避け、それに関連する（多く、場所系の）名詞を代用呼称とする手法、いわゆる「換喩（かんゆ）」である。

　♪「換喩」は和歌の世界以外でも古来日本語には一般的な表現法で、例えば「藤原公任（ふぢはらのきんたふ）」と言う代わりに「四条の大納言殿（しでふのだいなごんどの）」

と言ったり、「我が妻」の代わりに「山の神」と言ったりするのがそれである。現代でも「警視庁→桜田門」・「東京大学→赤門」・「大泥棒→五右衛門」等々、名指しを避けて連想に頼る特殊名称は日本語には極めて多い。人を名指しての直接的呼び掛けは、西欧圏では極めて普通に見られる（例：Dear, John / Hey, Jude / Ellie, my love）が、日本語では人物の名指しを忌避する傾向が強いので、いきおい「**換喩**」への逃げ込み表現が（現代に至るまで）極めて大きな勢いを持ち続けている。

● **「言霊思想」**

♪では何故日本語では人名を直接口にしたがらないか？ ── それは上代に発する「**言霊思想**（ことだましそう）」による。全てのもの（人も含む）を表わす言葉（こと＝言）は、その言葉の表わす実体(こと＝事)と密接な関係を持っており、「**言**」と「**事**」とは（平安初期まで）実質的に同一物とみなすのが日本人の感性だったので、他人に自分の「**名**」を口にされるということは、その「名」に宿る自らの「**魂**」をもその他人に握られてしまうことを意味した。なればこそ、人は自分の名を軽々しく他人には教えぬし、他人の名を軽々しく口にするのも無礼とされた(その感じは今なお続いている)。

● **貴人の呼称に関する禁忌**

♪人間界の中でも特に最も畏敬すべき「天皇」に関しては、「かけまくもかしこき＝口に乗せて語るのも畏れ多い」という修飾語が象徴する通り、言葉に乗せて語ってよい存在ではなかった。立派な「御門（みかど）」の皇居に住んでいるから「**みかど(帝)**」と呼んだり、人間とは別格の現人神（あらひとがみ）として人の「**上**」に立つから「**うへ**」とか「**かみ**」とか「**おかみ**」とか呼ばれたり、もっと漠然と「**かしこきわたり(畏き辺り)**＝口に出して言うのも恐れ多い方面」の呼び名で言及されることもあった。

♪日本最古の歌集『万葉集』(759年頃)には、「**大君**」（おほきみ）の呼び名で天皇に直接言及する歌が数多くある。

《**大君は神にしませば天雲のいかづちの上にいほりせるかも**》『万葉集』三・二三五・柿本人麻呂

（現代語訳）天皇陛下は神様であらせられるので、雷鳴鳴り響く天上の雲の上に廬（＝居所）を定められているのだなぁ。

♪天皇を神格化するためのこうした歌が数多く詠まれ、その中で何度となく「**大君**」の言葉が人の口に乗せられていたということは、逆説的に、万葉の昔の天皇の権威がまだ完全には「雲の上の存在」ではなかったことを意味するものと言える。

♪余談ながら、「**ます**」だの「**まします**」だの「**おはす**」だのの「敬語」は古文全般には付き物だが、短歌の中には滅多に登場しない。三十一文字の制約が「敬語の排除」を生んだためであり、歌の世界はいわば一種の「無礼講」空間だからである。

■０２）（００４）―「畳み掛け」―
♪「同一の助詞」や、「同音」を含む語を、意識的に何度も連続させる形で用いることで、弾むような躍動感や執拗な説得力を生み出そうとする修辞法がある。便宜上「畳み掛け」と呼ばせてもらうが、正規の呼び名は特に存在しない。
《見渡せば花も紅葉もなかりけり浦の苫屋（とまや）の秋の夕暮れ》『新古今和歌集』秋上・三六三・藤原定家（ふぢはらのさだいへ／ていか）
　（現代語訳）今、私は、平安時代の『源氏物語』の口で都落ちした光源氏が流れた先の、須磨の浜辺に立っている。が、どこを見渡してみても、作品中で「春・秋の花、紅葉の盛りなるよりも、ただそこはかとなう繁れる陰どもなまめかし」などと書かれたような風情ある景色は見当たらず、さびれた小屋の上に、寂しげな秋の夕陽が影を落としているばかりである。
♪散文の中で『Ａの、Ｂの、Ｃの・・・』のように同一助詞の繰り返しを演じれば、それはしつこいばかりか、知的に拙劣な人物であるかのような悪印象を与えるばかりである（**例：ワタシのぉ、カレシのぉ、ケイタイのぉ、番号をぉ、どーしてアンタが知ってるわけ？**）。この種の「畳み掛け」が音調的魅力たり得るのは、三十一文字という局限された言語空間の中だからこそである；狭い箱の中で同じ音を繰り返し響かせれば、いやでも聞き手の耳には強い印象が残るのだ・・・が、そのアクの強さが災いして、ただしつこいだけの外連味（けれんみ＝風変わりな味）が、臭咪として嫌われかねぬ修辞法でもあることは確かである。
♪この執拗な「畳み掛け」を、「同一助詞の連続」ならぬ「同音の踏韻（とういん：rhyme）」で演じたらどうなるか？自作歌（しかも「詞書」つき）で演じてみようか：
「あるあだびとの、をんなさそひてよめる：或る徒人の、女誘ひて詠める」
　（ある浮気者が、女を誘惑して詠んだ歌である）：
《ひとのよのよすがこよなみひとよだにこすはいたはしゆめのうきはし：人の世の縁（寄すが）こよな（来よ波）一夜だに越すは労はし（板橋）夢の浮き橋》(by 之人冗悟)
　（現代語訳）人の世の中にあって、縁というものはかけがえのない格別なものだから、たとえ一夜だけでも夢の浮き橋を共に渡って結ばれるということは、大切な共有体験・・・それこそ貴重な縁となるものですよ。
♪自作歌だからもうやりたい放題、盛り込んだ技巧も以下の如く盛り沢山である：
１）「よすがこよなみ」は「縁＋こよな[し]＋み」で、末尾の「**み**」が「原因・理由」を表わして「縁は何にも勝る至上のものだから」として、後続の口説きに説得力を与えようとしている。
２）「よすがこよなみ」はまた「寄す＋が＋来よ波」で、本来の意味とは無関係な「**波**」関連の「**寄す／来**」の「**縁語**」的連想を含む。
３）「ひとよだにこすはいたはしゆめのうきはし」は「一夜だに越すは労はし夢の浮き橋」で、

「たとえ一夜の逢瀬でも、夢の浮橋を渡ってあなたと結ばれる体験を、大事にしたい」の意味である。

４）「ひとよだにこすはいたはしゆめのうきはし」の文言中では、「いたはし」は「労はし＝大事にしたい」が同音異義語の「**板橋**」に化けると、後続の「**浮き橋**」との意外な連想で結ばれる「**縁語**」となる。

５）初句「ひとのよ」と第三句「ひとよ」、第二句「なみ」と第三句「だに」、第四句「いたはし」と第五句「うきはし」は、音調的に同質の語句による連続的な「**踏韻**」（英語で言えば rhyme）の「**畳み掛け**」である。

♪ここまであざあざと白々しく「さぁさぁ、ほらほら、だからおいでよ！」などと口説かれて、ほいほいなびく女性が（現代はともかく中古の時代に）そうそういるとも思われないが、まぁ虚構の話だから何でもありであり、技巧も度を越せばどうなるかの見本として、「技に走るもほどほどに」の訓戒ともども、印象に残れば（良くも悪しくも）本望である。最後に、しつこく、一句：

《**畳み掛け只見掛けだけ中身欠け**》
　　TATAMIKAKE　TADAMIKAKEDAKE　NAKAMIKAKE

■０２）（００５）―「倒置法」―

♪意味を取る上で辿るべき語順と、実際の語句の登場順が異なる事例は、詩文にはよくあることである。音調を重視する上で通常の文法的構造を崩すことをよく行なう英詩には特によく見られる技法だが、「**短歌**」には実はさほど多く見られない。

♪というより、日本語は英語などに比して構造的厳密性にさほど敬意を表さぬ言語なので、語順の変則性も日本人読者相手だとほとんど無意識のままに流れ、受け入れられてしまうのだ。例えば、次の歌に含まれる倒置構造、読者はそれに（＆その理由に）気付くであろうか？

《山川(やまがは=rivers in the mountains　×やまかは=mountains and rivers)に風のかけたるしがらみは流れもあへぬ紅葉なりけり》『古今和歌集』秋下・三〇三・春道列樹（はるみちのつらき）

（現代語訳）水の勢いを堰き止める柵は、川と共に暮らす人間が掛けるはずのもの。人里離れたこんな山奥に、どうしてそれがあるのだろう？・・・と、よくよく目を凝らして見れば、それは、流れ切れずに水面に浮かぶ紅葉を散らした風のいたずら、なのであった。

♪この歌を、意味に忠実な語順で詠むと、次のようになる。
　　１）**山川に流れも敢へぬもみぢ葉は風の懸けたる柵なりけり**

（現代語訳）山川に、流れきれずに滞る紅葉の葉っぱは、まるで風が作った人工的な流れ止めみたい、だなぁ。

♪この語順、悪くはないが、良くもない。意味が通る語順としてはこれしかないし、それで正しいのだが、歌としてはこれではよくない。料理に例えて言うならば、栄養価は高いが味は悪い、誰も食べたがらない失敗作：折角の素材の美味しさを、活かしきれていない感じである。どこが不味いかと言うと、「**風の懸けたる柵**」という一番の珍味の置き場所がマズい。これがこの歌のメイン・ディッシュであり、論理的に辿り着く最終到達点であることは確かだから、一番最後の大トリとして出すのは順当だけれども、そうなるとこの歌全体があまりにスムーズに淡々と滞ることなしに流れすぎて、ちっとも面白くなく、本来なら意外性をもって受け止められるべき「**風の懸けたる柵**」が、当たり前にしか見えないのである。何のことだかさっぱり解らぬような語句の並べ方はマズいが、あまりすんなりと消化が良すぎるのも考え物なのだ。

♪例えばの話、チューブに入った宇宙食はとても消化が良くすんなり身体に吸収されて栄養価も満点かもしれないけれども、そんなものより、やはり人間なら、噛みごたえのあるステーキを、栄養学的には無意味で有害な酒類ともども、時間をかけてゆっくりと味わいたいであろう？歌だって同じこと、すんなり解らぬ部分があって、それを噛みしめるうちに消化できるのが、やはり楽しいのである。意味と言葉の料理人たる詩人なら、素材は美味しく見えるように配置してやらねば嘘だろう？・・・では、次のような並べ換えはどうだろう。

2）山川に風の懸けたる柵**よ**流れも敢へぬこのもみぢ葉は

（現代語訳）山川に、風が懸け渡した柵だよなあ、流れきれずに滞るこの紅葉の葉っぱときたら。

♪さっきのチューブ式宇宙食みたいな語順よりは、歌としてはよいかもしれないが、それを引っ繰り返した倒置形にする過程で、ケレン味が強くなり過ぎたキライがある。いわば、メインディッシュの「**風の懸けたる柵**」を、デーンとアペリティフ（食前酒）の前に置いちゃった感じなので、食べ応えのある珍味を冒頭でガーッと食べちゃった後で、今更のように飲むあべこべの食前酒は、もう、メインディッシュの消化を助ける役割を演じきれずに、それはそれで独立した酒盛りを始めてしまう感じになる。つまり、上の句（一・二・三句）と下の句（四・五句）との連携が取れておらず、完全なる三句切れに終わってしまっているのだ・・・流れがスムーズすぎるのもよくないが、こうまで流れを切ってしまうのもまたよくない。

♪かくて、先の2）の語順はそのままに、上の句／下の句の流れを切らぬよう、次の語形が考案された訳である：

3）山川に風の懸けたる柵**は**流れも敢へぬ紅葉なりけり

♪メインディッシュがアペリティフより先に出て来る珍妙さも、両者の間を「柵よ！」で切らずに「柵は・・・」と後につなぐことで円滑な流れで下の句まで読み手

の「これって、何のこっちゃ？」という意識をつないでやれば、「流れも敢へぬ紅葉・・・なりけり」として最後には気付きの「けり」を付けて万事綺麗に片が付く。
　♪恐らくは1)・2)という試行錯誤の生ゴミを経ての、このオイシイ最終形、そこまでの「仕込み」の苦労が、言葉の料理人たる「歌詠み」には見えるのだ（「歌読み」には単なるヘンな語順にしか見えないだろうが）。これを『小倉百人一首』に入れた藤原定家の歌人の目にも、当然、一般人には見落とされがちな言葉の生ゴミがちゃーんと見えるから、よくぞここまで料理しました、ということで「シェフのお勧め料理」としてこの歌を取り上げたのであろう。
　♪このように、「**倒置法**」に関しては、語順や文法の不規則性に「免疫」のある日本人にとっては、目立たず、かつ自然に受け入れられ（&受け流され）てしまうものだから、読み手としても難解なことはない。詠み手側としても、そこそこ無理な語順であっても（「助詞」の工夫など加えたりして）どうにか通じてしまう融通の利く日本語の特性に依拠すれば、かなり自由な書き方が許される・・・いずれにせよ「**倒置**」は、日本人が和歌を詠む／読むに際してはさほど意識せずともよい修辞法と言えるだろう。

■02)(006)―「対置法」―
　♪異なる人・物・事を対立的な形で配置する作法は、漢詩の「**対句**(ついく)」を初めとして、詩文ではよく見られる技法である。が、三十一文字の余裕しかない「**短歌**」の中で複数主人公の併置構図を実現するのは、実は、かなり困難である。
　♪日本語の場合、「主語の省略」という得意技があるので、それを利しての字数節約で何とかならぬでもないが、それでもこの種の「**対置法**」で構成された「**短歌**」は、かなり珍しい部類に入る。
《いま来むといひしばかりに長月(ながつき)の有り明けの月を待ちいでつるかな》『古今和歌集』恋四・六九一・素性法師(そせいほふし)
　（現代語訳）あなたが「すぐに会いに行きます」と言ったばかりに、秋の長夜を一人きり・・・待てど暮らせど来ぬあなたに待ちぼうけを食らわされて、白みはじめた空に沈みもせずに居残る夜明けの月を、見送る羽目になってしまいましたよ。
　♪この歌では、「**いま来む**＝すぐに君のところに会いに行くよ」の主語は「**あなた**」／「**長月の有り明けの月を待ちいでつる**＝待ってる間に九月の朝の残月が出て来ちゃいました」の主語は「**わたし**」と、二人の人物が対立する形で登場する（もっとも、「あなた」は台詞だけの登場で、実際には登場しないからこそこの歌が出来ちゃったわけだが）。
　♪上はどちらかと言えば軽口レベルの恨み言（しかも、男の坊主が女性の気持ちを

想像して創造した仮託和歌）だが、もう一つ、詠み手の実体験から生まれた痛切極まりない「対話」の歌を紹介しよう・・・

《とどめおきて誰をあはれと思ふらむ子はまさるらむ子はまさりけり》『後拾遺和歌集』十・哀傷・五六八・和泉式部（いづみしきぶ）

♪日本文学史上最高の歌人にして「恋多き女」としても有名な和泉式部が、二十歳の時に産んだ娘でこれまた恋多き歌人として有名だった小式部内侍（こしきぶのないし）に、先立たれた時の歌である。時に小式部内侍28歳、三人目の夫との間にもうけた男児の出産の際に落命している。母同様、幾人もの男性との浮き名を流し、父親の異なる子を複数もうけて、その母より先に死んだ・・・小さな子供たちを後に残して。

♪その先立つ女／妻／娘／母としての、小式部内侍の無念を思いやって、母である和泉式部はこの歌をこう始めている：

「**とどめおきて誰をあはれと思ふらむ**＝自分がこの世を去って、置き去りにしてしまった人達のうち、いったい誰のことをあの娘は一番哀れに思っていることかしら？」

・・・だが、この問いへの母の答えは最初から決まっている：

「**子はまさるらむ**＝子供が一番、でしょうね」

・・・なぜなら、一人娘を亡くした今、彼女には痛いほどわかるのだから：

「**子はまさりけり**＝子を思う親の愛情こそ、どんな愛よりも強いものだったのだわ」と。

♪あの世からこの世へと未練の視線を向けているであろう娘と、この世からあの世へと哀惜の思いを向けている母とが、静かに向き合って無言の対話を繰り広げているかのような第四句と第五句・・・その主語の相違を生むのは、推量の「**らむ**」vs.気付きの「**けり**」の助動詞の違いのみ。この鮮やかな対置構造は、口をついて湧き出る言葉がことごとく珠玉の輝きを放っていた天性の詩人和泉式部ならではのものだろう。

♪それにしても、胸が張り裂けるほど悲しい場面での、この静かなる哀悼の対話・・・真に深い想いは、言葉の奥底にひっそりと宿って、うわべだけの空騒ぎなど演じぬもの。騒々しさ・執拗さ・露出度などの力業で畳み掛ければ人の目も心も自由に動かせると思い込んでいる現代人の多くは、こうした静かなる真理には死んでも手が届くまい。一方、その種の狂気の押し売り攻撃を前に、正気を保ち、心の平安を、狂乱の社会の表層以外に求める術を知る人ならば、物静かで雄弁な和歌の言葉の中に、一服の清涼剤、魂を震わす即効性の鎮静剤を、いくつも見つけることができるだろう。たった三十一文字の短歌の小宇宙は、字数＆時代的制約からは（逆説的に）自由なのである。

■02）（007）―「視差」―

♪同じ対象物を異なる観測位置から見れば、視線と方向のズレが、結果として結ばれる視覚像のズレを生む：「parallax：パララックス＝視差・変位」と呼ばれる現象である。写真撮影に於いては、撮影用レンズと被写体確認用のレンズ（ファインダー）とが、対象物との距離の相違から必然的に異なる像を映し出すことにより、撮影者が見た被写体と実際に撮影された写真とが、ズレて写ってしまう現象として有名である。

♪こうした物理的な被写体との距離感の相違が生む視差効果は、「短歌」の言葉の上でも（意識的に）演じ得るものである。

《秋風になびく浅茅（あさぢ）の末（すゑ）ごとにおく白露のあはれ世の中》『新古今和歌集』一八・雑歌下・一八五〇・🈁 蝉丸（せみまる）

（現代語訳）秋風に揺れる野原の低木の一本一本の上に危うげに乗っかっていて今にもこぼれ落ちそうな白露・・・の如く頼りなく儚いこの世の中。

♪実在せぬことがほぼ確実な（平安前期の）伝説の歌人「蝉丸」の名で（鎌倉初期に）作られた上の歌では、「秋風」という捉え所がなく目にも見えない自然界の無焦点（pan focus：パンフォーカス）対象物を漠然と指向する初句から、第二句ではその秋風になびく「浅茅＝低木」というささやかなる対象へと読者の「視線」を誘導している。

♪第三句では更に「浅茅の末＝丈の低い植物の、そのまた木の葉の先」という「小さいものの中の更に小さなもの」へと段階的に「視点」を絞り込んでいる。

♪この極少への視点移動は、次の第四句に至って「浅茅の末ごとに置く白露」として、その極少の存在の一つに張り付いていたミクロ(極小)の視点を、無数の低木の一つ一つへと無限増殖する視線の形でマクロ(極大)的に拡散させている。しかしそれはあくまで「小なるものの拡散」であり、「巨大なものへの拡大」ではない。

♪その「ミクロからマクロへ」の展開が演じられるのが、結句「あはれ世の中」である：無限小の一つから、無数の無限小の寄せ集めを経て、そうしたちっぽけな個別的世界の一つ一つの中で各人各様にあえいで生きる哀れな統合体としての「世の中」全体へ・・・極小に張り付いた顕微鏡的視点から、極大に向けられた望遠鏡的な「引きの目線」へと一気に焦点を開放し、世界全体を大写しにして終わる・・・目くるめく視点移動を伴う幻視的な短歌である。「蝉丸」の名を騙った後代の「贋作」は多いが、この作品はまずまず伝説の歌人の名に恥じぬ技巧歌と評してよいであろう。

♪この種の対象物への視点ズラしによるパララックス的短歌を、意識的な技巧として多く含むのが『新古今和歌集』(1210～1216年)である。平安の世の終焉を目撃した当代一級の歌人たちが、平安文芸の華たる和歌の隆盛の起爆剤となったあの『古今和歌集』(905年)の300年後の集大成と昇華を目指したこの歌集は、完成に至るまでに15年間にも及ぶ空前の編集作業を経て、最終的には1979首(全て「短歌」)の形で完成

した。それはまさしく和歌文芸が咲かせた大輪の華であった；が、それが最後の花であったこともまた、残念ながら、事実である。和歌に関して考え得る限りの全てはこの『新古今』の中にあると言ってよい。和歌の醍醐味（本当の味）を知りたければ、まず『古今集』を読むとよい。外連味（正統派とは異なる風変わりな味）をも含めた和歌の全てに触れたいなら、『新古今集』の世界に耽溺すればよい。

■０２）（００８）―「時差」―

♪散文の物語の中では長大な文字・頁を費やして行なわれる時間的な推移の描写を、わずか三十一文字の短歌の中で演じれば、行間には描き切れない「その間の物語」を、読み手は自らの想像力で自然と描き出すことになる。こうした時間差が醸し出す豊かな世界観の広がりを、最初に発見したのは『古今和歌集』(905)の編者たちであった。

《袖ひぢてむすびし水のこほれるを春立つけふの風やとくらむ》『古今和歌集』春上・二・紀貫之（きのつらゆき）

（現代語訳）夏の暑い盛りに、袖を濡らしてすくって飲んだ、あの川（なり、池なり泉なり）の水は、冬の間は凍っていただろうが、立春を迎えた今日にはもう、春風が吹いてその氷を溶かしているだろうか？

♪夏・冬・春の三つの季節を内包するこの種の時間差短歌は、奈良時代の『万葉集』当時の直情径行型の濃密な（しかし平板な）内面的感情の吐露に終始する短歌とは明らかに異なる、平安調和歌の理知的特性の一つである。

《昨日（きぞ）と言ひ今日（けふ）とくらしてあすか川流れて早き月ヨなりけり》『古今和歌集』冬・三四一・春道列樹（はるみちのつらき）

（現代語訳）昨日、今日ときて、飛鳥川（明日か）・・・流れ流れてずいぶん早く過ぎ去ってしまった年月だったなあ。

・・・「年のはてによめる」の「詞書」あり

♪同じ「時差：tmelag＝タイムラグ」歌でも、こうした軽〜い言葉遊び次元のやつもある。「あすかがは」が「明日」につながる「掛詞」を面白しと見て「きぞ（昨日）＋けふ（今日）」を引っ張り出しただけのオヤジギャグ的な代物で、先の貫之の歌が（季節としては「夏〜冬〜春」を織り込みつつも）文字の上では「春」以外を前面に押し出さなかったのとは、文芸技巧に於いて雲泥の差がある。『古今集』の理知性が賞賛される時、対象となるのは無論紀貫之の作風であって、春道列樹の駄洒落歌の方ではない。

♪和歌の世界では、字面の上で展開される世界などは玄関口に過ぎぬのであって、文字に載せては語られぬ所に展開する想像的創造世界を、読者に思い描かせるための絵筆と絵の具だけ、さりげなく置いておく奥ゆかしさがある歌こそ一級品である。

何かを文字や絵や音などの表現媒体により現出する「描きの手法」の善し悪しをのみ「これを見ろ！」とばかり強圧的に誇示したり論じ（or ケナし）合ったりするばかりの騒々しい押し売り技芸の綱引き合戦が鼻につく昨今、含蓄により幻出する「遠慮の作法」・「示唆の手腕」の巧拙が問われる平安調短歌の奥行きの深さに、全ての表現者・鑑賞者は、いま一度（あるいは、生まれて初めて）触れてみるのがよいように思う。

■０２）（００９）─「遷移」─

♪先述した「**時差**（タイムラグ）＝時間ズラし」も、「**視差**（パララックス）＝視点ズラし」も、概括的に述べるなら「**遷移**（gradation：グラデーション）＝重ねズラし」の一言で片が付く。歌の早い段階で登場する句によって脳裏に現出したイメージを、後段の句が徐々にズラすことで、当初のイメージを心地よく裏切りつつ進んで行くのである。長い散文の中ではなく、たった三十一文字の中でそれをやるからこそ、詠み手の「裏切り」に読み手は「まんまとしてやられた！」の快感を味わえるわけである。

♪この種の「先入観」を見事弄んだ末の驚嘆感覚を伝える好例として、鎌倉中期(1254年)の説話集『古今著聞集（ここんちょもんじふ）』に見える物語を紹介しよう：《「このはたおりをば聞くや。一首つかうまつれ」と仰せられければ、「あをやぎの」と、はじめの句を申し出したるを、さぶらひける女房たち、をりにあはずと思ひたりげにて、笑ひ出だしたりければ、「物を聞きはてずして笑ふやうやある」と仰せられて、「とくつかうまつれ」とありければ、「青柳のみどりのいとをくりおきて夏へて秋ははたおりぞ鳴く」とよみたりければ、おとど感じ給ひて、萩織りたる御ひたたれをおし出だして賜はせけり。》

（現代語訳）「このコオロギの鳴き声が聞こえるか？これを題に短歌を一首詠んでみせるがよい」と（御主人様が）おっしゃったので、奉公人は「青柳の（＝春の柳の）」と初句を詠み上げたところ、その場に居合わせた女房連中は「青柳なんて春の季題でしょうに、今は秋よ、なぁにこの人、季節感ゼロねぇー」とでも思ったようで、ゲラゲラ笑い出した。これに対して御主人様は「最後までしっかり聞かぬうちに笑うのは筋違いであろう！」とおっしゃって、「さぁ、早く最後まで歌を詠んでみせるがよい」ということだったので、奉公人はこう詠んだ：「春の柳の青々とした色・・・その柳の枝の糸を涼しげな春風がより合わせているうちにいつの間にやら季節は夏・・・それも過ぎ去って今は秋、こうしてコオロギが鳴いています」。御主人様はこれに感動し、秋の模様の「萩の直垂」を、この奉公人に御褒美としてお与えになったのであった。

♪実に良くできた話だ。「**青柳のみどりのいとをくりおきて夏へて秋ははたおりぞ鳴く**」の歌自体はよく見ればさほどの出来でもないが、この物語の脈絡の中で「秋のコオロギ」の鳴き声に触発されて出し抜けに詠まれた「**あをやぎの**」の初句の外連味（けれんみ＝

正統派の風味とは異なる風変わりな味）は、見事だ。案の定、先入観のとりことなった女房連の笑いを誘い込んだ時点でもう、この詠み手の「裏切り物語」は大成功を約束されたようなもの；結句の「**はたおりぞなく**」までの季節の「**遷移**」は、しったかぶり連中の傲慢な愚かしさを鼻持ちならぬ気持ちで日頃痛感させられている感受性豊かな読者に、「快哉！（かいさい＝よくやった！）」を叫ばせるに十分な説得力を持っている。

♪和歌の真の美を知り、和歌の真の姿を知らぬ連中の誠に醜悪な姿をも熟知する作者でなければ、こうした物語は、まず、書けない。これは「歌の勝利」ではなく、「歌を取り巻く脈絡の勝利」であり、それをもたらす小道具として「**遷移**」を巧みに使った玄人芸の鮮やかさには、素直に脱帽するしかない。こういう凄い作者の至芸の一品に時折り出会えるからこそ、全般的水準は必ずしも高くない雑多な寄せ集め作品群である中世説話文学は、侮れないのである。

■０２）（０１０）―「**見立て**」―

♪本源的に異質なものを、似たものどうしとして引き合いに出す「**見立て**」は、和歌によくある技巧である。

《花さそふ嵐の庭の雪ならでふりゆくものはわが身なりけり》『新勅撰和歌集』雑一・一〇五二・藤原公経（ふぢはらのきんつね）

♪鎌倉時代初期の本作では、「花＝白みがかった薄桃色の桜花」を「庭の雪＝春の庭に降る白い雪」になぞらえている。これだけなら平安前期の『古今集』以来言い古された陳腐な「**見立て**」に過ぎない；実際、この詠み手は、読み手の心中にまずそうした「ありきたりな比喩」のイメージを醸し出し、相手の気の緩みを誘っているのである。

♪この「ゆきによそへしさくらばな」に、しつこく駄目押しするように「**降り行く**」を続けることで、読者のイメージの中には更なるマンネリ感が積もることとなる（・・・おいおい、勘弁してよ、いつまでありふれた見立て芸続けるつもりだい？）― そうしておいて最後に、「*我が身なりけり*（＝**実はこれ、雪や桜の話じゃなくって、私の身の上話、なのでしたぁーっ！**）」と言い放つことで、一発逆転を演じてみせるのだ。

「降りしきる雪のような桜吹雪の舞い散る春の庭・・・だと思う？・・・なら綺麗でいいんだけどねぇ・・・でも、残念ながら違うんだよなぁ：＜**降り行く**＞ならぬ＜**旧り行く**＞ものは、同じ＜白＞でも＜白髪頭＞、年齢的に古びて行くばかりの私の竟涯なんでねぇ・・・」。

♪「白は桜花か降雪か」という「陳腐な見立て」と見せかけておいて、最後の最後に意外性ある「白髪頭」の新たな「**見立て**」を加えるための、「**降り行く**」と「**旧り行く**」の「**掛詞**」。そのコンビネーション・プレイで、油断して見下しにかかっていた読み手・

聞き手の意識にガツンと一発、飄逸なるカウンター・パンチを加えるこの技芸は、「白」に関する「見立て」（＋長〜い時間をかけて一句一句読み上げる古典的詠歌作法）が伝統芸として確立されておればこその裏技的至芸と言える。
　♪そうした意外な展開に、思わず呆気にとられ、次に拍手し、「いやあ、こりゃ一本取られましたねぇ」と笑いさざめく満座の人々は、その果てにふと、気付くのである：「古り行くものは我が身なりけり」の寂寥感に。
　♪老いの身の寂しさを、問わず語りの愚痴として語るばかりの老人の訴えは、聞く者の耳に心地良くない：同情よりも辟易を誘うばかりの代物で、哀れな聞き手の立場としては、適当に相槌打ちつつも内心では（いつ席を立とうかな）の計算ばかりに忙しく駆り立てられることになる。残酷なようだが、それは老人側の自業自得なのだ：自分一人が気持ちよくなるために、人前で「心のゲロ吐き」演じても、誰がそんなの喜ぶものか・・・嘔吐（おうと）も嗚咽（おえつ）も、一人ひそかに、便所の中なり独居の寝床なりで、他人に迷惑かけぬようにするのがよいのだ。そうした嗜みのある者だけが、老いてもなお迷惑ならざる賓客・珍客として、座興のたしになる我が身を見出し、人前にさらけ出すことが出来るのである・・・そして、そうした老いを演じられる者は、惨めな老境とはそもそも無縁である・・・が、老いの自覚と寂しさだけは、無縁でいられぬものだから、一人ぼそぼそ、呟くのであるが、そのつぶやき方にも工夫があれば、人にも自然に聞いてもらえる。心の奥にも入れてもらえる。もしかしたら、自分が消え去って後もなお、彼らの胸の中で生かしておいてもらえるかもしれない：「そぅいえば、昔、あの人、ぽつりと何かつぶやいてたっけ」・・・人は老いても、詩は老いぬ。死なない言葉が詩の言葉。生身じゃ無限と無縁の者は、詩を書くことで不死を得る・・・上の歌も、もう８００年間、生きている。

■０２）（０１１）—「逆喩」—
　♪これは『新古今和歌集』(1210〜1216年)の中心的歌人たちが好んで用いた手法で、一般には「韜晦趣味（とうかいしゅみ）」と呼ばれている。物事を表現するのに、素直で直接的な言い回しを捨てて、遠回しで正反対な方向から、人目をくらますのを楽しむかのように、間接的に述べるやり方である。
　《見渡せば山もと霞む水無瀬川（みなせがは）夕べは秋と何思ひけむ》『新古今和歌集』春上・三六・後鳥羽天皇（ごとばてんわう）
　♪『新古今集』撰進の勅命を出した他ならぬ後鳥羽院（上皇）その人の歌である。彼もまた「新古今時代」を代表する優れた歌人の一人であり、この歌にも「持って回って、

人を食ったような、素直じゃない新古今」の特徴がよく表われている。
　♪初句から第二・第三句までは情景描写の写実詩に徹している：
　　　　　　　「みわたせばやまもとかすむみなせがは」
　♪「**見渡す**」で、遥か彼方まで視界が開けた雄大感を演出し、「**山元霞む**」で、頂上は見えるが山麓付近には霞みがかっていることを示し、「**水無瀬川**」で、その霞が川霧によるものであることを明かしている。情景描写とその原因をさりげなく織り込むこの初句～第三句までの描写手腕は、それだけでも十分に手堅いが、この歌の（新古今調の）真骨頂は、次の第四句～結句の展開にこそある：
　　　　　　　「ゆふべはあきとなにおもひけむ」
　♪「夕暮れ時の景色は秋に限る、だなんて、今までどうして思っていたのだろう？」・・・これは無論「この春の水無瀬川の夕暮れ時の光景は、秋より素晴らしい」の逆説的表現である ―「この春宵の情景は素晴らしい！」と叫ぶ代わりに「誰だい、宵の口の美景は秋ならでは、なんて思ってたのは？・・・ぁ、自分かぁ！・・・でも、何でそんな風に思ってたんだろうねぇ？」というわけだ。「春」の文字など全く出さずに「秋じゃないやつ」としてヒネリをきかせているのが、いかにも「素直じゃない新古今歌」らしい。
　♪だが、その程度の「**韜晦趣味・逆喩**」なら、日常レベルで誰もがお馴染みのものに過ぎない：「誰だい、今年のボジョレ・ヌーボーはハズレだ、なんて言ってたのは？」だの「誰だい、カリフォルニア・ワインはボルドーの敵じゃない、なんて言ったのは？」あたりの逆説的表現は、いちいち翻訳の必要もなく現代人にもすんなり味わえる素直なひねりでしかあるまい。
　♪この新古今歌がいかにも「それらしい」のは、その「**夕べは秋**」の背後に、あの『**枕草子**』の「**秋は、夕暮れ**」という著名な一節を踏まえているからである。「夕暮れは秋に限る、なんて、なんで思ってたんだろうねぇ？」という後鳥羽上皇の問い掛けに、「清少納言さんの入れ知恵のせいでしょう」と答えることで、読み手は、詠み手に自らの古典知識を披露してささやかなる面目を施す喜びをも味わえるわけである。
　♪しかも、よくよく見れば『**枕草子**』は、「**秋は、夕暮れ**」と言っているだけで「夕暮れは、秋」と言っているわけではない。その意味で「**夕べは秋**」という後鳥羽院の歌には、更なるひねりが加わっているわけである。そのひねりに、しかし、大方の読み手は気付くまい・・・気付かずしかし自然に例の「**秋は、夕暮れ**」へと誘導されて、この歌の下の句の含意を読み取れた自分自身の文芸力を誇りつつ喜び、そうした謎々の「**逆喩**」で「春宵の美」を描いた詠み手の技量に感嘆した末に、更にふと気付いてみればもう一つのひねりがそこに込められていることを知った時、読み手は詠み手の

底知れぬたくらみの奥深さに、改めて脱帽！となるわけである。
　♪こうした深読みを求める深詠み・裏詠み・韜晦詠みを、好まぬ人も当然多い。平安末期から鎌倉初期の当時でさえ、藤原俊成・定家親子が中心となって多くの支持者を集め始めた「**新古今調**」を、当時の歌壇の保守的な面々は「**新儀非拠達磨歌**（しんぎひきょだるまうた）」と皮肉ったものである。伝統的な天台宗の教えから逸脱する難解な教義を説くものとして総本山の比叡山延暦寺（ひえいざん・えんりゃくじ）から迫害を受けていた「日本達磨宗（にほんだるましゅう）」という当時新興の禅宗の一派の名にちなむ蔑称で、伝統的な詠歌作法に依拠せぬ奇抜な表現や、語句の背後に複雑な意味の織り込み／読み込みを好む韜晦趣味を難じたものである。
　♪この種の「新古今調への拒絶反応」は、平安時代の文法も語彙も知らぬ現代日本人にとっては、尚更のものであろう。が、たった三十一文字の小宇宙「**短歌**」に秘められた驚くばかりの可能性を体現するもの（の一つ）としての「**逆喩**」の味を、食わず嫌いで終えてしまうのは、あまりに愚劣かつ傲慢にして、勿体ないとさえ言えるだろう。
　♪好むと好まざるとにかかわらず、「**逆喩**」を知らずして「**和歌**」は語れない。もしこの技芸に興味があり、その深みを知りたいなら、『**新古今**』そのものに当たるのも結構だが、むしろ、『古今和歌集』編者の一人でこの技芸の史上最大の達人であった壬生忠岑（みぶのただみね）の詠みぶりを、じっくり鑑賞してみることをお勧めしておく。彼の歌を、まともに読み解けるようになれば、歌読みとしても歌詠みとしても、まずまず一級品と言ってよい・・・が、そんな日本人は現代には滅多にいないはずだから、自分には読めぬからといって、落胆する必要はない（そして、自分には読めないからといって「**逆喩**」や「**新古今調**」をおとしめる資格もまた、ない）。

■02）（012）—「錯綜」—
　♪詩文の文言は散文に比して勤勉である。八面六臂（はちめんろっぴ）で変幻自在、どの語句が他のどの語句にかかるか、うかうかすれば見逃す読み手も少なくない。歌詠みの文法的自由度は、他分野の物書きより遥かに高く、助詞のすり替え・語順の転倒、自由自在。社会・倫理上の通念の治外法権であることは、恋歌の多さや敬語の不在（そんな文言、入れる余地はない）からもわかるであろう。論理的・現実的整合性にも（詩的説得力さえあれば）平然と背を向けることが許される。
　♪そうした詩文ならではの自由な振る舞い（poetic license＝詩的放縦）の数々のうちでも、極めて高度にして含蓄深く、物語世界に奥行きを与える最高の技巧と言えるもの、それが「**錯綜**」である。文言どうしが複雑に折り重なり、まるで漢文に於ける再読文字

のごとく、役割をもう終えたかなと思った語句が改めてもう一働きして、詩文に新たな側面を与え、結局的にそれは、通り一遍の読み方しか出来ぬ読者と、読みの深い鑑賞者との間に、全く異なる物語を語ることになる。
　♪例えば、単純極まりなく見える次の短歌にも、見える人にしか見えない別の物語が込められているのである：
《君がため惜しからざりし命さへ長くもがなと思ひけるかな》『後拾遺和歌集』恋二・六六九・藤原義孝（ふぢはらのよしたか）
　♪この歌の中で、第四句＋結句「**長くもがなと思ひけるかな**」の関係は固定的にして不動である：「ふと気付けば、長く続くといいなぁと思うようになってしまいました」という「気付きの＜**けり**＞＋詠嘆の＜**かな**＞」が、ある程度の時間経過の余韻を漂わせつつ、懐古調で静かに微笑んでいるだけである。
　♪一方、初句「**君がため**」と第二句「**惜しからざりし**」と第三句「**命さへ**」の相互関係は、玄妙にして感動的である。初句から二句→三句と通り一遍の時系列解釈で読み飛ばす浅い読者は、この上の句連合を「あなたのためになら惜しくもないと思っていた命なのに」として、下の句「ふと気付けば、長く続くといいなぁと思うようになってしまいました」にかけて、それで終わりである。それでもなおかつこの歌は、「君のためなら、死ねる！」と言いつつも、「でも、君のために生きるこの人生、そう早くは終わってほしくない」と言っていることになり、相反する微妙(ambivalent：アンビバレント)な感情の揺らぎを内包していて、この時点ですでにもう十分に魅力的だ。
　♪が、そこに更なる「**錯綜**」を加えるものとして、別の語順の読み方を発見し、時系列的にもう一つの物語をそこに見出せれば、味わいはもうひとしおのものとなる。
　♪第二句＋三句「**惜しからざりし命**」の部分が、物語のそもそもの発端にあったとしたら、どうなるか？「こんな自分の人生なんて、あってもなくても、どうでもいいや」と、投げやりに生きていた一人の人間がいたことになる。
　♪そこに、運命の出会いが加わって、投げ遣りだったこの人は、こう考え直すのだ：「こんな、あってもなくてもどうでもいい自分の命、どうせ捨てるなら、せめて、あなたのために捧げてしまおう・・・あなたのためなら、死ねる：あなたのために投げ出す命と思えば、軽くて惨めでどうしようもなかった私の人生にも、確かに生きた価値が与えられるだろう」
　♪こうして、「愛する人のための＜死に甲斐＞」を、「自暴自棄に生きていただけの自分自身の人生の＜生きがい＞」に代替する形で、しばし、この人は生きるうちに、挙げ句の果てに、こう願う：「ああ、幸せな人生だなぁ・・・できれば、ずっとずっとこのままで、長く生きていたいなぁ：あなたのためにも、自分のためにも」。
　♪・・・これが「**錯綜**」の物語である・・・ちなみに、上の歌の作者の藤原義孝は、２１歳の若さで天然痘により落命している。が、彼の忘れ形見としてこの世に残され

た男児が一人いて、その子は後に平安中期の書道三大名人「三蹟（さんせき）」の一人として、小野道風（をののみちかぜ or たうふう）・藤原佐理（ふぢはらのすけまさ or さり）と並び称されることになる、**藤原行成**（ふぢはらのゆきなり or こうぜい）その人である。苦労の多い人生を送った末に、一条天皇の側近（蔵人頭：くらうどのとう）として取り立てられ、平安時代最大の権勢家藤原道長（ふぢはらのみちなが）の知恵袋の一人とまで言われるところまで出世した・・・何となく、救われる話であろう？

♪こういう詩文そのものとは関係ない裏話まで絡めて（むしろそちらの方ばかり）読みたがるのは、何かと仕掛けの多いショービジネス界に染まった現代人の悪癖では、あるけれど、詠み手の実人生の行く末にさえも心引かれる思いがするほどの短歌は、やはり本物であろう・・・上の和歌にはそうしたエピソードまで含めて語られるべき重みがしっかり宿っている・・・から、無粋になりかねぬ「**左注**」として、敢えて書き添えさせてもらった次第である。

♪『小倉百人一首』の中には、上の歌以外にも「錯綜歌」が更に７首ほどある・・・その玄妙なる意味のグラデーション（**遷移**）を読み解けるか否か、物語世界にふっと新たな奥行き（dimension：ディメンション＝次元）を発見する立体視（stereogram：ステレオグラム）体験が味わえるかどうか、読み解く鍵をも＜括弧付き＞で付けておくので、じっくり目と心を澄まして御覧になるとよい。

《奥山に＜紅葉踏み分け＞鳴く鹿の声聞く時ぞ秋は悲しき》『古今和歌集』秋上・二一五・猿丸大夫（さるまるだいふ）

《花の色は移りにけりな＜いたづらに＞わが身世にふるながめせしまに》『古今和歌集』春下・一一三・小野小町（をののこまち）

《これやこの＜行くも帰るも＞別れては＜知るも知らぬも＞＜逢＞坂（あふさか）の関》『後撰和歌集』雑一・一〇八九・蝉丸（せみまる）

《陸奥（みちのく）のしのぶもぢずり誰ゆゑに＜乱れそめにし我＞ならなくに》『古今和歌集』恋四・七二四・源融（みなもとのとほる）

《忘らるる身をば＜思はず＞誓ひてし人の命の惜しくもあるかな》『拾遺和歌集』恋四・八七〇・右近（うこん）

《明け＜ぬれば＞暮るるものとは知りながらなほ恨めしき朝ぼらけかな》『後拾遺和歌集』恋二・六七二・藤原道信（ふぢはらのみちのぶ）

《人もをし人もうらめし＜あぢきなく＞世を思ふゆゑに物思ふ身は》『続後撰和歌集』雑中・一二〇二・後鳥羽天皇（ごとばてんわう）

♪・・・錯綜した言葉と意味のつづれ織りをきちんと読みほぐすのは難しかったかな・・・上の歌たちに限らず、『百人一首』収録歌の詳細な解題（＋歌の作者の人生のエピソード、その他諸々の古典文物との遭遇）を希望する人は、筆者主宰の WEB サイト、http://fusau.com まで（受験生なら http//fusaugatari.com へと）お越しあれ。

・・・「短歌」の技巧は上記のもののみに留まらない；が、これ以上細々述べてもキリがないので、このへんでおしまいにしよう。

■章０３）『和歌題目』■

　この章０３）もまた、大学受験の次元では蛇足の知識に近い。和歌そのものの技巧（章０２）や修辞法（章０１）とは異なる、外形的特徴の概説（章００）に近いものであるが、日本人として知っていなければ恥ずかしい知識というよりも、知れば和歌世界への視野展望がグッと広がる種類の教養、と思ってくれればよいだろう。

■０３）（００１）―「隠し題」―

　♪文章の端々（多くは、句の頭）に文字を散りばめておき、それらを組み合わせるとある文言が浮かび上がってくる仕掛け（要するに言葉遊び）が「**隠し題**」である。その代表的なものだけ３つほど掲げておく。

●「物名」or「籠め題」

　♪御題の文言をそのまま句中にポンと置くだけの、最も単純な「**隠し題**」が「**物名**」である：「もののな」とも「ぶつめい」とも、「**籠め題**（こめだい）」とも呼ばれる。

　♪但し、当該脈絡に於けるその意味は、その御題とは直接には無関係な形でなければならない。この意味では「**縁語**」と同種であるが、違うところは、「**物名**」は歌の意味内容に全く無関係な取って付けの言葉の織り込みに過ぎず、「**縁語**」のように自然に連想されて物語世界のイメージが膨らむ詩的効用を全く持たぬ点である。

　♪『古今和歌集』(905年)では、巻第十（四二二～四六八の四七首）がこの「**物名**」なる言葉遊び歌のセクションに当てられている。次の歌では、＜ひぐらし（蜩）＞が御題として籠められている：

《そま人は宮木＜ひくらし＞あしひきの山の山彦よびとよむなり》『古今和歌集』巻十・物名・一一〇一・紀貫之（きのつらゆき）

　（現代語訳）山の木こりは、宮中に献上する木材をのこぎりで引いているらしい。山々にその音がこだましているのが聞こえるから。

　♪「杣人」・「山」・「山彦」という全体のイメージの中に、蜩の「**蜩**」は「**縁語**」としてすんなり溶け込んでいると言えぬでもないが、この連想はあまりこの歌の詩的イメージの広がりに貢献するものでもない、と紀貫之（を初めとする古今集撰者）は見たのであろう、ここでは単なる言葉遊びの「**物名**」扱いとなっている。

♪実はこの歌、『古今和歌集』の全1100首の後に添えられた後代の「補遺」扱いとして存在する全11首の冒頭に置かれたものである。これらを加えて全1111首の異本を作ったのは、鎌倉初期の大歌人(『小倉百人一首』の生みの親)藤原定家だ。古来伝わる写本ごとに異なる収録歌を突き合わせて、「こういうのもあるけど・・・やっぱりこれは、番外編、だね」的な感じで、一旦まとめて巻末に書き加えながらも、それをわざとらしくこれ見よがしに墨で「見せ消ち＝みせけち」にしているので、これら１１首の歌は「墨滅歌（すみけちうた）」と呼ばれている。

● 「折句（をりく）」

♪御題を構成する１文字１文字をバラバラの平仮名に分解した上で、それぞれのヒラガナを句頭に織り込む技芸が「折句（をりく）」である。英語で言う「**acronym**：頭字語」と似たようなもので、例えば「**F**requently **A**sked **Q**uestions：しばしば質問される問題」からその頭文字だけを取り出して「**FAQ**（ファ〜ック！cf. FUCK!）」と読んだり、「**UN**cle **SAM**（アンクル・サム＝サムおじさん）」なる人物名の中に「**UN**ited **S**tates of **AM**erica（アメリカ合衆国）」を隠して読み込むアレを、「短歌」各句の冒頭文字をネタにやる隠し芸である。

♪以下に示すのは、『伊勢物語』（第九段）の中の有名な「折句」の例で、初句から結句までの５つの冒頭部をつなげると「か き つ は た」【杜若・燕子花】（カキツバタ）という名のアヤメ科の多年草がひっそり花開く、という仕掛けになっている：
《＜か＞らころもも＜き＞つつなれにし＜つ＞ましあれば＜は＞るばるきぬる＜た＞びをしぞおもふ（唐衣着つつ慣れにし妻しあれば遥々来ぬる旅をしぞ思ふ）》『古今和歌集』羇旅（きりょ）・四一〇・在原業平（ありはらのなりひら）

　（現代語訳）絢爛豪華な中国衣裳、それを着るのが当たり前、そばに居るのも当たり前・・・そうまで慣れ親しんだ妻がありながら、彼女を都に一人残して、遥々来てしまったこの旅の、寂しい長さをつくづく思う・・・恋しい彼女をしみじみ思う。

● 「離合（りごう）」

♪漢字の１文字から、それを構成する複数の部首を、独立した漢字として取り出し、句の中にバラバラに散りばめる形の言葉遊びが「離合（りごう）」である。漢字に張り付くこの技巧は、元来「漢詩」に属するものであったから、漢詩がまだ宮廷文芸として高い地位を保っていた和歌の黎明期（『古今和歌集』当時）には数多く作られたが、かな文学の隆盛とともに、あまり流行らなくなったようである。次の歌では、その「離合」の説明（山＋風＝嵐）を、短歌そのものの中で演じている。
《吹くからに秋の草木のしをるればむべ＜山風＞を＜嵐＞といふらむ》『古今和歌集』秋下・二四九・文屋康秀（ふんやのやすひで）

　（現代語訳）吹いたそばから秋の草木が萎れるので、「山＋風＝嵐」という訳だろう、なるほどもっともな呼び名である。

♪このように過度に説明的なものばかりではなく、次のようにさりげなく織り込まれた「離合」の例もある：
《雪ふれば＜木＞＜ごと：毎＞に花ぞ咲きにけるいづれを＜梅＞とわきてをらまし》『古今和歌集』冬・三三六・紀友則（きのこものり・・・きのうへにともにのりけり「うめ」と「ゆき」、ってか？）
（現代語訳）雪が降ったので、どの木々にも白いものがかぶって、まるで白梅のオンパレードのようになってしまった。どの白が積雪で、どの白が梅花なのだろう？どうやって見分けて本物の梅の枝を折り取ったらよいのだろう？

♪「木（き）＋毎（ごと）＝梅（うめ or むめ）」という「離合」の言葉遊びを別にしても、「白きは雪か、はたまた梅か」の「見立て」の味わいだけでも独立した風味漂う短歌で、さすが『古今集』選者の一人だけのことはある。

■０３）（００２）―「部立」―
♪初の勅撰集『古今和歌集』（905年）以降の編集上の特色として、短歌の趣向別に章立てが施されており、これを和歌の世界では「部立（ぶだて）」と呼んでいる。具体的には、以下のようなセクションがある（が、歌集ごとに微妙に異なる）：
●春
●夏
●秋
●冬
●恋
●賀＝慶賀の行事で詠まれた歌
●哀傷＝死者を哀悼する歌
●離別＝旅立ちに際して詠まれた別れの歌
●羇旅（きりょ）＝旅先で詠まれた歌
●神楽（かぐら）＝祭事にまつわる歌　／　神祇（じんぎ）＝神事にまつわる歌　／　釈教（しゃっきょう）＝お釈迦さまの教え（仏教教義）を説く歌
●物名（もののな・ぶつめい）＝『隠し題』を織り込んだ言葉遊びの歌
●雑（ぞふ）＝上記の範疇以外の歌（『金葉和歌集』に於ける「連歌」などもこの「部立」の中に入る）

■０３）（００３）―「勅撰和歌集」―
♪天皇・上皇・法皇の勅命により、朝廷の文化的事業として編集された名詩選集を「勅撰集（ちょくせんしふ）」と呼ぶ。古くは漢詩名作選から始まり、和歌のみから成る勅撰集第一作は平安前期の『古今和歌集』（905年)である。これに先立つ奈良時代の『万葉集』(759年頃)は、短歌以外の形態の和歌も多く、表記文字もまた「万葉仮名」

という「漢字から仮名文字への過渡的形態」だったため、「ひらがなが き」を基本とする「和歌集」の系譜からは外れる先駆的存在として、別物扱いである。

　♪現代(２１世紀)に至るまで、皇室の命を受けて編集され公式に認められた**勅撰和歌集**は、全部で21集存在する。うち、『古今和歌集』から『新古今和歌集』までを、一般に「**八代集**」と呼んでいる：実質的に、この時期が、和歌文芸が真に生きていた時代と言ってよいだろう。

　♪「**八代集**」以降も、和歌は詠まれたし、「**勅撰集**」も編まれ続けたが、時代を下るごとに派閥争いが目立つ各歌流の「同人誌」的内容へと堕落し、平安期までの「生きた文芸の集大成」と同一視するわけにも行かぬものとなって行く（編纂周期の異様な短さも、その惨めな傍証である）。文学史上の位置付けも、「**八代集**」以降の勅撰和歌集は「**十三代集**」として別物扱いである。以下、それら勅撰和歌集の集名と成立年代、収録歌数、選者、特色（のある集のみ軽く説明）、そして前作からの経過年数を列記する。
<八代集>

●１）『古今和歌集（こきんわかしふ）』(905年 1111首：撰者＝紀貫之・紀友則・凡河内躬恒・壬生忠岑)
・・・日本初の全編和歌の勅撰集。漢詩文から和歌への文芸の主役交代の立役者。
・・・『万葉集』から約150年後の成立

●２）『後撰和歌集（ごせんわかしふ）』(953～958年 1425首：撰者＝源順・大中臣能宣・清原元輔・坂上望城・紀時文)
・・・貴族文芸としての和歌の定着を感じさせる日常的な贈答歌が多い。「梨壺の五人」と呼ばれた撰者たち自作の歌を一首も含まぬ点で、他の勅撰集とは異色。
・・・前作から約50年

●３）『拾遺和歌集（しふゐわかしふ）』(1006年 1350首：撰者＝藤原長能・源道済)
・・・当時の和歌の大御所**藤原公任**(ふぢはらのきんたふ)の私撰集『拾遺抄』（しふゐせう）を元に成立したため、「八代集」中では唯一宮中に「**和歌所**（わかどころ）」（＝勅撰集編集のための臨時専管部署）を置かずに成立。その名の通り、直前の二代勅撰集の選外作と『万葉集』の秀作を拾い集めて成立。「恋歌」の秀歌を多く含むのが特色。
・・・前作から約50年
　　　　　　＝＝＝＝＝ここまでを特に「三代集」と呼ぶ＝＝＝＝＝

●４）『後拾遺和歌集（ごしふゐわかしふ）』(1086年 1218首：撰者＝藤原通俊)
・・・選者が歌学界では若輩者の扱いだったため、大御所たちの意見を聞いては改編を繰り返した。「詞書」に説明調の長文が多い生硬感も、その成立事情による。一条帝時代という女流文学最盛期を対象とし、歌集全体の三割が女流歌人という華やかな(＆情感豊かな)内容だが、逆に、歌の格調はやや低きに流れた感がある。
・・・前作から80年

●5)『金葉和歌集（きんえふわかしふ）』(1126年650首：撰者＝源俊頼)
・・・撰進の命を出した白川院が許可を出すまで、実に二度の再訂を経たいわくつきの勅撰集。三度目が完成版ながら、宮中に秘蔵されて一般には出回らなかった（失敗作扱い、とも言える）ので、世間には二訂版が流布している。田園趣味や奇抜な技法の織り込みを好んだ当代歌風を素直に反映し、「連歌」を初めて（「雑下」の扱いで）「部立」の中に正式に織り込むなど、平安中期～後期に於ける和歌界の潮流の変化を伝える一種前衛的な勅撰集。他の勅撰和歌集の半分程しかない収録歌数の少なさから、25年後に編まれた『詞花和歌集』をその加筆修正版と見ることも出来なくはない。
・・・前作から40年
●6)『詞花和歌集（しかわかしふ）』(1151年415首：撰者＝藤原顕輔)
・・・前作『金葉和歌集』が失敗作とみなされたため、その25年後（通常の勅撰集が編まれる半分の経過時間で）、前作と重複する歌を相当数含みつつ、当代歌人を避けて（採用しても原則として一人一首のみ）古い時代の歌人の名作のみを無難に拾い集めて成立。前作＋この作品で、ようやく一般の勅撰集と同等収録数（約千首）となる。
・・・前作から25年
●7)『千載和歌集（せんざいわかしふ）』(1188年1288首：撰者＝藤原俊成)
・・・選者俊成の私撰集『三五代集』を元に成立。奇抜・俳諧に傾いた『金葉和歌集』の流れに反して、格調高く叙情的な作品を丹念に吟味した名勅撰集である。が、その『金葉和歌集』の選者として俊成の批判の対象となった源俊頼が最多入集者(52首)であり、先代『詞花和歌集』の当たり障りのない懐古趣味的名作選の傾向を排して、当代歌人重視（収録歌の半数を占める）の姿勢で編まれている。現世で出世の望みを絶たれた者たちの多くが出家して和歌文芸で身を立てようとした平安末期の世相を反映して、いわゆる「歌僧」の比率が全体の二割を占める。
・・・前作から34年（『金葉集＋詞花和歌集』を変則的な一作とみなせば、62年）
●8)『新古今和歌集（しんこきんわかしふ）』(1210～1216年1979首：撰者＝藤原定家・藤原家隆・飛鳥井（藤原）雅経・六条（藤原）有家・源通具・寂蓮)
・・・久しく単独選者態勢で作られていた勅撰集を、元祖『古今集』の例に倣って複数（6人）選者態勢で編んだのがこの『新古今集』。平安和歌の集大成と新発展を目指す気概に燃えて、撰進の勅命を出した後鳥羽上皇自身も実質的に第7の選者として加わり、1201年の院宣から1205年の奏覧を経て、1210～1216年頃にようやく一応の完成を見た空前絶後の念入りな編集作業は、後鳥羽院自身が倒幕運動に失敗(1221年)して隠岐島に流された後もなお続き、1239年に院がこの世を去るまでの18年間の全てを費やして、最終的に約400首を除いた1500首ほどを『正統新古今和歌集』とする詔勅を出すまで延々と続いた・・・まさに平安の世の最後を飾る執念の文芸の華である。この歌集を以て和歌はその頂点を極め、以後、緩やかな退潮の途につくことになる。
・・・前作から28年
　　　　＝＝＝＝＝ここまでがいわゆる「八代集」＝＝＝＝＝

<十三代集>

●9)『新勅撰和歌集（しんちょくせんわかしふ）』(1235年 1370首：撰者＝藤原定家)
・・・『小倉百人一首』と同時期に定家が編み、史上初の複数勅撰集撰者となる。
・・・前作『新古今集』から20年

●10)『続後撰和歌集（しょくごせんわかしふ）』(1251年 1400首：撰者＝冷泉（藤原）為家)
・・・前作から16年

●11)『続古今和歌集（しょくこきんわかしふ）』(1265年 1915首：撰者＝当初は冷泉（藤原）為家)
・・・為家は定家の息子だが、撰者追加措置にふてくされ、途中から編纂作業は息子の為氏に一任。追加撰者は、反冷泉勢力の九条基家・衣笠家良・六条行家・葉室光俊（真観）の四人。
・・・前作から11年

●12)『続拾遺和歌集（しょくしふゐわかしふ）』(1278年 1500首：撰者＝二条為氏)
・・・前作から13年

●13)『新後撰和歌集（しんごせんわかしふ）』(1303年 1600首：撰者＝二条為世)
・・・『津守集（つもりしふ）』と皮肉られるほど津守氏の歌が多く入集しているが、これは、この間（1274年／1281年の二度に亘る）モンゴルからの侵略「元寇（げんこう）」があったことと無縁ではない：「津守＝海洋防衛」祈願和歌集というわけである。
・・・前作から25年

●14)『玉葉和歌集（ぎょくえふわかしふ）』(1313年 2801首：撰者＝京極為兼)
・・・当初は京極為兼の他にも二条為世・飛鳥井雅有・九条隆博らの撰者がいたが、京極／二条両派の対立や撰者の死去・左遷等の事情で約20年もかけて成立。この集以降、歌壇は二条派に牛耳られ、京極派は『風雅和歌集（ふうがわかしふ）』まで日の目を見ずにホサれることになる
・・・前作から10年

●15)『続千載和歌集（しょくせんざいわかしふ）』(1320年 2100首：撰者＝二条為世)
・・・前作から7年

●16)『続後拾遺和歌集（しょくごしふゐわかしふ）』(1326年 1347首：撰者＝二条為藤・・・死後は息子の二条為定が引き継ぐ)
・・・前作から6年

●17)『風雅和歌集（ふうがわかしふ）』(1349年 2211首：撰者＝正親町公蔭（京極為兼養子）・藤原為基・冷泉為秀)・・・最後の「京極派」勅撰集
・・・前作から23年・・・この間、1333年の鎌倉幕府滅亡など、社会が不安定期にあったため、前作との時間間隔が比較的長い。

●18)『新千載和歌集（しんせんざいわかしふ）』(1359年 2360首：撰者＝藤原為定)
・・・前作から10年

●19)『新拾遺和歌集（しんしふゐわかしふ）』(1364年 1920首：撰者＝二条為明・・・死後は息子の頓阿（二階堂貞宗）が引き継ぐ)
・・・前作から15年

▲准勅撰『新葉和歌集（しんえふわかしふ）』(1381年 1420首：撰者＝宗良親王＝後醍醐天皇の皇子)
・・・「南朝」方の作品であったため、正規の勅撰集としては日の目を見ずに終わった。
・・・前作から17年

●20)『新後拾遺和歌集（しんごしふゐわかしふ）』(1384年 1554首：撰者＝二条為遠・・・死後は息子の二条為重が引き継ぐ)
・・・前作から20年

●21)『新続古今和歌集（しんしょくこきんわかしふ）』(1439年 2140首：撰者＝飛鳥井雅世)
・・・ただひたすら「二条派」のための歌集。京極・冷泉派歌人の入集はほぼ絶無。女流歌人も少ないなど、極めて偏った内容。室町中期のこの和歌集を以て、勅撰集の系譜は断絶し、日本は群雄割拠の戦国時代へとなだれ込んで行く。
・・・前作から55年

(２０１０〜１１年、『古文・和歌 Mastering Weapon』執筆時点で)
〜〜〜最後の『新続古今和歌集（しんしょくこきんわかしふ）』から約五七〇年〜〜〜
・・・この間、日本で「勅撰和歌集」が編まれたことは、ない・・・

■０３）（００４）―「屏風歌」―

♪和歌が「唐歌（からうた＝漢詩文）」に対してまだ劣勢だった『古今和歌集』(905)以前の平安前期。和歌の隆盛を図るためには、有力なパトロン（支援者）たる上流貴族階層に訴えかけるための何かが必要であった。その有力な手段となったのが、貴人の邸宅には付き物の「屏風絵」である。

♪「屏風絵」は、貴人が自らの邸宅に飾るためだったり、他者への贈答用だったりするが、いずれにせよ（絵師によって）描かれる絵画は（絵師自身の芸術的想像の産物ではなく）貴族たちの間でそれなりに知られた何らかの由来を持つものが多く、その縁起についての講釈まで含めての社交の具であった。その講釈を、散文ならぬ詩文の形で、屏風の上に三十一文字でさらさらっと書き付けてしまえば、社交の小道具として単なる絵画のみの場合よりも小粋なアクセントが加わることになる。絵だけを見せて「この絵を講釈せよ」と言われても、よほど絵心のある人以外には無理難題だろうが、そこに短歌の手掛かりも加われば話はだいぶ違ってくるのだ。

♪このような「屏風絵」の縁起・解釈を詩的に書き綴った説明型の詩文としては、短歌以前にも漢詩文が既に存在した・・・否、これはむしろ本末転倒の話かもしれない：著名な漢詩文に詠み込まれた風情を絵画的イメージとして展開するために描かれた「屏風絵」が多かったのだから。その絵画に添えられた漢詩文を見て、「あ、これは有名なアレですな」とハタと膝を叩いて合点して見せたりするのが貴人の漢籍教養の見せ所だったわけである。漢詩文抜きの「屏風絵」だけを見て即座にその「原典」をそらんじてみせることが出来ればなお一層ポイントは高い、という具合だ。

♪やがてそうした説明型詩文の主役が「唐歌」から「和歌」に移れば、その和歌は純然たる歌詠みの想像的創作となる。暗誦していなければ言い当てられぬ漢詩文とは異なり、自らの文芸的素養のみで読み解ける手掛かりとなるのだから、貴人センスの見せ所としては「棒暗記必須の漢詩文」より遥かに高度で、気が利いていると言える。

♪こうして、「短歌」の読み解きは、「絵画」そのものから主役の座を奪い取るほどの重要な社交の具となって行く（誰しも、絵を読むよりは字を読む方が楽なのだ）。秀逸な和歌が屏風の上に踊っておれば、持ち主／送り主の威信も高まる。勢い、「屏風絵に秀歌を詠み添える力量を持つ優れた歌人」の需要も高まるわけである。

♪こうして、紀貫之・紀友則・壬生忠岑・凡河内躬恒ら『古今和歌集』編者を初めとする当時の第一級の歌詠みたちは、「**屏風歌**」を通して自らの存在感を高めて行く。それと同時に、上流貴族階層の間での「**短歌**」そのものの人気もまた急上昇して行くことになるのである。

　♪和歌の素養皆無の現代日本人でさえ誰しも少しは馴染みのある『**小倉百人一首**』(1235 頃)も、元はと言えば、選者の藤原定家が有力な貴人に頼まれて京都小倉山の山荘に飾る「**屏風歌集**」として（鎌倉初期に）選んだ（平安時代の）名歌百選であった。

■０３）（００５）―「題詠」・「当座」・「兼題」―
●想像的創造としての「題詠」の誕生
　♪「**屏風歌**」の隆盛は、和歌の世界にもう一つの重要な風習を生んだ。歌詠み自身が自ら居合わせた場所でもなく、体験した出来事でもない歌題に合わせて、想像的創造の産物としての短歌を詠み添える仮想詠法「**題詠**（だいえい）」の誕生である。

　♪奈良時代の『万葉集』に詠み込まれた作品の多くは、詠み手の実体験から生まれた生の感情の歌であった。この種の、事前の準備も心構えもなしに、その場で即座に詠む歌を「**当座**（たうざ）」と呼ぶ：事前に決められた御題目に沿って知的想像を巡らして創作する「**兼題**（けんだい）」と対をなすものであるが、こうした即興的詠歌作法は、後代になればなるほどなりをひそめることになる。

　♪平安前期の『古今和歌集』の歌の多くは「**題詠**」である。「**屏風絵**」に代表されるように、他の誰かから「これを御題に一首詠んでみよ」と言われて作るものであって、虚構の色彩が濃密である。この「机上の作品」的性質を捉えて、明治時代に写実的な俳句の新風を目指した正岡子規（まさおかしき）などは「平安時代の和歌の多くは、嘘っぱち歌」的な難癖を付けている。自ら新たな創造に立ち向かう産みの苦しみの中で、文学者の多くはこの種のなりふり構わぬ「絶叫！」を漏らすものだから、子規のこのイチャモンも、病苦にめげずに現実と向き合う真剣な俳句作りに命を賭けたその情熱の勇み足として「脈絡を加味」して聞き流してやるべきであろうが、同時にまた、『古今集』当時の平安歌人たちが何故に*子規言うところの*「*嘘っぱち歌*」を詠まねばならなかったかの「脈絡を加味」した解釈も付けねば、片手落ちというものだろう。
●「題詠」なれども「兼題」ならず、の古今歌人の責務の重さ
　♪古今歌人たちは、その「**題詠**」の多くを、貴人の眼前での即興芸（＝「**当座歌**」）としてやってのけた。それは、何十分間も何時間も（あるいは何週間も）の試作期間の余裕のある後代の「**兼題**」とは、困難の度合いが全く違う営みであった。それだけ

でも彼らの営為ののっぴきならぬ真剣さには、敬意を表すべきであろう。しかも彼らの多く（少なくとも選者の四人）は、そうした創作芸を「漢詩文というライバルに対し、和歌が日本の文芸の主役に躍り出るために必要なキャンペーン」の一環として、真剣勝負で繰り出していたのである。この事実を踏まえる文学史的パースペクティブ（視座）を有する者の目に、正岡子規の言い草がどう映るか・・・一考に値しよう。

●我が身一つの歌にはあらねば・・・四人で作った四分の一

♪また、『古今集』収載作品の多くは「出来の良くない作り物」の響きを帯びているのも確かであるが、それを以て彼らの「貧弱なる虚構性」をあげつらう者がいるようなら、次の事実を踏まえた上でその非難を行なっているのか否か、一考に値しよう：

♪『古今和歌集』に収録された全 1111 首のうち、紀貫之(105)・凡河内躬恒(62)・紀友則(46)・壬生忠岑(37)と、四人の撰者の自作歌(250)だけで全体の 23％を占めているという事実は、歌集作りのために彼らが集めた『万葉集』以降の短歌のあまりに多くが「恋歌」に偏り過ぎており、そのまま収載したのでは「純然たる個人的感情の垂れ流しを寄せ集めた不出来な詩集」へと堕落してしまうのが確実だったら、「恋歌」の相当数を排除せざるを得ず（その多くは後に『拾遺集』に収められることになる）、その穴埋めのための「歌集全体の格調を押し上げる高度な創作芸」として、自らせっせと（それも、急ごしらえで）作り上げた 4 分の 1 パートだったのである。

♪こうした『古今集』撰者たちの必死の努力の甲斐あって、その半世紀後の勅撰集『後撰和歌集』には、五人の撰者（「梨壺の五人」）の自作歌は一首たりとも含まれていない。撰者の歌など入れずとも、和歌は世に溢れ、収載する作品選びに全く不自由しない時代となっていたからである。

■03）（006）―「歌合せ」―

♪和歌の興隆とほぼ時を同じくして、同じ歌題で詠まれた二つの和歌どうしを並べてその優劣を競う「歌合せ」（うたあはせ）も行なわれるようになった。

♪資料に残る日本最古の「歌合せ」は『在民部卿家歌合（ざいみんぶきゃうにうたあはせ）』(885 年頃)。『古今和歌集』(905 年)が世に出る２０年前のことであり、その主宰者は在原行平（ありはらのゆきひら）、あの『伊勢物語』(927 年頃)の主人公「むかし男」＆「六歌仙」の一人として有名な天下のプレイボーイ在原業平（ありはらのなりひら）の実の兄である。

●「左方 vs.右方」・「方人」・「念人」

♪「歌合せ」では、個々の歌の優劣を論じ合い、その勝敗を集計して、それぞれの歌の属する二組の集団の勝負をも最終的に競うことになる（・・・このあたり、現代日本の大晦日恒例ＮＨＫ「紅白歌合戦」と似た趣向である）。

♪各歌は「**左方**（＝先手）」と「**右方**（＝後手）」に分かれ、それぞれの「**方**」には、歌を出す詠み手以外にも、その詠み手の側に味方する人々が参加して、自歌は出さずとも、歌の優劣の議論には加わった。

♪一方の側に味方する人のことを「**方人**（かたうど）」(**左の方人／右の方人**)と呼んだ（古語で「**方引く：かたひく**」と言えば「**一方の側に肩入れする**」ことを意味する）。

♪後代になると「**方人**」は「左方・右方として歌を出した作者本人」の意に転じ、「歌は出さずに応援に回る者」の意味では「**念人**（おもひびと）」という新たな用語が生まれる。しかし、「**方人**」の原義は（歌学的にも古語全般に於いても）「一方に味方する者」であるから、「左・右いずれかの側に味方する人」の意味での「**方人**」の妥当性は後代になっても揺るがない。

●「講師」・「披講」

♪出された歌を詠み上げる係は「**講師**（かうじ）」である。歌が読み上げられることを「**披講**（ひかう）」という。後代にはいずれの方にも属さぬ中立の立場の「**講師**」も置かれるようになったが、平安時代には左・右それぞれに別々の「**講師**」が付いたというから、双方ともに、さぞや美しい声（or 顔）の読み手を引っ張り出しては自分方の勝利に貢献させようとしたものと想像される。

●「判者」・「判詞」・「衆議判」

♪左右の歌を吟味してその優劣を論じる係は「**判者**（はんじゃ）」であり、判定理由を述べた言葉は「**判詞**（はんし）」と呼ばれる。

♪決着の付け方には三通りあって、「**勝**（かち）」・「**負**（まけ）」の他に「**持**（もち・ぢ）」（引き分け）の場合もあった。

♪基本的には勝敗の決着は「**判者**」が付けるが、参加者の合議により決着を付ける場合もあって、それは「**衆議判**（しゅぎはん）」と呼ばれた。鎌倉期以降の歌合せは「**衆議判**」が殆どだという。それは当然、そうであろう：歌壇に於ける流派ごとの争いが鮮明化した平安末期以降、「**歌合せ**」は各流の名誉と意地を賭けた歌学論争の場と化したのだから、その優劣を決するのがたった一人の「**判者**」であっては困るのだ。「**判者**」がいずれか一方の流派を支持する「**念人**」であることは構造的必然であるから、その独裁制にしたのでは、勝敗の帰趨は最初から明白、不平等を通り越して勝負不成立である。歌壇論争としての「**歌合せ**」は、合議制の「**衆議判**」でなければ成立しないのだ。

●一ヶ月にも及ぶ「兼題」の準備期間
　♪「歌合せ」の歌題は、その場で出されたものに即興で歌を詠み添える「当座（たうざ）」は稀で、予め出される「兼題（けんだい）」が殆どであった。和歌の黎明期には御座敷芸的な雰囲気で演じられていたであろう「歌合せ」も、後代になればなるほど歌人・歌流の面目躍如の舞台となり、真剣勝負の度を加えていったので、事前準備も周到でなければならなくなったわけである。

●「歌合せ」の中から生まれた伝説のライバル
　♪和歌の世界で最も有名な「歌合せ」の一つである村上天皇(62代)の治世の『天徳四年内裏歌合(てんとくよねんだいりうたあはせ)』(960年4月28日)は、その後の「歌合せ」の範となったものであるが、その「兼題（全20題）」提示から本番までには、一ヶ月もの準備期間が用意されていた。勅撰和歌集では『古今和歌集』(905年)に続く『後撰和歌集』(951年)が世に出、歌物語としては『伊勢物語』(927年頃)に続く『大和物語』(951年頃)が世に出て、和歌がいよいよ宮廷文芸の中心としての座を確固たるものとし始めた頃の、天皇主宰による宮中での「歌合せ」であるから、この『天徳四年内裏歌合』の重要性は特筆すべきものがある。

　♪この一大イベントの中で、「忍ぶる恋」の「兼題」での対抗歌として競い合った次の二首は、前者に敗れた後者の詠み手が、失望のあまり「不食の病（ふじきのやまひ）」でやつれて死んだとの逸話とともに後代にまで語り継がれている。どこまで実話かわからぬものの、それほどまでに歌の優劣が社会的に重要になり始めた頃の伝説としてみれば、それなりの重みをもって受け止めるべき話と言えるだろう。

《忍ぶれど色に出にけりわが恋はものや思ふと人のとふまで》『拾遺和歌集』恋一・六二二・平兼盛（たひらのかねもり）

　（現代語訳）素振りには出すまいとして、これまで忍んできたけれど、とうとう顔色にはっきりと表われてしまったのだなあ、私の恋心は。「物思い、ですか？」と人に聞かれてしまうほどに。

・・・詠み手は、道長中心の藤原氏歴史物語『栄花物語（えいぐゎものがたり）』(正編)作者の赤染衛門（あかぞめゑもん）の実父（戸籍上は別の父がいる）である。

　♪これへの対抗歌は：
《恋すてふわが名はまだき立ちにけり人知れずこそ思ひそめしか》『拾遺和歌集』恋一・六二一・壬生忠見（みぶのただみ）

　（現代語訳）「あの人、恋してるんだって」と、私の噂がもう立ってしまったよ・・・誰にも知られず、ひっそりと、あの人を想い始めたばかりだというのに。

・・・こちらの詠み手は、『古今和歌集』編者の一人にして「錯綜歌」の達人だった壬生忠岑（みぶのただみね）の息子である。

♪『拾遺和歌集』(622番, 621番)でも『小倉百人一首』(40番, 41番)でも、これら両歌は並んで配置されており、両首が「因縁の勝負歌どうし」だったことを感じさせる趣向を演じている。

●平安の世の終わりを締めくくった空前絶後の『千五百番歌合』

♪こうして数々の物語を生んだ「歌合せ」の中でも、史上空前のものが、平安の世が崩壊した鎌倉初期に、あの後鳥羽上皇が主宰した『千五百番歌合』である。上記の『天徳四年内裏歌合』もかなりの長丁場に及び、全ての決着が付いたのは翌朝のことだったとされているが、こちらに至っては「夜通し」だの「一週間」だのといった生易しい代物ではない・・・１２０２年に始まった「歌合せ」が決着を見たのは、何と翌１２０３年のこと、実に「足かけ二年」に渡る前代未聞の「歌合せ」なのだ！その具体的な趣向は、次のようなものである：

1）当代随一とされる歌人30名のそれぞれに「百首歌」を献上させる・・・これで、30×100＝3,000首の歌が集まるわけである。

2）3,000首の歌を、同じ題意ごとに対抗歌どうしとして二分して競合（＝「結番：けちばん」）させる・・・これで1,500番のバトルが展開されるわけである。

3）勝敗は、「方人」たちの議論を最終的に「判者」が判定して決着するが、それは明晰なる歌学理論に基づいて行なうこととし、1,500番の勝負の全てに於いて展開された議論とその「判詞」は、歌学的に意味のある「歌論書」の形でまとめ上げ、その出版時点を以て「歌合せ」の終了とする。

♪二十巻（多く十冊本として流布）の形でこの空前絶後の（歌合わせの形を借りた）歌学論争の記録がまとめあげられたのは1203年。1201年11月に既に後鳥羽院は『新古今和歌集』撰進の勅命を出しているから、勅撰集作成の下準備とも言えるが、その熱意の尋常ならざること・・・「平安の世のさま、忘るまじ！」の執念の為せる業と言うべきだろう。

♪こうして、300年前の『古今和歌集』(905年)と並んで、西暦1200年台の初頭は、「和歌」の世界にとって忘れ得ぬ飛躍の時となったのである・・・もっとも、前者はその後三世紀に渡る繁栄と栄光に向けての華々しい飛躍の幕開けであったのに対し、後者はその飛躍の頂点を極めた末の没落への入り口でもあったわけだが・・・。

♪そうした「滅び」の前の狂おしいまでの輝きの記録として、『千五百番歌合』と『新古今和歌集』を残した後鳥羽院とその周辺歌人達の功績は、日本文学史上、こよなくまばしい「平安という名の老いたる巨星の超新星爆発」とも言うべき光と情念に充ち満ちている・・・それが「新古今調」の生命力であり、あまりに濃密すぎるが故の「外連味（ケレンみ＝本筋のものとは異なる奇抜な趣向で人をあっと言わせよう

とする風味のある、不思議な味)」でもある。「とてもついて行けない」としてこれを敬遠する人は、まずは和歌の「醍醐味（だいごみ＝正統派の味）」を教えてくれる『古今和歌集』を通して舌馴らしをした上で、後日改めて『新古今』を味わってみるといい。

　♪「滅び行く世の人々の心の叫び」や「終わり行く時代が辿り着いた最後の高み」が２０００首近くも詰まった『新古今』は、ある意味で一つの終わりを迎えつつある２０００年代初頭の現代日本に生きる者として、無視すべからざる何かを含むこと、確実である・・・それを実感する恐ろしさに耐え得る感性があれば、読むとよい・・・

　その前に、平安時代の文法・語句・短歌作法に関する理論武装がなければ読もうにも読めないが、その方面での武器供与は（この **古文・和歌** ＋「**古文単語千五百**」の **Mastering Weapon** シリーズを通して）十分してさしあげたつもりのこの筆者である。

　　　　　　・・・和歌の世界のお話は、これにて **お　し　ま　い**　・・・

《うたかたの　うきよにうける　うつせみの　いくよいくばく　うたはかはらず》
（水面に漂う泡の如く浮かんで弾けて束の間燃えて夢見しこの世に浮かれ騒ぐ享楽の夜が幾晩あることか、生きられる長さはいかほどか・・・何とも頼りないこの世の中に、変わらず残るものは、歌）

　　　　　　　a message from ***Noto Jaugo***（著者 **之人冗悟**、記す）

See you again *(if you will)* at: **http://fusaugatari.com**
　　　　　　　　　（よろしかったらまたネットの上で　逢いましょう）

… but before that, you should ***strengthen your grammatical muscles*** in the following floods of merciless drills
　（でもその前に、以下、容赦なく続く洪水の如き反復練習問題にて、文法筋力増強を図るべし）

★付録:文法理解度確認＆暗記促進用 空所補充試験問題★

●本編「＝古文の理＝」の内容を更に簡潔に要約した文章の一部を《＿＿＿＿＿＿》（空所補充問題）と化し、これを学習者が逐次補足することで、当該文法事項の内容理解と暗記の促進を図るためのテストを、賢明にも本書を「得物＝weapon of choice」として手にした諸君への「特別な獲物・余禄＝bonus」として全巻の最後に贈呈する。

●本編で解説されていてもその理解＆暗記の重要度が低い事項はあっさり流したり、逆に新たな解説を付けたり、いくつかの学習単元をまとめてドカッと総括して問題にしてある場合もある。**正解は各単元のテスト末尾に記し、解答目安時間（??min）もその直前に添えておく**（答え合わせには正解まとめてコピー＆参照できたほうが便利だろうから、重複を百も承知で、巻末にも正解一覧をドサッと再掲しておく）。

●本編を読む前にいきなりこちらの空所補問題に挑んでおき、自身の知識・理解の欠落部を事前に確認した上で、本編の解説の中にその答えを求めに行く実戦的利用法も可能であろう・・・初学段階でそこまでの勝負に出るファイター型学習者は少ないであろうが、復習段階ではそのやり方が必須となる。試験直前には、この穴埋め確認作業が諸君の得点力（＋確固たる自信）を高めてくれること、言うまでもない。

●大事な本番の試験に備えて「この巻末穴埋め問題を全部やり終えるのに自分の場合どの程度の時間と労力を要するか？」まで（体感的に）把握しておくことが望ましい：
【weapon】とは、そのように自らの手に馴染み使いこなし身体が覚えてしまうほどに我がものとしてこそ、百戦百勝・効果一生の武器となる。生兵法では意味がない。得心行くまで使い倒して**古文MAESTRO**（いにしへの和語の匠み）を目指されたし。

●そうして「**古典文法＆和歌**」の世界を制した後に、残る課題は「**古文単語**」：そのための"得物"として**この筆者が著した『古文単語千五百 Mastering Weapon』**をも併用すれば、受験生は、大方の大学入試に死角なしの境地に到ることであろう。

★"単語本には例文が必要"ということで、上記本の"巨大例文集"として編んだ本が**『ふさうがたり(Fusau Tales)扶桑語り』**。千五百もの受験重要古文単語をすべて織り込む過程で"例文集"が肥大するのを見越した上で、同書には「**平安時代に使用された助動詞３７＆助詞７７の語法の全て**」と「**係り結び等の重要古典文法の全て**」をも"用例集"として織り込んである。全２２の歌物語の読解過程で「**単語＋助動詞＋助詞＋語法**」を**随時学べる（＆印象に焼き付ける）**本＝「**万能教科書**」を目指して書いた実に欲張りな本である・・・が、古典文法の受験対策には、歌物語を楽しんで読む道すがら自然に身に付けるやり方よりも、理詰めの手引書で集中＆反復学習する方が数段効率的であることを（実際『ふさうがたり』をテキストにした総合学習講座完成後の実感として）悟ったこの筆者が、改めて書き下ろした古典文法集中学習本の究極の形が、この**『古文の理』**というわけである。

●本書読了後、『**古文単語千五百 Mastering Weapon**』の併用は受験生なら必須の道筋・・・『**ふさうがたり(Fusau Tales)扶桑語り**』の世界まで足を伸ばすのは時間と風流心次第の優雅な選択・・・何にせよ**文法書→単語集→扶桑語り**の手順だけは違えぬように。

☆以下、「**=古文の理=**」内容理解と暗記促進用の膨大なドリル・・・いざ、**読まれたし**！

==========
■01)(001)―古語の種別―
古語は、前後に続く語との関係で語尾の形が変わる語である「《1》_____》語」と、前後にどんな語が来ようとも常に同じ形で用いられる「非《1》_____》語」の二種類に大別される。

「《1》_____》語」に属する「品詞」は以下の3種（数え方によっては5種）である：
◆《2》_____》（・・・これに更に《3》_____》と《4》_____》を加えることもある）
◆《5》_____》
◆《6》_____》

「非《1》_____》語」に属する「品詞」は以下の6種（数え方によっては7種）である：
◆《7》_____》（・・・これに更に《8》_____》を加えることもある）
◆《9》_____》
◆《10》_____》
◆《11》_____》
◆《12》_____》
◆《13》_____》

語呂合わせとしては《クッシャロコ》・・・九種の《14》_____》＝三種の「《1》_____》語」＋六種の「非《1》_____》語」として覚えておけばよい・・・但し、九種の《14》_____》は、数え方によっては十二種の《14》_____》と言うこともできる。

これら十二種の《14》_____》の全てを具体的に含む語呂合わせは『兎に角も三郎急で大丈夫。婦女子関連攻めど、けど』・・・とに（＝12種の《14》_____》）かくも（12種だか9種だか、数え方にやや統一性を欠くが）、さぶ（＝3種の「《1》_____》語」）ろー（＝6種の「非《1》_____》語」）きゅー（＝9種の《14》_____》）で（基本は9種）だい（＝《8》_____》）じょ（＝《3》_____》）ほ（＝《4》_____》）ぶ（「だい＋じょ＋ほ」の補欠品詞御三方も付け足せば12種）。ふ（＝《13》_____》）じょし（＝《12》_____》）かん（＝《11》_____》）れん（＝《10》_____》）せ（＝《9》_____》）め（＝《7》_____》）（←この6つは「非《1》_____》語」）／（→ここから先の3つは「《1》_____》語」）ど（＝《2》_____》）け（＝《5》_____》）・ど（＝《6》_____》）。

…4min

答：《1》活用》《2》動詞》《3》助動詞》《4》補助動詞》《5》形容詞》《6》形容動詞》《7》名詞》《8》代名詞》《9》接続詞》《10》連体詞》《11》感動詞》《12》助詞》《13》副詞》《14》品詞》
==========

■02)—「動詞」・「形容詞」・「形容動詞」活用の見分け方—

古語の「活用語」の3品詞、《1)_____》、《2)_____》、《3)_____》の末尾の、前後の語句との関係により変化する語形(＝「活用形」)には、6種ある。

「活用語」の末尾の、前後の語句との対応によって様々に変化する語尾部分を《4)_____》と呼び、常に変化せず一定の語頭部分を《5)_____》と呼ぶ。

6種ある「活用形」を識別するための語呂合わせは**《ずむけりなる、。ことぞなんどもばこそいざ》**‥‥それぞれの語句を後(または、前)に伴った場合に出現する形として暗記しておけばよい：

◆直後に否定助動詞「ず」・推量助動詞「む」を付けて通じる活用形は《6)_____》形である。
—————
◆直後に「過去」助動詞「けり」を付けて通じる活用形は《7)_____》形である。
◆《2)_____》及び《3)_____》の場合、直後に(《1)_____》の)「なる(成る)」を付けて通じる活用形は《7)_____》形である。
◆直後に「、(読点)」を置いて文章を一旦そこで切り、間を置いて、後へと続ける用法(＝「《8)_____》法」)が成立する活用形は《7)_____》形である。
—————
◆直後に「。(句点)」を置いて文章を言い切って終える形(＝辞書の見出語)の活用形は《9)_____》形である。
—————
◆直後に「こと[事]」のような「体言(＝名詞)」を付けて意味が通じる活用形は《10)_____》形である。
◆先行する係助詞「ぞ」・「なむ(なん)」及び疑問の意を表わす語句(か・や・いづこ・いつ・たれ・など・etc)と呼応して文末に現われる特殊な語形(＝「《11)_____》結び」)の活用形は《10)_____》形である。
—————
◆直後に接続助詞「ど」・「ども」を付けて「逆接の確定条件：〜だけれども」の意味を表わす活用形は《12)_____》形である。
◆直後に接続助詞「ば」を付けて「順接の確定条件：〜なので」の意味を表わす活用形は《12)_____》形である。
◆先行する係助詞「こそ」と呼応して文末に現われる特殊な語形(＝「《11)_____》結び」)の活用形は《12)_____》形である。
—————
◆直前に「いざ」を置いて意味が通じる、相手に行動を促す活用形は《13)_____》形である。但し《3)_____》に関してはこの活用形(〜なれ／〜たれ)が用いられた例はほとんどない。

…4min

答：《1)動詞》《2)形容詞》《3)形容動詞》《4)活用語尾》《5)語幹》《6)未然》《7)連用》《8)中止》《9)終止》《10)連体》《11)係り》《12)已然》《13)命令》

==========
■(3)(001)〜(004)—「形容詞」概論—

「形容詞」とは、物事の状態や人間の心理を形容する語で、その言い切り形(=「終止形」)は常に「〜+《1》_____》」またはその濁音の「〜+《2》_____》」で終わる。

「形容詞」は《3》_____》を取ることはできない。《3》_____》を取るためには「形容詞」ではなくは「《4》_____》」の形にする必要がある。

「形容詞」の活用は2種に分かれ、「連用形」(=直後に動詞の「なる(成る)」を続けて通じる形)の語形が「〜+《5》_____》」なら「《5》_____》活用」、「〜+《6》_____》」またはその濁音の「〜+《7》_____》」なら「《6》_____》活用」と呼ばれる。

2種に分かれる「形容詞」の活用形(6形態)を{未然(M)・連用(Y)・終止(S)・連体(T)・已然(I)・命令(R)}の順番に並べて示せば、次のようになる:

◆「形容詞」「《5》_____》活用」の MYSTIR 活用表
{
M=《8》_____》/(く)・・・「くは or くば」による「順接の仮定条件:もし〜なら」専用
Y=《9》_____》及び《10》_____》
S=《11》_____》
T=《12》_____》及び《13》_____》
I=《14》_____》
R=《15》_____》
}

◆「形容詞」「《6》_____》活用」の MYSTIR 活用表
{
M=《16》_____》/(しく)・・・「しくは or しくば」による「順接の仮定条件:もし〜なら」専用
Y=《17》_____》及び《18》_____》
S=《19》_____》
T=《20》_____》及び《21》_____》
I=《22》_____》
R=《23》_____》
}

「《6》_____》活用」の活用語尾から「《24》_____》」の音を除けば「《5》_____》活用」となる。

「形容詞」本来の活用形は、「く/しく」の《25》_____》形(Y=用)・「し」の《26》_____》形(S=止)・「き/しき」の《27》_____》形(T=体)の3種のみであった。ここに更に「けれ/

しけれ」の《28)_____》形(I=已)が加わったのは、係助詞「こそ」を伴っての「係り結び」及び接続助詞「ど／ども」を伴っての「逆接の確定条件：〜だけれども」並びに接続助詞「ば」を伴っての「順接の確定条件：〜なので」を成立させるためである。これら「形容詞」本来の4種の活用形のことを「形容詞」の「本活用」と呼ぶ。

　時代が進むにつれて、「形容詞」の直後に助動詞を従える必要が生じ、そのための複合型活用語尾として、「本活用」の《25)_____》形(Y=用)(く／しく)＋ラ変補助動詞(あり)」の結合により生まれたものが《29)_____》(=く＋あら)／《30)_____》(=しく＋あら)の《31)_____》形(M=未)と、《32)_____》(=く＋あり)／《33)_____》(=しく＋あり)の《25)_____》形(Y=用)、及び《34)_____》(=く＋ある)／《35)_____》(=しく＋ある)の《27)_____》形(T=体)、更には《36)_____》(=く＋あれ)／《37)_____》(=しく＋あれ)の《38)_____》形(R=令)といった後発活用形であり、これらのラ変動詞補足型後発活用形を、形容詞の「補助活用」(あるいはその語形から「《39)_____》活用」)と呼ぶ。これら「補助活用」の追加によって、「形容詞」の《25)_____》形(Y=用)と《27)_____》形(T=体)には2種類が重なることとなった。

　「形容詞」の「補助活用」には《26)_____》形(S=止)と《28)_____》形(I=已)がない。「補助活用」は直後に「助動詞」を従えるために生じた語形だが、その「補助活用」を形成する「ラ行変格活用動詞(=あり)」直後に続く助動詞に《26)_____》形(S=止)／《28)_____》形(I=已)へと接続するものがないため(除 推量「なり・めり」終止形撥音便接続)、「補助活用」として《26)_____》形(S=止)と《28)_____》形(I=已)を用意する必要もなかったのだ。

　‥‥以下の問題への語呂合わせヒントは**《あたらシク、じょうごシクシク、こころシク、こころなクよう、ク・シクもウ・シウ》**‥‥

　2種ある「形容詞」活用形の語形のうち、古来存在した語形は「《5)_____》活用」、比較的後発型の語形は「《6)_____》活用」である。

　中古(=平安時代)以降新たに生まれた「形容詞」の殆ど全ては「《6)_____》活用」である。

　同一語句の繰り返し(=「畳語」)から成る「形容詞」の全ては「《6)_____》活用」である。

　「《5)_____》活用」の表わす意味には物事の形状や程度に関する《40)_____》的描写が多い。一方、「《6)_____》活用」の表わす意味には《41)_____》の心の動きに関する《42)_____》的描写(いわゆる「心情語」)が多い。

　「《5)_____》活用」及び「《6)_____》活用」(の「補助活用」以外)の《25)_____》形(Y=用)の「〜＋《5)_____》」及び「〜＋《6)_____》」またはその濁音の「〜＋

《7)_____》」は、《43)_____》としての（＝「用言」を修飾する「連用修飾語」としての）機能を持つ。この《43)_____》的用法で用いる「形容詞」の《25)_____》形（Y＝用）は、多くの場合「《44)_____》音便形」を取る（＝「《5)_____》」の音が「《44)_____》」の音へと転換する）。

…10min

答:《1)し》《2)じ》《3)目的語》《4)動詞》《5)く（ク）》《6)しく（シク）》《7)じく》《8)から》《9)く》《10)かり》《11)し》《12)き》《13)かる》《14)けれ》《15)かれ》《16)しから》《17)しく》《18)しかり》《19)し》《20)しき》《21)しかる》《22)しけれ》《23)しかれ》《24)し》《25)連用》《26)終止》《27)連体》《28)已然》《29)から》《30)しから》《31)未然》《32)かり》《33)しかり》《34)かる》《35)しかる》《36)かれ》《37)しかれ》《38)命令》《39)カリ》《40)客観》《41)人間》《42)主観》《43)副詞》《44)ウ》

==========

■03)(005)—形容詞「ク活用」と「シク活用」の原初的語頭用法—
　日本語の原初段階に於ける「形容詞」の用法は、「名詞」直前に付いて「《1)_____》語」を形成する「語頭用法」であった。

　「《1)_____》語」である「高笑ひ（たかわらひ）」の「名詞形」が「高笑ふ（たかわらふ）」の「動詞形」を経て「高《2)_____》笑ふ」となった活用形が「形容詞」の《3)_____》形である。

　「《1)_____》語」である「優男（やさをとこ）」の「名詞形」が「優《4)_____》男」となった活用形が「形容詞」の《5)_____》形である。

　「《1)_____》語」である「遠国（ゑんごく）」の「名詞形」をひっくり返して「国遠《6)_____》」として言い切る形となった活用形が「形容詞」の《7)_____》形である。

…1min

答:《1)複合》《2)く》《3)連用》《4)しき》《5)連体》《6)し》《7)終止》

==========

■03)(006)—形容詞「ク活用」語幹と「シク活用」終止形の連体修飾用法—
「形容詞」の「《1)_____》活用」の「語幹」、及び「《2)_____》活用」の「終止形」が、直後に格助詞「の」を伴って名詞に連なり、「《3)_____》修飾語」として機能する（＝「《3)_____》形」的に用いられる）特殊用法がある。
◆「《1)_____》活用」語幹＋格助詞「の」＋名詞の例:
（形容詞＝「つたなし」）…《4)_____》のわざ（＝拙劣な仕業）
◆「《2)_____》活用」終止形＋格助詞「の」＋名詞の例:
（形容詞＝「うるはし」）…《5)_____》のひと（＝美人）

「形容詞」の「《2)_____》活用」の「終止形」が、直後に格助詞「の」を伴うことなしに名詞に連なって《3)_____》修飾語」として機能する用法もある。

◆「《2》_____》活用」終止形＋名詞の例：
（形容詞＝「やさし」）・・・《6》_____》蔵人（＝風流な付き人）
　・・・この場合、中古以降の語法としては「《3》_____》形」を用いるのが正しいように思われるが、形容詞の活用形が未分化状態にあった上代（＝平安時代から見た奈良時代以前）にはこの種の「《2》_____》活用終止形＋名詞」による「《3》_____》修飾」用法が広く用いられていた。
◆上代の「《2》_____》活用」終止形＋名詞の例：
（形容詞＝「うまし」）・・・《7》_____》国（・・・後代の普通の語形だと「うまき国」／「うましき国」＝素晴らしき国）
　・・・この上代型特殊語法は、後代の和歌にも（字数上の制限を満たすための省略語法として）引き継がれている。
◆中古以降の和歌中に於ける形容詞「《2》_____》活用」終止形の「《3》_____》形化」現象の例：
（形容詞＝「同じ」）・・・「さびしさに宿を立ち出でてながむればいづこも《8》_____》秋の夕暮れ」・・・この場合、「《3》_____》形」として「《9》_____》」を用いれば「字余り」となってしまう。

　　　　　　　　　　　　　　　　　　　　　　　　　　　　　　　　　　　　・・・3min

答：《1》ク》《2》シク》《3》連体》《4》つたな》《5》うるはし》《6》やさし》《7》うまし》《8》おなじ》《9》おなじき》
==========
　　　　■03）（007）—形容詞「ク活用」語幹と「シク活用」終止形の文末詠嘆用法—
　形容詞「《1》_____》活用」の「語幹」及び「《2》_____》活用」の「終止形」を、他の語句との関連性が薄い独立的な形で（多く、直前に「あな」等の《3》_____》を置いたり、直後に「《4》_____》」の終助詞「や」を従えたりして）文末に置き、その部分で文章を「断章」とし、「形容詞」というよりも「《3》_____》」的な響きを帯びる用法がある。
◆形容詞「《1》_____》活用」語幹の文末詠嘆用法の例：
（形容詞＝「たふとし：尊し」）・・・「あな《5》_____》」（＝あぁ、有り難い）
◆形容詞「《2》_____》活用」終止形の文末詠嘆用法の例：
（形容詞＝「おそろし：恐ろし」）・・・「やや、《6》_____》や」（＝「おぉ、怖い）

　　　　　　　　　　　　　　　　　　　　　　　　　　　　　　　　　　　　・・・1min

答：《1》ク》《2》シク》《3》感動詞》《4》詠嘆》《5》たふと》《6》おそろし》
==========
　　　　■03）（008）—体言＋形容詞「ク活用／シク活用」語幹＋「み」による「原因・理由」用法—
　上代からある「形容詞」の用法で、中古以降も和歌修辞法として受け継がれ続けた「原因・理由」の言い回しが「A（名詞）＋《1》_____》（格助詞）＋形容詞ク活用／シク活用の《2》_____》＋《3》_____》」による「（A）が～なので」の定型表現である。
◆「原因・理由」定型表現の例：
（形容詞＝「早し」）・・・「瀬＋《4》_____》岩にせかるる滝川のわれても末にあはむとぞ思ふ」

（現代語訳）滝を下ってほとばしる水は、浅瀬の流れの速さゆえ、岩に邪魔され分かれても、下れば一つの流れに戻る・・・そんな激しい滝川のように、一時は別れて暮らしていても、いずれはあなたとまた逢おう、このまま一人でいるものか、と、強く念じている私です。

　字数に制約のある和歌の中で多用されるうちに、格助詞の「《1）_____》」を取り去った略形で用いられる例も一般化した。
◆「原因・理由」定型表現略形の例：
（形容詞＝「深し」）・・・「山＋《5）_____》け近き鳥の音はせで物おそろしきふくろふの声」
（現代語訳）山奥に生活している私の耳に聞こえてくるのは、親近感の湧く鳥たちの鳴き声ではなくて、何やら無気味なフクロウの声。

　　　　　　　　　　　　　　　　　　　　　　　　　　　　・・・2min

答：《1）を》《2）語幹》《3）み》《4）をはやみ》《5）ふかみ》
==========
　　　　　■03)（009)―体言＋形容詞「ク活用／シク活用」語幹＋「み」
　　　　　　　　＋「す（為）／おもふ（思ふ）」の動詞用法―
　上代（奈良時代）から平安初期にかけて用いられた連語的表現として、形容詞の「《1）_____》＋《2）_____》」による名詞化表現を目的語とし、直後に「為(す)」や「思ふ（おもふ）」等の動詞を続けて実質的に1語の動詞の役割を演じるものがある。
◆形容詞の「《1）_____》＋《2）_____》」＋「思ふ」の例：
（形容詞＝「うるはし」）・・・「《3）_____》我が思ふ君はなでしこが花になそへて見れど飽かぬかも」（現代語訳）その美しさを私が愛しく思うあなたは、ナデシコの花のようだなぁ、と思いつついくら眺めても見飽きることがない。
◆形容詞の「《1）_____》＋《2）_____》」＋「す」の例：
（形容詞＝「うるはし」）・・・「梓弓ま弓槻弓年を経てわがせしがごと《3）_____》せよ」（現代語訳）アズサユミ・マユミ・ツキユミ等等、いろんな弓があるけれど、長年私がそうしたように、新しい男にも君をかわいがらせる（うるはしミさせる）といい。

　平安期にはまた（少数ながら）形容詞の「《4）_____》形」＋「す」の形が定型句として用いられた（この場合、形容詞の「《4）_____》形」はしばしば「《5）_____》音便」の形を取る。
◆形容詞《4）_____》形」＋「す」の例：
（形容詞＝「かなし」）・・・「《6）_____》」の形、または「《5）_____》音便形」に変化した「《7）_____》」の形で、「かわいがる」の意味を表わす

　　　　　　　　　　　　　　　　　　　　　　　　　　　　・・・2min

答：《1）語幹》《2）み》《3）うるはしみ》《4）連用》《5）ウ》《6）かなしくす》《7）かなしうす》
==========
　　　　　■04)（001)～（003)―「形容動詞」概論―
　「形容動詞」とは、物事の状態や人間の心理を形容する語で、その言い切り形（＝「終止形」）が「～＋《1）_____》」で終わるものを「《1）_____》活用」と呼び、「～＋《2）_____》」

で終わるものを「《2)_____》活用」と呼ぶ。

「形容動詞」は《3)_____》を取ることはできない。《3)_____》を取るためには「形容動詞」ではなく「《4)_____》」の形にする必要がある。

2種に分かれる「形容動詞」の活用形(6形態)を{未然(M)・連用(Y)・終止(S)・連体(T)・已然(I)・命令(R)}の順番に並べて示せば、次のようになる：

◆「形容動詞」の「《1)_____》活用」の MYSTIR 活用表
{
M=《5)_____》
Y=《6)_____》及び1文字型《7)_____》
S=《8)_____》
T=《9)_____》
I=《10)_____》
R=《11)_____》
}

◆「形容動詞」の「《2)_____》活用」の MYSTIR 活用表
{
M=《12)_____》
Y=《13)_____》及び1文字型《14)_____》
S=《15)_____》
T=《16)_____》
I=《17)_____》
R=《18)_____》
}

「形容動詞」の活用形は、「《1)_____》活用」/「《2)_____》活用」ともに(「ナ行/タ行」の行の違いはあるが){M=ラ・Y=リ・S=リ・T=ル・I=レ・R=レ}と、音の並びは全く同一(ラ行変格活用形)である。

「形容動詞」の《19)_____》形(Y=用)には(「《1)_____》活用」/「《2)_____》活用」のいずれも)2種類あり、そのうちの片方(1文字で終わる短い方)は本源的には「非活用語」の「《20)_____》」であって、「活用語」の「形容動詞」ではない。

「形容動詞」の最も原初的な用法は、「状態を表わす語(A)」の直後に「《20)_____》」を付けて「Aの状態で」という「副詞」の機能を持たせたものであり、この形態をそのまま引き継いだ1文字型《19)_____》形(Y=用)が、「《1)_____》活用」に於ける「《21)_____》」及び「《2)_____》活用」に於ける「《22)_____》」であって、その形が

「《20)_____》」そのものである理由も、前者の活用形が「ナ行」／後者の活用形が「タ行」に収束する理由も、この語源学的事情によるものである。

「《20)_____》」そのものの（1文字形態の）「《21)_____》」並びに「《22)_____》」を除く「形容動詞」の6つの活用形は、その原初的な1文字型《19)_____》形（Y＝用）の直後に（ラ行変格活用）の補助動詞「あり」を付けて成立したものであるから、「形容動詞」の活用形は（「《20)_____》」そのものの形をとどめる《19)_____》形（Y＝用）の「《21)_____》」／「《22)_____》」を除いて）「ラ変動詞」の活用形{M＝ぁラ・Y＝ぁり・S＝ぁり・T＝ぁル・I＝ぁレ・R＝ぁレ}（の語頭にナ行音／タ行音を付けたもの）となる。

「形容動詞」の《23)_____》形（R＝令）（「〜なれ／〜たれ」）は、活用表の上には（しばしば○や（カッコ付き）の形で）記載されているが、実際の古文の中で用いられた例はほとんどない。

「形容動詞」は上代（平安時代から見た奈良時代以前）には未発達で、中古（平安期）になって6種の活用形が定まったが、当時用いられたのは専ら「《1)_____》活用」であり、もう一つの「《2)_____》活用」は、中世（鎌倉時代）以降の《24)_____》訓読調の男性的で硬質な語として用いられたものの、和文脈ではほとんど全く用いられず、中古女流文学中にはほぼ絶無である。「漢語」由来の「《2)_____》活用」には、「様態」を表わす「〜然」を付けた語形（例：「呆然たり」）や、同一語の反復語形（＝「《25)_____》」）（例：「堂々たり」）が多い。

「形容動詞」と「断定助動詞」とに共通の語形で現われる「《1)_____》」の識別法は、直前に「《26)_____》修飾語」（例：いと）を付けて意味が通じれば「形容動詞」、直前に「《27)_____》修飾語」（例：我が）を付けて意味が通じれば「断定助動詞」と考えればよい。

…5min

答：《1)なり(ナリ)》《2)たり(タリ)》《3)目的語》《4)動詞》《5)なら》《6)なり》《7)に》《8)なり》《9)なる》《10)なれ》《11)(なれ)》《12)たら》《13)たり》《14)と》《15)たり》《16)たる》《17)たれ》《18)(たれ)》《19)連用》《20)格助詞》《21)に》《22)と》《23)命令》《24)漢文》《25)畳語》《26)連用》《27)連体》

==========

■04)(004)―形容動詞語幹の文末詠嘆用法―

「形容詞」にも共通する「形容動詞」の用法として、「形容動詞」（「ナリ活用」・「タリ活用」双方とも）の《1)_____》を、他の語句との関連性が薄い独立的な形で（多く、直前に「あな」等の《2)_____》を置いて）文末に置き、その部分で文章を「断章」とし、「形容動詞」というよりも《2)_____》的に用いる場合がある（実際、品詞分類上も「《2)_____》扱い」される場合が多い）。

◆「ナリ活用」語幹の文末詠嘆用法の例：
（形容動詞＝「中中なり」）・・・「いや、《3)_____》」（＝いや、どうして立派なものですよ）

◆「タリ活用」語幹の文末詠嘆用法の例：
（形容動詞＝「凛々たり」）・・・「冷気《4》_____》」（＝寒さがキーンと身に凍みる感じだ）

…1min

答：《1）語幹》《2）感動詞》《3）なかなか》《4）りんりん》
＝＝＝＝＝＝＝＝＝＝

■04）（005）—形容動詞語幹の連体修飾用法—

「形容詞」にも共通する「形容動詞」の用法として、「形容動詞」（「ナリ活用」・「タリ活用」双方とも）の「《1》_____》」＋格助詞「《2》_____》」＋「名詞」の形で「連体修飾語」として機能する場合がある。

◆ナリ活用の「《1》_____》」＋格助詞「《2》_____》」＋「名詞」の例：
（形容動詞＝「烏滸なり」）・・・《3》_____》わざ（＝愚かな所業）

◆タリ活用の「《1》_____》」＋格助詞「《2》_____》」＋「名詞」の例：
（形容動詞＝「朧朧たり」）・・・「《4》_____》空」（＝曇り空）

「形容詞」の場合同様、「形容動詞」のこの「連体修飾用法」（但し「《5》_____》活用」のみ）でもまた、格助詞《2》_____》」を介さずに直接「名詞」にかかる場合がある。

◆ナリ活用の「《1》_____》」＋「名詞」の例：
（形容動詞＝「斜めなり」）・・・「《6》_____》わざ」（＝いいかげんな所業）

…1min

答：《1）語幹》《2）の》《3）をこの》《4）ろうろうの》《5）ナリ》《6）なのめ》
＝＝＝＝＝＝＝＝＝＝

■05）（001）—「未然形」の用法—

「未然」とは「未だ然らず（いまだしからず）」即ち、まだ実現していない事柄に言及する活用形であり、その用法は全部で9種類ある。いずれの用法も、何らかの「助動詞」または「助詞」との組み合わせによって特定の意味を表わすものばかりであって、意味の主役はそれら「助動詞」・「助詞」であり、「未然形」はその意味を表わすための「御膳立て」に過ぎない。即ち「未然形」自体が単独で何らかの意味を表わすことはない。

◆1）「否定」
「〜する」（肯定）の事態に至らぬ「〜ない」の意味を表わす。
助動詞【1）_____】
　例）「我知ら《1》_____》」（私は知らない）
接続助詞【2）_____】（〜ない状態で）
　例）「知りもせ《2》_____》」（知りもしないで）

◆2）「推量」
現時点で「〜だ」と言い切ることはできない事柄について、将来の、又は（現在の）推定上の事柄として、「（将来は）〜（になる）だろう」・「（たぶん今の時点で）〜だろう」の意味を表わす。
助動詞【3）_____】（「ためらい」の響きを含む）

例)「いかにせ《3》＿＿＿＿》」(どうしたらいいでしょう)
助動詞【4】＿＿＿＿】(…英語の「will」に相当)
例)「誰そ知ら《4》＿＿＿＿》」(誰が知っているだろうか？)
助動詞【5】＿＿＿＿】(…「む＋とす」に由来)
例)「やがて死な《5》＿＿＿＿》」(そのまますぐにも死んでしまうだろう)
…打消推量(＝～ないだろう)の助動詞もある：
助動詞【6】＿＿＿＿】
例)「よも言は《6》＿＿＿＿》」(よもや言うまい)
…同じ「打消推量」助動詞に「まじ」があるが、その接続先は「《7》＿＿＿＿》形」であって「未然形」ではない点が異なり、「まじ」の方が圧倒的に多用された。

◆3)「仮定」
現時点で生起していない事柄を、仮想の話として「もし仮に～としたら」とする意味を表わす。
助動詞【3】＿＿＿＿】(…「反実仮想」の助動詞と呼ばれるが、「事実に反する仮想」しか表わさないわけではない)
例)「君死な《8》＿＿＿＿》我生くまじ」(あなたが死んだら私は生きてはいません)
接続助詞【9】＿＿＿＿】(…「未然形」に付くと「仮定条件」になるが、「已然形」に付くと「確定条件」になる)
例)「我を思は《9》＿＿＿＿》聞きてむや」(私のことを思うなら、聞いてくれませんか)
…未然形＋「《9》＿＿＿＿》」による「もし～ならば」(順接の仮定条件)は、已然形＋「《9》＿＿＿＿》」による「～なので」(順接の確定条件)と対をなすものである：
例)「君を思へ《9》＿＿＿＿》我斯く言ふなり」(君を思えばこそ、私はこう言うのだ)
…「順接の仮定条件」は、未然形動詞＋「《9》＿＿＿＿》」ではなく、動詞連用形＋完了助動詞「ぬ」未然形＋「《9》＿＿＿＿》」による「動詞連用形」＋連語《10》＿＿＿＿》」の形で出現する場合が多い。また完了助動詞「つ」未然形を介在しての「動詞連用形」＋連語(清／濁音形)「《11》＿＿＿＿》」／「《12》＿＿＿＿》」の形で表われる場合もある。
例)「さしたることなくて人のがり行くは、よからぬことなり。用ありて行きたりとも、そのこと果て《10》＿＿＿＿》、とく帰るべし。』『徒然草』百七十・吉田兼好(現代語訳)大した用事もないのに人様の家に行くのは良くないことだ。用件があって行くにせよ、用事が終わったならばさっさと帰るのがよい。
…単純な未然形＋「《9》＿＿＿＿》」ならば「果て《9》＿＿＿＿》」となるが、「往・来」や「完遂」系の動詞の仮定条件の場合、完了助動詞「ぬ」未然形を間に挟んでの「果て《10》＿＿＿＿》」または「つ」未然形を介在しての「果て《11》＿＿＿＿》」となる場合が多い。
例)「梅が香を袖に移してとどめ《12》＿＿＿＿》春は過ぐともかたみならまし」『古今和歌集』春上・四六・読み人知らず(現代語訳)咲き誇る梅の香りを着物の袖に移して残り香にしておけば、春が過ぎ去った後も、思い出すよすがとなることだろう。

◆4)「願望」
現時点で生起していない事柄を、望ましい姿として「～であってもらいたい」と希望する意味を表わす。

終助詞【13)_____】(…これと同じ形でも、「連用形」に接続する場合は、完了助動詞「ぬ」未然形＋推量助動詞「む」による別系の連語と解釈する)
　例)「花散らずもあら《13)_____》」(花が散らずにいてくれればいいなぁ)
終助詞【14)_____】(…なよなよ兄とりりしい妹の「役割とっかえっこ」ストーリー『とりかへばや物語』の標題にある終助詞である)
　例)「我、この師につきて学ば《14)_____》」(自分はこの先生の下で学びたいなぁ)
助詞【15)_____】(…推量助動詞「む」の上代「ク語法」の「まく」＋「欲し」に由来)
　例)「この続きいかで見《16)_____》覚ゆ」(この続きは是非見たい気分だ)
　…この【15)_____】の逆成語として、「〜したくない」という否定的願望を表わす終助詞に「まうし」があるが、平安女流文学の中で一時期使われただけで、すぐ衰退した。
　例)「せ《17)_____》思へど、ずちなし」(したくはないけど、仕方がない)

◆5)「使役」
　自分自身以外の何か・誰かの力によって間接的に「〜させる」意味を表わす。
助動詞【18)_____】(四段・サ変に付く)
　例)「ただ人には会は《18)_____》まじ」(高貴な身分でない相手とは結婚させるつもりはない)
助動詞【19)_____】(四段・ナ変・ラ変以外に付く)
　例)「我に得《20)_____》」(私にください)
助動詞【21)_____】(…主に男性が、漢文訓読調の文章で用いる)
　例)「天に声あり、人をして言は《21)_____》」(天に意思があり、人の口を通して語らせる)

◆6)「受身」
　自分自身以外の何か・誰かの力によって受動的に「〜される」意味を表わす。
助動詞【22)_____】(四段・ナ変・ラ変に付く)
　例)「斯く言は《23)_____》事、いとねたし」(こんな風に言われるとは、全く悔しい)
助動詞【24)_____】(四段・ナ変・ラ変以外に付く)
　例)「人に誉め《25)_____》事なし」(他人に誉めてもらったことがない)

◆7)「自発」
　自分自身の意思や行動によらずに、状況が「自然に〜になる」意味を表わす。
助動詞【22)_____】(四段・ナ変・ラ変に付く)
　例)「せちに待た《22)_____》」(切実に待望される)
助動詞【24)_____】(四段・ナ変・ラ変以外に付く)
　例)「うちほほゑみもせ《24)_____》」(思わずにっこりせずにはいられない)

◆8)「尊敬」
　その動作主に対し軽い敬意を添える。
助動詞【22)_____】(四段・ナ変・ラ変に付く)
　例)「いづれか選ば《26)_____》」(どれかお選びください)
助動詞【24)_____】(四段・ナ変・ラ変以外に付く)
　例)「いかでかかる所に寝《25)_____》ぞ」(どうしてこんな場所でお休みなのですか？)

◆9)「可能」
　ある行為・動作について、「～することができる」の意味を表わす。
・・・但し、《27》_____時代全般を通じてこの助動詞は「～できない／～できるか？」の「疑問／否定」の意味でのみ用い、肯定形「～できる」の意味で用いられたのは《28》_____時代以降のことである。
助動詞【22)_____】（四段・ナ変・ラ変に付く）
　例)「忍ば《29》_____で、泣きにけり」（我慢できずに、泣いてしまった）
助動詞【24)_____】（四段・ナ変・ラ変以外に付く）
　例)「いも寝《30》_____ず」（一睡もできない）

…9min

答：【1)ず】【2)で】【3)まし】【4)む】【5)むず】【6)じ】《7)終止》《8)ましかば》【9)に》《10)なば》《11)ては》【12)てば】【13)なむ】【14)ばや】【15)まほし】【16)まほしく(まほしう)》【17)まうく》【18)す】【19)さす】《20)させよ》【21)しむ】【22)る】《23)るる》【24)らる》《25)らるる》《26)れよ》《27)平安》《28)鎌倉》《29)れ》《30)られ》
==========
　　　　　　　■05)(002A)～(002E)—「連用形」そのものの用法—
　何らかの「助動詞」・「助詞」との組み合わせでしか意味をなさない「未然形」と異なり、「連用形」にはそれ自体で（「助動詞」・「助詞」を伴うことなしに）表わす用法が3種あるが、「動詞」・「形容詞」・「形容動詞」の全てに共通して見られる用法と、特定の品詞に限って見られる用法の区別には注意を要する。

　《1》_____》及び《2》_____》に限って見られる「連用形」の用法として、直後に続く活用語の「《3》_____修飾語」として機能する用法を「連用法」（または「《4》_____》法」）と呼ぶ。この用法で「《4》_____》的に働く「連用形」は、「ク→ウ音」の転換現象である「《5》_____》音便」の形を取る場合が多い。
◆例)「猫＜いみじ→《6》_____＞鳴き、＜いたづらなり→《7》_____＞働くを、女房めでまどふ」（猫がやたら鳴き、無闇に動き回るのをみて、女房たちがカワイイーと大騒ぎする）

　「動詞」・「形容詞」・「形容動詞」の「連用形」に共通して見られる用法として、「連用形」部分で文章の流れを一旦打ち切る用法（言い換えれば、「連用形」直後に「、」＝《8》_____》を置いて一息入れる用法）を《9》_____》法」と呼ぶ。
◆動詞による「《9》_____》法」の例：
「行く春や鳥＜鳴く→《10》_____＞魚の目は泪」『奥の細道』松尾芭蕉（まつをばせう）
◆形容詞による「《9》_____》法」の例：
「神楽こそ、＜生めかし→《11》_____＞、おもしろけれ」『徒然草』一六・吉田兼好
◆形容動詞による「《9》_____》法」の例：
「山吹の＜清げなり→《12》_____＞、藤のおぼつかなきさましたる」『徒然草』一九

「《9》_____》法」の形で並ぶ二つの文節(A、B)のうち、後発の「B」直後にあってこれを修飾する語句(助動詞など)が、先発の「A」にも対等に掛かる場合、これを特に「《13》_____》法」と呼ぶ。また、この用法で二つ以上並んだ文節(A、B)のうち、「B」の後続部にありながら既出部「A」にもUターンする形で掛かる「助動詞」が「否定の助動詞【ず】」の場合、特にこれを「《14》_____》法」と呼ぶ。

◆「《13》_____》法」の例:
「飛ぶ鳥は翼を<きる→《15》_____》>、籠に<いる→《16》_____》>{られ}て、雲を恋ひ、野山を思ふ憂へ、やむときなし。」『徒然草』一二一(現代語訳)空を飛ぶのが自然な鳥なのに、翼を切られ、鳥籠に入れられてしまい、雲に恋い焦がれ、野山を思い出して辛い気持ちが、片時も念頭を去りはしない。

◆「《14》_____》法」の例:
「<かたはなり→《17》_____》>、<みぐるし→《18》_____》>{ぬ}若人」『源氏物語』「夕顔」紫式部(現代語訳)ぎこちなく、見た目も悪いような、そんな若者じゃない人(=洗練されていて見てくれも良い感じの若人)

「動詞」の「連用形」は「《19》_____》」(=名詞)として機能する。一方、「形容詞」・「形容動詞」の「連用形」にこの種の「名詞化」作用はない。

◆動詞「連用形」の名詞化の例:
「泉には手、足さしひたして、雪には降り立ちて<跡付く→《20》_____》>など、よろづの物、よそながら見ることなし。」『徒然草』一三七(現代語訳)泉には手足を浸してバシャバシャ、雪が積もれば純白のカンバスの上に降り立ってドスンドスン、我ここにありとばかり醜悪な足跡を残すなど、万事、御行儀良い客観観察者として見ることがない(のが無粋な連中の嫌な点)。

…4min

答:《1》形容詞《2》形容動詞《3》連用《4》副詞《5》ウ《6》いみじく(いみじう)《7》いたづらに《8》読点《9》中止《10》なき《11》なまめかしく(なまめかしう)《12》きよげに《13》対偶中止《14》対偶否定《15》きり《16》いれ《17》かたはに《18》みぐるしから《19》体言《20》あとつけ》

==========

■05) (002F)—連用形用法4)「助動詞」・「助詞」への接続—

「連用形」に接続する数多くの「助動詞」・「助詞」のうち、意味上特筆に値するものは、「過去」・「完了」系、「願望」系、「付帯状況」系の3種である。

「動詞」・「形容詞」・「形容動詞」の記述が終わった直後に、その記述の時制的立ち位置を「過去」に寄せる「助動詞」を続けるのは、「連用形」の最も大事な用法の一つで、次のような助動詞がその役割を果たす:

◆直接体験過去【1】_____】(…動詞「来(く)」の連用形の名詞化表現「(来)き」に由来)
例)「げに、さる事あり《1》_____》」(確かに、そういう事がありました)

◆間接体験過去【2】_____】(…「来(き)+在(あり)」に由来)

例)「はや三年も過ぎに《2)_____》」(早くも三年も過ぎ去ってしまったのだなぁ)
◆過去推量【3)_____】(…「来(き)」+「経(へ)」+「む」に由来)
例)「いかに過ごし《3)_____》」(どうやって過ごして来たのだろうか)
◆過去推量【4)_____】(…「けり+らし」に由来)
例)「前の世にても逢ひ《4)_____》」(前世でも愛し合っていたらしい)
◆完了【5)_____】(…「て+あり」に由来)
例)「我、既に知り《5)_____》」(私はもう知っている)
◆完了【6)_____】(…「うつ：棄つ」に由来)
例)「あなう、年ごろ知り《7)_____》ものを」(あぁ嫌だ、数年来付き合った相手だというのに)
◆完了【8)_____】(…「いぬ：去ぬ／往ぬ」に由来)
例)「かくて終はり《8)_____》」(こうして終わってしまったのでした)

　中古末期以降の用法として、「動詞」の「連用形」が助動詞「たし」へと接続して「願望」を表わす場合がある。この場合の「動詞連用形」は本源的に「用言」ではなく《9)_____》」(＝名詞)であり、語源学的には「(動詞連用形による)名詞化表現＋いたし(甚し)」の末尾「いたし→たし」が独立した「助動詞扱い」を受けるに至ったものであるから、本質的にこれは「連用形接続」ではなく「《10)_____》形接続」とも解釈できる。
「動詞連用形(の名詞化表現)＋たし」の結合による「願望」の例：
「常に＜聞く＋たし→《11)_____》＞は琵琶、和琴」『徒然草』一六・吉田兼好(現代語訳)
いつでも聞きたい気持ち大なものは、ビワと和製の琴

　「動詞連用形」が終助詞「しか(上代)／しが(中古)」へと接続して「願望」を表わす用法もある。この「しか」は「過去」助動詞「き(＝連用形接続)」の「已然形」に由来するために「連用形接続」とされる(が、「願望」の対象は「未だ然らず＝まだそうなってはいない事態」であるから「《12)_____》形接続」の解釈も不可能ではない)。
「動詞連用形」＋「しか／しが」の例：
「さやにも＜見る＋しが→《13)_____》＞君が面影」(あなたの顔かたちをはっきりと見たいものです)

　「願望」の終助詞「しか(上代)／しが(中古)」は、しばしば「完了」というより《14)_____》)」の助動詞「つ」・「ぬ」(いずれも「連用形」接続)に連なる連語の形を取る(更に直後に「詠嘆」の終助詞「な」を従える場合もあり、いずれも「1語の終助詞扱い」になる)。具体的には次のような多種多様な語形があり得る：
「《14)_____》」の助動詞「つ」連用形＋「しか／しが」の(1語の終助詞扱い)例：
◆【《15)_____》しか】・【《15)_____》しかな・【《15)_____》しが】・【《15)_____》しがな】
「《14)_____》」の助動詞「ぬ」連用形＋「しか／しが」の(1語の終助詞扱い)例：
◆【《16)_____》しか】・【《16)_____》しかな・【《16)_____》しが】・

【《16)_____》しがな】
例)「朝な朝な上がるひばりになりくつ＋しか→《17)_____》＞都に行きてはや帰り来む」『万葉集』二〇・四四三三・安倍沙美麻呂(あべのさみまろ)(現代語訳)毎朝毎朝空に上るヒバリになりたいものだなぁ、そうすれば都に行っても、たちまち帰って来られることだろうになぁ。

「連用形」の「連用法(＝副詞法)」並びに「中止法」にも通じる用法として、「動詞連用形」に以下のような様々な「接続助詞」が結びついて「付帯状況」の意味を表わす用法がある：

◆【18)_____】(…複数事態の並立を表わす「且つ(かつ)」に由来し、現代語にもそのまま残る)
例)「梅の花咲き散る園にわれ行かむ君が使ひを片待ち《18)_____》」『万葉集』十八・四〇四一・よみ人しらず(現代語訳)梅の花が咲いては散る花園に行ってみよう。あなたの来訪を告げる使者が来るのを、一方では待ちながら。

◆【19)_____】(…動詞「為(す)」連用形＋接続助詞「て」に由来)
例)「年高く《19)_____》望み多きは、よしなし」(高齢なのにあれこれ望むのは、無益だ)

◆【20)_____】(…現代文語にもそのまま残る中世以降の用法で、「完了」助動詞扱いの場合もある)
例)「行き《20)_____》戻り《20)_____》」(行ったり来たり)

◆【21)_____】(…現代文語にもそのまま残る用法で、上の《20)_____》を二つ重ねた「畳語」形)
例)「かく思ひ《21)_____》明かし暮らす」(そう思いながら、日々を送る)

◆【22)_____】(…《20)_____》と同じ「完了」助動詞に由来する語)
例)「よしと思ひ《22)_____》斯くしたり」(よいと思ってこうしたのです)

◆【23)_____】(上の《22)_____》に係助詞「も」が付いた形で、現代語には、直前に「撥音便」(「ン」音化け)を伴い濁音化した「ん《24)_____》」の形で引き継がれている)
例)「死ん《24)_____》」(＝死に《23)_____》)忘れじ」(死んでも忘れるものか)

◆【25)_____】(…格助詞「の」＋名詞「柄」に由来)
例)「かく言ひ《25)_____》討たれにけり」(そう言いながらやられてしまった)

…7min

答：【1)き】【2)けり】【3)けむ(けん)】【4)けらし】【5)たり】【6)つ】《7)つる》【8)ぬ】【9)体言】《10)連体》《11)聞きたき》《12)未然》《13)みしが》《14)確述》《15)て》《16)に》《17)てしか》【18)がてら】【19)して】【20)つ】【21)つつ】【22)て】【23)ても】《24)でも》【25)ながら】
==========
　　　　　■05)(003A)〜(003C)─終止形の用法─
「終止形」は基本的に「文章を終止させる＝"。"を付けて言い切る」活用形であるが、文章を終止させずに「終止形」直後に別の「助動詞」や「助詞」を従える場合もある。「終止形」直後に(「助動詞」はともかく)「助詞」が続く場合、その表わす意味は実に多種多様だが、その多くは(少なくとも中古の古文としては)例外的な用例であり、大学受験生としては「終止形＋助詞」の問題はあっさり無視

して「終止形＋助動詞」のみをマークしておけばよい。

「終止形」の直後に「助動詞」が続く場合、その表わす意味は全て「《1》_____》」（＝～だろう）であり、具体的には次のような助動詞が「終止形接続」である：
【2)_____】（…「音（ね）＋あり」に由来。同形でも連体形接続なら「断定」の助動詞になる）
「男もす《3》_____》日記といふものを、女もしてみむとて、するなり。」『土佐日記』十二月二十一日・紀貫之（現代語訳）男も書くという日記というやつを、女の手でも書いてみようということで、私はこの日記を書くのである。
【4)_____】（…「宜（うべ）し」に由来）
　例)「よく見てまねぶ《4》_____》」（よく見て学習する必要がある）
【5)_____】（…上の《4》_____》から生じ、中古初期一時的に流行した男性専用歌語）
「風の上にありかさだめぬちりの身はゆくへも知らずなりぬ《5》_____》」『古今和歌集』十八・雑下・九八九・よみ人しらず（現代語訳）風に吹かれて一箇所に留まってはいない塵のように、私のこの身もまた行方も知れぬ頼りないものになってしまうに違いない。
【6)_____】（…「見（み）＋あり」に由来）
例)「やつして通ふ《6》_____》」（変装して女のもとに通っているように見える）
【7)_____】（…現代語の「らしい」と似て非なる上代語で、中古には和歌専用、鎌倉期以降は完全な古語扱いで、やがて死滅、室町期以降生まれた別系統の同型助動詞が現代語「らしい」の祖先）
例)「音もせねば、雨も止みぬ《7》_____》」（音がしないので、雨も止んだに違いない）
【8)_____】（…「あり＋む＝あらむ」に由来）
例)「年ごろ通はねば、我をうらむ《8》_____》」（数年来御無沙汰だから、私を憎んでいることだろう）
打消推量【9)_____】（…同じ意味でも【じ】は「未然形接続」）
例)「今はもう我思ふ《9》_____》」（今となっては私のことなど思ってもいるまい）

　古文業界の約束事では「推し量る」意を表わす助動詞のうち「終止形接続」のものは「《10)_____》」／「未然形接続」のものは「《11》_____》」と呼称をことさら分けるが、両者に本質的な相違はない。前者に属するはずの終止形接続助動詞「なり・めり」を、一部連体形とする誤った考え方から「《10》_____》助動詞」とは呼ばずに「《11》_____》助動詞」と呼ぶようなおかしな作法であるから、理知的学習者としてさしたる敬意を表すべき呼称ではない。

　「推定」助動詞が「終止形」の後に続くのは、「～となっている。」として「終止形」でまず言い切った後で「…ことだろう／…ことはないだろう」という話者の見解を付加コメント的に言い添える言い回しだからであり、換言すれば、「推定」された事態の成立／不成立に対し「推定者」は何ら主体的に関与することができない（単に「…だろう」とか「…ではあるまい」とか第三者的な意見を付け足すだけ）ということである。

「動詞」・「形容詞」・「形容動詞」の「終止形」が、その部分で言い切りにならず、直後に「助詞」を従える場合、その表わす意味は「詠嘆／禁止／逆接確定条件／逆接仮定条件／程度」の5つの集団に分かれる。

「終止形」の直後に「《12)_____》」の意を表わす終助詞が続く表現は、まず「…だ。」として一旦文章を言い切った後に更なる余韻の駄目押しをするもので、この場合の「《12)_____》」の終助詞には特に意味はなく、訳出する必要もなく、取り去っても文章の意味は何も変わらないので、学習上特に留意すべき点は何もなく、大学受験生としてはノーマークで流してかまわない。

【かし】 例「さしたる事にもあらず＜かし＞」（大したことじゃああませんことよ）
【かも】 例「我老いぬ＜かも＞」（私は歳を取ってしまったものなぁ）
【な】 例「げにことわりなり＜な＞」（まこと、当然というべきでしょうな）
【も】 例「あるじなき花咲くもかなし＜も＞」（主人もない家に花だけ咲いてるのも悲しいなぁ）
【や】 例「こころなのわざ＜や＞」（何と無情な仕打ちだろうか）
【やな】（…この語は「形容詞」終止形の他に「形容動詞」語幹や体言などにも付く）
例「わりなういみじ＜やな＞」（何とも言えず素晴らしいことだなぁ）
例「うたて＜やな＞」（あぁ、うっとおしいこっちゃねぇ）
例「あさましき歌＜やな＞」（びっくりするような歌だねえ）

「終止形」の後に「禁止」の終助詞「《13)_____》」が続く言い回しは、「～せよ」（命令文）の裏返しで「～するな」の意味を表わし、現代日本語にも通じる語法ではあるが、強圧的禁止命令の響きがあるため、中古女流文学ではほとんど出現せず、出て来たとしても現代日本人なら誤読しようのない用例であるため、学習者としてはさほど要注意の用法でもない。

「禁止」の終助詞【13)_____】
例「過ちす《13)_____》」（間違いをしでかすな）

中古の古文（特に女流文学）で「禁止」の意を表わす場合、上と同じ「禁止」の意を表わす助詞「《13)_____》」を「終助詞」として文末に置くのではなく「副詞」として文中に置く「《13)_____》＋連用形＋《14)_____》」の連語形のほうを（女性的でやんわりとした響きがあるために）用いる場合が圧倒的に多いので、古文学習者としてはこちらの表現をこそ確実に暗記しておくべきである。

《13)_____》＋連用形＋《14)_____》の婉曲な禁止表現の例：
「ひが事《13)_____》言ひ《14)_____》」（わけのわからぬことを言うのはやめなさい）

「動詞」・「形容詞」・「形容動詞」の「終止形」の直後に「逆接確定条件：～ではあるけれども」の「接続助詞」が続く用法もあるが、「言い切る形」であるはずの「終止形」の後に更なる記述を加えるものだけに特殊な用法であり、しかもその接続先は必ずしも「終止形」のみに限定されぬ例が多い…どう転んでも「終止形の用法」として扱うには難がある例外的なものなので、学習者としてはノーマークで流してかまわない。

【といへども】(…本来は「体言」接続。中世以降は「連体形」接続もあり得る)
　例)「隠す＜と言へども＞世にあらはる」(たとえ隠しても、世間に露見する)
【とも】(…中世以降は「連体形」接続もあり得る)
　例)「我は死す＜とも＞名は死なじ」(私が死んだとしても、名前は死なずに残るだろう)
【ながら】(…「動詞」に付く時は「連用形接続」、「シク活用形容詞」の場合のみ「終止形接続」だが、実質的には「体言接続」とも言える)
　例)「さは言ひ＜ながら＞心安からず」(そう言っても、内心穏やかでにない)
　例)「身はいやし＜ながら＞歌いみじ」(身分は低いが、良い歌を詠む)

　「動詞」の「終止形」の直後に接続助詞「と」を続ける用法もあるが、平安時代には「たとえ～であるとしても:逆接仮定条件」／室町時代以降(現代も含む)は「もし～するとしたら:順接仮定条件」と、時代によってその表わす意味が異なる特殊なものであり、古文の専門家以外は前者のみしっかり押さえたら、後者は完全ノーマークで流して問題ない。
◆(中古)「逆接仮定条件:たとえ～だとしても」の「終止形＋と」の例:
「嵐のみ吹くめる宿に花すすき穂に出でたり＜と＞かひやなからむ」『蜻蛉日記』藤原道綱母(現代語訳)吹きすさぶ風の通り道になっているばかりで誰も通わぬさびれた宿になんて、すすきの花が咲いたとて、何の意味もない、ということになるのでしょうか。
◆(室町～現代)「順接仮定条件:仮に～だとしたら」の「終止形＋と」の例
「母様のことを悪く言ふ＜と＞、たたくぞよ」『傾城浅間嶽』(歌舞伎)
英語の「命令文+《15》_____》」に相当)Speak ill of your mother, 《15》_____》 I'll beat you.
　「仮定条件:仮に～ならば」は現実に生起していない事態を「仮想」の形で述べるものであるから「未然形＋ば」が論理的に正しく、後者の「終止形＋と」による"仮定"条件は少々変則である上に、入試ではほとんど出ない近世の用法(出たとしても現代語と同じだから誤読のしようがない用法)なので、受験生としては完全に無視するのが得策。

　「終止形」がその直後に副助詞「ばかり」を従える場合もあるが、この同じ副助詞「ばかり」が「連体形」へと接続する場合もあるので、これまた「終止形の用法」として扱うには難がある。「ばかり」は本来「体言(＝名詞)」に付く副助詞であるが、活用語に付く場合、「終止形」接続ならばその意味は「《16》_____》」(＝～なほどに)となることが多く、「連体形」接続の「ばかり」は「《17》_____》」(＝ただ～だけ)の意味を表わすことが多いと言われるが、室町時代以降はその「終止形／連体形」の区分も曖昧になるため、この識別法もあまり当てにならなくなってくる。
◆「連体形」接続の「ばかり」＝「《17》_____》」の例:
「思ひ出でてしのぶ人あらむほどこそあらめ、そもまたほどなく亡せて、聞き＜伝ふ→《18》_____＞＞ばかりの末々は、あはれとやは思ふ。」『徒然草』三〇・吉田兼好(現代語訳)亡き人を思い出して懐かしむ人々が存命のうちはまだいいものの、そういう人々もやがて死んでしまい、伝聞情報として＜のみ＞亡き人の話を聞いたとて、子孫たちがしみじみとした感慨を催すことなどありはすまい。
◆「終止形」接続の「ばかり」＝「《16》_____》」の例:

「首もくぢぎる→《19)＿＿＿＿》ばかり引きたるに、耳鼻欠けうげながら抜けにけり。」
『徒然草』五三(現代語訳)(酒に酔って調度品の穴に首を突っ込んで満座の笑いを取ったものの、そのまま抜けなくなっちゃった男が)首もちぎれる＜ほどに＞(＝ちぎれんばかりに)思い切り引っ張ったところ、耳・鼻が欠け落ちながら、ようやく抜けたのだった。

…10min

答:《1) 推量 or 推定》《2) なり》《3) なる》【4) べし】【5) べらなり】【6) めり】【7) らし】【8) らむ】【9) まじ】《10) 推定》《11) 推量》《12) 詠嘆》《13) な》《14) そ》《15) and》《16) 程度》《17) 限定》《18) つたふる》《19) ちぎる》
==========

　　　　■05)(004A)～(004I)―「連体形」の(助動詞／助詞接続以外の)用法―
「連体形」の呼び名は「体言へと連なる」の意で、「連用形(用言へと連なる)」と対をなす呼び名。

　古典文法世界の呼び名で言うところの「用言」は、《1)＿＿＿＿》・《2)＿＿＿＿》・《3)＿＿＿＿》の3つを指すのみで、同じく「活用語」である《4)＿＿＿＿》は「用言」のうちに含めないから、「用言の"用"は活用の"用"」とは言えない。結局、古文業界の約束事で言うところの「用言」とは「"活用語"のうち、単独で《5)＿＿＿＿》になれる語」ということになり、("用言"ではない)《4)＿＿＿＿》へと連なることもある「連用形」は「用言へと連なる活用語」とは呼べない理屈になる。

　一方、「体言」とは唯一《6)＿＿＿＿》を指すのみである(「代名詞」を含む場合もあるが…)。従って「体言は"用言"の対義語である」と言うことは可能だが「体言とは"活用語"の対義語である」と言うことは不可能である("活用語"の対義語である"非活用語"の「連体詞」「副詞」「助詞」「接続詞」「感動詞」は、「体言」とは呼べないのだから)。結局、古文業界の約束事で言うところの「体言」とは「"非活用語"のうち単独で《7)＿＿＿＿》になれる語」ということになり、それに連なるのが「連体形」ということになるが、「体言」ではない《4)＿＿＿＿》へと「連体形」が連なる場合もある点には注意を要する(「連体形接続《4)＿＿＿＿》」はそれだけ特殊な例外なのだ)。

　「連体形」の最も基本的な用法は、直後の体言にかかる「連体修飾語」としての用法(＝「連体法」)である。
◆「世の人の心＜迷はす:四段活用→《8)＿＿＿＿》＞こと、色欲にはしかず。」『徒然草』八・吉田兼好(現代語訳)世の中の人間の心を惑わすものと言えば、色欲、それ以上のものはない。

　直後の体言にかかる「連体法」の省略形として、本来「連体形＋体言」であるべき形から[体言]が省略されて「連体形」のみが残りながらも、実質的には相変わらず「連体形＋体言」に相当する機能を果たす場合がある。この場合、活用語であるはずの「連体形」が、非活用語である「体言」に"準ずる"語として機能するので、《9)＿＿＿＿》言、又は《9)＿＿＿＿》法と呼ばれる。
◆「前栽の草木まで心のままならず作りなせ＜り→《10)＿＿＿＿》[事]＞は、見る目も苦しく、いとわびし。」『徒然草』一〇(現代語訳)庭先に生えている草木まで、自然に生えるがままならぬ人

為的な手を加えてわざとらしく作ってあるのは、見た目にも見苦しく、たいそう気落ちさせられる。

「《9》_____》法」が、一つの体言を様々な角度から説明する形で添えられる「《11》_____》的修飾語」の語法で用いられる場合もある。

◆「十八九ばかりの人の、髪いとうるはしくてたけばかりに、裾いと＜ふさやかなり→《12》_____》＞、いとよう肥えて、いみじう色しろう、顔愛敬づき、よしく見ゆ：下二段活用→《13》_____》＞が、歯をいみじう病みて、額髪もしとどに泣きぬらし、みだれかかるも知らず、おもてもいとあかくて、おさへてゐたるこそをかしけれ。」『枕草子』一八九・清少納言（現代語訳）18～19歳ほどの人で、美しい髪は背丈ほどの長さで、毛先まで豊かにふさふさしている人で、それはもうふっくらと肉付きがよく、たいそう色白で、顔立ちも可愛らしく、好感が持てる感じの人なのに、ひどい歯の病気で、両頬に垂らした髪の毛まで涙でぐしょぐしょに濡らして、それがざんばらに顔に乱れかかっているのも気付かずに、赤く腫れ上がった顔の上から痛い歯を押さえて座っている姿は、滑稽な感じだ。

本来なら「終止形」で言い切られているはずの文末に「連体形」の《9》_____》法」が置かれると、「終止形」による終止文よりも強調的で独特な余韻が残り、連体形《14》_____》結び」にも通ずる「《15》_____》」用法となる。

◆「五月五日は、くもりくらし＜たり→《16》_____》[日]＞。七月七日は、くもりくらして、夕方は晴れたる空に、月いとあかく、星の数もみえ＜たり→《16》_____》[空]＞。」『枕草子』一〇（現代語訳）5月5日は、日暮れまで曇り。7月7日は日中は曇天で、夕方には晴れた空に、月が明るく輝いて、いくつの星が夜空に浮かんでいるか数えられるくらい。

◆「すさまじきもの。昼吠ゆる犬、春の網代。三、四月の紅梅の衣。牛死にたる牛飼。乳児亡くなりたる産屋。火おこさぬ炭櫃・地下炉。博士のうちつづきをんなご生ませ＜たり→《16》_____》[家]＞。」『枕草子』二五（現代語訳）気持ちがすぅーっと冷えちゃうものあれこれ：「昼間吠えるわんこ」、「冬の漁獲用装置の網代が春の川にかかってる情景」、「3月・4月になってから着てる季節外れの紅梅がさねの服」、「お世話してる牛が死んじゃった牛飼いの人」、「生まれた子が死んじゃった産室」、「火もおこさないすびつ＆ぢげろ」、「朝廷の役人にするために男児が必要な文章博士なのに、奥さんが産む子といったら女子ばかり＜の家＞」。

本来「終止形」で言い切るべき文末を「連体形」で締めることで、強調的な響きを生むために、《17》_____》の「ぞ」及び「なむ」と呼応して文末の活用語を「連体形」で結ぶ特殊な相関表現のことを連体形《14》_____》結び」と呼ぶ。

「ぞ」は上代（奈良時代まで）には清音の「そ」であり、濁音化したのは中古（平安時代）以降である。「ぞ」＋連体形《14》_____》結び」は、「《14》_____》結び」の中でも（疑問文呼応型を除き）最も出現頻度が高い表現である。

◆「ぞ」＋連体形《14》_____》結び」の例：
「子孫おはせぬ＜ぞ＞よく＜侍り→《18》_____》＞。末のおくれ給へるはわろきことなり。」

『徒然草』六（現代語訳）ご子息がいらっしゃらないのはよろしうございました。代が下るにつれて社会的地位が低落してしまわれるのは、よろしうございませんからね。

「なむ」＋連体形「《14》_____》結び」は話し言葉（口語文）の中でのみ用いられる軽い会話文専用表現であって、書き言葉（文語文）では用いず、「和歌」での使用例もほぼ絶無である。「なむ」と書いてはあっても読み方は「なん」であるが、「《19》_____》音文字」（＝俗に言うハネる音）の「ん」が日本語で用いられるようになるのは平安末期以降のことなので、中古中期までの文物では常に「なむ」形表記で「NAMU」ではなく「NAN」と読む。この（む→ん）の音化けを「《19》_____》音便」と呼ぶ。

◆係助詞「なむ」＋連体形「《14》_____》結び」の例
「一重梅を＜なむ＞軒近く植ゑられたり＜けり→《20》_____》＞」『徒然草』一三九・吉田兼好

係助詞「ぞ」・「なむ」と呼応して「連体形」で終わるべき文末成文がまとめてバッサリ省略され、「ぞ。」・「なむ。」で終止してしまう場合は、そこに本来存在したはずの《21》_____》系表現（例：言ひける・聞きける・伝へける・等々）を補って読めばよく、現代訳は「～とのことだ。」などとすればよい。

◆係助詞「ぞ。」断章の例：
「柳原の辺に、強盗法印と号する僧ありけり。たびたび強盗にあひたるゆゑに、この名をつけにけると＜ぞ＞［《22》_____》］。」『徒然草』四六（現代語訳）柳原のあたりに「強盗法印」と号する僧がいた。何度も何度も強盗に遭遇したために、こんな名前を付けたのだ（そうな）。

◆係助詞「なむ。」断章の例：
「めなもみといふ草あり。くちばみにさされたる人、かの草を揉みて付けぬれば、則ち癒ゆと＜なむ＞［《23》_____》］。見て知りておくべし。」『徒然草』九六（現代語訳）メナモミなる呼び名の草がある。ヘビに噛まれた人は、その草をもみほぐして傷口に付ければ、たちまち治るという（話である）。実物をその目で見て馴染んでおくべき草である。

文中に置かれた係助詞「か」・「や」が、文末活用語の「連体形」と呼応する《14》_____》結び」を形成すると、「《24》_____》文」となる。

中古の文法では、係助詞「か」自体が単独で「《24》_____》」の意を表わすことはなく、他の「《24》_____》語」を伴う形で「《24》_____》文」を形成する。

◆係助詞「か」＋連体形による「《24》_____》文」の例
「院の殿上には誰々＜か＞あり＜つ→《25》_____》。」『枕草子』一〇八（現代語訳）院の御殿の上にはどんな人々がいましたか？

「か」とは異なり、係助詞「や」は、他の「《24》_____》語」を伴うことなしに単独で「《24》_____》文」を形成することができる。

◆係助詞「や」＋連体形による「《24》_____》文」の例：

「嫌疑の者＜や＞＜あり→《26》＿＿＿＿＿＿＿＿》＞。」『枕草子』四五（現代語訳）疑わしき者はいるか（or 誰が被疑者とされているか）？

「か」・「や」が文中に置かれて文末の活用語を連体形で結ぶ場合は「係助詞」であるが、「か」・「や」を文末に置くことで「《24》＿＿＿＿＿＿＿＿》文」を形成する場合には「《27》＿＿＿＿＿＿＿＿》扱い」となる（・・・「係助詞」の文末用法、と呼ぶ学者もいるが）。中世以降「や」は衰退し、「か」が「《24》＿＿＿＿＿＿＿＿》文」形成系助詞の主流となって、現代日本語にも「〜か？」の文末用法形で残る（現代語では「〜や？」の形にはならない）。もっとも、こうした「か・や」の「文末用法」が「《24》＿＿＿＿＿＿＿＿》文」の主流となるのは室町時代以降だが、中古にも既に存在した用法である。
◆「か」「や」文中＆文末用法の混在例：
「わかき人々出で来て、『をとこ＜や＞＜あり→《28》＿＿＿＿＿＿＿＿》＞』、『いづくに＜か＞＜住む→《29》＿＿＿＿＿＿＿＿》＞』など口々に問ふに、をかしき言、そへ言などをすれば、『歌はうたふ＜や＞。舞などする＜か＞。』と問ひもはてぬに、・・・」『枕草子』八七（現代語訳）宮仕えの若い人達が出て来て、『決まった男はいるの？』、『どこに住んでるの？』などと口々に質問したところ、この変な女は、面白い発言だのふと言い添える機知に富んだ回答だのをするので、『歌うたったりするの？舞いは踊るの？』などと質問は際限なく続いて・・・

「連体形係り結び」は室町時代以降あまりに多用されすぎたため、やがて「文末は連体形で結ぶのが当たり前」の感覚が生じ、かつての「連体形」が「《30》＿＿＿＿＿＿＿＿》形」を押しのけるようになった。こうして「連体形」が見かけ上「《30》＿＿＿＿＿＿＿＿》形」に化けてしまった（＝「連体形」という活用形が見失われて「《30》＿＿＿＿＿＿＿＿》形」と錯覚された）結果、「（文中の）係助詞か・や＋（文末活用語の）連体形」という「係り結び」も構造的に機能しなくなって、「や」・「か」は「文末（終助詞）用法」のみで「《24》＿＿＿＿＿＿＿＿》文」を形成するようになり、「文中（係助詞）用法」は消滅した。

「や」の文末（終助詞）用法には、「疑問」とは無関係の「文末詠嘆用法」もあるが、その場合の「や」は、直前部にある何らかの「強調的表現」（「連体形係り結び」等）の断定的硬質感をやんわり和らげつつ余韻を添える感じとなる。「強すぎるヤツの後添えの＜や＞は詠嘆」と思えばよい。
◆「いみじうぞある＜や＞。」『枕草子』三五（現代語訳）あぁ、何とも素晴らしいことだなぁ
◆「弁などは、いとをかしき官に思ひたれど、下襲の裾みじかくて随身のなきぞとわろき＜や＞。」『枕草子』四八（現代語訳）下々の役所から来る書類をてきぱき処理して大事なものは上申する太政官の「弁官」などは、とても興味ある官職だわと、以前は思っていたのだけれど、上級の女官が長々色々優雅に引きずってるシタガサネの裾なんて、「弁」の身分は低いから短いし、お付きの者もいないなんて、とってもイヤな感じだわ。
◆「えもいはずぞあさましき＜や＞。」『枕草子』八八（現代語訳）何とも言えずびっくり仰天って感じ。
◆「里に宿直物とりにやるに、『男二人まかれ。』といふを、『一人してとりにまからひなむ。』といふ。『あやしの男＜や＞。一人して二人が物をば、いかで持たるべきぞ。一升瓶に二升は入るや。』」『枕草子』一〇八（現代語訳）宮中での宿泊勤務用の衣類や夜具を、実家に取りにやらせたところ、こちらは『下男二人で行きなさい』と言ってるのに、『一人で取りに行こうと思います』との返答。『物の道理のわからぬ奉公人だこと。二人分の荷物を一人でどうやって持つというの？一升瓶に二升分のお酒が入る？無理でしょ！』

「《24》_____》文」の形を取りながら、その表わす実質的な意味は「否定文」となる修辞法を「《31》_____》」(英語なら「rhetorical question：修辞疑問文」)と呼ぶ。

◆「こと物は食はで、ただ仏の御おろしをのみ食ふ＜か＞。いとたふときことかな。」『枕草子』八七 (現代語訳)他の物は食べずに、ひたすら仏様へのお供え物を下げたやつばかり食べるって？何とも御立派なことですねえ。

◆「これは、身のためも人の御ためも、よろこびには侍らず＜や＞。」『枕草子』八二 (現代語訳)これって、我が身にとっても人様のためにも、めでたい事ではございませんか？

「《31》_____》」の意味を表わす「か」・「や」は、直後に係助詞「は」を付けた「《32》_____》」・「《33》_____》」の複合形を取る場合が多い(この場合、その複合形をまとめて1語の係助詞扱いとする)。

◆「くらければ、いかで《32》_____》見えむ」『枕草子』六三 (現代語訳)光も届かぬ暗がりだもの、どうして見えたりするもんですか。

◆「この草子、目に見え心に思ふことを、人《33》_____》見むとすると思ひて、つれづれなる里居のほどにかき集めたるを、あいなう、人のために便なき言ひ過ぐしもしつべき所々もあれば、よう隠しおきたりと思ひしを、心よりほかにこそもりいでにけれ。」『枕草子』三一九 (現代語訳)この冊子は、私がこの目で見たり心に思ったりしたことを、『どうせ他人がこれを見たがることもないでしょう』と思って、宮仕えもせず実家に居て暇な時なんかに書き綴ったものをまとめておいたやつなんだけど、『あらまぁ困ったわね、これって言い過ぎ、これじゃ、ネタにされた相手に気の毒だわ』みたいに余計なこと書いちゃったに違いない箇所もあれこれあるので、『ちゃんと隠しておいたからこれでもう大丈夫、人目には触れないわ』と思っていた…ところが、私の意に反してひょっこりバレて世に出てしまったものなんです。

係助詞「か」・「や」と呼応して「連体形」で終わるべき文末の活用語成文が省略され、「か。」・「や。」の部分で終止して「断章」的響きで終わる特殊な用法がある。この場合、直後に省略されている活用語は「補助動詞」としての「《34》_____》動詞(＝《35》_____》)」であり、直前には常に「断定」助動詞「《36》_____》」の「連用形」を伴った「に＜か＞[ある・あらむ・ありけむ]」/「に＜や＞[ある・あらむ・ありけむ]」だったものからの省略形と考えればよい。

◆係助詞「にか。」終止型特殊係り結びの例：
「さば、こは誰がしわざ＜にか＞[《37》_____》]。」『枕草子』一三八 (現代語訳)それなら、これは一体誰の仕業だというのか？

◆係助詞「にや。」終止型特殊係り結びの例：
「いと夜深く侍りける鳥の声は、孟嘗君の＜にや＞[《37》_____》]」。『枕草子』一三六 (現代語訳)「ひどく深夜に聞こえたニワトリの声は、(司馬遷の史記にある、嘘鳴きで朝が来たと思わせて関所の門番に開門させたという)孟嘗君：もうしょうくんの例の作り声の鶏、でしょうか？」

文末の活用語を「連体形」で締める「係り結び」は、係助詞「か」・「や」と呼応する場合のみとは限らず、係助詞を伴わぬ「疑問語＋連体形末尾」による「係り結び」も数多く存在する。
◆英語「where?」系疑問詞・・・「《38》_____こ」・「《38》_____く」【何処】
◆英語「how?」系疑問詞・・・「《39》_____が」【如何】／「《39》_____がは」【如何は】／「《39》_____さま」【如何様】／「《39》_____で」【如何で】／「《39》_____に」【如何に】／「《39》_____ばかり」【如何ばかり】
◆英語「when?」系疑問詞・・・「《40》_____」【何時】
◆英語「why?」系疑問詞・・・「なぞ（・・・"謎"に非ず）」【《41》_____ぞ】／「なでふ（読み方はナジュウまたはナンジュウ、語源は"《41》_____と言ふ"）」【なでふ】／「など（・・・"等"に非ず）」【など】／「などて（語源は《41》_____＋とて）」【などて】／「なんぞ」【《41》_____ぞ】
◆英語「which? / what?」系疑問詞・・・「《42》_____れ」【何れ】／「《43》_____」【何】
◆英語「who[m]?」系疑問詞・・・「《44》_____」・・・古典時代は濁音ではなく清音【誰】

…15min

答：《1》動詞《2》形容詞《3》形容動詞《4》助動詞《5》述語《6》名詞《7》主語《8》まどはす《9》準体《10》ぞ《11》同格《12》ふさやかなる《13》みゆる《14》係り《15》詠嘆《16》たる《17》係助詞《18》はべる《19》撥（はつ）《20》ける《21》云聞《22》＆23》いひける／ききける／つたへける《24》疑問《25》つる《26》ある《27》終助詞《28》ある《29》すむ《30》終止《31》反語《32》かは《33》やは《34》ラ（行）変（格活用）《35》あり《36》なり《37》あらむ《38》いづ《39》いか《40》いつ《41》何《42》いづ《43》なに《44》たれ
==========

■05)（004J）―「連体形」に接続する「助動詞」―

「連体形」は「体言へと接続する」活用形であるから、「体言」でない（活用語である）「助動詞」へと連なる「連体形＋助動詞」の接続は特殊な例外であり、以下に示す「連体形接続」の「助動詞」はいずれも本源的には「連体形接続」ではない（多くの場合「ラ変動詞終止形＝あり」に接続する場合の特例措置として「ラ変動詞連体形＝ある」に接続するだけである）点に注意を要する。

●1)「様態」助動詞の「連体形接続」
 ・・・この系統の助動詞は特殊で「連体形」よりむしろ格助詞【1》_____】／【2》_____】に接続する場合の方が多い。
【《3》_____ごなり】（・・・「同」に由来）
【《3》_____し】（・・・「同」に由来）
【《4》_____なり】（・・・「様」に由来）
◆ 例)「人の世の様、桜の散り急ぐ［《1》_____］《3》_____くなり／［《1》_____］《3》_____し／《4》_____なり」（人間世界の有様は、まるで散り急ぐ桜の花のようだ）

●2)「断定」助動詞の「連体形接続」
【5》_____】（・・・「体言－に＋あり」の語形から「体言＋《5》_____」として生じた

助動詞で、その接続先は上代には「体言」のみ・・・「連体形」への接続は中古以降に生じたもの）
◆例）「死ぬるはことわり《6》_____》ばずちなし。為すべき事果てずして死ぬるがつらき《5》_____》」（死ぬのは必然の運命だから仕方がない。やるべきことを最後までやりきれずに死ぬのが耐え難いのだ）
【7】_____】（・・・断定の【5】_____】の末尾に助動詞「らし」を付けたもの）
◆例）「折り悪しと見て言ひ消つる《7》_____》」（途中まで言ったところで、不都合だと感じて言葉を飲み込んでしまったものらしい）

●3)「推量」助動詞の「連体形接続」
　この種に属する「助動詞」は基本的には「終止形」に接続するが、「ラ行変格活用動詞（ラ変動詞）＝《8》_____》」（含「形容詞カリ活用」・「形容動詞ナリ活用・タリ活用」）に接続する場合のみ例外的に「連体形」に接続する。ラ変動詞の「終止形＝《8》_____》」は（あらゆる古典動詞の中で唯一）「イ段音」で終わる例外的な形であるため、他の活用語の「終止形」と同じ「ウ段音」にするために「連体形＝《9》_____》」へと接続することになったものである。
【10】_____】（・・・「宜（うべ）し」に由来）
　例）「男はかくある《10》_____》」（男ならこうであるのが当然だ）
【11】_____】（・・・中古以降には衰退した上代語で、現代日本語「らしい」とは似て非なる語）
　例）「春寒み咲かずある《11》_____》桜花」（寒い春なので咲かずにいるらしい桜の花）
【12】_____】（・・・「あり＋む」の末尾部分が助動詞化したもの）
「冬ながら空より花の散りくるは雲のあなたは春にやある《12》_____》」『古今和歌集』冬・三三〇・清原深養父（現代語訳）冬だというのに空から花が舞い散ってくるということは、雲の彼方はもう春、ということなのかなぁ。
【13】_____】（・・・同様の意味を表わす打消推量助動詞「じ」は「未然形接続」）
　例）「共に見る人もしあらばある《14》_____》花の終はりの果てぬ涙よ」（by 之人冗悟）（現代語訳）一緒に眺める人がいれば、流すこととてあるまいに・・・春の花散る姿を見て、果てしなく流れる私のこの涙。
【《15》_____》なり】（・・・中古初期に一時的に用いられた男性語で、和歌の中でのみ用いる）
・・・この語が「ラ変動詞連体形」に接続すれば「ある《15》_____》なり」の6音になって、短歌に乗せても5音にも7音にもならず、常に「字余り／字足らず」状態に陥るから、この助動詞に関しては「ラ変動詞連体形"ある"」への接続は（理論上はあるが）現実にはあり得ないと考えてよい。
【べかし】・・・中古に一時的に用いられた語で、「あるべかし」の語形でのみ用いる定型句。

●4)「伝聞推量」助動詞の「連体形接続」
【16】_____】（・・・「音＋あり＝ねあり」に由来）
　例）「常世の国には死せぬ人あ《16》_____》」（永遠不滅の国には死ぬことのない人がいる、とのことだ）・・・表記上は存在せずとも「ん」を補って常に「あ＜くん＞《16》_____》」と読む
【17】_____】（・・・「見＋あり＝みあり」に由来）
　例）「ほのあかければ、蛍などあ《17》_____》」（ほんのり明るいので、蛍でもいる

らしい)・・・表記上は存在せずとも「ん」を補って「あ<ん>《17)_____》」と読む
　上の2つの推量助動詞は常に「終止形」接続であり、たとえ「ラ変動詞(あり)」に接続する場合でも「あり＋なり」・「あり＋めり」と「終止形接続」を貫いて、「ある＋なり」・「ある＋めり」の「連体形接続」になることはない・・・が、「ありなり」・「ありめり」のままでは響きが悪いので、発音上は常に(俗に言う「ハネる音」に化けて)「あんなり」・「あんめり」の語形へと変化する(この「ん化け」現象を「《18)_____》音便」と呼ぶ)・・・が、「ん」文字は中古末期まで日本語に登場しないので、中古(＝平安時代)中期までの和文では、「あんなり→あなり」・「あんめり→あめり」というように「《18)_____》音無表記」のままであった(それでも読み方だけは「あんなり」・「あんめり」であった)・・・その「あなり」・「あめり」を、後代(「ん文字」が登場した中古末期以降)の筆記者達は、その発音相応に「あんなり」・「あんめり」と表記するようになった；が、その音便形の元の形を想定する過程で、これを「あ<ん>なり→あ<る>なり」・「あ<ん>めり→あ<る>めり」と誤解した(正しくは「あ<り>なり」・「あ<り>めり」である)・・・こうして、本来「終止形接続(あり＋なり／あり＋めり)」だったものが「連体形接続(ある＋なり／ある＋めり)」に化けてしまい、古文業界では今でもその「誤解」に基づく「連体形接続」説を取っているが、中古中期までの正しい文法では推量の助動詞「なり」・「めり」は常に「終止形接続」であり、本源的には「連体形接続」でないのである。

…7min

答:【1)が】【2)の】《3)ごと》《4)やう》【5)なり】《6)なれ》【7)ならし】【8)あり】《9)ある》【10)べし】【11)らし】【12)らむ】【13)まじ】《14)まじき》《15)べら》【16)なり】【17)めり】《18)撥(はつ)》

==========

■05)(004K)—「連体形」に接続する「助詞」—

「連体形」に接続する「助詞」は数多く、その表わす意味もまちまちで、特定の法則に基づく分類学的理解は不可能である(＝棒暗記するしかない；から、こんなお題でテスト問題作る意味もない)。

【あひだ】／【が】／【か】／【かな】／【がな】／【かは】／【かも】／【かや】／【から】／【からに】／【さへ】／【さへに】／【し】／【して】／【しも】／【すら】／【ぞ】／【だに】／【だも】／【と】／【といへども】／【とて】／【とも】／【な】／【など】／【なへに】／【なむ】／【に】／【にて】／【の】／【のみ】／【は】／【ばかり】／【はや】／【ほど】／【ほどに】／【まで】／【も】／【ものか】／【ものかは】／【ものから】／【ものの】／【ものゆゑ】／【ものゆゑに】／【ものを】／【や】／【よ】／【より】／【を】

==========

■05)(005A)〜(005E)—「已然形」—

「已然形」とは「已に然り＝《1)_____》」、しか、あり」で、「未然形」の「未だ然らず＝《2)_____》、しか、あらず」と対をなす活用形であるから、その用法もまた「未然形」と対照的なものとして把握するとよい。

「未然形」に接続する「助動詞」は数多いが、「已然形接続の助動詞」は《3)_____》。

「未然形」それ自体が(「助動詞」・「助詞」を伴わずに)単独で何らかの意味を表わす場合は《3)_____》が、「已然形」は本来(上代に於いては)それ自体で(＝「助詞」を伴わずに)「〜ではあるが、しかし・・・だ」(＝《4)_____》の確定条件)及び「〜である。ゆえに・・・だ」(＝

《5)_____》の確定条件)の意味を表わした・・・が、《4)_____》と《5)_____》の正反対の意味を同一の「已然形」で表わすのは紛らわしいため、中古以降これらの用法は特定の「《6)_____》」との組み合わせで表現されるようになり、「《4)_____》の確定条件：〜ではあるが」の場合は「已然形」の直後に【ど】または【ども】を伴い、「《5)_____》の確定条件：〜であるから」の場合は「已然形」の直後に【ば】を伴うようになった・・・このため、中古以降の「已然形」は（「未然形」同様に）それ自体では何の意味も表わさず、常にこれらの「《6)_____》」との組合せによる定型的表現としてのみ把握すればよい活用形となった。

●「已然形＋接続助詞【ど】or【ども】」による《4)_____》の確定条件の例：
◆「海は＜荒る→《7)_____》ど／ども＞、心はすこし凪ぎぬ。」『土佐日記』一月九日・紀貫之（現代語訳）海は荒れているけれど、心は少しばかり落ち着いた。
◆「年ごろおとづれざりける人の、桜のさかりに見に来たりければ、あるじ、『あだなりと名にこそ立て＜り→《8)_____》・・・和歌なので字余り回避のため直後に［ど／ども］は伴わない＞桜花年にまれなる人も待ちけり』」『伊勢物語』十七（現代語訳）何年もの間、家を訪ねることもなかった人が、桜の花盛りに見に来たので、家の主が詠んだ歌＝桜の花は、いつ咲くか、咲いてもまたいつまでもつか、当てにならないものと評判が立っているけれど、こうして律儀に咲きました。数年来滅多に来なかった珍客もまた、どうやらこの当てにならぬ桜花を心待ちにしていたらしいですね。
・・・前部に係助詞「こそ」も伴わず、後続部に接続助詞「ど／ども」を伴うこともなく「已然形」のみで「《4)_____》の確定条件」を表わすのは上代限定の古い用法。

●「已然形＋接続助詞【ば】」による《5)_____》の確定条件の例：
◆「四日、風＜吹く→《9)_____》ば＞、え出でたたず。」『土佐日記』一月四日（現代語訳）四日。風が吹いたので、船で出航することは不可能。
・・・このように、「已然形＋ば」は「〜なので」の「確定条件」を表わすのが中古までの「正統用法」であるが、鎌倉時代に入る頃から、その同じ「已然形＋ば」が（正反対の意味の）「もしも〜ならば」の「《10)_____》条件」を表わす（平安中期までの文学にはあり得ない）場合が生じてきた。
◆「地の動き、家のやぶるる音、雷に異ならず。家の内に＜居る→已然形《11)_____》ば＞、たちまちにひしげなんとす。走り＜出づ→已然形《12)_____》ば＞、地割れ裂く。羽＜なし→已然形《13)_____》ば＞、空を飛ぶべからず。竜＜なり→未然形《14)_____》ば＞や、雲にも乗らん。恐れの中に恐るべかりけるは、ただ地震なりけりとこそ覚え侍りしか。」『方丈記』五・鴨長明（現代語訳）大地が鳴動し、家屋が崩壊する音といったら、雷鳴と同じ凄まじさである。家の中に居たならば即座に押しつぶされてしまうだろう。走って屋外に出たならば大地が割れて地割れに飲み込まれてしまう。鳥のように羽もないので、空を飛んで逃げることもできぬ。龍ならば雲に乗ることもできようが、人の身の悲しさ、逃げ場はないのだ。恐ろしいものの中でも最も恐るべきは、とにかくもう地震だったのだなあと感じた次第である。
・・・中世以降、この「已然形＋ば」による「もし〜ならば」の「仮定条件」が、「未然形＋ば」を押しのけて「正統用法」となり、現代に至っている。そして、現代日本語の「已然形」はもはや「すでに、しか、あり」の意味を表わすことはなくなり、「仮りに、そうだと想定したならば」の意味

のみを表わす活用形と化したため、その呼び名も「已然形→仮定形」と変わってしまった。

●「係助詞《15》_____》+文末已然形」による「《16》_____》結び」
・・・この「《16》_____》結び」には、上代から引き継がれた「逆接確定条件:~ではあるが」の意を表わす場合と、逆接の意を持たず単に「強調」のために用いられる場合とがある。
◆我<死ぬ→未然形《17》_____》ば:順接仮定条件(もし~ならず)>世にも在らくず→已然形《18》_____》ば:順接確定条件(~なので)>知らくず→已然形《18》_____》ども:逆接確定条件(~ではあるが)>身《15》_____》+<身罷る→已然形《19》_____》:逆接係り結び(確かに~だけれども)>名《15》_____》なほ+<あり→已然形《20》_____》:強調係り結び(きっと~なのである)>(by 之人冗悟)(現代語訳)私が死ねば、もはやこの世に存在せぬわけだからわからないことだけれども、この身こそ滅すれども、その名だけは相変わらず世に存在し続けるのだ。

「《16》_____》結び」は本来(文末や文節の末尾など)文章の区切りの部分を締めくくる形で生じるものであるが、場合によってはその部分が(「接続詞」を伴うなどして)後続部へと引き続きダラダラ流れて行く場合もあり、その場合、結びの形として当然想定される(「《21》_____》」・「《22》_____》」と呼応しての)「連体形」や(「《15》_____》」と呼応しての)「已然形」とはならず(「係助詞」の存在を無視した形で)前後の文脈に応じ(「助詞」が求める接続先の活用形に合わせるなどして)「《16》_____》結び」とは呼べない形へと流れて行くことになる。この現象を「係り捨て」あるいは「結びの消滅・消失・流れ」などと呼ぶ。
◆桜花今日<こそ>かくもくにほふ→・・・本来なら已然形だが・・・《23》_____》→後続部の接続助詞【とも】に合わせて終止形>ともあな頼みがた明日の夜のこと『伊勢物語』九十(現代語訳)桜の花は、今日は確かに鮮やかに咲いているけれど、明日の夜にも今と同様私の目を楽しませてくれるかどうかは・・・あぁ、当てにならないことだなぁ。

・・・8min

答:《1》すでに》《2》いまだ》《3》(存在し)ない》《4》逆接》《5》順接》《6》(接続)助詞》《7》あるれ》《8》れ》《9》ふけ》《10》(順接)仮定》《11》をれ》《12》いづれ》《13》なけれ》《14》なら》《15》こそ》《16》係り》《17》しな》《18》ね》《19》みまかれ》《20》あれ》《21》&22)ぞ&なむ(なん)》《23》にほふ》
==========
■05)(006)—「命令形」の用法—
「命令形」には、「~せよ」と命じる用法に加えて、「さもあらばあれ(=そうなるってんなら、いいさ、勝手にしやがれ!)」のような捨て鉢(やけくそ)な感情を表わす「《1》_____》」(=「百歩譲って・・・だとしても」型構文で、英語に於ける"Say what you will:お前がたとえ何と言おうとも"に相当:英文法用語で言えば"concession")の用法もある。

「命令形」は文末を言い切って終える形であるから、「命令形」の後に他の「活用語」(「助動詞」等)が続くことはあり得ず、文末を「命令形」で言い切った後に続くのは「非活用語」の「終助詞(または

間投助詞)」のみであり、これら「助詞」の表わす意味は「詠嘆・呼びかけ・願望」であるから、その「助詞」を消去して「命令形」のみに戻しても意味は変わらない・・・即ち、学習者としては「命令形＋助詞」の問題についてはノーマークでよいことになる。

　「〜状態になれ！」と命ずることが不可能な活用語は「命令形」で用いられることはない。品詞的には「《2)_____》」(ナリ活用／タリ活用双方とも)にこの活用形が(実質上)存在しないのは古文業界では有名な話で、辞書の活用表の上では「命令形：〜なれ／〜たれ」は存在するものの、実際の古文の中で用いられた文例はほとんど見つかっていない。「可能・自発・推量・希望・過去・様態」の意を表わす「助動詞」(または「動詞」)が「命令形」を取ることも論理的にあり得ない。

　「命令形」の語形は、「四段・ナ変・ラ変」の場合は「語幹＋《3)_____》段音」、「上一段・下一段／上二段・下二段／カ変・サ変」の場合は「未然形＋"《4)_____》"」の形になる。

　動詞「来(く)」の命令形は、中古までは「《5)_____》」であり、「《6)_____》」の語形が用いられるようになるのは中世以降のことである。

　　　　　　　　　　　　　　　　　　　　　　　　　　　　　　　　　　　　…2min

答：《1)譲歩》《2)形容動詞》《3)エ(え)》《4)よ》《5)こ》《6)こよ》
==========
　　　　　　■06)(001)(002)―「動詞」の概括的特性と活用形―
　「動詞」は、動作・状態を表わす活用語で、言い切る形(終止形)は「ウ段音」で終わる(唯一の例外は「ラ変動詞」の「《1)_____》」及びその複合語としての「をり」・「はべり」・「いますかり」等のグループ)。

　活用語の中でも「目的語」を取ることが可能なのは「動詞」のみ(「形容詞」・「形容動詞」が目的語を取ることはない)。「目的語」を取る動詞を「《2)_____》動詞」(英語で言う"transitive verb：vt"・・・SVO／SVOO／SVOC構文に於けるV)と呼び、「目的語」を取らない動詞を「《3)_____》動詞」(英語で言う"intransitive verb：vi"・・・SV／SVC構文に於けるV)と呼ぶ。

　活用語の中でも「形容詞」・「形容動詞」の活用形は定型的だが、「動詞」の活用形は多種多様(全部でなんと《4)_____》種類！)である。その活用形が一定の規則性の枠組みに収まる「お行儀の良い活用形」を「《5)_____》活用」と呼び、規則的枠組みから外れる変則的活用形を「《6)_____》活用」と呼ぶ。前者は「《7)_____》段活用」・「《8)_____》段活用」・「《9)_____》段活用」・「《10)_____》段活用」・「《11)_____》段活用」の5種類、後者は「《12)_____》行変格活用」・「《13)_____》行変格活用」・「《14)_____》行変格活用」・「《15)_____》行変格活用」の4種類である。

　正格活用の呼び名の中にある数字(＝段数)は、6つある活用形(未然＝未 M・連用＝用 Y・終止＝止 S・連体＝体 T・已然＝已 I・命令＝令 R)の語尾が、五十音の何段にまたがって活用するかを

表わすものである。

「《7》_____》段活用」は古語の全活用語の6割が属する最も基本的な活用形で、{MYSTIR}＝{ア・イ・ウ・ウ・エ・エ}の形で「ア・イ・ウ・エ」の四段の音にまたがって活用する。

「《8》_____》段活用」に属する古語はわずか9語で＜いる：射る＞＜いる　鋳る＞＜きる：着る＞＜にる：似る＞＜にる：煮る＞＜ひる：干る＞＜見る＞＜ゐる：居る＞＜ゐる：率る＞（＋末尾が「見る」・「率る」で終わる「こころみる」・「ひきゐる」等の複合語）のみであり、{MYSTIR}＝{イ・イ・イる・いる・イれ・イよ}の形で「イ」段音のみ（＝ア・イ・ウ・エ・オの5段の真ん中の「ウ」段から見て一段上の音だけ）で活用する。この活用形の「未然形＝未 M」と「連用形＝用 Y」には「《16》_____》」がない（というか、「《16》_____》」と「活用語尾」の区分ができない一体型である）。

「《9》_____》段活用」に属する古語は＜ける：蹴る＞の1語のみであり、{MYSTIR}＝{ケ・ケ・ケる・ける・ケれ・ケよ}の形で「エ」段音のみ（＝ア・イ・ウ・エ・オの5段の真ん中の「ウ」段から見て一段下の音だけ）で活用する。この活用形の「未然形＝未 M」と「連用形＝用 Y」には「《16》_____》」がない（というか、「《16》_____》」と「活用語尾」の区分ができない一体型である）。

「《10》_____》段活用」に属する古語は実に多く、{MYSTIR}＝{イ・イ・ウ・うる・うれ・イよ}の形で（ア・イ・ウ・エ・オの5段の真ん中の）「ウ」段と（「ウ」段から見て一段上の）「イ」段の二段の音にまたがって活用する。

「《11》_____》段活用」に属する古語は実に多く、{MYSTIR}＝{エ・エ・ウ・うる・うれ・エよ}の形で（ア・イ・ウ・エ・オの5段の真ん中の）「ウ」段と（「ウ」段から見て一段下の）「エ」段の2段の音にまたがって活用する。この活用形に属する古語のうち、「得（う）」・「経（ふ）」・「寝（ぬ）」の3語の「未然形＝未 M」と「連用形＝用 Y」には「《16》_____》」がない（というか、「《16》_____》」と「活用語尾」の区分ができない一体型である）。

「《12》_____》行変格活用」に属する古語は「来（く）」（及び末尾が「来」で終わる「帰り来」等の複合語グループ）のみで、{MYSTIR}＝{コ・キ・ク・くる・くれ・コ／こよ}の形で（ア・イ・ウ・エ・オの5段のうち）「イ・ウ・オ」の3段にまたがって活用する。この活用形には命令形が2種あり、うち「こ」は中古までの形、「こよ」は中世以降の形である。

「《13》_____》行変格活用」に属する古語は本来「為（す）」及び「おはす」の2語のみだが、複合語としての＜名詞＋す or ず＞（例：愛す）・＜形容詞連用形＋す or ず＞（例：重んず）・＜形容動詞連用形＋す＞（例：専らにす）もすべて「《13》_____》行変格活用型」であるため、属する古語の数は極めて多い。{MYSTIR}＝{セ・シ・ス・する・すれ・せよ}の形で（ア・イ・ウ・エ・オ

の5段のうち)「イ・ウ・エ」の3段にまたがって活用する。この活用形の「未然形＝未 M」と「連用形＝用 Y」には「《16)_____》」がない(というか、「《16)_____》」と「活用語尾」の区分ができない一体型である)。

「《13)_____》行変格活用」の「す」は、現代日本語には「する」の形で引き継がれており、その活用形は{M せ(ず)／し(ない)／さ(せる・れる)・Y し(けり)・S する(。)・T する[事]・I すれ(ども)・R(いざ)せよ／しろ}と極めて複雑化しているが、これら現代口語／古典文法の「す」の相違のうち、古典学習上特に注目すべきは次の点ぐらいである:
●現代口語の「受身」は「される」だが、古典文法での「受身」は「《17)_____》」であって「×さる・×さるる」という形にはならない。
●現代口語の「使役」は「させる」だが、古典文法での「使役」は「《18)_____》」であって「×さす・×さする」という形にはならない。

「《14)_____》行変格活用」に属する古語は「しぬ(死ぬ)」「いぬ(去ぬ・住ぬ)」の2語のみで、{MYSTIR}={ナ・ニ・ヌ・ヌる・ヌれ・ネ}の形で「ア・イ・ウ・エ」の四段の音にまたがって活用する。「《14)_____》行変格活用」は、「存在していたものが、存在しなくなる」意を表わす点に於いて、「存在する」意を表わす「《15)_____》行変格活用」と対照的である。

「《15)_____》行変格活用」に属する古語は本源的には「あり(在り)」の1語のみであるが、この語を元に出来た「をり」・「はべり」・「いまそかり」やその複合語(含「形容詞カリ活用」・「形容動詞ナリ＆タリ活用」)もすべて「《15)_____》行変格活用型」であるため、属する古語の数は極めて多い。{MYSTIR}={ラ・リ・リ・ル・レ・レ}の形で「ア・イ・ウ・エ」の四段の音にまたがって活用する。古語の世界では、この活用形以外のあらゆる活用語の「終止形」は「ウ段音」であるのに対し、この「《15)_____》行変格活用」の「終止形」だけは例外的に「イ段音＝(あり)」である。そのため、接続先に「ウ段音」を求める活用語と結びつく場合の「《15)_____》行変格活用」は「ある」＝「《19)_____》形」を取ることになる。「《15)_____》行変格活用」の意味には常に「存在」が含意される点に於いて、「存在していたものが、存在しなくなる」意(＝不在・消滅)を意味する「《14)_____》行変格活用」と対照的である。

活用形の見分け方として、「未然形」の活用語尾(＝「否定」助動詞「ず」を付けた時の形)が「ア・イ・エ・オ」の何段に属するかに着目する方法がある:
●「未然形」が「ア」段で終わるもの＝「《7)_____》段活用」・・・但し、「いぬ(住ぬ)／しぬ(死ぬ)」は「《14)_____》行変格活用」であり、「あり」(＋「をり」・「はべり」・「いまそかり」＆その複合語)は「《15)_____》行変格活用」である。
●「未然形」が「イ」段で終わるもの・・・のうち「終止形」が「イる」音のものは「《8)_____》段活用」・・・それ以外は「《10)_____》段活用」である。
●「未然形」が「エ」段で終わるもの＝「《11)_____》段活用」・・・但し、「ける(蹴る)」は「《9)_____》段活用」であり、「す(為)」は「《13)_____》行変格活用」である。

●「未然形」が「オ」段で終わるのは、「《12》_____》行変格活用」の「く(来)」のみである。

　異なる活用形が同一の語形となる(外形上、見分けが付かない)ものには、次のものがある:
●＜「未然形」＝「連用形」＞となる活用形(‥‥受験生泣かせの「未然形接続」終助詞「なむ」と「連用形接続」連語「なむ」の区分が不可能な、困った形である):
「《8》_____》段活用」＝{МイYイSいるTいるIいれRいよ}
「《9》_____》段活用」＝{МケYケSけるTけるIけれRケよ}
「《10》_____》段活用」＝{МイYイSうTうるIうれRいよ}
「《11》_____》段活用」＝{МエYエSうTうるIうれRエよ}
●＜「終止形」＝「連体形」＞となる活用形(‥‥連体形「係り結び」がそれらしく機能してくれない形である‥‥近世以降はすべての活用形がこの道をたどり、旧「連体形」は今や「終止形」となった):
「《7》_____》段活用」＝{МアYイSうTうIエМエ}
「《8》_____》段活用」＝{МイYイSいるTいるIいれRいよ}
「《9》_____》段活用」＝{МケYケSけるTけるIけれRケよ}
‥‥以下の二つの司形活用形は、混同しても古文解釈上殆ど問題なしなので、無視してよい:
●＜「已然形」＝「命令形」＞となる活用形
「《7》_____》段活用」＝{МアYイSうTうIエМエ}
「《15》_____》行変格活用」＝{МらYりSりTるIレRレ}
●＜「連用形」＝「終止形」＞となる活用形:
「《15》_____》行変格活用」＝{МらYりSりTるIレRレ}

‥‥煩雑極まる動詞の活用形9種を、とりあえず棒暗記するための語呂合わせは、**《アイウエ四段；イエ一段＆ウづいて二段の上下ペア；カサナラへん》**＝「正格活用」のうち、「あ・い・う・え」の四段音にまたがって活用するのが「《7》_____》段活用」、「い」段のみ＆「え」段のみで活用するのが「《8》_____》段活用」＆「《9》_____》段活用」のペア、この「い」段のみ(上一段)＆「え」段のみ(下一段)に更に「う」段音が付くのが「《10》_____》段活用(い＋う段)」＆「《11》_____》段(え＋う段)」活用のペア、これら以外は「《12》_____》変」・「《13》_____》変」・「《14》_____》変」・「《15》_____》変」の「変格活用」である。

‥‥未然形活用語尾が何段に属するかに着目して動詞9種活用形を見分けるための語呂合わせは、**《ア未然は四段、ナ・ラ変； イ未然はイル上一の他は上二； エ未然は下二、下一蹴ず、か、為ず； オ未然はカ変‥‥ウ未然何も無し》**＝未然形活用語尾が「ア」段なら「《7》_____》段活用」か「《14》_____》変」・「《15》_____》変」、未然形活用語尾が「イ」段で終止形が「イル」音なら「《8》_____》段活用」でそれ以外は「《10》_____》段活用」、未然形活用語尾が「エ」段なら「《11》_____》段活用」か「《9》_____》段活用」(蹴る)・「《13》_____》変」(す)、未然形活用語尾が「オ」段なら「《12》_____》変」(く)。「ウ」段で終わる未然形活用語尾はない。

「動詞」の一部は、その「動詞」としての本来の語義を失って、単体では意味を為さずに他の「動詞」の《20)＿＿＿＿》形」へと接続してその「動詞」に何らかの意味を添える働きをする（即ち「助動詞」に相当する機能を持つ）場合がある。これを《21)＿＿＿＿》動詞」と呼ぶ。その数は120余り（平安期に用いられたものに限定しても約70）と極めて多いが、古文の意味解釈上重要な役割を果たす語なので、《20)＿＿＿＿》形接続の助動詞相当句」としてその表わす意味をしっかり把握しておく(**＝本書巻末付録の一覧表を執拗に眺めて記憶に叩き込む**)必要がある。

…12min

答：《1)あり》《2)他》《3)自》《4)九》《5)正格》《6)変格》《7)四》《8)上一》《9)下一》《10)上二》《11)下二》《12)カ》《13)サ》《14)ナ》《15)ラ》《16)語幹》《17)せらる》《18)せさす》《19)連体》《20)連用》《21)補助》

==========

■07)（001)～(005)—音便—

《1)＿＿＿＿》上の読み方と実際に《2)＿＿＿＿》される音とが異なる現象を「音便」と呼ぶ。英文法ではこれを「euphony：ユーフォニー：耳に心地良い響き」と呼び、「cacophony：カコフォニー＝耳障りな不協和音」の対義語となっている。古典文法上の「音便」は、《3)＿＿＿＿》音便」・「《4)＿＿＿＿》音便」・「《5)＿＿＿＿》音便」・「《6)＿＿＿＿》音便」の4つである・・・語呂合わせとしては《**誘発、即、音便**》で覚えておくとよい。

音便は（「非活用語」の「名詞」を含む）多くの品詞で起こり得る現象だが、「活用語」（＝「動詞」・「形容詞」・「形容動詞」）の場合のみを対象としてその現象を区分すれば、次のようになる（…**概括してしまうと何がなんだかわからんややこしさ！…なので、後続部に記す個別語呂合わせで覚えるべし**）：

●4種の音便の全てが起こりうる品詞は《7)＿＿＿＿》であり、活用形としては《8)＿＿＿＿》形のみで起こり、その他の活用形では発生しない。

●《9)＿＿＿＿》の音便は、活用形が《10)＿＿＿＿》形の場合に「《3)＿＿＿＿》音便」と「《5)＿＿＿＿》音便」が起こり、活用形が《8)＿＿＿＿》形の場合に「《4)＿＿＿＿》音便」が起こる（…「《6)＿＿＿＿》音便」は、この品詞では発生しない）。

●《11)＿＿＿＿》の音便には「ナリ活用」の「《5)＿＿＿＿》音便」しかなく、活用形としては（一見）《10)＿＿＿＿》形で起こる（ように見える・・・が、厳密に言えば「《12)＿＿＿＿》形」で発生している：この点は「形容詞」の「《5)＿＿＿＿》音便」の場合も同じである）。

★「《3)＿＿＿＿》音便」の覚え方（その1）＝《**儀式四連足りて同意しなし給ふ**》…

「《13)＿＿＿＿》」・「《14)＿＿＿＿》」・「《15)＿＿＿＿》」という《16)＿＿＿＿》段活用《17)＿＿＿＿》形の音が「《18)＿＿＿＿》」及び「《19)＿＿＿＿》」へと続く場合に《7)＿＿＿＿》の「《3)＿＿＿＿》音便」が起こる場合がある・・・補助動詞「《20)＿＿＿＿》」にも「《13)＿＿＿＿》」音・「《15)＿＿＿＿》」音の「《3)＿＿＿＿》音便」が起こる場合がある（…が、「《14)＿＿＿＿》」音の場合は、なし）。

◆「急《13)＿＿＿＿》て・たり→いそ＜い＞で・だり」

◆「増《14)＿＿＿＿》て・たり→ま＜い＞て・たり」

◆「開《15)_____》て・たり→ひら<い>て・たり」
◆「若や《13)_____》給ふ→わかや<い>たまふ」
◆「書《15)_____》給ふ→か<い>たまふ」

★「《3)_____》音便」の覚え方(その2)=《期待体現かな敬意》・・・「《15)_____》」という《10)_____》形の音が「《21)_____》」及び「《22)_____》」へと続く場合に《9)_____》の「《3)_____》音便」が起こる場合がある。
◆「赤《15)_____》月→あか<い>つき」
◆「めでた《15)_____》かな→めでた<い>かな」

★「《4)_____》音便」の覚え方(その1)=《日々見たり酔うて動揺》・・・「《23)_____》」・「《24)_____》」・「《25)_____》」の音が《16)_____》段活用で「《4)_____》音便」を起こす場合があるのは、「《18)_____》」及び「《19)_____》」へと続く《7)_____》の《17)_____》形に見られる現象である。
◆「巡り逢《23)_____》て・たり→めぐりあ<う>て・たり」
◆「呼《24)_____》て・たり→よ<う>で・だり」
◆「悩《25)_____》て・たり→なよ<う>で・だり」

★「《4)_____》音便」の覚え方(その2)=《ウケよくてよして》・・・「《4)_____》音便」の《9)_____》版は《17)_____》形の「《26)_____》」音が「《19)_____》」や「《27)_____》」及び「《28)_____》」へと続く際に起こる場合がある。
◆「赤《26)_____》照る→あか<う>てる」
◆「めでた《26)_____》て して→めでた<う>て・して」

★「《6)_____》音便」の覚え方=《地理平予測足りて動揺》・・・「《29)_____》」・「《30)_____》」・「《31)_____》」の音が《32)_____》活用及び《16)_____》段活用で「《6)_____》音便」を起こす場合があるのは、「《18)_____》」または「《19)_____》」へと続く《7)_____》の《17)_____》形に見られる現象である。
◆「過《29)_____》て・たり→あやま<っ>て・たり」
◆「祈《30)_____》て・たり→いの<っ>て・たり」
◆「あ《30)_____》て・たり→あ<っ>て・たり」
◆「巡り逢《31)_____》て・たり→めぐりあ<っ>て・たり」

★「《5)_____》音便」の覚え方(その1)=《花よ美味にでどれじだり》・・・「《5)_____》音便」は、《33)_____》活用及び《16)_____》段活用の「《24)_____》」・「《25)_____》」・「《34)_____》」の音が《7)_____》の《17)_____》形として「《19)_____》」・「《35)_____》」・「《18)_____》」の語へと続く際に起こる場合が

あり、音便後の「《19)_____》」・「《35)_____》」・「《18)_____》」は濁音化する。
◆「遊《24)_____》て・たり→あそ＜ん＞で・だり」
◆「好《25)_____》て・たり→この＜ん＞で・だり」
◆「死《34)_____》て・たり→し＜ん＞で・だり」
◆「往《34)_____》し→い＜ん＞じ」

★「《5)_____》音便」はまた、「形容詞」の「補助活用」（＝いわゆる「《36)_____》活用」）と「形容動詞」の「《37)_____》活用（・・・タリ活用は対象外）」が、直後に「推定」助動詞「なり」及び「めり」を従える場合にも常に発生する。古文業界の定説では「～か《38)_____》（なり／めり）」→「～かン（なり／めり）」／「～な《38)_____》（なり／めり）」→「～なン（なり／めり）」の音変化として「連体形」で起こるものとされているが、正しくは「《12)_____》形」で発生する音便であり、「～か《39)_____》（なり／めり）→～かン（なり／めり）」／「～な《39)_____》（なり／めり）→なン（なり／めり）」の形で「100％常に起こる」音便であって、「起こる場合がある」という次元の話ではない恒常的音便である点に要注意である。
○「めでたか《39)_____》＋なり→めでたか＜ん＞なり」
　　　　　　　×「めでたか《38)_____》＋なり→めでたか＜ん＞なり」
○「いたづらな《39)_____》＋めり→いたづらな＜ん＞めり」
　　　　　　　×「いたづらな《38)_____》＋めり→いたづらな＜ん＞めり」
・・・但し、平安時代末期に至るまで、日本語に「《5)_____》音文字」（＝ハネる音の"ん"）は存在しなかったため、平安中期までは発音上は「ン」と読んでも紙面上では「《5)_____》音無表記」のままであった点にも要注意である。
・・・鎌倉時代以降、「推定」助動詞「めり」は死語と化し、「推定」の「なり」もまた同形ながら意味は「《40)_____》」で接続先は「《10)_____》形」の「なり」と混同されるようになる。更に、室町時代以降は「連体形係り結び」の盛行によって「末尾を締める連体形」が「実質的な終止形」と感じられるようになった結果として「連体形の終止形化現象」が進んだので、本源的には「《12)_____》形」で起こる「形容詞」・「形容動詞」の「《5)_____》音便」を、「連体形」で起こる現象と見る誤解が、古文業界の定説となってしまったわけである。

・・・14min

答：《1)表記／紙面／文字の》《2)発音／口に出》《3)イ》《4)ウ》《5)撥（はつ）》《6)促》《7)動詞》《8)連用》《9)形容詞》《10)連体》《11)形容動詞》《12)終止》《13)ぎ》《14)し》《15)き》《16)四》《17)連用》《18)たり》《19)て》《20)たまふ》《21)体言》《22)かな》《23)ひ》《24)び》《25)み》《26)く》《27)用言》《28)して》《29)ち》《30)り》《31)ひ》《32)ラ（行）変（格）》《33)ナ（行）変（格）》《34)に》《35)し》《36)カリ》《37)ナリ》《38)る》《39)り》《40)断定》
==========
■08)(001)(002)－「いろは歌」と「歴史的仮名遣い」－
　俗に「いろは歌」として知られる**《いろはにほへとちりぬるをわかよたれそつねならむうゐのおくやまけふこえてあさきゆめみしゑひもせす》**は、平安時代最末期(1079)に、当時の和語の表記文字をすべて織り込む「語呂合わせ」として誕生したものだが、そこには平安末～現代にかけては

常用される「《1》_____》音文字」(俗に言う「ハネる音」の「ん」)は含まれておらず、その総数は《2》_____》文字。逆に、現代では「い」に吸収されている《3》_____》(外来語表記用には《4》_____》)及び、現代では「え」に吸収されている《5》_____》(外来語表記用には《6》_____》)が含まれる点に要注意である。外来語表記専用の特殊な2文字である「(《4》_____》)」・「(《6》_____》)」を除外し、「ん」文字を加えた総数48字の「古典時代のひらがな」のことを、俗に「いろは四十八文字」と総称する。

・・・以下3頁ほど「＝古文の理＝」本編には記さなかった「歴史的仮名遣い」に関する学術的考察を展開・・・なお、"本編には記さなかった"理由は「記すに値しなかった」から、である。以下の拙文も高校生向けじゃないので、マジメすぎて付き合いきれないと感じたら、軽くスルーしてかまわない：

　中国伝来の「漢字(＝真名：まな)」の崩し字としての「表音記号(＝仮名：かな)」たる「ひらがな」の表記法は、漢字そのものをカナ的に用いた奈良時代の「万葉仮名」の昔から、平安時代全般を通じて、年代や筆記者によってかなりまちまちな有様で、十分に統一された表記規則が(英語のアルファベットのような形では)日本語には長らく存在しなかった。そうした日本語の仮名表記上の不統一性を、平安の最末期(or 鎌倉時代初頭)に(どうにかこうにか)まとまりの付く形へと最初に規則化した人物が「藤原《7》_____》」(正月のカルタ取りでお馴染み『小倉百人一首』の生みの親であり、二つの異なる勅撰和歌集『新古今和歌集』・『新勅撰和歌集』に撰者として携わった日本文芸史上初の(唯一、ではない)歌人：1162-1241)であり、このカナ表記法は彼の名にちなんで《7》_____》仮名遣い」と呼ばれる。その没後１００年ほど経ってから、彼の孫の「《8》_____》」がこれを洗練したものが「《8》_____》仮名遣い」と呼ばれ、その後江戸時代までの約300年もの長きに渡り、日本語に於ける平仮名表記の規範となった。

　一方、江戸時代の最安定期「元禄時代」になってから、平安時代より遙か昔(上代)で未だ表記文字も文法も混沌としていた時代に成立した和歌集『万葉集』(紀元759年頃)に見られるカナ表記法(＝カタカナとして確立される前段階の漢字そのものを表音文字として適当に借りて当て字していたもの)である「万葉仮名」を研究した「契沖(けいちゅう)：1640-1701」という人物と彼の流れを汲む賀茂真淵(かものまぶち)や本居宣長(もとをりのりたが)らのいわゆる「国学者」達が、三世紀にわたって「音声学的に妥当な表音記号」として通用していた「《7》_____》or《8》_____》仮名遣い」のことを、「語源学的に見て正しくない表記法」として非難し、「*各語の表わす意味に基づき、その来歴に忠実な(＝歴史的に見て正しい)表記法*」として主唱した(・・・が、音声学的には必ずしも"正しい表音記号"とは評せない)仮名文字表記法が、今なお「古典的かな」として高校生を悩ませ続ける「歴史的仮名遣い」である。

この"記号"が古文学習者を悩ませる理由は、それが「表音文字」である（べきである）のに、中途半端に「表意文字」でもあることである。例えば「路地」の文字の仮名表記は、現代日本語では「ろ＜じ＞」だが、「歴史的仮名遣い」では「ろ＜ぢ＞」となる・・・そのロジック（logic＝論理）は次の如し：「路地の"地"は大地の"地"である→"大地"の読みは"だいち"であって"だいし"ではない→故に"地＝ち"の文字は"路地"の中に於いても"ぢ"であるべきであって"ろぢ"が正しく"ろじ"と書くのは間違いである」・・・これは、一面の論理に於いては正しいが、反面、ここで問題になっているのが「かな＝カナ＝仮名＝仮の名＝真正文字（真名＝漢字）から音だけ借りて編み出した、音声だけを表わせばよい（＝意味を表わす役割までは要求されない）表音文字の"ひらがな／カタカナ"」であることを思えば、無意味な煩雑さを招くだけの「語源学的考察まで加味しての"じorぢ"の使い分け」とも言える。「ろ＜じ＞」と現代風表記で書こうが「ろ＜ぢ＞」と「歴史的に正しい仮名遣い」をしようが、「路地」の現実の読み方はまるで一緒で何一つ変わらない・・・であるからには「ろ＜じ＞」だろうが「ろ＜ぢ＞」だろうが同じことであって、"じ"か"ぢ"の字のどちらか一方に統一表記するのが「表意文字ならぬ表音文字としての仮名」としては論理的（logical："ロジカル"が英語的には正しいが、"ロヂカル"と書いても同じ事："L"と"R"の区別もできぬ日本人のカタカナかたこと英語の口に乗せればlodgerもRogerも同じ言・・・なのに、紙の上でだけ几帳面に"ロッヂャー"vs"ラジャー"と分別くさく書き分けるのは、空しくもハタ迷惑な自己満足でしかない：区別は「口に乗せて表わす実際の発音」で行なえばよく、「紙の上のチマチマとしたかなぎり作法」で両者を区分せんとするのは、音声学的に見て無意味に煩雑＆論理的に見て無様な徒労・・・もしそれを敢えてやろうというのなら、高校生諸君も辞書でお馴染みの「ヘボン式アルファベット＝発音記号」まで持ち出して厳密にやるがよい・・・が、英語音声学のHepburn博士なら"へぼん（平凡？）"／往年の銀幕の大女優 Audrey Hepburn なら"へっぷばーん（御踊り・屁っプ・バーン？）"、などと好き勝手に書き分けてる日本人に、この種の厳密性を期待すること自体、それこそ非論理的）であるから、この場合、使用頻度の高い「じ」の字に統一して「ぢ」は排する割り切りこそ言語学的妥当性というものである。そうして"ぢ"も"じ"も同じ・・・なら"ぢ"文字は捨てて"じ"の字を貫く」を基本としつつも、良くも悪しくも「いい加減」な和語表記の特性を利し、「痔」の時だけは"ち"に点々・・・血が点々・・・"ぢ"！」みたいに「痛い漢字はイタそうな感じのかな」という裁量を発揮すればよいだけの話である。音声学的観点から言えば、日本語とは所詮、表音性にも表意性にも透徹し切れぬ中途半端な言語でしかない・・・と同時に、そのいずれにもホイホイなびく融通無碍（ゆorい う or～ づorず う or ぅor～or─ むげ）なる振る舞いが可能な「世にも稀なる可変性に富む」言語なのであるから、「学術的・歴史的・論理的に見て、正しい」などという窮屈な無理難題を自らの上に背負い込もう

と気負いこむのは、折角の「言語学的長所」に自らフタをする短絡的自殺行為と言えるだろう・・・要するに、お江戸の国学者の面々にあまりに糞真面目（&不当に自信過剰）すぎたのだ。

　ところが、歴史の巡り合わせというのは面白いもので、１９世紀後半、「王政復古の大号令」で「徳川幕藩体制→天皇制」の政治的回帰を行なった明治時代の日本国は、この「*(曰く)歴史的に正統！*」な仮名遣いを国策として採用した・・・漢詩文＝唐（カラ）歌から和歌＝大和（ヤマト）歌へと日本文芸の潮流を逆転させたあの『古今和歌集』（成立のちょうど一千年後の1904 年 4 月 18 日に）、その中心編者だったのに朝廷官位は「従五位上」とひどく低いまま死んでまるで報われなかった紀貫之を"日本の文化的発展の功労者"として「贈従二位・・・"贈"とは、死後に贈られる官位に付ける（当人にはあまり関係ない）名誉の称号」の形で六階級特進させたことや、後白河天皇との権力闘争に敗れて讃岐の国に流されて死んだ1119 年以来京の都に災いをもたらす悪神と化したとの伝説のある崇徳上皇の怨念を鎮めるため1868 年の明治維新の際に京都に「白峯神宮」を創建してその神様に崇徳院を祭り上げたこと、などにも類する"オカルト的"懐古調復古主義の一例として、この「歴史的！仮名遣い」の採用劇を引き合いに出すのは少々やり過ぎかもしれないが、言語学的意味より政治的意義の方が濃密な不自然なる言語操作という点に関しては、その後の日本国の朝鮮半島支配に於ける現地語&習俗弾圧→和風強制に通ずる特性をそこに読み取らずば、現代日本人として「歴史的に無知」のそしりを免れまい。alphabet により表記される英語という言語は、イタリア人あたりから見れば「音と表記が厳密に一致せぬ欠陥表記言語」であるが、表音文字のくせに「語源学的来歴に応じて（＝表意文字的観点から）無用に煩雑なカナの書き分けを求める」中途半端な性格を持つ「歴史的仮名遣い」に較べれば、「英語のアルファベット」などすらも「限りなく完璧に近い表音文字」と感じられる・・・音声と表記の一致に於いて極めて透徹した厳密性を誇る古代ラテン語の正統なる末裔を自認するイタリア語圏の誰かさんが、この「表意性を捨て切れぬ中途半端な表音文字"風"記号」である「歴史的仮名遣い」の本源的非論理性（＝意味に敬意を表する表意文字としては、２０００を優に超える「真名」があるのだから、そちらを自在に駆使すればいいのに、わずか４８文字足らずの「仮名」に表音文字以上の表意性まで求めて一体どうするわけ？）を見抜くほどまでに日本の古典文法に習熟してしまったなら、その「日本文化かぶれの誰かさん」の、日本国&日本人に対する憧憬にも似た高評価は（日本国&日本人の本質をかいま見てしまった分だけ、漠然たる敬意から古代日本語への造詣を深めたいなどと一念発起するまでに到った"無知なる崇敬者"であった頃よりも）確実に数段階、落ちることになるであろう・・・

　とにもかくにもいはく付きのこの「表音文字でもなく表意文字でもない・・・表音

文字でもあり表意文字でもある」てふ「二兎を追ひ一兎得ずにもなりぬかな表記」を、「御維新」以来ごくらうさまにも使ひ続けた日本人ではあつたが、第二次世界大戦に惨敗せる１９４５年を境に、この（伝）正統仮名遣ひ」があつさりと捨て去られて現在に至つているのは、それが「音声学的に無意味に煩雑で表音記号としては欠陥品」だつたから、と言ふのが「言語学＆歴史的に正しき所見」であらう（ある＋らむ→らう）などと書く論理的に生真面目すぎる（すくすくしき）筆者を許してよ (Allow me for my stark logicality)。

◆「*歴史的に正統！*」…でも、「音声学的には邪道」でしかない表記の悪例：
…曰く：ある場所への停留感を表わす「イル」のひらがな表記は「《9》_____》る」だが、ある場所から別の場所への移動感を伴う「イル」をかな書きする場合は「《10》_____》る」と書くのが*歴史的に考へて正しき表記であらう！*」（…とかや）。

◆「言語学的正道」の考え方：
…「《9》_____》る」と「《10》_____》る」とを「カナ文字」レベルで分別すること自体全くのナンセンス！「カナ」はあくまで「仮名」であり「借りの名」でしかないのだから、こんなものは「カナモジ」としては「いる」のみに一本化すればよく、その意味上の違いを確実に書き分けて見る者の目に一目瞭然にしたいなら、「ひらがな」などあっさり捨てて、「漢字」で「《11》_____》る＝stay」/「《12》_____》る＝enter」と明記すればよいだけの話（…まつたく、ごくらうさま）。

「歴史的仮名遣い」では用いられても現代日本語では（西欧伝来型酒類製造販売業者の商号以外の使い道では）用いない文字は、外来語表記特殊記号の「《4》_____》」（和語用には「《3》_____》」、現代語では「い」）及び「《6》_____》」（和語用には「《5》_____》」、現代語では「え」）の2種（4文字）で、これらの「歴史的なだけで現代的でないかな文字」を除外し、「重複するかな」をも除外した場合の現代日本語の「ひらがな」の実数は、俗に「五十音」と呼ばれるインフレ呼称法よりかなり少ない「四十六音」（含「ん」）だったりするので、古典時代より文字表記の多様性に於いては現代日本語は縮小していることになる。もっとも「whiskey」を「OUI, 好きぃ～！」と書いても許される緩さには、堅苦しく「ウキスキー」とする古典的和語表記の堅苦しさとは比較にならぬ表現の許容度 (allowance) があらう、とも言へなくはなしとは言ふべきにもあらず…かな？

現代日本語と異なる古典時代の仮名表記を巡るややこしい事情を棒暗記するための語呂合わせ**《家老ひへぽい絵をアハワ》**の意味を解題すると…現代日本語の（ア行の）「《13》_____》」・「《14》_____》」・「《15》_____》」の音に対し、「歴史的仮名遣い」では、これら3文字に加えて、（ハ行の）「《16》_____》」・「《17》_____》」・「《18》_____》」と（ワ行）の「《19》_____》」・「《20》_____》」・「《21》_____》」と、全部で3種類（9文字）の表記があり得るので、「ア・ハ・ワ」行の違いに要注意。

「歴史的仮名遣い」では、「《22》_____》行」の文字は、語頭以外の部分では「《23》_____》行」で読まれる。この現象を「《22》_____》行転呼」と呼ぶ。

◆「ははきぎ(帚木)→は《24)_____》きぎ」
◆「はふ(這ふ)→は《25)_____》」

「歴史的仮名遣い」では、「《26)_____》母音」が「《27)_____》母音」化する場合がある。ここで言う「母音」とは「表記上の母音＝ア・イ・ウ・エ・オ」でなく「発音上の母音」のことであり、「《22)_____》行転呼」の末に母音で読まれる「ひ／ゐ・ふ・へ／ゑ・ほ(→イ・ウ・エ・オ)」も含まれる点に注意を要する。

「歴史的仮名遣い」では、「ウ(u)=う・ふ」の音が「ア(a)・イ(i)・エ(e)・オ(o)」の母音直後に連なると、それぞれ「a+u(au:アウ)→O-:《28)_____》」・「i+u(iu:イウ)→YU-:《29)_____》」・「e+u(eu:エウ)→YO-:《30)_____》」・「o+u(ou:オウ)→O-:《28)_____》」の「《27)_____》母音」に変化する場合がある。
◆「あふせ(逢瀬)→《28)_____》せ」
◆「いふぢやう(言ふ定)→《29)_____》じょー」
◆「ゑふ(酔ふ)→《30)_____》」
◆「まどふ(惑ふ)→まど《28)_____》」

「歴史的仮名遣い」では、「ア(a)」段音の直後に「ワ行」の「は(○wa・・・×ha)」が連なると、「a+wa(awa:アワ)→OU:《31)_____》」の「《27)_____》母音」に変化する場合がある。
◆「ははきぎ(帚木)→《32)_____》ぎ」
◆「かわち(河内)→《33)_____》ち」

「歴史的仮名遣い」では、現代日本語では「小文字の仮名」で表記する「《34)_____》音」(っ)や「《35)_____》音」(ゃ・ぃ・ゅ・ぇ・ょ)も、「大文字の仮名」(つ・や・い・ゆ・え・よ)で書く。

「《34)_____》音」を巡る「歴史的仮名遣い」表記事情を棒暗記するための語呂合わせは**《ぽいんぞっこんかっぱさった》**・・・母音が縮まり「《34)_____》音」となる(＝音が小さくツマる)のは、「《36)_____》行」・「《37)_____》行」・「《38)_____》行」・「《39)_____》行」である。
◆「と《40)_____》かふ→ト＜ッ＞カウ」
◆「あ《41)_____》れ→ア＜ッ＞パレ)」
◆「か《42)_____》さらふ→カ＜ッ＞サラウ」
◆「お《43)_____》たつ→オ＜ッ＞タツ」

《(かさならはまった)あわやヰしてヤィユヱヨーおん》の語呂合わせの意味を解題すると・・・「《44)_____》行」・「《45)_____》行」・「《46)_____》行」の音以外の各行(カ・サ・ナ・ラ・ハ・マ・タ)の5音に「ゃ・ぃ・ゅ・ぇ・ょ」の八文字を添えたものが「《35)_____》音」(ねじける音)である。

「《35)＿＿＿＿》音」(ねじける音)は、日本語本来の音ではなく、「《47)＿＿＿＿》語」の和文表記に見られるものである。「歴史的仮名遣い」では、「ゃ・ぃ・ゅ・ぇ・ょ」の「y 音＝開《35)＿＿＿＿》音」以外にも、「k+wa：クヮ」及び「g+wa：グヮ」の組合せに於いてのみ生じる「w 音＝合《35)＿＿＿＿》音」として「わ」文字が(「捨て仮名」の「ゎ」でなく「大文字の仮名」の「わ」で)用いられる。後者は「宦官＝《48)＿＿＿＿》」のような漢語由来語を「現地(＝漢語)風発音」に忠実に表記すべく生じたものだが、古典時代の日本人の現実的発音は単に「かんがん」であって「くゎんぐゎん」とは読まなかったのだから、結局のところ無意味に煩雑な非現実的表記法に過ぎず、「合《35)＿＿＿＿》音」が現代日本語では既に死語と化しているのも、言語学的に見て至極当然の帰結であると言える。

「歴史的仮名遣い」では、英語の「D」音に属する「《49)＿＿＿＿》」・「《50)＿＿＿＿》」の文字が語頭に用いられる場合がある(現代日本語ではこれらの文字は語中でのみ用いられ、語頭に用いられる場合は「Z」音の「じ」・「ず」の文字を用いて書き換えられる)。

「歴史的仮名遣い」を殊更ややこしくする元凶の要注意文字群に関する心得を語呂合わせで会得するつもりなら**《あわや益意の古き家、心得所あのみ上《他は嫌》》**と唱えればよい‥‥「歴史的仮名遣い」では、「《44)＿＿＿＿》行」・「《45)＿＿＿＿》行」・「《46)＿＿＿＿》行」の3行で、「《51)＿＿＿＿》」・「《52)＿＿＿＿》」・「《53)＿＿＿＿》」の3音が共通するが、古典的「いろは四十八文字」中で現代語と異なる用いられ方をする古い文字は、「《3)＿＿＿＿》」・「《5)＿＿＿＿》」の2文字だけであり、「心得(こころう)」・「得(う)」・「所得(ところう)」の活用({え・え・う・うる・うれ・えよ})に見られる「《52)＿＿＿＿》」・「《51)＿＿＿＿》」の音だけが「《44)＿＿＿＿》行」に属し、その他全ての「《51)＿＿＿＿》」・「《52)＿＿＿＿》」・「《53)＿＿＿＿》」の音は、「《45)＿＿＿＿》行」または「《46)＿＿＿＿》行」に属するものである。

…20min

答：《1)撥(はつ)》《2)四十七》《3)ゐ》《4)ヰ》《5)ゑ》《6)ヱ》《7)定家(ていか／さだいへ)》《8)行阿(ぎょうあ)》《9)ゐ》《10)い》《11)居》《12)入》《13)い》《14)え》《15)お》《16)ひ》《17)へ》《18)ほ》《19)ゐ》《20)ゑ》《21)を》《22)ハ(は)》《23)ワ(わ)》《24)わ》《25)う》《26)二重》《27)長》《28)オー(おー)》《29)ユー(ゆー)》《30)ヨー(よー)》《31)オー(おー)》《32)ほうき／ほーき》《33)こう／こー》《34)促》《35)拗(よう)》《36)カ(か)》《37)パ(ぱ)》《38)サ(さ)》《39)タ(た)》《40)り》《41)は》《42)き》《43)ひ》《44)ア(あ)》《45)ワ(わ)》《46)ヤ(や)》《47)外来》《48)くゎんぐゎん》《49)ぢ》《50)づ》《51)え》《52)う》《53)い》

==========

■09)(001)～(003)—「助動詞」・「補助動詞」概論—
　「助動詞」は、それ自体では意を成さずに「動詞」または他の「(補)助動詞」の直後に付くことで直前の語句または文意に様々な意味を添える語である点に於いては「補助動詞」と同じだが、「補助動詞」は単独で「《1)＿＿＿＿》」を構成することができるのに対し「助動詞」にそれはでき

ない点と、「補助動詞」はすべて活用語の《2)_____》形」に接続するのに対し、「助動詞」の接続先の活用形は各「助動詞」ごとに異なり、全部で3種(外見上は6種だが、本質的には3種)あり得る点とに於いて異なる。平安時代に用いられた「助動詞」の数は30数種、「補助動詞」は70数種にものぼる。

　概括的に言えば、「助動詞」の接続する先の活用形は、その「助動詞」が「動詞(及び文章内容そのもの)」に対しどの程度積極的に関与する連携性を有するかによって異なり、連携性が強い助動詞ほど(他の助動詞と併用する場合)文中での登場順序も早くなる(=「動詞」より近い位置に置かれる)。「動詞」との連携性が最も緊密な助動詞は「《3)_____》形」に接続し、「動詞(+動詞とより密接な関係にある他の助動詞)」による陳述が一段落付いた後に添えられる助動詞は「《4)_____》形」に接続し、「動詞(+他の助動詞群)」による陳述に対する客観中立性が強い付加コメント的助動詞は「《5)_____》形」に接続して文末に置かれる。「已然形」・「命令形」に接続する助動詞は(形の上では存在しても)論理的にあり得ない。「《6)_____》形」に接続する助動詞は(存在はするが)助動詞としては特殊な例外の(=その分、要注意の)接続である。

　「助動詞」の「接続先」の違いを、文中に於ける(他の助動詞との相対関係で見た)登場順の早さ(=動詞との密接度の高・低)に着目して眺めると、次の3)・4)・5)の順、となる：
{動詞密接度高←「《3)_____》形・《4)_____》形・《5)_____》形→動詞密接度低}
‥‥文中に於ける登場順が、早い(=「動詞」に近い位置に置かれる)ものから遅い(=「動詞」から遠く文末近くに置かれる)ものへと5段階(Ⅰ、Ⅱ、Ⅲ、Ⅳ‥‥+Ⅴ)に区分する形で「助動詞」の「活用」と「意味」を大まかに覚え込む語呂合わせは、以下の(●Ⅰ、●Ⅱ、●Ⅲ、●Ⅳ、●Ⅴ)の通り：

●Ⅰ)<使役・受身・自発・尊敬>系助動詞群‥‥
《ユラユラルルゥ、サスシムス》
(揺ら揺らルルぅ、指し示す)
‥‥すべて「《3)_____》形」に接続する。
【7)_____】{え・え・ゆ・ゆる・ゆれ・〇}　接続=[四段・ナ変・ラ変動詞の《3)_____》形](‥‥奈良時代の助動詞で、平安期以降は【10)_____】の形となる)
【8)_____】{らえ・(らえ)・らゆ・(らゆる)・(らゆれ)}　接続=[四段・ナ変・ラ変動詞以外の《3)_____》形](‥‥奈良時代の助動詞で、平安期以降は【9)_____】の形となる)
【9)_____】{られ・られ・らる・らるる・らるれ・られよ}　接続=[(四段・ナ変・ラ変を除く)活用語の《3)_____》形]
【10)_____】{れ・れ・る・るる・るれ・れよ}　接続=[四段・ナ変・ラ変の《3)_____》形]
【11)_____】{させ・させ・さす・さする・さすれ・させよ}　接続=[(四段・ナ変・ラ変以外の)動詞の《3)_____》形]
【12)_____】{しめ・しめ・しむ・しむる・しむれ・(しめ)／しめよ}　接続=[活用語の《3)_____》形]
【13)_____】{せ・せ・す・する・すれ・せよ}　接続=[四段・ナ変・ラ変動詞の

《3》_____》形]

●Ⅱ)＜尊敬・謙譲＞系補助動詞群…
《サブラヒハベリキコエマウス、タマウタマウルタテマツル》
（侍はべり聞こえ申す、玉を給ふる奉る）
…このグループは「補助動詞」なので、接続先はすべて活用語の「《4》_____》形」である。
【14】_____{は・ひ・ふ・ふ・へ・へ}謙譲
【15】_____{ら・り・り・る・れ・れ}謙譲
【16】_____{え・え・ゆ・ゆる・ゆれ・えよ}謙譲
【17】_____{さ・し・す・す・せ・せ}謙譲
【18】_____{は・ひ・ふ・ふ・へ・へ}…《19》_____》段活用型」で意味は「尊敬」
【20】_____{は・ひ・ふ・ふる・ふれ・へよ}…《21》_____》段活用型で意味は「謙譲」
【22】_____{ら・り・る・る・れ・れ}謙譲

●Ⅲα)＜完了・存続＞；Ⅲβ)＜【あり】付きの打消・推量・回想＞系助動詞群…
《ツリタリヌ；マジカリベッカリ、メ＋ザーリ》
（「釣り足りぬ！」－「マジ借り！」ばっかり、目障一り！）
…《釣り足りぬ》グループは「《4》_____》形」に接続する。
…《マジ借りばっかり目障り》グループは「《5》_____》形」に接続、《ザリ》だけは「《3》_____》形」に接続する。いずれも「Ⅳ)＜打消 or 推量＞系＋【アリ】」の複合形で、独立した1語の「助動詞」扱いを受けるのは【メリ＝見＋アリ】のみ。
【23】_____{て・て・つ・つる・つれ・てよ} 接続＝[活用語の《4》_____》形]
【24】_____{ら・り・り・る・れ・れ} 接続＝[外形上は、四段動詞の命令形（または已然形）・サ変動詞の未然形…だが、本質的には《4》_____》形接続」である]
【25】_____完了{たら・たり・たり・たる・たれ・たれ} 接続＝[（ラ変以外の）動詞・助動詞の《4》_____》形]」…ラ変を避けるのは語源が「て＋あり」なので「あり＋て＋あり」を嫌うため
【26】_____{な・に・ぬ・ぬる・ぬれ・ね} 接続＝[活用語の《4》_____》形]
【27】_____{〇・めり・めり・める・めれ・〇} 接続＝[活用語の《5》_____》形]

●Ⅳ)＜打消・推量・過去回想＞系助動詞群…
《ジムマシッズムズン、ケルキケムナルラシマジラムベシ》
（蕁麻疹ズンズン、蹴る危険なるらし混じらんべし）
…《蕁麻疹ずんずん》グループは「《3》_____》形」に接続する。
…《蹴る危険！》グループは「《4》_____》形」に接続する。
…《鳴らし混じらんべし》グループは「《5》_____》形」に接続する。
【28】_____{〇・〇・じ・じ・じ・〇} 接続＝[活用語の《3》_____》形]
【29】_____{〇・〇・む(ん)・む(ん)・め・〇} 接続＝[活用語の《3》_____》形]
【30】_____{ましか／(ませ)・〇・まし・まし・ましか・〇}接続＝[活用語《3》_____》形]

【31)_____】{ず／(な)・ず／(に)・ず／○・ぬ・ね・○} 接続＝[活用語の《3)_____》形]・・・【31)_____】の後に更に別の助動詞を続ける場合は、ラ変動詞【あり】を介在させた次の形を取る:
{ざら・ざり・○・ざる・ざれ・ざれ} 接続＝[活用語の《3)_____》形]
【32)_____】{○・○・むず(んず)・むずる(んずる)・むずれ(んずれ)・○} 接続＝[活用語の《3)_____》形]
【33)_____】{(けら)・○・けり・ける・けれ・○} 接続＝[活用語の《4)_____》形]
【34)_____】{(せ／き)・○・き・し・しか・○} 接続＝[活用語の《4)_____》形]
　・・・カ変・サ変への接続は変則的:カ変未然形(こ)＋{し}{しか}／カ変連用形(き)＋{し}{しか}／サ変未然形(せ)＋{し}{しか}／サ変連用形(し)＋{き}
【35)_____】{○・○・けむ(けん)・けむ(けん)・にめ・○} 接続＝[活用語の《4)_____》形]
【36)_____】推量{○・なり・なり・なる・なれ・○} 接続＝[活用語の《5)_____》形]
【37)_____】{○・○・らし・らし／(らしき)・らし・○} 接続＝[活用語の《5)_____》形]
【38)_____】{(まじく)／まじから・まじく／まじかり・まじ・まじき／まじかる・まじけれ・○} 接続＝[活用語の《5)_____》形]／[ラ変型活用語の場合のみ《6)_____》形]
【39)_____】{○・○・らむ(らん)・らむ(らん)・らめ・○} 接続＝[活用語の《5)_____》形]／[ラ変型活用語の場合のみ《6)_____》形]
【40)_____】{(べく)／べから・べく／べかり・べし・べき／べかる・べけれ・○} 接続＝[活用語の《5)_____》形]／[ラ変型活用語の場合のみ《6)_____》形]

●Ⅴ)＜特殊語接続(願望・断定・比況)＞系助動詞群・・・
《見まう(ほ)し、用タシ、ナ／タリがゴトシの体》
(見舞う星、用足し、名足りが如しの体)
・・・《未マウホシ》グループは「《3)_____》形」に接続する。
・・・《用タシ》は「《4)_____》形」に接続する。
・・・《ナタリがゴトシの体》グループは「《6)_____》形」・「《41)_____》言」・格助詞【42)_____】・格助詞【43)_____】に接続する。
【44)_____】{○・まうく・○・まうき・まうきれ・○} 接続＝[活用語の《3)_____》形]
【45)_____】{(まほしく)／まほしから・まほしく／まほしかり・まほし・まほしき／まほしかる・まほしけれ・○} 接続＝[動詞・動詞型活用助動詞の《3)_____》形]
【46)_____】{(たく)／たから・たく／たかり・たし・たき／たかる・たけれ・○} 接続＝[動詞・動詞型活用助動詞の《4)_____》形]
【47)_____】断定{なら・なり／(に)・なり・なる・なれ・(なれ)} 接続＝[活用語の《6)_____》形・《41)_____》言・文相当句・一部の副詞・一部の助詞]
【48)_____】断定{たら・たり／(と)・たり・たる・たれ・(たれ)} 接続＝[《41)_____》言]
【49)_____】{(ごとく)・ごとく・ごとし・ごとき・○・○} 接続＝[格助詞【42)_____】・格助詞【43)_____】・活用語の《6)_____》形」・(中世以降)《41)_____》言]

以上の5つのグループに属する「（補）助動詞」の文中に於ける登場順序を覚える語呂合わせ、**《おぼえられたまひつべきなり》**を解題すると・・・動詞「覚ゆ」の後の「（補）助動詞」の順序は：
Ⅰ）【9)＿＿＿＿】＝＜使役・受身・自発・尊敬　→Ⅱ）【18)＿＿＿＿】＝＜尊敬・謙譲＞
→Ⅲ）【23)＿＿＿＿】＝＜完了・存続＞　→Ⅳ）【40)＿＿＿＿】＝＜打消・推量・過去回想＞　→Ⅴ）【47)＿＿＿＿】＝＜願望・断定・比況＞としかと覚えとかれなさるが宜しかろう。
　　　　　　　　　　　　　　　　　　　　　　　　　　　　　　　　　　　　・・・14min

答:《(1)》文節《(2)》連用《(3)》未然《(4)》連用《(5)》終止《(6)》連体【7)ゆ】【8)らゆ】【9)らる】【10)る】【11)さす】【12)しむ】【13)す】【14)さぶらふ】【15)はべり】【16)きこゆ】【17)まうす】【18)たまふ】【19)四】【20)たまふ】【21)下二】【22)たてまつる】【23)つ】【24)り】【25)たり】【26)ぬ】【27)めり】【28)じ】【29)む(ん)】【30)まし】【31)ず】【32)むず(んず)】【33)けり】【34)き】【35)けむ(けん)】【36)なり】【37)らし】【38)まじ】【39)らむ(らん)】【40)べし】【41)体】【42&43)が&の】【44)まうし】【45)まほし】【46)たし】【47)なり】【48)たり】【49)ごとし】
==========
　　　　　　　　　■09)(004)─『未然形接続助動詞』─
《(1)＿＿＿＿》形接続の助動詞は全助動詞中最も数が多く、全部で12ある。その意味は「自発／受身／尊敬」・「使役／尊敬」・「推量」・「願望」・「打消」である。

●る【る】『接続:{四段＆ナ変＆ラ変の《(1)＿＿＿＿》形}』〔助動ラ下二型〕{M=＿・Y=＿・S=＿・T=＿・I=＿・R=＿}

●らる【らる】『接続:{四段＆ナ変＆ラ変以外の《(1)＿＿＿＿》形}』〔助動ラ下二型〕{M=＿・Y=＿・S=＿・T=＿・I=＿・R=＿}

★接続先が違うだけで全く同一の【る】らる】の語義は「何となく自然にそうなる（自発）」→「気が付いたら出来ている（可能）」→「いつの間にかある状態に置かれている（受身）」→「自分でせずとも他人がやってくれる特権的立場にある（尊敬）」の変遷を辿った。「可能」と言っても《(2)＿＿＿＿》時代に於けるこの助動詞は「～出来ない／～出来るか？」の疑問・否定専用であり、《(3)＿＿＿＿》形で用いるのは《(4)＿＿＿＿》時代以降の話である。「尊敬」の用法は現代日本語にも残るが、古語としては最も敬意の《(5)＿＿＿＿》「尊敬語」である。
_____
●す【す】『接続:{四段＆ナ変＆ラ変の《(1)＿＿＿＿》形}』〔助動サ下二型〕{M=＿・Y=＿・S=＿・T=＿・I=＿・R=＿}

●さす【さす】『接続:{四段＆ナ変＆ラ変以外の《(1)＿＿＿＿》形}』〔助動サ下二型〕{M=＿・Y=＿・S=＿・T=＿・I=＿・R=＿}

★接続先が違うだけで全く同一の【す】さす】の原義は「自分の代わりに他者にやらせる（使役）」であり、「他者にやらせて自分は何もしなくてよい特権的立場」の感覚から「尊敬」の語義が生じたが、あくまでも特定の《(6)＿＿＿＿》との組み合わせ表現に限定され、定型句以外での用例は「《(7)＿＿＿＿》」とみなしてよい（「《(8)＿＿＿＿》」の用法に関してもやはり定型句扱いでよい）。「他者に～させてやった（使役）」の表現を「他者に～された（受身）」の代用とするのは中世

以降の「《9》_____》」に頻出する「武家の《10》_____》表現」とされる。
___

●しむ【しむ】『接続：{《1》_____》形}』〔助動マ下二型〕{M=___・Y=___・S=___・T=___・I=___・R=(___)／___}

★【しむ】は《11》_____》調の男性語で、中古の女性は使っないが、用法は女系語の【す】【さす】とほぼ（「使役」以外の用例は定型表現のみに限定される点まで）同一。
___

●む【む】『接続：{《1》_____》形}』〔助動マ四型〕{M=○・Y=○・S=__(__)・T=__(__)・I=__・R=○}

●むず【むず】『接続：{《1》_____》形}』〔助動サ変型〕{M=○・Y=○・S=___(___)・T=___(___)・I=___(___)・R=○}

★【む】及び（「む＋と＋す」に由来する）【むず】の用法はほぼ同一。「仮想・婉曲」の用法は英語の「《12》_____》」に相当し(The knowledge you ＜should＞ gain from this book.：この本を**仮に**読んだ**とした**場合にあなたが得る**ことになるであろうその**知識）、それ以外の用法は英語の助動詞「《13》_____》」に相当（「推量」S(主語)＋《13》_____》…：Sは…するだろう／「意志・願望」I《13》_____》…：私は…するつもりだ ／「勧誘・希望」《13》_____》 you …?：…してくれませんか？）。
___

●まし【まし】『接続：{《1》_____》形}』〔助動特殊型〕{M=___／(___)・Y=○・S=___・T=___・I=___・R=○}

★【まし】は英語の「仮定法」相当表現で「《14》_____》：If…，〜＝もし…なら〜だろう」が基本。「願望：If only …＝あぁ…だったらなぁ」や「躊躇：Should I …?＝…したものかしら？」の用法では、多く（確認助動詞【つ】・【ぬ】を直前に従えた連体形の）「《15》_____》」・「《16》_____》」の形を取る。中世以降衰退し【む】【むず】と混同された。
___

●まほし【まほし】『接続：{《1》_____》形}』〔助動シク型〕{M=(___)／___・Y=___／___・S=___・T=___／___・I=___・R=○}

●まうし【まうし】『接続：{《1》_____》形}』〔助動ク型〕{M=○・Y=___・S=○・T=___・I=___・R=○}

★推量の【む】未然形＋ク語法＋【欲し】＝「《17》_____》」(仮に〜とした場合のその〜がほしい)に由来する語が【まほし】であり、その【欲し:want】を対義語の【憂し:hate】に置き換えたものが【まうし】であるが、いずれも中古の一時期に用いられただけで、平安末期には【18》_____】に押されて死語と化した。
___

●ず【ず】『接続：{《1》_____》形}』〔助動特殊型〕
{M=__/(__)／___・Y=__/(__)／___・S=__/○・T=___／___・I=___／___・R=○／___}

★本来の活用形は「N系：な・に・ず・ぬ・ね・○」で、「にす」に由来する終止形「ず」に「ラ変動詞」の「《19》_____》」を付けた複合型活用形が「Z系：ざら・ざり・○・ざる・ざれ・ざれ」である。

●じ【じ】『接続:{《1)_____》形』』〔助動特殊型〕{M=○・Y=○・S=__・T=__・I=__・R=○}
★【じ】は【20)_____】及び【21)_____】の否定版にあたる。終止形接続の助動詞【22)_____】と意味が重なるが、用法の多さも実際の使用頻度も【じ】は【22)_____】に遠く及ばない。

…8min

答:《1)未然》●る【る】〔助動ラ下二型〕{M=れ・Y=れ・S=る・T=るる・I=るれ・R=れよ}●らる【らる】〔助動ラ下二型〕{M=られ・Y=られ・S=らる・T=らるる・I=らるれ・R=られよ}《2)平安》《3)肯定》《4)鎌倉》《5)低い》●す【す】〔助動サ下二型〕{M=せ・Y=せ・S=す・T=する・I=すれ・R=せよ}●さす【さす】〔助動サ下二型〕{M=させ・Y=させ・S=さす・T=さする・I=さすれ・R=させよ}《6)動詞》《7)使役》《8)謙譲》《9)軍記物》《10)強がり／負け惜しみ》●しむ【しむ】〔助動マ下二型〕{M=しめ・Y=しめ・S=しむ・T=しむる・I=しむれ・R=(しめ)／しめよ}《11)漢文訓読》●む【む】〔助動マ四型〕{M=○・Y=○・S=む(ん)・T=む(ん)・I=め・R=○}●むず【むず】〔助動サ変型〕{M=○・Y=○・S=むず(んず)・T=むずる(んずる)・I=むずれ(んずれ)・R=○}《12)仮定法(過去)》《13)will(Will)》●まし【まし】〔助動特殊型〕{M=ましか／(ませ)・Y=○・S=まし・T=まし・I=ましか・R=○}《14)反実仮想》《15＆16)てまし＆なまし》●まほし【まほし】〔助動シク型〕{M=(まほしく)／まほしから・Y=まほしく／まほしかり・S=まほし・T=まほしき／まほしかる・I=まほしけれ・R=○}●まうし【まうし】〔助動ク型〕{M=○・Y=まうく・S=○・T=まうき・I=まうけれ・R=○}《17)まくほし》《18)たし》●ず【ず】〔助動特殊型〕{M=ず／(な)／ざら・Y=ず／(に)／ざり・S=ず／○・T=ぬ／ざる・I=ね／ざれ・R=○／ざれ}《19)あり》●じ【じ】〔助動特殊型〕{M=○・Y=○・S=じ・T=じ・I=じ・R=○}【20＆21)む＆むず】【22)まじ】

==========

■09)(005)―『連用形接続助動詞』―
《1)_____》形接続の助動詞は全部で10。記述の時制的立ち位置(or 筆者の心理的視点)を「現在→過去」へとさかのぼらせる「過去」・「完了・存続」ばかり(除【たし】【こす】)である。

●き【き】『接続:{《1)_____》形…カ変＆サ変=「こ+し／こ+しか」・「き+し／き+しか」・「せ+し／せ+しか」・「し+き」}』〔助動特殊型〕{M=(__／__)・Y=○・S=__・T=__・I=___・R=○}
★【き】の終止形はカ変動詞「来(く)」の連用形「き」に、連体形はサ変動詞「為(す)」の連用形「し」にそれぞれ由来するため、「カ変・サ変動詞」相手には(同音重複の不自然さを嫌って)「来(き)+《2)_____》」・「為(し)+《3)_____》」の接続はしない。

●けり【けり】『接続:{《1)_____》形』』〔助動ラ変型〕{M=(____)・Y=○・S=____・T=____・I=____・R=○}
★【けり】は「来(き)+在り(あり)=きぁり→けり」に由来し、「そういう来歴がかつてありました」と思い出して述べる《4)_____》的表現である点が《5)_____》体験過去の【き】と異なる。

●けむ【けむ】『接続:{《1)_____》形}』【助動マ四型】{M=○・Y=○・S=___(___)・T=___(___)・I=___・R=○}
★対象時制と接続先の違いを除けば、【けむ】(過去推量・連用形接続)の用法は【6)_____】(現在推量・終止形接続)とほぼ同じである。

●けらし【けらし】『接続:{《1)_____》形}』【助動特殊型】{M=○・Y=○・S=_____・T=_____／(_____)・I=_____・R=○}
★過去の【けり】+推量の【らし】の複合語として、【7)_____】の類義語と思えばよい。

●つ【つ】『接続:{《1)_____》形}』【助動タ下二型】{M=__・Y=__・S=__・T=___・I=___・R=___}
●ぬ【ぬ】『接続:{《1)_____》形}』【助動ナ変型】{M=__・Y=__・S=__・T=___・I=___・R=__}
★推量表現(=《8)_____》志向)との併用時は「完了:既に~した」でなく「《9)_____》:きっと~する」と訳す。中古初期までは、「棄(う)つ」由来の【つ】は「《10)_____》動詞:transitive verb」(=意志的完了)／「往(い)ぬ」由来の【ぬ】は「《11)_____》動詞:intransitive verb」(=自然的完了)という使い分けがあったが、中古中期以降【ぬ】は柔和な《12)_____》言葉／【つ】は硬質な《13)_____》言葉となり、室町期以降に《14)_____】に押されて衰退した。

●り【り】『接続:{四段の命令(または已然)形・サ変の未然形···但し本源的には《1)_____》形接続}』【助動ラ変型】{M=__・Y=__・S=__・T=__・I=__・R=__}
●たり【たり】完了『接続:{ラ変以外の《1)_____》形}』【助動ラ変型】{M=___・Y=___・S=___・T=___・I=___・R=___}
★【り】【たり】の意味は全く同じで、違いは接続先だけ。「連用形の名詞化+在り」(例:思ひ+あり=思ひゑり→思へり)の末尾が助動詞化した【り】は接続先(形の上では四段の命令形&サ変の未然形)が限られていたため、接続助詞《15)_____》」+「あり」から【たり】が生じて【り】より多用された。【たり】は語源に「あり」を含むので重複回避のため「ラ変動詞(あり)」接続はしない。

●たし【たし】『接続:{《1)_____》形}』【助動ク型】{M=(___／_____・Y=___／_____・S=___・T=___／_____・I=_____・R=○}
★「連用形の名詞化+甚(いた)し」(例:逢ひ+甚し=あひいたし→あひたし)の末尾が助動詞化した【たし】は、中世以降、古中古専用助動詞【16)_____】(未然形接続)を圧倒して、現代の「~たい」に至る。「《17)_____》への願望」の用法は連用形・連体形(or 已然形係り結び)でのみ用い、終止形では用いない。

●こす【こす】『接続:{《1)_____》形}』【助動サ下二型】{M=___・Y=○・S=___・T=○・I=○・

R=＿＿／＿＿】
★「遣す（おこす）」または「な来そ（なこそ＝来るな）」に由来する上代語で、命令形「こせ」は中古以降の形。この願望助動詞の上代に於ける命令形「こそ」が終助詞（及び係助詞）と化して「〜こそ《18）＿＿＿＿》」（〜ならいいけど）」のような願望表現が生じたとされる点のみが受験生にとっての要注意ポイント。
_____

…6min

答：《1）連用》●き【き】〔助動特殊型〕{M=（せ／け）・Y=〇・S=き・T=し・I=しか・R=〇}《2）き》《3）し》●けり【けり】〔助動ラ変型〕{M=（けら）・Y=〇・S=けり・T=ける・I=けれ・R=〇}《4）回想／述懐》《5）直接》●けむ【けむ】〔助動マ四型〕{M=〇・Y=〇・S=けむ（けん）・T=けむ（けん）・I=けめ・R=〇}《6）らむ（らん）》●けらし【けらし】〔助動特殊型〕{M=〇・Y=〇・S=けらし・T=けらし／（けらしき）・I=けらし・R=〇}《7）けむ（けん）》●つ【つ】〔助動タ下二型〕{M=て・Y=て・S=つ・T=つる・I=つれ・R=てよ}●ぬ【ぬ】〔助動ナ変型〕{M=な・Y=に・S=ぬ・T=ぬる・I=ぬれ・R=ね}《8）未来》《9）確述》《10）他》《11）自》《12）女》《13）男》《14）たり》●り【り】〔助動ラ変型〕{M=ら・Y=り・S=り・T=る・I=れ・R=れ}●たり【たり】〔助動ラ変型〕{M=たら・Y=たり・S=たり・T=たる・I=たれ・R=たれ}《15）て》●たし【たし】〔助動ク型〕{M=（たく）／たから・Y=たく／たかり・S=たし・T=たき／たかる・I=たけれ・R=〇}【16）まほし》《17）他者／第三者》●こす【こす】〔助動サ下二型〕{M=こせ・Y=〇・S=こす・T=〇・I=〇・R=こそ／こせ}《18）あらめ》
==========

■09）（006）—『終止形接続助動詞』—
この種に属する助動詞は全部で7つ。文末を《1）＿＿＿＿》形で「・・・である」と言い切った後で、思い直したように「・・・ようだ」として自らの判断を付け加える「推量（or 推定）」系ばかりである。

●なり【なり】推量『接続：{《1）＿＿＿＿》形（・・・ラ変の《2）＿＿＿＿》形という説は間違い）・引用句}』〔助動ラ変型〕{M=〇・Y=＿＿・S=＿＿・T=＿＿・I=＿＿・R=〇}
●めり【めり】推量『接続：{《1）＿＿＿＿》形（・・・ラ変の《2）＿＿＿＿》形という説は間違い)}』〔助動ラ変型〕{M=〇・Y=＿＿・S=＿＿・T=＿＿・I=＿＿・R=〇}
★「音（ね）＋あり」由来の【なり】は「聴覚」／「見（み）＋あり」由来の【めり】は「視覚」と、異なる判断根拠に基づく推量を表わすはずであるが、中古には両者の用法に厳密な区分はなく、実際には「《3）＿＿＿＿＿》調のコメント」や、「断定口調を和らげる言い回し」（＝「《4）＿＿＿＿》」）として用いる場合が多く、中世以降【めり】は擬古調の雅語と化し、室町時代には「終止形」と「連体形」の混同現象も手伝って「《3）＿＿＿＿＿》」の意味を表わす【なり】（終止形接続）と「《5）＿＿＿＿》」の意味を表わす【なり】（連体形接続）との区分も曖昧となり、近世以降は【6）＿＿＿＿】に駆逐されて現代に至る。ラ変動詞「あり」の終止形へと接続する場合は常に「ありなり→あんなり」／「ありめり→あんめり」の「《7）＿＿＿＿》音便」を起こすが、「ん」文字がなかった中古《8）＿＿＿＿》までの文物の中では「あなり」／「あめり」の「《7）＿＿＿＿》音

「無表記形」で書かれながらも読み方は常に「あんなり」／「あんめり」である。

●らむ【らむ】『接続：{《1》_____》形・ラ変の《2》_____》形}』〔助動ラ四型〕{M=○・Y=○・S=___(___)・T=___(___)・I=___・R=○}
★対象時制と接続先の違いを除けば、【らむ】（現在推量・終止形接続）の用法は【9】_____】（過去推量・連用形接続）とほぼ同じ。前者は「あり＋む」、後者は「けり＋む」に由来するとされる。

●らし【らし】『接続：{《1》_____》形・ラ変の《2》_____》形}』〔助動特殊型〕{M=○・Y=○・S=___・T=___／(___)・I=___・R=○}
★【らし】は【10】_____》に生まれ中世には滅びた語。室町時代に生まれた【らしい】は全くの別系語で、「男らしい・女らしい」等の「それ固有の特性をよく示している」の意を表わす表現の末尾が独立して助動詞化したもの；これが現代日本語「らしい」の祖先である。現在の推量を表わす点で【11】_____】に似ているが、【らし】の推量の方が確信性が《12》_____》。

●まじ【まじ】『接続：{《1》_____》形・ラ変の《2》_____》形}』〔助動シク型〕{M=(_____)・Y=____／(_____)・S=___・T=____／(_____)・I=___・R=○}
★【まじ】は【13】_____】・【14】_____】（未然形接続）及び【15】_____】（終止形接続）の否定版にあたる。未然形接続の【16】_____】と一部意味が重なるが、用法の多さも実際の使用頻度も【16】_____】は【まじ】に遠く及ばない。

●べし【べし】『接続：{《1》_____》形・ラ変の《2》_____》形}』〔助動ク型〕{M=(_____)／___・Y=___／_____・S=___・T=___／_____・I=_____・R=○}
★「宜し(うべし)」に由来する【べし】は、何らかの根拠に基づく「～が当然だ（確信ある判断・予想）」の原義から、「～することになっている（予定）」・「～してもよい（妥当・許可）」・「～ねばならない（義務・命令）」・「是非～しよう（意志・願望）」・「～出来る・～ということがあり得る（能力・可能性）」へと語義が広がった、最も《17》_____》色が強く最も語義の多い古典助動詞で、英語の"must／should／be going to／would／can"に相当する多種多様な意味を表わす。

●べらなり【べらなり】『接続：{《1》_____》形・ラ変の《2》_____》形}』〔助動ナリ型〕{M=○・Y=_____・S=_____・T=_____・I=_____・R=○}
★助動詞【べし】の語幹から生まれた【べらなり】は、中古初期に一時的に流行した「《18》_____》語」で、散文には用いられず、性別的には《19》_____》性専用語。中世以降は死語と化した。

…5min

答：《1》終止《2》連体●なり【なり】〔助動ラ変型〕{M=○・Y=なり・S=なり・T=なる・I=なれ・R=○}●めり【めり】〔助動ラ変型〕{M=○・Y=めり・S=めり・T=める・I=めれ・R=○}《3》伝聞／又聞き》《4》婉曲》《5》断定》《6》らしい》《7》撥(はつ)》《8》中期／中頃》●らむ【らむ】〔助動ラ四型〕{M=○・

Y=○・S=らむ(らん)・T=らむ(らん)・I=らめ・R=○】《9》けむ(けん)》●らし【らし】〔助動特殊型〕{M=○・Y=○・S=らし・T=らし／(らしき)・I=らし・R=○】《10》上代》《11》らむ(らん)》《12》強い／高い》●まじ【まじ】〔助動シク型〕{M=(まじく)／まじから・Y=まじく／まじかり・S=まじ・T=まじき／まじかる・I=まじけれ・R=○】《13＆14》む(ん)＆むず(んず)》《15》べし》《16》じ》●べし【べし】〔助動ク型〕{M=(べく)／べから・Y=べく／べかり・S=べし・T=べき／べかる・I=べけれ・R=○】《17》断定》●べらなり【べらなり】〔助動ナリ型〕{M=○・Y=べらに・S=べらなり・T=べらなる・I=べらなれ・R=○】《18》(和)歌》《19》男》
==========

■09)(007)—『連体形接続助動詞』—

　助動詞としてはかなり異色なこの種に属するものは、全部で6つ、「断定」・「推量」・「比況」の寄り合い所帯である。

●たり【たり】断定『接続：{《1》_____》言}』〔助動タリ型〕{M=____・Y=____／(____)・S=____・T=____・I=____・R=(____)}
●なり【なり】断定『接続：{《1》_____》言・《2》_____》形}』〔助動ナリ型〕{M=____・Y=____／(____)・S=____・T=____・I=____・R=(____)}
★断定の【たり】・【なり】は、同一形ながら意味の異なる助動詞（=「《3》_____」の【たり】・「《4》_____」の【なり】）を持つ点もよく似ている。【たり】は中古初期に《5》_____調で用いられるようになった男性語で、女性は常に【なり】を用いた。【たり】は「《1》_____言」にしか接続しないが、【なり】は「用言の《2》_____形」にも接続する。AなるBで「Aという場所に《6》_____B」の意を表わす用法も【たり】にはない。
_____

●ならし【ならし】『接続：{《1》_____》言・《2》_____》形・助詞}』〔助動特殊型〕{M=○・Y=○・S=____・T=____／(____)・I=____・R=○}
★断定【なり】＋断定的推量【らし】の組み合わせに由来する【ならし】だが、中古末期以降は【らし】の付加が「～であることよ」の詠嘆的語感を感じさせる「《7》_____」（=非断定）用法の用例が多い。
_____

●やうなり【様なり】『接続：{《2》_____》形・格助詞【が】【の】}』〔助動ナリ型〕{M=____・Y=____／____・S=____・T=____・I=____・R=○}
★「～が／～の様なり」の形で《8》_____》【が】【の】に連なる接続は、「助動詞」として極めて変則的と言える。
_____

●ごとし【如し】『接続：{《2》_____》形・格助詞【が】【の】・(中世以降)《1》_____》言}』〔助動ク型〕{M=(____)・Y=____・S=____・T=____・I=○・R=○}
●ごとくなり【如くなり】『接続：{《2》_____》形・格助詞【が】【の】}』〔助動ナリ型〕{M=____・Y=____／____・S=____・T=____・I=____

R=_____}
★同一性・類似性を表わす「同(こと・ごと)は/同(こと)ならば」(=どうせ《9》_____》ならば)の表現と同根の【如し】【如くなり】は、接続先が《8》_____》【が】【の】や「体言」である点で、(【やうなり】と並んで)他に類を見ない変則的な「助動詞」と言える。
_____

●べかし【べかし】『接続：{「あり」の《2》_____》形』】〔助動シク型〕{M=○・Y=_____・S=○・T=_____・I=○・R=○}
★接続先はラ変連体形「ある」のみ、活用形は「連用形」と「連体形」のみ、表記は(中古中期までの文献では「ん」文字は入らない)「あべかしく／あべかしき」でありながら読み方は常に「《10》_____》音便」形で「あんべかしく／あんべかしき」、という変わり種の「助動詞」で、その制約の多さから中古末期には死語と化した。
_____

…5min

答：《1》体》《2》連体》●たり【たり】〔助動タリ型〕{M=たら・Y=たり／(と)・S=たり・T=たる・I=たれ・R=(たれ)}●なり【なり】〔助動ナリ型〕{M=なら・Y=なり／(に)・S=なり・T=なる・I=なれ・R=(なれ)}《3》完了》《4》伝聞(推量・推定)》《5》漢文訓読》《6》居る／在る／存在する》●ならし【ならし】〔助動特殊型〕{M=○・Y=○・S=ならし・T=ならし／(ならしき)・I=ならし・R=○}《7》婉曲》●やうなり【様なり】〔助動ナリ型〕{M=やうなら・Y=やうなり／やうに・S=やうなり・T=やうなる・I=やうなれ・R=○}《8》格助詞》●ごとし【如し】〔助動ク型〕{M=(ごとく)・Y=ごとく・S=ごとし・T=ごとき・I=○・R=○}●ごとくなり【如くなり】〔助動ナリ型〕{M=ごとくなら・Y=ごとくなり／ごとくに・S=ごとくなり・T=ごとくなる・I=ごとくなれ・R=ごとくなれ}《9》同じ(こと)》●べかし【べかし】〔助動シク型〕{M=○・Y=べかしく・S=○・T=べかしき・I=○・R=○}《10》撥(はつ)》
==========

・・・助動詞《穴埋めテスト》も次が最後、ドカッと二百三十数題、まとめてどうぞ召し上がれ．．．

■10)(001)〜(026)—助動詞用法細目—
本来「《1》_____》」及び「《2》_____》」の意を表わす助動詞【3】_____】・【4】_____】及び【5】_____】・【6】_____】が「尊敬」の意をも表わすに至ったのは、「自分自身が主体的に事を為すことなしに、周囲の状況が自然に展開した or 他者にやらせた結果として事が成ってしまう」のが「貴人」の様態にふさわしいとの意識からである。

「尊敬」の助動詞の中でも、【7】_____】・【8】_____】は任意の動詞に添えることで(比較的軽めの)敬意を表わす一方で、【9】_____】・【10】_____】は特定の動詞と結び付いて定型表現を成す使い方しかせず、定型句以外での用法は「《11》_____》」になると思ってよい。これらの助動詞を含む「尊敬」の定型句としては次のようなものがある：
◆【せたまふ】・【せおはします】・【せまします】・【させたまふ】・【させおはします】・【させまします】、(中世以降)【せらる】・・・いずれも「〜《12》_____》」の意を表わす。
◆【たまはす】・・・「《13》_____》」の意。

◆【のたまはす】・・・「《14》_____》」の意。

　中世以降の「《15》_____》」によく出てくる言い回しとして、【る】・【らる】を用いて「受身＝～された」で表わされるべきものを、【す】・【さす】を用いて「《16》_____》」（＝相手にわざと～させてやった）のように表わす例は、英語の第5文型（＝SVOC構文）の「V：動詞」に使役動詞の「《17》_____》」を用い、「O—C：目的語—補語」を能動態で表わす「(S)He (V)had (O)his wife (C)die of cancer.＝(S)彼は＜(O)妻が(C)ガンで死んでしまうという悲劇＞に(V)見舞われた」に相当する表現であるが、古文業界ではこれを「敵にやられた、という弱々しい表現を嫌がる武家の《18》_____》の表現」として説明する場合が多い。

　【す】・【さす】が《19》_____》の意を表わす場合、「聞こえさす」・「御覧ぜさす」・「申さす」・「参らす」・「奉らす」等の「言上・参上・献上」系「へりくだり」動詞との組み合せによる定型句のみに限定される。こうした決まり文句以外で用いられる【す】・【さす】は「使役」の意味と思ってよい。

　「可能」の助動詞【る】・【らる】は、中世以前（＝《20》_____》時代末）までは、「～できるか？（＝《21》_____》）」・「～できない（＝《22》_____》）」及び「どうして～できるものか、できはしない（＝《23》_____》）」の形でのみ用いた。「～できる＝（《24》_____》）」の形で用いられるようになるのは、中世（＝《25》_____》時代）に入ってからのことである。

　「打消推量」助動詞で《26》_____》接続の【じ】は（「負け＜じ＞魂」のような定型句を除き）活用形としては《27》_____》でしか用いず、位置的には文節の《28》_____》にしか置けず、直後に他の《29》_____》を従えることもできず、極めて不自由なため、その種の不自由のない《30》_____》接続の類義語【まじ】を用いる場合の方が圧倒的に多かった。【まじ】がラ変動詞「あり」に接続する場合、「ウ段音」を求める必要上、例外的に《31》_____》接続（＝ある＋まじ）となる。

　「否定推量」助動詞【まじ】（終止形接続）の用法は、「肯定推量」助動詞《32》_____】並びに【33》_____】（未然形接続）及び断定的推量助動詞【34》_____】（終止形接続）と対照して捉えればよいが、その用法は9種にも及ぶ膨大さで、古典助動詞中最も厄介な課題ではある。

　「肯定推量」助動詞【む】・【むず】／「断定推量」助動詞【べし】／「否定推量」助動詞【まじ】・【じ】の訳し方のコツとして、主語が話者《35》_____》の場合は「～するつもりだ／～せぬつもりだ」として主観的意気込みを込めて訳し、主語が話者《36》_____》の場合は「～するだろう／～しないだろう」などと客観的で他人行儀な訳し方をすればよい。これは、英語の助動詞「《37》_____》」による「意志未来／無意志未来」の訳し分けと同じである。

　助動詞【べし】を用いた「～せよ」という強圧的口調の命令文とは対照的な、極めて控え目なおねだり口調の「願望・勧誘」表現として、【38》_____】・【39》_____】が用いられる

場合があるが、あまりにも押しが弱すぎるため、多くの場合、係助詞と呼応しての係り結び形「《40》＿＿＿＿＿》・・・め」や「《40》＿＿＿＿＿》・・・むずれ」という目立つ形にして用いられた。

「現在推量」の助動詞【む】・[むず]には、英語の「《41》＿＿＿＿＿》」に相当するような「婉曲」の語法があるが、現代日本語にはもはやこの語法は残っておらず、訳出のしようもないので、無理に意識する必要はない。

古典文法の「否定命令」表現として最も頻出する言い回しは「《42》＿＿＿＿＿》＋動詞連用形＋《43》＿＿＿＿＿》」(どうか～しないでほしい)の連語形である。最初の「《42》＿＿＿＿＿》」を省いた「動詞連用形＋《43》＿＿＿＿＿》」の略形が用いられるようになるのは平安末期以降である。現代日本語にも残る「動詞終止形＋《42》＿＿＿＿＿》」の形を取る禁止表現も存在したが、強圧的な響きがあるために男性専用語であり、中古女流文学にはあまり登場しない。否定命令文の末尾にある「《43》＿＿＿＿＿》」は、中古以降の係助詞「ぞ」の(上代に於ける)祖先であって、「強調」の意を添えるだけであるから、この命令文に「否定」の意味をもたらすのは、先行する「《42》＿＿＿＿＿》」の方である。上代には、文末の「《43》＿＿＿＿＿》」を伴わない形の「《42》＿＿＿＿＿》＋動詞連用形」も存在したが、それが「否定命令文」であることを文末で再確認するための強調用に「《43》＿＿＿＿＿》」を添えた連語形が中古以降定着することとなった。

「否定命令」表現「《42》＿＿＿＿＿》＋動詞連用形＋《43》＿＿＿＿＿》」の連語中に於ける「《42》＿＿＿＿＿》」の祖先は、形容詞「《44》＿＿＿＿＿》」の語幹の「な＝無」であり、この語はまた「否定」助動詞【45》＿＿＿＿＿】の「N系活用」の{な・に・ず(←にす)・ぬ・ね・○}にもつながる。この活用の連用形「に」に「す」が付いた「にす」が「んす→す」を経て「ず」と濁音化し、そこにラ変動詞「あり」が付いた結果として「Z系活用」の{ざら・ざり・○・ざる・ざれ・ざれ}が成立した。

「否定」助動詞【ず】未然形＋接続助詞【は】による連語「・・・ずは」は「もし・・・《46》＿＿＿＿＿》ならば」(＝順接の《47》＿＿＿＿＿》条件の否定版)を表わす。中世以降の軍記物の中では、多く濁音化＋「撥音便」を伴う「《48》＿＿＿＿＿》」の形で用いられた。

「否定」助動詞【ず】の未然形「な」＋ク語法の連語形「・・・《49》＿＿＿＿＿》」(＝・・・ないということ)は、「《50》＿＿＿＿＿》」の接続助詞【に】を伴った連語形「・・・《49》＿＿＿＿＿》に」(＝・・・ないというのに)の定型句で頻繁に用いられた。

否定助動詞【ず】の連用形「に」を含む定型句として古文に頻出する「～かてに」またはその濁音版「～がてに」は(否定的に)「～《51》＿＿＿＿＿》ままの状態で」と訳せばよい。

否定助動詞【ず】の「N系」活用形のうち定型句以外で普通に用いられたのは、終止形「ず」以外では《52》＿＿＿＿＿》(＝ぬ)と《53》＿＿＿＿＿》(＝ね)のみである。前者は現代日本語にも文語調で残るが、後者は古典時代特有の活用形であり、この活用形の用法は以下の2種に分化する：

◆直後に逆接の接続助詞【54）＿＿＿＿】・【55）＿＿＿＿】を伴ったり、係助詞【56）＿＿＿＿】と呼応する係り結びを形成すれば、「逆接の《57》＿＿＿＿》条件」（＝…ではないけれど）の意を表わす。
◆直後に順接の接続助詞【58）＿＿＿＿】を伴えば、「順接の《57》＿＿＿＿》条件」（＝…ではないので）の意を表わす。

推量助動詞【む】の上代に於ける古い未然形「《59》＿＿＿＿》」のク語法＝「まく」に「欲し（ほし）」を付けて、中古に「願望」助動詞として用いられたのが【60）＿＿＿＿】であり、「ほし＝欲し」の対義語としての「《61》＿＿＿＿》」を付けて「望まない」意を表わす助動詞となったのが【62）＿＿＿＿】であるが、いずれも中古女流文学に細々と使われたのみで、平安末期以降は【63）＿＿＿＿】に押されて衰退した。

英語に於ける「《64》＿＿＿＿》」（過去＆過去完了）に相当する用法が、助動詞【まし】による「…《65》＿＿＿＿》」（＝仮に…だとすれば）」（条件文）＋「〜《66》＿＿＿＿》」（＝〜であろうに）」（帰結文）による「《67》＿＿＿＿》」の表現である。「帰結文」・「条件文」のどちらか一方が欠けた形で用いられる場合もあれば、「実現可能性のない絵空事」・「可能性は低いが実現可能な事柄」のいずれにも用いられ得る点では英語の「《64》＿＿＿＿》過去」と同じである。接続先は《68》＿＿＿＿》であるが、実現困難な「願望」を表わす用法（＝英語に於ける「How I wish＋仮定法」に相当する表現）ではしばしば《69》＿＿＿＿》接続の「完了（確述）」助動詞（【つ】・【ぬ】）を直前に置いての「《70》＿＿＿＿》」・「《71》＿＿＿＿》」の語形で用いたり、末尾を「…まし[もの]を」・「…ましに」のように「詠嘆」の《72》＿＿＿＿》で締めたりする場合も多い。

「過去」の助動詞と言われる【き】・【けり】は、英語等の西欧言語に於ける「過去形」とは性質が異なり、「過去時制に属する事柄には常に付けなければならない記号」ではなく、「基本的に現在形一辺倒の叙述の一部で、話者の懐旧感覚を念押しするために恣意的に添える付加コメント」でしかない。これは、日本語の表記法が、中国伝来の《73》＿＿＿＿》という語形変化しようのない（＝《74》＿＿＿＿》形以外あり得ない）「表意文字」を基本としながらも、「仮名」文字の導入によって語尾変化による各種活用も可能な（中国語／西欧語の中間的）形態を取ることから生じた中途半端な文法的特質である。動詞「来（く）」の連用形を名詞化した「き＝来歴」に由来する助動詞【き】の場合は「《75》＿＿＿＿》的に体験された過去」または「（客観 or 主観的に）《76》＿＿＿＿》に存在したと信ずる過去」を表わすのに対し、同じ「き＝来歴」にラ変動詞「あり」を添えた「きあり→きえり」に由来する【けり】の場合は「《77》＿＿＿＿》的に伝聞した過去」（＝「物語」の中で多用される【けり】）または「直接体験したけれどこれまでずっと《78》＿＿＿＿》もせずに見過ごしていて、今ふと思い出した過去」（＝「《78》＿＿＿＿》」または「詠嘆」の【けり】）を表わす。古文の中では【けり】の比重が圧倒的に高く、【き】は作中人物の「《75》＿＿＿＿》話法」（＝他人を前にして喋る台詞）や《79》＿＿＿＿》語」（＝頭の中で思い浮かべた台詞）の中にしか登場しない。

過去助動詞【き】の「終止形」はカ変動詞「来（く）」の「連用形」に由来するため、両者を重複させた

「来(き)き」の語形は用いず、「来(き)連用形＋《80)_____》(＝【き】連体形)」や、「「来(き)連用形＋《81)_____》(＝【き】已然形)」、あるいは「来(こ)未然形＋《80)_____》(＝【き】連体形)」、及び「《来(こ)未然形＋《81)_____》(＝【き】已然形)」の形でしか用いない。また、これら【き】「連体形」・【き】「已然形」の祖先はサ変動詞「為(す)」の「連用形」(＝「し」)なので、両者が重複する「為(し)し」・「為(し)しか」の語形は用いず、「為(し)連用形＋《82)_____》(＝【き】終止形)」または「為(せ)未然形＋《80)_____》(＝【き】連体形)」あるいは「為(せ)未然形＋《81)_____》(＝【き】已然形)」の形でしか用いない。

　中古女流文学にはあり得ない話だが、中世以降の「《83)_____》説話」の中では、伝説の話をさも真実めかして語るために、本来なら「伝聞過去」の助動詞【84)_____】を用いるべきところを、「直接体験過去」の助動詞【85)_____】で押し通してしまう傾向が強い。

　「推量」の助動詞として、時制と接続先が異なるだけで用法はほぼ同じなのが、「現在」の時点を推量対象とする《86)_____》接続の助動詞【87)_____】(現時点で…なのだろう)と、「過去」の時点を推量対象とする《88)_____》接続の助動詞【89)_____】(過去に於いて…したのだろう)である。唯一異なる用法として、「現在推量」の助動詞【87)_____】には、主に和歌中での字数合わせの都合上生じた用法として、本来存在すべき「理由」を表わす「疑問語(なに・など・などか等)」が省かれながらも意味上はこれを補って「《90)_____》…なのだろう?」と訳すべき場合がある点に要注意である。

　「願望」助動詞【91)_____】が《92)_____》に接続するのは、語源的に見てこの語が「活用語の《92)_____》を名詞化したもの(A｢＋甚(いた)し)」の「Aを求める気持ちが甚だしい」(例:逢ひ甚→逢ひたし)に由来するためである。この助動詞の用法は大方現代日本語にも引き継がれているが、現代語では主に「自分自身の願望」を表わすのに対し、古典時代は「他者に対する願望」を表わすこともある;この場合はもっぱら連用形・連体形(または已然形係り結び)で終わり、《93)_____》では用いない…即ち『いざ、始まれ＜たし＞』のような形で他者に訴える言い回しは古典時代にはない現代文語文特有の擬古調表現であることを知って戴き＜たく＞、穴埋めテストの冒頭にて学習者の印象に残し＜たき＞文言として配し置きたる事こそ今更思ひ出で＜たけれ＞。

　「完了」助動詞の(「断定」ではない)【たり】は、同じく「完了」助動詞として上代から存在した【り】と意味は全く同じだが、接続先が《94)_____》である点が異なり、中古中期以降【り】を圧倒して【たり】ばかりが用いられるようになった。これは、【り】の接続先が《95)_____》活用(の、形の上では《96)_____》または《97)_____》)及び《98)_____》活用(の、形の上では《99)_____》)にしか接続できない不自由さに対し、「て＋あり」の形で接続助詞【て】を冒頭に持つために(この助動詞が接続し得る)あらゆる活用形(四段・サ変含む;但し、ラ変だけは「あり＋て＋あり」の重複になるので避ける)の《94)_____》へと接続できる【たり】の自由度の高さのなせるわざである。

【り】は「サ変＆四段動詞連用形の名詞化＋あり」の「為：し(i)＋あ(a)り／思ひ：おもい(i)＋あ(a)り」の「i+a り」が「ye り→e り」となる過程で末尾の「り」が独立して「助動詞」化したものだが、「上一段・上二段活用」では連用形末尾の「i」音が「あり」と結び付いて「e り」と化しても活用形の中にこの「e 段音」が存在せず、「下一段・下二段活用」では連用形末尾が最初から「エ」音のため「エ＋あり」(例：蹴：け＋あり／受け：うけ＋あり)が「けり／うけり」に化けて末尾の「り」が独立した「助動詞」となる必然性も薄い(「蹴あり／受けあり」のままでも違和感がない)ためであろうか、結局助動詞【り】は「四段・サ変」専用語となり、その限定性ゆえに中古以降、(「あり＋て＋あり」と重複することになる「ラ変」を除く)ありとあらゆる活用形の《94》_____》に接続し得る【たり】の自由度の高さの前に、【り】は衰退していったのである。

　「完了」助動詞【り】・【たり】の用法は、英語に於ける「《100》_____》＝be＋〜ing」ならびに「《101》_____》＝have＋〜ed」に相当する;が、現代日本語にはこれらの用法は引き継がれておらず、わずかに「・・・たり」の名残として「・・・た／・・・した」の「過去」の表現が残るのみである。

　「完了」助動詞【り】は、その語源に「存在」を表わす「ラ変動詞」を含む(「動詞連用形による名詞化表現＋あり」に由来する)ため、「存在しなくなる」意を表わす「ナ変動詞」の「《102》_____》／《103》_____》＋【り】」の組み合わせでは用いない。これらナ変の「非存在」系動詞の「完了」には、【り】ではなく【104】_____】・【105】_____】を用いる。また、「完了」助動詞の【り】・【たり】ともに、その語源に「ラ変動詞＝あり」を含むため、「ラ変動詞＋【り】・【たり】」の組合せでは(冗長となるので)用いない(・・・はずであるが、語源学的事情が忘れ去られた後代には、この変則的表現が用いられた例もないではない)。

　「完了」助動詞【つ】と【ぬ】は(微妙なニュアンスの違いを除けば)全く同一の助動詞で、ある事態が「既にもう完結して今は行なわれていない」の意を表わす「《106》_____》」、並びに「きっと行なわれているに違いない／確実に行なわねばならない」の意を表わす「《107》_____》」のいずれかの意を表わす。いずれの用法も現代日本語には引き継がれていないが、後者はその対象が「現在〜未来」であるのに対し、前者は「過去」である点に留意すれば識別は容易である。

　中古初期までは、「完了」助動詞【つ】は動詞「《108》_____》」に由来するために「意志的・人為的動作の完遂」と意識されたので「《109》_____》動詞(transitive verb)」に対して用い、【ぬ】は動詞「《110》_____》」に由来するために「自然的状態の終了」と意識されたので「《111》_____》動詞(intransitive verb)」に対して用いる、という相違があった。この使い分けは中古中期の女流文学隆盛期には既に消滅しており、女性たちは専らその語調の柔らかさから【112】_____】を好んで用い、断定的で強い響きを持つ【113】_____】をあまり好まなかった。いずれの助動詞も室町時代以降は衰えて、「完了」助動詞としては【114】_____】のみが残り、これが現代日本語「・・・た／・・・した／・・・だった」につながることとなった。

　「推定」助動詞【なり】と【めり】は(微妙なニュアンスの違いを除けば)全く同一の助動詞と見てよい。

「《115)＿＿＿＿》＋あり」に由来する【なり】の原義は「聴覚的判断根拠に基づく推定」であり、「《116)＿＿＿＿》＋あり」に由来する【めり】の原義は「視覚的判断根拠に基づく推定」であるが、これらの語源学的事情に忠実な「聴覚的／視覚的根拠に基づく推定」の用法は主に上代の表現であって後代には影を潜め、中古以降は両者の区分も曖昧となって、判断の根拠を「他者からの《117)＿＿＿＿》」に置く「どうやら・・・らしい」の用法に加えて、断定口調（「・・・である！」）を回避してやんわり「・・・であろう」と述べる「《118)＿＿＿＿》」の用法が多く用いられるようになった。【なり】は「伝聞」の用法が多いのに対し、【めり】は断定回避の「《118)＿＿＿＿》」用として用いられる場合が多く、この用法に於ける【めり】は【119)＿＿＿＿】の同義語（現代日本語で言えば「・・・だ！→・・・だ"ろう"」としてやんわり口調を演出する「ろう←らう」の祖先）と見てよい。

「推定」助動詞【なり】・【めり】は《120)＿＿＿＿》にのみ接続する。古文業界で俗に言われる「ラ変動詞（＝あり）の場合だけは《121)＿＿＿＿》（＝ある）に接続する」というのは、中古末期以降生じた音声・筆記上の誤解に基づくものであり、文法論理的に言えば間違いである。

同一形態で「伝聞推量」と「断定」の2種類の助動詞の可能性がある【なり】の見分け方としては、「形容詞補助活用（＝カリ活用）」直後に「ンなり」のン音化け＝《122)＿＿＿＿》音便（例えば「めでたかんなり」）を起こしている形（または「めでたかなり」のように「ン」文字抜きで「めでたかんなり」と読ませる《122)＿＿＿＿》音無表記形」）の場合の意は《123)＿＿＿＿》」である。「終止形」に接続するこの【なり】が「めでたかり＋なり」となる音の響きの悪さが嫌われ「めでたかン＋なり」と化した結果の《122)＿＿＿＿》音便」であり、「連体形」に接続する「断定」の【なり】なら「めでたき＋なり」（＝本活用連体形接続）となって「めでたかん＋なり」となることはあり得ない（補助活用＝カリ活用連体形に接続する「めでたかる＋なり」の語形を取ることもない）からである。

「推定」助動詞【なり】・【めり】は、ある事態について「～である」と述べた最後の締めくくりに「～である・・・ようだ」として「推定・伝聞・婉曲」の主観的見解を添える役割のため、常に文末に置いて「《124)＿＿＿＿》文」となる形で用いる（否定文・疑問文・命令文になることは論理的にあり得ない）し、【なり】・【めり】の後に別の（過去・完了系の「助動詞」以外の）用言が続くこともない。

「宜（うべ）」＋強調の副助詞「し」＝「・・・が妥当である」を語源とする「断定的推量」の意を表わす助動詞【べし】は、語義の多さに於いて古典助動詞中随一の語であり、その「ウベし」の語源から、接続先の動詞の活用形に「ウ段音」の《125)＿＿＿＿》を求める必要上、古典動詞中唯一の「イ段音終止動詞」である《126)＿＿＿＿》動詞」（＝あり）に接続する場合だけは例外的に「《127)＿＿＿＿》」接続して「ある＋べし」の形となる。

【べし】の多種多様な語義は、類似の意味を表わす「推量」助動詞の【128)＿＿＿＿】及び【129)＿＿＿＿】（いずれも《130)＿＿＿＿》接続）や、正反対の意味を表わす「否定推量」助動詞【131)＿＿＿＿】（《130)＿＿＿＿》接続）及び【132)＿＿＿＿】（《133)＿＿＿＿》接続）と比較対照する形で把握するとよい。

「断定的推量」の助動詞【べし】には3つの音便形がある。連用形《134)_____》」に対しては「ウ音便」の「《135)_____》」への音化けがあり得る。連体形（の本活用）「《136)_____》」に対しては「イ音便」の「《137)_____》」への音化けがあり得る。連体形（の補助活用＝カリ活用）「《138)_____》」の直後に「推定」助動詞の【なり】・【めり】が続く場合には常に「撥音便」の「《139)_____》なり」・「《139)_____》めり」となる（が、中古中期までは「撥音文字＝ん」不在のため、表記上は「べかなり」・「べかめり」でも実際の発音は「《139)_____》なり」・「《139)_____》めり」と「ン付き」で読んだ）。

「断定的推量」助動詞【べし】の否定形として「《140)_____》」を用いるのは《141)_____》調の男性的な文章に限られ、和文脈（特に女流かな書き文学）では「べくもあらず／べうもあらず」・「べきに(も)あらず」・「べきことに(も)あらず」の形にするか、または「打消推量」助動詞の【142)_____】（《143)_____》接続・・・実際の使用例は多くない）や【144)_____】（《145)_____》接続・・・こちらの方がより多く用いられた）で換言するのが普通であった。

中古（女流）かな書き文学で「・・・ざるべし」が用いられる場合（実際には【・・・まじ】で換言する場合が殆どだが）、その意味はほぼ常に客観的な「打消《146)_____》」であって、決然たる「打消《147)_____》」の意味を表わす場合はほとんどなかった。

「断定的推量」助動詞【べし】から生じた変則形の古語【148)_____】は、「形容詞語幹＋み」による「原因・理由（・・・なので）」の表現として「・・・に違いないから」の意を表わすが、これは中古初期に生まれた「《149)_____》」であって、散文では用いない（和歌の中では後代まで用いられ続けた）。

「断定的推量」助動詞【べし】から派生した助動詞【150)_____】は、平安初期の和歌の中でのみ用いられ（散文では使わない）、しかも《151)_____》が用いることはほぼ絶無、という性差表現だったため、平安中期以降は衰退した。

現代日本語「らしい」と類似した形を持つ上代生まれの古典助動詞【152)_____】は、話者が確認できない現在の状況やその原因について、多く、確かな根拠から「どうやら・・・であるらしい」と推測する点に於いて【153)_____】に近く、漠然とした（無根拠な）推量の助動詞【154)_____】と対照的な語として（元来は）意識されていたが、中古には既にもうその原義が見失われて【154)_____】と区別が付かなくなり、推定助動詞【なり】・【めり】にも押され、和歌以外ではほとんど用いられぬ「雅語」扱いとなって、鎌倉期には死語と化した。現代日本語「らしい」の祖先は、《155)_____》時代に生まれた「名詞を形容詞化する接尾語としての"らしい"」（例：男らしい・女らしい・いじらしい・しおらしい・ばからしい・ねこらしい）である。

上代〜中古の「推量」助動詞【らし】は、「〜である」として事態の記述を終えた後に「〜である・・・らしい」という主観的観測を添える言い回しのため、活用形としては実質的に《156)_____》しかない。一応「連体形」や「已然形」が「係り結び」で文末呼応する必要上存在するが、その語形も《156)_____》と同一形であって、×「らしき(連体形)」×「らしけれ(已然形)」にはならない。上代には、形容詞が「こそ」との「係り結び」を形成する場面でのみ「らしき」なる語形が用いられていたが、現代語的な「＊＊＊らしき＋名詞」(例:悔しいらしき口調)にはならない。

　「推定」の助動詞【らし】の前に「《157)_____》」の助動詞【なり】が付く【158)_____】は「・・・であるらしい」の意を表わす。「推定」助動詞【らし】の前に《159)_____》」の【けり】を置く形の助動詞【160)_____】は「どうやら・・・したものらしい」の意を表わす。

　《161)_____》という活用形への接続は「助動詞」としては特殊で、その接続原理には3種類ある。元来「《162)_____》」にのみ接続していたものに、後になって「《161)_____》接続」が加わった助動詞が「断定」の【163)_____】であるが、本来的な意味での「《161)_____》接続助動詞」はこの1語のみである(同じ「断定」の意味を表わす助動詞でも【164)_____】は「《162)_____》」にしか接続せず、「用言」とは無縁である)。元来は「《165)_____》の【が】・【の】」にのみ接続したものに、後に「《161)_____》接続」が加わった助動詞が "比況" の【如し(ごとし)】・【如くなり(ごとくなり)】・【様なり(やうなり)】で、これらは「助動詞」扱いするのも違和感がある「連語」の趣である。「《161)_____》接続助動詞」群として最も大きな勢力である【べし】・【べかし】・【べらなり】・【まじ】・【らし】・【らむ】は、いずれも基本的には《166)_____》に接続する助動詞が、終止形が「イ段」で終わる「《167)_____》動詞(＝あり)」の場合のみ「《161)_____》」(＝ある)に接続する、という特殊な例である。

　【如し】・【如くなり】の語源は、「同ならば(ことならば)」／「同は(ことは・ごとは)」(意味はいずれも「どうせ《168)_____》」)の定型句に見られるのと同じ「同(こと・ごと)」である。これらの助動詞が「和歌」の中で用いられる場合、字数合わせのため「《169)_____》」の濁音短縮形が多用された。この「歌語形」以外での【如し】・【如くなり】には男性的で漢文訓読調の響きがあり、中古女流文学ではこれを避けてより柔和な語感の【170)_____】を用いる傾向が強かった。

　「断定」助動詞としての【なり】と【たり】には、同じ形でありながら別の意味を表わす助動詞(「《171)_____》」の【なり】＝終止形接続／「《172)_____》」の【たり】＝連用形接続)があるが、「断定」の意味を表わす【173)_____】は「用言」には接続せずもっぱら「《174)_____》」接続のみであり、「断定」【なり】が「用言」に接続する場合は終止形ではなく《175)_____》接続となる。

　「断定」助動詞【たり】は《176)_____》＋あり」に由来し、「《177)_____》」に接続する。「断定」助動詞【なり】は【178)_____》＋あり」に由来し、「《177)_____》」に加えて「用言の《179)_____》」にも接続する。

「断定」助動詞【180)_____】は《181)_____》調で男性的なため、中世の説話や軍記物の中での使用例がほとんどで、中古女流文学ではこれを(男性の台詞など特殊な場面以外では)ほとんど用いず、「断定」助動詞としてはもっぱら【182)_____】を用いた。

「断定」助動詞【なり】・【たり】の語源である格助詞の「《183)_____》」及び「《184)_____》」は、それぞれの助動詞の《185)_____》扱いとなる。この事情は《186)_____》の「ナリ活用・タリ活用」に関しても同様であり、これらの「格助詞と同形の《185)_____》」が用いられる場合は、直後に「ラ変動詞(=あり)」を伴う連語(例:「〜にはあらず」)や、直後に「て／して」を伴い「嫡男として」などとして「《187)_____》」の意を表わす等の定型的表現に限られる。

中世以降の「断定」助動詞【たり】には、「たりし→たっし」のような「《188)_____》音便」(=「ツマる音」への変化)が起こる場合がある。

同一の形で「断定」と「推定」の意味を持つ助動詞【なり】の識別法を列挙すると、次のように(とんでもなくめんど〜〜〜くさいルールを長々並べ立てるハメに)なる:
【なり】が用言ではなく《189)_____》に接続すれば「断定」。

【なり】を《190)_____》」(または「とあり」)・「《191)_____》」(または「とてあり」)の(語源に忠実な)複合的語形へと還元できれば「断定」、「の《192)_____》なり」という類義の助動詞を用いた別表現に換言できれば「推定」。

平安期以前(=《193)_____》)の文献(大学入試にはほとんど出ない)の【なり】が活用語へと接続する場合は「推定」(終止形接続)のみで、「断定」(連体形接続)にはならない。

「推定」助動詞としての【なり】は、《194)_____》や命令形にはならないから、もしこれらの活用形で用いられているなら「断定」【なり】。

【なり】の活用形が「《195)_____》」(=なる)の場合、直後に更に他の《196)_____》が続けば「断定」。より具体的に言えば、「《195)_____》」(=なる)に関しては「なるべし」・「なるらむ」の2つの場合のみが《197)_____》」、それ以外の【なり】の表わす意味は全て「《198)_____》」。

「推定」【なり】は「···である」と言い切った後で「···のようだ」との付加コメントを添える言い回しであるため、文中での位置は常に最後尾で、その後に更に「用言」が続くことは理論上あり得ないが、その時制的立ち位置を「現在」よりも「過去」へと寄せて「···であるようだ(った)」とするため【なり】直後に「過去・完了系助動詞」を従える場合はあり得る。その場合、【なり】の「《199)_____》」

（＝なり）」＋「過去・完了系助動詞」の組み合わせ例としてあり得るのは、「直接体験過去」助動詞と合体した「《200_____》」及び「完了」助動詞と組み合わせた「《201_____》」及び「《202_____》」または「《203_____》」のみである。一方、「断定」【なり】の「《199_____》」（＝なり）が直後に「助動詞」を従える場合にあり得る組み合わせの例は、「直接体験過去」助動詞を伴う「《200_____》」、「間接体験過去」助動詞との組合せによる「《204_____》」、「過去推量」助動詞付きの「《205_____》」・「《206_____》」、「願望」助動詞と組み合わせた「《207_____》」と、従え得る「助動詞」のバリエーションは、（連用形に関しては）「推定」【なり】より「断定」【なり】の方が遙かに広い。

【なり】連用形として「に」が用いられる場合、その意味は「《208_____》」のみである。これは元来助動詞ではなく「《209_____》」であり、これに「ラ変動詞（＝《210_____》）」が付いた「にあり」を語源とする助動詞【なり】の「連用形」として格助詞そのものである【に】を認めている形だが、その用法は定型句の中だけに限られ、具体的に次のような連語でのみ用いる：「Ａ＋に＋あり・はべり」／「Ａ＋に＋て＋あり・はべり」／「Ａ＋に＋て＋は＋あらず・はべらず」／「Ａ＋に＋は＋あらず・はべらず」／「Ａ＋に＋か＋ある・はべる」／「Ａ＋に＋や＋ある・はべる」／「Ａ＋に＋か＋あらむ・はべらむ」／「Ａ＋に＋や＋あらむ・はべらむ」／「Ａ＋こそ＋あれ・はべれ」／「Ａ＋こそ＋なけれ」／「Ａ＋に＋こそ＋あれ・はべれ」／「Ａ＋に＋こそ＋なけれ」／「Ａ＋に＋こそ＋あらめ・はべらめ」／「Ａ＋に＋こそ＋なからめ」／「Ａ＋に＋て、」／「Ａ＋に＋して」等々。

【なり】が活用形として《211_____》に接続する場合は「断定」で、《212_____》に接続するならば「推定」。但し、《213_____》動詞（＝あり）」（及びその複合語）の「終止形」へと接続する場合は100％「撥音便」（＝「《214_____》」音化け）する上に、中古中期までは「撥音文字」（＝「《214_____》」）が存在しなかったため、文物の上では「撥音無表記」形（例：「ななり」・「ありがたかなり」）で書かれているが、実際の発音に「《214_____》」を付けた撥音便形で読む（例：「なんなり」・「ありがたかンなり」）。

【なり】が形容詞の「補助活用（＝カリ活用）」に接続して「・・・かなり（読み方は「撥音便形」の・・・かんなり）」となる場合（例：ありがたかんなり）の意味は「推定」で、この場合は《215_____》接続（×ありがたカルなり）に見えるが実際には《216_____》接続の「・・・かりなり」（〇ありがたかりなり）からの「撥音便」である。【なり】が形容詞の「本活用（つまり、カリ活用以外）」の《215_____》に接続して「・・・きなり」となる場合（例：ありがたきなり）の意味は「断定」。

《217_____》接続の「推定」【なり】が形容詞へと接続する場合、「本活用」（＝非カリ活用）の《217_____》「・・・し」への接続（×ありがたしなり）はせず、常に（ラ変動詞複合形の）「補助活用（＝カリ活用）」の「・・・かり」の形への接続（〇ありがたかりなり）となり、しかも必ず「《218_____》」音便を起こして「・・・かりなり→・・・《219_____》なり」と発音され（例：ありがたかンなり）、中古中期までの文物の中では「・・・かなり」の「《218_____》」音無表記形」（例：ありがたかなり）で書かれながらも必ず「ありがたかンなり」と撥音便（「ン付き」）で

読まれることになる。

《220》_____》接続の「推定」【なり】が形容詞へと接続する場合、「ず」への接続（×あらずなり）はせず、常に（ラ変動詞複合形の）「《221》_____》」の語形への接続（○あらざりなり）となり、しかも常に「《222》_____》音便」を起こして「…ざりなり→…ざんなり」と発音され（例：あらざんなり）、中古中期までの文物の中では「…《223》_____》」という（表記上「ん」が消えても発音上はきちんと「ン付き」で読む）「《222》_____》音無表記形」（例：あらざなり）で書かれる。一方、《224》_____》接続の「断定」【なり】の場合は「n 系活用」に接続しての「《225》_____》」の語形（例：「をこにはあらぬなり」）となるのが中古の和文脈の鉄則であり、「z 系活用」《224》_____》に接続しての「《226》_____》」の語形は取らない。この種の形は（主に中世以降、『徒然草』等の）モロに漢文訓読調の男性的文体に限り出現する語形であり、「平安女流文学の言ひには"非ざるなり"」と心得べし。

「推定」【なり】は、全文の記述が終わった後に付けて「…以上が、私が聞いた範囲内からの推定である」として主観的コメントを加える性質上、「文末言い切り形」でのみ用いる。従って、「文章内の一部に於ける部分的主語―述語関係」を表わすに過ぎない主格格助詞【227】_____】及び【228】_____】が「主節の主語」を受ける場合、その末尾に於ける【なり】は「断定」である。

「推定」【なり】は、文章内容全体に対する主観的コメントを表わすため、「《229》_____》文」では決して用いず、「《230》_____》文」でもほとんど用いず、主観的付加コメント以外の（＝「話者」や「聞き手」が主語となる）文脈でもあまり用いない。これらの場合の【なり】の表わす意味はほぼ常に「《231》_____》」である。

他の多くの助動詞が「ラ変に限り、連体形接続」なのに対し、推定「なり＆めり」だけが「ラ変でも、終止形接続」を貫く理由は、この2つの助動詞の中古以降の用法が実質的に「推量・推定・伝聞」というよりむしろ「断定回避＝《232》_____》」のための文末付加コメント用法だからである。「〜あり／〜なり／〜たり／〜をり／〜はべり／〜いますがり」の陳述の後に「。」を付けて終われば「断定口調」になるが、これを避けて「〜という風に私は聞いております」の響きを出したければ、「〜り」でなく「〜り《233》_____》り」と「N 音」一つ挟んだ上で、末尾をドサクサ紛れっぽく「〜ん《233》_____》り」と撥音便化するだけで「伝聞口調」の演出が可能となる…英語に於ける「I hear say / I hear it said that」に相当する働きを、文末の「〜ン**な**」1語で演じるわけである。一方、「〜というように私の目には映ります」と控え目な主観性を添えたければ、「〜り」で終わるべきところに「M音」一つ挟んで「〜り《234》_____》り」とした挙げ句に撥音便で末尾を丸め込んで「〜ん《234》_____》り」とすれば、「見＋あり＝私の見立てではそうなっております（事実そうだ、とは断定も保証もしませんけどね）」の響きを出すことができる：英語で言えば冒頭を「The way I see it」で始める自己主張の表現を、文末の「〜ン**め**」1語で演じている。こうした「**なり／めり**」の用法を、現代日本語＆英語の＜終止形＋文末付加コメント型＞表現で示せば、「猫は何の役にも立たない＜**…ってさ**＞」（Cats are totally useless,＜**they say**＞.）が「猫は無益（むやく）なり＜**なり**＞

→な[ン]なり」であり、文末の「なり」が「なン＜な＞り」に化けることで「無益、の"音(＝評判)"あり」の響きが加わる。「猫はおばかなとこがかわいい＜…くない？＞」(Cats are brainless, that's where their cuteness lies, ＜I believe＞.)」＝「猫はをこなるがめでたくはべり＜めり＞→はべン]めり」の表現では、「はべり」ならぬ「はべン＜め＞り」の部分に、英語「methinks＝it seems to me」に相当する(が、あくまでやんわりとした)自己主張の響き(侍り、の"見(＝私的所見)"あり)が宿る。この機能を果たすための「なり・めり」の接続先は「終止形」が当然で、連体形接続ではおかしい。

…60min

答:《1＆2》自発＆使役》【3＆4＆5＆6】る＆らる＆す＆さす】【7＆8】る＆らる】【9＆10】す＆さす】【11】使役》《12》なさる／される》《13》お与えになる／くださる》《14》おっしゃる／のたまう／お言いになる／ご発言なさる／お口になる》《15》軍記物》《16》使役》《17》have》《18》強がり／強情／負け惜しみ／やせ我慢》《19》謙譲》《20》平安》《21》疑問》《22》否定》《23》反語》《24》肯定》《25》鎌倉》《26》未然形》《27》終止形》《28》末尾》《29》助動詞》《30》終止形》《31》連体形》【32＆33】む＆むず】【34】べし》《35》自身》《36》以外》《37》will》【38＆39】む＆むず》《40》こそ》《41》仮定法(過去)》《42》な》《43》そ》《44》なし》【45】ず》《46》ない》《47》仮定》《48》ずんば》《49》なく》《50》逆接》《51》できない》《52》連体形》《53》已然形》【54＆55】ど＆ども》《56》こそ》《57》確定》《58》ば》《59》ま》《60》まほし》《61》憂し(うし)》【62】まうし》《63》たし》《64》仮定法》《65》ましかば》《66》まし》《67》反実仮想》《68》未然形》《69》連用形》【70＆71】てまし＆なまし》《72》終助詞》《73》漢字》《74》現在》《75》直接》《76》確実》《77》間接》《78》気付き》《79》心内》《80》し》《81》しか》《82》き》《83》仏教》【84】けり】【85】き》《86》終止形》【87】らむ》《88》連用形》【89】けむ》《90》何故／どうして／なんで／どういうわけで》【91】たし》《92》連用形》《93》終止形》《94》連用形》《95》四段》《96＆97》已然形＆命令形》《98》サ(行)変(格)》《99》未然形》《100》進行形》《101》完了形》《102＆103》死ぬ(しぬ)＆住ぬ(いぬ)》【104＆105】つ＆ぬ》《106》完了》《107》確述》《108》棄つ(うつ)》《109》他》《110》往ぬ・去ぬ(いぬ)》《111》自》【112】ぬ】【113】つ】【114】たり》《115》音(ね)…×おと》《116》見(み)…×ケん》《117》伝聞／又聞き》《118》婉曲》【119】らむ》《120》終止形》《121》連体形》《122》撥(はつ)…×リュウファ・あお》《123》伝聞推量》《124》肯定》《125》終止形》《126》ラ(行)変(格活用)》《127》連体形》【128＆129】む＆むず》《130》未然形》【131】じ】【132】まじ》《133》終止形》【134】べく》《135》べう》《136》べき》《137》べい》《138》べかる》《139》べかん》《140》べからず》《141》漢文訓読》【142】じ】《143》未然形》【144】まじ》《145》終止形》《146》推量》《147》意志》【148】べみ》《149》(和)歌語／短歌特有の表現》《150》べらなり》《151》女性》《152》らし》【153】べし】【154】らむ》《155》室町》《156》終止形》《157》断定》《158》ならし》《159》過去》【160】けらし》《161》連体形》《162》体言／名詞》《163》なり】【164】たり》《165》格助詞》《166》終止形》《167》ラ(行)変(格活用)》《168》同じ(こと)ならば》《169》ごと》【170】やうなり》《171》伝聞(推量 or 推定)》《172》完了》【173】たり》《174》体言》《175》連体形》《176》と》《177》体言》《178》に》《179》連体形》【180】たり》《181》漢文訓読》【182】なり】《183＆184》に＆と》《185》連用形》《186》形容動詞》《187》資格／立場》《188》促》《189》体言／名詞》《190》にあり》《191》にてあり》《192》やう》《193》上代／奈良時代》

《194)未然形》《195）連体形》《196）助動詞》《197）断定》《198）推定》《199）連用形》《200）なりき》《201＆202＆203）なりつ＆なりぬ＆なりたり》《２０４）なりけり》《205＆206）なりけむ＆なりけらし》《207）なりたし》《208）断定》《209）格助詞》《210）あり》《211）連体形》《212）終止形》《213）ラ（行）変（格活用）》《214）ん》《215）連体形》《216）終止形》《217）終止形》《218）撥（はつ）》《219）かん》《220）終止形》《221）ざり》《222）撥（はつ））《223)ざなり》《２２４）連体形》《２２５）ぬなり》《２２６）ざるなり》【227＆288）が＆の】《229）否定》《230）疑問》《231）断定》《232）婉曲》《233）な》《234）め》
・・・以上で「助動詞」のテストは全て終了；これ以後の「助詞」はテストというより手抜き用の方便：

■11)（001）—「助詞」の定義と種類—

「助詞」は単独では無意味で他の語や文の下に付くことで初めて意味を成す。この意味では「助動詞」と同じだが、「助動詞」のように《1)_____》はせず常に一定の形で用いる（＝非《1)_____》語である）。この意味では「《2)_____》」（例：「面白＜み＞」・「楽し＜さ＞」・「嬉し＜げ＞」）と同じだが、「《2)_____》」はその上接する語とまとめて1語扱いであるのに対し、「助詞」は上接語とは別個の文法成文として扱われる・・・**《見下げた設備は一体型（みさげたせつびはいったいがた）》**（＝＜み＞＜さ＞＜げ＞等の「《2)_____》」は上接する語と一体型の文法成文）の語呂合わせで棒暗記しておけばよいだろう。

「助詞」と上接語の関係は3種類（細分化して5種類）、意味の上では6種の「助詞」に分かれる：
● 1)上接語と他の語句との間で：
　A)＜《3)_____》A＋助詞＋《3)_____》B＞の形で、
　　　　　異なる《3)_____》どうしの関係を規定する助詞は・・・
　　　　　　　　　　　　　　　　　　《4)_____》である。
　B)＜《3)_____》＋助詞＋《5)_____》＞の形で、
　　　　　《3)_____》と《5)_____》との間の関係を規定する助詞には・・・
　　　　　　　　《4)_____》・《6)_____》・《7)_____》の3種類がある。
　C)＜《8)_____》A＋助詞＋《8)_____》B＞または
　　＜《9)_____》A＋助詞＋《9)_____》B＞の形で、
　　　　　異なる《8)_____》または《9)_____》どうしの関係を規定する助詞は・・・
　　　　　　　　　　　　　　　　　　《10)_____》である。
● 2)＜《11)_____》＋助詞＞の形で、
　　　　　末尾に添えることでその《11)_____》の内容に関する
　　　　　「希望」・「禁止」・「詠嘆」の意を添える助詞は・・・
　　　　　　　　　　　　　　　　　　《12)_____》である。
● 3)＜《8)_____》＋助詞＞または＜《11)_____》＋助詞＞の形で、
　　　　　他の語句の下には付くものの、特に意味上の関わりを持たず、
　　　　　浮いた感じの「感動詞」的添え物として「詠嘆」の意を添える助詞は・・・
　　　　　　　　　　　　　　　　　　《13)_____》である。

個別的な意味はともかく、「助詞」の全種別のみを語呂合わせで棒暗記するつもりなら**《切腹計画**

習慣無情》(せつふくけいかくしゅうかんむじょう)＝《10)_____》・《6)_____》・《7)_____》・《4)_____》・《12)_____》・《13)_____》という全部で《14)_____》の「助詞」が古典文法には存在する、と覚えておけばよい。

…7min

答：《1)活用》《2)接尾語》《3)体言》《4)格助詞》《5)用言》《6)副助詞》《7)係助詞》《8)文節》《9)語》《10)接続助詞》《11)文章》《12)終助詞》《13)間投助詞》《14)六つ／6種類》

・・・さぁ、ここから先は「要チェックの女子助詞一覧リスト」・・・その前に少々能書きをば：

各「助詞」の表わす個別的意味は様々であり、「助動詞」のようにその意味・文中での登場位置・上接語に接続する際の活用形等の規則性に着目して論理体系別に把握することは不可能である（＝逐一一棒暗記するしかない）が、古典時代の「助詞」の意味の多くは現代日本語の「助詞」にもそのまま引き継がれているので、実践的学習法としては、**現代語と意味が異なる「助詞」のみ集中的に覚えればよく、現代語と同じ語義は学習対象から意志的に外してしまうのが得策**である・・・から、ここから先に示すリストでは、「＝古文の理＝」本編と異なり、現代日本語と意味がカブる語義（及び、大学入試とは無縁の上代や近世の語義）は（基本的に）抹消して「受験生として意図的に暗記しておかないとヒドい目に遭う危険がある古典的助詞語義のみ」示しておく。

そうして意図的に暗記してもらう助詞語義である以上、暗記するための方便として、**この先の助詞リストには各語義ごとに１つずつ「例文（筆者自作の擬古文＆詩歌）」も付ける**から、そちらも覚え込んで古典助詞への馴染みを深めてほしい。*暗記に値しない割愛語義に例文を付けるのは（辞書としてはともかく受験指南書としては）全くナンセンスな著作者の自己満足に過ぎぬから、故ここに至るまで、助詞例文カタログは保留にしておいた訳である*・・・的外れな自己主張のために頓珍漢な形で我を張る人を、指弾も冷笑もせず優しく賞賛する唾棄すべき社会風土が、今の日本には根付いてしまっている・・・が、阿呆な頑張りはハタ迷惑：「我を張る＝奥向きの我執を臆面もなく人前にさらす行為」の図式を冷徹に自覚しつつ、どうせガヲハルならエガオでガンバリ、社会的に有意義で自他共に報われる建設的努力のみに傾注して自己実現に励む日本人の数が、一人でも増えてほしいと願うこの筆者である。

日本に於ける英語や古文といった「語学の達人」の少なさは、「為すべき有意の事、為さず捨て去るべき無益な事」の割り切り（事割り＝理）を踏まえて自ら為すべき事と信ずる対象のみに全精力を注ぎ自らの地歩の確かさの確信から生じる揺るぎなき自信の自活力を武器に目標へと邁進する頑張り屋・・・の数の少なさを証拠付ける、無様で悲しい現象である。**「有意の努力と有益な成果は、無用な行為を見極め意志的に背を向けることから始まる」**という単純極まる絶対の真理を本書の学習を通して体得した諸君が価値ある成果を続々出してくれたなら、今この国が陥っている閉塞状況の打破などさしたる難事でにない。「捨て去るべき事、為すべき事」をきちんと踏まえて道を切り開けば、現状「出口なし」にも見える日本の将来もきちんと見えてくる筈。

【weapon】＝武具は既にもう諸君に供与した
・・・FIGHT（闘争）or FLIGHT（逃走）・・・
どちらを選ぶも、あとはもう、諸君次第である。

↓ ↓ ↓ ↓ ↓ ↓

■１１）〈００２〉―「格助詞」の古典的語義（のみ）―
　１４種存在する「格助詞」（うち２つは上代語で、格助詞というより造語成分と捉える向きもあり）の全てを語呂合わせで覚えるつもりなら、**《己が絵に書よりデートにてしてとて夏》**＝【を】【の】【が】【へ】【に】【から】【より】【で】【と】【にて】【して】【とて】【な】【つ】
（・・・最後の【な】【つ】は上代の造語成分）で奉暗記すればよく、各助詞の語義を、現代日本語と同一／奈良・室町期のものは割愛して古典時代特有のもののみに絞り込み、「例文（筆者謹製自作版）」付きで書き出せば、次のようになる：
　　　　　　　　　　－夏暗記「古典格助詞」語義・訳語一覧－
【を】（２）〈（離合の対象）（「会ふ」・「背く」・「別る」などの動詞と共に用いて）接近したり離別する対象を表わす〉・・・と。（例：「世＜を＞背く」＝俗世と離れて出家する）　（３）〈（自動詞・形容詞の主格）形容詞や、他動詞的に用いた自動詞の主語を表わす〉・・・が（～であること）。（例：「猫の雀を喰らひける＜を＞憎みしければ、蹴（け）にけり」＝ネコがスズメを食ったのがムカついたのでケリ入れちゃった）　（７）〈（原因・理由）（後続部に形容詞語幹＋接尾語「み」の付いた「・・・を～み」の形で）ある物事の特性ゆえに、後続の事態が成立する意を表わす〉・・・が～ので。（例：「山＜を＞深み人やは愛（め）でむ桜花」＝奥山深く咲いているので誰一人賞美してくれる人もいないであろう桜の花）　（８）〈（同族目的語）（「寝を寝」・「音を泣く」など）意味の似た名詞と動詞の間に置いて慣用句を形成する〉ひたすら・・・する。（例：「い＜を＞ぬれど恨む人なきやもめかな」＝一人ぐぅ～すか爆睡しても、かまってくれないことに文句を言う人もいないのが独身者・・・あぁ気楽だな、さびしいな）
【の】（５）〈（比喩）類似性を持つ他の何かに例える形で、ある物事の特徴を言い表わす〉・・・のような。（例：「たま＜の＞をのこの生まれけり」＝玉のような男児が生まれました）
【が】（１）〈（連体格）後続の語が直前の語の所有物・従属的立場である意を表わす〉ＡのＢ。（例：「誰（た）＜が＞為（ため）に靡く（かく）や生ひ（おひ）けむまろ＜が＞たけ」＝我が背丈、こんなに伸びたは誰のため？）　（２）〈（同格）後続の語が直前の語と同じ文法的資格、類似（直後に「ごとし」・「やう」などの語句を伴う）、同程度（直前に具体的分量を示す語を伴う）の関係である意を表わす〉ＡというＢ（例：「なでしこ＜が＞花」＝撫子という名の花）。ＢみたいなＡ（例：「山＜が＞宝」＝山ほどたくさんの宝物）。およそＢほどのＡ。（例：「みとせばかり＜が＞このかみ」＝三年ほど年長）　（３）〈（準体格）直後に省略されている体言が、直前の語の所有物・従属的立場である意を表わす〉Ａの（もの）。（例：「いかなれば彼の歌はめでたく、吾＜が＞（わが）は悪（わろ）かるべきぞ」＝一体どうして、彼の和歌は見事で、私の歌は駄目なっつけ？）
【へ】（３）〈（対象）動作・作用の向けられる対象・相手を表わす〉・・・に対して。（例：「下々（しもじも）がお上＜へ＞訴（うた）ふる目安箱」＝一般庶民が政府のお偉いさんに請願するための投書箱）　（４）〈（場所）動作の行なわれる場所を表わす〉・・・にて。（例：「里に倦（う）みて山＜へ＞住む」＝世間に嫌気がさして、人里離れた山中に暮らす）

【に】(6)〈原因・理由〉前述の事柄が、後述の結果を招くことになる意を表わす〉・・・ゆえに。(例:「酒＜に＞酔ひ、色＜に＞惑ひて、興＜に＞病み、病＜に＞斃(たふ)るも人の世の常」＝酒飲んで酔っぱらい、色欲のせいで道を踏み外し、遊興に病的にふけった挙げ句、病魔に冒されて死んじまう・・・なんてのも、どこにでもある陳腐なお話) (7)〈手段〉動作・作用を行なう上での方法・手段・材料などを表わす〉・・・によって。(例:「我が罪、この歌＜に＞ゆるしてよ」＝悪いことしちゃったけど、この歌に免じて勘弁してくださいな) (9)〈婉曲な主体表示〉(敬うべき主語を、多くその本来の呼称の代わりに「存在する場所＋には・にも」の形で表現して)主語となる人物への敬意を込めて遠回しに言う〉・・・におかれましては。〈主語の取り立て〉(敬意の対象外の主語について)他の存在と対比させる形でその主語を取り立てる〉・・・については。(例:「上様＜に＞は御機嫌よろしう、祝着至極(しゅうちゃくしごく)に存じ候(そうろう)」＝あなたさまにおかれましてはごきげんもうるわしく、まことにめでたいことにございます) (11)〈立場〉(資格・地位などを表わす語の直後に用いて)そのような存在として判断・処遇・行動する意を表わす〉・・・として。(例:「客人ざね(まらうどざね)＜に＞もてなしけり」＝主賓待遇でおもてなししたのだった)

(【から】・・・現代日本語と同一語義＝ノーマークで可)

【より】(3)〈通過点〉移動の過程で通過する地点を表す〉・・・を通って。(例:「田子の浦＜より＞駿河の海へ到る」＝田子の浦経由で駿河湾に到達) (5)〈移動手段〉(「徒歩」・「馬」などの語に付いて)移動する際の手段・方法を表す〉・・・によって。(例:「輿(こし)も使はで徒歩(かち)＜より＞来るか」＝驚いたねぇ、こし(×腰 ○かご)も使わずテクテク歩いて来るとは) (8)〈連続動作〉(活用語の連体形に付いて)直前の事態に引き続き、間を置かずに後続の事態が連続して発生する意を表わす〉・・・するや否や〜。(例:「声を聞く＜より＞かなしうて、えならずなりにけり」＝声を聞いた途端に心引かれて、もうどうにも我慢ならなくなってしまった)

(【で】・・・現代日本語と同一語義＝ノーマークで可)

【と】(3)〈比喩〉物事の様態を、他の何かに例えて表現する〉・・・のように。(例:「夜の明けて雪＜と＞消えぬる夢の逢瀬よ」＝夜が明けたらまるで雪が溶けるみたいに跡形もなく消え去ってしまった夢のような逢い引きだったなぁ) (4)〈強調〉(動詞連用形に付き、同じ動詞を二つ「と」でつなぐ形で)動詞の意味を強めたり、動作が勢いよく進行する様を表わす〉・・・ものは全部(例:「生き＜と＞し生くる者」＝この世に生きるすべてのもの)。ずんずん・・・する(例:「食ひ＜と＞食ひけり」＝食って食って食いまくった)。 (5)〈比較〉比較の対象を表す〉・・・と比べて。(例:「我もし人＜と＞劣らじや」＝自分はひょっとして他人より劣っていたりしないだろうか？) (8)〈自発〉(「おのれ」・「こころ」・「われ」などとともに用いて)ある行為が何に発するものであるかを表わす〉・・・から。(例:「わざとならずおのれ＜と＞浮かぶこそ歌の上手なれ」＝技巧を凝らさず自然に思い浮かぶのが和歌の達人というものだ) (9)〈資格〉ある行為がどのような資格に於いて為されるかを表わす〉・・・として。(例:「道の上手＜と＞自ら名を流すこそかたはらいたけれ」＝斯道(しどう)の達人として自分から評判を流すなんざ、ちゃんちゃらおかしくて付き合ってられねえ)

【にて】（２）〈(時点)動作・作用の発生する時間的な場を表わす〉・・・の際に。(例:「齢五十(よはひいそぢ)＜にて＞身罷り(みまかり)にけり」＝五十歳という年齢でこの世を去った)
（４）〈(原因・理由)前述の事柄が、後述の結果を招くことになる意を表わす〉・・・ゆえに。(例:「猫は畜生(ちくしゃう)＜にて＞人の言の葉使はず」＝猫は動物なので人間の言語は使わない) （５）〈(様態・立場)その場の様子・状況を表わす。また、資格・地位などを表わす語の直後に用いて、そのような存在として判断・処遇・行動する意を表わす〉・・・状態で。・・・として。(例:「宮の乳母(めのと)＜にて＞内裏(うち)に上れり」＝皇族の子の乳母という立場で宮中にお仕えしていた)
【して】（２）〈(手段)何かを作ったり行なったりする際の材料・道具・方法などを表わす〉・・・を用いて。(例:「指の血＜して＞したためける誓ひ」＝指先から滴る血で書いた誓約の血判状)
【とて】（２）〈(目的)ある行為の動機・意図・目的を表わす〉・・・ために。(例:「院の御守り(おほんまもり)＜とて＞北面さぶらひたり」＝上皇を御警護申し上げるべく北面の武士が控えております） （３）〈(原因・理由)前述の事柄が原因となって、後述の事態に至った意を表わす〉・・・なので。(例:「やがて散りぬる＜とて＞花恨む人やはある」＝きっとすぐ散ってしまうからといって、桜の花に不平を言う人がどこにいるだろうか） （５）〈(地位・名称)物事の名前や人の役職名などを表わす〉・・・という名で。(例:「便乱坊＜とて＞いとあさましき見せ物の江戸にあなる」＝べらんぼうという名のとても見苦しい見せ物が江戸にいるとかいう話である)
【な】・・・上代語（造語成分）〈(上代)(場所・状態)(位置・属性などを表わす語の下に付けて)連体修飾語を形成する〉・・・の。(例:「まなこ」＝めんたま)
【つ】・・・上代語（造語成分）〈(上代)(所属・状態)(時・位置・属性などを表わす語の下に付けて)連体修飾語を形成する〉・・・の。(例:「沖つ白波」＝沖合に立つ白い波)
==========
■１１）（００３）―「副助詞」の古典的語義（のみ）―
　１４種存在する「副助詞」の全てを語呂合わせで覚えるつもりなら、《蚤ダニ等さえ下ばかり包まで擦らし（って）程だも（ん）して～がな》＝【のみ】【だに】【など】【さへ】【しも】【ばかり】【づつ】【まで】【すら】【し】【ほど】【だも】【して】【がな】で棒暗記すればよく、各助詞の語義を、現代日本語と同一／奈良・室町期のものは割愛して古典時代特有のもののみに絞り込み、「例文（筆者謹製自作版）」付きで書き出せば、次のようになる：
－要暗記「古典副助詞」語義・訳語一覧－
【のみ】（２）〈(強調)(他のものを除外する意を特に含まずに)文意を強める働きをする〉ただもう・・・。(例:「いかで御許(おもと)は猫のみいたはる」―「あさましくなりし人の形見(かたみ)ともおぼゆれば、いみじうかなしうてただいたはり＜のみ＞せらる」＝どうしてあなたは猫ばっかかわいがるの？―亡くなった人の忘れ形見にも感じられるので、ひどく愛しくてそれはもう自然と可愛がりたくなるの)
【だに】（１）〈(最低限の希望)(願望・意志・命令・仮定・打消などの表現を伴って)希望する事柄の中でも、実現が最も容易だと思われる事態を想定して、願いの切実さを強調する〉せめて・・・だけでも。(例:「逢へずとも文＜だに＞おこせ」＝会えなくてもせめて手紙ぐらい送れ)
（【など】・・・現代日本語と同一語義＝ノーマークで可)

(【さへ】・・・現代日本語と同一語義＝ノーマークで可)

【しも】（２）〈(打消の強調・整調)（下に打消の語を伴って）否定語の意味を強調するか、または、単に語調を整える〉全く・・・ない。・・・も～ない。(例：「会ふ折＜しも＞なきものを、今は思ひ＜しも＞せず。いと＜しも＞なきこと、惚れて＜しも＞なきわれなれば」＝顔を合わせる場面すらないけれど、今となってはあの人のことなど考えもしません。別にどうってこともないです、私、あの人にホレてるわけじゃないんだから)

【ばかり】（３）〈(空間的概算)（場所を表す語に付いて）おおよその場所を表わす〉・・・辺り。(例：「行く蛍送りし空に夜の雨いづこばかりと思ひやらるる」＝飛んで行く蛍の光を見送った夜空に雨が降り、今頃どのあたりで雨宿りしてるんだろうかと思わず心配になってしまう)　　（５）〈(最高の程度)（「・・・ばかり～はなし」の形で）それ以上のものは他にない意を表わす〉・・・ほど～なものはない。(例：「夏祭り一人人波渡る夜の明けぬ間＜ばかり＞憂きものはなし」＝夏祭りで賑わう人の波を縫うように行き過ぎ、誰もいない部屋に帰り着いて、一人ぼんやり過ごすなかなか明けぬ長い夜ほど、ゆううつなものはほかにない)

(【づつ】・・・現代日本語と同一語義＝ノーマークで可)
(【まで】・・・現代日本語と同一語義＝ノーマークで可)
(【すら】・・・現代日本語と同一語義＝ノーマークで可)

【し】（１）〈(強調) 上の語句を強調する〉（特に訳さない）(例：「果て＜し＞なき道のこの世にあるものかたゆむ歩みに道ぞ遠かる」＝万事に限りのある無常のこの世の中に、終わりなき道など存在するものか。歩き続けるのを嫌がったり気を抜いたりするからこそ、道が遠く感じるだけさ)

(【ほど】・・・現代日本語と同一語義＝ノーマークで可)

【だも】（１）〈(最低限の希望)（願望・意志・命令・仮定・打消などの表現を伴って）希望する事柄の中でも実現が最も容易だと思われる事態を想定して、願いの切実さを強調する〉せめて・・・だけでも。(例：「夢に＜だも＞逢はむ思ひぞあだなれや覚めて見る夜のしじま悲しも」＝現実の中ではもう逢えぬあの人に、せめて夢の中だけでも逢いたい・・・その思いがかえっていけなかったみたい。念願かなって夢で逢えても、目が覚めてみれば一人ぼっちの寝室、その静寂の何と悲しいことでしょう)

【して】（強調）（副詞に付いたり、格助詞と結び付いた「よりして」・「からして」の形で）上の語句を強調する。(例：「猫はまろき顔＜よりして＞をかし」＝猫は丸顔からしてもうかわゆい)

(【がな】・・・近世語：ノーマークで可)
＝＝＝＝＝＝＝＝＝＝
■１１）（００４）―「係助詞」の古典的語義（のみ）―
　１２種（うち１つは上代語）存在する「係助詞」の全てを語呂合わせで覚えるつもりなら、**《馬鹿は蚊なんぞこそはモヤモヤは嫌かも》**＝【ば】【かは】【か】【なむ】【ぞ】【こそ】【は】【も】【やも：上代語】【やは】【や】【かも】で棒暗記すればよく、各助詞の語義を、現代日本語と同一／奈良・室町期のものは割愛して古典時代特有のもののみに絞り込み、「例文（筆者謹製自作版）」付きで書き出せば、次のようになる：
　　　　　―要暗記「古典係助詞」語義・訳語一覧―
(【ば】・・・！「接続助詞」に非ず！・・・現代日本語と同一語義＝ノーマークで可)

【かは】（1）〈反語〉（疑問の形を取りながらも）その事態に対する否定的見解を述べる〉・・・だろうか、いや、・・・ない。(例:「いかで＜かは＞人の知らむずる」＝他人に知られるなんてことがどうしてあるものか)　（2）〈疑問〉確かな答のわからない疑問を、自身または他者に対し投げかける〉・・・か?(例:「我が名をばいかで＜かは＞知る」＝私の名をどうして知った?)
【か】（1）〈疑問〉確かな答のわからない疑問を、自身または他者に対し投げかける〉・・・か?(例:「なぞの猫のかくいみじう鳴くに＜か＞あらむ」＝一体どんな猫がこうもひどく鳴いているのだろう?)　（2）〈反語〉（疑問の形を取りながらも）その事態に対する否定的見解を述べる〉・・・だろうか、いや、・・・ない。(例:「来るをしも誰＜か＞嘆かむ人の子の去(い)ぬる後の世など＜か＞苦しき」＝人の子がこの世に生まれ出て来るのを誰が嘆き悲しむだろうか?その人が死んでこの世から消え去れば、来世の新生児としてまた生まれ出ることになるというのに、それがどうして耐え難い辛い事だというのか?死生は一本のメビウスの輪で連なる永遠の輪廻・・・新生も逝去も、どちらも嘆くにはあたらない)　（3）〈不確実〉（疑問を表わす語を伴って）確実にはわからない事態について、疑念をまじえつつ述べる〉・・・か。(例:「いつの日＜か＞時めかむ」＝一体全体いつになったら時流に乗ってブイブイ言わせることができるものやら)
【なむ】〈指示・強調〉上の語句を取り立てる〉（特に訳さない）(例:「これ＜なむ＞、唐猫」＝ほれ、これが中国渡来動物"ねこ"というものだよ)
(【ぞ】・・・現代日本語と同一語義＝ノーマークで可)
【こそ】（3）〈懸念〉（「もこそ」の形で）実現を望まない事態を、不安を込めて想定する〉・・・だといけない。(例:「人もく＜こそ＞聞け」＝他人に聞かれたりしたらまずいでしょう)　（5）〈順接仮定条件の強調〉（活用語の未然形＋「ばこそ」の形で）(多く、末尾を「め」で結ぶ)直前に述べた事態が成立すれば、後続の事態も成立するだろう、と想定しつつ、その実現はないだろう、との判断を含む反実仮想の表現を形成する〉もし・・・というのならいいけれど(例:「またの逢瀬もあらば＜こそ＞」＝再度のデートの機会がある、というのならまだしも、それはあり得ぬ話だろうから)。もし・・・というのならまずいけど(例:「世に散らば＜こそ＞あらめ、誰そ読まむずるはかなき日記のすさびごとなれば」＝世間に流布してしまうというのなら具合も悪かろうが、誰が読むはずもないちょっとした日記の上の気紛れな走り書きなのだから)。
【は】（3）〈整調・強調〉語調を整えたり、叙述を強める働きをする〉（特に訳さない）(例:「いかでかく＜は＞はらあしからむ」＝何でこう短気なのか?)　（4）〈順接の仮定条件〉前述の条件が成立した場合、後述の事態が成立するだろうとの想定を表わす〉もし・・・なら。(例:「ふみなく＜は＞つつがなしとぞ心得よ」＝手紙が来なけりゃ、何も問題なしだと思えばいい)
(【も】・・・現代日本語と同一語義＝ノーマークで可)
(【やも】・・・中古の【やは】の上代版＝ノーマークで可)

【やは】（1）〈(反語)疑問文の形で述べながら、実質的に否定の内容を表わす〉・・・ということがあろうか、否、ない。（例：「猫の額(ひたひ)洗ふとて、天気(ていけ)＜やは＞変はるべき」＝にゃんこが顔洗ったからといって、天気が変わるなんてことがどうして起こるものか）　（2）〈疑念・確認〉不確実な事柄に関し、疑いの気持ちや、相手に答えを求める意を表わす〉・・・だろうか？（例：「人はみなかく＜やは＞人を思ひけむ焦がれ死にして人に尋ねむ」＝昔の人々もみんな、今の私みたいにひどい恋煩いに悩んでいたのだろうか？・・・恋の病気で死んでから、あの世で先輩患者たちに質問してやろう）　（3）〈勧誘・願望〉（文末に打消助動詞「ぬ」を伴って）その動作の実現を相手に促したり望んだりする意を表わす〉・・・ないか。（例：「夜も更(ふ)けぬ。宿り＜やは＞せぬ」＝もう夜も遅いから、今夜はここに泊まったらどうですか？）

【や】（1）〈疑問〉確信のない事柄について、問い掛ける意を表わす〉・・・か？（例：「人＜や＞ある」＝誰か、いるか？）　（2）〈確定的推量〉（推量助動詞「む」・「らむ」・「けむ」などと共に用いて）確信のある事柄を疑問文の形で述べたり、相手に問いかけて答えを引き出そうとする〉・・・ではないのか。（例：「いにしへもかかること＜や＞ありけむ」＝昔もこういう事があったのでしょう・・・かね？）　（3）〈(反語)疑問文の形を取りながら、実質的に否定の内容を表わす〉・・・ということがあろうか？否・・・ない。（例：「かばかりのとがにて流るる身＜や＞ある」＝この程度の罪で我が身が流罪になったりするものか）

【かも】〈詠嘆的疑問〉はっきりしない事態について何らかの思感を込めて言う〉・・・かなぁ。（例：「いでかてに一人＜かも＞寝む雨の夜は月のあなたも袖そほつらむ」＝出るに出られず、あ〜ぁ、今夜は一人寂しく寝ることになるのかなぁ、って感じの雨降りの夜は、月の彼方の空の下にいるあの人も、来てはくれない恋人のつれなさを思って涙に袖を濡らしてる・・・かもなぁ）

==========

■11）（005）―「接続助詞」の古典的語義（のみ）―

27存在する「接続助詞」の全てを語呂合わせで覚えるつもりなら、《**物から物を拝みつつ、物故ながら共々バッド、つっても デートがてらに物の間も空にして、って程に無いにゃ**》＝【ものから】【ものを】【を】【が】【み】【つつ】【ものゆゑ】【ながら】【とも】【ども】【ば】【ど】【つ】【ても】【で】【と】【がてら】【に】【ものの】【あひだ】【も】【からに】【して】【て】【ほどに】【なへに】【や】で棒暗記すればよく、各助詞の語義を、現代日本語と同一／奈良・室町期のものは割愛して古典時代特有のもののみに絞り込み、「例文（筆者謹製自作版）」付きで書き出せば、次のようになる：

―要暗記「古典接続助詞」語義・訳語一覧―

【ものから】（1）〈逆接の確定条件〉前述の事態が存在するにもかかわらず、それに反する後述の事態が成立する意を表わす〉・・・のに。（例：「神代(かみよ)よりありけむ＜ものから＞今もなほ苦しき恋に人悩むらむ」＝悠久の昔からあった話だろうに、特効薬ぐらいとっくの昔に見つかっていてもおかしくないのに、どうして今なお人間は苦しい恋に悩み続けているのだろう？）

（【ものを】・・・現代日本語と同一語義、または、近世語＝ノーマークで可）

【を】（2）〈（原因・理由）前述の事態が原因・理由となって、後続の事態が成立する意を表わす〉・・・ので。（例：「からねこのいとらうたげなる＜を＞我知らずねうねうと出だしにけり」＝中国渡来の猫がイタいくらいカワイイので、思わず知らず meow, meow（みゃお・みゃお）とか猫撫で声（ネコナデゴエ）出しちゃった）　（3）〈（逆接の確定条件）前述の事態があるにもかかわらず、それに反する後続の事態が成立する意を表わす〉・・・のに。（例：「年頃ものもやりつる＜を＞知らず顔にてもてなしたり」＝もう何年にもわたって贈答などしてきたというのに、まるで無視し続けていたのだった）

（【が】・・・現代日本語と同一語義＝ノーマークで可）

【み】（1）〈（理由）（形容詞・形容詞型活用の助動詞の語幹に付き、多く「A（名詞）をB（形容詞語幹）み」の形で）原因・理由を表す〉AがBなので。（例：「月を無＜み＞人やは訪はむ闇夜には衣返して夢にかも見む」＝夜道を照らす月もないからあの人が訪ねて来てくれるはずもない闇夜には、寝間着の袖を裏返しにして寝て、夢の中で逢うことにしましょう）　（2）〈（並列）（動詞の連用形に付いて「・・・み～み」の形で用いて）複数の事態について同等の比重で言及する〉・・・たり、～たり。（例：「年並み（としなみ）を泣き＜み＞笑ひ＜み＞流れつつよすが絶やさじうみ果つるとも」＝長い年月、泣き笑いを繰り返しつつ漂いながら、あなたとのつながりを決して絶やすものですか、たとえ海が干上がっても、倦怠期が来ても、二人の縁は不滅です）

【つつ】（1）〈（反復）同じ動作・作用が複数回繰り返される意を表す〉何度も・・・。（例：「いくたびも文かはし＜つつ＞、いまだ逢ふことあたはざりけり」＝手紙は幾度となく交わし続けているのだけれど、肉体の方は未だ合体することもできずにいた）　（2）〈（継続）同じ動作・作用が変わらずに続く意を表す〉ずっと・・・。（例：「女のもとに三年（みとせ）通ひ溙り＜つつ＞、年を追ひ＜つつ＞心荒れにけり」＝彼女との結婚生活は3年にわたって続き、一年たつごとに心も次第に冷めて行ってしまった）　（5）〈（単純接続）前後の記述を単純につなぐ〉・・・して。（例：「ふみのみ斜め（なのめ）にかはし＜つつ＞さらぬ顔なり」＝適当に手紙のやりとりだけして、気のない素振りだ）　（7）〈（詠嘆）（主に和歌の末尾に置いて）含蓄のある感慨を表わす〉あぁ・・・だなぁ。（例：「訪はれじや訪はじや人に問はさじとあだ心なく雨は降り＜つつ＞」＝雨が降るから来れないの？訪ねるつもりがないから来ないの？・・・と、私の方からあの人に尋ねることもさせまいと目論んでのことかしら、まめに来てくれぬ恋人と違って、せっせと勤勉に降る雨だこと）

【ものゆゑ】（1）〈（逆接の確定条件）前述の事態が存在するにもかかわらず、それに反する後述の事態が成立する意を表わす〉・・・のに。（例：「果ててなほ恨むこととてなき身には逢はぬ＜ものゆゑ＞いとどいとほし」＝もう終わってしまった恋路の果てに、なお恨みに思うこともないあなたのことは、お逢いすることもないというのに、お逢いしていた頃より一層いとしさが募るのです）

（【ながら】・・・現代日本語と同一語義＝ノーマークで可）

（【とも】・・・現代日本語と同一語義＝ノーマークで可）

（【ども】・・・現代日本語と同一語義＝ノーマークで可）

【ば】（1）〈(契機) 前述の事態に続いて、偶発的に、後述の事態が成立する意を表わす〉・・・ところ。(例：「物言へ＜ば＞言ひ消たる、事なせ＜ば＞障る(さはる)、知らず顔にもてなせ＜ば＞我や思はじと腹立つ、とかく女はむつかし」＝こっちが何か言えばそんなことないと否定してくる、何かやれば邪魔臭がる、知らんぷり決め込めば「私なんてどうでもいいんでしょ？」と食って掛かる、とにかくあれこれ女というものは面倒臭い)　　（2）〈(原因・理由) 前述の事態が原因・理由となって、後述の事態が成立する意を表わす〉・・・ので。(例：「猫に言の葉なけれ＜ば＞いかでか所狭き(ところせき)」＝猫には言葉がないのだから一緒にいて気詰まりなんてことがあるものか)

(【ど】・・・現代日本語と同一語義＝ノーマークで可)

(【つ】・・・現代日本語と同一語義＝ノーマークで可)

(【ても】・・・現代日本語と同一語義＝ノーマークで可)

【で】〈(打消接続) 前文の内容を打ち消して後文に続ける〉・・・ずに。(例：「文字(もんじ)には殊なる魂(ことなるたま)の宿るらむ。読みもせ＜で＞うちある書(ふみ)のなほぞゆかしき」＝文字というものには、その他の物事とは別格の魂が宿っているものらしい。読みもしないでただ何となく置いてあるだけの書物にさえも、やっぱり心引かれる不思議な情趣が漂うのだから)

【と】（1）〈(逆接の仮定条件) 前述の条件が成立した場合に、それに反する後述の事態が成立するだろうとの想定を表わす〉たとえ・・・でも。(例：「そは彼に言ひ付けよ。疾く(とく)は解けず＜と＞しかとしたたむべし」＝その問題はあの男に任せなさい。たちどころに解決、とは行かないにせよ、確実に処理するはずだから)

(【がてら】・・・現代日本語と同一語義＝ノーマークで可)

【に】（1）〈(単純接続) 前後の事柄を単純に接続する〉・・・が。　(例：「彼(か)の人に問ひける＜に＞、知らず、となむ」＝例の人に質問したところ、知らない、とのことだった)　　（2）〈(契機) 直前に述べた事柄が、後続の事柄の発生やそれを認識するきっかけとなる意を表わす〉・・・ところ。(例：「花見る＜に＞今更気付く齢(よはひ)かな」＝花見をしたところ、ふと今更のように自分の年齢を再確認させられたことであるよ)　　（3）〈(順接の確定条件) 前述の内容が原因・理由となって、後続の事態が成立する意を表わす〉・・・ので。(例：「年頃問ひ給はざりつる＜に＞、こと人になん婚(あ)はせにける」＝あなたが長年ご訪問なさらなかったので、娘は、別の男性と結婚させてしまいました)　　（4）〈(逆接の確定条件) 前述の条件が成立するにもかかわらず、それに反する後述の事態が成立する意を表わす〉・・・のに。(例：「卯月(うづき)の末なる＜に＞風いまだ寒し」＝四月末だというのに風はまだ肌寒い)

(【ものの】・・・現代日本語と同一語義＝ノーマークで可)

【あひだ】（1）〈(中世以降) 原因・理由を表わす〉・・・なので。(例：「彼はこよなう猫愛(ねこめ)づる＜あひだ＞寝ぬ(いぬ)るも同じき床(とこ)なりけり」＝彼(女)はそれはもう猫を溺愛したので、寝るのも同じ寝床の中だった)　　（2）〈(中世以降) ある事態に引き続き、別の事態が起こることを表わす〉・・・(した)ところ。(例：「我もはらふみ読みたる＜あひだ＞、猫鳴きなづさひて読むことえならずなりにけり」＝私がもっぱら読書に没頭していたところ、猫がにゃあにゃあ鳴いてじゃれついてきて、本も読めなくなってしまった)

(【も】・・・現代日本語と同一語義＝ノーマークで可)

【からに】（1）〈原因・理由〉些細な事態が意外に重大な結果に結び付く意を表わす〉ただ・・・だけで。（例：「見し＜からに＞かく狂ほしき恋もするかも」＝あの人を一目見てしまったばっかりに、こんな気も狂わんばかりの恋をする羽目になるなんて）　　　（3）〈順接の確定条件〉直前に述べた事態を根拠として、直後の事態が当然成立するであろうとの判断を表わす〉・・・なので。（例：「斯く為る（かくせる）＜からに＞、しかと成敗してよ」＝こういう事をしたからには、事後の処置はしっかり行なってくださいよ）　　　（4）〈逆接の仮定条件〉（多く「むからに」の形で、疑問の語とともに用いて）直前に述べた事態にもかかわらず、直後の事態が成立する意を表わす〉たとえ・・・しても。（例：「などか高き家の子ならむ＜からに＞なべて文・歌のはづかしかるべきぞ」＝たとえ名門の家の子息だとしても、書く文章・詠む歌のすべてが、他者を恥じ入らせるほどの見事な出来栄え揃い、などということがどうしてあるものか）

【して】（1）〈等位接続〉前後の陳述を、対等の位置付けで単純に接続する〉・・・て。（例：「させる能なく＜して＞、いとあなづらはしき直人（ただびと）なり」＝特にこれといった能力もなくて、実に気安く付き合える普通の人である）　　　（2）〈順接の確定条件〉直前の記述が原因となって、後続の事態が生起する意を表わす〉・・・ので。（例：「拙者（せっしゃ）、不堪（ふかん）に＜して＞存じ上げず候（さうらふ）」＝不祥このわたくしは、芸事にはうといもので、わかりかねます）

【て】（4）〈逆接の確定条件・仮定条件〉前述の内容があっても、それと対照的な後述の陳述が成立する意を表わす〉・・・だというのに（例：「日暮れ＜て＞なほ道遠し」＝もう夕暮れだというのに、目的地はまだ遠い）。たとえ・・・だとしても（例：「我死に＜て＞名残るべし」＝たとえ私は死んでも私の名は残るだろう）。　　　（5）〈順接の仮定条件〉前述の内容が成立した場合、その帰結として後述の内容が成立する意を表わす〉もし・・・なら。（例：「かかる事、人に知られ＜て＞いかにせむ」＝こんなことを他の人に知られたらどうするの？）

【ほどに】（1）〈原因・理由〉直前の記述が原因となって、直後の事態が発生する意を表わす〉・・・なので。（例：「名立たしき＜ほどに＞やうやう逢はずなりにけり」＝人の噂になりそうだったので、次第に逢い引きもしたくなってしまった）　　　（2）〈逆接〉直前の記述とは相反する事態が発生する意を表わす〉・・・だが。（例：「人みな走りて軒端（のきば）に逃るる＜ほどに＞、事無しびに桜の下に宿りして歌を詠みけり」＝誰もがみんな慌てて軒先に逃げ込んだのに、一人何食わぬ顔して桜の木の下に雨宿りして和歌をよんだのだった）

【なへに】〈並行〉ある動作と他の動作が、偶発的に同時進行する意を表わす〉・・・のまさにその時に。（例：「彼の声聞く＜なへに＞猫、台盤所（だいばんどころ）にあらはる」＝彼(女)の声が聞こえるや否や、たちまち猫が台所に出現する）

（【や】・・・現代日本語と同一語義＝ノーマークで可）

==========

■11）（06）―「終助詞」の古典的語義（のみ）―
26存在する「終助詞」の全てを語呂合わせで覚えるつもりなら、《彼はヤワ者か、カモにしか、ノミ手しか・・・悲しーぞ、早々貸しやな。物を貸そーぞ。よもや鼻モグなむがな》＝【かは】【やは】【ものか】【かも】【にしか】【のみ】【てしか】【かな】【しが】【はや】【ばや】【かし】【やな】【ものを】【か】【そ】【を】【ぞ】【よ】【も】【や】【は】【な】【もが】【なむ】【がな】で棒暗記すればよく、各助詞の語義を、現代日本語と同一／奈良・室町期のものは割

愛して古典時代特有のもののみに絞り込み、「例文（筆者謹製自作版）」付きで書き出せば、次のようになる：

－要暗記「古典終助詞」語義・訳語一覧－

【かは】（1）〈反語〉（疑問の形を取りながらも）その事態に対する否定的見解を述べる〉・・・だろうか、いや、・・・ない。（例：「かかる事、ことなしびにもてなすべき＜かは＞」＝こんなことを、何気なさそうに受け流してよいものだろうか、いやそんなはずはない）　（2）〈詠嘆〉（多く、意外・心外な事態に対し）心を強く動かされた意を表わす〉何と・・・ではないか。（例：「何処（いづく）にかあらむと求めはべりしに、猫のくはへ持て来し（きし）＜かは＞」＝どこにあるのでしょうと探し求めておりましたところ、何と、猫が口にくわえて持って来たではありませんか！）

【やは】（1）〈反語〉疑問文の形で述べながら、実質的に否定の内容を表わす〉・・・ということがあろうか、否、ない。（例：「親の子に後るるより苦しき事の世にあらむ＜やは＞」＝親が我が子に先立たれること以上に耐え難い苦痛がこの世にあるだろうか、いや、あるまい）　（2）〈疑念・確認〉不確実な事柄に関し、疑いの気持ちや、相手に答えを求める意を表わす〉・・・だろうか？（例：「かかる事いにしへもありけむ＜やは＞」＝こんな事が昔もあったのでしょうか？）

（【ものか】・・・現代日本語と同一語義＝ノーマークで可）

【かも】（1）〈詠嘆〉強く心動かされた意を表わす〉・・・だなぁ。（例：「永久（とこしへ）に雪と桜は降りつつも今年限りの春ならむ＜かも＞」＝まるで雪のように真っ白く桜の花びらが散り続けるさまは永遠に見られる春の光景なのだろうが、この私に限って言えば春は今年限り、来年はもう見られない最後の花見・・・になるかもしれないなぁ）　（3）〈反語〉（多く「ものかも」・「めかも」の形で）疑問の形を取りながら、否定的陳述を述べる〉・・・だろうか、いや・・・ない。（例：「永久（とこしへ）に床旧る（とこふる）幸の難き（かたき）とて憎からぬ身に逢はじもの＜かも＞」＝死ぬまでずっとベッドを共にする永遠の愛なんてそうそうあるものじゃない・・・からといって、心引かれる相手との逢瀬を意志的に断ち切ってしまおうなんて、アリですか？それはやっぱりないでしょう）　（4）〈第三者への願望〉（「ぬかも」の形で）自身の意思・行動に依らぬ事態・他者の行動を望む意を表わす〉あぁ・・・だったらなぁ。（例：「来ぬ人の心知る夜の月を憂み空もとどろにかみ鳴りぬ＜かも＞」＝夜空に明るく月は照っているのに、あの人は私の部屋を訪ねてはくれない。恋人の心変わりを確信させられるようなあの明月はうっとおしいので、空いっぱいに鳴り響くように雷鳴が轟き渡ってくれればいいのに。そうすれば、あの人が来ないのを天気のせいにできるのに）

【にしか】〈（自身の願望）その実現が自らの意志・行動に依る事態の実現を望む意を表わす〉・・・たいものだ。（例：「みるめなき人に焦がれて我死なばよすが定めの波になり＜にしか＞」＝まるで脈なしの（見る目なき）あの人への、かなわぬ恋に焦がれ死にしたら、私は今度は波になって生まれ変わりたい。寄せては返すのが宿命の波なら、生前つれなくされた海末布（みるめ）さんへと、幾度寄せても邪険にはされず、しっかりとした縁（よすが）で結ばれるだろうから）

（【のみ】・・・現代日本語と同一語義＝ノーマークで可）

【てしか】〈願望〉（文末で）自分自身の願望を表わす〉・・・たいものだ。（・・・上代語。中古以降は【てしが（な）】となる）（例：「ことならば雲より風になり＜てしか＞よにちりもせでつつむ道もがな」＝どうせ同じことなら、私は雲よりは風になりたいな。世間に噂が広まることもなしにあなたのもとへ密かに通ってこの腕の中にあなたを包み込むことが、できたらいいのになあ）

(【かな】・・・現代日本語と同一語義＝ノーマークで可)

【しが】〈(自己の願望) 実現が困難ないしは不可能な事態に関する自分自身の願望を表わす〉・・・ならいいのになあ。(例:「いかにても見＜しが＞と思ふ人ならで見しが無念の人にあふかも」＝何としてもこの人と結ばれたいと願う相手ではなくて、関係を持ってしまったのを後悔するような相手と結ばれてしまったりするのだよなあ)

【はや】〈(詠嘆)(文末に用いて) 強い感動の意を表わす〉・・・よなあ。(例:「宮にのぼりて猫にあるじせむとは思はざりし＜はや＞」＝いやはや、宮中に出仕してまさか猫の饗応役を務めることになろうとは思ってもいなかったなあ)

【ばや】(1)〈(願望) 自身の意思・行動に依る何らかの事態を望む意を表わす。または、(「あり」・「侍り」などの語に付いて) 状況展開の結果としての何らかの事態を望む意を表わす〉・・・たいなあ。・・・てほしいなあ。(例:「よきさかなの一つもあら＜ばや＞」＝よいお酒のつまみでも少しあればいいのになあ) (2)〈(中世語)(意志) その行為を実現しようとする話者の意志を表わす〉・・・よう。(例:「敵の首取ら＜ばや＞と勇みて命落としたり」＝敵の首を取ってやるぞと意気込んで、自らの命を落としてしまった)

【かし】(1)〈(聞き手に向けて) 念を押す〉・・・よ。(例:「せむとならば、言はでただせよ＜かし＞」＝やるつもりなら、"やる、やる"などと言わずにただやればよいのだよ)。 (2)〈(自分自身に向けて) 言い聞かせる〉・・・だぞ。(例:「わざとがましくは女も得(う)まじ。過ぎたるは及ばざるが如しの戒めもあるぞ＜かし＞」＝わざとらしく振る舞ったんじゃ女性と仲良くなれないぞ。やりすぎはやらなすぎも同じ、って教訓もあるんだぞ・・・わかってるか、自分？) (3)〈(上に付く) 副詞・感動詞を強調する〉(特に訳さない)(例:「いざ＜かし＞。夜の明けぬ先に」＝さぁ、ほら早く。夜が明ける前に・・・)

(【やな】・・・現代関西弁そのもんやな＝東日本の人間以外はノーマークでかまへん)

(【ものを】・・・現代日本語と同一語義＝ノーマークで可)

(【か】・・・現代日本語と同一語義＝ノーマークで可)

【そ】(1)〈副詞「な」と呼応した「な＋動詞連用形：カ変・サ変は未然形＋そ」の形で) 相手にやんわりと自制を求める穏やかな禁止の意を表わす〉・・・しないでほしい。(例:「我な忘れ＜そ＞」＝私を忘れないでくださいね) (2)〈(平安時代後期以降の用法)(副詞「な」と呼応しない「動詞連用形＋そ」の形で)「な・・・そ」よりもきつめの禁止の意を表わす〉・・・するな。(例:「我を恨み＜そ＞」＝私を恨むなよ)

(【を】・・・現代日本語と同一語義＝ノーマークで可)

【ぞ】(2)〈(疑問・反語の強調)(文末で、文中の疑問詞を受けて) 強い疑問や、反問の意を表わす〉・・・だというのか？(疑問例:「そは誰の言ひ＜ぞ＞」＝それは誰の発言だ？)(反語例:「いかで猫が人の心読まるる＜ぞ＞」＝どうして猫に人間の心が読めるものか、あり得ない話だ)

(【よ】・・・現代日本語と同一語義＝ノーマークで可)

【も】〈(上代)(詠嘆) 感動・詠嘆の意を表す〉・・・なあ。(・・・上代語だが，歌語としては後代まで残った)(例:「ありし日を浮かべかなしきよすがさへ日々に消え行く今ぞ悲し＜も＞」＝過ぎ去った昔を思い浮かべては、愛しいやら切ないやら・・・そうした思い出につながるあれこれも、日々刻々と消え去って行く今の世は、悲しいなあ)

【や】（1）〈疑問〉（活用語の終止形に付いて）確信のない事柄について、問い掛ける意を表わす〉・・・か？（例：「我にあはむずる心、あり＜や＞なしくや＞」＝私の恋人になるつもり、あるの？ないの？）　　（2）〈確定的推量〉（多く「むや」の形で）確信のある推量を表わす〉・・・ではないのか。（例：「かかる心、人みなあらむ＜や＞」＝こういう気持ちって、誰の心の中にもあるものじゃないんですか？）　　（3）〈反語〉疑問文の形を取りながら、実質的に否定の内容を表わす〉・・・ということがあろうか？否・・・ない。（例：「かくねむごろに言ひ交はして、我を捨てむ＜や＞」＝こんなに親密に交際しておきながら、私を捨てるなんてことがあるでしょうか？）

【は】〈詠嘆〉感動の意を表わす〉・・・よ。（例：「あなはづかし、猫へねむごろに語らへるを、みな人聞きてし＜は＞」＝あぁ恥ずかしい、猫に向かって親しげに語りかけているのを、その場にいた人全員に聞かれてしまったわ）

（【な】・・・現代日本語と同一語義、または上代語＝ノーマークで可）

【もが】〈上代語〉（他者への願望）自己の意志・行為に依らぬ（多く、その実現が困難・不可能な）事態の存在・状態を望む意を表わす〉・・・ならいいのになあ。（・・・上代語だが、歌語としては後代まで残った）（例：「もろともに乗らむ船＜もが＞うみわたるよにもしづまぬかいぞゆかしき」＝あなたと一緒に乗り組む船が欲しいなあ。世間の大海原を渡って行くのに、沈まぬよう漕ぐ船の櫂（かい）がほしい。うんざりすることだけの世の中にも、気分が沈むことのない生き甲斐（いきがい）があればいい・・・あぁ、あなたと一緒に船出できればいいのになあ）

【なむ】〈他者への願望〉その実現が自身の意思・行為に依らない事態の展開を、他者に対して望む意を表わす〉・・・てほしい。（例：「雨降らで月も照ら＜なむ＞今宵なむいざ心みむ我や思ふと」＝雨も降らず、月も明るく照って、夜の恋路をはっきりとあの人に示してほしい・・・今夜こそ、私のことを思ってくれているのかどうか、来てくれるかどうか、彼の本心を確かめてみたいから）

【がな】（1）〈対象への希求〉何かを得たがる自らの願望を、詠嘆の気持ちを込めて表わす〉・・・が欲しいなぁ。（例：「猫ならでよきどち＜がな＞」＝猫以外の良い友達がほしいなあ）

＝＝＝＝＝＝＝＝＝＝

■11）（007）―「間投助詞」の古典的語義（のみ）―
5種存在する「間投助詞」の全てを語呂合わせで覚えるつもりなら、**《親こそ酔―な》＝【を】**【や】【こそ】【よ】【な】で棒暗記すればよく、各助詞の語義を、現代日本語と同一／奈良・室町期のものは割愛して古典時代特有のもののみに絞り込み、「例文（筆者謹製自作版）」付きで書き出せば、次のようになる：

―要暗記「古典間投助詞」語義・訳語一覧―

【を】（1）〈強調〉上の語句を強める〉特に訳さない。（例：「いかで逢ひて＜を＞やまむ」＝どうにかして最後には逢い引きまでこぎつけたいものだ）

（【や】・・・現代日本語と同一語義＝ノーマークで可）

【こそ】（1）〈呼び掛け〉（自分と同等かそれ以下の相手に対し）親愛・敬意を込めて呼び掛ける語〉・・・さん。（例：「花こそ・・・類義表現に"花くそ"もある」＝おハナちゃん）

（【よ】・・・現代日本語と同一語義＝ノーマークで可）

（【な】・・・現代日本語と同一語義＝ノーマークで可）

＝＝＝＝＝＝＝＝＝＝

・・・こんどこそ、ほんとうに、全巻の・・・

... 次頁以降に続くのは《＝古文の理＝文法理解度確認＆暗記促進》穴埋め試験の答え合わせ時の便宜を図るための「**正解一覧**」と、復習したい文法箇所／気になる古文・古歌／ゴロアワセ登場ページを記した「**索引**」の部・・・本から切り離すなりコピーするなりして使ってください。

とまれかうまれ、よくやりてむ *(Do exercise well, anyway)*。

＝古文の理＝ 文法理解度確認 & 暗記促進 穴埋め試験

正解 & 解答目安時間 一覧

==========
　　　　　■01)(001)—古語の種別— 4分間
答:《1)活用》《2)動詞》《3)助動詞》《4)補助動詞》《5)形容詞》《6)形容動詞》《7)名詞》《8)代名詞》《9)接続詞》《10)連体詞》《11)感動詞》《12)助詞》《13)副詞》《14)品詞》
==========
　　　　　■02)—「動詞」・「形容詞」・「形容動詞」活用の見分け方— 4分間
答:《1)動詞》《2)形容詞》《3)形容動詞》《4)活用語尾》《5)語幹》《6)未然》《7)連用》《8)中止》《9)終止》《10)連体》《11)係り》《12)已然》《13)命令》
==========
　　　　　■03)(001)～(004)—「形容詞」概論— 10分間
答:《1)し》《2)じ》《3)目的語》《4)動詞》《5)く(ク)》《6)しく(シク)》《7)じく》《8)から》《9)く》《10)かり》《11)し》《12)き》《13)かる》《14)けれ》《15)かれ》《16)しから》《17)しく》《18)しかり》《19)し》《20)しき》《21)しかる》《22)しけれ》《23)しかれ》《24)し》《25)連用》《26)終止》《27)連体》《28)已然》《29)から》《30)しから》《31)未然》《32)かり》《33)しかり》《34)かる》《35)しかる》《36)かれ》《37)しかれ》《38)命令》《39)カリ》《40)客観》《41)人間》《42)主観》《43)副詞》《44)ウ》
==========
　　　　　■03)(005)—形容詞「ク活用」と「シク活用」の原初的語頭用法— 1分間
答:《1)複合》《2)く》《3)連用》《4)しき》《5)連体》《6)し》《7)終止》
==========
　　　　　■03)(006)—形容詞「ク活用」語幹と「シク活用」終止形の連体修飾用法— 3分間
答:《1)ク》《2)シク》《3)連体》《4)つたな》《5)うるはし》《6)やさし》《7)うまし》《8)おなじ》《9)おなじき》
==========
　　　　　■03)(007)—形容詞「ク活用」語幹と「シク活用」終止形の文末詠嘆用法— 1分間
答:《1)ク》《2)シク》《3)感動詞》《4)詠嘆》《5)たふと》《6)おそろし》
==========
　　　　　■03)(008)—体言＋形容詞「ク活用／シク活用」語幹＋「み」による「原因・理由」用法—
　　　　　　　　　　　　　　　2分間
答:《1)を》《2)語幹》《3)み》《4)をはやみ》《5)ふかみ》
==========
　　　　　■03)(009)—体言＋形容詞「ク活用／シク活用」語幹＋「み」
　　　　　　　　＋「す(為)／おもふ(思ふ)」の動詞用法— 2分間
答:《1)語幹》《2)み》《3)うるはしみ》《4)連用》《5)ウ》《6)かなしくす》《7)かなしうす》

==========
■04)(001)～(003)—「形容動詞」概論— 5分間
答:《1)なり(ナリ)》《2)たり(タリ)》《3)目的語》《4)動詞》《5)なら》《6)なり》《7)に》《8)なり》
《9)なる》《10)なれ》《11)(なれ)》《12)たら》《13)たり》《14)と》《15)たり》《16)たる》
《17)たれ》《18)(たれ)》《19)連用》《20)格助詞》《21)に》《22)と》《23)命令》《24)漢文》
《25)畳語》《26)連用》《27)連体》
==========
■04)(004)—形容動詞語幹の文末詠嘆用法— 1分間
答:《1)語幹》《2)感動詞》《3)なかなか》《4)りんりん》
==========
■04)(005)—形容動詞語幹の連体修飾用法— 1分間
答:《1)語幹》《2)の》《3)をこの》《4)ろうろうの》《5)ナリ》《6)なのめ》
==========
■05)(001)—「未然形」の用法— 9分間
答:【1)ず】【2)で】【3)まし】【4)む】【5)むず】【6)じ】《7)終止》《8)ましかば》《9)ば》《10)なば》
《11)ては》《12)てば》《13)なむ》《14)ばや》《15)まし》《16)まほしく(まほしう)》《17)まうく》
【18)す】【19)さす】《20)させよ》《21)しむ》《22)る》《23)るる》【24)らる】《25)らるる》
《26)れよ》《27)平安》《28)鎌倉》《29)れ》《30)られ》
==========
■05)(002A)～(002E)—「連用形_そのものの用法— 4分間
答:《1)形容詞》《2)形容動詞》《3)連用》《4)副詞》《5)ウ》《6)いみじく(いみじう)》《7)いたづらに》
《8)読点》《9)中止》《10)なき》《11)なまめかしく(なまめかしう)》《12)きよげに》《13)対偶中止》
《14)対偶否定》《15)きり》《16)いれ》《17)かたはに》《18)みぐるしから》《19)体言》
《20)あとつけ》
==========
■05)(002F)—連用形用法4)「助動詞」・「助詞」への接続— 7分間
答:【1)き】【2)けり】【3)けむ(けん)】【4)けらし】【5)たり】【6)つ】【7)つる》【8)ぬ】《9)体言》
《10)連体》《11)ききたき》《12)未然》《13)みしが》《14)確述》《15)て》《16)に》《17)てしか》
【18)がてら】【19)して】【20)つ】【21)つつ】【22)て】【23)ても】《24)でも》【25)ながら】
==========
■05)(003A)～(003C)—終止形の用法— 10分間
答:《1)推量 or 推定》《2)なり》《3)なる》【4)べし】【5)べらなり】【6)めり】【7)らし】【8)らむ】
【9)まじ】《10)推定》《11)推量》《12)詠嘆》《13)な》《14)そ》《15)and》《16)程度》《17)限定》
《18)つたふる》《19)ちぎる》
==========
■05)(004A～I)—「連体形」の(助動詞／助詞接続以外の)用法— 15分間
答:《1)動詞》《2)形容詞》《3)形容動詞》《4)助動詞》《5)述語》《6)名詞》《7)主語》《8)まどはす》
《9)準体》《10)る》《11)同格》《12)ふさやかなる》《13)みゆる》《14)係り》《15)詠嘆》《16)たる》

《17》係助詞》《18》はべる》《19》撥（はつ）》《20》ける》《21》伝聞》《22）＆23）いひける／ききける／つたへける》《24）疑問》《25）つる》《26）ある》《27）終助詞》《28）ある》《29）すむ》《30）終止》《31）反語》《32）かは》《33）やは》《34）ラ（行）変（格活用）》《35）あり》《36）なり》《37）あらむ》《38）いづ》《39）いか》《40）いつ》《41）何》《42）いづ》《43）なに》《44）たれ》

==========

■05）（004J）—「連体形」に接続する「助動詞」— 7分間
答：【1）が】【2）の】《3）ごと》【4）やう】【5）なり】【6）なれ】【7）ならし】【8）あり】【9）ある】【10）べし】【11）らし】【12）らむ】【13）まじ】【14）まじき】《15）べら】【16）なり】【17）めり】《18）撥（はつ）》

==========

■05）（004K）—「連体形」に接続する「助詞」— without any test

==========

■05）（005A）〜（005E）—「已然形」— 8分間
答：《1）すでに》《2）いまだ》《3）（存在し）ない》《4）逆接》《5）順接》《6）（接続）助詞》《7）あるれ》《8）れ》《9）ふけ》《10）（順接）仮定》《11）をれ》《12）いづれ》《13）なけれ》《14）なら》《15）こそ》《16）係り》《17）しな》《18）ね》《19）みまかれ》《20）あれ》《21）＆22）ぞ＆なむ（なん）》《23）にほふ》

==========

■05）（006）—「命令形」の用法— 2分間
答：《1）譲歩》《2）形容動詞》《3）エ（え）》《4）よ》《5）こ》《6）こよ》

==========

■06）（001）（002）—「動詞」の概括的特性と活用形— 12分間
答：《1）あり》《2）他》《3）自》《4）九》《5）正格》《6）変格》《7）四》《8）上一》《9）下一》《10）上二》《11）下二》《12）カ》《13）サ》《14）ナ》《15）ラ》《16）語幹》《17）せらる》《18）せさす》《19）連体》《20）連用》《21）補助》

==========

■07）（001）〜（005）—音便— 14分間
答：《1）表記／紙面／文字の》《2）発音／口に出》《3）イ》《4）ウ》《5）撥（はつ）》《6）促》《7）動詞》《8）連用》《9）形容詞》《10）連体》《11）形容動詞》《12）終止》《13）ぎ》《14）し》《15）き》《16）四》《17）連用》《18）たり》《19）て》《20）たまふ》《21）体言》《22）かな》《23）ひ》《24）び》《25）み》《26）く》《27）用言》《28）して》《29）ち》《30）り》《31）ひ》《32）ラ（行）変（格）》《33）ナ（行）変（格）》《34）に》《35）し》《36）カリ》《37）ナリ》《38）る》《39）り》《40）断定》

==========

■08）（001）（002）—「いろは歌」と「歴史的仮名遣い」— 20分間
答：《1）撥（はつ）》《2）四十七》《3）ゐ》《4）ヰ》《5）ゑ》《6）ヱ》《7）定家（ていか／さだいへ）》《8）行阿（ぎょうあ）》《9）ゐ》《10）い》《11）居》《12）入》《13）い》《14）え》《15）お》《16）ひ》《17）へ》《18）ほ》《19）ゐ》《20）ゑ》《21）を》《22）ハ（は）》《23）ワ（わ）》《24）わ》《25）う》《26）二重》《27）長》《28）オー（おー）》《29）ユー（ゆー）》《30）ヨー（よー）》《31）オー（おー）》《32）ほうき／ほーき》《33）こう／こー》《34）促》《35）拗（よう）》《36）カ（か）》《37）パ（ぱ）》

《38》サ(さ)》《39》タ(た)》《40》り》《41》は》《42》き》《43》ひ》《44》ア(あ)》《45》ワ(わ)》《46》ヤ(や)》《47》外来》《48》くわんぐわん》《49》ぢ》《50》づ》《51》え》《52》う》《53》い》
==========
■09)(001)～(003)―「助動詞」・「補助動詞」概論― 14分間
答:《1》文節》《2》連用》《3》未然》《4》連用》《5》終止》《6》連体》【7】ゆ】【8】らゆ】【9】らる】【10】る】【11】さす】【12】しむ】【13】す】【14】さぶらふ】【15】はべり】【16】きこゆ】【17】まうす】【18】たまふ】《19》四》【20】たまふ】《21》下二》【22】たてまつる】【23】つ】【24】ノ】【25】たり】【26】ぬ】【27】めり】【28】じ】【29】む(ん)】【30】まし】【31】ず】【32】むず(んず)】【33】けり】【34】き】【35】けむ(けん)】【36】なり】【37】らし】【38】まじ】【39】らむ(らん)】【40】べし】【41】体】【42&43】が&の】【44】まうし】【45】まほし】【46】たし】【47】なり】【48】たり】【49】ごとし】
==========
■09)(004)―『未然形接続助動詞』― 8分間
答:《1》未然》●る【る】〔助動ラ下二型〕{M=れ・Y=れ・S=る・T=るる・I=るれ・R=れよ}●らる【らる】〔助動ラ下二型〕{M=られ・Y=られ・S=らる・T=らるる・I=らるれ・R=られよ}《2》平安》《3》肯定》《4》鎌倉》《5》低い》●す【す】〔助動サ下二型〕{M=せ・Y=せ・S=す・T=する・I=すれ・R=せよ}●さす【さす】〔助動サ下二型〕{M=させ・Y=させ・S=さす・T=さする・I=さすれ・R=させよ}《6》動詞》《7》使役》《8》謙譲》《9》軍記物》《10》強がり／負け惜しみ》●しむ【しむ】〔助動マ下二型〕{M=しめ・Y=しめ・S=しむ・T=しむる・I=しむれ・R=(しめ)／しめよ}《11》漢文訓読》●む【む】〔助動マ四型〕{M=○・Y=○・S=む(ん)・T=む(ん)・I=め・R=○}●むず【むず】〔助動サ変型〕{M=○・Y=○・S=むず(んず)・T=むずる(んずる)・I=むずれ(んずれ)・R=○}《12》仮定法(過去)》《13》will(Will)》●まし【まし】〔助動特殊型〕{M=ましか／(ませ)・Y=○・S=まし・T=まし・I=ましか・R=○}《14》反実仮想》《15&16》てまし&なまし》●まほし【まほし】〔助動シク型〕{M=(まほしく)／まほしから・Y=まほしく／まほしかり・S=まほし・T=まほしき／まほしかる・I=まほしけれ・R=○}●まうし【まうし】〔助動ク型〕{M=○・Y=まうく・S=○・T=まうき・I=まうけれ・R=○}《17》まくほし》【18】たし》●ず【ず】〔助動特殊型〕{M=ず／(な)／ざら・Y=ず／(に)／ざり・S=ず／○・T=ぬ／ざる・I=ね／ざれ・R=○／ざれ}《19》あり》●じ【じ】〔助動特殊型〕{M=○・Y=○・S=じ・T=じ・I=じ・R=○}【20&21】む&むず】【22】まじ】
==========
■09)(005)―『連用形接続助動詞』― 6分間
答:《1》連用》●き【き】〔助動特殊型〕{M=(せ／け)・Y=○・S=き・T=し・I=しか・R=○}《2》き》《3》し》●けり【けり】〔助動ラ変型〕{M=(けら)・Y=○・S=けり・T=ける・I=にれ・R=○}《4》回想／述懐》《5》直接》●けむ【けむ】〔助動マ四型〕{M=○・Y=○・S=にむ(けん)・T=けむ(けん)・I=けめ・R=○}【6】らむ(らん)】●けらし【けらし】〔助動特殊型〕{M=○・Y=○・S=にらし・T=けらし／(けらしき)・I=けらし・R=○}【7】けむ(けん)】●つ【つ】〔助動タ下二型〕{M=て・Y=て・S=つ・T=つる・I=つれ・R=てよ}●ぬ【ぬ】〔助動ナ変型〕{M=な・Y=に・S=ぬ・T=ぬる・I=ぬれ・R=ね}《8》未来》《9》確述》《10》他》《11》自》《12》女》《13》男》【14】たり】●り【り】〔助動ラ変型〕{M=ら・Y=り・S=り・T=る・I=れ・R=れ}●たり【たり】〔助動ラ変型〕{M=たら・Y=たり・S=たり・T=たる・I=たれ・R=たれ}《15》て》●たし【たし】〔助動ク型〕{M=(たく)／たから・Y=たく／たかり・S=たし・T=たき／たかる・I=たけれ・

R=○】【16)まほし》《17)他者／第三者》●こす【こす】〔助動サ下二型〕{M=こせ・Y=○・S=こす・T=○・I=○・R=こそ／こせ}《18)あらめ》
==========
■09)(006)—『終止形接続助動詞』— 5分間
答:《1)終止》《2)連体》●なり【なり】〔助動ラ変型〕{M=○・Y=なり・S=なり・T=なる・I=なれ・R=○}●めり【めり】〔助動ラ変型〕{M=○・Y=めり・S=めり・T=める・I=めれ・R=○}《3)伝聞／又聞き》《4)婉曲》《5)断定》《6)らしい》《7)撥(はつ)》《8)中期／中頃》●らむ【らむ】〔助動ラ四型〕{M=○・Y=○・S=らむ(らん)・T=らむ(らん)・I=らめ・R=○}《9)けむ(けん)】●らし【らし】〔助動特殊型〕{M=○・Y=○・S=らし・T=らし／(らしき)・I=らし・R=○}《10)上代》【11)らむ(らん)】《12)強い／高い》●まじ【まじ】〔助動シク型〕{M=(まじく)／まじから・Y=まじく／まじかり・S=まじ・T=まじき／まじかる・I=まじけれ・R=○}【13＆14)む(ん)＆むず(んず)】《15)べし】《16)じ】●べし【べし】〔助動ク型〕{M=(べく)／べから・Y=べく／べかり・S=べし・T=べき／べかる・I=べけれ・R=○}《17)断定》●べらなり【べらなり】〔助動ナリ型〕{M=○・Y=べらに・S=べらなり・T=べらなる・I=べらなれ・R=○}《18)(和)歌》《19)男》
==========
■09)(007)—『連体形接続助動詞』— 5分間
答:《1)体》《2)連体》●たり【たり】〔助動タリ型〕{M=たら・Y=たり／(と)・S=たり・T=たる・I=たれ・R=(たれ)}●なり【なり】〔助動ナリ型〕{M=なら・Y=なり／(に)・S=なり・T=なる・I=なれ・R=(なれ)}《3)完了》《4)伝聞(推量・推定)》《5)漢文訓読》《6)居る／在る／存在する》●ならし【ならし】〔助動特殊型〕{M=○・Y=○・S=ならし・T=ならし／(ならしき)・I=ならし・R=○}《7)婉曲》●やうなり【様なり】〔助動ナリ型〕{M=やうなら・Y=やうなり／やうに・S=やうなり・T=やうなる・I=やうなれ・R=○}《8)格助詞》●ごとし【如し】〔助動ク型〕{M=(ごとく)・Y=ごとく・S=ごとし・T=ごとき・I=○・R=○}●ごとくなり【如くなり】〔助動ナリ型〕{M=ごとくなら・Y=ごとくなり／ごとくに・S=ごとくなり・T=ごとくなる・I=ごとくなれ・R=ごとくなれ}《9)同じ(こと)》●べかし【べかし】〔助動シク型〕{M=○・Y=べかしく・S=○・T=べかしき・I=○・R=○}《10)撥(はつ)》
==========
■10)(001)〜(026)—助動詞用法細目— 60分間
答:《1＆2)自発＆使役》【3＆4＆5＆6)る＆らる＆す＆さす】【7＆8)る＆らる】【9＆10)す＆さす】《11)使役》《12)なさる／される》《13)お与えになる／くださる》《14)おっしゃる／のたまう／お言いになる／ご発言なさる／お口になる》《15)軍記物》《16)使役》《17)have》《18)強がり／強情／負け惜しみ／やせ我慢》《19)謙譲》《20)平安》《21)疑問》《22)否定》《23)反語》《24)肯定》《25)鎌倉》《26)未然形》《27)終止形》《28)末尾》《29)助動詞》《30)終止形》《31)連体形》【32＆33)む＆むず】《34)べし】《35)自身》《36)以外》《37)will》【38＆39)む＆むず】《40)こそ》《41)仮定法(過去)》《42)な》《43)そ》《44)なし》《45)ず》《46)ない》《47)仮定》《48)ずんば》《49)なく》《50)逆接》《51)できない》《52)連体形》《53)已然形》【54＆55)ど＆ども】《56)こそ》《57)確定》《58)ば》《59)ま》《60)まほし》《61)憂し(うし)】《62)まうし》《63)たし》《64)仮定法》《65)ましかば》《66)まし》《67)反実仮想》《68)未然形》《69)連用形》【70＆71)てまし＆なまし】《72)終助詞》《73)漢字》《74)現在》《75)直接》

《76)確実》《77)間接》《78)気付き》《79)心内》《80)し》《81)しか》《82)き》《83)仏教》【84)けり】【85)き】《86)終止形》《87)らむ》《88)連用形》【89)けむ】《90)何故／どうして／なんで／どういうわけで》【91)たし】《92)連用形》《93)終止形》《94)連用形》《95)四段》《96&97)已然形&命令形》《98)サ（行）変（格）》《99)未然形》《100)進行形》《101)完了形》《102&103)死ぬ（しぬ）&往ぬ（いぬ）》《104&105)つ&ぬ》《106)完了》《107)確述》《108)棄つ（うつ）》《109)他》《110)往ぬ・去ぬ（いぬ）》《111)自》【112)ぬ】【113)つ】【114)たり】《115)音（ね）・・・×おと》《116)見（み）・・・×ナん》《117)伝聞／又聞き》《118)婉曲》【119)らむ】《120)終止形》《121)連体形》《122)撥（はつ）・・・×リュウファ・あお》《123)伝聞推量》《124)肯定》《125)終止形》《126)ラ（行）変（格活用）》《127)連体形》【128&129)む&むず】《130)未然形》【131)じ】【132)まじ】《133)終止形》《134)べく》《135)べう》《136)べき》《137)べい》《138)べかる》《139)べかん》《140)べからず》《141)漢文訓読》【142)じ】《143)未然形》【144)まじ】《145)終止形》《146)推量》《147)意志》【148)べみ】《149)(和)歌語／短歌特有の表現》【150)べらなり】《151)女性》《152)らし》【153)べし】【154)らむ】《155)室町》《156)終止形》《157)断定》《158)ならし》《159)過去》《160)けらし》《161)連体形》《162)体言／名詞》《163)なり》【164)たり】《165)格助詞》《166)終止形》《167)ラ（行）変（格活用）》《168)同じ（こと）ならば》《169)ごと》【170)やうなり】《171)伝聞（推量 or 推定）》《172)完了》【173)たり】《174)体言》《175)連体形》《176)と》《177)体言》《178)に》《179)連体形》【180)たり】《181)漢文訓読》【182)なり】《183&184)に&と》《185)連用形》《186)形容動詞》《187)資格／立場》《188)促》《189)体言／名詞》《190)にあり》《191)にてあり》《192)やう》《193)上代／奈良時代》《194)未然形》《195)連体形》《196)助動詞》《197)断定》《198)推定》《199)連用形》《200)なりき》《201&202&203)なりつ&なりぬ&なりたり》《204)なりけり》《205&206)なりけむ&なりけらし》《207)なりたし》《208)断定》《209)格助詞》《210)あり》《211)連体形》《212)終止形》《213)ラ（行）変（格活用）》《214)ん》《215)連体形》《216)終止形》《217)終止形》《218)撥（はつ）》《219)かん》《220)終止形》《221)ざり》《222)撥（はつ）》《223)ざなり》《224)連体形》《225)ぬなり》《226)ざるなり》【227&288)が&の】《229)否定》《230)疑問》《231)断定》《232)婉曲》《233)な》《234)め》
==========
■11)(001)―「助詞」の定義と種類― 7分間
答:《1)活用》《2)接尾語》《3)体言》《4)格助詞》《5)用言》《6)副助詞》《7)係助詞》《8)文節》《9)語》《10)接続助詞》《11)文章》《12)終助詞》《13)間投助詞》《14)六つ／6種類》
==========

―FIN―

索引

古文の理
—索引—

<あ>
【あひだ】(接続助詞)
11-005 (p206)
「あらまほし」の二態
10-11 (p140-141)

<い>
イ音便　07-002 (p81-82)
已然形 (識別法)　02-006 (p19)
已然形 (概説)　05-005 (p60)
已然形係り結び　02-006 (p19),
05-005A (p61-62)
已然形による逆接確定条件
05-005B (p62-63)
已然形による順接仮定条件
05-005C (64-65)
已然形による順接確定条件
05-005C (p63-65)
已然形による順接恒常条件
05-005C (p64-65)
いろはにほへととちりぬるをわかよたれそつねならむうゐのおくやまけふこえてあさきゆめみしゑひもせす
08-001 (p88-90)

<う>
ウ音便　03-004 (p23),
05-002A (p37), 07-003 (p83)

<え>
婉曲　05-003B (p44),
10-009 (p130), 10-012 (p147-148),
10-020 (p165-167), 10-026 (p183)

<お>
「多かり」　03-003 (p22)
音便 (概説)　07-001 (p80-81)

<か>
【か】(係助詞)　11-004 (p202)
【か】(終助詞)　11-006 (p209)
【が】(格助詞)　11-002 (p197)
【が】(接続助詞)　11-005 (p204)
主格格助詞「が」・「の」の限定性
10-026 (p192-193)
係助詞 (かかりじょし／けいじょし)
02-005 (p18-19)
係助詞 (全用法)
11-004 (p202-203)
係り結び　02-005 (p18-19)
係り結びの係り捨て
05-005E (p67-68)
カ行変格活用　06-002 (p72),
06-008 (p77)

隠し題　10-008 (p129)
「確述」と「完了」の相違
10-019 (p163-164)
格助詞 (全用法)
11-002 (p197-200)
【かし】(終助詞)　11-006 (p209)
活用 (概説)　02 (p16-20)
活用語　01-001 (p11)
活用語尾　p20
仮定形　05-005C (p64-65),
05-005D (p65-67)
仮定条件　03-002 (p21)
「がてに」　10-010 (p138-139)
【がてら】(接続助詞)
11-005 (p206)
【かな】(終助詞)　11-006 (p208)
【がな】(副助詞)　11-003 (p202)
【がな】(終助詞)　11-006 (p210)
【かは】(係助詞)　11-004 (p202)
【かは】(終助詞)　11-006 (p208)
上一段活用　06-002 (p71),
06-004 (p75-76)
上二段活用　06-002 (p71-72),
06-006 (p76)
【かも】(係助詞)　11-004 (p203)
【かも】(終助詞)　11-006 (p208)
【から】(格助詞)　11-002 (p198)
【からに】(接続助詞)
11-005 (p206)
カリ活用 (形容詞補助活用)
03-002 (p21-22), 03-003 (p22),
06-011 (p78)
感動詞　01-002 (p13-14),
04-004 (p31)
古典「感動詞」一覧
12-004 (p227-231)
間投助詞 (全用法)　11-007 (p210)
「願望」の「まし」
10-013 (p148-149)
「完了」と「確述」の相違
10-019 (p163-164)

<き>
【き】(助動詞)　09-005 (p110)
助動詞「き」(直接体験過去)
10-014 (p149-150)
助動詞「き」(接続の特殊性)
10-014 (p150-151)
心理的フェーズ語としての助動詞
「き」10-014 (p151-153)
仏教説話の断定過去的「き」
10-015 (p153-155)

助動詞「き」(追憶・懐旧・惜別)
10-015 (p155)
疑問の表現　05-004G (p52-53)
逆接確定条件　02-006 (p19),
05-003C-3 (p45), 05-005 (p60-61),
10-10-5A (p139), 10-026 (p182)
逆接仮定条件
05-003C-4 (p45-46)
禁止の表現　05-003C-2 (p45)

<く>
ク活用　02-001 (p16),
03-002 (p21-22),
03-004 (p22-23),
ク活用語幹連体修飾用法
03-006 (p24)
ク活用語幹文末詠嘆用法
03-007 (p25-23)
ク活用語幹頭用法　03-005 (p23-24)
ク語法　05-001-4 (p35),
10-010 (p138)　10-11 (p140),
10-026 (p178-179)

<け>
係助詞 (けいじょし)→かかりじょし
形容詞・形容動詞の名詞化作法
05-002E (p39)
形容詞の定義　03-001 (p21)
形容詞補助活用 (カリ活用)
03-002 (p21-22), 03-003 (p22),
10-026 (p188-190)
形容動詞　01-001 (p14),
04-001 (p29)
形容動詞語幹の文末詠嘆用法
04-004 (p31-32)
形容動詞語幹の連体修飾用法
04-005 (p32)
形容動詞ナリと断定助動詞ナリの
違い　04-003 (p31)
形容動詞連用形副詞用法
04-002 (p30)
【けむ】(助動詞)　09-005 (p110)
「けむ」と「らむ」とはうりふたつ
10-016 (p158)
「けむ」と「らむ」の具体的用法
10-016 (p158)
【けらし】(助動詞)　09-005 (p111)
「けらし」の語源　10-023 (p175)
【けり】(助動詞)　09-005 (p110)
助動詞「けり」(間接体験過去)
10-014 (p149-150)
助動詞「けり」(気付き・詠嘆)
10-014 (p150)

索引

心理的フェーズ語としての助動詞
「けり」 10-014(p151-153)

<こ>

語幹 p20
【こす】(助動詞) 09-005(p112)
【こそ】(係助詞) 11-004(p203)
【こそ】(間投助詞) 11-007(p210)
上代の「こそ＋形容詞連体形」係り結び 10-023(p173)
【ごとくなり】【ごとし】(助動詞) 09-007(p116)
「比況」の「同(ごとし)」・「様(やうなり)」は「格助詞」がお好き 10-024(p175-176)
「同(こと)ならば」 10-024(p176)

<さ>

サ行変格活用 06-002(p73), 06-009(p77)
「尊敬」の「す・さす」は独立した助動詞か？ 10-002(p118-119)
「す・さす」の「使役」が「受身」になる場合 10-003(p119-120)
「す・さす」の「使役」が「謙譲」になるのは何故？ 10-004(p120-121)
させる 06-009(p77)
【さへ】(副助詞) 11-003(p201)

<し>

【し】(副助詞) 11-003(p201)
【じ】(助動詞) 09-004(p109)
【しが】(終助詞) 11-006(p208)
ジンマシンムズムズン(「じ」・「む」・「まじ」・「むず」＋「べし」)の関係 10-006(p122-126)
有意志／無意志の「じ」・「む」・「まじ」・「むず」＋「べし」 10-007(p126)
シク活用 02-001(p16), 03-002(p21-22), 03-004(p22-23)
シク活用語頭用法 03-005(p23-24)
シク活用終止形連体修飾用法 03-006(p24-25)
シク活用終止形文末詠嘆用法 03-007(p25)
【して】(格助詞) 11-002(p199)
【して】(副助詞) 11-003(p202)
【して】(接続助詞) 11-005(p207)
【しも】(副助詞) 11-003(p201)
下一段活用 06-002(p71), 06-005(p76)

下二段活用 06-002(p72), 06-007(p76)
終助詞(全用法) 11-006(p207-210)
終止形(識別法) 02-004(p18)
終止形による助詞への接続 05-003C(p44-47)
終止形による助動詞への接続 05-003B(p43-44)
終止形による文章の終止 05-003A(p42)
「終止形＋な」による強調的否定命令文 10-011(p133-134)
【しむ】(助動詞) 09-004(p107-108)
順接仮定条件 05-001-3(p34), 05-003C-4(p45-46), 10-010(p137)
順接確定条件 02-006(p19), 05-001-3(p34), 05-005(p60-61), 10-10-5B(p139-140)
畳語 03-004(p22), 04-003(p31)
助詞 11-001(p195-196)
助詞の定義と種類 11-001(p195-196)
女性仮託＝虚構オカマ 10-012(p143)
助動詞 01-002(p12-13), 01-004(p14)
助動詞総覧(終止形接続) 09-006(p112-115)
助動詞総覧(未然形接続) 09-004(p106-109)
助動詞総覧(連体形接続) 09-007(p115-116)
助動詞総覧(連用形接続) 09-005(p110-112)
助動詞と補助動詞の定義 09-001(p99-100)
助動詞の三分類 09-002(p100-101)
助動詞(補助動詞)の文中での登場位置 09-003(p102-105)

<す>

【す】【さす】(助動詞) 09-004(p107)
「自発」の「る・らる」／「使役」の「す・さす」が「尊敬」の意になるのは何故？ 10-001(p117-118)
「尊敬」の「す・さす」は独立した助動詞か？ 10-002(p118-119)

「す・さす」の「使役」が「受身」になる場合 10-003(p119-120)
「す・さす」の「使役」が「謙譲」になるのは何故？ 10-004(p120-121)
【ず】(助動詞) 09-004(p109)
否定命令文「な～そ」と否定助動詞「ず」の関係 10-010(p130-140)
推量＝未然形接続／推定＝終止形接続 05-003B(p44), 09-003-Ⅳ(p103)
「ずは・なくは」 10-010(p136-138)
【すら】(副助詞) 11-003(p201)

<せ>

正格活用 06-002(p70-72)
古典「接続詞」一覧 12-005(p232-234)
接続助詞 01-001(p14)
接続助詞(全用法) 11-005(p204)
接尾語と助詞の相違 11-001(p195-196)
せさす 06-009(p77)
せらる 06-009(p77)

<そ>

【そ】(終助詞) 11-006(p209)
【ぞ】(係助詞) 11-004(p202)
【ぞ】(終助詞) 11-006(p209)
否定命令文「な～そ」と否定助動詞「ず」の関係 10-010(p130-140)
「連用形＋～そ」による否定命令文 10-010(p131)
ぞ 02-005(p18)
促音 08-002-5(p94-96)
促音便 07-004(p84)
促音無表記 07-004(p84)

<た>

体言 05-004(p47)
体言＋形容詞「ク活用／シク活用」語幹＋「み」 03-008(p26-28), 10-022(p170-171)
体言＋形容詞「ク活用／シク活用」語幹＋「み」＋「す(為)／おもふ(思ふ)」 03-009(p28)
代名詞 01-002(p11-13)
古典「代名詞」一覧 12-001(p212-219)
濁音無表記 08-001(p89), 08-002-5(p94)
【たし】(助動詞) 09-005(p112)
「たし」＝「甚し」 10-017(p160)
【だに】(副助詞) 11-003(p200)
【だも】(副助詞) 11-003(p202)

索引

【たり:断定】【なり:断定】(助動詞)
09-007(p115)
断定助動詞「たり」・「なり」の用法
10-025(p176-177)
断定「たり」と完了「たり」の区分
10-025(p177)
【たり:完了】【り】(助動詞)
09-005(p111-112)
「たり:完了」・「り」の用法
10-018(p161)
「四段／サ変」以外への接続の必要上生まれた「たり」
10-018(p163)
タリ活用 02-001(p16),
04-002(p29-30), 04-003(p31),
06-011(p78-79)

<ち>
中国語(漢字)の時制明示不可能性 10-014(p152-153)

<つ>
【つ】(造語成分) 11-002(p200)
【つ】(接続助詞) 11-005(p205)
【つつ】(接続助詞) 11-005(p205)
【づつ】(副助詞) 11-003(p201)
【つ】【ぬ】(助動詞) 09-005(p111)
「つ」「ぬ」の用法 10-019(p163)
「つ」「ぬ」の語源学的相違
10-019(p164)
つべし 10-019(p163-164)
妻問婚 10-012(p143)

<て>
【て】(接続助詞) 11-005(p207)
【で】(格助詞) 11-002(p199)
【で】(接続助詞) 11-005(p206)
【てしか】(終助詞) 11-006(p208)
「てまし・なまし」
10-012(p144-145), 10-013(p149)
【ても】(接続助詞) 11-005(p206)

<と>
【と】(格助詞) 11-002(p199)
【と】(接続助詞) 11-005(p206)
【ど】(接続助詞) 11-005(p205)
動詞(概説) 01-002(p12-13),
06-001(p70)
動詞活用形 06-002(p70-74)
【とて】(格助詞) 11-002(p200)
【とも】(接続助詞) 11-005(p205)
【ども】(接続助詞) 11-005(p205)

<な>
【な】(造語成分) 11-002(p200)
【な】(終助詞) 11-006(p209)

【な】(間投助詞) 11-007(p210)
ナ行変格活用 06-002(p73),
06-010(p78)
【ながら】(接続助詞)
11-005(p205)
「なくに」 10-010(p138)
「なくは・ずは」 10-010(p136-138),
10-012(p142)
否定命令文「な〜そ」と否定助動詞
「ず」の関係 10-010(p130-140)
「な＋動詞連用形」による上代の否定命令文 10-010(p133)
【など】(副助詞) 11-003(p201)
【なへに】(接続助詞)
11-005(p207)
「なまし・てまし」
10-012(p144-145), 10-013(p149)
【なむ】(係助詞) 11-004(p202)
【なむ】(終助詞) 11-006(p210)
ならく 10-026(p179-180)
【ならし】(助動詞) 09-007(p115)
「ならし」の語源 10-023(p175)
【なり:断定】【たり:断定】(助動詞)
09-007(p115)
断定助動詞「なり」・「たり」の用法
10-025(p176-177)
【なり:推量】【めり】(助動詞)
09-006(p112-113)
「なり:推量」・「めり」の用法
10-020(p164-168)
「なり」の「推量」vs.「断定」見分け法 10-026(p177-193)
「AなるB」の表現
10-026(p180-181)
ラ変動詞＋「なり」
10-026(p187-188)
形容詞型活用語＋「なり」
10-026(p188-190)
否定助動詞「ず」＋「なり」
10-026(p190-192)
ナリ活用 02-001(p16),
04-002(p29-30), 04-003(p31),
06-011(p78-79)

<に>
【に】(格助詞) 11-002(p198)
【に】(接続助詞) 11-005(p206)
形容動詞＆断定助動詞「なり」連用形の「に」 10-026(p185-187)
【にしか】(終助詞) 11-006(p208)
【にて】(格助詞) 11-002(p199)

<ぬ>
【ぬ】(つ)(助動詞) 09-005(p111)
「ぬ」「つ」の用法 10-019(p163)
「ぬ」「つ」の語源学的相違
10-019(p164)
ぬべし 10-019(p163-164)

<の>
主格格助詞「の」・「が」の限定性
10-026(p192-193)
【の】(格助詞) 11-002(p197)
【のみ】(副助詞) 11-003(p200)
【のみ】(終助詞) 11-006(p208)

<は>
【は】(係助詞) 11-004(p203)
【は】(終助詞) 11-006(p209)
【ば】(係助詞) 11-004(p202)
【ば】(接続助詞) 11-005(p205)
【ばかり】(副助詞) 11-003(p201)
ハ行転呼 08-002-3(p92),
08-002-4(p92-94)
撥音便 05-004E(p51),
05-004J-4(p58-59),
07-005(p85-88),
10-020(167-168), 10-021(p170),
10-023(173-175),
10-026(p187-192),
10-026(p188-190),
10-026(p190-192)
撥音無表記 07-005(p85-88),
10-020(167-168), 10-021(p170),
10-023(173-175),
10-026(p187-192),
10-026(p188-190),
10-026(p190-192)
【はや】(終助詞) 11-006(p208)
【ばや】(終助詞) 11-006(p208)
反語 05-004G(p54-55)
反実仮想 10-012(p144-148)

<ひ>
非活用語 02-001(p11)
否定命令文「な〜そ」と否定助動詞
「ず」の関係 10-010(p130-140)
品詞 01-002(p11),
01-002(p11-14), 01-003(p14)

<ふ>
副詞 01-002(p14), 03-004(p23)
副助詞(全用法)
11-003(p200-202)
武家の負け惜しみ表現
10-003(p119-120)

索引

〈へ〉

【へ】(格助詞) 11-002(p198)
【べかし】(助動詞) 09-007(p116)
【べし】(助動詞) 09-006(p114)
「べし」の用法 10-021(p168-170)
「べし」の音便形 10-021(p170)
ジンマシンムズムズン(「じ」・「む」・「まじ」・「むず」+「べし」)の関係
10-006(p122-126)
有意志／無意志の「じ」・「む」・「まじ」・「むず」+「べし」
10-007(p126)
【べらなり】(助動詞)
09-006(p115)
「べし」派生語としての中古限定表現「べみ」と「べらなり」
10-022(p170-171)
変格活用 06-002(p70, 72-73)

〈ほ〉

補助動詞 01-002(p12-13),
01-004(p14)，06-002(p79-80)
補助動詞と助動詞の定義
09-001(p99-100)
古典「補助動詞」一覧
12-002(p220-224)
【ほど】(副助詞) 11-003(p202)
【ほどに】(接続助詞)
11-005(p207)
本動詞 06-012(p79)

〈ま〉

【まし】(助動詞)
09-004(p108-109)
【まじ】(助動詞)
09-006(p113-114)
ジンマシンムズムズン(「じ」・「む」・「まじ」・「むず」+「べし」)の関係
10-006(p122-126)
有意志／無意志の「じ」・「む」・「まじ」・「むず」+「べし」
10-007(p126)
「ましかば〜まし」の「反実仮想」
10-012(p141-148)
「まし」による「願望」
10-013(p148-149)
【まで】(副助詞) 11-003(p201)
【まほし】【まうし】(助動詞)
09-004(p109)
「まほし」と「まうし」と「あらまほし」
10-11(p140-141)

〈み〉

【み】(接続助詞) 11-005(p204)

未然形(識別法) 02-002(p17)
未然形(用法詳説)
05-001(p33-36)

〈む〉

【む】【むず】(助動詞)
09-004(p108)
ジンマシンムズムズン(「じ」・「む」・「まじ」・「むず」+「べし」)の関係
10-006(p122-126)
有意志／無意志の「じ」・「む」・「まじ」・「むず」+「べし」
10-007(p126)
「む」「むず」の「おねだり型命令文」
10-008(p126-129)
「む」・「むず」の「婉曲」
10-009(p130)

〈め〉

名詞 01-002(p11-12)
命令形(識別法) 02-007(p20)
命令形(用法詳説)
05-006(p68-69)
【めり:推量】(助動詞)
09-006(p112-113)
「めり」「なり:推量」の用法
10-020(p164-168)

〈も〉

【も】(係助詞) 11-004(p203)
【も】(接続助詞) 11-005(p206)
【も】(終助詞) 11-006(p209)
【もが】(終助詞) 11-006(p209)
【ものか】(終助詞) 11-006(p208)
【ものから】(接続助詞)
11-005(p204)
【ものの】(接続助詞)
11-005(p206)
【ものゆゑ】(接続助詞)
11-005(p205)
【ものを】(接続助詞)
11-005(p204)
【ものを】(終助詞) 11-006(p209)

〈や〉

【や】(係助詞) 11-004(p203)
【や】(接続助詞) 11-005(p207)
【や】(終助詞) 11-006(p209)
【や】(間投助詞) 11-007(p210)
【やうなり】(助動詞)
09-007(p115-116)
「比況」の「様(やうなり)」・「同(ごとし)」は「格助詞」がお好き
10-024(p175-176)
【やな】(終助詞) 11-006(p209)

【やは】(係助詞) 11-004(p203)
【やは】(終助詞) 11-006(p208)

〈よ〉

【よ】(終助詞) 11-006(p209)
【よ】(間投助詞) 11-007(p210)
拗音 08-002-5(p94-96)
用言 05-004(p47)
四段活用 06-002(p71),
06-003(p75)
【より】(格助詞) 11-002(p199)
ラ行変格活用 03-003(p22),
04-002(p29-30), 05-004J-3,
4(p58-59), 06-002(p73),
06-011(p78-79)
ラ変動詞連体形接続の二態
10-023(p173-176)
【らし】(助動詞) 09-006(p113)
「らし」の用法 10-023(p171-173)
【らむ】(助動詞) 09-006(p113)
「らむ」と「けむ」とはうりふたつ
10-016(p155-156)
「らむ」の来歴と終止形接続の理由
10-016(p156-158)
「らむ」と「けむ」の具体的用法
10-016(p158)
「原因推量らむ」の「疑問詞省略」語法(詩文型「らむ」)
10-016(p158-160)
平安末期までの「可能」の「る・らる」は疑否専表現 10-005(p122)

〈り〉

【り】【たり:完了】(助動詞)
09-005(p111-112)
「り」・「たり:完了」の用法
10-018(p161)
「り」の来歴と接続上の注意点
10-018(p161-162)

〈る〉

【る】【らる】(助動詞)
09-004(p106-107)
「自発」の「る・らる」／「使役」の「す・さす」が「尊敬」の意になるのは何故？ 10-001(p117-118)
平安末期までの「可能」の「る・らる」は疑否専表現 10-005(p122)

〈れ〉

歴史的仮名遣い 08-002(p90-98),
TEST(p341-344)
連語 01-002(p12-13),
01-003(p14), 01-004(p14)

http://zubaraie.com   http://fusaugatari.com

索引

連体形係り結び 02-005 (p18-19),
05-004E (p50-51),
05-004F (p51-52),
05-004G (p53-55), 05-005H (p56),
05-005I (p56-57)
連体形（識別法）02-005 (p18-19)
連体形接続語句が連用形に接続する理由 05-002E (p39),
05-002F-2 (p40-41),
05-003C-3 (p45)
連体形接続助詞
05-004K (p59-60)
連体形接続助動詞
05-004J (p57-59)
連体形による準体法
05-004B (p48), 05-004C (p49),
05-004D (p50), 10-012 (p148),
10-026 (p178, 179, 192)
連体形による連体法
05-004A (p48)
連体形の終止形化現象
05-004G (p53), 06-002 (p74)
連体詞 01-002 (p12-13)
古典「連体詞」一覧
12-003 (p225-226)
連用形（識別法）02-003 (p17)
連用形（概説）05-002 (p36)
「連用形＋〜そ」による否定命令文
10-010 (p131, 134)
連用形による動詞の名詞化
05-002E (p39)
連用形による助動詞・助詞への接続 05-002F (p39-42)
連用形の対偶中止法
05-002C (p38)
連用形の対偶否定法
05-002D (p38)
連用形の中止法
05-002B (p37-38),
10-10-5A (p139)
連用形の副詞法（連用法）
05-002A (p37)

<ゐ・ヰ>
ゐ・ヰ文字 08-001 (p90),
08-002 (p97-98)

<ゑ・ヱ>
ゑ・ヱ文字 08-001 (p90),
08-002 (p97-98)

<を>
【を】(格助詞) 11-002 (p197)
【を】(接続助詞) 11-005 (p204)
【を】(終助詞) 11-006 (p209)
【を】(間投助詞) 11-007 (p210)

歌よみ心得
—索引—

<あ>
赤染衛門（あかぞめゑもん）
03-006 (p301)
挙げ句 00-001 (p238),
00-004 (p244), 02-001 (p274)
在原業平（ありはらのなりひら）
01-004 (p249), 03-006 (p299)
在原行平（ありはらのゆきひら）
03-006 (p299)

<い>
幽玄体（いうげんてい）
02-001 (p274)
『伊勢物語』（いせものがたり）
00-003 (p240), 01-004 (p248-250),
03-006 (p299), 03-006 (p301)
一句 00-001 (p238)
一首 00-001 (p238)
一条天皇（いちでうてんわう）
00-003 (p241), 01-005 (p252),
02-012 (p290), 03-003 (p294)
和泉式部（いづみしきぶ）
02-006 (p281)
『犬筑波集』（いぬつくばしふ）
00-004 (p244)
『今物語』（いまものがたり）
01-012 (p272)
院政期 00-004 (p243)

<う>
歌物語 01-004 (p248-250)
『宇治拾遺物語』（うぢしふゐものがたり）00-003 (p241)
歌 00-002 (p238)
歌合せ 03-006 (p299-303)
謡い（うたい）00-001 (p239)
歌枕 01-006 (p253-256),
01-008 (p261)

<え>
『栄花物語』（えいぐゎものがたり）
03-006 (p301)

縁語 01-008 (p257),
01-010 (p265-268), 02-004 (p277, 278), 03-001 (p291)

<お>
凡河内躬恒（おほしかふちのみつね）00-003 (p240), 03-004 (p298),
03-005 (p299)
念人（おもひびと）03-006 (p300)

<か>
講師（かうじ）03-006 (p300)
係り結び 01-011 (p268-271)
柿本人麻呂（かきのもとのひとまろ）01-012 (p271-272)
隠し題 03-001 (p291-293)
掛詞（かけことば）01-008 (p257),
01-009 (p263-265), 01-010 (p267, 268), 02-010 (p285)
歌仙（三十六句鎖連歌）
00-004 (p243)
歌僧 03-003 (p295)
歌体（かたい）00-004 (p242)
勝（かち）03-006 (p300)
仮名序（古今集）01-004 (p249, 250), 01-008 (p260)
上の句 00-001 (p238),
00-004 (p242-243)
歌謡 00-002 (p239)
片歌 00-002 (p239)
歌徳説話 00-003 (p240-241),
01-012 (p272), 02-009 (p284)
唐歌（からうた）00-002 (p238),
00-003 (p240), 03-004 (p297)
方人（かたうど）03-006 (p300, 302)
漢詩文 00-002 (p238),
00-003 (p240-242), 01-004 (p249),
01-008 (p262), 03-001 (p292, 293),
03-004 (p297), 03-005 (p299)
冠辞（枕詞）01-007 (p256)
換喩 02-003 (p275-276)

<き>
季語 00-004 (p244)
擬人法 02-002 (p274-275)
紀貫之（きのつらゆき）
00-003 (p240-241),
01-004 (p249-250),
01-008 (p260-261), 02-008 (p283),
03-004 (p298), 03-005 (p299)
紀友則（きのとものり）
00-003 (p240), 03-004 (p298),
03-005 (p299)

http://zubaraie.com   http://fusaugatari.com

索引

逆喩 02-011 (p286-288)
『玉葉和歌集』(ぎょくえふわかしふ) 03-003 (p296)
『金葉和歌集』(きんえふわかしふ) 00-004 (p244), 02-003 (p275), 03-003 (p295)

<く>

句切れ 01-002 (p246-247), 02-005 (p279)
『菅家後集』(くわんけごしふ) 00-003 (p242)
『菅家文草』(くわんけもんざふ) 00-003 (p242)

<け>

敬語の排除 02-003 (p276)
結番 (けちばん) 03-006 (p302)
結句 00-001 (p238)
『源氏物語』(げんじものがたり) 00-003 (p241), 01-005 (p252)
兼題 03-005 (p298), 03-006 (p301)

<こ>

『古今和歌集』(こきんわかしふ) 00-001 (p238), 00-003 (p240, 241, 242), 01-004 (p249), 01-007 (p256), 01-008 (p260), 02-007 (p282, 283), 02-011 (p288), 03-001 (p291, 292), 03-003 (p293, 294), 03-004 (p297, 298), 03-005 (p298-299), 03-006 (p299, 301, 302-303)
心 (こころ・しん) 00-004 (p242)
『古今著聞集』(ここんちょもんじふ) 02-009 (p284)
小式部内侍 (こしきぶのないし) 02-006 (p281)
『後拾遺和歌集』(ごしふゐわかしふ) 03-003 (p294)
腰折れ歌 00-004 (p242)
『後撰和歌集』(ごせんわかしふ) 01-005 (p252), 03-003 (p294), 03-005 (p299), 03-006 (p301)
言霊 (ことだま) 02-003 (p276)
詞書き (ことばがき) 01-003 (p247-248), 01-004 (p248-249), 02-004 (p277), 02-008 (p283), 03-003 (p294)
後鳥羽院 (ごとばゐん) 02-011 (p286-287), 03-003 (p295), 03-006 (p302)

籠め題 (こめだい) 03-001 (p291-292)

<さ>

『在民部卿家歌合』(ざいみんぶきゃうけうたあはせ) 03-006 (p299)
錯綜 (さくそう) 02-012 (p288-290)
左注 01-003 (p247), 02-012 (p290)
『三五代集』(さんじふごだいしふ) 03-003 (p295)
『三十六人撰』(さんじふろくにんせん) 01-005 (p252)
三蹟 (さんせき) 02-012 (p290)
散文的縁語 01-010 (p265-266)

<し>

字余り 01-001 (p245-246), 01-011 (p271)
『詞花和歌集』(しかわかしふ) 03-003 (p295)
敷島の道 00-002 (p238), 00-004 (p243)
「シク活用形容詞終止形＋名詞」の上代語法 01-012 (p272)
視差 (変位・パララックス) 02-007 (p282-283)
時差 (タイムラグ) 02-008 (p283-284)
字足らず 01-001 (p245-246), 01-011 (p269)
七五調 01-001 (p245)
十三代集 03-003 (p294)
『拾遺抄』(しふゐせう) 03-003 (p294)
『拾遺和歌集』(しふゐわかしふ) 01-005 (p252), 01-012 (p271), 03-003 (p294), 03-005 (p299), 03-006 (p302)
下の句 00-001 (p238), 00-004 (p242-243)
「終止形」による「連体形」代用表現 01-012 (p271-273)
衆議判 (しゅぎはん) 03-006 (p300)
『続古今和歌集』(しょくこきんわかしふ) 03-003 (p296)
『続拾遺和歌集』(しょくごしふゐわかしふ) 03-003 (p296)
『続後撰和歌集』(しょくごせんわかしふ) 03-003 (p296)
『続拾遺和歌集』(しょくしふゐわかしふ) 03-003 (p296)

『続千載和歌集』(しょくせんざいわかしふ) 03-003 (p296)
序詞 (じょことば) 01-008 (p256-262)
白川院 (しらかわゐん) 03-003 (p295)
心 (しん・こころ) 00-004 (p242)
『新葉和歌集』(しんえふわかしふ) (准勅撰) 03-003 (p296)
新儀非拠達磨歌 (しんぎひきょだるまうた) 02-011 (p288)
『新古今和歌集』(しんこきんわかしふ) 01-005 (p252, 253), 02-001 (p273-274), 02-007 (p282-283), 02-011 (p286-288), 03-003 (p294), 03-003 (p295), 03-006 (p302-303)
『新後拾遺和歌集』(しんごしふゐわかしふ) 03-003 (p296)
『新後撰和歌集』(しんごせんわかしふ) 03-003 (p296)
『新拾遺和歌集』(しんしふゐわかしふ) 03-003 (p296)
『新続古今和歌集』(しんしょくこきんわかしふ) 03-003 (p296)
『新千載和歌集』(しんせんざいわかしふ) 03-003 (p296)
『新勅撰和歌集』(しんちょくせんわかしふ) 03-003 (p296)

<す>

菅原道真 (すがはらのみちざね) 00-003 (p240, 242), 02-002 (p275)
墨滅歌 (すみけちうた) 03-001 (p292)
末 (すゑ) 00-001 (p238)
末や如何に 00-004 (p242)

<せ>

制詞 01-005 (p253)
清少納言 (せいせうなごん) 02-011 (p287)
旋頭歌 (せどうか) 00-002 (p239)
蝉丸 (せみまる) 01-012 (p272), 02-007 (p282)
遷移 (グラデーション) 02-009 (p284-285), 02-012 (p290)
千句 (一千句鎖連歌) 00-004 (p243)
『千五百番歌合せ』(せんごひゃくばんうたあはせ) 03-006 (p302)

索引

『千載和歌集』(せんざいわかしふ)
01-005 (p252, 253),
02-001 (p273-274), 03-003 (p295)
川柳 00-001 (p238),
00-002 (p239), 00-004 (p244-245)
　　　　＜そ＞
双本歌 (そうほんか)
00-002 (p239)
　　　　＜た＞
躰 (たい・てい) 00-004 (p242)
題詠 03-005 (p298-299)
体言止め 02-001 (p273-274)
当座 (たうざ) 03-005 (p298),
03-006 (p301)
対置法 02-006 (p280-281)
大宰権帥 (だざいのごんのそち)
02-002 (p275)
畳み掛け 02-004 (p277-278)
短歌 00-001 (p238),
00-002 (p239), 00-004 (p243, 244,
245)
短連歌 00-004 (p243)
　　　　＜ち＞
持 (ぢ) 03-006 (p300)
『竹馬狂吟集』(ちくばきゃうぎんしふ) 00-004 (p244)
中古三十六歌仙 01-005 (p252)
長歌 00-002 (p239)
長連歌 (鎖連歌) 00-004 (p243)
勅撰和歌集 00-003 (p240),
00-004 (p244), 03-002 (p293),
03-003 (p293-297)
　　　　＜つ＞
対句 02-006 (p280)
筑波の道 00-004 (p242-243)
『津守集』(つもりしふ)
03-003 (p296)
　　　　＜て＞
躰 (てい・たい) 00-004 (p242)
『天徳四年内裏歌合』(てんとくよねんだいりうたあはせ)
03-006 (p301)
　　　　＜と＞
頭韻 02-004 (p277-278)
韜晦趣味 (とうかいしゅみ)
02-011 (p286-288)
倒置法 02-005 (p278-280)
頭辞 (枕詞) 01-007 (p256)
『土佐日記』(とさにっき)
00-003 (p240, 241), 01-004 (p250),

頓呼法 (とんこほう)
02-003 (p275-276)
　　　　＜な＞
長歌 00-002 (p239)
梨壺の五人 03-003 (p294),
03-005 (p299)
　　　　＜は＞
俳諧連歌 00-001 (p238),
00-004 (p243-244)
俳句 00-001 (p238),
00-002 (p239), 00-004 (p244-245),
02-001 (p274)
『白氏文集』(はくしもんじふ)・白楽天 (白居易) 01-005 (p252),
01-008 (p261)
八代集 03-003 (p294)
パララックス (視差・変位)
02-007 (p282-283)
判詞 (はんし) 03-006 (p300, 302)
判者 (はんじゃ) 03-006 (p300,
302)
　　　　＜ひ＞
披講 (ひかう) 03-006 (p300)
左方 (先手) 03-006 (p300)
百韻 (百句鎖連歌) 00-004 (p243)
百首歌 03-006 (p302)
屏風歌 03-004 (p297-298)
屏風絵 03-004 (p297)
　　　　＜ふ＞
『風雅和歌集』(ふうがわかしふ)
03-003 (p296)
部立 (ぶだて) 00-004 (p244),
03-002 (p293), 03-003 (p295)
藤原摂関政治 00-003 (p240)
藤原公任 (ふぢはらのきんたふ)
01-005 (p252), 01-012 (p271),
02-003 (p275), 03-003 (p294)
藤原定家 (ふぢはらのさだいへ・ていか) 01-005 (p252-253),
01-008 (p258, 259), 02-001 (p273),
02-006 (p280), 02-011 (p288),
03-001 (p292), 03-004 (p298)
藤原時平 (ふぢはらのときひら)
00-003 (p240), 02-002 (p275)
藤原俊成 (ふぢはらのとしなり・しゅんぜい) 00-004 (p244),
01-005 (p252), 02-001 (p273, 274),
02-011 (p288), 03-003 (p295)
藤原行成 (ふぢはらのゆきなり・こうぜい) 02-012 (p290)

藤原義孝 (ふぢはらのよしたか)
02-012 (p289-290)
物名 (ぶつめい・もののな)
03-001 (p291-292)
　　　　＜へ＞
返歌 01-005 (p251)
　　　　＜ほ＞
放縦 (license)
01-009 (p263-265), 01-012 (p273),
02-012 (p288)
発句 (ほっく) 00-001 (p238),
00-004 (p244), 02-001 (p274)
本歌取り 01-005 (p250-253)
本説取り 01-005 (p250-253)
　　　　＜ま＞
枕詞 (まくらことば)
01-006 (p253-254), 01-007 (p256)
01-008 (p260-261)
『枕草子』(まくらのさうし)
02-011 (p287)
負 (まけ) 03-006 (p300)
正岡子規 (まさおかしき)
03-005 (p298-299)
松尾芭蕉 (まつをばせう)
00-004 (p244-245), 01-006 (p253)
前書き 01-003 (p247)
万句 (一万句鎖連歌)
00-004 (p243)
『万葉集』(まんえふしふ)
00-002 (p239), 01-007 (p256),
01-012 (p271), 02-003 (p276),
02-008 (p283), 03-003 (p293-294),
03-005 (p298, 299)
　　　　＜み＞
右方 (後手) 03-006 (p300)
(藤原氏) 御子左家 (みこひだりけ)
02-001 (p273)
三十一文字 (みそひともじ)
00-001 (p238)
『御堂関白記』(みだうくゎんぱくき)
01-008 (p262)
見立て 02-010 (p285-286)
源俊頼 (みなもとのとしより)
02-003 (p275), 03-003 (p295)
御火焼の翁 (みひたきのおきな)
00-004 (p243)
壬生忠岑 (みぶのただみね)
00-003 (p240), 02-011 (p288),
03-004 (p298), 03-005 (p299),
03-006 (p301)

http://zubaraie.com　　　　vii　　　　http://fusaugatari.com

索引
暗記用語呂合せ
—索引—

《W》＝和歌編、無印＝文法編

〈む〉
村上天皇（むらかみてんわう）
03-006 (p301)
紫式部（むらさきしきぶ）
00-003 (p241)，01-005 (p252)

〈も〉
持（もち） 03-006 (p300)
本（もと） 00-001 (p238)
元歌 01-005 (p250)
本や如何に 00-004 (p242)
物名（もののな・ぶつめい）
03-001 (p291-292)

〈や〉
「やさし蔵人」 01-012 (p272)
大和歌・倭歌（やまとうた）
00-002 (p238)，00-003 (p240)
日本武尊（やまとたけるのみこと）
00-004 (p243)
『大和物語』（やまとものがたり）
03-006 (p301)
山部赤人（やまべのあかひと）
01-012 (p271，272)

〈ゆ〉
行方不明猫を呼び戻すまじない歌
01-008 (p259-260)

〈よ〉
呼び掛け法 02-003 (p275-276)
世吉（四十四句鎖連歌）
00-004 (p243)

〈り〉
離合（りごう） 03-001 (p292-293)

〈れ〉
連歌 00-001 (p238)，
00-002 (p239)，00-004 (p242-244)，
03-003 (p295)

〈わ〉
和歌 00-001 (p238)，
00-002 (p238-239)，00-004 (p243)
和歌所（わかどころ）
03-003 (p294)

〈を〉
『小倉百人一首』（をぐらひゃくにんいっしゅ） 01-005 (p250，252)，
01-006 (p254)，01-008 (p258)，
01-011 (p269)，02-005 (p280)，
02-012 (p290)，03-001 (p292)，
03-004 (p298)，03-006 (p302)
折り句 03-001 (p292)

〈あ〉
アイウエ四段；イエ一段＆ウづいて二段の上下ペア；カサナラへん
06-002 (p74)
あたらシク、じょうごシクシク、こころシク、こころなくよう、ク・シクもウ・シウ 03-004 (p23)
ア未然は四段、ナ・ラ変；イ未然はイル上一の他は上二；エ未然は下二、下一蹴す、か、為ず；オ未然は力変・・・ウ未然何も無し
06-002 (p74)
あわや益意の古き家、心得所あのみ上（他は嫌） 08-002 (p97-98)

〈い〉
イ・ウ・撥・促＝音便（誘発、即、音便） 07-001 (p80)
家老ひ、ヘボい絵を、あわわ
08-002-2 (p91)
いろはにほへとちりぬるをわかよたれそつねならむうゐのおくやまけふこえてあさきゆめみしゑひもせす 08-001 (p89)

〈う〉
ウケよくてよして 07-003 (p83)

〈お〉
己が絵に唐よりデートにてしてとて夏 11-002 (p197，373)
おぼえられたまひつべきなり
09-003 (p105)

〈か〉
《かけことはたくてんつけはかくること》W01-009 (p264)
（かさならはまった）あわや外してヤイユエヨーおん 08-002-5 (p96)
彼はヤワ者か、カモにしか、ノミしか・・・悲しーが、早々貸しやな。物を貸そー芒。よもや鼻モゲなむがな 11-006 (p207，381)

〈き〉
儀式四連足りて同意しなし給ふ
07-002 (p82)
期待体現かな敬意 07-002 (p82)

〈く〉
クッシャロコ 01-001 (p11)
くわんぐわん 08-002-5 (p96)

〈さ〉
サムライ侍り聞こえ申す、玉を給ふる奉る 09-003 (p103)

〈し〉
《字余りは歌によくある事なれど字足らず歌ぞ珍かなる》
W01-001 (p246)
蕁麻疹ズンズン、蹴る危険なるらし混じらんべし 09-003 (p104)

〈す〉
ずむけりなる、。ことぞなんどもばこそいざ 02-001 (p16)，
06-002 (p71)，08-002-5 (p75)

〈た〉
《濁音も、濁点抜けば、清音なり・・・清音も、脈絡次第で、濁音なり・・・されは、よみかなは、たくおんぬきて、かくかよし》W01-009 (p264)
《畳み掛け只見掛けだけ中身欠け》
W02-004 (p278)

〈ち〉
地理平予測足りて動揺
07-004 (p84)

〈つ〉
「釣り足りぬ！」—「マジ借り！」ばっかり、目障一り！ 09-003 (p103)

〈と〉
兎に角も三郎急で大丈夫。婦女子関連攻めど、けど 01-001 (p11)
《などなくも、あるがごとくに読むもあるらむ》W01-011 (p271)

〈な〉

〈の〉
蚤ダニ等さえ下ばかり包まで擦らし（って）程だも（ん）して〜がな
11-003 (p200，375)

〈は〉
馬鹿は蚊なんぞこそはモヤモヤは嫌かも 11-004 (p202，376)
花よ美味にでどれじだり
07-005 (p85)

〈ひ〉
日々見たり酔うて動揺
07-003 (p83)

〈ほ〉
ぽいんぞっこんかっぱさった
08-002-5 (p95)

〈ま〉
MYSTIR＝未然(M)・連用(Y)・終止(S)・連体(T)・已然(I)・命(R)
06-002 (p71)

索引

<み>
見舞う星、用足し、名足りが如しの体 09-003(p105)

<も>
物から物を拝みつゝ、物改ながら共々バッド、っうてもデーヘがてらに物の間も空にして、って程に無いにゃ 11-005(p204, 3゛8)

<ゆ>
揺ら揺らルルぅ、指し示す 09-003(p102)

<わ>
我死なば世にも在らねば知らねども身こそ身罷れ名こそ猶ぞれ 05-005C(p65)

<を>
親こそ酔うな 11-007(p210, 384)

短歌・俳句・古文 —索引—

「　」＝文法編　《　》＝和歌編

<あ>
「飽かなくにまだきも月の隠るるか山の端にげて入れずもあらなむ」『古今和歌集』雑上・八八四・在原業平(p127)
「秋風になびく浅茅の末ごとにおく白露のあはれ世の中」『新古今和歌集』一八・雑歌下・一八五〇・伝蝉丸(p282)
「秋風にたなびく雲の絶え間よりも出づる月の影のさやけさ」『新古今集』秋上・四一三・藤原顕輔(p39)
《秋深き／秋深し…隣は何をする人ぞ》松尾芭蕉(p246)
《明けぬれば暮るるものとは知りながらなほ恨めしき朝ぼらけかな》『後拾遺和歌集』恋二・六七二・藤原道信(p290)
《浅茅生の小野の篠原忍ぶれどあまりてなどか人の恋しき》『後撰和歌集』恋一・五七七・源等(p258)
「朝な朝な上がるひばりになりてしか都に行きてはや帰り来む」『万葉集』二〇・四四三三・安倍沙美麻呂(p41)

《朝ぼらけ有り明けの月と見るまでに吉野の里に降れる白雪》『古今和歌集』冬・三三二・坂上是則(p255)
《朝ぼらけ宇治の川霧たえだえにあらはれわたる瀬々の網代木》『千載和歌集』冬・四二〇・藤原定頼(p274)
《あしひきの山鳥の尾のしだり尾のながながし夜をひとりかも寝む》『拾遺和歌集』恋三・七七八・柿本人麻呂(p259, 271)
《あだなりと名にこそ立てれ桜花年にまれなる人も待ちけり》『伊勢物語』十七(p61-62)
「梓弓ま弓槻弓年を経てわがせしがごとうるはしみせよ」『伊勢物語』二四(p28)
《青柳のみどりのいとをくりおきて夏へて秋ははたおりぞ鳴く》『古今著聞集』(p284)
《天地の 分れし時ゆ 神さびて 高く貴き 駿河なる 富士の高嶺を 天の原 振り放け見れば 渡る日の 影も隠らひ 照る月の 光も見えず 白雲も い行きはばかり 時じくぞ 雪は降りける 語り継ぎ 言ひ継ぎ 行かむ 富士の高嶺は》『万葉集』三・三一七・長歌・山部赤人(p239)
《雨降らで月も照らなむ今宵なむいざ心みむ我や思ふと》之人冗悟(p384)
《あらざらむこの世の果ての思ひ出にいまひとたびの逢ふこともがな》和泉式部(p238)
「嵐のみ吹くめる宿に花すすき穂に出でたりとかひやなかゝらむ」『蜻蛉日記』藤原道綱母(p46)
《嵐吹く三室の山のもみぢ葉は竜田の川の錦なりけり》『後拾遺和歌集』秋下・三六六・能因法師(p254)
《有り明けの月だにあれやほととぎすただ一声の行く方も見む》『後拾遺和歌集』夏・一九二・藤原頼道(p255)
《ありし日を浮かべかなしきよすがさへ日々に消え行く今ぞ悲しも》之人冗悟(p384)
《有馬山猪名の笹原風吹けばいでそよ人を忘れやはする》『後拾遺和歌集』恋二・七〇九・藤原堅子(p258)

<い>
「いかでさることは知りしぞ」『枕草子』一六一・清少納言(p57)
《いかにても見しがと思ふ人ならで見しが無念の人にあふかも》之人冗悟(p383)
「泉には手、足さしひたして、雪には降り立ちて跡つけなど…」『徒然草』一三七・吉田兼好(p39)
「一日にても出家の功徳、世に勝れめでたかんなるものを…」『栄花物語』「ころものたま」赤染衛門(p166)
《いでかてに一人かも寝む雨の夜は月のあなたゝ袖そほつらむ》之人冗悟(p378)
「いと夜深く侍りける鳥の声は、孟嘗君のにや」『枕草子』一三六・清少納言(p56)
「家にありたき木は、松、桜」『徒然草』百三九・吉田兼好(p160)
「家の作りやうよ、夏をむねとすべし」『徒然草』五五・吉田兼好(p44-45)
《いま来むといひしばかりに長月の有り明けの月を待ちいでつるかな》『古今和歌集』恋四・六九一・素性法師(p280)
《今の世の中、色につき、人の心花になりにけるより、あだなる歌、はかなき言のみいでくれば…》『古今和歌集』仮名序
「今ははや恋ひ死なましをあひ見むと頼めしことぞ命なりける」『古今和歌集』恋・十二・六十三・清原深養父(p142)
「いみじうあはれに、心苦しう、見すてがたき事などを…」『枕草子』一二四・清少納言(p37)
「いみじうぞあるや」『枕草子』三五・清少納言(p53)
いろはにほへとちりぬるをわかよたれそつねならむうゐのおくやまけふこえてあさきゆめみしゑひもせす(p89, 163)

<う>
《憂かりける人を初瀬の山おろしよはげしかれとは祈らぬものを》『千載和歌集』恋二・七〇八・源俊頼(p275)

http://zubaraie.com　　　　　　http://fusaugatari.com

索引

《美しき傾城艶めく大奥に光る源氏の頭領／投了の声》之人冗悟(p266)

《うたかたの うきよにうける うつせみの いくよいくばく うたはかはらず》之人冗悟(p303)

「うづもれぬ名をながく世に残さむこそ、あらまほしかるべけれ」『徒然草』三八・吉田兼好(p44)

「海は荒れども、心はすこし凪ぎぬ」『土佐日記』一月九日・紀貫之(p63)

「梅が香を袖に移してとどめてば春は過ぐともかたみならまし」『古今和歌集』春上・四六・読み人知らず(p34)

「梅の花咲き散る園にわれ行かむ君が使ひを片待ちがてら」『万葉集』十八・四〇四一・よみ人しらず(p42)

《恨みわびほさぬ袖だにあるものを恋に朽ちなむ名こそ惜しけれ》『後拾遺和歌集』恋四・八一五・相模(p270)

「うるはしみ我が思ふ君はなでしこが花になそへて見れど飽かぬかも」『万葉集』二〇・四四五一・大伴家持(p28)

<え>

「えもいはずぞあさましやや」『枕草子』八八・清少納言(p54)

《燕子楼中霜月夜秋来只為一人長》(p261)

<お>

「翁、かぐや姫に言ふやう、『わが子の仏、変化の人と申しながら・・・』『竹取物語』二(p128)

《起きもせず寝もせで夜を明かしては春のものとてながめ暮らしつ》『伊勢物語』二「西の京の女」(p248)

《奥山に紅葉踏み分け鳴く鹿の声聞く時ぞ秋は悲しき》『古今和歌集』秋上・二一五・猿丸大夫(p290)

「音に聞く高師の浜のあだ波はかけじや袖の濡れもこそすれ」『金葉和歌集』恋下・四六九・一宮紀伊(p270)

《おどろけばひとりかたしきそでのはにけふもきぬらしわがなみだかな》之人冗悟(p267)

「思ひ出でてしのぶ人あらむほどにこそあらめ・・・」『徒然草』三〇・吉田兼好(p46)

「おほかたの儀式などは、内裏に参り給はましに変はることなし」『源氏物語』「竹河」紫式部(p148)

《大君は神にしませば天雲のいかづちの上にいほりせるかも》『万葉集』三・二三五・柿本人麻呂(p276)

「大伴御行の大納言は、・・・」『竹取物語』・六(p130)

<か>

「母様のことを悪く言ふと、たたくぞよ」歌舞伎『傾城浅間嶽』(p46)

《かくとだにえやはいぶきのさしも草さしも知らじな燃ゆる思ひを》『後拾遺和歌集』恋一・六一二・藤原実方(p257)

「神楽こそ、なまめかしく、おもしろけれ」『徒然草』一六・吉田兼好(p37)

「風の上にありかさだめぬちりの身はゆくへも知らずなりぬべらなり」『古今和歌集』十八・雑下・九八九・よみ人しらず(p43)

《風をいたみ岩うつ波のおのれのみくだけて物を思ふころかな》『詞花和歌集』恋上・二一一・源重之(p259)

「かたはに、見苦しからぬ若人」『源氏物語』「夕顔」紫式部(p38)

「形見こそ今はあたなれこれなくは忘るる時もあらましものを」『古今和歌集』恋・十四・七四六・よみ人しらず(p142)

《神代よりありけむものから今もなほ苦しき恋に人悩むらむ》之人冗悟(p378)

《唐衣着つつ慣れにし妻しあれば遙々来ぬる旅をしぞ思ふ》『古今和歌集』羈旅・四一〇・在原業平(p292)

<き>

《昨日と言ひ今日とくらしてあすか川流れて早き月日なりけり》『古今和歌集』冬・三四一・春道列樹(p283)

《君がため惜しからざりし命さへ長くもがなと思ひけるかな》『後拾遺和歌集』恋二・六六九・藤原義孝(p289)

「行事の蔵人のいときびしうもてなして・・・」『枕草子』九二・清少納言(p129)

「清盛は嫡男たるによってその跡を継ぐ」『平家物語』一・鱸(p176)

<く>

「首もちぎるばかり引きたるに、耳鼻欠けうげながら抜けにけり」『徒然草』五三・吉田兼好(p46-47)

「くらければ、いかでかは見えむ」『枕草子』六三・清少納言(p52)

《来るをしも誰か嘆かむ人の子の去ぬる後の世などか苦しき》之人冗悟(p377)

<け>

「今日来ずは明日は雪とぞ降りなまし消えずはありとも花と見ましや」『古今和歌集』春上・六三・在原業平(p137)

《源氏読まざる歌詠みは遺恨のことなり》藤原俊成(p252)

「嫌疑の者やある」『枕草子』四五・清少納言(p52)

<こ>

「「東風吹かば匂ひ遣せよ梅の花主なしとて春な忘れそ」」『拾遺集』雑春・一〇〇六・菅原道真(p63, 275)

「こと物は食はで、ただ仏の御おろしをのみ食ふか・・・」『枕草子』八七・清少納言(p55)

《ことならば雲より風になりてしかよにちりもせでつつむ道もがな》之人冗悟(p382)

《来ぬ人の心知る夜の月を憂み空もとどろにかみ鳴りぬかも》之人冗悟(p382)

《来ぬ人をまつほの浦の夕なぎに焼くや藻塩の身も焦がれつつ》『新勅撰和歌集』恋三・八四九・藤原定家(p259)

「この翁は、かぐや姫のやもめなるを嘆かしければ」『竹取物語』五「火鼠の皮衣」(p70)

「この草子、目に見え心に思ふことを、人やは見むとすると思ひて・・・」『枕草子』三一九・清少納言(p55)

《このはたおりをば聞くや。一首つかうまつれ」と仰せられければ・・・」『古今著聞集』(p284)

http://zubaraie.com
http://fusaugatari.com

索引

《このよをばわがよとぞおもふもちづきのかけたることもなしとおもへば》藤原道長(p261)

「恋すてふわが名はまだき立ちにけり人知れずこそ思ひそめしか》』『拾遺集』恋一・六二一・壬生忠見(p61, 269, 301)

「こよなうこそおとろへにけれこの影のやうにや痩せて侍る…」『源氏物語』十二・三・紫式部(p128)

「これは、身のためも人の御ためも、よろこびには侍らずや」『枕草子』八二・清少納言(p55)

《これやこの行くも帰るも別れては知るも知らぬも逢坂の関》『後撰和歌集』雑一・一〇八九・蝉丸(p290)

<さ>

「坂上田村麻呂と云ふ人、近衛の将監とありける時」『今昔物語』十一・三二(p177)

「桜花今日こそかくにほふともあな頼みがた明日の夜のこと」『伊勢物語』九十(p67)

「さしたることなくて人のがり行くは…」『徒然草』百七十・吉田兼好(p34)

「佐渡国には、まことに金の侍るなり…」『宇治拾遺物語』巻四・二・五四(p127-128)

「五月五日は、くもりくらしたる…」『枕草子』一〇・清少納言(p50)

「里に宿直物とりにやるに、男二人まかれ…」『枕草子』一〇八・清少納言(p54)

「さば、こは誰がしわざにか」『枕草子』一三八・清少納言(p56)

「さびしさに宿を立ち出でてながむればいづこも同じ秋の夕暮れ》』『後拾遺和歌集』秋上・三三三・良暹法師(p24, 273)

「佐保山のははそのもみぢ散りぬべみ夜さへ見よと照らす月影」『古今和歌集』秋下・二八一・よみ人しらず(p171)

<し>

《字余りは歌によくある事なれど字足らず歌ぞ珍かなる》之人冗悟(p246)

「子孫おはせぬよく侍る。末のおくれ給へるはわろきことなり」『徒然草』六・吉田兼好(p51)

「しづかさや岩にしみ入る蝉の声」『奥の細道』松尾芭蕉(p39)

「忍びて来る人見知りて吠ゆる犬は、打ちも殺しつべし」『枕草子』(能因本二五)(p128)

「しのぶ山のしのびてかよふ道もがな人の心のおくも見るべく」『伊勢物語』十五(p129)

《忍ぶれど色に出にけりわが恋はものや思ふと人のとふまで》『拾遺和歌集』恋一・六二二・平兼盛(p301)

「十八九ばかりの人の、髪いとうるはしくてたけばかりに…」『枕草子』一七九・清少納言(p49)

《白玉は人に知らえず知らずともよし我し知れらば知らずともよし》『万葉集』六・一〇八・旋頭歌・元興寺の僧(p239)

<す>

「すさまじきもの。昼吠ゆる犬…」『枕草子』二五・清少納言(p50)

「雀の子を犬君が逃がしつる」『源氏物語』「若紫」紫式部(p92)

《捨て猫が 昨日は五匹今朝二匹 人の情ぞ けざやかなる》之人冗悟(p245)

《住江の岸による波よるさへや夢の通ひ路目よくらむ》『古今和歌集』恋二・五五九・藤原敏行(p259)

<せ>

《瀬を早み岩にせかるる滝川のわれても末にあはむとぞ思ふ》『詞花和歌集』恋上・二二九・崇徳院(p26, 259)

「前栽の草木まで心のままならず作りなせるは…」『徒然草』一〇・吉田兼好(p48)

<そ>

「そこにものし給ふは、いづれよりのまらうどにかおはす…」『庚子道の記』武女(p167)

《袖ひぢてむすびし水のこほれるを春立つけふの風やとくらむ》『古今和歌集』春上・二・紀貫之(p283)

《そま人は宮木ひくらしあしひきの山の山彦よびとよむなり》『古今和歌集』巻十・物名・一一〇一・紀貫之(p291)

「それは隆円に賜へ…」『枕草子』九三・清少納言(p80)

<た>

「大事を思ひ立たむ人は、…」『徒然草』五九・吉田兼好(p165)

「高光る我が日の皇子の万代に国知らさまし島の宮はも」『万葉集』二・一七一(p147)

《滝の音は絶えて久しくなりぬれど名こそ流れてなほ聞こえけれ》『拾遺和歌集』雑上・一〇三五・藤原公任(p270)

《田子の浦ゆうち出でて見れば真白にぞ不尽の高嶺に雪は降りける》『万葉集』三・三一七・山部赤人(p239)

「誰やく手枕絶たる蔀戸をしのにしとどに時雨濡らしそ」之人冗悟(p131)

《立ち別れいなばの山の峰に生ふるまつとし聞かば今帰り来む》『古今和歌集』離別・三六五・在原行平(p258)

「立つ波を雪か花かと吹く風ぞ寄せつつ人をはかるべらなる」『土佐日記』一月十八日・紀貫之(p171)

《誰をかも知る人にせむ高砂の松も昔の友ならなくに》『古今和歌集』雑上・九〇九・藤原興風(p255)

<ち>

「地の動き、家のやぶるる音…」『方丈記』五・鴨長明(p64)

《月見れば千々にものこそ悲しけれ我が身一つの秋にはあらねど》『古今集』秋上・一九三・大江千里(p262, 269)

《月を無み人や日訪はむ闇夜には衣返して夢にかも見む》之人冗悟(p379)

《筑波嶺の峰より落つるみなの河恋ぞ積もりて淵となりぬる》『古今和歌集』恋三・七七六・陽成天皇(p259)

「常に聞きたきに琵琶、和琴」『徒然草』一六・吉田兼好(p40, 160)

<と>

《永久に床旧る幸の難きとて憎からぬ身に逢はじものかも》之人冗悟(p382)

《永久に雪と桜に降りつつも今年限りの春ならむかも》之人冗悟(p382)

http://zubaraie.com   xi   http://fusaugatari.com

索引

《年並みを泣きみ笑ひみ流れつつよすが絶やさじうみ果つるとも》之人冗悟(p379)

《とどめおきて誰をあはれと思ふらむ子はまさるらむ子はまさりけり》『後拾遺和歌集』十・哀傷・五六八・和泉式部(p281)

《訪はれじや訪はじや人に問はさじとあだ心なく雨は降りつつ》之人冗悟(p379)

「飛ぶ鳥は翼を切り、籠に入れられて・・・」『徒然草』一二一・吉田兼好(p38)

「共に見る人もしあらずばあるまじき花の終はりの果てぬ涙よ」之人冗悟(p58)

〈な〉

《長からむ心も知らず黒髪の乱れて今朝は物をこそ思へ》『千載和歌集』恋三・八〇三・待賢門院堀河(p270)

《夏祭り一人人波渡る夜の明けぬ間ばかり憂きものはなし》之人冗悟(p376)

「などやいく金あらなくに歌舞伎町、身のみにて足る女にもあらなくに」之人冗悟(p138)

《名にしおはば逢坂山のさねかづら人に知られでくるよしもがな》『後撰和歌集』恋三・七〇〇・藤原定方(p258)

《難波江の蘆のかりねの一夜ゆゑみをつくしてや恋ひわたるべき》『千載和歌集』恋三・八〇七・皇嘉門院別当(p259)

《難波潟みじかき葦のふしの間も逢はでこの世を過ぐしてよとや》『新古今和歌集』恋一・一〇四九・伊勢(p258)

〈に〉

「二条の后の御息所ときこえける時、正月三日・・・」『古今和歌集』春上・八・文屋康秀(p247)

《新治筑波を過ぎて幾夜か寝つる》(日本武尊)—《日日並べて夜には九夜日には十日を》(御火焼の翁)(p243)

〈は〉

《果てしなき道のこの世にあるものかたゆむ歩みに道ぞ遠かる》之人冗悟(p376)

《果ててなほ恨むこととてなき身には逢はぬもゆゑいといとほし》之人冗悟(p379)

《花さそふ嵐の庭の雪ならでふりゆくものはわが身なりけり》『新勅撰和歌集』雑一・一〇五二・藤原公経(p285)

《花の色は移りにけりないたづらにわが身世にふるながめせしまに》『古今和歌集』春下・一一三・小野小町(p290)

《花のごと世の常ならば過ぐしてし昔はまたも返り来なまし》『古今集』春下・九八・よみびとしらず(p142)

《花見るに今更気付く齢かな》之人冗悟(p380)

「春来れば桜匂ふは常なれど同じき春に又遭はめやも」之人冗悟(p64)

《春の日の光にあたる我なれどかしらの雪となるぞわびしき》『古今和歌集』春上・八・文屋康秀(p247)

《春の夜の夢ばかりなる手枕にかひなく立たむ名こそ惜しけれ》『千載和歌集』雑上・九六四・周防内侍(p270)

〈ひ〉

「《久方の光のどけき春の日に静心なく花の散るらむ》」『古今集』春下・八四・紀友則(p159, 270)

《人の世のよすがにこよなみ一夜だに越すはいたはしき夢の浮き橋》之人冗悟(p277)

《人はみなかくやは人を思ひけむ焦がれ死にして人に尋ねむ》之人冗悟(p378)

「一重梅をなむ軒近く・・・」『徒然草』一三九・吉田兼好(p51)

《人をもし人もうらめしあぢきなく世を思ふゆゑに物思ふ身は》『続後撰和歌集』雑中・一二〇二・後鳥羽天皇(p290)

〈ふ〉

《吹くからに秋の草木のしをるればむべ山風を嵐といふらむ》『古今和歌集』秋下・二四九・文屋康秀(p292)

「冬ながら空より花の散りくるは雲のあなたは春にやあるらむ」『古今和歌集』冬・三三〇・清原深養父(p58)

「降る雪や明治は遠くなりにけり」中村草田男(p150)

〈へ〉

「弁などは、いとをかしき官に思ひたれど・・・」『枕草子』四八・清少納言(p54)

〈ほ〉

《ほととぎす鳴きつる方をながむればただ有り明けの月ぞ残れる》『千載和歌集』夏・一六一・藤原実定(p255)

〈ま〉

《松島や雄島の磯にあさりせし海人の袖こそかくは濡れしか》『後拾遺和歌集』恋四・八二七・源重之(p251)

《まれまれかの高安(たかやす)に来て見れば・・・》『伊勢物語』二三(p117-118)

〈み〉

《御垣守衛士のたく火の夜は燃え昼は消えつつ物をこそ思へ》『詞花和歌集』恋上・二二五・大中臣能宣(p259, 269)

《みかの原わきて流るるいづみ川いつみきとてか恋しかるらむ》『新古今和歌集』恋一・九九六・藤原兼輔(p258, 270)

《見せばやな雄島の海人の袖だにも濡れにこそ濡れし色はかはらず》『千載和歌集』恋四・八八六・殷富門院大(p251)

《陸奥のしのぶもぢずり誰ゆゑに乱れそめにし我ならなくに》『古今和歌集』恋四・七二四・源融(p259, 290)

「身はかくてさすらへぬとも君があたり去らぬ鏡の影ははなれじ」『源氏物語』十二・三・紫式部(p128)

《みるめなき人に焦がれて我死なばよすがが定めの波になりにしか》之人冗悟(p382)

《見渡せば花も紅葉もなかりけり浦の苫屋の秋の夕暮れ》『新古今和歌集』秋上・三六三・藤原定家(p277)

《見渡せば山もと霞む水無瀬川夕べは秋と何思ひけむ》『新古今和歌集』春上・三六・後鳥羽天皇(p286)

索引

〈む〉
《昔、男ありけり。奈良の京ははなれ・・・》『伊勢物語』二 (p248)

〈め〉
「めなもみといふ草あり・・・」『徒然草』九六・吉田兼好 (p52)

〈も〉
《もろともに乗らむ船もがうみわたるよにもしづまぬかいぞゆかしき》之人冗悟 (p384)
《文字には殊なる魂の宿るらむ。読みもせでうちある書のなほぞゆかしき》之人冗悟 (p380)

〈や〉
「安らはで寝なましものを小夜更けて傾くまでの月を見しかな」『後拾遺集』恋二・六八〇・赤染衛門 (p149)
「柳原の辺に、強盗法印と号する僧ありけり・・・」『徒然草』四六・吉田兼好 (p52)
《八重葎茂れる宿のさびしきに人こそ見えね秋は来にけり》『拾遺和歌集』秋・一四〇・恵慶法師 (p269)
《山川に風のかけたるしがらみは流れもあへぬ紅葉なりけり》『古今和歌集』秋下・三〇三・春道列樹 (p278)
《山里は冬ぞさびしさまさりける人目も草もかれぬと思へば》『古今集』冬・三一五・源宗于 (p39, 268)
「山深みけ近き鳥の音はせで物おそろしきふくろふの声」西行法師 (p26)
《病にはあらぬ娘の赤不浄知りもせじとや子等のささめき》之人冗悟 (p266)
「山吹の清げに、藤のおぼつかなきさまをしたる」『徒然草』一九・吉田兼好 (p37)
「やや、ものうけたまはる。今さらに何かは御殿籠る・・・」『栄花物語』二 (p127)

〈ゐ〉
「院の殿上には誰々かありつる」『枕草子』一〇八・清少納言 (p52)

〈ゆ〉
《雪ふれば木ごとに花ぞ咲きにけるいづれを梅とわきてをらまし》『古今和歌集』冬・三三六・紀友則 (p293)

〈行く春や鳥啼き魚の目は泪〉『奥の細道』松尾芭蕉 (p37)
《行く蛍送りし空に夜の這いづこばかりと思ひやらるる》之人冗悟 (p376)
《夢にだも逢はむ思ひぞあだなれや覚めて見る夜のしじま悲しも》之人冗悟 (p376)
《由良の門を渡る舟人梶緒絶えゆくへも知らぬ恋の道かな》『新古今和歌集』恋一・一〇七一 (p259)・曾禰好忠

〈よ〉
「四日、風吹けば、え出でたたず」『土佐日記』一月四日・紀貫之 (p63)
「夜泣きすとただに盛り立てよ末の代に清く盛りふる事もこそあれ」『平家物語』六 (p129)
「世のしれものかな。かくあやふき枝の上にて、安き心ありてねぶるらむよ」『徒然草』四一・吉田兼好 (p44)
《世の中よ道こそなけれ思ひ入る山の奥にも鹿ぞ鳴くなる》『千載集』雑中・一一五一・藤原俊成 (p180, 270)
「世の中を憂しと恥しと思へども飛び立ちかねつ鳥にしあらねば」『万葉集』五・八九三・山上憶良 (p139)
「世の人の心まどはすこと、色欲にはしかず」『徒然草』八・吉田兼好 (p48)
「よろづのことよりも、わびしげなる車に・・・」『枕草子』二三七・清少納言 (p128)
「よをこめてとりのそらねははかるともよにあふさかのせきはゆるさじ」清少納言 (p56)

〈わ〉
《わが庵は都の辰巳しかぞすむ世をうぢ山と人はいふなり》『古今和歌集』雑下・九八三・喜撰法師 (p263)
「わかき人々出で来て、をとこやある・・・」『枕草子』八七・清少納言 (p53)
《わが袖は潮干に見えぬ沖の石の人こそ知らね乾く間もなし》『千載和歌集』恋二・七六〇・二条院讃岐 (p258, 270)

「わかれても影だにとまるものならば鏡を見てもなぐさめてまし」『源氏物語』十二・三・紫式部 (p128)
「我が山へ帰りのぼらむも、人目はづかし・・・」『宇治拾遺物語』巻六・六・八十八 (p128)
《忘らるる身をば思はず誓ひてし人の命の惜しくもあるかな》『拾遺和歌集』恋四・八七〇・右近 (p290)
《わたの原漕ぎ出でてみればひさかたの雲ゐにまがふ沖つ白波》『詞花和歌集』雑下・三八二・藤原忠通 (p250)
《わたの原八十島かけて漕ぎ出でぬと人には告げよ海人の釣り舟》『古今和歌集』羈旅・四〇七・小野篁 (p250)
《わびぬれば今はた同じ難波なるみをつくしても逢はむとぞ思ふ》『後撰和歌集』恋五・九六〇・元良親王 (p258)
「我死なば世にも在らねば知らねども身こそ身龍れ名こそ猶在れ」之人冗悟 (p65)

〈を〉
《をかしげなる女ごども、わかき人、わらはべなむ見ゆる》『源氏物語』若紫・一・紫式部 (p269)
《小倉山峰のもみぢ葉心あらば今ひとたびの行幸待たなむ》『拾遺和歌集』雑秋・一一二八・藤原忠平 (p254)
「《男もすなる日記といふものを、女もしてみむとて、するなり》」『土佐日記』十二月二十一日・紀貫之 (p43, 143, 249)

http://zubaraie.com　←合同会社ズバライエ(ZUBARAIE LLC.)ホームページ

— about **the author** of this book（本書の著者について）—

Jaugo Noto is a professional educator in linguistics, who makes it his business to enable students to see, do, or be what he's been through and what he can see through, in ways other humans have never imagined or even thought possible. His field of business activity ranges from modern English to ancient Japanese, developing not so much on paper or in the flesh as on the WEB currently.

之人冗悟（のと・じゃうご）は語学教育の専門家。彼本人の実践・予見の体験を、学生にも認識・実践・体得させること（それも、他者が想像もせず、不可能とさえ思っていた方法で可能ならしめること）を仕事とする彼の活動の幅は、現代英語から古典時代の日本語まで多岐に渡る。現在、紙本執筆や生身の授業よりインターネット上での事業展開が主力。

— about **ZUBARAIE** LLC. ^(Limited Liability Company)（合同会社ズバライエについて）—

ZUBARAIE LLC. was established in Tokyo, Japan, on July 13th (Friday), 2012, as a legal vehicle for Jaugo Noto to perform such services as education, translation, publication and other activities to help enlighten people.

合同会社ズバライエ(Zubaraie)は、2012年7月13日（金曜日）、おまけに仏滅、日本国の東京にて、之人冗悟(のと・じゃうご)が教育・翻訳・出版その他の啓蒙活動を遂行するための法的枠組として設立された。

「古文・和歌マスタリング・ウェポン」 ^(Mastering Weapon)

ISBN 978-4-9906908-2-3

Copyright ©2011- 2013 by Jaugo Noto（之人冗悟）

1st edition published from ZUBARAIE LLC. 2013/02/11

＊作中の「古歌」・「古文」のうち作者明示あるものは（著者"之人冗悟"の自作を含め）「作者名」明記の上で御随意に引用されたし。作者明示なき古文は全て著者の自作なれど「汎用例」として**随時(非商用＆非体系的という条件で)引用許可。巻末確認テストは門外不出**。作中に散りばめられた「ナンセンス語呂合わせ」もまた立派＆アッパラパーな"之人冗悟一流の著作物"につき（学習者脳内復唱以外）の公的場面での引用には「jargon á la Jaugo Noto(***jalajan***: のと・じゃうご *意味不明語*)」みたいな断わり書き or 合いの手(♪じゃらじゃん♪)を入れることをお忘れなく。

= also from the same **author** 之人冗悟(*Jaugo Noto*) =

Beneath **U**mbrella of **Z**abaraie LLC.

『でんぐリングリッシュ：英・和 対訳版』ISBN 978-4-9906908-0-9
 日本の初学者＆再挑戦者に贈る、英語を真にモノにするための心得(英文／和訳見開き対訳本)。
 ・・・本書一冊では効果半減：『英文解剖編』との併用により、真の英文解釈力の開眼を図るべし。

『でんぐリングリッシュ：英文 解剖編』ISBN 978-4-9906908-1-6
 同書の全英文を、解剖学的解釈の詳細な構造図で「可視化」した古今未曾有の英文読解指南書。
 英語がこの形で「見える」ようになることこそ、全学習者の理想形・・・よーく見て、マネぶべし。

★本書★『古文・和歌マスタリング・ウェポン(Mastering Weapon)』ISBN 978-4-9906908-2-3
 大学入試で出題される古文と和歌の知識を完全網羅。暗記必須事項は抱腹絶倒の語呂合わせで、
 重要事項の全ての暗記＋確認は巻末穴埋めテストで、調べ物は詳細な索引で、完全サポート。

☆！併読推奨！☆『古文単語千五百マスタリング・ウェポン(Mastering Weapon)』ISBN 978-4-9906908-3-0
 充実の語義解説で大学入試古文にも和歌・古文書解釈にも不自由を感じぬ完璧な古語力を養成。
 入試得点力に直結する受験生の福音書にして、日本語・日本文化への目からウロコの知識の宝庫。

☆↓「古文単語」及び「古文・和歌」MWの「例文集」をお望みの方は、こちらをどうぞ↓☆
『ふさうがたり(Fusau Tales)扶桑語り』：古文・英文・現代和文対訳 ISBN 978-4-9906908-4-7
 『古文単語千五百』の**全見出語1500**(＋**平安助動詞37**＆**平安助詞77**全用法)で書かれた22編の
 擬古文歌物語で『古文・和歌マスタリングウェポン』の説く古典読解法の実践を図る英和古対釈本。

Greeting and invitation from *author Jaugo Noto*
筆者・之人冗悟(のと・じゃうご)よりの御挨拶＆御招待

Thank you very much for taking (even *READING!*) this book.

本書を手に取って（更には読んで！）いただき、感謝します。

If you found it interesting, you could find it much more so by visiting **the WEB site presented by this author**:
「面白い！」と感じたなら、**筆者提供の WEB サイトを訪問すれば**もっと興味深いものが見つかるはずですよ：

＜扶桑語り(Fusau Tales) interactive lesson＞
扶桑語り（ふさうがたり）双方向型授業 on the WEB
http://fusaugatari.com　　…↓教材見本はこちら↓
http://fusaugatari.com/sample/dochi/1000001/index.html

＜ancient Japanese literature in general＞
（古い時代の）日本文学全般紹介サイト
http://fusau.com

・・・本書およびWEBコンテンツの提供元は、筆者が代表社員の
合同会社(Limited Liability Company:LLC.) **ZUBARAIE**（ズバライエ）
でした(・・・日本の古文のみならず、英語のコンテンツもありますよ)
cf: http://furu-house.com/sample　　（←英語構文 WEB レッスン）

www.ingramcontent.com/pod-product-compliance
Lightning Source LLC
Chambersburg PA
CBHW050241170426
43202CB00015B/2872